V&R Academic

Historische Semantik

Herausgegeben von
Bernhard Jussen,
Christian Kiening, Klaus Krüger
und Willibald Steinmetz

Band 26

Rudolf Schlögl / Philip R. Hoffmann-Rehnitz /
Eva Wiebel (Hg.)

Die Krise in der Frühen Neuzeit

Mit zwei Abbildungen

Vandenhoeck & Ruprecht

Bibliografische Information der Deutschen Nationalbibliothek

Die Deutsche Nationalbibliothek verzeichnet diese Publikation in der Deutschen Nationalbibliografie; detaillierte bibliografische Daten sind im Internet über http://dnb.d-nb.de abrufbar.

ISSN 2198-2953
ISBN 978-3-525-36728-5
ISBN 978-3-647-36728-6 (E-Book)
ISBN 978-3-666-36728-1 (V&R eLibrary)

Weitere Ausgaben und Online-Angebote sind erhältlich unter: www.v-r.de

Diese Arbeit ist im Rahmen des kulturwissenschaftlichen Forschungskollegs SFB 485 »Norm und Symbol. Die kulturelle Dimension sozialer und politischer Integration« der Universität Konstanz entstanden und wurde auf seine Veranlassung unter Verwendung der ihm von der Deutschen Forschungsgemeinschaft zur Verfügung gestellten Mittel gedruckt.

© 2016, Vandenhoeck & Ruprecht GmbH & Co. KG, Theaterstraße 13, 37073 Göttingen / Vandenhoeck & Ruprecht LLC, Bristol, CT, U.S.A.
www.v-r.de
Alle Rechte vorbehalten. Das Werk und seine Teile sind urheberrechtlich geschützt.
Jede Verwertung in anderen als den gesetzlich zugelassenen Fällen bedarf der vorherigen schriftlichen Einwilligung des Verlages.
Printed in Germany.
Titelbild: Kurtzer und einfeltiger [...] vnterricht vnd beschreibung [... der] Kipper und Wipper [...], 1632 (Germanisches Nationalmuseum Nürnberg HB 9386, Foto: Georg Janßen)
Druck und Bindung: CPI buchbuecher.de GmbH, Zum Alten Berg 24, 96158 Birkach

Gedruckt auf alterungsbeständigem Papier.

Inhalt

Vorwort 7

Rudolf Schlögl
›Krise‹ als historische Form der gesellschaftlichen Selbstbeobachtung.
Eine Einleitung 9

Sabine Kalff
Fatale Zahlen – Tommaso Campanella und die Krise des Jahres 1600 . . . 33

Eva Schnadenberger
»Die böse Welt mit ihrer Sünd«. Zeitdiagnose in Liedflugblättern über
Wunderzeichen des 17. Jahrhunderts 55

Andreas Pečar
Die Bibel als Drehbuch. Das Narrativ von Krise und Umkehr als
handlungsgenerierendes Deutungsmuster zu Beginn des englischen
Bürgerkrieges 85

Günther Lottes
Normalitätsverlust, Prozess und Entscheidung. Zur Dramaturgie des
Kriseninterpretaments 109

Andreas Suter
Handeln in der Krise: Ergebnisse einer Fallstudie zum schweizerischen
Bauernkrieg 1653 121

Andrea Iseli
Krisenbewältigung im 17. Jahrhundert. Die Rolle der guten Policey . . . 147

Philip R. Hoffmann-Rehnitz
Zur Unwahrscheinlichkeit der Krise in der Frühen Neuzeit. Niedergang, Krise und gesellschaftliche Selbstbeschreibung in innerstädtischen Auseinandersetzungen nach dem Dreißigjährigen Krieg am Beispiel Lübecks 169

Mark Häberlein
Ehrliche Gesichter, heimliche Feindschaften und flüchtige Schuldner: Krisenerfahrung und Krisenbeschreibung in ökonomischen Konflikten der Frühen Neuzeit 209

Justus Nipperdey
Von der Katastrophe zum Niedergang. Gewöhnung an die Inflation in der deutschen Münzpublizistik des 17. Jahrhunderts 233

Dirk Niefanger
Die Krisenpoetik des barocken Trauerspiels 265

Konrad Petrovszky
Die Entdeckung der historischen Tiefe als Strategie der Krisenverarbeitung: die moldauische Chronistik des 17. Jahrhunderts . . 285

Marian Füssel
Die Krise der Schlacht. Das Problem der militärischen Entscheidung im 17. und 18. Jahrhundert 311

Jan Marco Sawilla
Entscheiden unter Zeitdruck? Zur Krisensemantik in der französischen Publizistik zwischen Religionskriegen, Fronde und Französischer Revolution 333

André Krischer
»This present crisis«. Zur Semantik der Krise in der politischen Publizistik Großbritanniens im 18. Jahrhundert 369

Autorinnen und Autoren 393

Vorwort

Dieser Band geht zurück auf eine Tagung mit dem Titel »Krise als Form gesellschaftlicher Selbstbeobachtung und historiographischer Beschreibung (in) der Frühen Neuzeit«, die im Juli 2007 an der Universität Konstanz stattfand. Veranstalter dieser Tagung war das Teilprojekt A6 »Zeitdiagnosen im 17. Jahrhundert. Die Medien gesellschaftlicher Selbstbeobachtung im Zeichen der Krise« des Sonderforschungsbereichs 485 »Norm und Symbol. Die kulturelle Dimension sozialer und politischer Integration«. Erst nach der Tagung in den Band aufgenommen wurden die Beiträge von Mark Häberlein, Sabine Kalff und Andrea Iseli.

Die Publikation des Bandes hat sich aus unterschiedlichen Gründen sehr lange verzögert. Um so mehr möchten wir uns daher bei den Beiträgerinnen und Beiträgern für ihre Zusammenarbeit und ihre große Geduld bedanken. Unser Dank gilt daneben allen, die an der Konzeption und Durchführung der Tagung sowie an der Überarbeitung und Fertigstellung des Bandes mitgewirkt haben, insbesondere Eva Schnadenberger. Maßgebliche Anregungen für die Konzeption von Tagung und Band – und noch viel mehr – sind Marcus Sandl zu verdanken. Immer wieder stand uns auch Jan Marco Sawilla mit Rat und Kritik zur Seite. Kay Kirchmann und Sven Grampp als medienwissenschaftlichen Kooperationspartnern des Teilprojekts danken wir für intensive Diskussionen und einen fruchtbaren Austausch. Schließlich gilt unser Dank Simone Warta, die zusammen mit Eva Wiebel die Endredaktion des Bandes übernommen hat. Das war uns eine große Hilfe. Willibald Steinmetz, Bernhard Jussen, Christian Kiening und Klaus Krüger danken wir für die Aufnahme des Bandes in die Reihe »Historische Semantik«. Bei Vandenhoeck & Ruprecht haben uns Marie-Carolin Vondracek und Laura Haase in sehr freundlicher und hilfreicher Form unterstützt. Die Deutsche Forschungsgemeinschaft hat das Erscheinen des Bandes mit einem Druckkostenzuschuss gefördert.

Konstanz und Münster
im Oktober 2015

Rudolf Schlögl,
Philip Hoffmann-Rehnitz
und Eva Wiebel

Rudolf Schlögl

›Krise‹ als historische Form der gesellschaftlichen Selbstbeobachtung. Eine Einleitung

Man muss in Zeiten, in denen der globale Finanzkapitalismus dabei ist, die Rationalität seiner spekulativen Grundlagen zu verbrauchen, eine Beschäftigung mit dem Konzept der Krise nicht eigens begründen. Zu präsent ist es als Schlagwort zur Kennzeichnung des Geschehen und als Signal, das unaufschiebbaren Handlungs- und Entscheidungsbedarf einfordert. Die Krise ist zu einem allgegenwärtigen und durch noch so viele Präventionen und Steuerungsanstrengungen anscheinend nicht zu eliminierenden Element der globalen, massenmedialen Öffentlichkeiten geworden. In jeder ausgestandenen Krise deutet sich die nächste immer schon an. Der Krisenbegriff ist aus den öffentlichen Diskussionen der Gegenwart nicht mehr wegzudenken, in denen moderne Gesellschaften ihre Reflexivität markieren und ihre Operationalisierung in Entscheidungsverfahren beobachten, um sie auf diese Weise zu rahmen und ihnen Gestalt geben zu können. Wer in der Krise entscheidet und handelt, reklamiert eine besondere, sich aus der Systemrelevanz der Ereignisse ergebende Verantwortung, die es sofort als begründungspflichtig erscheinen lässt, wenn man sich in den Bahnen gewohnter und akzeptierter Maßnahmen weiter bewegt, statt zu neuen, unerhörten Mitteln zu greifen. Die Krise gebiert den Entscheider. Sie macht damit in verfassten Demokratien wie in Unternehmen oder anderen Organisationen nicht nur vorhandene Richtlinienkompetenzen und Machtpositionen sichtbar, sondern sie generiert neue Macht.

Von Historikern wird das Konzept der Krise gerne als eine analytische Kategorie benutzt, mit der man vergangene Konstellationen und Prozesse des Politischen oder Sozialen beobachtet. In dieser Einleitung wird eine andere Perspektive gewählt. ›Krise‹ soll hier als eine Kategorie der Selbstbeobachtung in bestimmten historischen Situationen verstanden werden. Historiker beobachten Beobachter und gewinnen auf diese Weise die Möglichkeit, einen Begriff zu historisieren. Daran kann dann mit der Frage angeschlossen werden, wie es denn zu dem Konzept der Krise kam, das unser gegenwärtiges Verständnis des Begriffs bestimmt und deswegen auch gerne als analytisches Konzept zurückprojiziert wird. Die These, die diesem Band zugrunde liegt, ist, dass ein modernes Verständnis von Krise zuerst im 17. Jahrhundert greifbar wird, dann im 18. Jahrhundert Gestalt annahm, bevor es im 19. Jahrhundert zu einem allgemein genutzten Begriff wurde. Wenn man in dieser Weise nach der Emergenz eines Konzepts und den sie ermöglichenden Konstellationen fragt, muss man damit rechnen, dass man zunächst auf Varianten stößt, aus denen sich dann die Elemente des Krisenbegriffs der Moderne zusammenfügen. Dass man auf der Suche nach solchen Varianten besonders im 17. Jahrhundert fündig wird, scheint nicht zufällig. Die Komplexitätszuwächse in den mittel- und westeuropäischen Gesellschaften legten Selbstbeobachtungen nahe, die auf die Moderne vorauswiesen.

Reinhart Koselleck hat dem Krisenbegriff durch seinen Eintrag in die *Geschichtlichen Grundbegriffe* einen Ort in der Geschichte der politisch-sozialen Sprache gegeben.[1] Als einen Begriff der Sattelzeit, der von Rousseau in seine modernitätstaugliche Form gebracht, seit 1750 in seine steil aufsteigende Konjunktur eintrat, verortete er ihn im mehrpoligen Spannungsfeld von Demokratisierung, Verzeitlichung und Politisierung, das alle Grundbegriffe der politisch-sozialen Sprache in der Moderne kennzeichnet. Semantischer Ausgangspunkt dafür war das aus der Antike überlieferte medizinische Dispositiv eines Krankheitsverlaufs, der auf einen Punkt zusteuerte, an dem sich entschied, ob die Krankheit überwunden werden konnte oder ob sie den Organismus zerstörte. Es war dem Arzt aufgegeben, die Krankheit zu beobachten, um ein verlässliches Urteil über Zeitpunkt und Ausgang der Krise abgeben zu können. Kuratives Einwirken hatte für Galen nicht im Vordergrund gestanden. Die erstmalig ›moderne‹ Verwendung dieses Konzepts durch Rousseau bestand für Reinhart Koselleck darin, dass er in seinem *Emile* eine Zeit der Krise prognostizierte, die in ein völlig neues gesellschaftliches Ordnungsmuster führen würde. Der Begriff war damit unter Bezug auf die Apokalypse geschichtsphilosophisch aufgeladen, so dass etwa für Friedrich Schiller die Weltgeschichte zu einer fortwährenden Krise

---

1 *Reinhart Koselleck*, Art. »Krise«, in: Geschichtliche Grundbegriffe. Historisches Lexikon zur politisch-sozialen Sprache in Deutschland, hg. von Otto Brunner u. a., Bd. 3, Stuttgart 1982, S. 617–650, v. a. S. 617 ff., 628. Die Literatur zum Krisenkonzept wird hier nicht weiter referiert. Sie ist in den Beiträgen zu finden. Dort noch nicht erfasst sind *Thomas Mergel* (Hg.), Krisen verstehen. Historische und kulturwissenschaftliche Annäherungen, Frankfurt a.M. 2012; *Carla Meyer, Katja Patzel-Mattern* und *Gerrit Jasper Schenk* (Hg.), Krisengeschichte(n). »Krise« als Leitbegriff und Erzählmuster in kulturwissenschaftlicher Perspektive, Stuttgart 2013; *Uta Fenske, Walburga Hülk* und *Gregor Schuhen* (Hg.), Die Krise als Erzählung. Transdisziplinäre Perspektiven auf ein Narrativ der Moderne, Bielefeld 2013. Auffällig ist, dass die neueren Sammelbände zur Krise, in denen diese auch als Kategorie der Wahrnehmung und Beschreibung in den Blick genommen wird, die Frühe Neuzeit als (Neu-)Formierungsphase dieses Konzepts nahezu aussparen. So auch *Helga Scholten* (Hg.), Die Wahrnehmung von Krisenphänomenen. Fallbeispiele von der Antike bis in die Neuzeit, Köln, Weimar und Wien 2007, und *Henning Grunwald* und *Manfred Pfister* (Hg.), Krisis! Krisenszenarien, Diagnosen und Diskursstrategien, München 2007.

wurde, in der das Gewordene ständig vor Gericht stand, damit zu entscheiden sei, was von ihm Bestand haben konnte und was zu verwerfen war.

Die semantischen Verschiebungen gegenüber dem medizinischen Ausgangsdispositiv waren groß. Während dem Körper bei einer Überforderung durch die Krankheit seine Zerstörung bevorstand, ließ sich ein Ende der durch das Subjekt der Menschheit konstituierten Gesellschaft nicht denken. Das drängte geradezu, sich mit den Ursachen von identifizierten Fehlentscheidungen auseinanderzusetzen. Die Gesellschaft und ihre Einzelfelder wurden auf diese Weise in ihrer Wechselbeziehung wahrnehmbar. Das fortgesetzte Weltgericht wirkte daher als Selbststeuerung von Veränderungen, die in normativer Hinsicht als Fortschritt oder auch Verfall zu charakterisieren waren, bei Verzicht auf eine teleologische Perspektive als Selektionsinstanz der Evolution. ›Krise‹ fungierte daher nicht einfach als Prozessbegriff, sondern verwies auf Kausalitäten. Gleich geblieben war allerdings, dass die Krise einen Beobachter verlangte, sei es den Arzt oder die reflexiv sich auf sich selbst beziehende Weltgeschichte. Koselleck hat dieser medialen Binnenlogik des Konzepts keine große Aufmerksamkeit geschenkt, vielmehr die Verwendungszusammenhänge verfolgt, die sich seit dem 19. Jahrhundert in der politisch-sozialen Sprache und in den Wissenschaften ergaben. In allen Kultur- und Sozialwissenschaften spielten sich Verwendungsweisen für das Krisenkonzept ein, die sich – wie man an der Ökonomie besonders deutlich machen kann – aus der Differenz von normativ Erwartbarem (Wachstumsraten, Gleichgewichte, Akkumulation des Kapitals) und faktischer Abweichung ergaben. Diesem Zusammenhang zwischen »Normalisierungsdiskursen«[2] und der Konjunktur des Krisenbegriffs entgingen weder die historischen Wissenschaften, die damit über einen Index für Stabilitätserwartungen gegenüber politisch-sozialen Institutionen und Einrichtungen verfügten, noch die Literaturwissenschaften, die jetzt Krisen von Gattungen oder poetischen Verfahrensweisen identifizieren konnten.

Mehr Auflösungs- und Differenzierungspotenzial hat der Krisenbegriff als Beobachtungskategorie zweiter Ordnung selten entfaltet. Daher ist das Lexem ›Krise‹ auch nicht so sehr ein Konzept der Beobachtung von Beobachtungen und als solches von Interesse. Der Krisenbegriff ist in seiner Entstehung zunächst an Beobachtungen (erster Ordnung) gebunden, die den operativen Vollzug der Reproduktion sozialer Ordnung ermöglichen und mitgestalten. Wer von ›Krise‹ spricht, der gibt der Welt eine Form und bringt sich selbst in ein bestimmtes Verhältnis zu dieser Form, für das er gegenüber Adressaten Akzeptanz verlangt. Man kann die Krise deswegen auch im Wittgensteinschen Sinn als ein Sprachspiel bezeichnen, das den Referenten (die Verhältnisse) bestimmt und gleichzeitig die Sprecherposition – wie auch die der Adressaten in Relation zueinander

---

2 *Jürgen Link*, Versuch über den Normalismus. Wie Normalität produziert wird, Opladen ²1999.

und in ihrem möglichen Bezug zum Referenten – festlegt.³ Gleichzeitig umschreibt das Sprachspiel einen bestimmten Geschehenstypus, der einen Ereigniszusammenhang gliedert und eine offene Zukunft voraussetzt, weil anders eine Entscheidungsmöglichkeit nicht zu denken ist.

Mit dem Krisenbegriff steht ein Instrument zur Verfügung, mit dem man sich in Gesellschaft auf deren Zustände in einer Weise beziehen kann, die nicht allein Handlungsoptionen, sondern in vielen Fällen auch unabweisbare Handlungsnotwendigkeiten entstehen lässt. Wer eine Krise identifiziert, hat sich als Beobachter bereits in Differenz zur umgebenden Welt gesetzt. Er identifiziert gleichzeitig eine laufende Gegenwart als Zeitraum des möglichen Umschlags der Verhältnisse – ob dies nun durch Entscheidungen zu beeinflussen ist oder nicht. Diese Feststellung einer Krise als Tatsache verlangt nach Evidenz, die sich aus Kompetenzen und Möglichkeiten der Beobachtung ableiten lassen muss. Krisenbeobachtung trägt deswegen bereits eine Reflexivität in sich, durch die die Standpunktgegebenheit der Beobachtung wie auch ihre Zeitgebundenheit zutage treten. Man kann vermuten, dass die Begrenztheit des Zeitfensters, das durch die Krisendiagnose für Entscheidungen und Eingriffe bereitgestellt wird, genau diese Reflexivität neutralisieren soll. Man muss ›jetzt‹ in einer verfügbaren Gegenwart handeln, nicht erst, wenn sie in ihrer Zukunft samt Diagnose zu einer Vergangenheit geworden ist. In einem Sinn, der über das Stichwort ›Verzeitlichung‹ und den Verweis auf das Weltgericht bei Weitem hinausgeht, erweist sich der Krisenbegriff damit verbunden mit der Umgestaltung von Zeitkonzepten, mit denen die vormodernen Gesellschaften Europas seit dem 16. Jahrhundert ihren Zuwachs an Komplexität semantisch begleiteten, um sinnhaftes Handeln wie Erleben weiterhin möglich zu machen. Damit wäre der Krisenbegriff als wichtiges Element in dem Evolutionsprozess zu sehen, mit dem die europäischen Gesellschaften ihre soziopolitische Semantik der Selbstbeschreibung an strukturell verursachte Komplexitätszuwächse anpassten.

Darauf deutet auch der Umstand hin, dass die Anverwandlung des medizinischen Krisenbegriffs in der politisch-sozialen Sprache vor 1750 im europäischen Horizont gesehen sehr viel häufiger und kontinuierlicher erfolgte, als Reinhart Koselleck dies in seinem Artikel andeutete. Das können die Beiträge in diesem Band, die sich mit Frankreich (Sawilla), England (Krischer) und Italien (Kalff) befassen, in einer dichten Serie von Belegen nachweisen.

Man sieht dann aber auch, dass lange an vielen Stellen keine Notwendigkeit

---

3 *Ludwig Wittgenstein*, Philosophische Untersuchungen. Kritisch-genetische Edition, hg. von Joachim Schulte, Frankfurt a.M. 2001, S. 21–27, 48–51; *Jean-François Lyotard*, Das postmoderne Wissen. Ein Bericht, Wien 2009, S. 43–46. Vgl. auch den Beitrag von André Krischer in diesem Band mit Bezug auf Quentin Skinner.

empfunden wurde, den Krisenbegriff zu verwenden, oder es Alternativen gab, die semantisch tauglicher schienen. Insbesondere in England wird dies deutlich: Obwohl in den Auseinandersetzungen zwischen König und Parlament das Stichwort *crisis* schon in den 1630er Jahren geläufig war (Krischer), verzichteten die vom Parlament in den 1640er Jahren bestellten Fastenprediger auf diese Semantik und argumentierten lieber in einem apokalyptischen Horizont (Pečar). In anderen Zusammenhängen dominierten säkularisierte Varianten von Niedergangsszenarien die Zeit- und Situationsdiagnosen (Hoffmann-Rehnitz).

Wenn die Semantik der Krise daher nicht in erster Linie etwas über die Beschaffenheit einer historischen Situation aussagt, sondern über die Art und Weise, wie sie zeitgenössisch wahrgenommen und semantisch konfiguriert wurde, dann scheint es von besonderem Interesse, sich Dispositive der Krise *avant la lettre* anzusehen. Konzepte, die sich vor dem Auftauchen des Lemmas im heutigen Sinn als funktionsäquivalent erweisen, können Auskunft auch über den historischen Ort des Krisenbegriffs selbst geben, weil sie helfen, strukturelle und semantische Voraussetzungen zu identifizieren, in denen Krisen und auch die ihnen verwandten Semantiken seit dem 16. Jahrhundert attraktiv wurden.

Der Band versammelt dazu fünfzehn Beiträge, die sich vom letzten Drittel des 16. Jahrhunderts bis ins 18. Jahrhundert mit der Verwendung des Krisenkonzepts und seiner semantischen Alternativen in einem Raum beschäftigen, der sich vom östlichen Mitteleuropa bis nach Frankreich und England erstreckt. Es wird nicht nur die politisch-soziale Sprache im engeren Sinn untersucht, sondern mit Religion, Ökonomie und Literatur stehen auch andere Struktur- und Handlungszusammenhänge im Fokus der Untersuchungen.

Die Beiträge sind an der Frage nach den Ursprüngen, Voraussetzungen und Varianten des Krisenkonzepts orientiert, gleichwohl ergeben sich aus ihrer Konzentration auf ein besonderes Thema auch ein jeweils eigener Materialfundus und ein daraus folgender spezifischer Argumentationsrahmen. Deswegen sollen die Ergebnisse nachfolgend noch einmal unter fünf Stichworten auf das zugrunde liegende Konzept bezogen werden: 1. Dispositive der Krise, 2. Epistemologie der Krise, 3. Kontingenz und Zeit der Krise, 4. Medien der Krise, 5. Krise der Historiographie.[4]

---

4 Für das Konzept des Bandes und die Argumentation der Einleitung sind Überlegungen von Marcus Sandl zentral; *ders.*, Kalkuliertes Risiko. Die Medialität des Spiels im Zeitalter der Krise (17. Jahrhundert), in: Deutsche Vierteljahrsschrift für Literaturwissenschaft und Geistesgeschichte 85 (2011), S. 336–366.

1. Dispositive der Krise

Man wird unterstellen können, dass offene Gewalt und sonstige menschliche Missgunst, die in Hader und Streit führte, sowie Kriege, Seuchen und eine ungezähmte, unberechenbare Natur zu den Alltagserfahrungen des frühneuzeitlichen Menschen gehörten. Trotzdem fand man Anlass, bestimmte Ereignisse und Konstellationen anzuzeichnen, sie mit einem Index zu versehen, der Sinn und Bedeutung über das bloß Faktische eines unerklärbaren, bedrohlichen Geschehens hinaus hervorbrachte.

Am greifbarsten ist diese Spannung zwischen der Außergewöhnlichkeit, die man Ereignissen zuschrieb, und ihrer faktischen Alltäglichkeit im heilsgeschichtlich motivierten Dispositiv der Endzeiterwartungen. Kriege, Hunger, Seuchen, Überschwemmungen, Hitze, Dürre, Missernten, Missgeburten – alles, was von Hoffnungen und Erwartungen abwich, gleichwohl in der Häufigkeit seines Auftretens aber nicht wirklich ungewöhnlich war, eignete sich, um von Theologen, Geistlichen und anderen Autoren als Handeln und Zeichen Gottes gedeutet zu werden (Schnadenberger). Gott strafte mit ihnen ein sündiges Christenvolk oder kündigte ihm in Himmelszeichen solche Strafen oder gleich das bevorstehende Endgericht an. Dieser Deutungsrahmen war robust und aufnahmefähig. Campanella hat sein säkularisiertes Endzeitmodell damit verbunden (Kalff). Die erste Erfahrung mit einer Hyperinflation in den Jahren 1620 bis 1623 ließ sich dort unterbringen, so dass man weiterer Erklärungsnotwendigkeiten weitgehend enthoben war (Nipperdey). Weltliche Obrigkeiten griffen im Geschäft fortgesetzten Regulierens bis in das beginnende 18. Jahrhundert auf dieses Dispositiv zurück. Erst danach trat der Unmut der Obrigkeit an die Stelle göttlichen Missfallens, wenn Seuchen- oder andere Mandate nicht beachtet wurden (Iseli). Das Dispositiv war das Abbild einer Weltordnung, die der Schöpfergott zum Guten eingerichtet hatte, in der das Böse und das Ungleiche gleichwohl den notwendigen Platz hatten – entweder, weil der Mensch es hervorgebracht hatte oder weil dessen Sünden Gott erzürnten, so dass Strafen als ein Aufruf zur Besserung anstanden. Neuigkeits- und damit Informationswert erhielten diese Ereignisse nur, indem man sie den unergründbaren Entscheidungen eines extramundanen Verursachers zuschrieb. Das Dispositiv blieb attraktiv, solange Säkularisierungsvorgänge es nicht zersetzten. Campanellas Amalgam von biblisch-astrologischer Eschatologie und säkularer Zukunftserwartung lässt solche Transformationen greifbar werden (Kalff).

Eine andere Verwendung lässt sich im Falle der Fastenpredigten beobachten, die das Londoner Parlament in den 1640er Jahren bestellte, um sich in Geschehnissen des Alten Testaments Orientierung für die eigene Positionierung in der Auseinandersetzung mit dem König zu holen (Pečar). Hier ging es darum, eine königliche Politik, deren Anstößigkeit und Unrechtmäßigkeit sich offenkundig nicht mit Selbstverständlichkeit erschloss (Lottes), als Verstoß gegen die christliche Weltordnung auszuweisen, die unweigerlich Gottes Strafe nach sich ziehen werde. Das heilsgeschichtliche Motiv diente der Resakralisierung innerweltlicher Handlungsräume: Die Members of Parliament und ihre geistlichen Helfer besetzten eine prophetische Position, um Definitionshoheit über eine strittige Konstellation und daraus abgeleitet dann Entscheidungs- und Handlungsvollmacht zu gewinnen.

Thomas Hobbes hatte diese Resakralisierung des Politischen zurückgewiesen und den Streit um zentrale Kategorien der politischen Sprache als Ursache für die Selbstzerstörung der politischen Ordnung identifiziert (Pečar). Dieses Szenario ließ sich auch in einem Korruptions- und Niedergangsdispositiv fassen, das die gegenwärtig identifizierbaren Zustände mit einem Narrativ der fortgesetzten Verletzung und Unterminierung ehemals geordneter Verhältnisse versah, um sie schließlich eindeutig als Unordnung ausweisen zu können. Auch das war eine Strategie in den Auseinandersetzungen des englischen Bürgerkrieges (Lottes), die sich ebenso in innerstädtischen Konflikten im Reich beobachten lässt (Hoffmann-Rehnitz). Diese und andere Beispiele unterstreichen, dass sie dann nahelag, wenn Gruppen sich in ihren angestammten Rechten oder ihrer sozialen Position bedroht fühlten. So kippte die moldauische Chronistik im 17. Jahrhundert von einem positiv ausbuchstabierten heilsgeschichtlichen Dispositiv in eine Verfallsgeschichte, als die bislang privilegierten Bojaren sich durch die Elitenpolitik der osmanischen Herrscher von zugewanderten Emporkömmlingen verdrängt sahen (Petrovszky). Städtische Handwerker und Kaufleute konnten ihre augenblicklich schwierige wirtschaftliche Situation und klamme Finanzlage auf eine Serie von unglücklichen Zufällen, Fehlentscheidungen Dritter (nicht zuletzt der städtischen Obrigkeiten) und das Wirken externer und a-sozialer Kräfte wie etwa der Störer zurückführen (Häberlein, Hoffmann-Rehnitz). In all diesen Fällen ging es darum, eine Situation, die nicht auf ein einzelnes, identifizierbares Ereignis zurückzuführen war, durch den Rückgriff auf bestimmte Narrative über die Schwelle der Artikulierbarkeit zu heben. Deswegen konnte die französische Geschichtsschreibung des ausgehenden 16. Jahrhunderts die Metapher des in den Stürmen der Religionskriege schlingernden Staatsschiffes verbinden mit der Erzählung einer fortlaufenden Akkumulation von Missständen seit der Regierung Heinrichs III., damit der Friedensschluss von 1598 als Wiederherstellung einer ursprünglichen Ordnung erschien, in der Einheit, Frieden und Wohlstand erneut möglich wurden (Sawilla). Wie schon das heilsgeschichtliche Dispositiv, so ließ sich auch das Dispositiv von Niedergang und Verfall zweifach polen, je nachdem, ob der damit bezeichnete Zustand zu rechtfertigen oder zu kritisieren war.

Weder Wahrnehmungsschwellen noch Wertungsfragen standen scheinbar beim Dispositiv des unerhörten Ereignisses zur Diskussion. Als die Schweizer

Tagsatzung 1653 Gesuch und Forderung der Bauernschaft im Entlebuch ablehnte, setzte sie ein Bündel von Werten beiseite, das es stets erlaubt hatte, Herrschaft als reziproke Sozialbeziehung zu interpretieren. Die Ordnung, die die Gemeinen Herrschaften und Kantone jenseits ungleicher Gewaltpotenziale miteinander verbunden hatte, war aus Sicht der Bauern damit vorsätzlich und aus moralisch niederen Motiven aufgekündigt worden (Suter). In gleicher Weise vergingen sich Gläubiger gegen häufig nicht nur geschäftlich, sondern auch familiär abgesicherte Vertrauensbeziehungen zu ihren Schuldnern, wenn sie für die Betroffenen unerwartet deren Kaufmannsehre durch Gerüchte, Klagen oder unangekündigte Rückforderungen von Krediten schädigten und sie so in den sozialen Tod zu treiben drohten (Häberlein). Unerhörte Ereignisse waren demnach solche, bei denen verbindende Norm- und Werthorizonte einseitig infrage gestellt wurden. In diesem Sinn ließ sich das Dispositiv auch als poetologisches Muster einsetzen. Im Barockdrama zeichneten sich die blutrünstigen Hauptprotagonisten durch Handlungsunfähigkeit aus (Niefanger).

Wie in literarischen Texten die performative Enttäuschung von Erwartungen neue ästhetische Horizonte eröffnete und neue Bedeutungsschichten zugänglich machte, so tat sich in der Welt des Sozialen durch die Verletzung von Norm- und Wertgefügen die Chance zum Handeln auf, wie es bei den Schweizer Bauern in der Mitte des 17. Jahrhunderts der Fall war (Suter), oder man war aufgerufen, das Handlungsfeld zu wechseln: von Ökonomie zu Recht, wie es Kaufleute taten, wenn sie von ihren Handelsgenossen finanziell in die Enge getrieben worden waren (Häberlein). Normierte Erwartungen wurden auch in den Jahren nach 1620 durchbrochen, als vorsätzliche Münzverschlechterungen in eine galoppierende Inflation führten. Obwohl es sich um ein durch obrigkeitliche Mandate reguliertes Feld handelte, zeigten sich die Zeitgenossen von der Art und Geschwindigkeit des Ereignisses völlig überrascht. Die Inflation blieb ihnen ein ›Welt- und Geldgeheimnis‹, gegen das die üblichen Praktiken, mit denen man sich gegen Münzverschlechterungen wehrte, keine Abhilfen mehr erbrachten (Nipperdey). Was allein half, war die Münzordnung wieder in Kraft zu setzen und künftig einzuhalten.

Wenn das medizinische Krisendispositiv hier nicht einhakte, lag dies vermutlich daran, dass mit dem leidigen Geldwesen nur ein Teil des öffentlichen Wesens – und längst nicht der wesentliche und hauptsächliche – in Unordnung gebracht war. Immerhin war bereits der Stillstand im Räderwerk der Institutionen des Heiligen Römischen Reiches 1605 von Friedrich Fabricius mit dem Begriff der Krise belegt worden, um festzuhalten, dass über ihren Ausgang nichts Gewisses gesagt werden könne (Sawilla). Zwei wichtige Voraussetzungen für das Einwandern des medizinischen Krisendispositivs in die politisch-soziale Sprache im Verlauf des 17. Jahrhunderts lassen die Beiträge erkennen. Zum einen verfiel man dann auf den medizinisch inspirierten Begriff, wenn es um die

Gesamtheit der gesellschaftlichen Ordnung und des Staatswesens ging. Die Brücke wurde dann durch Körpermetaphern gebaut, mit denen die Einheit der Teile in ihrem Zusammenwirken bestimmt werden konnte. Für das Frankreich des beginnenden 17. Jahrhunderts war dieser Zusammenhang augenfällig (Sawilla). Campanella ermöglichte die Anwendung einer medizinischen Semiotik der Krise auf sein Konzept der ›kritischen Zeiten‹, indem er die ganze Welt als ein Lebewesen beschrieb (Kalff). In der innerstädtischen Kommunikation wurde auf solche korporal-medizinischen Metaphoriken dann verstärkt seit dem Dreißigjährigen Krise zurückgegriffen, insbesondere um die Gefährdung städtischer Gesellschaften durch Niedergang und Verfall zu demonstrieren (Hoffmann-Rehnitz).

Zum anderen wurde die medizinische Metapher offenbar dann evoziert, wenn diese Ordnung einer Gesamtheit durch ein in seiner Regelwidrigkeit extraordinäres Ereignis herausgefordert wurde. Mazarin rief mit seinem Austritt aus dem Ministerrat selbst die Krise des Staatswesens aus, und die Lexik des Krisenbegriffs im politischen Diskurs Englands zeigt, dass dort bis ins 18. Jahrhundert *crisis* mit dem aus dem Nichts auftauchenden verschwörerischen *plot* assoziiert wurde (Sawilla, Krischer). Die *crisis* war Ergebnis einer unerhörten Machenschaft. In ihr teilte sich die Welt in Freunde und Feinde, Gute und Böse. Im 18. Jahrhundert war das Krisendispositiv dann bereits gewöhnlich geworden, ohne dass die medizinische Ausgangssemantik in jedem Fall greifbar war. Jetzt verschmolzen die verschiedenen Dispositive zu einem einzigen, so dass die Krise als Konzept mehrdeutig wurde. Der gegenüber dem 17. Jahrhundert auffallende Wandel ist darin zu sehen, dass jetzt der unkontrollierbare Zufall in einer ansonsten von Menschen *more geometrico* geplanten Welt zum Auslöser für Krisen wurde. Friedrich II. durchlebte seine Herrschaft als eine Abfolge von Krisen. Militärtheoretiker warnten vor der offenen Feldschlacht, weil sie in ihren Abläufen nicht zu berechnen war (Füssel). Je mehr Zukunft in den Krisenbegriff einwanderte, desto deutlicher trat die Ungewissheit des Ausgangs hervor.

2. Epistemologie der Krise

Günther Lottes legt in seinem Beitrag dar, wie die Mikrologie der Forschung zu Revolution und Bürgerkrieg im England des 17. Jahrhunderts das Krisenszenario und seine Rhetorik zum Verschwinden bringen. Das Dispositiv der Krise bezeichnet mithin nicht nur spezielle Abläufe samt ihren Voraussetzungen. Es hat epistemische Kraft, indem es eine Welt erschafft, ihr eine bestimmte Form gibt und den Sprecher samt seiner Zuhörerschaft in ein bestimmtes Verhältnis zu dieser Welt setzt.

Krisen setzen eine in Gesamtheiten geordnete Welt voraus, wie umgekehrt eine derart geordnete Welt sehr leicht als krisenhaft wahrgenommen werden kann. Das Krisendispositiv produziert ›Agenten‹ im Sinne Latours.[5] Die christliche Gesellschaft und der Staat manifestierten sich trotz der auftretenden Spannungen und Gegensätze in der aufeinander zugeordneten Dualität von König und Parlament (Pečar). In der Eidgenossenschaft war die Konfiguration von Kantonen und Gemeinen Herrschaften in der Tagsatzung repräsentiert, wenngleich die Bauern dort nur als die Objekte von Herrschaft in Erscheinung traten (Suter). Die ›gemeinen Bürger‹ Lübecks rekurrierten in ihren Beschwerden und in ihrer Situationsanalyse auf die Stadt als einen politisch und – verstärkt seit dem 17. Jahrhundert – auch ökonomisch integrierten Gesamtzusammenhang (Hoffmann-Rehnitz). Die polizeilichen Regulierungen des 17. Jahrhunderts beziehen sich auf Städte und deren Sozialzusammenhang, seit der Mitte dann mit einer zunehmenden Häufigkeit auf den Staat in seiner territorialen Ausdehnung und Bestimmtheit (Iseli). Chronikalische Niedergangserzählungen können dazu dienen, die sich in der regionalen (ethnischen) Herkunft seiner Eliten manifestierende Identität eines Fürstentums zu beschreiben (Petrovszky). Damit das medizinische Krisendispositiv für die französische Monarchie zu Beginn des 17. Jahrhunderts greifen konnte, musste sie im Verhältnis vom Ganzen und seinen Teilen vorgestellt werden (Sawilla, Kalff). Auch für die Literatur gilt dies. Die Paratexte des barocken Trauerspiels konstituieren eine Welt aus Drama und seinem Zuschauer, als deren greifbarer Kern in der wirkungsästhetischen Argumentation der Texte dessen Seele und Gemütszustände erkennbar werden (Niefanger). Schließlich setzt auch das heilsgeschichtlich-eschatologische Dispositiv die Einheit einer providenziell geordneten Welt voraus (Schnadenberger). Man kann vermuten, dass es im Verlauf des 17. Jahrhunderts für diese Semantik zu einem epistemischen Nachteil wurde, dass sich die Einheit nur negativ repräsentieren ließ: in der Sünde und in bedrohlichen Katastrophen.

Seit der Mitte des 17. Jahrhunderts lässt sich beobachten, dass solche ›systemische‹ Integration zunehmend auf Details heruntergebrochen wurde. Allerdings erscheinen solche strukturellen Differenzierungen als voraussetzungsvoll. Ihre Semantik stabilisierte sich nicht auf Anhieb. Der ›Kredit‹ im Kaufmannsleben blieb bis zum Ende des 17. Jahrhunderts ein Amalgam aus ökonomischen und familiären Relationen. Seine Repräsentationsform war nicht die Betriebsbilanz, sondern die ›Ehre‹ des Kaufmanns, die sich in seiner standesgemäßen und einem unterstellten Vermögen entsprechenden Lebensführung nieder-

---

5 *Bruno Latour*, Gebt mir ein Laboratorium und ich werde die Welt aus den Angeln heben, in: Andréa Belliger und David J. Krieger (Hg.), ANThology. Ein einführendes Handbuch zur Akteur-Netzwerk-Theorie, Bielefeld 2006, S. 103–134.

schlug (Häberlein). Das Geldwesen erweist sich in den 1620er Jahren selbst als
›Müntzwesen‹ noch als unbegreiflich. Erst in der Erfahrung der Wiederholung
am Ende des Jahrhunderts gelang es dann, dem ›Müntzwesen‹ die in Edelme-
tallgehalten greifbare Einheit zuzuschreiben (Nipperdey). Im 18. Jahrhundert
sind entsprechende Differenzierungen dann schon selbstverständlicher. Die
Schlacht wird in der Unterscheidung von Strategie und Taktik zum Element
eines größeren Zusammenhangs. Diese von Clausewitz schließlich ausbuch-
stabierte Idee, aus der dann auch die Vorstellung einer ›Entscheidungsschlacht‹
hervorging, setzte allerdings voraus, dass die einzelne Schlacht als eine geschlossene Einheit identifiziert werden konnte. Die Militärtheoretiker entwarfen
sie schon in der Mitte des 18. Jahrhunderts als einen autonomen Verlaufszu-
sammenhang, dem gegenüber sich selbst Generäle, Offiziere und Soldaten in
einer externalisierten und exzentrischen Umweltposition befanden. Sie pro-
grammierte sich in ihrem Ablauf selbst, indem die in ihr erzeugten Ereignisse
auf das System zurückwirkten und dort Eigenzustände definierten, die jeweils
den weiteren Ablauf bestimmten. Die Schlacht ist daher eben gerade kein System
mehr, das nach dem durchschaubaren Algorithmus einer uhrwerksgleichen
Maschine abläuft. Sie erzeugte vielmehr eine für Beobachter wie für Beteiligte
eigendynamische Hyperkomplexität, der man sich nur mit größter Vorsicht
ausliefern sollte (Füssel). Die Politik tat sich weitaus schwerer, von einer mechanistischen Uhrmacherwelt zu lassen.

Differenzierungsprozesse in den Mustern sozialer Strukturbildung, die in
entsprechenden Semantiken eingeholt und damit im diskursiven Universum der
Gesellschaft präsent gemacht werden können, müssen demnach als unabdingbare
Voraussetzung für die Karriere des Krisenbegriffes identifiziert werden. Damit die
Krisendiagnose in einem expliziten Sinn, wie es Mazarin 1651 vorführt, Teil der
Ereignisse wird, das heißt die Krise auslösen kann, muss eine Semantik der Welt
verfügbar sein, die diese (oder einen Teil von ihr) nicht nur als Einheit verfügbar
macht, sondern auch die strukturelle Logik erkennen lässt, in der Ereignisse sich
in ihr aufeinander beziehen oder miteinander verbinden lassen.

In einer solchen Welt kann man dann entscheiden und handeln. Meist unter
Bezug auf Reinhart Koselleck wird in mehreren der nachfolgenden Beiträge
betont, dass die Identifikation einer Krise genau dazu aufruft. In der Zusam-
menschau der vorliegenden Analysen zeigt sich allerdings, dass die Art und
Weise, wie der Sprecher im Sprechakt der Krise zur Welt positioniert wird, sich
im 17. und 18. Jahrhundert erheblich komplizierter darstellt. Beobachtbar ist die
langsame, weil offenkundig nicht einfache Umgestaltung der Semantik von
Komplexitätsreduktion auf Komplexitätsmanagement.

Zunächst ist festzuhalten, dass nicht alle Dispositive der Krise auf Entscheiden
und Handeln drängen. Die fortlaufende Korruption einer Ordnung, die in Niedergangserzählungen eingefangen ist, verlangt nicht nach akuter, schlagartiger

Remedur, eher vielleicht zunächst danach, die regelmäßigen Verstöße gegen Ordnungsprinzipien auszusetzen (Hoffmann-Rehnitz, Petrovszky). Zudem liegt eine Entscheidung im genannten Sinne auch nicht an. Eine Alternative zur Bewahrung der Ordnung ist nicht nahegelegt. Auch das eschatologisch-heilsgeschichtliche Dispositiv führt im eigentlichen Sinn nicht in eine Entscheidungssituation, weil die Fortsetzung des sündhaften Wandels zwar vermieden werden kann, damit aber nur dem entsprochen wird, was in Gottes Heilsplan seit Ewigkeit vorgesehen ist. Entscheiden ist in diesem Zusammenhang deswegen kein Mittel der Steuerung, sondern es zielt auf eine mehr oder minder vergebliche Annäherung an einen idealen Zustand. Sich gegen das Prinzip der fortgesetzten Korruption zu wenden, bedeutet daher, den Grad der Ordnungszerrüttung zu erkennen, die Zeiten und Zeichen zu lesen und umzukehren (Schnadenberger, Pečar). Anstelle des Handelns tritt hier ›Unterlassen‹. Das liegt in einer Welt, deren Lauf von Ereignis zu Ereignis durch die Vorsehung Gottes bestimmt ist, ohnehin nahe. Im Bern des 17. Jahrhunderts musste die medizinische Fakultät in ihren Gutachten zur Seuchenpolitik theologisch argumentieren, um die providenzielle Unbedenklichkeit entsprechender Maßnahmen darzulegen (Iseli). Dass der Mensch sich mit weltlichen Mitteln gegen Gottes Zuchtrute zur Wehr setzen durfte, verstand sich bis ins 18. Jahrhundert nicht von selbst. Aber solche Diskussionen bekamen wie die Auseinandersetzung um den Blitzableiter und die obrigkeitliche Politik in Hungersnöten nach und nach den Charakter von Rückzugsgefechten. Die Providenz verlor seit der Mitte des 18. Jahrhunderts ihren bevorzugten Platz unter den Modi der Welterklärung.

Die Alternativlosigkeit der Entscheidung im eschatologisch-heilsgeschichtlichen Dispositiv war auch dort gewollt, wo es auf das Feld politischer Auseinandersetzung übertragen wurde. Eine wirkliche Alternative zur Bestrafung des die Religion lästernden Königs sollte es nicht geben (Pečar). Das medizinische Dispositiv führte ebenfalls dazu, Begründungszwänge für Entscheidungen zu sistieren (Kalff, Sawilla). Der Ausweg aus der Krise verlangte schon wegen zeitlicher Bedrängnis nicht nach verfahrensmäßiger Deliberation oder politischen Kompromissen, sondern nach Dezision (Sawilla, Krischer). Eine Entscheidung wurde damit zum Akt der Setzung,[6] der mögliche Alternativen zum Verschwinden bringen sollte.

Man kann dies zunächst als Reduktion von Komplexität deuten. Bei genauer Betrachtung legen die hier versammelten Beiträge eine andere Formulierung nahe. Es geht um die handlungstaugliche Beschreibung und damit Zurichtung von Komplexität, nicht um ihre Reduktion. Die Schweizer Bauern waren in der Mitte

---

6 *Dieter Mersch*, Ereignis und Aura. Untersuchungen zu einer Ästhetik des Performativen, Frankfurt a.M. 2002; ders., Das Ereignis der Setzung, in: Erika Fischer-Lichte u. a. (Hg.), Performativität und Ereignis, Tübingen u. a. 2003, S. 41–56.

des 17. Jahrhunderts zu sozialen Struktur- und zu Konjunkturanalysen nicht in der Lage (Suter). Die in ihrer Welt relevanten Ereignisse waren personell zuweisbare Herrschaftsakte von Ständen und Tagsatzungen und die im alltäglichen Hunger ihrer Familien greifbare wirtschaftliche Not. Die handlungstaugliche Zurichtung von Komplexität lag hier in der Personalisierung struktureller Gegebenheiten. Die Schweizer Bauern führten daher die konjunkturelle und auch die strukturelle Entwicklung auf Entscheidungen einzelner Herrschaftsträger zurück (Suter). Auch Kaufleute fanden die Ursachen eines drohenden Bankrotts nicht in Markt- oder Preisbewegungen, sondern in Fehlentscheidungen Dritter oder in Verwerfungen verwandtschaftlicher Beziehungsnetzwerke (Häberlein). Ebenso führten die städtischen Zunfthandwerker ihre wirtschaftlichen Schwierigkeiten nicht auf übergreifende Entwicklungen zurück; vielmehr wiesen sie bestimmten Personengruppen die Schuld dafür zu, wie etwa den außerhalb der Zünfte arbeitenden, irregulären Handwerkern (Hoffmann-Rehnitz). In der ersten Kipper- und Wipperinflation von 1620 machten Flugblattschreiber individuell und namentlich zuweisbare Habgier und Geiz für die inflationäre Misere verantwortlich (Nipperdey). Auch die Policeygesetzgebung des 17. Jahrhunderts nannte das Verhalten Einzelner als Anlass für die immer wieder notwendigen Sittenmandate (Iseli).

Das Krisendispositiv hielt dazu an, die wahrgenommene Komplexität der Welt so zu ordnen, dass sie mit den verfügbaren Mitteln handhabbar und bearbeitbar blieb. Es verwundert nicht, wenn das barocke Trauerspiel seine Helden in Handlungs- und Entscheidungsblockaden vorführte und den Zuschauern riet, statt nach der Bewältigung der Welt zu streben, sich darauf zu verlegen, den eigenen ›Seelenfrieden‹ von der nicht kontrollierbaren Kontingenz dieser Welt unabhängig zu machen. Man solle die Seele gegen Unglücksfälle unempfindlich machen, lautete die Lehre (Niefanger). Erst gegen Ende des 17. Jahrhunderts und dann im 18. Jahrhundert werden Veränderungen sichtbar. Die Inflation der 1680er und 1690er Jahre konnte unter Rückgriff auf die Erfahrungen, die man im ersten Drittel des Jahrhunderts gemacht hatte, als Resultat der Eigenheiten des Münzwesens verstanden werden. Es stand daher zu erwarten, dass sich Gleiches auch künftig wiederholen könnte (Nipperdey). Schlachten wurden jetzt vermieden oder aber gezielt provoziert. Ihr Ablauf wurde geplant. Man verzichtete auf Personalisierungen und argumentierte stattdessen mit Strukturen oder institutionellen Zusammenhängen (Füssel, Krischer). All dies geschah jetzt in dem Bewusstsein, dass die wahrnehmbare Komplexität der Verhältnisse von der faktisch vorhandenen weit überstiegen wurde. Während die Schweizer Bauern die Verbindungen der Städte untereinander in ihr Wirklichkeitskonzept nicht einrechneten, auch die Kraft institutioneller Gefüge nicht einschätzen konnten, sondern unterstellten, die Welt sei, wie sie sie wahrnahmen, stellten sich die Militärs im 18. Jahrhundert die Schlacht als trotz aller Planungsbemühungen unbeherrschbar und als eigendynamisch vor (Suter, Füssel). Nur der absolute Herrscher wird als *roi connétable* als eine Figur imaginiert, der es aufgegeben und vorbehalten ist, die Komplexität der Welt so zu ordnen, dass die Kontingenz aus ihr vertrieben werden kann (Füssel). Friedrich II. hat in einem Abschnitt über das »Glück«, den er in seinen *Anti-Machiavel* einrückte, dies zur Aufgabe des Monarchen gemacht.[7] Später stellte er fest, dass es kaum zu verstehen sei, wie der Streit zwischen England und Frankreich um ein paar Stockfischgründe vor den Küsten Kanadas sich zu einem ganz Europa erschütternden Krieg ausweiten konnte (Füssel). Der aufgeklärte Herrscher war eine anachronistische Imagination, die gegen das Wissen von einer in ihrer Komplexität nicht mehr zu durchschauenden und auch politisch von niemandem mehr zu steuernden Welt gesetzt war.

3. Kontingenz und Zeit in der Krise

Auch die Welt der Prädestination präsentierte sich als eine kontingente Welt. Gott straft nicht vorhersehbar, wussten die Schreiber von Wunderzeichenflugblättern (Schnadenberger). Der andere unberechenbare Faktor war der Mensch. Zwar konnte man in der Unterstellung seiner grundsätzlichen Fähigkeit und Bereitschaft, das Böse zu tun, nicht fehlgehen, aber er war in seinen Wünschen und seinem Tun wechselhaft (Sawilla). Zusammen brachte das eine Welt hervor, von der man zwar wusste, dass sie kontinuierlich weiter in ihrer Ordnung zerrüttet wurde, aber es lag im Ungewissen, in welchen Schüben und durch welche Ereignisse im Einzelnen. Auch das ökonomische Geschehen folgte diesem Muster der von Menschen laufend korrumpierten Ordnung (Nipperdey, Häberlein, Hoffmann-Rehnitz). Die Staatskrise erschien daher im Drama des Barock als Ungewitter, von dem nicht zu sagen war, woher es kam, und entsprechend trat ›politische Rationalität‹ auf der Bühne in Gestalt eines Quacksalbers auf (Niefanger).

Aber man ging jetzt an verschiedenen Fronten gegen den Zufall vor. Die infinitesimale Wahrscheinlichkeit, an deren Handhabung Leibniz arbeitete, ließ ihn in der Theodizee noch betonen, dass trotzdem alles Geschehen in der Welt auf bestimmte Ursachen zurückgeführt werden könne. Im Geschäft mit Versicherungen aber wurde der Tod als das unerwartetste aller Ereignisse auf der Grundlage von Sterbetafeln für eine anonyme Bevölkerung bereits in Kapitalrenditen umgerechnet und damit kalkulierbar gemacht. Man brach die Unverfügbarkeit der Gegenwart und ihrer Zukünfte auf. Die weltlichen Obrigkeiten

---

7 *Friedrich II.*, Anti-Machiavel, oder Versuch einer Kritik über Nic. Machiavels Regierungskunst eines Fürsten. Nach des Herrn von Voltaire Ausgabe ins Deutsche übersetzt […], Frankfurt und Leipzig 1745, S. 368–381.

zogen seit dem zweiten Drittel des 17. Jahrhunderts einen wachsenden Teil ihrer Legitimation aus der fortgesetzten und kontinuierlich zunehmenden policeylichen Regulierung der Verhältnisse im ihnen ›anvertrauten‹ Herrschaftsbereich (Iseli). Das hatte zur Folge, dass sich das obrigkeitliche Handlungsprogramm nach und nach von reaktiver Rechts- und Friedenswahrung auf planende Gestaltung umstellte. Städtische Obrigkeiten hatten dabei bis ans Ende des 16. Jahrhunderts einen Vorsprung. Seit der zweiten Hälfte des 17. Jahrhunderts intensivierte sich diese policeyliche Regulierung des Lebens in den territorialstaatlichen Verbänden. Am Ende stand dann der absolutistische *roi connétable* als der Bezwinger des Zufalls (Füssel). Der seit dem 16. Jahrhundert laufende Diskurs über Staatsräson und Regierungskunst war hier fruchtbar geworden und hatte einen ›krisenfähigen‹ Gegenstand mit einer eigenen inneren Logik und einer damit auch überschaubaren Komplexität hervorgebracht. Die Krise schuf für den absoluten Herrscher darin die Notwendigkeit des Handelns auch jenseits von Recht und Traditionen.[8]

Kontingenz brach jetzt nicht mehr von außen in die Welt ein. Sie wurde von systemischen Konstellationen in ihrem Prozedieren selbst hervorgebracht. Das war schon in der publizistischen ›Verarbeitung‹ der zweiten großen Inflation in den 1680er Jahren spürbar. Man verwies auf die dem Münzwesen innewohnenden Regelmäßigkeiten, die schon immer in Abständen zu solchen inflationären Münzverschlechterungen geführt hätten (Nipperdey). Zum kontingenzproduzierenden Ereignis schlechthin wurde dann die Schlacht. Sie war nicht nur in ihrem Verlauf unberechenbar, sondern auch noch in ihrem Ergebnis. Wer den Sieg davongetragen hatte und ob eine Schlacht eine Entscheidungsschlacht gewesen war, entschied sich immer erst in weiteren Ereignissen (Füssel).

Es scheint verständlich, dass der Adel angesichts solcher Kontingenzlasten eine Kultur des ›Schwebezustandes‹ pflog (Füssel), aber das ließ sich dann in der Mitte des 18. Jahrhunderts bereits als einer anderen Temporalität angehörig identifizieren. Es war die Temporalität einer ›breiten Gegenwart‹, die noch in doppelter Weise gebunden war.[9] Sie kann im heilsgeschichtlichen Interpretationsrahmen auch im 17. Jahrhundert immer noch als (im Auerbachschen Sinn) figurative Realisierung einer biblisch-prophetischen Vergangenheit gedeutet werden.[10] Das war freilich unter Protestanten auch theologisch bereits strittig (Pečar). Weithin unstrittig war aber, dass diese Gegenwart nicht in eine wirkliche Zukunft mündete, sondern durch die Wiederkunft Christi entweder in eine tausendjährige Endzeit oder unmittelbar ins Jüngste Gericht überführt wurde.

---

8 Diesen Gedanken verdanke ich einem Hinweis von Jan Behnstedt.
9 *Hans-Ulrich Gumbrecht*, Unsere breite Gegenwart, Berlin 2010.
10 *Erich Auerbach*, »Figura«, in: ders., Gesammelte Aufsätze zur romanischen Philologie, hg. von Gustav Konrad, Bern und München 1967, S. 55–92; *Volker Bohn* (Hg.), Typologie. Internationale Beiträge zur Poetik, Frankfurt a.M. 1988.

Sie war deswegen auch weit davon entfernt, sich als ein begrenzter oder gar punktförmiger Zeitraum des Handelns zu präsentieren, in dem sich Ereignisse vollzogen, die noch nicht vergangen waren oder die noch nicht eingetreten waren. Sie war eine Gegenwart des nicht abreißenden Stroms von unerhörten Ereignissen, die ihre Bedeutsamkeit daraus gewannen, dass sie Zeugnis von der laufenden Korruption der Ordnung ablegten oder vom Zorn Gottes und seinem künftigen Strafgericht handelten (Schnadenberger, Pečar). Zeit wurde hier nicht in einem temporalen Modus wahrgenommen. Sie blieb sich im Grunde gleich, weil sie immer von einer unbeweglichen Ewigkeit gerahmt und getragen war. Campanella argumentierte in seinem astrologischen Rahmen nicht anders (Kalff). Deswegen gab es auch in der diesseitigen Welt keine zeitliche Bewegung, sondern es veränderten sich allein Sachverhalte und Personen. Diese ›breite Gegenwart‹ fand sich um die Mitte des 17. Jahrhunderts nicht nur in religiös motivierten Flugblättern oder in den bestellten antiroyalistischen Predigten vor dem Londoner Parlament. Descartes stellte in seiner dritten *Meditatio* fest, dass man »ja die gesamte Lebenszeit in unzählige Teile teilen« könne. Daraus ergab sich aber für ihn das Problem der völligen Zusammenhanglosigkeit und die Notwendigkeit der Neuschöpfung der Welt in jedem Augenblick. Daher bedürfe es, wie er schloss, eines Gottes, dessen Kraft die Erhaltung der Schöpfung in jedem Augenblick garantiere.[11] Die Gegenwart der laufenden Ereignisse bedurfte der Ewigkeit, gerade wenn man sie punktförmig dachte. Hier kam schon beides zusammen, die ›Ewigkeitsgegenwart‹ der Heilsgeschichte und die sich von Vergangenheit und Zukunft abgrenzende, tendenziell punktförmige Gegenwart einer Welt, in der Komplexität nicht mehr über die Varietät der Sachen und Personen, sondern über Zeit hergestellt wurde.

Solche Übergänge sind auch noch anderweitig zu verzeichnen. Die Verfallsgeschichten lösten zwar die Gegenwart nicht in jedem Fall von der Vergangenheit, aber Chronistik und Geschichtsschreibung schärften offenbar das Bewusstsein dafür, dass die Vergangenheit vergangen war und daher nur noch als aufgeschriebenes Zeugnis zur Verfügung stand. Man musste sie im Hinblick auf die eigene Gegenwart lesen (Petrovszky). Auch im Schweizer Bauernkrieg war schon zu sehen gewesen, wie in einer kontrovers und nicht mehr heilsgeschichtlich interpretierten Gegenwart unterschiedliche Vergangenheiten aufbrachen, wobei aber insbesondere die Bauern dazu neigten, den Mythos Tell als prophetisches Muster für ihr Gegenwartsverständnis zu nehmen, und entsprechend tragisch täuschten sie sich über die Ereignisse. Was die Zukunft anbelangt, so waren sich beide Parteien jedenfalls in einem Punkt einig: Es sollten vergangene Zustände wiederhergestellt werden. Nur verstand die eine Seite darunter eine Zeit ohne

---

11 René Descartes, Meditationes de prima philosophia. Philosophische Schriften in einem Band, Hamburg 1996, S. 89 ff., Nr. 31–33.

Unruhen, die andere aber eine Zeit ohne ungerechtfertigte Ausbeutung (Suter). Ähnliche Argumentationsmuster finden sich verstärkt seit der Mitte des 17. Jahrhunderts auch in Supplikationen städtischer Bürger und Zünfte sowie in den Flugschriften, die während der Inflation der 1680er Jahre verfasst wurden. Indem man das gegenwärtige Geschehen als die Wiederholung eines speziellen (nicht ewig menschlich-gleichen) Ereignisses in der Vergangenheit identifizierte, vollzog man eine doppelte Operation. Man trennte die Gegenwart von der Vergangenheit und wies ihr gleichzeitig eine spezielle Vergangenheit zu, die sich aus der Bestimmung eben dieser Gegenwart ergab (Hoffmann-Rehnitz, Nipperdey). Auch in diesen Fällen imaginierten zwar einige Autoren die Zukunft als Wiederherstellung einer bereits in der Vergangenheit bestehenden Ordnung, aber es gab auch Stimmen, die die Einführung neuer Regelungen wie etwa eines neuen Münzfußes forderten, weil nur so die fortlaufende Steuerung der ohnehin ständig zu erwartenden Änderungen möglich werde. Hier wurde die Zukunft als eine vorgestellt, die von Entscheidungen der Gegenwart abhängig war, aber bereits in dem Sinne, dass die künftigen Gegenwarten auch eigene Zukünfte hervorbrachten. Der Silberpreis werde sich nicht nach der Bonität des deutschen Geldes richten, hieß es (Nipperdey).

Krankheitsmetaphern spielten im Inflationsdiskurs bereits eine wichtige Rolle. Campanella hatte sie kurz vor 1600 noch genutzt, um die Gegenwart an eine figurativ wirkende Vergangenheit zu binden (Kalff). Die Bedeutung des medizinischen Krisendispositivs für eine Temporalisierung der Gegenwart unterstreicht hingegen dann schon der französische Diskurs. Entscheidende Ereignisse wurden historiographisch mit einer eigenen Vergangenheit versehen. Die diagnostizierte Krise ließ die Gegenwart als einen Raum, in dem entscheidendes Handeln möglich war, immer mehr zusammenschrumpfen. Und als Mazarin 1651 die Krise ausrief, markierte er eine punktförmige Gegenwart, deren Zukunft völlig unbestimmt und offen war, aber durch das Handeln in ebendieser Gegenwart gestaltet werden konnte (Sawilla).

4. Die Medien[12] der Krise

Die Krise ist Resultat von Beobachtungen. Sie ist deswegen in einem doppelten Sinne ein mediales Phänomen. Sie ist in der Beobachtung auf Medien angewiesen, in denen Unterschiede, die einen Unterschied machen, beobachtbar

---

12 Hier ist ein weiter Medienbegriff unterstellt. Zu Medien können alle Themen oder Gegenstandsfelder der Welt werden, die es erlauben, einen Unterschied (der einen Unterschied macht) zu beobachten. Vgl. *Joseph Vogl*, Medien-Werden: Gallileis Fernrohr, in: Lorenz Engell und Joseph Vogl (Hg.), Mediale Historiographien, Weimar 2001, S. 115–123.

werden. Beides lässt sich für viele soziale Phänomene sagen, hebt also die Krise zunächst nicht unbedingt heraus. Was sie in medialer Hinsicht spezifisch macht, dürfte mit dem Umstand zusammenhängen, dass das Dispositiv der Krise sich als ein wesentlicher Bestandteil des durch Distanzmedien vermittelten Systems der Selbstbeobachtung entfaltet, das für die allgemeine Verfügbarkeit von Wissen und Informationen sowie für Systemerhaltung zuständig ist. Das Krisendispositiv ist Teil des ›Immunsystems‹ von Sozialsystemen höherer Komplexität, und man kann vermuten, dass erst funktionale Differenzierungsmuster über eine derart auf Fehlsteuerung reagierende Semantik und die entsprechenden Diskurse verfügen (und sie auch benötigen). Die vorliegenden Beiträge liefern dafür keine hinreichende Evidenz, weil sie vor die Mitte des 16. Jahrhunderts nicht zurückgreifen. Man kann ihnen aber dennoch zwei Modi entnehmen, auf sozialstrukturelle Dysfunktionalitäten zu reagieren.

In der Konstellation des Schweizer Bauernkrieges, die sich durch eine eindeutig hierarchisch geordnete Konfiguration auszeichnete, wurde die Dysfunktionalität, die sich aus den Eigengesetzlichkeiten der systemischen Reproduktionslogik ergab, durch gewaltsame Gegenwehr und durch Verweigerung der systemischen Funktionalität artikuliert. Die Bauern zahlten keine Abgaben und Steuern mehr (Suter). Diese Verbindung von performativ inszenierter Gewalt und dem ›Austritt‹ aus Systemen erscheint als typisch vormoderne Form des Protests, wie man Forschungen zu städtischen Unruhen, zur Adelskrise des 16. Jahrhunderts oder auch zu Handwerkerunruhen entnehmen kann. Am deutlichsten wird dies, wenn Gruppen aus Sozialzusammenhängen ›auswanderten‹: Handwerker oder Gesellen aus Städten, der niedere Adel, der sich durch Fehden gegen das Reich und sein Landfriedensgebot stellte, die Protestanten, die sich von der römischen Kirche trennten. Je mehr die Komplexität vormoderner Gesellschaft durch die Kombination von hierarchisch geordneten Strukturmustern und funktional bestimmten gesteigert wurde, desto schwieriger wurde es, Dysfunktionalitäten durch Funktionsverweigerung zu artikulieren, ohne die Reproduktion des Sozialzusammenhangs im Gesamten zu gefährden. Es lag dann näher, Reibungsverluste in der systemischen Reproduktion so zu identifizieren und zu artikulieren, dass die Selektionsmechanismen in sozialen Konfigurationen evolutionär nachjustiert werden konnten. Dabei kam dem Dispositiv der Krise seit dem Ende des 16. Jahrhunderts offenkundig eine wachsende Bedeutung zu.

Es ist auch hier nicht zu übersehen, dass Gewalt und Gewaltandrohung in den Krisenszenarien bis zur Mitte des 17. Jahrhunderts eine zentrale Rolle spielten. Die gewaltsame Infragestellung systemischer Rationalität blieb bis dahin ein mindestens möglicher Bestandteil des Dispositivs. Der englische Bürgerkrieg stand dafür, aber schon in der Fronde artete die Gewalt nicht in einen Bürgerkrieg aus, und die Zunahme des Krisendispositivs in der politischen Publizistik danach repräsentierte in der Mehrzahl der Fälle Konstellationen, in denen diejenigen, die das Dispositiv mobilisierten, damit die systemische Reproduktionslogik zwar verändern, aber nicht infrage stellen mochten (Krischer). Auch Friedrich II. sprach von Krisen, gerade weil der Bestand des Staates und der monarchischen Herrschaft gegen akute Bedrohungen erhalten werden sollte (Füssel). Ohne übertriebene Zuspitzung lässt sich daher festhalten, dass sich das Krisendispositiv als ›Signalbegriff‹ etablierte, je mehr es nicht nur in der integrierten Öffentlichkeit des politischen Handlungsraumes selbst Anwendung fand, wie dies am Beginn des 17. Jahrhunderts geschah, sondern auch in der sich dem gegenüber ausdifferenzierenden publizistisch-politischen Öffentlichkeit.[13] Dass das Krisendispositiv eine Semantik war, die in der operativen Reproduktion von Sozialzusammenhängen wie in deren Beobachtung (zweiter Ordnung) gleichermaßen verwandt wurde, scheint für dieses Sprachspiel allerdings konstitutiv.

Da die Krisendiagnose einen Weltzustand identifizierte, der von einer als für den Systemerhalt notwendigen Form des Operierens abwich, hatte der Begriff einen aufmerksamkeitszentrierenden, alarmistischen Charakter. Deswegen wurde die Welt stets nur in ihren existenzgefährdenden Aspekten zu einem tauglichen Beobachtungsmedium der Krise: Hunger, Unwetter Seuchen, eine papistische Verschwörung und auch Schlachten, aus denen man als Sieger oder mit einer (kriegsentscheidenden) Niederlage hervorgehen konnte, zählten dazu.

Auf der materialen Seite der Medien lassen sich zwei Bewegungen nachzeichnen. Je mehr der Krisenbegriff aus dem heilsgeschichtlichen Dispositiv herauswanderte, desto mehr setzte seine Epistemologie die schriftliche und nicht mehr eine bloß sinnlich performative Repräsentanz der Welt voraus. Die moldauischen Chronisten des 17. Jahrhunderts wussten, dass sie die Gegenwart nur als Ereignis eines Niedergangs identifizieren konnten, weil die Vergangenheit schriftlich aufgezeichnet war und man in ihr deswegen im wörtlichen wie im übertragenen Sinn lesen konnte (Petrovszky). Als man in den 1680er Jahren angesichts der wieder zu beobachtenden Münzverschlechterungen die Kipper- und Wipperinflation zitierte, spielten zwar die persönlichen Erinnerungen einzelner Protagonisten eine wichtige Rolle, aber die Konfiguration von Urszene und Wiederholung und vor allem die Konstruktion einer Serie von inflationären Ereignissen waren dann doch auf schriftliche Überlieferungen angewiesen (Nipperdey). Die Mazarinaden entfalteten einen Raum der Krise, indem sie sich wechselseitig aufeinander bezogen. Solange hingegen die Publizistik sich soweit nicht verdichtet hatte, waren Krisenszenarien auf eine performative Explikation angewiesen. Das wussten die Schweizer Bauern, die sich mit ihren Prügeln auf

---

13 *Rudolf Schlögl*, Politik beobachten. Öffentlichkeit und Medien in der Frühen Neuzeit, in: Zeitschrift für Historische Forschung 35 (2008), S. 581–616.

den Marsch durch das Entlebuch machten, und wenigstens einige von ihnen haben aus ihrer militärischen Niederlage gelernt, dass Flugschriften als Waffe gegen die Obrigkeit den Prügeln und Spießen ebenbürtig waren (Suter). Die englische Publizistik des 18. Jahrhunderts, die sich vom Krisenbegriff tragen ließ, operierte bereits als ein selbstreferenzieller Kommunikationsraum. Richard Steele, der nicht als der Erfinder des Krisenbegriffs, aber doch als derjenige gelten kann, der seine mediale Dimension und Dynamik zuerst durchschaute, setzte die *crisis* daher als Schlagwort in den Titel seines Pamphlets von 1714 ein, ohne es dann in den inhaltlichen Ausführungen noch zu verwenden. Er sicherte sich auf diese Weise enorme Verkaufszahlen, die durch die hohe Resonanz in anderen Pamphleten noch gesteigert wurden. Auch später blieb die Krise der Rahmen, der dazu taugte, Entscheidungen in politisch offenen Situationen zu rahmen. Schon das englische Parlament griff darauf zurück, die Akteure der Französischen Revolution und die späteren ohnehin. Verstärkt durch die Massenmedien wird die Krise damit in der Moderne zu einem erwartbaren und wiederkehrenden Element in der Reproduktion gesellschaftlicher Strukturen.

Die Medien solcher Kommunikationsräume waren und blieben zunächst alarmistische Formen der Publizistik, nicht die analysierenden und berichtenden. Die Deutung der Himmelserscheinungen als heilsgeschichtliche Zeichen geschah in gereimten Liedflugblättern, die in der Tradition der religiös-prognostischen Flugblattproduktion standen (Schnadenberger). In England wählte man die Form der gedruckten Predigt und damit ebenfalls ein Medium des Aufrüttelns (Pečar). Im Prosaflugblatt wurden die Himmelserscheinungen schon in der Mitte des 17. Jahrhunderts ›naturwissenschaftlich‹ interpretiert (Schnadenberger). Die Krisensemantik entfaltete sich daher zunächst nicht in den periodischen Medien wie der Zeitung, die sich zur Aufgabe gesetzt hatten, Informationen mit Neuigkeitswert ohne Kommentar zu verbreiten. Erst im Verlauf des 18. Jahrhunderts, als in die berichtenden Medien auch Kommentare und Bewertungen einwanderten, sich dort also Nachricht und Historiographie mischten, wie der Zeitungstheoretiker Johann Kaspar Stieler im 17. Jahrhundert bemerkt hatte, konnte das Krisenkonzept im publizistischen Raum der politischen Öffentlichkeit allgemein durchdringen (Krischer).[14]

---

14 Dies gilt zumindest für England mit seinem etablierten System der öffentlichen Kommunikation, nicht aber für Deutschland; hier sollte es bis ins 19. Jahrhundert dauern, bis der Krisenbegriff sich auch innerhalb der öffentlichen und der politischen Alltagskommunikation etablierte.

5. Die Krise der Historiographie

Man kann die Krise mit Recht auch ein Kind der Historiographie nennen. Die Niedergangsszenarien der französischen Geschichtsschreibung an der Wende vom 16. zum 17. Jahrhundert boten einen ersten Rahmen für das medizinische Krisendispositiv (Sawilla). Die moldauische Geschichtsschreibung ordnete die Vergangenheit ebenfalls auf eine korrumpierte Gegenwart hin (Petrovszky). Im 18. Jahrhundert scheint die als Untergang ausformulierte Krise bereits so selbstverständlich, dass Edward Gibbon die Geschichte des spätrömischen Reiches unter den Antoninen über sechs Bücher hin ausdehnte, obwohl bereits im zweiten Buch die Aushöhlung der römischen Ordnung durch das Christentum als Hauptursache der Entwicklung identifiziert war.[15] Hier führte sich das Krisendispositiv durch seine Zerdehnung als narrative Ordnung ad absurdum. Aber es war für die Geschichtsschreibung generell hilfreich, wie man bis heute beobachten kann. Es lieferte der historiographisch bearbeiteten vergangenen Gegenwart eine selektiv auf ihren Krisenzustand hin organisierte Vergangenheit und ließ damit wie von selbst die Einheit des Gegenstands entstehen. Die Krise stiftete Kausalität. Sobald die medial produzierte und zirkulierende Flut von Informationen über Ereignisse durch selektive Verknüpfungen in Sinnstrukturen geordnet und damit auch auf ihre Wahrheit geprüft werden musste, wie Johann Kaspar Stieler das beschrieben hatte, wurde die historiographische Sinngebung zu einem notwendigen Pendant der medialen Konstruktion gesellschaftlicher Wirklichkeit.[16] Auch für die stets willkürliche Auswahl einer vergangenen Gegenwart als historiographisches Objekt ergab sich dann beinahe wie von selbst eine Begründung.

Die Historisierung des Krisendispositivs in den Beiträgen dieses Bandes belehrt aber auch über die Kosten dieser narrativen Strategie. Sie führt in ungeprüfte Rationalitätsunterstellungen, erzeugt notwendigerweise Teleologie und verleitet dazu, vergangene Gegenwarten mit Zeithorizonten der Vergangenheit und Zukunft auszustatten, die jedenfalls nicht die der Zeitgenossen gewesen sein müssen. Das Krisennarrativ produziert die Imagination von Prozessen und verdeckt dabei den Umstand, dass es den in Prozessen zu transformierenden Stoff des Sozialen nicht gibt, sondern dieses aus dem Nebeneinander und der Abfolge von je beobachteten gegenwärtigen, punktförmigen Ereignissen besteht. Wenn dies anerkannt wird, werden Unterstellungen jeder Art über die Erwartbarkeit von Entwicklungen schwierig. Die für die Frühe Neuzeit häufig unterstellte Fixierung auf Normbefolgung müsste dann überdacht werden.

---

15 *Edward Gibbon*, The History of the Decline and Fall of the Roman Empire, hg. von David Womersley, 3 Bde., New York 1994 [zuerst in sechs Bänden London 1776–1789].
16 *Schlögl*, Politik beobachten (Anm. 13), S. 604ff.

Darüber hinaus schreibt die Krise einer Gegenwart Zwangsläufigkeiten und Determiniertheiten ein, von denen man anerkennen oder vermuten muss, dass sie möglicherweise den handelnden Zeitgenossen zur Orientierung dienlich waren, die aber gerade deswegen das Misstrauen einer sich als Wissenschaft verstehenden Historiographie auf sich ziehen sollten (Lottes).

Umgekehrt führt aber auch der bewusste Verzicht auf den Krisenbegriff in Probleme. Die Auflösung einer Gesamtgeschichte des englischen Bürgerkrieges in regionale Mikrostudien etwa versetzt die handelnden Zeitgenossen in eine Dunkelheit, die keine Orientierung mehr zugelassen haben kann (Lottes). Die Regionalisierung von gesellschaftlichen Vorgängen in einer radikalen Ereignisgeschichte wird deswegen dem Umstand nicht gerecht, dass Handeln, Entscheiden und Erleben in einer jeweiligen Gegenwart einen mit ihr mitlaufenden und das gesamte – auch distanzmedial vermittelte – Netzwerk von Handlungszusammenhängen umgreifenden Sinnhorizont voraussetzen.[17] Anschlussfähiges Operieren in komplexen Sozialzusammenhängen gelingt nur, wenn die Komplexität der jeweiligen Gegenwart sich in den Zeithorizonten, Kausalitätskonzepten und Wissensbeständen der Handelnden niederschlägt. Als Beobachter erster Ordnung bestimmen sie selbst über die Determinierung und die Möglichkeiten ihrer Gegenwart. Dabei beobachten sie mit ihren Unterscheidungen auch andere Beobachter, die möglicherweise mit konkurrierenden Sprachspielen operieren.

Historiker haben dann das Privileg, nicht Sprachspiele verteidigen zu müssen, sondern sich mit ihren Beobachtungen zweiter Ordnung an je gegenwärtig laufenden Kommunikationszusammenhängen ihrer Wissenschaft beteiligen zu können. Der Krisenbegriff kann ihnen daher nur in seiner radikalen Verzeitlichung hilfreich sein. Sie sollten ihn als Appell verstehen, die historische Gegenwart als die der operierenden Beobachter erster Ordnung zu rekonstruieren. Ob dazu ›analytische Krisenkonzepte‹ wirklich hilfreich sind, wie in einigen der nachfolgenden Beiträge betont wird, mag dahingestellt bleiben. Für die Verwendung des Krisenkonzepts in der laufenden operativen Reproduktion von Sozialzusammenhängen könnte man aus dieser radikalen Historisierung dann lernen, dass das Krisenkonzept eine Welt mit multiplen Vergangenheiten und Zukünften schafft. Daher muss die Welt, die man in der Krise durch Entscheidungen wählt, auch nicht die beste aller möglichen Welten sein. Mit seinen ihm eingeschriebenen Stabilitäts- und Gleichgewichtsannahmen verstellt das analytische Krisendispositiv Historikern den Blick auf die Dynamik von Konstellationen, auch es wenn die Welt als eine gestaltbare überhaupt erst verfügbar

---

17 Eine sprachanalytische Begründung dafür bei *John R. Searle*, Wie wir die soziale Welt machen. Die Struktur der menschlichen Gesellschaft, Berlin 2012, S. 56–59.

macht.¹⁸ Ob umgekehrt die ›breite Gegenwart‹ einer postcartesianischen Ära, die das heilsgeschichtliche Modell zitiert, aus dem, wie wir gesehen haben, der Krisenbegriff hervorging, die bessere Alternative ist, kann daher ebenfalls bezweifelt werden.¹⁹

---

18 *Wolfgang Streeck*, The Crisis of Democratic Capitalism, in: New Left Review 71 (2011), S. 1–13.
19 *Gumbrecht*, Breite Gegenwart (Anm. 9), S. 20–59.

Sabine Kalff

Fatale Zahlen – Tommaso Campanella und die Krise des Jahres 1600

Der Philosoph und Dominikanermönch Tommaso Campanella hegte so große Erwartungen an das Jahr 1600, von dem er annahm, dass es gewaltige politische und religiöse Umwälzungen zeitigen würde, dass er sich höchstpersönlich an der kalabresischen Verschwörung gegen die spanische Herrschaft über Süditalien im Jahr 1599 beteiligte. Während sich sein politisches Engagement, das in einer 27-jährigen Inhaftierung mündete, größerer Bekanntheit erfreut, sind seine theoretischen Reflexionen auf die politische Situation in seiner süditalienischen Heimat, die zu seiner verschwörerischen Betätigung führten, eher unbekannt. Campanella deutete das Jahr 1600 sowohl prospektiv als auch retrospektiv als Krise, wobei sich seine Krisenprognose als ausgesprochen handlungsorientiert erwies, indem sie den Eingriff des Mönchs in das politische Geschehen zunächst veranlasste und anschließend rechtfertigte.

Campanella untersuchte mit astronomisch-astrologischen Indikatoren, medizinisch-naturphilosophischen und theologisch-chronologischen Krisenzeichen eine Fülle von Faktoren, die für die Imminenz einer universalen Krise sprachen. Im Folgenden sollen vor allem die medizinischen und naturphilosophischen Argumentationen in den Blick genommen werden, um den Beitrag des medizinischen Krisendiskurses in der Frühneuzeit zur Entwicklung eines politischen Krisenbegriffs zu untersuchen. Die medizinische Debatte um die Lehre von den kritischen Tagen und den kritischen Jahren, die zwischen dem frühen 16. und späten 17. Jahrhundert florierte, verfügte über einen klar definierten Krisenbegriff, der höchstwahrscheinlich nicht ohne Einfluss auf die politische Debatte blieb.

Das ist am Beispiel Tommaso Campanellas gut nachvollziehbar, der ein lebhaftes Interesse sowohl an politischen Krisen als auch an der Medizin hegte. Neben politischen, theologischen, astrologischen und literarischen Werken verfasste er mehrere medizinische Schriften, darunter den *Epilogo magno* oder *Fisiologia italiana* (1623)[1] und die voluminösen *Medicinalium iuxta propria*

---

1 Die letzte lateinische Version des Traktats wurde zwischen 1604 und 1609 verfasst. Vgl. *Michael*

principia libri septem (1635).² Während Campanella in seiner physiologischen Schrift all das behandelte, was die frühneuzeitliche Medizin unter Physiologie, dem allgemeinsten Fach des medizinischen Kanons verstand,³ nämlich die Erforschung der Prinzipien, die im gesamten Reich der Natur walteten,⁴ kamen in den *Medicinalia* ausschließlich jene Vorgänge zur Sprache, die sich innerhalb der Lebewesen vollzogen. Die medizinischen Werke Campanellas sind kaum bekannt und schlecht erforscht, nicht zuletzt, weil sie mehrheitlich unübersetzt sind beziehungsweise moderne Ausgaben gänzlich fehlen. Campanellas medizinische Schriften sind darüber hinaus ein wichtiger Anlass, seine politische Krisenanalyse in Zusammenhang zu seiner medizinischen Auseinandersetzung mit der Krise zu setzen.

1. Die Krise des Jahres 1600

Mit dem, was man mit Campanella die ›Krise des Jahres 1600‹ nennen kann, rückt ein in historischer Hinsicht eher unbekanntes Krisenszenario in den Blick, dessen berühmtester Verfechter in Wort und Tat zweifellos Campanella selbst war. Seine Überzeugung, dass das Jahr 1600 universale Umwälzungsprozesse mit sich brächte, war immerhin so stark, dass er sich in maßgeblicher Position an der Verschwörung des Jahres 1599 gegen die spanische Herrschaft über Süditalien beteiligte. So galt er der spanischen Justiz während des anschließenden Prozesses wegen Hochverrats und Häresie in Neapel als Anführer der kalabresischen Revolte. Campanellas Krisendeutung war dementsprechend mit konkreten politischen Interessen verbunden, was jedoch nicht heißt, dass es historisch gesehen überhaupt keine Krise gegeben hätte. Campanella stieß in seiner Heimat auf eine Situation, die der Historiker Rosario Villari im Spektrum jener Auf-

---

    W. *Mönnich*, Tommaso Campanella. Sein Beitrag zur Medizin und Pharmazie der Renaissance, Stuttgart 1990, S. 35. Das italienische Manuskript wurde erstmals 1939 gedruckt. Vgl. *Carmelio Ottaviano*, Prefazione, in: Tommaso Campanella, Epilogo magno (Fisiologia italiana), hg. von Carmelio Ottaviano, Rom 1939, S. 19. Zur politischen und medizinischen Krisenanalyse um 1600 siehe mittlerweile auch *Sabine Kalff*, Politische Medizin in der Frühen Neuzeit. Die Figur des Arztes in Italien und England im frühen 17. Jahrhundert, Berlin und Boston 2014, Kapitel 3.1. Zum Einfluss des medizinischen Krisendiskurses auf die Entstehung eines politischen Krisenbegriffs vgl. auch den Beitrag von Jan Marco Sawilla in diesem Band.
2 *Tommaso Campanella*, Medicinalium iuxta propria principia libri septem, Lyon 1635 [verfasst um 1618]. Vgl. *Mönnich*, Campanella (Anm. 1), S. 24.
3 *Ian Maclean*, Logic, Signs and Nature in the Renaissance. The Case of Learned Medicine, Cambridge u. a. 2002, S. 69.
4 *Vivian Nutton*, Physiologia: From Galen to Jacob Bording, in: Manfred Horstmanshoff, Helen King und Claus Zittel (Hg.), Blood, Sweat and Tears. The Changing Concepts of Physiology from Antiquity into Early Modern Europe, Leiden 2012, S. 27–40, hier S. 30.

stände und politischen Unruhen seit Mitte des 16. Jahrhunderts verortete, die den allmählichen Niedergang der spanischen Monarchie begleiteten.[5]

Dass sich Campanella im Jahr 1599 überhaupt in seiner kalabresischen Heimat aufhielt, hing wesentlich mit seinen naturphilosophischen Interessen zusammen, die ihn frühzeitig mit der Inquisition in Kontakt brachten. So begeisterte er sich für die antiaristotelische Philosophie seines Landsmanns Bernardino Telesio.[6] Seine Beziehung zu dem Dominikanerorden gestaltete sich spätestens seit der Veröffentlichung seiner ersten bedeutenden naturphilosophischen Schrift *Philosophia sensibus dimonstrata* (1591) schwierig. Campanella interessierte sich hartnäckig für theologisch problematische Gebiete der Naturphilosophie wie die Astrologie, Magie und Prophetie[7] und hatte überdies wenig Sinn für die sesshafte Lebensweise der Mönche. Mehrfach begab er sich auf eigene Faust dorthin, wo es ihm behagte – etwa von 1589 bis 1592 nach Neapel. Nach der Verurteilung vor dem römischen Inquisitionsgericht im Jahr 1598 wurde Campanella in seine entlegene kalabresische Heimat zurückverbannt, wo er allerdings nicht wie erhofft in Isolation geriet. Vielmehr erschloss er sich unter seinen Glaubensbrüdern und der lokalen Schicht von Gebildeten, zu denen Ärzte und Adlige zählten, rasch ein neues Publikum für seine unorthodoxen philosophischen Lehren. Zudem traf er in Stilo auf eine politisch und ökonomisch desolate Situation. Unter der spanischen Herrschaft über Süditalien kam es seit der Mitte des 16. Jahrhunderts zu massiven Konflikten über die juristische Zuständigkeit sowohl zwischen kommunalen und feudalen Institutionen als auch zwischen der klerikalen italienischen und säkularen spanischen Administration. Die Auseinandersetzungen im Zuge des Refeudalisierungsprozesses betrafen nicht nur die Frage der Gerichtsbarkeit, sondern zunehmend auch diejenige der Rechtsdurchsetzung. Diese mündeten im letzten Jahrzehnt des 16. Jahrhunderts in einen Zustand allgemeiner Gesetzlosigkeit, in der es keine politische Autorität gab, die die Einhaltung des Rechts hätte erzwingen können. So waren Überfälle durch Banditen, die sich zahlreich in die Berge zurückgezogen hatten, an der Tagesordnung.[8]

Das Banditentum war sogar für süditalienische Adlige eine Option, die sich aus Furcht vor der Ahndung von Verstößen, insbesondere der fehlenden Leistung von Abgaben, in die Berge zurückzogen. Das führte zu einem kulturellen und politischen Niedergang, den der Medizinhistoriker Ercole Vittorio Ferrario

---

5 *Rosario Villari*, The Revolt of Naples, Cambridge 1993, S. 34.
6 Zur Philosophie Telesios und ihrer Rezeption vgl. *Martin Mulsow*, Frühneuzeitliche Selbsterhaltung. Telesio und die Naturphilosophie der Renaissance, Tübingen 1998.
7 Vgl. *Luigi Firpo*, Tommaso Campanella, in: ders., Il supplizio di Tommaso Campanella. Narrazioni – Documenti – Verbali delle torture, Rom 1985, S. 7–48, hier S. 8.
8 Vgl. *John M. Headley*, Tommaso Campanella and the Transformation of the World, Princeton NJ 1997, S. 44.

drastisch dahingehend kommentierte, dass sich das politische Leben in Süditalien zu dieser Zeit auf das Banditentum, das kulturelle hingegen auf die religiösen Orden beschränkt habe.⁹ Auch der Überfall durch die türkische Flotte am Kap von Stilo am 18. September 1598 unmittelbar nach Campanellas Ankunft im Juli 1598 schockierte die Einwohner, zumal keine politische Autorität den Plünderungen und Verschleppungen von Personen entgegentrat.¹⁰

In diesem politischen Klima, in dem es an Zeichen des Niedergangs der politischen Ordnung gewiss nicht fehlte, begann Campanella im Frühjahr 1599 öffentlich den unmittelbar bevorstehenden kosmischen und politischen Wandel zu predigen.¹¹ Gleichzeitig bemühte er sich in Einzelgesprächen, Personen davon zu überzeugen, dass die glückliche Endzeit eines irdischen Universalreichs, die dem Weltende vorausgehe, unmittelbar bevorstünde beziehungsweise dass man ihren Beginn herbeiführen müsse, notfalls mit Waffengewalt: Man müsse das von den Propheten, den Philosophen und Weisen aller Art angekündigte heilige Reich genießen, aber es sei trotzdem nötig, es entschlossen zu erobern und zu verteidigen.¹² Im Sommer 1599 umfasste das Netz von Verschwörern eine Vielzahl von Personen aus nahezu allen Gesellschaftsschichten, einschließlich des Klerus. Weiterhin existierten Kontakte zu den örtlichen Banditen und der türkischen Flotte, auf deren militärische Kompetenz man angesichts der zu erwartenden spanischen Intervention baute. Noch bevor ein konkreter Plan zur Durchführung des Umsturzes entwickelt war, wurde die Verschwörung verraten und ein Großteil der Beteiligten verhaftet, darunter auch Campanella. Die Verschwörer, unter ihnen Dutzende von Klerikern und Hunderte von Laien, wurden per Schiff nach Neapel verfrachtet, wo bereits beim Einlaufen in den Hafen zur Abschreckung des Volkes mehrere Hinrichtungen vollzogen wurden.¹³ Die anschließenden zivilrechtlichen Verfahren gegen die restlichen Verschwörer führten zu zahlreichen weiteren Hinrichtungen. Die Tatsache, dass Campanella als anerkanntes Oberhaupt der Verschwörung nicht ebenfalls hingerichtet wurde, resultierte einerseits aus dem beschriebenen Konflikt zwischen klerikaler römischer und ziviler spanischer Justiz,¹⁴ andererseits aus der Hoffnung

---

9 Vgl. *Ercole Vittorio Ferrario*, Il medico nella ›Città del Sole‹, in: Annali di Medicina Navale LXVIII, 6 (1963), S. 973–980, hier S. 974.
10 *Luigi Amabile*, Fra Tommaso Campanella. La sua congiura, i suoi processi e la sua pazzia, 3 Bde., Bd. 1, Neapel 1882, S. 134.
11 Vgl. Firpo, Tommaso Campanella (Anm. 7), S. 51f.
12 So gab ein Verhörprotokoll des neapolitanischen Prozesses Campanellas Ansicht wieder; *Amabile*, Congiura (Anm. 10), S. 150. Alle deutschen Übersetzungen stammen von der Verfasserin.
13 Vgl. Firpo, Tommaso Campanella (Anm. 7), S. 12.
14 Vgl. *Germana Ernst*, Tommaso Campanella. Il libro e il corpo della natura, Rom und Bari 2002, S. 64.

der Ankläger, ihm ausführlichere Informationen über die Verschwörung und die Namen weiterer Mitverschwörer zu entlocken.[15]

Die drohende Hinrichtung war der Anlass für die Abfassung zweier Verteidigungsschriften im Frühjahr 1600, der *Prima delineatio defensionum*[16] und der *Secuda delineatio defensionum*,[17] in welchen Campanella seine Annahme einer universalen Krise im Jahr 1600 ausführlich begründete. Das macht die beiden apologetischen Schriften zu einer wichtigen Quelle für Campanellas Krisenkonzeption. Zur Entlastung von dem Vorwurf der Häresie und des Hochverrats waren sie allerdings weniger geeignet. Daher verlegte sich Campanella zur Abwendung der Hinrichtung seit April 1600 darauf, Wahnsinn zu simulieren.[18] Wahnsinn war rechtlich gesehen ein gewichtiger Grund, die Todesstrafe nicht zu vollziehen, da Wahnsinnige ihre Taten weder einsehen noch bereuen konnten, wodurch die Schuld auf die Richter zurückfiel, die sie zum Tod verurteilten.[19] Nachdem Campanella mehrfach der Folter standhielt, war die Gefahr der Hinrichtung im Sommer 1600 gebannt. Neben seinen beiden apologetischen Verteidigungsschriften, die schon aufgrund ihres Entstehungszusammenhangs nicht das volle Spektrum von Argumenten boten, äußerte sich Campanella zum Thema der Krise in drei späteren Schriften, den auf der *Secuda delineatio defensionum* aufbauenden *Articuli prophetales* (1609),[20] seinem naturphilosophischen Hauptwerk *Del senso delle cose e della magia* (1620)[21] und den *Medicinalia*.

---

15 Firpo, Tommaso Campanella (Anm. 7), S. 13.
16 *Tommaso Campanella*, Prima delineatio defensionum / Primo schema delle difese, in: Firpo, Il supplizio (Anm. 7), S. 73–127.
17 *Tommaso Campanella*, Secunda delineatio defensionum / Secondo schema delle difese, in: Firpo, Il supplizio (Anm. 7), S. 129–175. Beide Schriften werden im Folgenden nach der italienischen Übersetzung von Firpo zitiert und nur ausnahmsweise nach dem lateinischen Text.
18 Es ist strittig, ob der Wahnsinn simuliert oder echt war. Für den Wahnsinn argumentiert Mönnich, für die Simulation plädieren Firpo, Ernst und Ferrario.
19 Firpo, Tommaso Campanella (Anm. 7), S. 14.
20 Die Datierung betrifft die Entstehung. Zur ersten Druckfassung vgl. *Tommaso Campanella*, Articuli prophetales, hg. von Germana Ernst, Florenz 1977.
21 1620 wurde die lateinische Fassung unter dem Titel *De sensu rerum et magia libri quatuor* in Frankfurt gedruckt. Die erste italienische Fassung entstand um 1604, es folgten mehrere Überarbeitungen. Auf Italienisch wurde der Text erstmals im 20. Jahrhundert veröffentlicht. Antonio Bruers Ausgabe legte mehrere italienische und lateinische Manuskripte zugrunde; *Tommaso Campanella*, Del senso delle cose e della magia. Testo inedito italiano con le varianti dei codici e delle due edizioni latine, hg. von Antonio Bruers, Bari 1925.

2. Zukunftswissenschaft und Prognostik

In der ausführlicheren der beiden Verteidigungsschriften, der *Secunda delineatio defensionum*, rechtfertigte Campanella seine prognostischen Unternehmungen bezüglich des Jahres 1600 mit der politischen Notwendigkeit von Zukunftswissen: »Kein Imperium oder Reich konnte sich jemals durch die Staatskunst [prudenza politica] allein erhalten.«[22] Prognostik erschien somit als notwendige Hilfswissenschaft der Politik und der Regierungstechnik, die selbst als praktische Wissenschaft oder Handwerk verstanden wurde. Damit gehörte die politische Prognostik in das Spektrum der sogenannten *artes coniecturales*, der mutmaßenden Künste beziehungsweise Wissenschaften. Zu diesen zählten neben der Politik all jene Gebiete, die sich durch großangelegte Unternehmungen auszeichneten, deren Ausgang selbst bei der gewissenhaftesten Befolgung der Regeln nicht völlig gewiss war, wie die Medizin, die Wettervorhersage, die Landwirtschaft und die Seefahrt. Darüber hinaus freilich auch die Astrologie und erstaunlicherweise die Theologie.[23] Letztere bezeichnete Campanella aufgrund ihrer Bemühung um die Zukunft geradewegs als konjekturale Wissenschaft von Gott, als »scienza di Dio«.[24] Was die *artes conjecturales* einte, war ihre Methode, denn sie alle beruhten auf einem allgemeinen semiotischen Verfahren, auf einer Kunst der Zeichendeutung, die sowohl in der Medizin als auch in den anderen Wissensgebieten zu prognostischen und diagnostischen Zwecken eingesetzt wurde.[25]

Zukünftige politische Krisen ließen sich deshalb in der Gegenwart vorhersehen, weil sie sich wie alle bemerkenswerten Ereignisse durch Zeichen anzukündigen pflegten. Mit der Annahme einer potenziell vollständig entschlüsselbaren Verweisstruktur von Vorzeichen, Zeichen und Ereignis stand Campanella nicht allein. Bereits Niccolò Machiavelli hatte ein Kapitel der *Discorsi sopra la prima deca di Tito Livio* exakt so betitelt: »Bevor wichtige Ereignisse in einer Stadt oder einem Land stattfinden, treten Zeichen auf, die diese ankündigen oder Menschen, die diese vorhersagen.«[26] Darin benannte er ein weites Spek-

---

22 »Nessun impero né regno si è potuto reggere con la sola prudenza politica.« *Campanella*, Secunda delineatio defensionum (Anm. 17), S. 131. *Prudenza politica* war ein Alternativbegriff für Staatsräson, der nicht nur von Justus Lipsius, sondern auch von italienischen Theoretikern der Staatsräson wie Girolamo Frachetta, Federico Bonaventura, Ludovico Zuccolo und Ludovico Settala verwendet wurde.
23 *Maclean*, Signs (Anm. 3), S. 281.
24 *Campanella*, Secunda delineatio defensionum (Anm. 17), S. 135.
25 Zur medizinischen Semiotik vgl. besonders *Maclean*, Signs (Anm. 3), S. 276–332, und *Volker Hess*, Von der semiotischen zur diagnostischen Medizin. Die Entstehung der klinischen Methode zwischen 1750 und 1850, Husum 1993, S. 10.
26 »Innanzi che seguino i grandi accidenti in una città o in una provincia, vengono segni che gli pronosticono o uomini che gli predicano.« *Niccolò Machiavelli*, Discorsi sopra la prima deca

trum möglicher Zeichen, die von der Prophetie über mirakulöse Ereignisse bis hin zur Sterndeutung reichten: »Woher es kommt, weiß ich nicht, aber man kann anhand antiker und moderner Beispiele feststellen, dass niemals ein wichtiges Ereignis in einer Stadt oder Region stattgefunden hat, das nicht durch Vorhersage, Offenbarung, Wunder oder andere himmlische Zeichen angekündigt worden wäre.«[27]

Relevante Zeichen manifestierten sich gemäß Campanella vor allem in zwei Sphären, *in natura et Politica*.[28] Trotz dieser Verweisstruktur war allerdings nicht sonnenklar, welches Zeichen jeweils was indizierte, oder anders gesagt: Eine eindeutige Zuordnung zwischen Zeichen und ihrer Bedeutung gab es nicht. Das machte eine ausgefeilte Deutungskunst von Krisenzeichen notwendig, wobei Campanella eine ganze Fülle von semiotischen Praktiken zur Erschließung der politischen Zukunft zum Einsatz brachte, die von den prophetischen Praktiken der jüdisch-christlichen Tradition über die medizinische Prognostik bis hin zu astronomisch-astrologischen Prognosetechniken reichten.[29]

So schien Campanella die Gegenwart um 1599 mehr als jeder andere Zeitpunkt für gewaltige Umwälzungen geeignet, da man sich an einem kritischen Punkt befände: »Es ist sicher, dass eine solche [Zeitenwende] viel eher in unserer Zeit stattfinden wird als in einer anderen, da wir uns an einem kritischen Zeitpunkt befinden.«[30] Sein erstes Argument für die Deutung der Gegenwart als Krisenzeit war eschatologischer Natur, nämlich die Imminenz des Weltendes: »Das Ende der Welt ist nahe, da alle Philosophen versichern, dass die Welt nun schon sehr alt ist, mit Ausnahme von Lukrez, der heute aber auch dieser Meinung sein würde.«[31] Die Welt befand sich nach Campanellas Auffassung schon in fortgeschrittenem oder vielmehr im Greisenalter, wobei naturphilosophische Überlegungen mit einspielten, wie der Verweis auf Lukrez bezeugt. Vor allem aber stützte sich Campanella an dieser Stelle auf Modelle der christlichen Geschichtsperiodisierung, namentlich die verschiedenen Varianten der biblizisti-

di Tito Livio, in: ders., Opere, hg. von Rinaldo Rinaldi, 2 Bde., Turin 2006, S. 411-1214, hier I, 56, S. 698.

27 »Donde ei si nasca io non so, ma ei si vede per gli antichi e per gli moderni exempli che mai non venne alcuno grave accidente in una città o in una provincia, che non sia stato o da indovini o da rivelazioni o da prodigi o da altri segni celesti predetto.« Ebd.

28 *Campanella*, Del senso (Anm. 21), S. 315.

29 Die zahlreichen astronomisch-astrologischen Konzeptionen, die Campanella benutzte, um die Imminenz der Zeitenwende zu begründen, können hier nicht behandelt werden. Sie sind ausführlich in *Kalff*, Politische Medizin (Anm. 1) dargestellt.

30 »Si prova che ciò debba accadere di preferenza nel tempo nostro anziché in un altro, poiché siamo in un momento cruciale dei tempi, quando appunto avvengano i mutamenti.« *Campanella*, Prima delineatio defensionum (Anm. 16), S. 87.

31 »il mondo è ormai vecchio, poiché tutti i filosofi affermano che il mondo è ormai vecchio, eccettuato Lucrezio, il quale oggi sarebbe anch'egli di tale opinione.« *Campanella*, Secunda delineatio defensionum (Anm. 17), S. 157.

schen Ära, welche die Geschichte der Menschheit seit der Schöpfung, *ab orbe condita*, nach dem Modell der sieben Lebensalter des Menschen strukturierte. Dieses Gliederungsprinzip wurde erstmals in Augustinus' *Civitas Dei* verwendet und strukturierte die biblische Geschichte des Alten und Neuen Testaments in sechs diesseitige Zeitalter.[32] Diese im 7. Jahrhundert von Isidor von Sevillas *Etymologiae* in die Universalgeschichte eingeführte Unterteilung bestimmte die Dauer der einzelnen Zeitalter wahlweise auf der Grundlage der Zahlenangaben der *Septuaginta* oder der *Vulgata* und zählte bis weit in die Frühe Neuzeit hinein zu den wichtigsten Modellen der Geschichtsperiodisierung.[33] Gemäß dieser Konzeption befand man sich im Jahr 1600 am Ende des sechsten Zeitalters: »Tatsächlich befinden wir uns dem Apostel zufolge im sechsten Zeitalter, ›in dem das Ende aller Zeiten anbrechen wird‹, und im siebten treten wir ein in das Stadium der ›Ruhe‹, wie er [Paulus] den Hebräern schreibt.«[34] Zum selben Ergebnis gelangte Campanella auch aufgrund der alternativen Periodisierung nach dem vierten Buch Esra, einer apokryphen jüdischen Apokalypse aus dem ersten nachchristlichen Jahrhundert. Darin wurde die Geschichte auf der Grundlage des 12-stündigen Lichttages (*dies naturalis*)[35] periodisiert. Folglich lokalisierte Campanella die Gegenwart am Ende der elften Stunde: »Zudem, gemäß Esra (IV. Buch) gliedert sich die Gesamtzeit in zwölf Abschnitte, von denen elf bereits vergangen sind.«[36]

Weiterhin bemühte Campanella Geschichtsperiodisierungen aus der joachitischen Tradition, um die These der imminenten Zeitenwende zu erhärten. So

---

32 Vgl. *Anna-Dorothee von den Brincken*, Studien zur lateinischen Weltchronistik bis in das Zeitalter Ottos von Freising, Düsseldorf 1957, S. 92.
33 *Anna-Dorothee von den Brincken*, Historische Chronologie des Abendlandes. Kalenderreformen und Jahrtausendrechnungen. Eine Einführung, Stuttgart u. a. 2000, S. 91.
34 »Siamo infatti, secondo l'Apostolo, nella sesta età, ›cui doveva toccare la fine dei secoli‹, e nella settima entreremo ›nel riposo‹, come dice agli Ebrei.« *Campanella*, Secunda delineatio defensionum (Anm. 17), S. 159. Campanella meinte den Paulusbrief an die Hebräer (Hebräer 4,1–13 und 10,32–39).
35 Im Gegensatz zum Sonnentag oder bürgerlichen Tag (*dies civilis*), der Tag und Nacht und somit 24 Stunden umfasst. Vgl. *von den Brincken*, Historische Chronologie (Anm. 33), S. 14.
36 »Ancora, secondo Esdra (libro IV), il tempo tutto si divide in dodici parti, delle quali undici sono già trascorse.« *Campanella*, Secunda delineatio defensionum (Anm. 17), S. 159. In der *Prima delineatio defensionum* war das Weltende noch nicht ganz so imminent, hier waren erst zehn Zeitalter vergangen: »siamo nella [...] decima parte dell'èra divisa in dodici da Esdra«; *Campanella*, Prima delineatio defensionum (Anm. 16), S. 85. Falls es sich bei den zwölf Stunden des ›Weltentags‹ nicht um gleich lange Stunden handelte (Äquinoktialstunden), sondern um ungleich lange Temporalstunden, die sich aus der variablen Länge des Lichttags ergaben, war die Geschichtsperiodisierung nach Esra zur Fristrechnung relativ ungeeignet, denn wie sollte man die Länge der einzelnen Stunden bestimmen? Vgl. *Arno Borst*, Computus. Zeit und Zahl in der Geschichte Europas, Berlin 1990, S. 36; *Gerhard Dohrn-van Rossum*, Die Geschichte der Stunde. Uhren und moderne Zeitordnungen, München 1992, S. 151 f.

evozierte er Gliederungen nach diversen Heptaden, den Siebenzahlen der Johannes-Apokalypse, wie etwa den sieben Posaunen, sieben Schalen, sieben Siegeln, sieben Gestirnen und sieben Gaben des Heiligen Geistes. Der kalabresische Zisterzienserabt Joachim von Fiore hatte die apokalyptischen Heptaden im 12. Jahrhundert nur zur Untergliederung seiner drei diesseitigen Zeitalter verwendet, die jeweils einer der drei trinitarischen Personen Vater, Sohn und Heiligem Geist zugeordnet waren und sich über je 1.260 Jahre erstreckten.[37] Erst seit dem 13. Jahrhundert kam es, etwa bei Nicolaus von Lyra, zu Periodisierungen nach Siegeln, Posaunenstößen und anderen Heptaden. Im Rahmen dieser Chronologie sah Campanella die Endzeit mit dem sechsten Posaunenstoß eingeleitet: »Und gemäß der Apokalypse werden die letzten Zeichen des Gerichts am Himmel erscheinen, wenn die Posaune des sechsten Engels erschallen wird.«[38] Dabei wähnte sich Campanella um 1600 »am Ende des fünften [Posaunenstoßes], der 1518 erschollen ist, zur Zeit der Predigten Luthers«.[39]

Als Quelle benannte Campanella neben Joachim selbst[40] Serafino da Fermos *Breve dichiarazione sopra l'Apocalisse* (1538).[41] Dieser hatte zwar Luther als Vorläufer des Antichristen bezeichnet und sein Erscheinen mit dem fünften der Siegel, Schalen und Posaunenstöße assoziiert, aber keine Jahreszahl genannt.[42] Die joachitische Periodisierung nach apokalyptischen Heptaden wirkte auch auf die protestantische Geschichtsschreibung. So setzte etwa Andreas Osiander in seiner *Sacrorum Bibliorum Pars III* (1580) mit dem Jahr 1517 genau dieselbe Zäsur wie Campanella.[43] Diese markierte bei ihm allerdings das Ende der päpstlichen Herrschaft, das ihm höchstwahrscheinlich mehr am Herzen lag als dem Dominikaner Campanella.

Reinhart Koselleck differenzierte in dem Essay *Einige Fragen an die Begriffsgeschichte von Krise* zwischen drei verschiedenen Krisenbegriffen, dem medizinischen, der die kritische Phase einer Krankheit bezeichnete, in der sich

---

37 Vorläufer einer solchen Periodisierung gab es auch, so etwa Rupert von Deutz und Anselm von Havelberg. Vgl. *Herbert Grundmann*, Studien über Joachim von Floris, Berlin und Leipzig 1927, S. 91–95.
38 »si paleseranno in cielo i segnali ultimi del Giudizio quando squillerà la tromba del sesto angelo«; *Campanella*, Secunda delineatio defensionum (Anm. 17), S. 167.
39 »oggi siamo alla fine della quinta, che risuonò nel 1518, al tempo della predicazione di Lutero«; ebd.
40 *Campanella*, Articuli (Anm. 20), S. 36. Vgl. *Germana Ernst*, Religione, ragione e natura. Ricerche su Tommaso Campanella e il tardo Rinascimento, Mailand 1991, S. 242.
41 *Campanella*, Articuli (Anm. 20), S. 74.
42 Vgl. *Serafino da Fermo*, Breve dichiarazione sopra l'Apocalisse, dove si prova esser venuto il precursor d'Antichristo. Et avicinarsi la percossa da lui predetta nel sesto sigillo, in: ders., Opera, Venedig 1569, S. 329f., fol. 333v. Die volkssprachlichen Werke Serafino da Fermos standen 1583 auf dem Index der römischen Inquisition. Vgl. *Adolfo de Castro*, The Spanish Protestants and Their Persecution by Philip II: A Historical Work, London 1851, S. 385.
43 Vgl. *Wilhelm Bousset*, Die Offenbarung Johannis, Göttingen 1986, S. 85.

die endgültige Entscheidung um Leben und Tod vollzog, der theologischen Krise, namentlich dem Jüngsten Gericht am Ende der Zeiten, und der juristischen Krisenkonzeption.[44] Den astronomisch-astrologischen Krisenbegriff berücksichtigte er nicht. Im Rahmen dieses Modells wäre Campanellas Argumentation im Zusammenhang des theologischen Krisenmodells zu verorten, wobei Campanella der Sache eine ungewöhnliche Wendung gab, da er nicht das Jüngste Gericht erwartete, sondern den Übergang zu einem neuen und vollkommen irdischen Zeitalter. Als Gewährsleute für den diesseitigen Charakter des Endreichs benannte er eine ganze Reihe von Autoritäten, von Tertullian über Laktanz bis hin zu Dante und Petrarca. Zudem kündigten gemäß Campanella sämtliche prophetischen Texte des Alten Testaments keineswegs jenseitige Ereignisse an, sondern solche, »die auf Erden und durch Gott realisiert werden können, um die Wünsche der Frommen zu erfüllen«.[45] Nicht minder unterstellte Campanella den apokalyptischen Büchern der Bibel, vertreten zu haben, dass der »glückliche universale Staat«[46] zweifelsfrei ein irdischer sein werde, in dem alle politische und religiöse Zersplitterung endgültig aufgehoben sei: »Es wird nur eine einzige Schafherde geben und einen einzigen Hirten. Alle werden von demselben Hirten auf die Weide geführt.«[47] Die Annahme eines glücklichen Endreichs, in dem die spirituelle und die säkulare Macht wieder in einer Hand vereint wären, nämlich in der sakralen,[48] und das in vieler Hinsicht als Restitution des ursprünglichen, goldenen Zeitalters erschien, zeigt, dass die finale Krise bei Campanella kein schreckliches Ereignis war – sie stellte nur den Übergang zu einem glücklicheren irdischen Zeitalter dar. Dabei erwies sich die joachitische Tradition als sehr wirkmächtig für die italienische Kultur des politischen Aufstands – wie vor ihm Cola di Rienzo leitete Campanella aus dieser Lehre konkreten politischen Handlungsbedarf ab.[49]

---

44 Reinhart Koselleck, Einige Fragen an die Begriffsgeschichte von ›Krise‹, in: ders., Begriffsgeschichten, Frankfurt a.M. 2006, S. 203–217, hier S. 204f.
45 »poiché essi annunciano apertamente cose che solo in terra si possono avverare e che Iddio realizzerà, appagando i desideri dei buoni«; *Campanella*, Secunda delineatio defensionum (Anm. 17), S. 143.
46 »avrà luogo sulla terra questo felice Stato ecumenico«; ebd., S. 141. Das Buch Daniel wird hingegen nicht erwähnt.
47 »Ci sarà un unico ovile e un solo pastore […] Tutte saran condotte al pascolo da un unico pastore.« *Campanella*, Secunda delineatio defensionum (Anm. 17), S. 139.
48 »il sommo sacerdote e papa sarà sovrano di tutta la terra«; ebd., S. 141.
49 Ferrario sprach von einer süditalienischen Kultur der Rebellion. Vgl. *Ferrario*, Medico (Anm. 9), S. 973. Die regionale Eingrenzung ist fraglich, denn Cola di Rienzo, der sich 1347 besonders engagiert um die Herbeiführung des Zeitalters des Heiligen Geistes bemüht hatte, war Römer. Vgl. *Ronald G. Musto*, Cola di Rienzo and the Politics of the New Age, Berkeley u. a. 2003, S. 27.

3. Die medizinische Krise

Campanellas Operationen mit verschiedenen christlichen Modellen der Geschichtsperiodisierung dienten vor allem der Begründung der These, dass die Zeitenwende bevorstand. Zur exakten Datierung derselben stützte sich Campanella jedoch auf andere Argumente. Aus gutem Grund, denn die millenaristische Fristrechnung, wie sie im Neuen Testament ausdrücklich untersagt wurde, war in einer Verteidigungsschrift gegen die Anklage auf Häresie sicher fehl am Platz.[50]

Gleichwohl insistierte Campanella genau auf diesem Punkt – die Krise kam nicht irgendwann, sondern genau im Jahr 1600: »Und ich habe auf vernünftige Weise vorhergesehen, dass der Beginn dieser Umwälzungen im Jahr 1600 stattfinden würde, da es sich dabei um einen kritischen Zeitpunkt handelt.«[51] Die exakte Verortung der Krise im Jahr 1600 bedurfte dementsprechend einer anderen Begründung, wozu Campanella die medizinische Krisenkonzeption beziehungsweise zwei verschiedene medizinische Krisenkonzeptionen in den Dienst nahm.

Die hippokratische und galenische Lehre von den kritischen Tagen, den *dies critici*, stellte das zentrale Instrument der Krankheitsprognostik dar, die noch bis weit in die Frühe Neuzeit hinein häufig als wichtigste medizinische Praxis galt.[52] Aufgrund ihrer starken prognostischen Komponente war die Medizin nicht nur in den Augen Campanellas eng mit der Prophetie verwandt; beide besaßen in dem griechischen Gott Apollon auch einen gemeinsamen Vater.[53] Der Mailänder Arzt und Astrologe Girolamo Cardano betonte ebenfalls die Gemeinsamkeit und apostrophierte Ärzte geradewegs als Propheten: »medical men of high spirit, like Galen, still have the authority of prophets, and their predictions are taken as so many oracles.«[54] Gemäß der Lehre von den kritischen

---

50 Eine solche holte Campanella in den *Articuli prophetales* nach und kombinierte sie mit astronomischen Argumenten: »Ego autem puto post 1600 hos triginta annos numerandos esse, ut post centenarium Lutheri ponantur, qui fuit in prima parte sextidecimi centenarii, hoc est in 1518, ut sit Antichristus in tricesimo anno decimi septimi centenarii; et hoc inferius notabimus, quando absis Saturni intrabit in Capricornum.« *Campanella*, Articuli (Anm. 20), S. 203 f.
51 »Che poi io abbia ragionevolmente previsto che l'inizio di tali mutazioni si sarebbe verificato l'anno 1600, risulta dal fatto che si tratta di un momento cruciale dei tempi.« *Campanella*, Secunda delineatio defensionum (Anm. 17), S. 167.
52 Trotz der frühneuzeitlichen Debatte um die Lehre von den kritischen Tagen ist die medizinische Prognostik im Mittelalter besser untersucht. Vgl. *Giuseppe dell'Anna*, Dies critici: La teoria della ciclicità delle patologie nel XIV secolo, Bd. 1: Dies et crises, Lecce 1999, und *Luke Demaître*, The Art and Science of Prognostication in Early University Medicine, in: Bulletin of the History of Medicine 77, 4 (2003), S. 765–788.
53 Vgl. *Maclean*, Signs (Anm. 3), S. 301.
54 *Girolamo Cardano*, Opera Omnia, Bd. 5, Lyon 1663 (Nachdruck New York 1967), S. 206;

Tagen, die maßgeblich anhand des Modells von Fiebererkrankungen entwickelt wurde,[55] war ein entscheidender Wandel des Krankheitsverlaufs an den sogenannten kritischen Tagen zu erwarten. Dieser konnte in einer deutlichen Verschlechterung oder Verbesserung der Gesundheit eines Patienten bestehen. Die medizinische Krise ließ sich entweder als *iudicium*, als finales Gerichtsurteil, oder aber als Kampf zwischen Krankheit und Gesundheit verstehen.[56] Spätestens seit dem Hochmittelalter wurde die Lehre von den kritischen Tagen nicht ausschließlich zu prognostischen Zwecken, sondern auch verstärkt zur Diagnostik und Therapie eingesetzt.[57] Campanella erschien das Jahr 1600 vor allem deshalb so prekär, da es sich aus zwei fatalen Zahlen, nämlich der Sieben und der Neun zusammensetzte. So erklärt er, »dass sich die Umwälzung sehr wahrscheinlich zu unserer Zeit vollziehen wird, da Umwälzungen stets zu den kritischen Zeitpunkten stattfinden, das heißt zu den Neunhundertern und Siebenhundertern sowie zu deren Kombinationen«.[58]

Campanellas Deutung der Siebener und Neuner, der Hebdomaden und Enneaden, als Krisenindikatoren rekurrierte auf die hippokratische Version der Lehre von den kritischen Tagen, die sich auf die Relevanz der pythagoreischen Zahlen stützte. So hieß es in Hippokrates' *Aphorismen:* »Der vierte Tag zeigt den siebten Tag an, der achte ist der Beginn der zweiten Woche, und da der elfte Tag der vierte der zweiten Woche ist, ist er ebenfalls ein anzeigender Tag, und auch der siebzehnte Tag ist ein anzeigender Tag, da er der vierte vom vierzehnten aus ist, und der siebte vom elften aus gesehen.«[59]

Die Wirkmacht der pythagoreischen Zahlen, der Sieben und der Neun, erstreckte sich nach Ansicht Campanellas nicht nur auf den Krankheitsverlauf, sondern auf zahlreiche weitere Lebensprozesse: »Darüber hinaus findet der Wandel der Fieber, der Lebensalter und der physiologischen Konstitutionen zu den Siebenern und den Neunern statt.«[60]

---

zitiert nach der Übersetzung von *Anthony Grafton* und *Nancy Siraisi*, Between the Election and My Hopes: Girolamo Cardano and Medical Astrology, in: William R. Newman und Anthony Grafton (Hg.), Secrets of Nature: Astrology and Alchemy in Early Modern Europe, Cambridge MA 2001, S. 69–131, hier S. 101.

55 Vgl. *Dell'Anna*, Dies critici (Anm. 52), S. 155.
56 Vgl. ebd., S. 230.
57 Zur Diagnose und Therapie nach Maßgabe der kritischen Tage vgl. insbesondere *Wolf-Dieter Müller-Jahncke*, Astrologisch-magische Theorie und Praxis in der Heilkunde der Frühen Neuzeit, Wiesbaden 1985, S. 135–175.
58 »dobbiamo credere che la mutazione si verifichi probabilmente ai nostri giorni, poiché sempre sogliono avvenire nei momenti cruciali, cioè nel novenario e nel settenario, nonché nei composti«; *Campanella*, Secunda delineatio defensionum (Anm. 17), S. 167.
59 *Hippocrates*, Aphorisms, in: Hippocrates, Bd. 3, hg. und übers. von E. T. Withington, Cambridge 1968 (Nachdruck der Ausgabe The Loeb Classical Library), II, 24, S. 329.
60 »Inoltre nei settenari e nei novenari si trasmutano le febbri, le età di vita, le complessioni corporali […]«; *Campanella*, Secunda delineatio defensionum (Anm. 17), S. 167.

4. Die kritischen Jahre

Mit der These der Relevanz der Siebener und der Neuner rekurrierte Campanella vor allem auf das Modell der Lebensalter, des sogenannten Klimakteriums. Die von Campanella evozierte Variante gliederte sich in sieben Altersstufen, deren Beginn jeweils durch ein Produkt der Sieben angezeigt wurde.[61] In jeder Altersstufe änderte sich auch das Verhältnis der Körpersäfte nach Maßgabe der pythagoreischen Zahlen. So konstatierte Campanella: »Der Einfluss der Sieben und der Neun und ihrer Komposita wurde von Pythagoras aufgezeigt, wie die periodischen Rhythmen der Krankheiten und die Abfolge der Altersstufen beweisen, in denen sich die Konstitution verändert.«[62]

Kritisch beziehungsweise ›klimakterisch‹ war innerhalb der heptadischen Konzeption der Lebensalter stets das siebte Jahr. Das hatte bereits der spätantike Autor Censorinus in *De die natali* konstatiert, der eine Vielzahl von körperinternen Prozessen auflistete, die sich nach Maßgabe der pythagoreischen Zahlen vollzögen, darunter auch die Embryonalentwicklung und der Pulsschlag:[63] »Entsprechend ist auch im Ablauf des gesamten Lebens jeweils das siebte Jahr gefährlich und sozusagen ›kritisch‹ und wird daher ›klimakterisches‹ genannt.«[64] Noch kritischer als die Endpunkte der Hebdomaden waren allerdings die Quadratzahlen, insbesondere das Quadrat der Sieben. Neben dem sehr kritischen 49. Jahr stand auch das 63. Jahr im Ruf, besonders kritisch zu sein, da es das Produkt der Sieben und der Neun war.[65] Diese Konzeption des kritischen Jahres als Kompositum der Sieben und der Neun war eine zentrale Referenz für Campanellas These des kritischen Charakters des Jahres 1600. So wurde er nicht müde zu behaupten: »Denn da das Jahr 1600 aus 700 und 900 zusammengesetzt ist, ist es offensichtlich, dass es kritisch ist und entscheidend für die großen Umwälzungen der irdischen Dinge.«[66] Was Campanella allerdings von Censo-

---

61 Es gab zahlreiche Varianten. Die Unterteilung in zwei oder in drei Lebensabschnitte (Aristoteles, Galen, arabische Medizin), in vier Stufen nach dem Modell der Jahreszeiten, die mit der Anzahl der Körpersäfte konvergierten, eine Fünfteilung (Varro) und eine Zehnteilung (Solons Lebensalter-Elegie) sind bezeugt. Vgl. *Daniel Schäfer*, Alter und Krankheit in der Frühen Neuzeit. Der ärztliche Blick auf die letzte Lebensphase, Frankfurt a.M. und New York 2004, S. 34f., 67.
62 »L'influenza delle sette, del nove e dei composti fu rivelata da Pitagora, come mostrano i ritorni periodici delle malattie e le scadenze delle varie età in cui si muta la complessione corporea.« Campanella, Prima delineatio defensionum (Anm. 16), S. 87.
63 Vgl. *Censorinus*, Betrachtungen zum Tag der Geburt. De die natali, hg. und übers. von Klaus Sallmann, Weinheim 1988, S. 41–59.
64 Ebd., S. 53.
65 Vgl. ebd.
66 »Essendo dunque l'anno 1600 composto dal settimo e dal nono centenario, è palese ch'esso è critico e decisivo per le grandi mutazioni delle cose terrene.« Campanella, Secunda delineatio defensionum (Anm. 17), S. 169.

rinus und auch von Ptolemäus unterschied, der in der *Tetrabiblos* (um 200 n. Chr.) eine astrologische Variante des Klimakteriums präsentierte, die jedem Lebensalter einen Planeten zuordnete,[67] war zweierlei: Zum einen übertrug Campanella das Modell der kritischen Jahre von Lebewesen auf den ›Lebenszyklus‹ von Staatsgebilden, und zum anderen operierte er mit einer Jahrhundertrechnung, die keineswegs antik, sondern ganz modern war.

Campanella war nicht der einzige frühneuzeitliche politische Philosoph, der die Lehre von den kritischen Jahren für die Reflexion über die Lebensphasen staatlicher Gebilde fruchtbar machte und annahm, dass nicht nur das Buch der Natur, sondern auch jenes der Geschichte in der Sprache der Mathematik verfasst sei. So schrieb der Theoretiker der Staatsräson Federico Bonaventura über das Achtmonatskind, *De octimestri partu* (1596),[68] ein Werk, das zugleich ausführlich zur Lehre von den kritischen Tagen Stellung nahm. Ebenso legte der Souveränitätstheoretiker Claude de Saumaise, der vor allem durch seine politische Kontroverse mit John Milton bekannt wurde, mitten im Englischen Bürgerkrieg neben absolutistischen Thesen ein gelehrtes Werk über die kritischen Jahre vor, *De annis climactericis et antiqua astrologia diatribae* (1648).[69]

In seinen beiden Verteidigungsschriften stützte sich Campanella für die These, dass sich nicht nur der Lebenszyklus von Lebewesen, sondern auch jener der Staaten nach Maßgabe der kritischen Jahre strukturierte, neben Platon[70] vor allem auf Jean Bodin. Der französische Souveränitätstheoretiker, den Campanella nur vorsichtig als »Autor der Methodus historiarum«[71] apostrophierte – nicht ohne Grund, denn die *Methodus ad facilem historiarum cognitionem* (1566) war wie die meisten Werke Bodins indiziert –, habe den Lebenszyklus von Staaten ebenfalls von den Siebenern und Neunern abhängig gemacht und vertreten, »dass die Reiche zur Siebenzahl und Neunzahl untergehen, wie es bei den Assyrern, Persern, Medern und Griechen, etc. der Fall war«.[72] Ganz so einfach

---

67 Vgl. *Ptolemäus*, Tetrabiblos IV, 10. Campanella übernahm diese Konzeption später in seiner naturphilosophischen Schrift *Del senso delle cose.* Vgl. *Campanella*, Del senso (Anm. 21), S. 326.
68 *Federico Bonaventura*, De partus octomestri natura, adversus vulgatam opinionem libri 10, Frankfurt 1601.
69 Den Anlass von Saumaises gelehrten Ausführungen, die auch im Hinblick auf die Zeitrechnung sehr interessant waren, bildete der Tod Friedrich Heinrichs von Oranien im kritischen Alter von 63 Jahren.
70 *Campanella*, Secunda delineatio defensionum (Anm. 17), S. 167. Campanella bezog sich auf die kryptische Passage in Platons *Staat* (VIII, 546 b). Vgl. *Platon*, Der Staat, übers. von Rudolf Rufener, erl. von Thomas Alexander Szlezák, Düsseldorf und Zürich 2003, Erläuterungen zu 546 b-c, S. 540–542.
71 »l'autore del Metodo storico«; *Campanella*, Prima delineatio defensionum (Anm. 16), S. 87; ders., Secunda delineatio defensionum (Anm. 17), S. 167.
72 »che i regni e gli imperi perirono nel settenario e nel novenario, come risulta negli Assiri, Persiani, Medi, Greci ecc.«; ebd.

hatte es sich Bodin zwar nicht gemacht, doch tatsächlich scheute er sowohl in der *Methodus*[73] als auch den *Six livres de la république* (1576)[74] keine Mühen, den Verlauf der Geschichte mit mathematischen Verhältnissen und fatalen Zahlen in Übereinstimmung zu bringen. Neben den Produkten der Sieben und der Neun operierte Bodin bevorzugt mit Quadrat- und Kubikzahlen,[75] aber auch mit den vollkommenen Zahlen, derer es zwischen 1 und 10.0000 nur vier gab, »nämlich 6, 28, 496 und 8128«.[76]

Im Unterschied zu Bodin stützte sich Campanella auf eher unorthodoxe fatale Zahlen, die nur scheinbar aus der Lehre von den kritischen Jahren abgeleitet waren. Während Bodin konstatierte, dass »die Zahlen Sieben und Neun die Geburt des Menschen und wie die aus der Multiplikation der beiden entstehende Zahl zumeist das Lebensende des Menschen bestimmen«,[77] hielt Campanella gar nicht das Produkt der beiden fatalen Zahlen, der Sieben und der Neun, für kritisch, sondern ihre Summe. Während Bodin erörterte, dass das 63. das kritischste aller Lebensjahre sei, das zahlreiche bedeutende Gestalten der Weltgeschichte hinweggerafft habe,[78] schuf Campanella durch Addition eine neue kritische Zahl, die 16, die vor ihm noch niemand für kritisch befunden hatte. Zudem hielt Campanella ja auch nicht das Jahr 16, sondern das Jahr 1600 für kritisch. Die zusätzlichen Nullen begründete er mit dem lapidaren Verweis auf Psalm 90,4, in dem es hieß: »Denn tausend Jahre sind vor Dir wie der Tag, der gestern vergangen ist und wie eine Nachtwache.«[79] Dieser Passus war einer der argumentativen Grundpfeiler der millenaristischen Spekulation. Allerdings legitimierte er die Multiplikation mit 1000, nicht mit 100, allein aus dem Grund, da sich die Relevanz der 100 erst aus dem Dezimalsystem ergab, das der Antike unbekannt war. Campanellas Zahlenspekulationen mit Hundertern hatten mit der millenaristischen Tradition nichts zu tun, sondern waren origineller, als sie auf den ersten Blick scheinen. Tatsächlich war die Operation mit Jahrhun-

---

73 *Jean Bodin*, Méthode pour faciliter la connaissance de l'histoire, in: ders., Œuvres philosophiques, übers. von Pierre Mesnard, Paris 1951, S. 271–479. Das einschlägige Kapitel ist das sechste: S. 387–395.
74 Vgl. Kapitel IV, 2, das eine Fortführung des sechsten Kapitels der *Methodus* darstellt; *Jean Bodin*, Sechs Bücher über den Staat, hg. von P. C. Mayer-Tasch, 2 Bde., München 1986, Buch IV–VI.
75 »Idem ego ad Respublicas trasferro, ut numeri septenarij ac novenarij quique ex eorum quadratis & cubicis existunt, Respublicis saepius occasum & et interitum afferant.« Ebd., II, S. 519.
76 Ebd., S. 77.
77 Ebd., S. 75.
78 »Enfin un nombre d'hommes considérables meurent à 63 ans: Aristote, Chrysippe, Boccace, saint Bernard, Érasme, Luther, Melanchton, Sylvius, Aléandre, Jacques Storm, Nicolas de Cuse, Thomas Linacre.« *Bodin*, Méthode (Anm. 73), S. 389.
79 Campanella fasste den Psalm sinngemäß zusammen, »per Dio mille anni non siano che un giorno«; *Campanella*, Secunda delineatio defensionum (Anm. 17), S. 167.

derten als Zeiteinheit um 1600 noch recht selten, wobei Campanella zu ihren frühesten Verwendern zählte.[80] Campanella war sie wohlvertraut, denn in den *Articuli prophetalis* sprach er mehrfach mit großer Selbstverständlichkeit vom 16. Jahrhundert.[81] Dass die Jahrhundertrechnung um 1600 unüblich war, lässt sich auch daran ersehen, dass das für uns wohl naheliegendste Argument für die Krisenhaftigkeit des Jahres 1600, der Beginn eines neuen Jahrhunderts, bei Campanella trotz seiner Vertrautheit mit der Hundert als Zeiteinheit völlig fehlt. Campanella stützte sich bei seiner Argumentation zugunsten der Krise des Jahres 1600 zwar auf die traditionelle medizinische Lehre von den kritischen Jahren, die er jedoch durch die Hinzuziehung von neuen Elementen der Zeitrechnung dahingehend umfunktionierte, ganz unkonventionelle fatale Zahlen und krisenhafte Zeitpunkte zu generieren.

5. Die kritischen Tage

Zum Nachweis des kritischen Charakters des Jahres 1600 stützte sich Campanella auf eine weitere medizinische Krisenkonzeption, namentlich die bereits erwähnte Lehre von den kritischen Tagen, die den zeitlichen Verlauf akuter wie chronischer Erkrankungen strukturierte. Campanellas These, »dass sich die Umwälzung sehr wahrscheinlich zu unserer Zeit vollziehen wird, da Umwälzungen stets zu den kritischen Zeitpunkten stattfinden, das heißt, zu den Neunhundertern und Siebenhundertern, sowie zu deren Kombinationen«,[82] rekurrierte auf die hippokratische Variante der medizinischen Krisenlehre, welche die fatale Wirkung der kritischen Tage aus den pythagoreischen Zahlen ableitete. Anders bei Galen, der die hippokratischen Siebentagesfristen im neunten Kapitel des dritten Buchs in *De diebus decretoriis* systematisch auf den Mondlauf bezog. Dieses Kapitel stellte für die kommenden Jahrhunderte das zentrale Einfallstor der Astrologie in die Medizin dar.[83] Ausgangspunkt für die Berechnung der kritischen Tage war bei Galen der Mondstand zum Zeitpunkt des Krankheitsbeginns. Der siebte und kritische Tag fiel mit der ersten Quadratur des Mondes zusammen, das heißt, er bildete ein Quadrat, einen für un-

---

80 In seiner Studie über die Jahrhundertrechnung hat Arndt Brendecke Campanella als einen der frühesten Verwender des Begriffs *centenarius* für einen Zeitraum von einhundert Jahren erwiesen. Vgl. *Arndt Brendecke*, Die Jahrhundertwenden. Eine Geschichte ihrer Wahrnehmung und Wirkung, Frankfurt a.M. und New York 1999, S. 90, 119.
81 Vgl. etwa *Campanella*, Articuli (Anm. 20), S. 203f., 255.
82 »dobbiamo credere che la mutazione si verifichi probabilmente ai nostri giorni, poiché sempre sogliono avvenire nei momenti cruciali, cioè nel novenario e nel settenario, nonché nei composti«; *Campanella*, Secunda delineatio defensionum (Anm. 17), S. 167.
83 *Karl Sudhoff*, Iatromathematiker vornehmlich im 15. und 16. Jahrhundert, Breslau 1902, S. 16.

günstig geltenden Winkel von 90 Grad zu seiner Ausgangsposition zum Krankheitsausbruch. Am 14., dem zweiten kritischen Tag, bildete er eine Opposition zur Ausgangsposition zu Krankheitsbeginn, also einen astrologisch gesehen besonders ungünstigen Winkel von 180 Grad. Für den 21. Tag galt Ähnliches wie für den siebten. Campanella erwähnte diese Theorie in seinen beiden Verteidigungsschriften nicht, möglicherweise, weil er sie zu diesem Zeitpunkt gar nicht kannte. In *Del senso delle cose* griff er sie jedoch in einem Kapitel mit dem instruktiven Titel »Warum die Astrologie für den guten Magier und seine Kräfte notwendig ist«[84] auf und konstatierte: »Die Medizin bemüht sich [...], die kritischen Tage zu beachten, und diese hängen vom Mondlauf ab; deshalb ist der vierte Tag kritisch, weil der Mond in dem Zeichen ankommt, das jenem entgegengesetzt ist, in welchem die Krankheit ausgebrochen ist, und er hat eine der Krankheit entgegengesetzte Wirkung, entweder heilt er oder er verschlimmert die Krankheit.«[85]

Campanella ging noch weiter und brachte sämtliche hippokratischen Krisentage mit den Aspekten des Mondes in Konvergenz:[86] »und der vierte Tag zeigt den siebten an, denn dann kommt er [der Mond] im anderen entgegengesetzten Zeichen an, ähnlich dem ersten und in seinem perfekten Quadrat [...], in dem eine Umwälzung stattfinden muss«.[87] Dabei begründete er nicht nur die kritischen, sondern auch die anzeigenden Tage (*dies decretoriis*) des hippokratischen Modells wie hier den vierten astrologisch, indem er die negative Wirkung von Halbquadraten, also Winkelbeziehungen von 45 Grad betonte, von denen auch nichts Besseres als von den Quadraten zu erwarten war. Die anzeigenden Tage waren nun nicht mehr aus numerischen, sondern ebenfalls aus astrologischen Gründen krisenhaft. Campanella war mit der Materie offenkundig gründlich vertraut. Die These der systematischen Konkordanz zwischen Winkelsummen und anzeigenden und kritischen Tagen[88] stammte aus dem einflussreichen arabischen Kommentar des Haly Abenragel aus dem 11. Jahrhundert zu dem pseudo-ptolemäischen *Centiloquium*, der sowohl im Mittelalter als auch in der

---

84 »Esser necessaria l'Astrologia al mago buono e la sua forza.« Vgl. *Campanella*, Del senso (Anm. 21), S. 315.
85 »La medicina si sforza [...] d'osservare li giorni critici, e questi pendono dalla luna; però il quarto è critico chè arriva al segno contrario di quello dove il morbo cominciò, e fa effetto contrario, o sana o ammala«; ebd., S. 324.
86 »Idem observabis in sequenti hebdomade, in die 18 et 21, semperque incipias numerum sequentis in numero postremo praecedentis, in medio septenariorum, non autem in fine: ut congruat numeratio critica, aspectibus lunaribus in coelo.« Aus einer lateinischen Fassung, mit der Bruers den italienischen Text abgeglichen hat. Ebd., S. 325.
87 »e il quarto è indicativo del settimo, perchè allora arriva all'altro contrario consimile a quello e al perfetto quadrato [...], ond'è bisogno che sia la mutazione«; ebd., S. 324.
88 *Dell'Anna*, Dies critici (Anm. 52), S. 86.

Frühen Neuzeit regelmäßig zusammen mit diesem zirkulierte.[89] Halys sogenannte Figur des Sechzehnecks, die *Figura Ptolemaei Sexdecagona*, durchzog die zahlreichen medizinischen Publikationen zur Lehre von den kritischen Tagen, die Campanella sehr wahrscheinlich ebenfalls kannte. Davon zeugen seine detaillierten Ausführungen zum Thema *De crisibus* mit all ihren medizinischen und astrologischen Implikationen in den *Medicinalia*.[90]

Campanellas Insistieren auf dem kritischen Charakter des Jahres 1600 bedeutete nicht, dass er mit der Feststellung der Krisenindikatoren die Endzeit zwangsläufig eingeläutet sah. Vielmehr stellte die Zusammensetzung des Jahres 1600 aus zwei fatalen Zahlen im Sinne der medizinischen Semiotik selbst ein prognostisch beziehungsweise diagnostisch relevantes Zeichen dar, das Krisen anzeigte, sie aber nicht verursachte. In den Augen Campanellas handelte es sich bei den kritischen und fatalen Zahlen um *signa*, nicht um *causae* der irdischen Ereignisse. Im Hinblick auf astrale Zeichen formulierte Campanella sehr deutlich, dass die Sterne nicht vermocht hatten, ihn selbst unter Folter zu einem Geständnis zu zwingen: »Daher also wirken die natürlichen Dinge und die Sterne ohne Beeinträchtigung des freien Willens, da man einen Menschen findet, der eher 40 Stunden Folter ertragen hat als dem Richter das zu sagen, was er wissen wollte. Wenn nicht einmal solche Gewalt den Willen überwinden kann, umso weniger können es die Sterne.«[91]

Astrale Konstellationen waren ebenso wenig wie andere Zeichen kausal für irdische Ereignisse verantwortlich, sondern besaßen lediglich eine anzeigende Funktion. Die von Campanella prognostizierte Krise vollzog sich daher nicht unabhängig vom irdischen Zutun. Das semiotische medizinische Verfahren diente also nicht zuletzt dazu, den richtigen Zeitpunkt für die therapeutische Intervention ins Geschehen zu bestimmen.

Zur Krankheitsprognostik und -diagnostik gehörten wiederum auch Krankheitszeichen. An diesen fehlte es nach der Einschätzung Campanellas um 1600 in Süditalien nicht. So stellte er eine stattliche Liste bedenklicher Krisensymptome zusammen, die sich jüngst in den beiden relevanten Sphären, in der Natur und der Politik, manifestiert hatten. Dazu zählten »die Sonnen- und Mondfinsternisse, die Überschwemmungen, die Sexualkrankheiten, die Entdeckung Amerikas, die Kalenderreform unter Gregor XIII., die Hungersnöte, die Seuchen, die Häresien der Vergangenheit, die erstaunlichen Plane-

---

89 Ebd., S. 83.
90 *Campanella*, Medicinalium (Anm. 2), S. 115–140.
91 »Dunque, le cose naturali ciò fanno e le stelle, senza pregiudizio del libero arbitrio, poichè trovi un uomo sostenere quarant'ore di tormenti, più tosto di dire al Giudice quel che cerca. Se questa violenza non può vincere la volontà, manco ponno le stelle.« *Campanella*, Del senso (Anm. 21), S. 316. Zu dieser anzeigenden Funktion der Zeichen siehe auch den Beitrag von Eva Schnadenberger in diesem Band.

tenbewegungen, die Volkszählung im Königreich Neapel, die bevorstehende Teilung des Osmanischen Reichs, der Mangel an Glauben, die entsetzliche Heuschreckeninvasion in Italien [...]«.[92] Wenige Seiten zuvor benannte er weitere Symptome, nämlich »die Epidemien, [...] die Kriege, die Häresien, den Abfall vom Glauben, die erstarrte Barmherzigkeit, die Erdbeben in den beiden Sizilien, die Tiber- und die Poüberschwemmungen, [...] die häufigen Sonnen- und Mondfinsternisse, die gerade stattgefunden haben oder unmittelbar bevorstehen, vor allem in den Jahren 1601, 1605 und 1607«.[93]

Angesichts dieser erdrückenden Menge von Zeichen und Symptomen verkündete Campanella die ungünstige Diagnose: »Es handelt sich tatsächlich um eine tödliche Krankheit der Welt.«[94] Dass die Welt überhaupt erkranken und eine medizinische Krise erleiden konnte, resultierte daraus, dass Campanella sie als Lebewesen konzipierte. In dem Sonett *Del mondo e sue parti* (*Von der Welt und ihren Teilen*) beschrieb er sie als allumfassendes Lebewesen, in dessen Bauch die Menschen lebten wie die von Campanella vermuteten Würmer im menschlichen Magen: »Die Welt ist ein großes Lebewesen, vollkommen; / Ein Bildnis Gottes, das Gott preist und ihm ähnelt: / unvollkommene Würmer sind wir, ein übles Geschlecht, / die wir in ihrem Bauch leben und Zuflucht haben.«[95]

Als Lebewesen konnte die Welt natürlich auch von Krankheiten heimgesucht werden, ebenso wie von Krisen. So konstatierte Campanella: »es ist natürlich, dass die Welt an Krankheiten zugrunde geht, wo Gott ihr doch eine solche Natur verliehen hat«.[96] Nachdem er eine Fülle von Krankheitszeichen ausgemacht hatte, ging er als kompetenter Mediziner im nächsten Schritt zur Lokalisierung der Krankheit über. Ersichtlich ballten sich die Symptome in Kalabrien, namentlich in Stilo, wo Campanella sie selbst gesehen hatte. Dort ereignete sich in der Karwoche des Jahres 1599 infolge starker Regenfälle eine nie dagewesene Überschwemmung, im Juni des gleichen Jahrs erschien ein Komet über Stilo, im benachbarten Crotone fand eine Monstergeburt statt und Campanellas visi-

---

92 »le eclissi, le inondazioni, le malattie veneree, la scoperta dell'America, la riforma del calendario al tempo di Gregorio XIII., le carestie, le pestilenze, le passate eresie, gl'inauditi moti stellari, il censimento nel Regno di Napoli, l'imminente divisione dell'impero turco, la scarsità di fede, la mostruosa invasione delle cavallette in Italia [...]«; *Campanella*, Secunda delineatio defensionum (Anm. 17), S. 169.
93 »[...] le pestilenze, [...] e le guerre, e le eresie, e la scarsezza di fede, e la carità raggelata, e i terremoti delle due Sicilie, le inondazioni del Tevere e del Po, [...] e le frequenti eclissi di sole e di luna verificatesi da poco o imminenti, specie negli anni 1601, 1605 e 1607«; ebd., S. 163.
94 »Si tratta in verità di malattie mortali del mondo.« Ebd.
95 »Il mondo è un animal grande e perfetto, / statua di Dio, che Dio lauda e simiglia: / noi siamo vermi imperfetti e vil famiglia, / ch'intra il suo ventre abbiam vita e ricetto.« *Tommaso Campanella*, Tutte le opere, Bd. 1: Scritti letterari, hg. von Luigi Firpo, Mailand 1954, S. 16.
96 »è naturale che il mondo perisca per malattie, avendogli Iddio conferito tale natura«; *Campanella*, Secunda delineatio defensionum (Anm. 17), S. 165.

onsbegabte zwölfjährige Cousine Emilia war drei Tage lang scheintot.[97] Angesichts dieser signifikanten Häufung von Symptomen in seiner kalabresischen Heimat kam Campanella zu dem Schluss: »Wo Schweiß ist, da ist auch eine Krankheit.«[98] Das war ein fast wörtlicher Rekurs auf den hippokratischen Aphorismus IV, 38, der die Feststellung des ›Sitzes‹ einer Krankheit anhand der Manifestation von Symptomen thematisierte: »Und an welchem Körperteil auch immer Schweiß austritt, so zeigt er an, dass die Krankheit dort sitzt.«[99] Darüber hinaus war Schweiß das klassische Symptom für den Eintritt der Krise im Krankheitsverlauf, sofern er an einem kritischen Tag auftrat.[100] Das war Campanella bewusst, da er in den *Medicinalia* den Schweiß als Krisenindikator in einem eigenen Kapitel (*De crisi per sudorem*) abhandelte.[101]

Campanella operierte mit einer Vielzahl von Argumenten aus ganz verschiedenen Wissensgebieten zugunsten der imminenten Krise. Neben eschatologischen und chronologischen Spekulationen stützte er sich ebenso auf Prophetien wie auf astronomische und medizinische Zyklen. Die prognostischen Verfahren, die Campanella virtuos instrumentierte, standen für ihn jedoch in engem Zusammenhang, da die Politik als konjekturale Kunst oder Wissenschaft auf diese ebenso angewiesen war wie die Medizin, die Landwirtschaft oder die Seefahrt. Campanella verwob die medizinische Krisenkonzeption, die er in Form der Lehre von den kritischen Tagen und Jahren heranzog, mit anderen prognostischen Techniken. Das machte sich auch semantisch bemerkbar. So bezeichnete er die fundamentalen Veränderungen um 1600 wahlweise als kritisch (*criticum*)[102], aber auch mit dem Begriff der Zeitenwende (*articulus temporis*)[103], dem der Umwälzung (*mutatio, saeculorum mutatio, magna mutatio*)[104] oder mit mehreren zugleich.[105] Dennoch kam dem medizinischen Krisenbegriff in verschiedener Hinsicht eine besondere Bedeutung zu. Zunächst war es eindeutig die medizinische Semantik, die Campanella in den historisch-politischen Kontext überführte. Denn die Bezeichnung des Jahres 1600 als *criticum et iudicatorium*[106] rekurrierte auf die Termini technici der medizinischen Literatur über die kri-

---

97 Vgl. ebd., S. 173.
98 »Dov'è sudore, ivi è malattia, dice Ippocrate.« Ebd.
99 *Hippocrates*, Aphorisms (Anm. 59), IV, 38, S. 355.
100 Vgl. *Charles Lichtenthaeler*, Neuer Kommentar zu den ersten zwölf Krankengeschichten im III. Epidemienbuch des Hippokrates, Stuttgart 1994, S. 23.
101 *Campanella*, Medicinalium (Anm. 2), S. 124–126.
102 *Campanella*, Secunda delineatio defensionum (Anm. 17), S. 168.
103 *Campanella*, Prima delineatio defensionum (Anm. 16), S. 86; *ders.*, Articuli (Anm. 20), S. 252, 257.
104 Ebd., S. 256f.
105 *Campanella*, Secunda delineatio defensionum (Anm. 17), S. 166.
106 »Cum ergo annus 1600 sit compositus ex nono et septimo centenario, manifestum est esse criticum et iudicatorium magnarum mutationum rerum nostrorum.« Ebd., S. 168.

tischen Tage – der *dies iudicativus* war einfach ein Alternativbegriff für den *dies decretorius*, den anzeigenden Tag, der den darauffolgenden kritischen Tag ankündigte.[107] Zum anderen orientierte sich Campanellas detaillierte Untersuchung von natürlichen und politischen Krisenzeichen und Krankheitssymptomen an dem medizinischen Verfahren der Prognose und Diagnose. Mit dem Resultat, dass Campanella nach einer eingehenden Betrachtung von Zeichen und Symptomen zur Diagnose der Krankheit gelangte und ihren Verlauf prognostizierte. Insofern fungierte die medizinische Krisenkonzeption nicht zuletzt als Grundlage für einen gezielten Eingriff in den als Krankheitsprozess verstandenen historischen Verlauf. Dabei entwarf Campanella die Krise zugleich als Handlungskategorie. Die medizinische Krisenkonzeption gehörte zur praktischen Medizin, nicht zur theoretischen, und darüber hinaus war die Beobachtung des Eintritts der Krise und ihrer Vorzeichen kein rein kontemplativer Akt, sondern diente dazu, den richtigen Moment für therapeutische Eingriffe zu bestimmen.

So verwiesen auch die von Campanella evozierten politischen und natürlichen Krisenzeichen und -symptome auf eine besonders günstige Gelegenheit zum quasi-therapeutischen Handeln im Jahr 1600, auf eine »occasione«, wie es die italienischen Theoretiker der Staatsräson nannten, gegen die Campanella polemisierte, obwohl er mit ihnen viele politische Konzeptionen teilte.[108] Hinter seiner komplexen Argumentation zugunsten des kritischen Charakters des Jahres 1600 lag allerdings noch eine andere und ganz konkrete günstige politische Gelegenheit, die unerwähnt blieb. Diese bestand darin, dass 1598 in Spanien ein Herrscherwechsel stattgefunden hatte, durch den Philipp III. auf den Thron gelangt war, ein Umstand, der nicht nur bei Campanella die Hoffnung weckte, dass sich die spanische Monarchie kurz darauf mit einem Aufstand konfrontiert als schwach und handlungsunfähig erweisen könnte.

---

107 So sprach etwa der Mediziner Thomas Bodier in *De ratione & usu dierum criticorum* (1555) nicht von anzeigenden (*dies decretorii*) und kritischen (*dies critici*) Tagen, sondern apostrophierte den anzeigenden Tag als [*dies*] *quartus iudicativus, dies septem iudicativus* etc. Vgl. *Thomas Bodier*, De ratione & usu dierum criticorum, Paris 1555, fol. 13v., 14r. Zahlreiche weitere Beispiele bei *Dell'Anna*, Dies critici (Anm. 52), S. 86.

108 Zu Campanellas Rezeption der Theoretiker der Staatsräson vgl. vor allem *Rodolfo de Mattei*, Dal premachiavellismo all'antimachiavellismo, Florenz 1969, S. 248.

Eva Schnadenberger

»Die böse Welt mit ihrer Sünd«[1]. Zeitdiagnose in Liedflugblättern über Wunderzeichen des 17. Jahrhunderts

Achtet man in den Texten von illustrierten Flugblättern über Wunderzeichen des 17. Jahrhunderts auf Aussagen über die gegenwärtige Zeit, wird bereits an wenigen Exemplaren deutlich, dass das Urteil sehr einseitig ausfiel und sich dabei häufig die Wortwahl ähnelte oder sogar identisch war. Im Urteil dieser Texte war die Welt ausnahmslos gottlos und die Zeit betrübt; die Wahrnehmung der Mitmenschen bezog sich vor allem auf deren übermäßige Sünden. Solche Zeit- und Selbstaussagen lassen sich bis zum Ende des Jahrhunderts, wenn das Medium des Wunderzeichenflugblatts vom Markt verschwindet, unverändert finden.

Diese Beschreibungen fügen sich scheinbar passgenau ein in ein Bild des 17. Jahrhunderts, das aufgrund objektiver Kriterien als auch entsprechender zeitgenössischer Äußerungen von Zuständen der Irritation und Gefährdung von der historiographischen Forschung schon längere Zeit als Jahrhundert der Krise entworfen wird, wobei diesem Begriff selten der Status einer theoretisch reflektierten analytischen Kategorie zukommt.[2] Im Gegensatz zu Ansätzen, die den Begriff ›Krise‹ als gegeben voraussetzen oder aber diesen anhand objektiver Kriterien zu definieren suchen, welche es dann wiederum erlauben, Aussagen zu treffen, wie eine Krise ›bewältigt‹ werden könne, hat das Forschungsprojekt »Zeitdiagnosen im 17. Jahrhundert« einen anderen Weg vorgeschlagen: Indem Krise als Dispositiv gesellschaftlicher Selbstbeobachtung und -beschreibung verstanden wird, verschiebt sich die Aufmerksamkeit auf die jeweilige Art der

---

1 Zitat aus 1604.2. Die verwendeten Flugblätter sind im Anhang zu diesem Aufsatz mit Titel und Quellenverweis aufgelistet, im Text selbst wird aus Platzgründen auf sie nur anhand des jeweiligen Druckjahres und einer fortlaufenden Nummer (zur Unterscheidung von Blättern gleichen Jahres) verwiesen.
2 Für einen konzisen Überblick zum Gebrauch der Kategorie der Krise als Interpretament der frühneuzeitlichen europäischen Geschichte seit den 1960er Jahren siehe *Christoph Strohm*, Ethik im frühen Calvinismus. Humanistische Einflüsse, philosophische, juristische und theologische Argumentationen sowie mentalitätsgeschichtliche Aspekte am Beispiel des Calvin-Schülers Lambertus Danaeus, Berlin und New York 1996, S. 542–546. Zur Krise als wahrnehmungsgeschichtliche Kategorie *Helga Scholten* (Hg.), Die Wahrnehmung von Krisenphänomenen. Fallbeispiele von der Antike bis in die Neuzeit, Köln u. a. 2007.

Selbst- und Weltwahrnehmung, die mithin als eigener konstitutiver Faktor der Welt betrachtet wird. Im Blickfeld stehen weiter die gesellschaftlichen und medialen Ermöglichungsbedingungen für die Entstehung und Verwendung des Konzeptes der Krise, wie es schließlich im 18. Jahrhundert bereitstand, um wahrgenommene Fehlentwicklungen in Politik und Gesellschaft aufzuzeigen.[3]

Beobachtet man die Gegenwart im Modus der Krise, lässt sich der Bruch zwischen Vergangenheit und Zukunft überwinden, der aus der Wahrnehmung der Unvereinbarkeit von Erfahrungen aus der Vergangenheit mit einer sich wandelnden Gegenwart resultiert. Konstitutiv dabei ist das Moment der Entscheidung, das in der etymologischen Bedeutung des Begriffes ›Krise‹ bereits angelegt ist.[4] In der Krisenwahrnehmung werden die Beobachtung und Beschreibung der äußeren Gegebenheiten auf die Notwendigkeit einer zu treffenden Entscheidung hin zugespitzt. Auf diese Weise ist man ihnen nicht allein passiv ausgesetzt, sondern es eröffnen sich Möglichkeiten und Spielräume für Handeln, um die Krise überwinden zu können. Die eigentliche Funktion von Krise als Modus der Wahrnehmung der Gegenwart ist es also, eine Form der Beobachtung bereitzustellen, die es ermöglicht, sich auf zunehmende Veränderung einzustellen.[5] Korrigierende Eingriffe in der Gegenwart werden forciert, um Zukunft daran anschließen zu können. In dieser Konzeption erscheint die Vergangenheit als ein auf die Krise hin zulaufender Ereigniszusammenhang, während die Zukunft als abhängig von der in der Gegenwart zu treffenden Entscheidung entworfen wird. Die Gegenwart wird so zum Konzentrationspunkt, auf den hin Vergangenheit und Zukunft sich verdichten und der beide wiederum zu einer Einheit zusammenschließt.

Bei diesem Gebrauch eines reflexiven Krisenbegriffs handelt es sich darum, ›Wirklichkeit‹ diskursiv in eine bestimmte Form zu setzen, um zukunftsorientiert auf sie einwirken zu können. Sowohl die Mechanismen, mit denen eine Krise identifiziert wird, als auch die Handlungsmöglichkeiten, die vorgeschlagen werden, um die Krise zu überwinden, sind flexibel – unterschiedliche Informationsgrundlagen über und unterschiedliche Perspektiven auf die jeweiligen Gegebenheiten führen zu unterschiedlichen Identifikationen von Krisen und zu verschiedenen möglichen Vorschlägen für ihre Überwindung. Ähnliches gilt

---

3 Vgl. hierzu die Beiträge von Marian Füssel und André Krischer in diesem Band.
4 Für die begriffsgeschichtlichen Hintergründe siehe *Reinhart Koselleck*, Art. »Krise«, in: Geschichtliche Grundbegriffe. Historisches Lexikon zur politisch-sozialen Sprache in Deutschland, hg. von Otto Brunner u. a., Bd. 3, Stuttgart 1982, S. 617–650, hier S. 617 f., sowie *ders.*, Einige Fragen an die Begriffsgeschichte von ›Krise‹, in: ders., Begriffsgeschichten. Studien zur Semantik und Pragmatik der politischen und sozialen Sprache, Frankfurt a.M. 2006, S. 203–217, hier S. 203 f.
5 Zu diesem Aspekt siehe Abschnitt III. 3 »Beobachtung und Strukturbildung« bei *Rudolf Schlögl*, Kommunikation und Vergesellschaftung unter Anwesenden, in: Geschichte und Gesellschaft 34 (2008), S. 218–224, v. a. S. 224.

auch für den herzustellenden ›Normalzustand‹ nach der Krise. Auch er ist abhängig von der Perspektive und den Maßstäben, unter denen die Gegenwart überhaupt als krisenhaft wahrgenommen wird und muss daher jeweils spezifisch definiert werden.

Soweit zum theoretischen Entwurf eines reflexiven Krisenkonzeptes. Was den Begriff der Krise selbst angeht, fand dieser innerhalb politischer Systemzusammenhänge in deutschsprachigen Quellen Reinhart Koselleck zufolge erst gegen Ende des 18. Jahrhunderts größere Verbreitung.[6] Der in den Wunderzeichenflugblättern betrachtete Argumentationskomplex kam dagegen bereits etwa ein Jahrhundert zuvor zum Stillstand. Lassen sich in den Beschreibungen gegenwärtiger Zustände, wie sie sich in Wunderzeichenflugblättern des 17. Jahrhunderts finden, rhetorische oder diskursive Formen identifizieren, die als eine Vorform des ›modernen‹ Krisenbegriffs anzusehen sind? Oder finden sich funktionale Äquivalente zur Krise, die in Bezug auf die Beeinflussung gegenwärtiger Umstände Ähnliches leisten? Oder kann man weder vom einen noch vom anderen sprechen? Eine mögliche Interdependenz scheint sich aus der Beobachtung Kosellecks zu ergeben, dass der Krisenbegriff einen theologischen Bedeutungsgehalt aufweist.[7] Bevor der Beitrag sich dieser Frage zuwendet, sollen zwei inhaltliche Einschränkungen vorgenommen werden. Obwohl viele der hier gemachten Aussagen auch für Prosa-Flugblätter gültig sind, werden für diesen Aufsatz allein Flugblätter in gebundener Rede herangezogen, da diese inhaltlich und formal eine weit konsistentere Behandlung ihres Gegenstandes aufweisen als Flugblätter in Prosa. Die zweite Einschränkung betrifft den Gegenstand selbst: Aus den möglichen Arten von Wunderzeichen werden nur jene aus dem Bereich der Himmelserscheinungen betrachtet. Quellengrundlage für die folgenden Ausführungen sind also illustrierte Flugblätter mit Zeitungsliedern über Himmelserscheinungen.[8]

In den folgenden Abschnitten werden die Gegenwartsbeschreibungen der Flugblatttexte und die Art der dort erfolgenden Argumentation herausarbeitet und mit den Merkmalen des eingangs dargestellten Krisenkonzeptes verglichen. Dazu werden im Vorfeld kursorisch das Medium des Liedflugblattes einerseits und sein hier betrachteter spezieller Gegenstand, das Wunderzeichen, andererseits behandelt (1.). Danach folgt im zweiten Abschnitt ein

---

6 *Koselleck*, Art. »Krise« (Anm. 4), Abschnitt V. 1: Politischer Wortgebrauch, S. 624–626.
7 »Die Assoziationskraft des Gottesgerichtes und der Apokalyptik spielt dauernd in die Wortverwendung hinein, so daß an der theologischen Herkunft der neuen Begriffsbildung kein Zweifel bestehen kann.« *Koselleck*, Einige Fragen an die Begriffsgeschichte von ›Krise‹ (Anm. 4), S. 207. Siehe auch *ders.*, Art. »Krise« (Anm. 4), S. 617.
8 Es handelt sich dabei um alle mir zugänglichen Liedflugblätter, insgesamt 27, die verschiedenen Flugblatt-Editionen entnommen sind. Davon stammt mit 22 Blättern der Großteil aus der ersten Hälfte des 17. Jahrhunderts.

Überblick über die konkrete Charakterisierung der jeweiligen Gegenwart in den Flugblatttexten.[9] Die darauf folgenden Abschnitte dieses Beitrags führen die in den Flugblättern beschriebenen gegenwärtigen Zustände auf die bestimmende Kraft des zugrunde liegenden Deutungsrahmens für Wunderzeichen zurück (3.) und beleuchten die Entscheidungssituationen, in die die einzelnen Rezipienten durch die Argumentation in den Texten versetzt werden, sowie die damit zusammenhängende Orientierungsleistung für die damalige Gegenwart (4.). Insgesamt wird gezeigt, dass durch den Argumentationskomplex der Wunderzeichenflugblätter eine zeitgenössisch adäquate, sinnstiftende Art des Umgangs mit Wandel stattfand, die jedoch in den zunehmend komplexeren Zusammenhängen und Veränderungsprozessen des 17. Jahrhunderts immer mehr an Plausibilität verlor.

1. Liedflugblatt und Wunderzeichen

Der etablierten Forschungstradition entsprechend werden im Rahmen der formalen Kategorie der illustrierten Flugblätter[10] Drucke mit Informationsanspruch unter der Bezeichnung »Neue Zeitung« zusammengefasst, was auf die häufige Betitelung mit diesem und ähnlichem Wortlaut der Blätter selbst zurückgeht.[11] Die Präsentation aktueller Ereignisse im Flugblatt fand im 16. Jahrhundert zumeist in Prosa statt; gegen Ende des Jahrhunderts setzte die Liedform ein, die jedoch erst im 17. Jahrhundert eine größere Rolle spielte.[12] Rolf W. Brednich, der die bis jetzt einzige monographische Darstellung über das Zeitungslied geschrieben hat, nannte als sein wesentliches inhaltliches Charakteristikum die Behandlung zeitgeschichtlicher, aktueller Phänomene, die sich an ein breites Publikum richtete.[13] Wunderbare Himmelserscheinungen machten quantitativ den größten Teil des inhaltlichen Spektrums der Zeitungen aus.[14] Mehr noch als die Informationsver-

---

9 Dass die Darstellung der Gegenwart in den Wunderzeichenflugblättern kein vollständiges Bild der zeitgenössischen Sicht auf Welt und Gesellschaft ergibt, ist selbstverständlich. Der zeitgenössische Rezipient hatte eine breite Palette an Schriften zur Auswahl, die ihn aus verschiedenen Perspektiven über die jeweilige Gegenwart informiert haben. Siehe dazu *Michael Schilling*, Bildpublizistik der frühen Neuzeit. Aufgaben und Leistungen des illustrierten Flugblatts in Deutschland bis um 1700, Tübingen 1990, S. 104.
10 Zu den Spezifika siehe ebd., S. 3.
11 *Thomas Schröder*, Die ersten Zeitungen. Textgestaltung und Nachrichtenauswahl, Tübingen 1995, S. 14.
12 *Rolf Wilhelm Brednich*, Die Liedpublizistik im Flugblatt des 15. bis 17. Jahrhunderts, Baden-Baden 1975, S. 197.
13 Ebd., S. 185.
14 Ebd., S. 199f. Brednich stellte damals fest, dass dem Lied bei der Ausbreitung der Kunde von Wunderereignissen jeder Art eine große und bisher kaum hinlänglich gewürdigte Bedeutung zukomme.

mittlung selbst stand die Vermittlung einer Deutung der berichteten Ereignisse im Vordergrund der Darstellung. In Prosaflugblättern konnte eine Deutung – etwa aufgrund einer Zensur[15] – unterbleiben, in Zeitungsliedern war sie ein wesentlicher, wenn nicht der wesentliche Bestandteil des Inhalts. Davon abgesehen unterlag die Behandlung von Himmelserscheinungen[16] im Prosaflugblatt einer Veränderung, die im Zeitungslied nicht zu beobachten ist: Während sie im Prosaflugblatt zum Gegenstand einer Betrachtung nach astronomischen Gesichtspunkten wurden, hinter der ein möglicher Zeichencharakter zum Teil völlig zurücktrat, blieb genau dieser Aspekt im Zeitungslied bestimmend. Darauf wird zurückzukommen sein.

Die Autoren der Liedtexte blieben meist anonym, nur vereinzelt wurden sie namentlich genannt oder zumindest durch Initialen gekennzeichnet. Obwohl dadurch einzelne Theologen beziehungsweise Geistliche als Flugblatt-Autoren sichtbar wurden,[17] ist grundsätzlich eher davon auszugehen, dass es sich bei den Zeitungsliedern – wie beim illustrierten Flugblatt generell – als auf den Markt hin produzierten Medien überwiegend um Produkte professioneller Texter handelte.[18] Oft wurden mehrere berichtenswerte Ereignisse in einem Lied verarbeitet oder zwei verschiedene Lieder auf einem Blatt abgedruckt. Als Melodien dienten die Töne bekannter Kirchenlieder, wobei nach Brednich evangelische Kirchenliedweisen in weit größerer Zahl als katholische herangezogen wurden,[19] was die konfessionelle Dimension dieses publizistischen Sektors andeutet. Zusammen mit anderem Kleinschrifttum wurden die Zeitungslieder in Stadt und Land vor allem von reisenden Kolporteuren präsentiert und vertrieben.[20]

---

15 Ein Beispiel dafür bietet *Theodor Hampe*, Nürnberger Ratsverlässe über Kunst und Künstler im Zeitalter der Spätgotik und Renaissance (1449) 1474–1618 (1633), Bd. 1, Wien und Leipzig 1904, S. 459, Nr. 3311.
16 Nach Durchsicht mehrerer Editionsbände über illustrierte Flugblätter (der umfangreichste Bestand ist in der von Wolfgang Harms herausgegebenen mehrbändigen Flugblattedition *Deutsche illustrierte Flugblätter des 16. und 17. Jahrhunderts* enthalten) handelt es sich dabei in der zweiten Hälfte des 17. Jahrhunderts ganz überwiegend um Flugblätter über Kometen.
17 So ist etwa »Christian Fischer Superattendent« als Autor eines 1612 in Basel gedruckten Flugblattes angegeben (1612), oder »Heinrich Hempelius Diaconus« als Autor eines 1614 in Hof gedruckten Blattes (1614.2).
18 Siehe dazu *Schilling*, Bildpublizistik (Anm. 9), v.a. S. 12–16, der den Warencharakter des Flugblatts betont. Wenn die Textautoren in den meisten Fällen auch keine Geistlichen sind, üben sie sich in dieser Rolle zumindest rhetorisch. Die Information über die Zeichen der Zeit, die Mahnung zur Buße und die Warnung sind ureigene Aufgabe der Geistlichen beziehungsweise von Propheten. Vgl. *Volker Leppin*, Antichrist und Jüngster Tag. Das Profil apokalyptischer Flugschriftenpublizistik im deutschen Luthertum 1548–1618, Gütersloh 1999, S. 246, Anm. 11.
19 *Brednich*, Liedpublizistik (Anm. 12), S. 196.
20 *Wolfgang Adam*, Theorien des Flugblatts und der Flugschrift, in: Joachim-Felix Leonhard u.a. (Hg.), Medienwissenschaft. Ein Handbuch zur Entwicklung der Medien und Kommunikationsformen, Berlin und New York 1999, S. 132–143, hier S. 135. Auf dem Flugblatt

Das Zeitungslied bot sich für verkaufsfördernde Darbietungen an öffentlichen Orten geradezu an, nicht nur, weil es auf bekannte Melodien gedichtet war, sondern auch weil es vom sprachlichen Stil her bereits auf eine solche Situation hin konzipiert worden war. Die für Flugblätter allgemein typische Appellstruktur[21] wurde hier noch unterstrichen durch – teilweise vom Text der Kirchenlieder übernommene – aufmerksamkeitserregende Anfangsformeln sowie Aus- und Zwischenrufe, die sich direkt an das Publikum wendeten und es in den Bann zu ziehen versuchten.

Auf diese Weise literarisch und drucktechnisch aufbereitet und zum Verkauf angeboten wurden Informationen über Wunderzeichen, worunter ungewöhnliche Naturereignisse aller Art zu verstehen sind.[22] Diese wurden auf biblischer Grundlage als Botschaften Gottes interpretiert, gesandt, um künftiges Unheil anzukündigen, durch das die Menschen für ihr Fehlverhalten bestraft werden sollten. Gleichzeitig galten sie als Ausdruck der Barmherzigkeit Gottes, denn das Warnsignal bot den Menschen die Möglichkeit, ihr Verhalten zu bereuen, umzukehren, Buße zu tun und dadurch Gott zu besänftigen, der die Strafe aussetzen oder abmildern konnte.[23] Der interpretative Horizont dieser Lesart von Erscheinungen in der Natur war die Deutung der innerweltlichen Katastrophen als Strafe Gottes.[24] Gleichzeitig zur Interpretation als Vorbote künftiger weltlicher Katastrophen konnten Wunderzeichen auch als Künder der Endzeit fungieren.[25]

1621.1 werden die Initialen D. T. K angegeben, die Michael Schilling mit dem Kolporteur Thomas Kern identifiziert hat, der als arbeitsloser Augsburger Weber Kolporteur, Zeitungssinger, Dichter und Verleger in einer Person war. *Michael Schilling*, Die Lieder des Augsburger Kolporteurs Thomas Kern aus den Anfangsjahren des Dreißigjährigen Krieges, in: Wolfgang Harms und Michael Schilling, Das illustrierte Flugblatt der frühen Neuzeit. Traditionen, Wirkungen, Kontexte, Stuttgart 2008, S. 103–121. Zum sozialgeschichtlichen Hintergrund des städtischen Kleinschrifttums siehe den Forschungsüberblick von *Michael Schilling*, Stadt und Publizistik in der Frühen Neuzeit, in: Klaus Garber (Hg.), Stadt und Literatur im deutschen Sprachraum der Frühen Neuzeit, Bd. 1, Tübingen 1998, S. 111–141.

21 *Adam*, Theorien (Anm. 20), S. 133.
22 Siehe zur Tradition und Weiterentwicklung der Wunderzeichen *Rudolf Schenda*, Wunder-Zeichen: Die alten Prodigien in neuen Gewändern. Eine Studie zur Geschichte eines Denkmusters, in: Fabula 38 (1997), S. 14–32, hier S. 15.
23 Die Straftheologie wurzelt in dem Gottesbild, »das Gott in Ez 18 und 33 zuspricht, mit seinen Mahnungen nicht den Tod des Sünders, sondern seine Bekehrung zu wollen. Und diese Änderung auf seiten des Menschen kann dann auch eine Änderung auf seiten Gottes zur Folge haben. Aufgrund dieser Überzeugung von einem funktionierenden Tun-Ergehen-Zusammenhang kann dann in intensivster Weise an das Frömmigkeitsverhalten der Menschen als entscheidend für das Ergehen des einzelnen wie der Gemeinschaft appelliert werden: Böses Verhalten bewirkt Strafaktionen Gottes. Und umgekehrt gilt im Rahmen des straftheologischen Denkens: Buße als Änderung des Verhaltens bzw. der inneren Einstellung und auch Gebete können Gott dazu bewegen, mit seinem Strafen einzuhalten.« *Leppin*, Antichrist (Anm. 18), S. 165. Zur biblischen Fundierung eines Tun-Ergehen-Zusammenhangs siehe auch den Beitrag von Andreas Pečar in diesem Band.
24 *Leppin*, Antichrist (Anm. 18), S. 152.

Obwohl die Deutung von Wunderzeichen überkonfessionelle Akzeptanz genoss,[26] wurde wiederholt herausgearbeitet, dass die literarische Behandlung und Verbreitung durch den Druck vor allem im lutherischen Konfessionsbereich geschah.[27] Einer der Gründe dafür mag mit der Naherwartung des Jüngsten Tages durch die Lutheraner zu tun haben, in deren Rahmen Wunderzeichen als Künder der Endzeit eine weit existenziellere Rolle einnahmen als in anderen Konfessionen.[28] Gleichzeitig diente die apokalyptische Deutung von Wunderzeichen auch als Element der Integration innerhalb des lutherischen Protestantismus und als Abgrenzung nach außen.[29]

Der Großteil der für diesen Aufsatz herangezogenen Liedflugblätter, vor allem jene der ersten Hälfte des 17. Jahrhunderts, ist apokalyptischen Inhalts: 20 von 27.[30] Nur in sieben Liedtexten wurde ohne apokalyptischen Gehalt mit drohenden Gottesstrafen argumentiert, alle anderen bezogen das Wunderzeichen direkt auf den Jüngsten Tag oder wiesen im Zuge der Argumentation für Buße auf das Herannahen des Jüngsten Tages hin. Es wurde dann meist betont, dass dieser nahe bevorstehe.[31]

---

25 In dieser Interpretation werden die Himmelserscheinungen auf jene Zeichen bezogen, von denen Christus in seinen Endzeitreden (Lk 21,25–27; Mt 24,29–31; Mk 13,24–27) spricht. Auch in anderer Hinsicht hatten sie einen Doppelstatus inne: Sie kündigten Strafe nicht nur an, sondern galten selbst schon als Strafe; die Gestirne waren also gleichzeitig Strafankündigung und Strafe; *Leppin*, Antichrist (Anm. 18), S. 152–163.

26 Siehe dazu *Benigna von Krusenstjern*, Prodigienglaube und Dreißigjähriger Krieg, in: Hartmut Lehmann und Anne-Charlott Trepp (Hg.), Im Zeichen der Krise. Religiosität im Europa des 17. Jahrhunderts, Göttingen 1999, S. 53–78, hier S. 55.

27 Inhaltlich werden die Aussagen aber kaum auf konfessionelle Inhalte zugespitzt, um die Absatzmöglichkeiten der Blätter nicht einzuschränken. Vgl. dazu *Wolfgang Harms*, Die kommentierende Erschließung des illustrierten Flugblatts der frühen Neuzeit und dessen Zusammenhang mit der weiteren Publizistik im 17. Jahrhundert, in: Elger Blühm und Hartwig Gebhardt (Hg.), Presse und Geschichte II. Neue Beiträge zur historischen Kommunikationsforschung, München 1987, S. 83–112, hier S. 90, 93.

28 Für die Zusammenhänge zwischen Luthertum und apokalyptischer Weltdeutung im Medium der Flugschrift siehe vor allem *Leppin*, Antichrist (Anm. 18), sowie *Heribert Smolinsky*, Deutungen der Zeit im Streit der Konfessionen. Kontroverstheologie, Apokalyptik und Astrologie im 16. Jahrhundert, Heidelberg 2000, v. a. S. 1–7. Zur Affinität zwischen Flugblatt sowie Flugschrift und Luthertum in einem eschatologischen Horizont zuletzt *Rudolf Schlögl*, Politik beobachten. Öffentlichkeit und Medien in der Frühen Neuzeit, in: Zeitschrift für historische Forschung 35 (2008), S. 581–616, hier S. 602f.

29 Dies betont etwa *Thomas Klingebiel*, Einführung. (Sektion I. Apokalyptik, Prodigienglaube und Prophetismus im Alten Reich), in: Lehmann und Trepp (Hg.), Im Zeichen der Krise (Anm. 26), S. 17–32, hier S. 22.

30 Von den 22 Blättern aus der ersten Jahrhunderthälfte sind 18 apokalyptischen Inhalts (davon alle, die aus dem Zeitraum des Dreißigjährigen Krieges stammen); von den fünf Blättern aus der zweiten Jahrhunderthälfte sind zwei explizit apokalyptisch.

31 In einem einzigen Blatt wird mit dem Jahr 1622 ein konkretes Datum für den Weltuntergang genannt, was jedoch durch die Alternative eines sonstigen großen Wunders und der Vollstreckung göttlicher Strafen in diesem Jahr gleich wieder abgemildert wird.

In beiderlei Ausprägung, ob in rein straftheologischer oder apokalyptischer Hinsicht, eröffneten Wunderzeichen eine Art von Dialog zwischen Gott und den Menschen, der allerdings auf verschiedenen Ebenen geführt wurde – auf der einen Seite durch Zeichen in der Natur, die zwar durch ihre Abbildung in den Flugblättern öffentlich sichtbar gemacht wurden, aber richtig gelesen werden mussten, auf der anderen Seite durch innere Regungen, die sich in äußerem Verhalten manifestierten. Kam diese Kommunikation nicht zustande, erwartete die Menschen die strafende Hand Gottes, wenn nicht sogar die Verdammung beim Jüngsten Gericht. Dies führten die Flugblätter selbst vor. Sie zeigten immer wieder von Neuem, wie die Himmelszeichen richtig zu deuten waren, und wiesen die Menschen auf das richtige Verhalten ihnen gegenüber hin.

Dementsprechend stand in allen Liedflugblättern die jeweilige Himmelserscheinung nicht als Naturereignis im Vordergrund, sondern in ihrer Aussagekraft als Ausdruck des Zornes Gottes. In einigen Liedern erfolgte über die reine Erwähnung hinaus keinerlei Beschreibung der Erscheinung, wichtig war allein, dass es sich um ein Wunderzeichen handelte, das entsprechend gedeutet werden konnte. Nach der oft dicht gedrängten Wiedergabe von Informationen über Ort und Zeitpunkt der Erscheinungen im Titel der Flugblätter begannen die Lieder selbst zumeist nicht mit der Beschreibung der jeweiligen Erscheinung, sondern indem sie den Bedeutungsrahmen aufspannten, in den diese anschließend gestellt wurde.[32] Das Phänomen sollte nicht voraussetzungslos, nicht losgelöst von seiner Bedeutung als Warnzeichen Gottes betrachtet werden, sondern aus einer bestimmten Perspektive, die noch vor der eigentlichen Beschreibung festgelegt wurde: »O frommer Christ hertzlich betracht / die wunder Gottes tag und nacht / all stund und Augenblick / trauret das gantze Firmament / unnd uns den Jüngsten Tag verkündt.«[33] Schon bevor es um das einzelne, konkrete Himmelsereignis ging, wurde es unter die Wunder Gottes eingeordnet und als Vorzeichen des Jüngsten Tages deklariert. Ebenso wenig waren die Abbildungen an einer möglichst präzisen Darstellung interessiert.[34] Sowohl im Bild wie auch im Text wurde vor allem auf die Symbolik der Erscheinung abgehoben, durch welche Gott auf die Art der angedrohten Strafmaßnahme verwies: im Bild durch Elemente wie Kreuze, Schwerter oder Ruten,[35] im Text etwa durch die Betonung

---

32 Dieser Vorrang der Funktion der Himmelserscheinungen als Zeichen vor ihrer eigentlichen Gegenständlichkeit hat die ältere Forschung stark irritiert, die etwa von »prodigiösem Beiwerk« sprach und den Quellenwert der Schriften dadurch gemindert sah; *Brednich*, Liedpublizistik (Anm. 12), S. 201.
33 1621.1.
34 Während in den Prosa-Flugblättern im Lauf des 17. Jahrhunderts der eine weit größere Darstellungsgenauigkeit ermöglichende Kupferstich vorherrschend wird, bleiben die Liedflugblätter weiter mit dem Holzschnitt verbunden.
35 Abbildungen solcher Art konnten zu Maßnahmen der Zensurbehörde führen. Siehe dazu das Beispiel bei *Hampe*, Nürnberger Ratsverlässe (Anm. 15), Bd. II, S. 180, Nr. 1030.

der relativen Größe, der langen und breiten Rute eines Kometen oder der feuerroten Farbe einer Wolke. Angaben zu den Umständen der Beobachtung der Erscheinung kamen, außer zu Authentifizierungszwecken, kaum vor, der Fokus lag auf der Betonung der weitläufigen Sichtbarkeit des göttlichen Zeichens und der Betroffenheit der Zeugen.[36]

2. Die Beschreibung der Gegenwart in den Liedtexten

Die Betrachtung der Gegenwart in den Texten der Zeitungslieder geschah vor allem in moralisierender Form durch die Klage und Aufzählung der vielen Sünden der Christen. Dies ist auf die straftheologische Lesart der göttlichen Zeichen zurückzuführen, nach der zwischen der Erscheinung des Wunderzeichens und dem sündigen Zustand von Gesellschaft und Welt ein Kausalitätsverhältnis bestand – die Sünden waren die Ursache für das Phänomen am Himmel.[37] In einem Zirkelschluss ›bewies‹ die übermäßige Sündenlast der Menschen die richtige Interpretation der Himmelserscheinung als Zornzeichen Gottes. Die Herausstellung der Sünden prägt daher das Bild, das von der gegenwärtigen christlichen Gesellschaft und der Welt gezeichnet wurde.

Zumeist vorausschickend und nicht in einzelne Vergehen spezifiziert wurde am häufigsten ganz pauschal von den vielen Sünden der Menschen gesprochen, von gottlosem Leben und den Bübereien. Dabei herrschte ein versatzstückartiger und formelhafter Charakter vor, der wohl auf die mündliche Vortragsweise der Lieder zurückzuführen ist.[38] Zusätzlich zu dieser allgemeinen Eingangsklage erfolgte in den meisten Liedern auch eine inhaltliche Konkretisierung der

---

36 In dem beschriebenen Verhalten der Zeugen gegenüber dem Wunderzeichen, das zumeist als Klagen und Weinen (1612, 1621.2), der Bewusstwerdung der eigenen Sünden (1604.2) oder dem Niederfallen auf die Knie vor Gott angesichts des angenommenen Beginns des Jüngsten Gerichts (1618.2) besteht, erhalten die Rezipienten der Flugblätter das von ihnen gewünschte Verhalten auf die Nachricht eines neuen Wunderzeichens vorgezeichnet. Unangemessenes Verhalten gegenüber dem/ den Wunderzeichen wird in manchen Liedern ebenso dargestellt; immer wird es unmittelbar mit dem Tode bestraft (Beispiele: 1614.2, 1618.1, 1623.2).
37 Dieser Zusammenhang wird in einer Wunderzeichenflugschrift aus dem Jahr 1602 folgendermaßen auf den Punkt gebracht: »Die Sünde ist ein Ursach alles übels / die verursachet Gott den Herrn zu allerley zornzeichen und Straffen.« *Martin Böhme*, Christliches Bedencken Von der Ungewöhnlichen gestalt der Sonnen, Welche dis 1601. Jahr im auff und niedergehen, ohne Glantz und Stralen: und den tag über bleich und schwach erschienen: [...], Wittenberg 1602, o.S.
38 Zum Beispiel in den Liedern von Thomas Kern: »Man Lehr man sing man sag darrvon / so will man nicht von Sünden lohn / die Welt lebt Immer fort / in aller Sünd und büberey / als wann kein Not verhanden sey.« (1621.1); wie man vor Augen sehe, lebe die Welt in Büberei, als wenn keine Not verhanden sei. »Fluchen und schweren ist im schwang / Finantz / Neid / Haß und müssiggang / zu trutz dem lieben Gott / man Lehr / man sag / man sing darvon / so will man nicht von Sünden lohn.« (1621.2).

Sünden, die am Dekalog orientiert war. Selten wurde dieser jedoch zur Gänze abgedeckt, zumeist setzten die einzelnen Blätter Schwerpunkte. Unter den Geboten, die die Beziehung der Christen zu Gott umfassen, dominierten vor allem Klagen über die Verachtung und Verspottung von Gottes Wort sowie über das Fluchen und Schwören. Der Großteil der bezeichneten Sünden bezog sich jedoch auf jene Gebote, die die Beziehung zu den Mitmenschen zum Inhalt haben. Dabei besaßen wiederum Klagen über Verstöße gegen das siebte Gebot, »Du sollst nicht stehlen«, den Vorrang. Unter dieses Gebot fallen auch die Klagen über Wucher, Untreue, Geiz, den Mangel an Fürsorge für Arme sowie überzogene Prachtentfaltung,[39] die in den Liedern häufig vorkommen.

Eine besondere Rolle spielte die Klage über die Verachtung der Zeichen Gottes und die »Sicherheit«[40] der meisten Menschen, die sie für Mahnrufe weitgehend unzugänglich mache. Diese Sünde wurde in jedem der Liedtexte besonders betont, da Gott durch sie veranlasst werde, immer wieder Wunderzeichen erscheinen zu lassen. Das Nichtbeachten der Zeichen bildete darüber hinaus auch die eigentliche Legitimationsgrundlage für die Herausgabe eines Flugblattes über das jeweils aktuellste Wunder- und Warnungszeichen Gottes.[41] Klagen über die Gottlosigkeit der Menschen hatten nicht zuletzt in der behaupteten Nichtbeachtung seiner Zeichen ihre Fundierung.

Zwischen dem sündhaften Verhalten der Menschen und der Welt als Ort dieser Sünden bestand in den Liedtexten kein Unterschied. So war es vor allem eine gottlose und böse Welt, in der man nach Meinung der Liedautoren lebte. Darüber hinausgehend wurde die irdische Welt von Beginn bis zum Ende des 17. Jahrhunderts durchgehend als »Jammertal« beschrieben. Auf den zeitlichen Rahmen des Dreißigjährigen Krieges beschränkt waren unspezifische Gegenwartsklagen über Jammer, Trübsal, schweres Elend, Angst und große Not[42] und

---

39 *Leppin*, Antichrist (Anm. 18), S. 177.
40 Mit »Sicherheit« wird das Verhalten von Christen bezeichnet, die sich um ihr Seelenheil keine Sorgen machen, die »ohne ware Buß und Bekehrung / in tag hienein leben / und nicht einmal gedencken / daß sie dermal eins an dem nunmehr herzunahenden Jüngsten Tag / für den Richtstul Jesu Christi werden gestellet werden / zu empfangen / was sie gehandelt haben bey Leibes Leben / es sey gutes oder böses [...]«; *Helwig Garth*, Pragerische Cometen Predigt [...], Freybergk 1619, o.S.
41 Andererseits ist die Nichtbeachtung der Zeichen zusammen mit der moralischen Verworfenheit der Menschen ein Topos in den Blättern, der zu den Zeichen vor dem Jüngsten Tag und damit zur Zeiterwartung zumindest in den apokalyptischen Blättern gehört.
42 »Wach auff du werthe Christenheit / jetzt in der schweren letzten zeit / grosse noth ist verhanden / wie man sicht an den Himmel hoch / ja alle Tag das schwere Joch / im gantzen Teutschen Lande / [...].« (1619.1); »Herr Jesu Christ du trewer Gott / hilff unns auß dieser Angst und nott / das wir in deinem Saal nach dieser schweren letzten zeit / Ererben thon die Seligkeit Amen.« (1621.2); »Mit trauren thu ich melden / Ach wehe der grossen noth / so jetzt an allen enden / nimt überhand / ach Gott / in diser hochbetrübten zeit / als ich euch will anzeigen / mit grossem hertzenleyd.« (1623.2); »Es ist Jetzund eben zwey Jar / das man sach

darüber, dass man sich in einem schweren Joch und einer gefährlichen Zeit befinde, in einer Welt, die sich verändere, verkehre, auf der Neige stehe und zugrunde gehen müsse. Diese stereotypen Charakterisierungen wurden wie Schlagworte aneinandergereiht, worin genau die Veränderung und Verkehrung bestand, wurde nicht ausgeführt.

Mit der zeitlichen Einordnung der Gegenwart unmittelbar vor dem Jüngsten Tag verbunden war dagegen die Wertung als betrübte, hochbetrübte und schwere letzte Zeit. Die Gegenwart sei genau so beschaffen, wie Jesus dies in den Endzeitreden prophezeit habe. »Jetzt ist vorhanden / wie offt verstanden / in allen Landen / nach der H. Schrifft sag / was man den Leuten / zu allen Zeiten / thät fein andeuten / gar schröcklich vor dem jüngsten Tag.«[43] Die biblischen Prophezeiungen für die Zeit vor dem Jüngsten Tag beeinflussten die Sicht auf die Gegenwart, indem sie diese in ein endzeitliches Licht tauchten.[44] Dies bewirkte die Überformung der Gegenwartsbeschreibungen durch biblische Beschreibungsmuster – die Welt wurde so beschrieben, dass sie die biblischen Vorgaben des Zustandes der Welt kurz vor dem Jüngsten Gericht erfüllte.

Aktuelle oder auch als aktuell beschriebene Geschehnisse[45] wurden zur Charakterisierung der Gegenwart herangezogen, sofern sie als Ausdruck einer Strafhandlung Gottes gelten konnten. Neben den zumeist sehr unkonkreten negativen Charakterisierungen der Zeit wurde so vereinzelt und schlaglichtartig auf spezifische, das soziale und wirtschaftliche Leben der Menschen beeinträchtigende Vorgänge wie kriegerische Ereignisse, Preissteigerungen oder Seuchen hingewiesen. Die sich auf diese Aktualitäten stützende Prognose des zukünftigen Geschehens bei Nichtbefolgung des Bußrufes konnte dadurch mit einer zusätzlichen Dringlichkeit versehen werden.[46]

Diese thematische Beschränkung, die dem straftheologischen und apoka-

---

an dem Himmel klar / ein Komet Steren groß / der zeigt uns an vil angst und Not / darauß die Welt nur treibt den spot.« (1621.1).

43 1643.

44 Volker Leppin hebt hervor, dass einerseits die beobachtete mangelnde Realisation der Lehre vermittels der Apokalyptik angeklagt wird, andererseits die unzureichenden Zustände in den Gemeinden apokalyptischen Denken noch zusätzliche Nahrung geben, sich die apokalyptische Botschaft in gewissem Maß sogar selbst bestätigt und gleichsam selbstreferenziell wird. Hier zeige sich besonders deutlich, dass man die äußeren Ereignisse nicht einfach als Ursache der apokalyptischen Erwartungen ansetzen könne, sondern vielmehr das apokalyptische Bewusstsein auch eine bestimmte Wahrnehmung hervorrufe oder doch bestätige, die dann wiederum apokalyptisch interpretierbar sei; *Leppin*, Antichrist (Anm. 18), S. 121f.

45 Oft wurden Blätter mit unverändertem Inhalt in anderen Städten und zu anderer Zeit nachgedruckt.

46 1676: Anspielung auf das Kriegswesen, das nicht »hertraben« soll, deshalb soll Buße getan werden; 1623.2: »Wann wir nicht busse thun / groß Blutvergiessen im Böhmerland / wird noch darinn geschehen / in Teutschland auch zuhand.«

lyptischen Deutungsmuster geschuldet war, bewirkte, dass Bezugnahmen auf aktuelles Geschehen in den meisten Fällen im engen Rahmen der apokalyptischen Trias Krieg, Pestilenz und Teuerung als den gängigen Landplagen blieben.[47] Zur Zeit des Dreißigjährigen Krieges fanden Krieg, Blutvergießen und Kriegszerstörungen Erwähnung, teilweise in extremer Drastik, ebenso Missernten und Preissteigerungen.[48] Auf Kriegsgefahr, unter anderem durch die »Türken«, wurde auch in der zweiten Hälfte des 17. Jahrhunderts wieder rekurriert. Zeitlich unbeschränkt waren Erwähnungen von »Pestilenz«. Ein einziges der herangezogenen Liedflugblätter überschritt diesen engen thematischen Rahmen des Gegenwartsbezuges, indem es Klage führte über die starke Stellung der Jesuiten in Augsburg und diese als Strafe für die Stadt wertete.[49]

In manchen Fällen geriet die Gegenwartsbeschreibung so ausführlich, dass das Wunderzeichen selbst, das diesen Blick auf die Gegenwart erst veranlasst hatte, in den Hintergrund gedrängt wurde, etwa in einem Liedflugblatt aus Anlass des Kometen von 1653, in dem die Auswirkungen einer bereits grassierenden Seuche ausführlich dargestellt wurden und die Bußforderung mit Blick auf einen jähen Tod begründet wurde.[50] Eine solche Betonung der Gegenwart lässt vermuten, dass es in manchen Blättern – neben den vordergründigen kommerziellen Gründen – vor allem darum ging, gegenwärtige Geschehnisse sinnhaft im Heilsplan Gottes zu verorten.

3. Die Bestimmungskraft des Wunderzeichens für die Gegenwart

Die Liedflugblätter über Wunderzeichen am Himmel, in denen diese Zeitklagen geführt wurden, können nicht unter ein einziges Modell der literarischen Aufbereitung der Erscheinungen subsumiert werden. In manchen Blättern liegt der

---

47 Zur Begriffsklärung der Landplagen im Horizont apokalyptischer und straftheologischer Horizonte siehe *Leppin*, Antichrist (Anm. 18), S. 154f. Auffällig ist, dass sich in den apokalyptischen Liedflugblättern weitaus häufiger Gegenwartsbeschreibungen finden als in Blättern, die eine straftheologische Lesart ohne explizite eschatologische Einordnung des/ der Wunderzeichen bieten. In den nicht-apokalyptischen Blättern beschränkt sich die Gegenwartsbeschreibung zumeist auf die Anführung der strafbaren Sünden, die Ursache für den Zorn Gottes waren. Durch die in diesen Blättern zumeist fehlende (explizite) Positionierung der Gegenwart in der Endzeit bestand keine argumentative Notwendigkeit, auf den gegenwärtigen Zustand der Welt weiter einzugehen.
48 »Morden und Blutvergießen schlecht / als wann mann nur das Vich umbrächt« (1622); »Das er behüte unser Grentz / vor Krieg und auch vor Bestilentz / und vor der hungers Not / wie dann in Saxen schon behend / die Früchten all verdorben send.« (1621.1).
49 1619.1. Dabei handelt es sich um einen der seltenen Fälle, in denen eine konfessionelle Zuordnung des anonymen Autors eindeutig vorgenommen werden kann.
50 1653.1.

Schwerpunkt offensichtlich auf der sinnhaften Deutung der erwähnten herrschenden Umstände und damit auf der Schaffung von Orientierung in einer geschilderten Zeit der Plagen. Auf die Sünden der Menschen, auf die diese Plagen zurückgeführt werden, gehen sie dagegen nur ganz allgemein ein und ohne diesen Aspekt besonders hervorzuheben.[51] In anderen Blättern liegt der Fokus gerade auf der Klage über die Sünden der Christen.[52] Über diese Unterschiede hinweg ist die Art des Blicks auf die Welt und die Gesellschaft in diesen Flugblättern aber immer die gleiche. In Text und Bild wird eine spezifische Interpretation der jeweiligen Himmelserscheinung(en) propagiert und etabliert: Das Wunderzeichen am Himmel zeigt einen bestimmten Zustand auf der Erde an – es symbolisiert gleichsam die materialisierte Sündenlast der christlichen Gesellschaft.[53] Andere mögliche Interpretationen werden entweder in diesen Texten selbst nicht sichtbar gemacht oder aber – und hier wird das bedrohliche Potenzial abweichender Meinungen deutlich – kategorisch ausgeschlossen: »und es nit anderst ist«[54].

Die Welterkenntnis, die in den Flugblättern zum Ausdruck kommt, ist somit deutlich von einer intendierten objektiven Spiegelung äußerer Umstände zu unterscheiden. Das Wunderzeichen funktionierte wie ein Spiegel, in dem man mit seiner eigenen Sünde konfrontiert wurde, daher stand das Bild, das sich im Spiegel zeigte, in seinen wesentlichen Zügen bereits im Vorhinein fest: die große Sündhaftigkeit der einzelnen Christen, die Welt als Jammertal und die Gegenwart als betrübte Zeit. Es war der Blick Gottes, welcher durch das Wunderzeichen sein Urteil über die Christenheit schon gefällt hatte, mit dem in den Liedflugblättern die Welt betrachtet wurde. Bedingt durch diesen Blick Gottes kam in den Wunderzeichenflugblättern ausnahmslos eine Zeitdiagnose unter negativen Vorzeichen zur Geltung.

Es bestehen keine Zweifel daran, dass das 17. Jahrhundert durch objektiv zu fassende Faktoren den Zeitgenossen als existenziell herausforderndes entgegentrat. Langwierige, verlustreiche und regionale wie überregionale Kriege, Epidemien, Ernteausfälle und in deren Folge Preissteigerungen und Hungersnöte sind – wie auch zu anderen Zeiten – als tatsächliche Bedrohungen der Gesellschaft nicht auf eine diskursive Praxis reduzierbar. Die Feststellung des Zustandes von Welt und Menschen erfolgte jedoch zu einem bestimmten Anlass,

---

51 Zum Beispiel 1611.
52 Zum Beispiel 1680.
53 »Sonn und Mon mit ihrer Hand / Dasselb thut uns anzeigen / Viel Sünd und grosse Schandt.« (1604.2).
54 1604.1. In Prosaflugblättern können dagegen andere Interpretationen für die Erscheinung genannt werden. Der Nachdruck, mit dem die Auffassung der Himmelserscheinungen als Zornzeichen Gottes vertreten wurde, lässt darauf schließen, dass viele sie bereits nicht mehr als solche wahrnehmen.

mit einem bestimmten Zweck und mit einem vorgegebenen Instrumentarium, die das in einem bestimmten Deutungshorizont verankerte Wunderzeichen definierten. Daraus ergab sich, dass die Gegenwart auf einen Ausschnitt verengt wurde. Die in den Liedflugblättern formulierten Urteile über die Gegenwart standen im Dienst eines Argumentationsmusters und bildeten mit ihrem versatzstückartigen Charakter einen spezifischen Diskurs.[55] Als auf den Markt und auf Absatz hin orientiertes Produkt waren die Flugblätter überdies darauf angewiesen, bei den anvisierten Käufern auf Resonanz zu stoßen, sie mussten deshalb in ihren Aussagen eine gewisse Erwartungshaltung der Rezipienten einkalkulieren, die im Umgang mit Wunderzeichen bestand.

Allerdings können die Kommentare der Liedtexte nicht von ihrem Gegenwartsbezug abgetrennt werden.[56] Die Zeitdiagnose veränderte sich nicht, sondern blieb über ein Jahrhundert lang bestehen. Dies spricht dagegen, dass in diesen Texten primär Realität abgebildet und vorhandene Angst beziehungsweise Furcht verarbeitet wurde, sondern eher dafür, dass vorhandene Befürchtungen, Ängste und Hoffnungen in einer bestimmten Weise und zu einem bestimmten Zweck gestaltet wurden.[57] In den Texten der Zeitungslieder wurde ein bestimmtes, etabliertes und für den Rezipienten wiedererkennbares Muster des Umgangs mit Wunderzeichen immer wieder erneuert, das mit einer bestimmten Sicht auf die gegenwärtige Zeit verbunden war. Es war nicht zuletzt bestimmt von den Bemühungen, Furcht – Furcht vor Gott – erst hervorzurufen, damit dadurch die gestellte Forderung – Buße auf Seiten der Rezipienten – auf fruchtbareren Boden fiel.[58] Die Präsentation von Wunderzeichen in Bild und

---

55 Vgl. hierzu den Aufsatz von *Andreas Bähr*, »Unaussprechliche Furcht« und Theodizee. Geschichtsbewusstsein im Dreißigjährigen Krieg, in: Werkstatt Geschichte 49 (2008), S. 9–31, hier S. 12, in dem die in Selbstbeschreibungen dargestellte Furcht ausdrücklich nicht als »Fenster zu einer Innerlichkeit und Subjektivität jenseits des Textes« gelesen werden soll, sondern nach historischen Ordnungs-Konzepten gefragt wird.
56 Hella Tompert spricht mit Bezug auf das Spätmittelalter davon, dass die »deutschsprachige Kleinliteratur die Disposition ihrer Adressaten berücksichtigt, wenn sie in deren Bedürfnisstruktur und Erwartungshorizont hineinargumentiert, sich an deren Assoziationsspektrum orientiert und damit aktuelle Bewußtseinsinhalte der Zeit anspricht, aufnimmt und widerspiegelt.« *Hella Tompert*, Die Flugschrift als Medium religiöser Publizistik. Aspekte der gegenwärtigen Forschung, in: Josef Nolte u. a. (Hg.), Kontinuität und Umbruch. Theologie und Frömmigkeit in Flugschriften und Kleinliteratur an der Wende vom 15. zum 16. Jahrhundert, Stuttgart 1978, S. 211–221, hier S. 211.
57 Die Flugblätter »reagieren« also nicht allein »suggestiv und eindrucksvoll mit Antworten auf Sorgen, Befürchtungen und Hoffnungen des zeitgenössischen Publikums«, sondern versuchen mindestens, diese Befürchtungen und Hoffnungen auch mit zu gestalten; *Wolfgang Harms* u. a. (Hg.), Illustrierte Flugblätter des Barock. Eine Auswahl, Tübingen 1983, S. VII.
58 Vgl. *Udo Sträter*, Meditation und Kirchenreform in der lutherischen Kirche des 17. Jahrhunderts, Tübingen 1995, S. 21 f., der den Eindruck hat, dass Erbauungsliteratur und Predigt nicht »die Funktion übernehmen, den Krieg und andere Schrecken zu erklären und durch Krisen hindurchzutrösten, sondern der Krieg und andere Ereignisse funktional beschworen

Text als Mittel, um Furcht und Schrecken zu erregen und eine nachfolgende Änderung des Verhaltens zu bewirken, wurde zumindest von zahlreichen Autoren von Wunderzeichenflugschriften als geeignetes ›Rezept‹ angesehen, um die verweltlichte Schar der Gläubigen aufzurütteln. So stellte Theodor Maius 1612 fest: »Wie kann man diesen grossen unglück in der Welt besser wehren/ und von der Teufflischen Sicherheit die Epicurer und Welt-Kinder / füglicher abschrecken / als wann man inen die Zornzeichen Gottes zu Gemühte führet / und sie erinnert das unvermuthlichen plötzlichen und grossen unglücks / so der gerechte Gott auch durch diß sein geleute ihr ankündigen lest und vor augen zeiget.«[59]

In den Liedflugblättern handelte es sich nicht um eine Reflexion der eigenen Zeitlage, die zu einer Erkenntnis der Vergangenheit und einer Prognose der Zukunft disponierte, wie Reinhart Koselleck dies für den Begriff der Krise in seiner geschichtsphilosophischen Dimension, die er im Laufe des 18. Jahrhunderts entfaltete, beschreibt,[60] sondern um einen umgekehrten Erkenntnisprozess: Der straftheologische Denkrahmen wie auch der apokalyptische Zukunftshorizont bestimmten die Reflexion über die Gegenwart. Nicht die Vergangenheit wurde an die Einschätzung der gegenwärtigen Lage angepasst, um zu zeigen, wie es zur gegenwärtigen Situation kommen konnte, sondern die Gegenwart wurde so zugerichtet, dass sie zur erwarteten Zukunft passte. Die feste Zukunftsvision der Strafe(n) Gottes und/oder des Jüngsten Tages wirkte als Dispositiv, als Wahrnehmungsanordnung, die die Welt und den Wandel in ihr in einer bestimmten Weise erscheinen ließ und alles, das nicht mit dem Deutungsschema von Straftheologie und Apokalyptik erfasst werden konnte, ausblendete. Dieser Blick, der nur das als negativ Bewertete erfasste, bestätigte wiederum die Zukunftsvision.[61] Die Gegenwart und ihre Zukunft waren in dieser Konstellation eine Einheit.

---

werden, um den Bußruf zu unterstreichen«, wobei er dabei abnehmenden Erfolg konzediert. »Neben und nach dem großen Krieg müssen Wunderzeichen, Naturkatastrophen und schreckensvolle Kometen herhalten, um die Mißachtung des gepredigten Bußrufs durch Inanspruchnahme eines himmlischen Donnerwetters zu kompensieren.« (Ebd.).

59 Zorn Glocke Gottes Unter dem Himmel in der Lufft fast nächtlich durch die gantze Erndtenzeit dieses 1612 Jhars, nicht mit geringem schrecken anzuschawen geleutet, wegen der grossen sicherheit und Sündlichem Leben der Menschen, kürtzlich sampt seinen ursachen und bedeutungen beschrieben, Durch Theodorum Maium, Magdeburg 1612, S. 15. Bereits 1555 argumentierte Job Fincel in seiner »Wunderzeichen« betitelten Prodigiensammlung ähnlich; *Schenda*, Wunder-Zeichen (Anm. 22), S. 21.

60 *Koselleck*, Einige Fragen an die Begriffsgeschichte von ›Krise‹ (Anm. 4), S. 206.

61 Vgl. dazu *Leppin*, Antichrist (Anm. 18), S. 119: »Bei allen Quellen, die eine ›chronique scandaleuse‹ des konfessionellen Zeitalters darzustellen scheinen, können Rückschlüsse auf die realen Verhältnisse nur mit größter Vorsicht gezogen werden.« Es handle sich um stark normative Texte, in denen sich das Interesse besonders auf negative Vorgänge richte; in den

Das Bild der Gegenwart, das durch die Bestimmungskraft des Deutungsrahmens in den Flugblättern erschien, musste daher nicht als Ergebnis eines spezifischen Verlaufs der Vergangenheit erwiesen werden. Erzählt wurde in den Flugblättern keine kontinuierliche Verfallsgeschichte von einem bestimmten Zeitpunkt oder einer Idealvorstellung aus, sondern ein grundsätzlicher, allumfassender, gegenwärtiger und gleichzeitig zeitloser Makel: »Die böse Welt mit ihrer Sünd / Die man treibt alle stunde / Bey aller Menschen kindt.«[62] Eine argumentative Notwendigkeit, den jetzigen Zustand als das Produkt einer spezifischen Vergangenheit bis zum Heute darzustellen, bestand nicht, denn das Wunderzeichen selbst fungierte als unwiderlegbarer Bescheid Gottes über die jetzige Zeit – der Fokus konnte auf die Beschreibung der Gegenwart und der sich daraus ergebenden Implikationen für das Handeln gelegt werden. Die Betonung lag darauf, dass es *jetzt* schlecht ist, *jetzt* alle guten Sachen verkehrt werden.[63] Blicke in Vergangenheit[64] und Zukunft[65] entfalteten ihre Funktion allein im Hinblick auf die Gegenwart, sie dienten dazu, etwas im Jetzt zu bewirken.

Gegenüber den Zustandsbeschreibungen waren Prozessbeschreibungen selten. Kamen sie vor, blieben sie zeitlich unbestimmt.[66] Bei einer zeitlichen Eingrenzung war der Bezugspunkt kein vergangen geglaubtes Ideal, sondern der Zustand zum Zeitpunkt einer markanten Wunderzeichenerscheinung, nämlich des Kometen von 1618.[67] Es handelte sich also dem Zeitverständnis nach in den Flugblatttexten um ein Voranschreiten in der Zeit entlang von Wunderzeichenerscheinungen, die jeweils (mangelhaft bewältigte) Entscheidungssituationen markierten beziehungsweise eröffneten.

Die Zukunft war bestimmt von den in Aussicht gestellten Strafhandlungen Gottes. Der Jüngste Tag wurde diesen unvermittelt an die Seite gestellt.[68] In den

---

apokalyptischen Schriften aufgrund der Notwendigkeit, die Dekadenz vor dem Ende zu zeigen.
62 1604.2.
63 1680, zweites Lied, und 1614.1.
64 Die knappen, schlaglichtartigen und exempelhaften Rückblicke in die Vergangenheit dienen textimmanent vor allem dazu, die Folgen früherer, unbeachtet gebliebener Warnzeichen Gottes darzustellen und damit die Argumentation für die Notwendigkeit der Buße im aktuellen Fall dringlicher zu machen. Längere Kataloge von Wunderzeichen samt den ihnen gefolgten Ereignissen, wie sie im Format der Flugschrift üblich sind, kommen – schon allein platzbedingt – in den Flugblättern nicht vor.
65 Bei den in Aussicht gestellten Gottesstrafen dominieren die gängigen Landplagen Krieg/Blutvergießen, Teuerung und in der Folge Hungersnot sowie Pestilenz und großes Sterben.
66 »Die Boßheit hat zugenommen sehr [...]« (1614.2), oder »Die Welt nie ärger gwesen ist [...]« (1612).
67 »O Mensch betracht mit großer Klag / was wir haben außgestanden / Krieg / Hunger / Pest / viel grosser Plag / in Teutsch- und Welschen Landen / seyt man sah an dem Himmel klar / den grossen Cometsteren / verloffen sind 35 Jahr / viel Leut nur ärger worden.« (1653.2).
68 »Bittent Gott all mit Munde / dann es ist hohe zeit / die Ruth ist allbereit bunden / der Jüngste Tag ist auch nicht weit [...]« (1614.1); »Ach Mensch willstu den Frieden han / so mustu von

Liedtexten erfolgte der Eintritt des Jüngsten Tages nicht in Folge des schlechten Zustandes von Menschen und Welt, sondern der festgestellte schlechte Zustand war ein Zeichen, das darauf hinwies, dass der Jüngste Tag unmittelbar bevorstand,[69] ebenso wie das Zeichen selbst auf den bevorstehenden Jüngsten Tag verwies: »Sein grosser Tag wirdt kommen bald / Die Zeichen thuns uns lehren.«[70]

Es lässt sich festhalten, dass der Erkenntnishorizont des Modells, anhand dessen in den Liedflugblättern über Wunderzeichen die Gegenwart diagnostiziert und dargestellt wurde, durch die Bibel begrenzt war. Solange die beschriebenen Deutungsmuster strikt angewandt wurden, befand sich die Welt in einem andauernden Zustand der Verderbtheit. Die Zeitdiagnose, die in den betrachteten Wunderzeichenflugblättern zum Ausdruck kommt, ist für sich genommen kein Indiz für die zeitgenössische Erfahrung eines Bruches zwischen Vergangenheit und Zukunft. Allerdings kann das in den Flugblättern realisierte straftheologische und apokalyptische Erzählmuster, über das Vergangenes und Zukünftiges miteinander verbunden wurden, umgekehrt als ein Indiz für den Bruch zwischen Vergangenheit und Zukunft gedeutet werden, der sich in der Erfahrung der Zeitgenossen vollzog.

4. Die Situation der Entscheidung zwischen Gut und Böse

Bedingt durch die spezifische Sicht auf das Wunderzeichen als Botschaft des Zornes und der Warnung Gottes vor Strafe vermittelten die Wunderzeichenflugblätter die Überzeugung, dass eine Situation eingetreten sei, in der Handlungsbedarf bestehe. Als erweiterte Form der Gesetzespredigt[71] sollte die visuelle und rhetorische Präsentation von Wunderzeichen in den Liedflugblättern den Blick des Rezipienten nach innen richten und durch Introspektion und Gewis-

---

   den Sünden stahn / sonst wird's nicht besser werden / biß an den lieben jüngsten Tag / der kompt herbey mit grosser Klag / vergehen wird Himmel und Erden.« (1643).
69 »O weh / O weh ihr Menschenkind / stäht ab von ewren Sünden / der Jüngste Tag ist nicht mehr weit / als ich euch hier verkünde / dann Geitz / Hoffart nimbt uberhand / darumb wirdt kommen in Teutschland / noch grösser Blutvergiessen.« (1622).
70 »Ich frag auch Christen groß und klein / Ist nit jetzo die zeit und Stunde / [vor der Zukunfft Jesu Christ] Weil die erschröckliche Zeichen gmein Am Himmel werden funden / Wol an dem gantzen Firmament [...]« (1612).
71 »Ganz entsprechend dem Gedanken Luthers, daß Gott im Unglück des Menschen seinen strafenden Zorn offenbare, werden also die im menschlichen Miteinander spürbaren Strafen und die Gestirne, insofern diese Gottes Zorn und Strafe ankündigen und so zur Buße rufen, als eine an die Menschen gerichtete Predigt verstanden [...].« *Leppin*, Antichrist (Anm. 18), S. 157.

sensprüfung eine spezifische Selbsterkenntnis – als Sünder – vermitteln.⁷² Durch diese Einsicht sollte die Bereitschaft hergestellt werden, Buße zu tun und das eigene Verhalten zu ändern. Das Ereignis des Wunderzeichens markierte den Beginn der »Zeit der Buße«, es eröffnete einen begrenzten, jedoch nicht exakt definierten Zeitrahmen, in dem es den einzelnen Christen noch möglich war, den Zorn Gottes durch gottgefälliges Verhalten zu besänftigen. Indem die Texte in diesem Sinn argumentierten, wurden die Rezipienten daher mit jedem neuen Flugblatt in eine Situation versetzt, in der sie sich mit einer Entscheidung konfrontiert sahen, die existenziell notwendig und dringlich, aber noch offen war. Die Flugblattautoren verzichteten am entscheidenden Punkt jedoch auf eine eindeutige Argumentation. Es blieb oft im Unklaren, ob die verlangte Buße dazu dienen sollte, irdische Strafen zu verhindern, oder ob die Beschwörung der irdischen Strafen als zusätzliches Drohpotenzial verwendet wurde, um Bußleistungen im Hinblick auf das individuelle Seelenheil am baldig erwarteten Jüngsten Tag zu erwirken. Beides ging innerhalb eines Blattes oft ununterscheidbar in eins – eine stichhaltige logische Argumentationsfolge wurde nicht angestrebt, im Vordergrund stand die Beeinflussung der Rezipienten im Sinne des verwendeten Deutungsmusters.⁷³

Die Alternativen, die zur Entscheidung standen, waren für den, dem sie abverlangt wurden, existenziell und letztgültig – in einer durch die göttliche Providenz bestimmten Zukunftsvorstellung ging es um nichts weniger als die Entscheidung zwischen Gut und Böse.⁷⁴ Die Bestimmung der Handlungsoptio-

---

72 »Solchs macht all unsere Sünde vil / dadurch uns Gott ermanen will / Und auch die Wunderzeichen / Die er uns sehen lest bereit / schickt er uns deßwegen allzeit / Daß wir vom bösen abweichen […].« (1611) In Flugschriften wird das zugrunde liegende Prinzip meist breiter erklärt, so etwa in der Vorrede bei *Peter Megerlin*, Astrologische Muthmassungen Von Der Bedeuttung Des jüngst entstandenen Cometen, o.O. 1665, wo die fleißige Erforschung der Bedeutung des Kometen zurück auf die Haupt-Ursache leiten soll, »warumb jetzund der zorn Gottes uber uns fürnemblich entbrandt seye/ damit wir durch verbesserung unsers Lebens den angetröweten straffen entrinnen möchten«.

73 *Leppin*, Antichrist (Anm. 18), spricht von einem engen Nebeneinanderliegen beziehungsweise Ineinanderfließen von straftheologischen und apokalyptischen Deutungsansätzen (S. 151, 155), einem »Schwanken zwischen Straf- und Endankündigungen« (S. 165) oder auch einer gewissen »Nonchalance in der Ankündigung des Endes«, die bei dem »Bezug straftheologischer auf spezifisch apokalyptische Gedanken« herrschen würde (S. 163). »In der Drohung an die individuelle Existenz« würden Apokalyptik und Straftheologie konvergieren, »wenn sie auch gleichwohl aufgrund ihrer unterschiedlichen Aussagegehalte nicht ohne weiteres zu vermischen sind« (S. 164).

74 Vgl. *Reinhart Koselleck*, Vergangene Zukunft. Zur Semantik geschichtlicher Zeiten, Frankfurt a.M. 1979, S. 29: »Die Zukunft, die in den Religionsparteien selbstverständlich war: in der Gewißheit des jüngsten Gerichts als einzige Handlungsmaxime die Alternative von Gut oder Böse zu erzwingen.« Zu den im Mittelalter und Früher Neuzeit herrschenden Zukunftsvorstellungen siehe *Lucian Hölscher*, Die Entdeckung der Zukunft, Frankfurt a.M. 1999, S. 27–33.

nen stand somit fest, sie war nicht an die eigene Wahrnehmung und Einschätzung der Lage rückgebunden, sondern es stand nur eine einzige legitime Möglichkeit zur Verfügung, die Buße. Dies galt ebenso für die Bestimmung der Entscheidungssituation an sich: Um die Situation, die auf eine Entscheidung drängte, aus dem Fluss der Zeit herauszuschneiden, wurden keine Informationen erhoben und mit einer spezifischen Norm verglichen, sondern die Notwendigkeit einer Entscheidung verdankte sich einzig der Zuweisung des Status eines Wunderzeichens an eine nicht alltägliche Erscheinung am Himmel.

Die Warnungen vor den Strafen Gottes und der Verdammnis beim Jüngsten Gericht waren zumeist und stereotyp mit resignativen Kommentaren versehen, die ausdrückten, dass das in Aussicht Gestellte eigentlich unvermeidlich sei, dass der Autor keine Hoffnung habe, dass die Menschen umkehren und Buße tun würden. Mit diesen Kommentaren schilderten die Autoren eine Situation, in der Gott weder durch sein Wort noch durch Wunderzeichen noch durch Züchtigungen zu den Menschen durchdrang. Sie stellten damit ihr eigenes Vorhaben, Umkehr und Buße zu erwirken, als aussichtslos dar. Möglicherweise sollte gerade durch die Beschwörung der Unausweichlichkeit der kommenden Strafen zu deren Abwendung durch Handlung angeregt werden. Ein – begrenzter[75] – Einfluss auf die (nahe) Zukunft durch Handlung beziehungsweise durch die richtige innere Einstellung in der Gegenwart wurde in den Liedflugblättern zwar als Möglichkeit eröffnet, gleichzeitig aber der Mensch als zu sehr in seiner Sündhaftigkeit begriffen dargestellt, um diesen Weg durch eine aktive Entscheidung verlassen zu können. Mit dem Verweis auf die Niniviter wurde nur ein biblisches Beispiel benannt, dass dies jemals gelungen sei. Dieses Paradoxon wurde nicht aufgelöst. Im Effekt hatte diese Argumentation zur Folge, dass dem Menschen wiederholt die Rolle des Sünders zugewiesen wurde – er trug die Schuld daran, dass Gott gezwungen war, ein Wunderzeichen zu senden, ebenso wurde jedes negative Ereignis auf sein unchristliches Verhalten zurückgeführt.

Die umfassende Zuweisung von persönlicher Schuld konnte jedoch in anderer Hinsicht Entlastung bedeuten. Mit dem Deutungsmuster der Straftheologie konnte Wandel und Veränderung, die in den Texten der Liedflugblätter grundsätzlich nur in negativer Konnotation erschienen, Sinn verliehen werden, weil sie an das menschliche Verhalten gekoppelt und dadurch nicht in ihrer Kontingenz sichtbar wurden.[76] Durch die Einbettung des Lebens der Christen in

---

75 Begrenzt deshalb, weil es mehr darum geht, bestimmte Geschehnisse (Strafen) zu verhindern, als um die aktive Gestaltung von Zukunft.
76 Vgl. *Leppin*, Antichrist (Anm. 18), S. 153: »Mit solcher Deutung innerweltlicher Katastrophen oder unheimlicher Naturerscheinungen vermittels einer einfachen Straftheologie konnte man diese Phänomene an das menschliche Handeln zurückbinden: Gottes allmächtiges, die Naturregularitäten je neu anleitendes oder auch im Einzelfall durchbrechendes Handeln reagiert auf die Sündhaftigkeit des Menschen.«

ein System von Bedeutungen und Verweisen, vor allem aber durch die Rückbindung von gegenwärtigen Umständen sowie zukünftigen Gefahren an Gottes Reaktionen auf das menschliche Verhalten wurde ein geschlossener, sinnstiftender Rahmen geschaffen, der Geschehnissen Sinn verlieh und zukünftiges Unglück erwartbar werden ließ.[77] Durch die persönliche Zurechnung des Wandels war dieser selbstverschuldet – jeglicher Wandel war dieser Auffassung nach eine Strafe Gottes und würde bei entsprechend gottesfürchtigem Leben der Christen daher zum Stillstand kommen.

5. Fazit

Die Liedflugblätter beschrieben eine defizitäre und prekäre Gegenwart und forderten zum Handeln auf. Insofern stellten sie eine krisenhafte Situation dar. Es war jeweils die Gegenwart, auf die hin sich Vergangenheit und Zukunft verdichteten. Die Analyse der Texte der Liedflugblätter über Wunderzeichen hat jedoch gezeigt, dass ihre Zeitdiagnose sich von einem reflexiven Krisenkonzept in wesentlichen Punkten unterscheidet: Die Vision der Zukunft bestimmte die Einschätzung der Gegenwart; die Zurichtung der Vergangenheit auf die jeweilige Gegenwart hin war nicht erforderlich. Der Zustand der Menschen und der Welt und die Darstellung dieses Zustandes waren fest an ein Wunderzeichen gekoppelt und rückgebunden. Der Ablauf der Zeit trat ausschließlich in Form von vergangenen, gegenwärtigen und zukünftig erwarteten Strafhandlungen Gottes in den Blick. Die Autoren der Flugblatttexte beanspruchten eine Deutungshoheit über Wunderzeichen, die einen bestimmten Blick auf die Welt rechtfertigte und aus dem sich ein bestimmter Blick des Einzelnen auf sich selbst ableitete. Die Rezipienten sollten sich ihrer Sünden bewusst werden und Buße tun, um vor dem Jüngsten Gericht zu bestehen. Damit konnten sie auch die durch die Wunderzeichen angekündigten Strafen Gottes aufhalten oder zumindest abschwächen. Der Christ sollte nicht in die Welt hinein handeln, sondern sein Verhältnis zu Gott ändern.

Damit sind die wesentlichen Punkte benannt, die dagegen sprechen, dem Argumentationskomplex in den Liedflugblättern eine reine Vorgängerrolle in Bezug auf den Krisenbegriff zuzusprechen; es handelte sich dabei vielmehr um eine eigene, zeitgemäße Form der Gegenwartsdiagnostik und der Einordnung der Zeitumstände in ein sinngebendes Ordnungskonzept, das durch seine biblische Fundierung in überzeitliche Rahmenbedingungen eingebettet war. Der unflexible heilsgeschichtliche Denkhorizont verhinderte jedoch, dass Gesell-

---

77 Krieg und andere Schrecknisse erschienen damit nicht als blindwütiges Schicksal, sondern als Instrumente der allweisen Weltregierung Gottes; *Sträter*, Meditation (Anm. 58), S. 21.

schaft sich in ihm im Wandel beobachten und sich auf diesen kalkulierend und steuernd einstellen konnte.

Auf den Punkt gebracht, erwies sich die straftheologische und apokalyptische Zeitdiagnose als nicht geeignet, die Selbstbeobachtung von Gesellschaft auf dynamische Veränderung einzustellen. Sie wurde marginalisiert und verschwand schließlich, als andere Modelle bereitstanden, die mehr Akzeptanz und Funktionalität beanspruchen konnten, weil sie Wandel überzeugender erklären konnten. Gleichzeitig sorgten veränderte mediale Praktiken seiner Erfassung dafür, dass sich Wandel nicht mehr plausibel an das menschliche Sündenverhalten koppeln ließ. In welchem Zeitraum sich ein solcher epistemischer Bruch genau vollzog, wäre eigens zu klären. Es setzten sich neue Konzepte durch, wie das der Katastrophe, des Fortschritts oder eben das der Krise, das sich im deutschsprachigen Raum schließlich im 18. Jahrhundert auch begrifflich entfaltete. Beobachtungen wurden darin nicht mehr auf einen überzeitlichen und vorgefassten Heilsplan bezogen, sondern auf die jeweilige krisenhafte Gegenwart. Zukunft konnte dann als Ergebnis der in der Gegenwart zu treffenden Entscheidung gedacht werden.

Im Zeitungslied selbst wurde das vorgestellte Erzähl- und Deutungsmuster nie in Zweifel gezogen – ihm fehlte ein selbstreflexives Element, wie es sich im Laufe des 17. Jahrhunderts etwa in den Prosaflugblättern oder den Wunderzeichenflugschriften ansatzweise entwickelte. Die Form des Liedes in gebundener Rede bot für die Art der Präsentation und Behandlung von Wunderzeichen einen so stabilen Rahmen, dass dort eine Auffassung immer weitertransportiert werden konnte, die an anderen Orten längst fraglich oder gar ausgeschieden worden war. Wenn die durch Flugblatt-Editionen zugänglichen Liedflugblätter ein repräsentatives Bild ergeben, nahm ihre Zahl bis zum Ende des 17. Jahrhunderts, als das Medium des Wunderzeichen-Flugblattes überhaupt verschwand, stark ab. Das Erzählmuster wurde jedoch in den verbliebenen mit unverminderter Suggestivität weiter eingesetzt.

Anhang

1603: Ein Warhafftige und Erschröckliche Newe Zeytung. Von den grausamen / und zuvor Unerhörten Wunderzeichen / welche auff den Neundten Tag September / zu Nacht durch die gantze Christenheit / Teutsch unnd Welscher Nation gesehen worden. Aber insonderheit / was für grausame Mirackel und Zeichen uber der Statt Ryga seind gesehen und gehöret worden / und wie ein fewriger Drach uber der Statt gefahren. Hergegen widerumb / wie den achten Tag September zuvor / ein Wunderseltzame Geburt / von einer armen Frawen / zu Brämen im Spital auff die Welt Geboren / und wie die Mutter deß Kindes / nach dem sie es auff die Welt gebracht / angezeigt / was solliche Zeichen bedeuten. Alles auß gewissen Schreiben gezogen / und durch Jeremias Altensteiger von Uberkingen in Truck verfaßt / Im Thon: Ewiger Vatter im Himmelreich / rc. Gedruckt zu Speyr / durch Johann Renner / im Jahr 1603

Quelle: *Dorothy Alexander* und *Walter L. Strauss*, The German Single-Leaf Woodcut 1600–1700. A Pictorial Catalogue, New York 1977, Bd. 2, S. 442.

1604.1: Erschröckliche und Trawrige Wundergeschicht / Wie zu Dantzig unnd umherligenden Orthen / achtzehen Regenbogen und drey Sonnen beim hellen Tag seind gesehen worden / darauff zu Nacht in den Wolcken Kriegsheer / unnd andere Zeichen gesehen / auch wie sich der Himmel auffgethan / sich hefftig bewogen / und letztlichen Blut geregnet / geschehen den neundten December / diß 1604. Jahrs. Allen Christen zu Ermanung und Besserung ihres Lebens in ein Gesang verfast / Im Thon: Hilff GOTT daß mir gelinge / rc. Gedruckt zu Bautzen/ bey Michel Wolrab

Quelle: *Wolfgang Harms* (Hg.), Deutsche illustrierte Flugblätter des 16. und 17. Jahrhunderts, Bd. IV: Die Sammlungen der Hessischen Landes- und Hochschulbibliothek in Darmstadt, Tübingen 1987, S. 389.

1604.2: Warhaffte unnd erschröckliche newe Zeytung / von einem Wunderzeichen / Welches man gesehen hat / 1604. den 20. Tag Brachmonats / Zu Biel in dem Schweitzerlandt / Allen frummen Christen zu einer trewhertzigen Warnung in den Truck verfertiget / unnd in Gesangsweiß gestelt. Im Thon / Hilff Gott das mir gelinge / du Edler / etc. Erstlich Getruckt zu Bern / Anno M. D C IIII.

Quelle: *Wolfgang Harms* (Hg.), Deutsche illustrierte Flugblätter des 16. und 17. Jahrhunderts, Bd. IV: Die Sammlungen der Hessischen Landes- und Hochschulbibliothek in Darmstadt, Tübingen 1987, S. 387.

1611: Warhafftige und gründliche Beschreibung / Von dem grossen Wunderzeichen / welches am Freytag Nachts den fünfften Aprillen diß 1611. Jahrs im Schwaben und Würtemberger Land / schröcklich von viel tausent Personen hin

und wider ist gesehen worden / allen Christen zur Trewhertzigen Warnung in Truck verfertiget / und Gesangsweise gestelt. Im Thon / Kompt her zu mir spricht Gottes Sohn. Gedruckt zu Tübingen / im Jahr 1611
Quelle: *Dorothy Alexander* und *Walter L. Strauss*, The German Single-Leaf Woodcut 1600–1700. A Pictorial Catalogue, New York 1977, Bd. 2, S. 740.

1612: Beschreibung der am 3.4.5. und 6. Julii dises 1612. Jars erschienenen und grausamen erschröcklichen Wunderzeichen am Himmel. Mit vierwilligung der Obrigkeit in Truck verfertigt durch Herrn Christian Fischer Superattendenten / und erstlich gedruckt zu Basel / durch Johann Schröter / 1612
Quelle: *Wolfgang Harms* (Hg.), Deutsche illustrierte Flugblätter des 16. und 17. Jahrhunderts, Bd. I: Die Sammlung der Herzog-August-Bibliothek in Wolfenbüttel, Tübingen 1985, S. 385.

1614.1: Erschröckliche / doch Warhafftige newe Zeitung. Von den grausamen Wunderzeichen / so uns Gott abermahl für Augen gestellt / und den ersten Jenner in disem 1614. Jahre zu Cronstatt hat sehen lassen. Deßgleichen von dem Fridbrüchigen einfall deß Türcken in Sibenbirgen und Wendischen Lande / ebensfalls kürtzlich beschehen / Gesangsweiß verfasset: Im Thon / ich stund an einem Morgen / rc. Erstlich gedruckt zu Wien / im Jar 1614
Quelle: *Dorothy Alexander* und *Walter L. Strauss*, The German Single-Leaf Woodcut 1600–1700. A Pictorial Catalogue, New York 1977, Bd. 2, S. 443.

1614.2: Eine warhafftige und gantz traurige newe Zeitung: So sich begeben und zugetragen im Böhmerland den vier und zweintzigsten Juno / dises 1614. Jars / in der Statt zur Plan genant / da der Edle und Wolgeborne Herr / Graff Johann Schlicka Hof hält / wie alda nicht weit vom Schlosse / eine alte verwüste Kirchen stehet / darinnen drey Nacht nach einander ist lieblich gesungen / ein heller glantz sampt schröcklichen Gesichtern seind gesehen worden welches mit bewilligung des Herrn Graffen ist iin Truck verfertiget worden / durch den Herrn Heinricum Hempelium Diaconum. Im Thon: Hülff Gott das mir gelinge / rc. Erstlich gedruckt zum Hof/ bey Mattheo Pfeilschmidt / Im Jar 1914 [sic]
Quelle: *Dorothy Alexander* und *Walter L. Strauss*, The German Single-Leaf Woodcut 1600–1700. A Pictorial Catalogue, New York 1977, Bd. 2, S. 434.

1616: Zwo warfftige und erschröckliche Newe Zeitungen. Wie die Sonn am Himmel Blutroth gestanden / auch andere uberauß groß Wunderzeichen / wie nemblich in Preusen / Schlesien / Blut und Fewerstralen am Himmel seind gesehen worden: Im Böhmerwald hat man zwey gewaltige Kriegsheer / am Himmel drey Abend gegen einander sehen streitten. In Thüringen Sachsen / und Westphalen / seind Creütz und Todtenbarn / und in Pommern drey Ruthen gesehen worden / auch wie zu Pariß in Franckreich / eine Kutschen mit 14.

Fewrigen Pferden und zwen Engel welche fewrigen Zepter in der Hand geführt haben / ach und wehe uber die böse Welt geschryen / Den 2. 3. und 4. Februari / dises 1616. Jars. Die ander Geschicht / welche sich bey der Statt Aufich am Böhmerwald gelegen / begeben hat / Wie am Bartholomeus Tage / des 1615. Jars / drey Geister einem Manne und einer Junckfrawen begegnet sind: Ein Kind im weissen Westerhembde / welches in die Posaune geblasen: Ein Geist als ein Todt: Das dritte wie ein Jesus Kindlein / nacket gesehen worden / welches ein Creutze und Krone getragen / fünff blutende Wunden gezeiget / und vom jüngsten Tag etwas vermeldet/ darnach zugleich verschwunden / und die Junckfraw in drey tagen hernachmals gestorben. Beyde Gesangweiß gestellt / Im Thon: Da Jesus an dem Creutze stundt / rc. Die ander / Im Thon: Mein Gott und Herr steh du mir bey / rc. Zu Augspurg / bey Jeremias Gath Brieffmaler in Jacober Vorstatt / im Ferbhoff
Quelle: *Wolfgang Harms* (Hg.), Deutsche illustrierte Flugblätter des 16. und 17. Jahrhunderts, Bd. I: Die Sammlung der Herzog-August-Bibliothek in Wolfenbüttel, S. 389.

1618.1: Drey gewisse warhafftige Neue Zeitung / die I. wie ein viertel meilwegs von Geraw in einem Dorff Wibelich / ein Schaff gelambt / und ein Lamb gebracht / welches ein blauen Kragen oder Uberschlag umbgehabt / wie in dieser Figur zu sehen. Die 2. Von einer Missgeburt dreser [sic] Kinder. Die 3. Von den grossen Winden und Wunderzeichen / so in vielen Landen gehört worden / auch wie zwo Meilwegs von Bamberg in einem Flecken Radelsdorff genannt / diß 1518. Jahrs den 10. Mertz / dreymal Fewr vom Himmel gefallen / Häuser angezünd / auch ein Weib sampt ihrem Hauß verbrand / und zu nacht ein Feuriger Besem und Stralen / so wol etliche Helleparten und Spiesse an den Wolcken deß Himmels gesehen worden / darauß Blutstropffen gefallen / auch was sich sonsten zuetragen [sic]. Mit consens der Obrigkeit alda beschrieben. Im Thon: wie man die Tageweiß singet. Gedruckt zu Geraw/ bey Johann Spieß
Quelle: *Wolfgang Harms* (Hg.), Deutsche illustrierte Flugblätter des 16. und 17. Jahrhunderts, Bd. I: Die Sammlung der Herzog-August-Bibliothek in Wolfenbüttel, S. 393.

1618.2: Ein Wunderliche Geschicht / Welche sich begeben hat uber der statt Wien in Oesterreich mit einem Wunderzeichen ans Himmels Firmament / Ein Kutschwagen mit sechs weissen Rossen / ein weiß Creutz / darneben ein blutig Schwerdt / wie auch ein fewrige Kugel herunder gefallen / mit grossem Krachen und Trenen / daß auch das Volck nicht anders gemeint / der tag deß Herren komme / und auff ihre Knie gefallen / und Gott umb verzeihung ihrer Sünden gebetten. Darneben auch die Beschreibung von diesem Newen Cometstern / wie die Astronomi und Scribenten davon schreiben / was er mit seinem Schein und Strahl andeutet / werdet ihr in diesem Gesangbericht finden / Den 4. Decembris 1618. Neben einem schönen geistlichen Lied / Wie ein jeder Mensch in dieser

Welt zu leben bedencken soll. O Mensch mit fleiß bedenck all stund / darinnen du thust leben. Im thon / Es ist gewißlich an der zeit / rc. Gedruckt im Jahr 1618
Quelle: *Dorothy Alexander* und *Walter L. Strauss*, The German Single-Leaf Woodcut 1600–1700. A Pictorial Catalogue, New York 1977, Bd. 2, S. 756.

1619.1: Ein schönes neues Klaglied / von der letzten Zeit / was sich auch für Wunderzeichen alle Tag begeben / Wie sich auch zu Augspurg drey Engel haben sehen lassen Wie ihr solches in diesem Lied werdet vernemen / den andern Tag Jenner / Anno 1619. Im Thon: Wie schön leicht uns der Morgenstern / rc. Die ander Zeitung. Von dem Neuen Cometstern / so in dem 1618. Jahr / den 1. Decembr. Erschienen / welcher zu Augspurg und in vielen Landen ist gesehen worden. Gsangweiß gestellt / Im Thon: Kompt her zu mir spricht Gottes Sohn / rc. Gedruckt zu Laingen durch Jacob Senfft / im Jahr 1619
Quelle: *Dorothy Alexander* und *Walter L. Strauss*, The German Single-Leaf Woodcut 1600–1700. A Pictorial Catalogue, New York 1977, Bd. 2, S. 586.

1619.2: Warhaffte Newe Zeittung / von dem newen Cometstern / so in dem 1618. Jahr [...] erschienen / welcher zu Augspurg und in vilen Landen ist gesehen worden / Gsangweiß gestellt sampt einem schönen geistlichen Lied / In dem Thon: Hilff Gott das mir gelinge / du Edler Schöpffer mein. Gedruckt zu Augspurg / durch Lucas Schultes / Im Jahr 1619
Quelle: *Dorothy Alexander* und *Walter L. Strauss*, The German Single-Leaf Woodcut 1600–1700. A Pictorial Catalogue, New York 1977, Bd. 2, S. 574.

1621.1: Ein Warhafftige und doch erbärmliche newe Zeitung / von der scharpffen Ruthen / gleichsamb einem Flamenten Schwerdt / so an dem Himel gestanden / wie sie in der Statt Augspurg den 17. Apprill zu nacht zwischen 9. und 10. uhr gesehen worden / Gsangweiß gestelt Im thon. Warumb betrübst du dich mein hertz. Getruckt zu Augspurg / bey Georg Kreß Brieffmaler / bey Barfüsser Kirchen den Laden
Quelle: Staats- und Stadtbibliothek Augsburg, Einblattdr. nach 1500, Nr. 85.

1621.2: Ein warhafftige Newe Zeitung. Und erbärmliches Wunderwerck / wie uns Gott ein schöne Ruthen / an den Himmel gesteckt / solliche ist gesehen worden / in der Heyligen Römischen Reichsstatt Augspurg / und an andern underschidlichen Orten mehr gesehen den 3. Januarij / Anno 1621. Im Thon. Warumb betriebst du dich mein Hertz. Zu Augspurg / bey Hainrich Müller Brieffmaler
Quelle: Staats- und Stadtbibliothek Augsburg, Einblattdr. nach 1500, Nr. 84; abgedruckt in: *Dorothy Alexander* und *Walter L. Strauss*, The German Single-Leaf Woodcut 1600–1700. A Pictorial Catalogue, New York 1977, Bd. 1, S. 404.

1622: Warhafftige und trawrige Warnung deß Allmächtigen Gottes. Die er uns in dieser letzten betrübten Zeit an deß Himmel Firmament hat hören und sehen lassen: Erstlich wie man ein Fewriges Creutz / Spieß und Hellenparten / mit unerhörtem Blutregnen auff den Erdboden vom Himmel vernommen / und drey Sonnen schier im gantzen Teutschlant / beneben andern Wunderzeichen sein gesehen worden / wie auch auff dem Gottsacker man etliche Engel gesehen / welche unerhörte Propheceyung gethan / wie man auch einen erschröcklichen Erdbidem und Fewersbrunst / mit bewainung viler hundert Persohnen / welche darüber zu grund gangen / gesehen worden. Und was sich sonsten auff der Strassen mit einem kleinen Kind begeben / was es für Propheceyung gethan / deß werdt ihr allen Bericht hierinn vernemmen. Geschehen in Mähren / ob der Statt Altenstein / den 16. Martij dises 1622. Jahrs. Getruckt zu Franckfurt / im Jahr Christi / 1622

Quelle: *Dorothy Alexander* und *Walter L. Strauss*, The German Single-Leaf Woodcut 1600–1700. A Pictorial Catalogue, New York 1977, Bd. 2, S. 711.

1623.1: Warhafftige und erschröckliche newe Zeitung / Welche gesehen worden ist / den 17. Nouember. 1623. Jahr / In unnd außerhalb der hochlölichen [sic] ReichsStatt Augspurg/ Gesangweiß. Im Thon / Warumb betrübstu dich mein Hertz. Zu Augspurg bey Melchior Hirli briefmahler in Jacober Vorstatt / Ins Priesters Bierschencken Hoff

Quelle: Staats- und Stadtbibliothek Augsburg, Einblattdr. nach 1500, Nr. 86; abgedruckt in: *Dorothy Alexander* und *Walter L. Strauss*, The German Single-Leaf Woodcut 1600–1700. A Pictorial Catalogue, New York 1977, Bd. 1, S. 256.

1623.2: Warhafftige und trawrige Warnung Gottes deß Allmächtigen / welche uns der Gerechte Gott an deß Himmels Firmament unter Augen gestellt / Erstlich in Ungern / da man die Sonne aller Fewrig mit einer Ruten und Hand blutig gesehen / bey neben dem Mond und Schwert / wie auch erschröcklichem Blutregnen in Böhem / Mähren und Schlesien mit Kriegsheer / Todten Leichen auch etlicher Bäche verwandlung in rothes Blut / und bey Caschau in einem Weinberg WeinTrauben gefunden / welche Blut geschwitzt / etliche einen Dempff und Rauch von sich geben / und was sich mit einem reichen Weib in Oesterreich verloffen. Insonderheit von den trawrigen Mirackeln / Welche sich bey der Reichsstatt Landaw und Weiherschheim zum hohen Turn / wie auch Weiblingen im Hertzogthumb Wirtenberg / bey neben Neckarb[...] mit Blutregnen / unnd als die Schnitter die Frucht wollen abschneyden / die [...]-Blut geschwitzt / Unnd was sich sonsten weiter verloffen. Dessen wird ein frommer Christ ihme zur Trewhertzigen Warnung / allen Bericht außführlichen vernemmen. Geschehen im Monat Augusto / dieses lauffenden 1623. Jahrs. Gedruckt zu Regenspurg / im Jahr 1623

Quelle: *Dorothy Alexander* und *Walter L. Strauss*, The German Single-Leaf Woodcut 1600–1700. A Pictorial Catalogue, New York 1977, Bd. 2, S. 735.

1625: Warhaffter Bericht / Deß Wunderzeichens / welches gewesen und von vilen gesehen worden den 13/23 Marij jetztlauffenden 1625. Jahrs über der Stadt Elenbogen / allda sich die Sonn viel mal im rot / schwartz / und ander Farben verwandelt / darauß auch Feuerkugeln gefahren / Alsdann in der Lufft / und nicht in den Wolcken/ gleich wie ein Vestung und Kriegsheer gegen der Stadt hin und wider geschwebet / wie auch zuvor ein geharnischter und drey Raisige Mann sich sehen lassen / solches und anders ist allhie kurtz in diesem Gesang verfast / Im Thon: Da Jesus an dem Creutze stund, o.O. o.J.
Quelle: *Dorothy Alexander* und *Walter L. Strauss*, The German Single-Leaf Woodcut 1600–1700. A Pictorial Catalogue, New York 1977, Bd. 2, S. 767.

1630: Zwo warhafftige und erschröckliche Newe Zeitung / Die Erste: Auß Prag / wie ein Jüngling / (oder Engel) mit einem weisen Kleyd angethan / sich hat sehen und horen lassen / mit kläglicher stimm schreyend / O weh / O weh / fünffzehenmal auffeinander / welches klägliches Geschrey viel hundert Personen / unnd sonderlich die Wächter bey dem weisen Thor eygentlich vernommen haben / Im Thon: Warumb betrübst du dich mein Hertz. Die ander Zeitung. So sich an deß Himmels Firmament haben sehen lassen: Als nemblich in dem Schweitzerlandt beym Zürcher See / und auch zu Ulm / solches alles ist zu Trewhertziger Warnung der Christenheit / in Truck gegeben worden / Im Thon: Hilff Gott daß mirs gelinge / du Edler Schöpffer mein. Getruckt zu Kempten / bey Christoff Krauß
Quelle: *Wilhelm Heß*, Himmels- und Naturerscheinungen in Einblattdrucken des XV. bis XVIII. Jahrhunderts, ND Nieuwkoop 1973, Abb. 9.

1637: Die Wunderwerck und Gottes Geschicht / O frommer Christ veracht es nicht. So uns unser Heyland Jesus Christus in Düringen / Meissen / so wol auch zu Freyburg in der Wetteraw abermals an der lieben Sonnen macht unterschiedliche Wunder und WarnungsZeichen sich sehen lassen / Wie denn in der gantzen Wetteraw deß Abends umb acht Uhr zwey mächtige KriegsHeer drey gantzer Stunden lang an dem Himmel miteinander gestritten haben / was die Gelehrten davon schreiben / werdet ihr in diesem gesange berichtet werden / und ist mit bewilligung der Obrigkeit durch M. Daniel Sommer in druck gegeben worden / Im Thon Gott hat das Evangelium. Erstlich gedruckt zu Mülhausen itzo aber zu Freyburg bey Georg Beutern / Anno 1637
Quellen: *Wolfgang Brückner*, Populäre Druckgraphik Europas. Deutschland. Vom 15. bis zum 20. Jahrhundert, München 1975, Abb. 47; *Dorothy Alexander* und *Walter L. Strauss*, The German Single-Leaf Woodcut 1600–1700. A Pictorial Catalogue, New York 1977, Bd. 1, S. 86.

1643: Fünfferley Beschreibung / und Relationische Sachen / I. Von gar trawrigen Geschichten / auß Königstein in Sachsen / wie den 15 Julii 1643 Blut auß einem Tisch geflossen / 2. Auß Brinn in Mären / wie den ersten Augusti / zwey Heer KriegsLeuth / darnach ein grosse Schaar seltzamer Vögel mit grossem Geschrey ob der Stadt erschienen / 3. Wie den 25 Julii bey Hütritzhausen / nach der Sonnen Untergang / 3. grosse Ruthen am Himmel / sampt einer blutigen Wolcken gestanden. 4. Wie sich zu Tübingen bey einem Burger ein Brey im Julio auch in ein klares Blut / gantz trawrig verwandelt. 5. Wie Gott zu Birna in Sachsen den 25 Julii auch bey einem Burger ein Schaff voll Wasser in lauter Blut verändert. Darbey ein schön geistlich Lied / vom jüngsten Gerich und ewiger Verdambnuß / allen Frommen zum seeligen Trost deß ewigen Lebens / den Gottlosen aber zur Buß und Exempel gestellet / im Thon: Wo kompt es here. Erstlich gedruckt zu Franckfurt / 1643

Quelle: *Dorothy Alexander* und *Walter L. Strauss*, The German Single-Leaf Woodcut 1600–1700. A Pictorial Catalogue, New York 1977, Bd. 2, S. 713.

1647: Zwey warhafftige und erschröckliche Geschichten und Wunderzeichen hat uns Gott für Augen gestelt an unterschiedlichen Orthen / das Erste zu Graven Hage in diesen verschienenen Jahr / Sontags den 31. May nach Mittag umb halb ein Uhr / am hellen klaren Himmel /seine Gestalt werdet ihr auß dieser Figur und Gesang vernemmen. Im Thon: Der grimmig Todt / rc. Das Ander. Warhafftige beschreibung / was sich bey der Statt Wilisaw ihn einem Dorff mit einer Zauberin begeben / wie sie das hochwürdig Sacrament empfangen unnd wider auß ihrem Mund gethan / in ein dorn Hecken geworffen. Wie Das selbig von dem Sawhirten und ihrer Magd / ist offenbar worden / auch was sich in der Reichs Statt Kempten / bey einem Bürger / unnd Leineweber Jörg Rieden / und seiner Hennen begeben / den fünfften tag ihm Herbstmonat. Wie auch in Kernden / bey Rockelspurg / Ludeburg und deren Orthen bey hellem Tag fünff Sonnen am Himmel gesehen worden / ein Todtenbahr / zwen Regenbogen Creutzweiß uber sich gekehrt / und ein fewrige Ruth. Gesangsweiß verfaßt / im Thon: Kompft her zu mir spricht Gottes Sohn / rc. Erstlich Getruckt / zu Mittelburg in Seeland / das andermal zu Berlin / das Drittemal Bey Bartholome Schnell / zu Hohen-Emß. Im Jahr Christi / 1647

Quelle: *Dorothy Alexander* und *Walter L. Strauss*, The German Single-Leaf Woodcut 1600–1700. A Pictorial Catalogue, New York 1977, Bd. 2, S. 551.

1653.1: Warhafftige und gründliche beschreibung / Von dem grossen Cometstern / welcher den 15. Octobris / an Himels Firmament / an vielen orten / von Mann und Weibspersonen ist gesehen worden. Auch was seine bedeutung mit sich bringen wird / wird ir hierinnen kurtzen bericht finden. In ein gsang ver-

fast / Im thon / Hilff Gott / daß mir gelinge / rc. Erstlich / Gedruckt zu Erffurt / bey Jacob Sing
Quelle: *Dorothy Alexander* und *Walter L. Strauss*, The German Single-Leaf Woodcut 1600–1700. A Pictorial Catalogue, New York 1977, Bd. 2, S. 594.

1653.2: Ein kurtzer Bericht auß Hamburg von dem Comet oder newen stern / so zu dem außlauffeten 1652. Und eingang dieses 53. Jahrs / etlich necht am Himmel gesehen worden was darauß zu vernemmen / wie oder wo er gestanden / und seinem Lauff hingenommen / nach den Planeten und himmelischen Zeichen beschrieben / zu einer warnung meniglich in Truck verfertiget / und in ein Lied versetzt / im Thon: Wie man den Hanßdaller singt. Zu dem andern / Von der würckung dieses Comet oder newen Sterns unnd verzeichnuß / deren Stätt unnd Länder / so darinnen begriffen / nach der Astronomi und Astrologi außsag und meinung. Erstlich Gedruckt zu Heilbronn bey Christoph Kraussen
Quelle: *Dorothy Alexander* und *Walter L. Strauss*, The German Single-Leaf Woodcut 1600–1700. A Pictorial Catalogue, New York 1977, Bd. 1, S. 340.

1665: Trawr=Gesang / Uber den Denckwürdigen Cometen / so sich im verwichenen Monat December 1664. Jahr fast in gantz Europa hat sehen lassen. Erstlich gedruckt zu Augspurg / bey Johann Schultheiß / Im 1665. Jahr
Quelle: Zentralbibliothek Zürich, Graphische Sammlung, EDR 1664 Komet Ia, 9; abgedruckt in: *Dorothy Alexander* und *Walter L. Strauss*, The German Single-Leaf Woodcut 1600–1700. A Pictorial Catalogue, New York 1977, Bd. 2, S. 566.

1676: Gewiß und wahrhafftiges Neues am Himmel gesehnes und von Gott geschicktes Wunder=Zeichen / wie solches am 18. Martii Anno 1676. zu Mittage umb ein und zwey uhr / zwischen Marienberg und Steinbach / von Tobias Georgen / Glasern außn Buchholtz / David Stahl einen Bergmann aus S. Annaberg/ (andere gewisse und glaubhaffte Personen / so solches gesehen / sind hier nicht mit Nahmen gennenet /) am hellen Himmel gesehen worden / von bösen Leben und Wandel abzustehen / allen Frommen Christen zur Buß und Warnung in öffentlichen Druck gegeben. Im Thon: am Wasserflüssen Babylon / rc. Gedruckt zu Annaberg / bey David Nicolai / Im Jahr 1676
Quelle: *Dorothy Alexander* und *Walter L. Strauss*, The German Single-Leaf Woodcut 1600–1700. A Pictorial Catalogue, New York 1977, Bd. 1, S. 415.

1680: Eygendliche Abbildung / Deß erschröcklichen Cometen / dergleichen niemahlen gesehen worden / welcher sich Anno 1680. Den 25. December alhie zu Augspurg an dem Himmel hat sehen lassen / welcher von vilen tausent Menschen ist gesehen worden: Was aber der Allerhöchste GOTT damit anzeigt / wird uns die Zeit geben / wir haben den Allmächtigen GOTT und HERREN zu bitten und ersuchen / daß Er seinen gerechten Zorn und wolverdiente Straffen von uns gnädig abwenden wolle. In zwey Geistliche Gesängen verfasset und gestellet. Zu Augspurg / bey Abraham Bach Brieffmaler / Hauß und Laden auffm Creutz

Quelle: *Dorothy Alexander* und *Walter L. Strauss*, The German Single-Leaf Woodcut 1600–1700. A Pictorial Catalogue, New York 1977, Bd. 1, S. 53.

Andreas Pečar

Die Bibel als Drehbuch. Das Narrativ von Krise und Umkehr als handlungsgenerierendes Deutungsmuster zu Beginn des englischen Bürgerkrieges[*]

1.   Der englische Bürgerkrieg – Folge einer politischen Krise?

War der englische Bürgerkrieg der Jahre 1642 bis 1649 die zwangsläufige Folge einer fundamentalen politischen und gesellschaftlichen Krise in England? Für die Geschichtswissenschaft galt das 17. Jahrhundert lange Zeit als das Krisenjahrhundert schlechthin. Die ›Krise des 17. Jahrhunderts‹ war ein prominentes Deutungsmuster für ein ganzes Bündel von Themenkomplexen, von der Kleinen Eiszeit und der Entwicklung des Getreidepreises über die Hexenverfolgung bis zum Staatsbildungsprozess und der Genese des sogenannten Absolutismus.[1] Die englische Geschichte, der ich mich hier zuwenden möchte, stellt in dieser Frage keinen Sonderfall dar. Vielmehr liegt es geradezu auf der Hand, die historischen Ereignisse in England vor und während des Bürgerkrieges Mitte des 17. Jahrhunderts als Ausdruck beziehungsweise Folge einer Krise zu deuten. Im historischen Rückblick auf die Ereignisse hat sich dieses Deutungsmuster im Laufe des 18. und 19. Jahrhunderts zunehmend etabliert und war fester Bestandteil des in dieser Zeit dominanten Weltbildes, bekannt unter der Überschrift »The Whig Interpretation of History«.[2]

Diese Auffassung wird für England spätestens seit den 1970er Jahren immer stärker in Zweifel gezogen, seit prominente Historiker wie Conrad Russell, Mark Kishlansky und Kevin Sharpe die vermeintlichen Gegensätze zwischen Krone und Parlament, ›Court‹ und ›Country‹, zwischen monarchischem Absolutismus und dem Pochen des Parlaments auf Freiheits- und Mitspracherechte als Fehl-

---

[*] Dieser Beitrag wurde 2008 zum Druck eingereicht. Seitdem erschienene Literatur konnte daher nicht mehr berücksichtigt werden.
1 Vgl. nur den bilanzierenden Artikel von *Helmut G. Koenigsberger*, Die Krise des 17. Jahrhunderts, in: Zeitschrift für Historische Forschung 9 (1982), S. 143–165, sowie *Geoffrey Parker* und *Lesley M. Smith* (Hg.), The General Crisis of the Seventeenth Century, London u.a. 1978.
2 Vgl. zum Begriff *Herbert Butterfield*, The Whig Interpretation of History, London 1931; *Geoffrey Elton*, Herbert Butterfield and the Study of History, in: Historical Journal 27 (1984), S. 729–743.

interpretation des politischen Systems Englands anprangerten.³ Solche Angriffe auf lange Zeit geteilte Grundpositionen zur Geschichte der Stuartzeit und des englischen Bürgerkrieges wurden mit dem Schlagwort des Revisionismus versehen und hatten für das Bild, das die Geschichtswissenschaft heute von England im 17. Jahrhundert zeichnet, nachhaltige Wirkung. Mittlerweile wird offen in Frage gestellt, ob sich England kurz vor Ausbruch der Kampfhandlungen überhaupt in einer gesellschaftlichen Krise befunden habe. Conrad Russell stellte seine verschiedenen Beiträge über Stuartengland in einem Sammelband nicht ohne Grund unter die Überschrift »Unrevolutionary England«.⁴ Statt Bruchlinien im politischen System zu betonen, unterstrichen prominente Autoren nun stärker den politischen Konsens, den die verschiedenen Akteure am Hof und im Parlament über die Grundprinzipien der englischen Monarchie miteinander teilten.⁵ Die Relevanz grundlegender sozialer Gegensätze wurde für die Frage nach dem Ausbruch des Bürgerkrieges gleichfalls bestritten.⁶ Seit den historischen Ereignissen der 1640er Jahre war der Zweifel darüber, dass sich England vor dem Ausbruch des Bürgerkrieges in einer Krise befunden habe, wohl noch nie so stark verbreitet wie in der zeitgenössischen Geschichtswissenschaft.⁷

---

3 *Conrad Russell*, Parliamentary History in Perspective 1604-29, in: History 61 (1976), S. 1-27; ders., Parliaments and English Politics 1621-1629, Oxford 1979; *Mark Kishlansky*, The Emergence of Adversary Politics in the Long Parliament, in: Journal of Modern History 49 (1977), S. 617-640; *Kevin Sharpe* (Hg.), Faction and Parliament. Essays on Early Stuart History, Oxford 1978. Zum Fortwirken des Revisionismus in der jüngsten Forschung vgl. *Ronald G. Asch*, Triumph des Revisionismus oder Rückkehr zum Paradigma der bürgerlichen Revolution? Neuere Forschungen zur Vorgeschichte des englischen Bürgerkrieges, in: Zeitschrift für Historische Forschung 22 (1995), S. 523-540; *Glenn Burgess*, Review Article: Revisionism, Politics and Political Ideas in Early Stuart England, in: Historical Journal 34 (1991), S. 465-478; *Eckart Hellmuth*, Die englische Revolution in revisionistischer Perspektive, in: Geschichte und Gesellschaft 16 (1990), S. 441-454. Erste Zweifel an der Gültigkeit einer aus der Krise resultierenden Zwangsläufigkeit des Bürgerkrieges finden sich in *Geoffrey Elton*, A High Road to Civil War?, in: Charles H. Carter (Hg.), From the Renaissance to the Counter-Reformation. Essays in Honour of Garrett Mattingly, New York 1965, S. 325-347; *John P. Kenyon* (Hg.), The Stuart Constitution, 1603-1688. Documents and Commentary, Cambridge ²1986 [zuerst 1965], S. 7, 175 u. ö., sowie *Butterfield*, Whig Interpretation (Anm. 2), wo sich auch eine erste Kritik an diesem teleologischen Geschichtsverständnis findet.
4 *Conrad Russell*, Unrevolutionary England 1603-1642, London 1990.
5 *Glenn Burgess*, The Politics of the Ancient Constitution. An Introduction to English Political Thought 1603-1642, Basingstoke 1992; ders., Absolute Monarchy and the Stuart Constitution, New Haven und London 1996.
6 Vgl. nur als Adepten der Interpretation von dem Aufkommen der Gentry als neuer politisch bestimmender ›Klasse‹ in England *Richard H. Tawney*, The Rise of the Gentry 1558-1640, in: Economic History Review 11 (1941), S. 1-38; *Christopher Hill*, The English Revolution, London 1959. Gegen die Annahme einer Entstehung einer neuen ›Klasse‹ der Gentry vor allem *Laurence Stone*, An open Elite? England 1540-1880, Oxford 1995.
7 Der ironische Kommentar John Morrills dazu lautet: »they succeeded in explaining why a civil war did not take place in seventeenth-century England«; *John Morrill*, Revolt in the Provinces.

Die Augenzeugen der Ereignisse sowie die ersten Autoren, die sich als Geschichtsschreiber mit dem Bürgerkrieg auseinandersetzten, hatten dagegen keine Zweifel, dass der Bürgerkrieg auf länger andauernde Ursachen zurückgeführt werden konnte. Diese Überzeugung teilten die Zeitgenossen unabhängig von der Frage, ob sie den Handlungen des ›Long Parliament‹ positiv oder reserviert gegenüberstanden. Allerdings fiel die Krisendiagnose je nach politischem Lager der Autoren denkbar unterschiedlich aus.

Thomas Hobbes sah im englischen Bürgerkrieg die zwangsläufige Folge einer geistigen Auseinandersetzung um die Deutungshoheit über die Sprache und zentrale politische Wertkategorien wie Gerechtigkeit und Freiheit. Diese Auseinandersetzung habe sich bereits vor dem Bürgerkrieg vom König und dessen Auffassungen weitgehend emanzipiert und fand in öffentlichen Räumen statt, in denen die monarchische Herrschaftsgewalt nicht hinreichend präsent war. Statt des Königs und seiner Fürsprecher übernahmen an den Universitäten republikanisch gesinnte Gelehrte und auf den Kanzeln presbyterianische Geistliche die politische Sprecherrolle und formten auf der Grundlage antiker Staatsdenker und einer tendenziösen Interpretation der Heiligen Schrift ein politisches Weltbild, in dem für einen regierenden König kein Platz mehr war. Die von unklaren politischen Begriffen ausgelöste Deutungskrise führte Hobbes zufolge zur Krise und schließlich zum zeitweiligen Untergang der Monarchie. Hobbes verwendet nicht den Begriff der Krise. Er spricht stattdessen von den »inneren

---

The People of England and the Tragedies of War 1630–1648, London ²1999; *ders.*, The Nature of the English Revolution, London 1993, S. 188. Allerdings wird gerade von revisionistischen Historikern zu Recht betont, dass man den Ausbruch des Bürgerkrieges in England nicht ohne die Ereignisse in den benachbarten Ländern unter derselben Krone verstehen könne, das heißt also ohne den Aufstand in Schottland im Jahre 1637 und die irische Revolte 1641. Vgl. zu dieser britischen Dimension des Bürgerkrieges *John G. A. Pocock*, British History: a Plea for a New Subject, in: Journal of Modern History 47 (1975), S. 601–628; *Conrad Russell*, The British Problem and the English Civil War, in: History 75 (1987), S. 395–415; *John Morrill*, The Scottish National Covenant in its British Context, 1618–1651, Edinburgh 1990; *ders.*, A British Patriarchy? Ecclesiastical Imperialism under the early Stuarts, in: Anthony Fletcher und Peter Roberts (Hg.), Religion, Culture and Society in Early Modern Britain. Essays in Honour of Patrick Collinson, Cambridge 1994, S. 209–237; *Brendan Bradshaw* und *John Morrill* (Hg.), The British Problem 1534–1707. State Formation in the Atlantic Archipelago, Basingstoke und London 1996; *Glenn Burgess*, The New British History: Founding a Modern State, 1603–1715, London 1999; *Alan Macinnes* und *Jane Ohlmeyer* (Hg.), The Stuart Kingdoms in the Seventeenth Century, Dublin 2002; *Ronald G. Asch*, Die Stuart-Monarchie als »composite monarchy«. Supranationale Staatsbildung in Großbritannien und Irland im 17. und frühen 18. Jahrhundert, in: Hans Jürgen Becker (Hg.), Zusammengesetzte Staatlichkeit in der Europäischen Verfassungsgeschichte, Berlin 2006, S. 141–170. Dabei spielte das Narrativ der Krise beispielsweise in Schottland zur Verstärkung einer auf den Bürgerkrieg zusteuernden politischen Dynamik eine vergleichbare Rolle. Vgl. hierzu *Andreas Pečar*, Von Krise zu Krise? Biblizistische Herrschaftskonzeptionen in Schottland von der Reformation (1560) bis zum Bürgerkrieg (1637), in: Christoph Johannes Franzen und Johannes Fried (Hg.), Gesellschaftliche Krisen als Krisen des Wissens, Berlin 2016 (im Druck).

Ursachen, durch welche ein Staat sich auflöst«.[8] Der politische Deutungsverlust des Königs mündete in den Herrschaftsverlust.[9]

Im Weltbild der ›Whig Interpretation of History‹ war England im 17. Jahrhundert in eine politische Krise gelangt, da die Stuartkönige versucht hatten, England in zwei zentralen Feldern vom ursprünglich etablierten, rechtmäßigen Zustand zu entfremden: politisch mit dem Ziel, eine *arbitrary rule* zu etablieren und die Mitspracherechte des Parlaments einzuschränken, und religiös, da ihre Kirchenpolitik letztlich auf eine Abkehr vom Protestantismus abzielte. Diese Diagnose mündete in die Überzeugung, der Bürgerkrieg sei notwendig und richtig gewesen, um in England die Gefahr einer »popish tyranny« zu bannen.[10]

Der Royalist Earl of Clarendon kritisierte in seiner *History of Rebellion* ausdrücklich die Auffassung, dass mit dem Beginn der Stuartmonarchie der Weg in den Bürgerkrieg seinen Anfang nehme.[11] Aber auch er sah die Ursachen der Krise im Verhalten der Abgeordneten der ersten Parlamente zu Beginn der Regierungszeit Karls I., griff also seinerseits 15 Jahre zurück, um mit einem Blick auf den politischen Einfluss des Favoriten Buckingham und die Versuche des Unterhauses, ihn und andere prominente Personen aus der Umgebung des Königs einem Impeachmentverfahren zu unterziehen, erste Anzeichen einer

---

8 *Thomas Hobbes*, Elemente der Philosophie: Vom Bürger, hg. von Günther Gawlick, Hamburg ³1994, Kap. 12.
9 *Thomas Hobbes*, Behemoth oder Das Lange Parlament, hg. von Herfried Münkler, Frankfurt a.M. 1991, S. 32–34, 62, 136, 144, 158f. sowie bilanzierend S. 15: »Bei einer solchen geistigen Verfassung des Volkes ist ein König eigentlich schon der Regierung enthoben, so daß es gar nicht erst zu den Waffen hätte greifen müssen.« Zur Bedeutung der politischen Sprache vgl. *Matthias Bohlender*, Die Rhetorik des Politischen. Zur Kritik der politischen Theorie, Berlin 1995, v. a. S. 102–110; *Quentin Skinner*, Reason and Rhetoric in the Philosophy of Hobbes, Cambridge 1996, S. 277–291. Es ist interessant, dass Hobbes mit der Deutungshoheit über Begriffe und Zukunftsaussagen ein Kriterium zur Voraussetzung stabiler Königsherrschaft erhebt, in dem Reinhart Koselleck ein Merkmal des Staatsbildungsprozesses erkennt; *Reinhart Koselleck*, Vergangene Zukunft der frühen Neuzeit, in: ders., Vergangene Zukunft. Zur Semantik geschichtlicher Zeiten, Frankfurt a.M. 1979, S. 17–37, hier S. 26: »Die Genese des absoluten Staates ist begleitet von einem anhaltenden Kampf gegen religiöse und politische Weissagungen aller Art. Der Staat erzwingt sich ein Monopol der Zukunftsbeherrschung, indem er die apokalyptischen und astrologischen Zukunftsdeutungen unterdrückt«. Diese Deutung scheint freilich vor allem Hobbes' Utopie zu verwechseln mit einer Beschreibung der historischen Wirklichkeit. Der Plausibilitätsverlust religiöser Prophetien war keine Folge politischer Repression, sondern die Folge einer grundsätzlichen Veränderung der Weltdeutung, die sich nicht politischer Maßnahmen verdankte.
10 Vgl. nur *Samuel Rawson Gardiner*, The First Two Stuarts and the Puritan Revolution, London 1876.
11 *Edward Earl of Clarendon*, The History of the Rebellion and Civil Wars in England begun in the year 1641, hg. von William Dunn Macray, 6 Bde., Bd. 1, 3, Oxford 1992.

politischen Krise auszumachen, wohingegen er die zwölfjährige Regierungszeit Karls I. ohne Parlament als Gipfel der Glückseeligkeit anpries.¹²

Diese je nach politischem Standpunkt der Autoren unterschiedlichen Krisendiagnosen stimmen in einem wesentlichen Punkt überein: Es ging ihnen um das Aufdecken objektiver Krisenfaktoren, das heißt um konfliktgenerierende Handlungen, Gegensätze und Verwerfungen, die in der Stuartmonarchie die Politik des Landes bestimmten und damit den Bürgerkrieg verursachten. Die Wahrnehmung der Zeitgenossen spielte in diesen Analysen keine analytisch herausgehobene Rolle.

Eine andere Perspektive nimmt Reinhart Koselleck in seiner prominenten Untersuchung *Kritik und Krise* ein. Sein Krisenbegriff lässt sich als Versuch deuten, die Bestimmung ›objektiver‹ Krisenursachen zu verknüpfen mit der Wahrnehmung der Zeitgenossen. Er äußert sich zur Frage, was eine historische Krise ausmache, folgendermaßen: »Es liegt im Wesen einer Krise, daß eine Entscheidung fällig ist, aber noch nicht gefallen. Und es gehört ebenso zur Krise, daß offenbleibt, welche Entscheidung fällt. Die allgemeine Unsicherheit in einer kritischen Situation ist also durchzogen von der einen Gewißheit, daß – unbestimmt wann, aber doch bestimmt, unsicher wie, aber doch sicher – ein Ende des kritischen Zustands bevorsteht. Die mögliche Lösung bleibt ungewiß, das Ende selbst aber, ein Umschlag der bestehenden Verhältnisse – drohend und befürchtet oder hoffnungsfroh herbeigewünscht – ist den Menschen gewiß. Die Krise beschwört die Frage an die gesellschaftliche Zukunft.«¹³

Koselleck definiert ›Krise‹ mit Hilfe der Elemente Entscheidungszwang, Zukunftsperspektive und Ergebnisoffenheit. Damit versucht er, die objektiven Elemente einer Krise ebenso zu bestimmen wie die Wahrnehmung der Zeitgenossen. Während der Zwang zur Entscheidung eine Kategorie der Analyse darstellt, die auf die politischen Gegebenheiten selbst abhebt, rekurrieren die Begriffe ›Zukunftsperspektive‹ und ›Ergebnisoffenheit‹ wesentlich auf die Wahrnehmung der Akteure. Deren Angst oder freudige Erwartung des Kommenden konnte wiederum entscheidend auf die Dynamik der politischen Ereignisse einwirken und damit zu einem entscheidenden politischen Faktor werden.

Deutet man über Koselleck hinausgehend die Krise als Form gesellschaftlicher Selbstbeobachtung, so ist nicht zu fragen, welche objektiven Kennzeichen einer Krise bestanden haben mögen oder nicht, sondern inwiefern einzelne

---

12 Ebd., S. 9f., 3: »believing the design to be so long since performed«. Über die »personal rule« Karls I. urteilte er hingegen: »this kingdom [...] enjoyed the greatest calm and the fullest measure of felicity that any people in any age for so long time together have been blessed with« (ebd., S. 93).
13 *Reinhart Koselleck*, Kritik und Krise. Eine Studie zur Pathogenese der bürgerlichen Welt, Frankfurt a.M. ⁷1992, S. 105.

Sprecher die politische Wirklichkeit in ihrer Diagnose so deuteten und auslegten, dass ihren Zuhörern die Notwendigkeit einer Entscheidung offenbar wurde. Dies soll im Folgenden anhand einer ausgewählten Quellengattung, den sogenannten Fastenpredigten vor den Mitgliedern des ›Long Parliament‹, exemplarisch anhand der ersten einer langen Serie von Fastenpredigten vorgeführt werden. Dabei geht es zum einen um die Frage, welche Möglichkeiten der Zukunftsprognose den Sprechern in den Fastenpredigten zur Verfügung standen. Zum anderen soll diskutiert werden, inwiefern das dabei etablierte Kriseninterpretament seinerseits zur Entstehung der politischen Dynamik beigetragen haben mochte, die dann in den Bürgerkrieg mündete.

Ich möchte im Folgenden zu zeigen versuchen, wie die drei Elemente Entscheidungszwang, Zukunftsperspektive und Ergebnisoffenheit auch als Narrativ und als Deutungsschema zur Beschreibung der politischen Situation unmittelbar vor Ausbruch des englischen Bürgerkrieges im Jahr 1642 genutzt wurden. Für den Begriff der Krise gilt dies nicht in gleicher Weise. Im 17. Jahrhundert war der Begriff ›Krise‹ immer noch ein überwiegend medizinischer Terminus.[14] Erst im 18. Jahrhundert findet er dann zunehmend auch zur Interpretation und Beschreibung politischer Zustände Verwendung.[15]

2. Das Krisennarrativ und seine politischen Adressaten

Am 17. November des Jahres 1640 hielt der Geistliche Cornelius Burges in der Kirche St. Margaret vor den versammelten Abgeordneten des englischen Unterhauses eine Predigt, in der er auf geradezu paradigmatische Art und Weise eine Krisenbeschreibung der eigenen Zeit lieferte.[16] Der Zeitpunkt der Predigt ist aus zwei Gründen bemerkenswert. Zum einen richtete Burges nur wenige Tage, nachdem das später sogenannte ›Long Parliament‹ sich konstituiert hatte, sein Wort an die Abgeordneten. Zum anderen war der 17. November als Tag der Predigt bewusst gewählt, handelte es sich doch um den Gedenktag anlässlich der

---

14 Vgl. *Reinhart Koselleck*, Art. »Krise«, in: Geschichtliche Grundbegriffe. Historisches Lexikon zur politisch-sozialen Sprache in Deutschland, hg. von Otto Brunner u. a., Bd. 3, Stuttgart 1982, S. 617–650, hier S. 620f.
15 Dies ergibt eine Auswertung der Titel englischer Bücher, die im 18. Jahrhundert erschienen sind. Eine wahre Konjunktur hatte der Krisenbegriff erst im letzten Jahrzehnt des 18. Jahrhunderts, als die Französische Revolution das beherrschende Thema darstellte. Siehe hierzu auch den Beitrag von André Krischer in diesem Band. Eine Flugschrift aus dem Jahr 1689, die sich gegen die Ereignisse der ›Glorious Revolution‹ und die Herrschaft Williams III. von Oranien wandte, verknüpfte meines Wissens erstmals politische Kritik eindeutig mit dem Begriff der Krise; [*Anon.*], Englands Crisis, or, the World well mended, London [1689].
16 *Cornelius Burges*, Two sermons preached to the Honorable House of Commons assembled in Parliament at their publique fast, London 1641.

Thronbesteigung Königin Elisabeths I., die in England gerade die Kritiker der Stuarts allgemein und insbesondere des regierenden Königs Karl I. zur Ikone einer vorbildlichen Regentin stilisierten. Burges' Predigt lieferte eine vielfach imitierte Vorlage zur Deutung des aktuellen politischen Geschehens in England und zur Entfaltung des Krisenkonzepts.[17] Sie soll daher im Folgenden exemplarisch herangezogen werden.

Die Predigt kreist um Jeremias 50,5. Der Prophet Jeremias verkündet darin dem Volk Israel, das sich in babylonischer Gefangenschaft befindet, den baldigen Untergang Babylons und die bevorstehende Erlösung. Israel solle diesen Untergang zum Anlass nehmen, den Bund mit Gott zu erneuern und in das gelobte Land zurückzukehren. Was der Prophet Jeremias dem Volk Israel in Gottes Auftrag verkündete, das schreibt Cornelius Burges den englischen Abgeordneten ins Stammbuch. England könne sich darauf einstellen, dass »Babylon« bald fallen werde, und solle als Konsequenz einen Bund mit Gott eingehen, so lautete die Botschaft von der Kanzel.[18]

Die Analogie zwischen Israel und England zeigt sich beispielsweise daran, wer den Untergang Babylons herbeiführt: »This Northern Army should be the confusion of Babylon«, so gibt Burges den Bibeltext wieder.[19] Nun sind bei Jeremias die Armeen der Meder und der Perser gemeint. Burges indes hat mit der »Northern Army« wohl eher die Armee der schottischen Aufständischen im Sinn. Diese stellten sich Karl I. und seinen Truppen in den Weg, besiegten ihn in den beiden ›Bishop Wars‹ und zwangen anschließend den König, erneut ein Parlament einzuberufen, da sie nur dazu bereit seien, mit dem Parlament einen Friedensvertrag auszuhandeln, nicht aber mit dem König. Wie die Meder und Perser waren nun auch die schottischen Rebellen in Burges' Augen die Vollstrecker des göttlichen Willens, die den Untergang Babylons einläuteten.

Burges' in die Zukunft gerichtete Prophezeiung zeigt mit dem Hinweis auf die Zerstörung Babylons und der Bekräftigung des Bundes mit Gott bereits den Weg auf, wie die Krise Englands überwunden werden könne. Worin bestand aber die Krise, in der sich England demzufolge nach wie vor befand, wer verkörperte in seinen Augen die Hure Babylon? Die Krise sah Burges in der Abkehr Englands von Gottes Gesetz durch die Zunahme des Götzendienstes und die Hinwendung zum Unglauben, zu »Popery«, »Arminianisme« und »Socinianisme«.[20] Englands babylonische Gefangenschaft war Burges zufolge das Ergebnis einer Kirchenpolitik, wie sie unter König Karl I. und dem Erzbischof von Canterbury, William

---

17 *Tai Liu*, Art. »Cornelius Burges«, in: Dictionary of National Biography 8 (2004), S. 751–755: »he had set the basic tone of puritan preaching throughout the years of the English revolution«.
18 *Burges*, Two sermons (Anm. 16), S. 66.
19 Ebd., S. 6.
20 Ebd., S. 3f.

Laud, im Laufe der letzten 15 Jahre betrieben wurde. Den Parlamentariern macht Burges deutlich, dass die Abkehr von dieser Kirchenpolitik und damit einhergehend die vollständige Vernichtung jeglichen Götzendienstes notwendig sei, um Babylon zu verlassen, bevor es der Zerstörung anheimfalle.

Als Vorbild für die Zerstörung des Götzendienstes solle man sich am alttestamentlichen König Asa orientieren, der selbst seine eigene Mutter nicht verschone und sie als Königin absetzte, da sie eine fremde Gottheit verehrt hatte.[21] Dieses Exemplum zeige, so Burges, dass man bei der Vernichtung des Götzendienstes niemanden schonen dürfe, auch nicht Personen in der nächsten Verwandtschaft. Im Deuteronomium (Dtn 13,7–9) sei als Strafe für Götzendienst die Steinigung vorgesehen, von der niemand ausgenommen werden dürfe.[22] Burges hat das Beispiel bewusst gewählt, da das Vorbild König Asas zugleich einen Schatten auf König Karl I. wirft. Dieser hatte mit seiner Ehefrau, Henriette Maria, die aus dem französischen Königshaus stammte und daher katholisch war, ebenfalls in seiner engsten Umgebung jemanden, der nach protestantischer Lesart dem Götzendienst anhing. Sofern Karl I. sich daher Asa zum Maßstab nähme, müsste er Henriette Maria zur Konversion zwingen, andernfalls wäre sie zumindest als Königin des Landes nicht länger tragbar. Und da Burges die Vorbildhaftigkeit Asas gegenüber dem Parlament hervorhebt, weist er den Mitgliedern des Unterhauses zumindest indirekt die Aufgabe zu, den König in dieser Sache unter Druck zu setzen.

Das Anliegen religionspolitischer Umkehr erhält eine weitere Dringlichkeit durch Burges' Verweis auf das bevorstehende Ende der Welt.[23] Babylon wird im typologischen Sinne verstanden, das heißt als das Babylon des Alten Testaments, dessen Untergang die Rückkehr der Juden nach Israel ermöglichte, aber auch als das Babylon der Johannesapokalypse, dessen Untergang das Ende der Welt einläuten wird. Wenn das Babylon der Offenbarung allgemein protestantischer Lesart zufolge aber das Papsttum ist, dessen Untergang vorausgesagt wird, so ist es das Gebot der Stunde, diese bevorstehende Verdammnis von England abzuwenden, das heißt die englische Kirche von jeglichem Anzeichen von ›Popery‹ zu befreien.

Cornelius Burges' Predigt vor den Abgeordneten des Unterhauses war in keiner Weise innovativ. Die Mahnrede gegen einen Abfall von Gott und den Verstoß gegen seine Gesetze, die Warnung vor dem drohenden Strafgericht Gottes und der Notwendigkeit zur Umkehr verfügte auch und gerade in England über eine lange Tradition und war im Kanon der Predigten eine fest etablierte Erzählung. Sie findet sich bereits in Traktaten und Predigten gegen die katho-

---

21 Ebd., S. 11, unter Bezug auf 2 Chr 14 und 15 sowie auf Dtn 13,6.
22 Ebd., S. 12.
23 Ebd., S. 36f.

lische Königin Maria Tudor,[24] hatte aber auch in den letzten Regierungsjahren Jakobs I. Konjunktur, als dessen Ausgleichspolitik mit Spanien zu Beginn des Dreißigjährigen Krieges den Unmut aller entschiedenen Protestanten in England hervorrief.[25]

Während der Regierung Karls I. wurde dieses Narrativ dann eine Art ›basso continuo‹ von Seiten all derjenigen, die in der Kirchenpolitik Karls I. und des Erzbischofs Laud eine Annäherung an die römische Kirche sahen und nach einer vollständigen Reformation in England verlangten. Die kritischen Schriften der drei Autoren Henry Burton, John Bastwick und William Prynne, für die sie 1637 von der ›Star Chamber‹ wegen Hochverrats verurteilt worden sind und ihnen zur Strafe auf dem Richtplatz ein Ohr abgeschlagen wurde, sind hierfür nur ein besonders prominentes Beispiel unter vielen.[26]

Die neue politische Qualität von Burges' Fastenpredigt liegt nicht im Inhalt des Gesagten und nicht in der Erzählung von der Abkehr von Gott und der Notwendigkeit der Umkehr, die bereits etabliert war und derer er sich nur bedienen musste, sondern darin, dass diese Erzählung als Handlungsempfehlung nun direkt und unmittelbar an das Parlament adressiert war und damit die politische Bühne erreicht hatte. Der Anlass für Burges' Kanzelrede war ein vom Parlament ausgerufener Fastentag. Zu solchen Anlässen predigten auch während der früheren Parlamente unter Jakob I. und Karl I. Geistliche vor den Mitgliedern des Parlaments. Im ›Long Parliament‹ etablierte sich daraus eine feste Tradition, erfolgten diese Fastenpredigten zunächst in unregelmäßigen Abständen, seit der Mitte des Jahres 1641 dann in monatlicher Folge während des gesamten Bürgerkrieges bis ins Jahr 1648. Zu besonderen Anlässen verordnete sich das Parlament weitere Fastentage, an denen auch zusätzliche Predigten gehalten wurden.[27]

Diese Predigten besitzen politische Bedeutsamkeit aus dreierlei Gründen.

---

24 Vgl. hierzu nur exemplarisch die Traktate John Knox': *Roger A. Mason* (Hg.), John Knox: On Rebellion, Cambridge 1994.

25 Dies wird ausführlich thematisiert in *Andreas Pečar*, Macht der Schrift. Politischer Biblizismus in Schottland und England zwischen Reformation und Bürgerkrieg (1534–1642), München 2011, Kap. VI.2.

26 *Stephen Foster*, Notes from the Caroline Underground. Alexander Leighton, the Puritan Triumvirate, and the Laudian Reaction to Nonconformity, Hamden (Connecticut) 1978; *Richard T. Hughes*, Henry Burton. The Making of a Puritan Revolutionary, in: Journal of Church & State 16 (1974), S. 421–434; *William M. Lamont*, Marginal Prynne 1600–69, London und Toronto 1963.

27 Einen Überblick über alle gehaltenen Fastenpredigten bei *John F. Wilson*, Pulpit in Parliament. Puritanism during the English Civil Wars 1640–1648, Princeton 1969, S. 237–254 (Appendix I). Zur Tradition kollektiv ausgerufener Fastentage in England vgl. *Christopher Durston*, Public Days of Fasting and Thanksgiving during the English Revolution, in: The Seventeenth Century 7 (1992), S. 129–149; *R. Bartel*, The Story of Public Fast Days in England, in: Anglican Theological Review 37 (1955), S. 190–200.

Zum einen handelt es sich um den Versuch sogenannter ›puritanischer‹ Geistlicher, den Parlamentariern ein politisches Programm zu diktieren, wenn auch in meist verschlüsselter Form mit Hilfe biblischer Anspielungen, wie es auch Burges mit seiner Mahnung zur Umkehr in der Kirchenpolitik bereits unternahm. Zum anderen waren die Parlamentarier aber nicht nur Zuhörer, sondern griffen in das Geschehen auf der Kanzel insofern ein, als sie ihnen geeignet erscheinende Prediger für die Fastenpredigten aussuchten. Die Kanzelreden dürften daher der Überzeugung der Mehrheit des Unterhauses weitgehend entsprochen haben. Dies zeigt sich auch daran, dass die Predigten fast ausnahmslos und in kurzem zeitlichem Abstand nach dem Vortrag mit offizieller Billigung des Parlaments gedruckt wurden und damit eine größere Öffentlichkeit erreichten. Dies gewinnt noch zusätzliche Bedeutung dadurch, dass die im Parlament vorgetragenen Reden der Abgeordneten nur in wenigen Ausnahmefällen in Druck gingen.[28] Die Fastenpredigten lieferten damit der Öffentlichkeit ein spezifisches Bild von der Deutung der aktuellen Lage, dem Selbstverständnis des Parlaments wie auch von seiner heilsgeschichtlichen Bestimmung.

3. Biblizismus und Zeitbegriff

Die Erzählung einer existenziellen Krise Englands entnahm Burges der Heiligen Schrift. Insbesondere die historischen Schriften des Alten Testaments, das sogenannte deuteronomistische Geschichtswerk, nutzte er auf zweierlei Weise. Erstens lieferten ihm diese Texte die Normen, an denen er den Zustand der englischen Kirche im Besonderen und der Gesellschaft im Allgemeinen beurteilte. Verbindliche Handlungsmaxime war dabei das Gesetz Gottes, wie es insbesondere in den ersten fünf Büchern Mose formuliert ist und sich in den zehn Geboten kondensiert. Diesem Gesetz, so sein Credo, müsse ohne Ausnahme Folge geleistet werden.

Nun war die Frage nach der Fortdauer des göttlichen Gesetzes nach dem Kreuzestod Christi und dem damit eingeläuteten Zeitalter der Gnade auch unter Protestanten keineswegs unumstritten. Auf der einen Seite stand die Position Martin Luthers, dass das Alte Testament und das Deuteronomium »der Jüden Sachsenspiegel« sei, das für Christen seine unmittelbare Verbindlichkeit eingebüßt habe.[29] Auf der anderen Seite findet sich in England bereits in den Anfängen der Reformation die Position William Tyndales und Martin Bucers, die

---

28 Vgl. *Alan D. T. Cromartie*, The Printing of Parliamentary Speeches November 1640–July 1642, in: Historical Journal 33 (1990), S. 23–44.
29 *Martin Luther*, Eine Unterrichtung, wie sich die Christen in Mosen sollten schicken (1525), in: ders., Werke. Kritische Gesamtausgabe, Bd. 24, Weimar 1883–1986, S. 2–16, hier S. 9. Vgl. hierzu generell bereits *Heinrich Bornkamm*, Luther und das Alte Testament, Tübingen 1948.

das Neue Testament insbesondere als Bekräftigung des göttlichen Gesetzes deuteten und dessen Bestimmungen daher auch für Christen für verbindlich erklärten.[30] Zwar erklärten auch Tyndale und Bucer, dass nur diejenigen Weisungen Gottes dauerhafte Verbindlichkeit besäßen, die dem moralischen Gesetz zuzurechnen seien; das Zeremonialgesetz und die strafrechtlichen und politischen Normen des Deuteronomiums galten dagegen als nur an die Juden adressiert, weshalb sie für Christen jegliche Relevanz verloren hätten. Gleichwohl wurde das moralische Gesetz bereits von Bucer, dann aber auch von Burges und seinen Mitstreitern auf umfassende Weise ausgelegt; dass beispielsweise auf Götzendienst im Deuteronomium die Strafe der Steinigung stand, zitiert Burges durchaus mit dem Anspruch auf dauerhafte Verbindlichkeit.[31]

Dabei erhebt Burges insbesondere einen Aspekt zur Richtschnur politischen Handelns, der bereits in den historischen Schriften des Alten Testaments bei der Einteilung der jüdischen Könige in gute und schlechte Herrscher das entscheidende, wenn nicht sogar das einzige Beurteilungskriterium war: den Umgang der Herrscher mit jeglicher Form des Götzendienstes. Wenn Burges daher England in einer existenziellen Krise wähnte, so lag hier die wesentliche Ursache für seine Diagnose. Die unter Karl I. beziehungsweise Erzbischof William Laud verfolgte Kirchenpolitik sei gleichbedeutend mit einer Wiedereinführung des Götzendienstes. Stein des Anstoßes waren insbesondere die zunehmende Bedeutung traditionell etablierter liturgischer Formen im Gottesdienst: die Ersetzung der Abendmahlstische durch Altäre, die Bestückung dieser Altäre mit Kerzenleuchtern und Kruzifix, die Prophanierung des heiligen Sonntags, der Aufbau von Chorschranken und das Knien während der Eucharistie, alles Maßnahmen, gegen die ein Teil des englischen Klerus – die sogenannten ›Puritans‹ – bereits seit 15 Jahren Sturm gelaufen war.[32] Dreh- und Angelpunkt bei

---

30 Zum Unterschied im Verständnis des Verhältnisses von Gesetz und Gnade bei Luther und Tyndale vgl. *William A.* Clebsch, England's earliest Protestants 1520–1535, New Haven und London 1964, Kap. 10 und 11; *Henning Graf Reventlow*, Bibelautorität und Geist der Moderne. Die Bedeutung des Bibelverständnisses für die geistesgeschichtliche und politische Entwicklung in England von der Reformation bis zur Aufklärung, Göttingen 1980, S. 187–191. Zum Gesetzesverständnis Martin Bucers siehe *Martin Bucer*, De regno Christi libri duo, 1550, hg. von François Wendel, Gütersloh 1955, S. 199. Zur Bundesidee vgl. *Andreas Gäumann*, Reich Christi und Obrigkeit. Eine Studie zum reformatorischen Denken und Handeln Martin Bucers, Bern u. a. 2001, S. 207–211; ferner *Reventlow*, Bibelautorität, S. 140–145; *Marijn de Kroon*, Studien zu Martin Bucers Obrigkeitsverständnis. Evangelisches Ethos und politisches Engagement, Gütersloh 1984, S. 29–36.
31 *Burges*, Two Sermons (Anm. 16), S. 12. Auch Martin Bucer hält die Bestimmungen des Deuteronomiums zur Heiligung, zur Bestrafung von Ehebruch und zum Umgang mit Götzendienern für Normen, die auch in christlichen Gemeinwesen einzuhalten und zu befolgen seien; vgl. *Reventlow*, Bibelautorität (Anm. 30), S. 159f.
32 Vgl. nur exemplarisch als eine Quelle unter vielen *Henry Burton*, For God, and the King, [Amsterdam] 1636, S. 16–20, 33, 51; ferner *Peter Lake*, The Laudian Style. Order, Uniformity

der Ablehnung dieser *ceremonies* war dabei das Argument, dass diese Formen des Gottesdienstes nicht in der Heiligen Schrift erwähnt seien und daher menschliche Erfindungen darstellten, was in den Vorwurf des Götzendienstes mündete.[33] Diese Neuerungen hätten England von den wahrhaft reformierten Kirchen wieder entfremdet und stattdessen in die Nähe der römischen Kirche getrieben, die aus Burges' Sicht ohne Zweifel mit dem Antichristen gleichzusetzen sei.[34] Die Nähe zum Antichristen aber drohe Kirche und Gesellschaft Englands der Verdammnis auszuliefern. Der unmittelbar bevorstehende Untergang Babylons bedrohe auch England, sollte sich England nicht entschieden von Babylon, also der römischen Kirche und ihren Riten, lossagen.

Die Exegese der Heiligen Schrift lieferte in den Fastenpredigten das Beurteilungsraster, um die politischen und kirchlichen Verhältnisse in England zu taxieren. Sie stellte die Normen bereit, auf deren Einhaltung auch und gerade Handlungen der Obrigkeit, vor allem des Königs selbst, überprüft und gegebenenfalls der Kritik unterworfen wurden. Diese Kritik speiste sich jedoch nicht aus dem Wissen um das göttliche Gesetz allein. Die eigentliche Überzeugungskraft erhielten die Kanzelredner und ihre Mahnpredigten dadurch, dass sie mit dem Blick auf die in den heiligen Schriften dargestellte Vergangenheit sich dazu in der Lage sahen, die Zukunft vorwegzunehmen. Diese Gewissheit über das kommende Schicksal Englands war die Folge einer bestimmten Auslegung des Bundes Gottes mit den Menschen, wie er seit Abrahams Zeiten in Kraft war und bereits in der biblischen Überlieferung etliche Male erneuert und bekräftigt worden war. Im Mittelpunkt der Bundesidee stand die Vorstellung einer *mutua obligatio:* Das Volk versicherte Gott Gehorsam gegenüber seinen Gesetzen, wofür es sich im Gegenzug auf Gottes Heil und Rettung verlassen könne. Ein Verstoß gegen die von Gott erlassenen Normen zöge hingegen Gottesstrafen nach sich.[35] Zwischen den Taten des Gottesvolkes und dessen Schicksal gab es

---

and the Pursuit of the Beauty of Holiness in the 1630s, in: Kenneth Fincham (Hg.), The Early Stuart Church 1603–1642, Stanford 1993, S. 161–185; *John S. Morrill,* The Attack on the Church of England in the Long Parliament, 1640–1642, in: Derek E. Beales und Geoffrey F. A. Best (Hg.), History, Society and the Churches. Essays in Honour of Owen Chadwick, Cambridge 1985, S. 105–124; *Kenneth Fincham* und *Nicholas Tyacke,* Altars Restored. The Changing Face of English Religious Worship, 1547–c.1700, Oxford 2007, S. 172–175, 274–283 u. ö.

33 Vgl. zu den Ursprüngen der Kontroverse über die Liturgie in der englischen Kirche *Charles W. Prior,* Defining the Jacobean Church. The Politics of Religious Controversy 1603–1625, Cambridge 2005, Kap. 5; ferner *Achsah Guibbory,* Ceremony and Community from Herbert to Milton, Cambridge 1998.

34 Zum komplexen Beziehungsverhältnis zur römischen Kirche im Selbstverständnis der englischen Protestanten vgl. *Anthony Milton,* Catholic and Reformed. The Roman and Protestant Churches in English Protestant Thought 1600–1640, Cambridge 1995.

35 Vgl. hierzu allgemein *Gerhard Oestreich,* Die Idee des religiösen Bundes und die Lehre vom Staatsvertrag, in: Hasso Hofmann (Hg.), Die Entstehung des modernen souveränen Staates,

also einen unmittelbaren Zusammenhang. Unter englischen Protestanten herrschte die Auffassung vor, dass sich an diesem Bund bis in die Gegenwart nichts Wesentliches geändert habe.[36] Auch der christliche Gnadenbund wurde nicht als Aufhebung des alten Bundes aufgefasst, sondern als dessen Bekräftigung.[37] Zugleich weitete sich mit ihm die Bundesbeziehung vom Volk Israel auf all diejenigen aus, die sich gegenüber Gott durch die Taufe zum Gehorsam verpflichtet hätten. Die Reformation wurde schließlich ebenfalls als eine weitere Bekräftigung des Bundes gedeutet, als Beschwörung zur Treue gegenüber dem Gesetz Gottes nach langen Jahren götzendienerischer Verfehlungen, die die Papstkirche und ihre Anhänger zu verantworten hätten.

Diese Auffassung ermöglichte auch den englischen Protestanten, zwischen dem Gottesgehorsam und der vollständigen Durchsetzung der Reformation einen unmittelbaren Zusammenhang herzustellen. Der Bruch mit der Kirche Roms war gleichbedeutend mit der Absage an den Götzendienst, die Durchführung der Reformation gemäß dem Ideal der reformierten Kirchen in Genf und Zürich der neue Bundesschluss zwischen dem englischen Gottesvolk und Gott. Die von Elisabeth I. erneut vollzogene Reformation in England war einem solchen Bundesschluss vergleichbar, die wundersame Errettung Englands gegen die spanische Armada (1588) und die Aufdeckung der Pulververschwörung (1605) zwei Beweise göttlicher Vorsehung,[38] in denen sich die Gottestreue Englands politisch auszahlte. Im Umkehrschluss musste aber eine erneute Abwendung von Gott, wie sie in der Kirchenpolitik Karls I. diagnostiziert wurde, zwangsläufig Gottesstrafen zur Folge haben. Daher sei eine Abkehr von dieser Politik ebenso vonnöten wie eine erneute Bekräftigung des Bundes.[39]

Köln und Berlin 1967, S. 137–151; ferner mit einem darüber hinausgehenden Blick auf die in Zürich wirkenden Theologen Zwingli und Bullinger, deren Bundesidee in England auf weit größeren Widerhall stieß als die Bundeskonzeption Calvins *Heinrich R. Schmidt*, Bundestheologie, Gesellschafts- und Herrschaftsvertrag, in: ders., André Holenstein und Andreas Würgler (Hg.), Gemeinde, Reformation, Widerstand. Festschrift für Peter Blickle, Tübingen 1998, S. 309–325.

36 Vgl. *Edward Vallance*, Revolutionary England and the National Covenant. State Oaths, Protestantism and the Political Nation 1553–1682, Woodbridge 2005, S. 6–48 (Kap. 1: The origins of the idea of a national covenant in England).

37 Diese Bundesvorstellung findet sich bereits bei Tyndale; *Jacob I. Mombert*, William Tyndale's Five Books of Moses called The Pentateuch, Carbondale (Ill.) 1967 [Reprint der Ausgabe von 1930], S. 8: »Seke therfore in the scripture as thou readest it, chefely and above all, the covenantes made betwene god and us. That is to saye; the lawe and comandementes which God commandeth us to do. And then the mercie promised unto all them that submite them selves unto the lawe. For all the promises thorow out the hole scripture do include a covenant. That is: god byndeth him selfe to fulfil that mercie unto the, onlye if thou wilt endeououre thy selfe to kepe his lawes«. Vgl. ferner *Reventlow*, Bibelautorität (Anm. 30), S. 187–191.

38 *Burges*, Two sermons (Anm. 16), S. 40.

39 Ebd., S. 45 und 54.

Da Gott und sein Wille unveränderlich seien und auch das moralische Gesetz Gottes dauerhafte Gültigkeit beanspruchen könne, zeigte ein Blick in die offenbarte Vergangenheit in der Heiligen Schrift die Gesetzmäßigkeit auf, nach der mit Gottes Reaktion zu rechnen sei: Immer dann, wenn das Volk Israel sich dem Götzendienst zuwandte, zog dieses Verhalten Gottesstrafen nach sich. Dieses Gesetz sah Burges weiterhin in Kraft und übertrug es auf England. Die Zukunft Englands wird damit bereits in der Gegenwart verfügbar, sie wird reduziert auf eine klare Alternative, die zur Entscheidung zwingt.

Die in Burges' Argumentation aufscheinende Zukunftsvorstellung, die sich unmittelbar aus seinem Bundesverständnis ergibt, bewegt sich in der Mitte zwischen zwei Polen: zum einen der Vorstellung einer offenen Zukunft, die Lucian Hölscher für die moderne Gesellschaft dadurch gekennzeichnet sieht, dass sie »zum Gegenstand menschlicher Vorsorge und Verantwortung geworden« ist, nicht mehr »Eigentum Gottes«;[40] zum anderen der vormodernen Vorstellung einer providenziellen Zukunft, in der sich nur ereignet, was im Heilsplan bereits von Beginn an festgelegt ist. Die Zukunft ist in dieser Vorstellung »keine offene, sondern eine bereits in kosmischer *providentia* gegründete, mithin keine noch nicht existente, sondern lediglich eine noch nicht erkannte«.[41] Wenn beispielsweise die dreißigtägige Sichtbarkeit des Halleyschen Kometen im Jahr 1618 im Nachhinein als kosmisches Zeichen und göttliche Warnung vor dem Dreißigjährigen Krieg verstanden wurde, so waren der Krieg und seine Dauer eine Folge göttlichen Waltens in der Welt und menschlichen Einflüssen entzogen, konnte den menschlichen Beobachtern die providenzielle Bedeutung des Kometen erst in der Rückschau am Ende des Krieges vollständig bewusst werden.[42] Auf dem Feld der Gnadenlehre scheint die insbesondere von Theodor Béza etablierte Vorstellung von der vollständigen Prädestination des Menschen von ähnlichen Gesetzmäßigkeiten auszugehen.[43]

Die im Alten Testament etablierte Bundesvorstellung hingegen, in der das Verhältnis zwischen dem Gottesvolk und Gott geprägt ist von einem Tun-Er-

---

40 *Lucian Hölscher*, Die Entdeckung der Zukunft, Frankfurt a.M. 1999, S. 36. Ähnliche Unterscheidungskriterien finden sich auch bei *Koselleck*, Vergangene Zukunft (Anm. 9), S. 17–37; *Georges Minois*, Geschichte der Zukunft. Orakel, Prophezeiungen, Utopien, Prognosen, Düsseldorf und Zürich 1998; *Rudolf Wendorff*, Zeit und Kultur. Geschichte des Zeitbewußtseins in Europa, Wiesbaden ²1980.
41 Vgl. hierzu *Andreas Bähr*, Furcht, divinatorischer Traum und autobiographisches Schreiben in der Frühen Neuzeit, in: Zeitschrift für Historische Forschung (2007), S. 1–32, hier S. 27.
42 *Marion Gindhart*, Das Kometenjahr 1618. Antikes und zeitgenössisches Wissen in der frühneuzeitlichen Kometenliteratur des deutschsprachigen Raumes, Wiesbaden 2006. Vgl. hierzu auch den Beitrag von Eva Schnadenberger in diesem Band.
43 Vgl. hierzu *Kaspar von Greyerz*, Vorsehungsglaube und Kosmologie. Studien zu englischen Selbstzeugnissen des 17. Jahrhunderts, Göttingen und Zürich 1990, S. 111–118; ferner *ders.*, England im Jahrhundert der Revolutionen 1603–1714, Stuttgart 1994, S. 84–86.

gehens-Zusammenhang, determiniert das kommende Schicksal nicht, sondern deutet die Zukunft im Rahmen mehrerer, bereits biblisch offenbarter Optionen als durch das Verhalten des Volkes selbst programmierbar. Die Zukunft erscheint insofern als offen, als Gottes Wirken in der Welt vom Verhalten der Menschen abhängig gemacht wird. Und sie erscheint als vorherbestimmt, da auf bestimmte Aktionen des Volkes zwangsläufig bestimmte Reaktionen Gottes zu erwarten sind, über die die Schriften des Alten und des Neuen Testaments Auskunft geben. Damit ist sie »Eigentum Gottes« und »Gegenstand menschlicher Vorsorge und Verantwortung« zugleich, um noch einmal auf Hölschers Unterscheidung von vormoderner und moderner Zukunftsvorstellung zu rekurrieren.[44] Auch in dieser Konzeption spielt die Vorstellung providenzieller Zeichen eine Rolle: Warnende Zeichen Gottes müssen erkannt werden, um adäquat zu handeln.[45] Solange die Verdammnis noch nicht über die Menschen hereingebrochen ist, lässt sie sich mit einer vollständigen Umkehr und einer Bekräftigung der Rechtgläubigkeit ganz ungeschehen machen, so die hoffnungsfrohe Konsequenz dieser Gottesvorstellung.

Gerade die Verfügbarkeit der unbekannten und unsicheren Zukunft war die entscheidende Ressource in Momenten der Krise. Weder die Art des Strafgerichts noch den genauen Zeitpunkt konnte Burges in seiner prophetischen Rede vor den Abgeordneten benennen. Aber er reduzierte die Ungewissheit über das Kommende, indem er die aus seiner Sicht anstehende Entscheidung klar benannte und mit den jeweiligen Zukunftsfolgen koppelte: England habe sich demzufolge zu entscheiden, ob es wieder in Gehorsam zu Gottes Gesetz leben und diesen Willen mit einem erneuten Bundesschluss bekräftigen wolle oder ob es den unter Karl I. und Erzbischof Laud eingeschlagenen Kurs fortsetzen wolle. Im ersten Fall könne sich England des göttlichen Heils sicher sein, wofür Burges auf die beiden wundersamen Errettungen Englands durch göttliche Providentia verwies, die Errettung von der spanischen Armada im Jahr 1588 sowie die Aufdeckung der Pulververschwörung im Jahr 1605. Im letzteren Falle aber sei eine bevorstehende Gottesstrafe ebenso gewiss, was er an zahlreichen Beispielen

---

44 Hier zeigt sich, dass die einfache Kontrastierung vormoderner und moderner Zukunftsvorstellungen unter dem Kriterium der Verfügbarkeit der Zukunft für den Menschen nicht ausreicht. Deutlich komplexer und weiterführender sind hingegen die Überlegungen von *Niklas Luhmann*, Temporalisierung von Komplexität. Zur Semantik neuzeitlicher Zeitbegriffe, in: ders., Gesellschaftsstruktur und Semantik. Studien zur Wissenssoziologie der modernen Gesellschaft, Bd. 1, Frankfurt a.M. 1993, S. 235–300, hier S. 271–296.

45 Darin liegt der entscheidende Unterschied zu einem rein providenziellen Weltbild, über dessen Folgen sich Thomas Hobbes im *Leviathan* lustig macht; *Thomas Hobbes*, Leviathan, oder Stoff, Form und Gewalt eines kirchlichen und bürgerlichen Staates, hg. von Iring Fetscher, Frankfurt a.M. [13]2006, S. 82f.: »So nagt auch die Furcht vor dem Tod, Armut oder einem anderen Unglück den ganzen Tag über am Herzen der Menschen, der aus Sorge über seine Zukunft zu weit blickt, und er hat vor seiner Angst nur im Schlaf Ruhe.«

des Alten Testaments belegte, in denen die Hinwendung israelischer Könige zu fremden Göttern stets die Bestrafung der Herrscher und des ganzen Volkes nach sich zog.

Burges und seine Mitstreiter auf der Kanzel konnten diese Entscheidung, von der Englands Heil oder Verdammnis abhing, nicht selbst vollziehen. Aber die Fastenpredigten vor den Mitgliedern des Unterhauses stellten den gleichsam institutionalisierten Versuch dar, den politischen Entscheidungsträgern, in deren Hand sich zunehmend die alleinige Regierungsgewalt desjenigen Englands konzentrierte, das an der Seite der Abgeordneten gegen den König kämpfte, ihren heilsgeschichtlichen Auftrag zu vermitteln und ihnen die religionspolitische Agenda zu diktieren.[46]

In den Fastenpredigten kam stets mehr oder weniger explizit auch die eschatologische Perspektive zu Wort. Insbesondere die Referenz auf die Offenbarung des Johannes bot dabei den Predigern die Möglichkeit, biblische Zukunftsdeutung mit politischer Zeitdiagnose zu verschmelzen.[47] Die Zukunftsdeutung erforderte dabei von den Predigern, die aktuellen Ereignisse in England in die biblische Erzählung einzuschreiben: Das politische Geschehen in England und die heilsgeschichtliche Endzeiterwartung wurden auf diese Weise miteinander verknüpft. Wenn Burges beispielsweise den Untergang Babylons in unmittelbarer Zukunft voraussagte, so traf er damit zunächst ein Urteil über die aktuellen Streitigkeiten in England: Diese waren dann nicht politische Auseinandersetzungen allein, sondern Ausdruck des Kampfes zwischen den Heiligen und dem Antichristen, wie er in der Johannesoffenbarung vor Babylons Untergang beschrieben wird (Offb 11–18). Burges' Deutung insinuiert darüber hinaus, dass dieser Kampf bereits fortgeschritten sei, die sieben Posaunen bereits erklungen seien, um in der Sprache der Apokalypse zu reden, die endgültige Entscheidung zwischen Heil und Verdammnis daher unmittelbar bevorstehe.[48]

---

46 Dies betont insbesondere *Wilson*, Pulpit (Anm. 27), S. 166f. sowie S. 146, wo er die Fastenpredigten auch als »engine of influence« umschreibt. Sir Trevor-Roper sieht in den Predigern von St. Margaret dagegen eher Erfüllungsgehilfen einer Pressuregroup um den einflussreichen John Pym; *Hugh R. Trevor-Roper*, The Fast Sermons of the Long Parliament, in: ders. (Hg.), Essays in British History. Presented to Sir Keith Feiling, London 1964, S. 85–138, hier S. 88f., 93–95 u. ö.
47 Vgl. hierzu generell *Paul Christianson*, Reformers and Babylon. English Apocalyptic Visions from the Reformation to the Eve of the Civil War, Toronto, Buffalo und London 1978; *ders.*, From Expectation to Militance. Reformers and Babylon in the first two Years of the Long Parliament, in: Journal of Ecclesiastical History 24 (1973), S. 225–244; ferner *Bernard Capp*, The Political Dimension of Apocalyptic Thought, in: Constantinos A. Patrides und Joseph A. Wittreich (Hg.), The Apocalypse in English Renaissance Thought and Literature. Patterns, Antecedents and Repercussions, Ithaka (New York) 1984, S. 93–124.
48 Ein Bedeutungsverlust biblischer Prophetie lässt sich für England erst nach dem Ende von Bürgerkrieg und Cromwellherrschaft konstatieren. In den 1640er Jahren erlebte diese Form der Prophetie hingegen eine späte Blütezeit. Vgl. hierzu allgemein *Koselleck*, Vergangene

Vergleicht man die Krisendeutung anhand von alttestamentlichen Beispielen mit derjenigen anhand der Johannesoffenbarung, so ergibt sich im Falle der Fastenpredigten vor dem Parlament allerdings kein prinzipieller Unterschied.[49] In beiden Fällen wird die bevorstehende Zerstörung des Glaubensfeindes durch Gott als Gewissheit verkündet, in beiden Fällen hat die Konsequenz daher in der Abkehr von ›Babylon‹ zu bestehen, sei es nun in der alttestamentlichen oder in der neutestamentlichen Gestalt. Allerdings ist die Dringlichkeit und Notwendigkeit der Umkehr im Falle der apokalyptischen Krisendeutung noch stärker gegeben, da die erwartete Gottesentscheidung als endgültig und irreversibel zu gelten hat: Vor dem Weltgericht am Ende der Zeit ist eine Appellation ebenso wenig möglich wie eine Resozialisierung nach Verbüßung der Strafe. Die Naherwartung des Jüngsten Gerichts änderte nichts an der eigentümlich doppelgesichtigen Zukunftsvorstellung als offen und erwartbar zugleich: Die Endgültigkeit dieses Ereignisses steigerte nur die Notwendigkeit, sich Gottes Gesetz zu beugen, um damit endgültiger Verdammnis zu entfliehen.

4. Handlungsfolgen des biblischen Narrativs von Krise und Umkehr

Die in den Fastenpredigten besonders deutlich entfaltete große Erzählung von ›England am Scheideweg‹ war in politischer Hinsicht keine Marginalie, sondern ein wesentliches Element, das den Ausbruch des Bürgerkrieges in England begünstigte. Bereits der Royalist Edward Hyde, Earl of Clarendon, hatte in seiner berühmten *History of the Rebellion* den weitreichenden Einfluss der Prediger auf die Entscheidungen des Parlaments hervorgehoben.[50] Allerdings hat er sich

---

Zukunft (Anm. 9), S. 26. Auch hatten in England theologische Deutungsmuster wenig Aussicht auf Verbreitung, die einer zeitgenössischen Adaption der in der Bibel enthaltenen apokalyptischen Weissagungen im Wege standen. Autoren, die die Weissagungen als bereits erfüllt ansahen oder die Offenbarung nur auf spirituelle, nicht aber auf politische Art und Weise ausdeuteten, prägten beim öffentlichen Umgang mit der apokalyptischen Tradition. Vgl. zu diesen Strömungen *Arno Seifert*, Der Rückzug der biblischen Prophetie von der neueren Geschichte: Studien zur Geschichte der Reichstheologie des frühneuzeitlichen deutschen Protestantismus, Köln, Weimer und Wien 1990, S. 4f., 49–64.

49 Dies wird jedoch von einigen Historikern gleichsam a priori unterstellt, die den Autoren im Falle von Bezügen auf die Apokalypse gleichsam automatisch größere politische Radikalität in den propagierten Zielen zuschreiben. Vgl. etwa *Christianson*, Expectation (Anm. 47), S. 227; *Capp*, Political Dimension (Anm. 47), S. 109. Dabei wird ein Vergleich mit den politischen Aussagen anhand einer Exegese alttestamentlicher Stellen in den Fastenpredigten gar nicht erst unternommen.

50 *Clarendon*, History (Anm. 11), Bd. 4, S. 34: »the archbishop of Canterbury had never so great an influence upon the counsels at Court as Dr. Burgess and Mr. Marshall had then upon the Houses [...]«.

nicht die Frage gestellt, worin der Einfluss der Geistlichen bestand und auf welche Art und Weise dieser Einfluss Folgen zeitigte. Dies möchte ich im Folgenden darzulegen versuchen. Dabei halte ich insbesondere die Krisenwahrnehmung der Abgeordneten im Unterhaus für einen bedeutsamen Aspekt.

Zum entscheidenden Charakteristikum einer Krise gehört, dass die Handlungsträger zu einer existenziellen Entscheidung gezwungen sind. Dabei dürfte nicht ganz unerheblich gewesen sein, welche Entscheidungsszenarien im politischen Diskurs die Debatte bestimmten. Die hier vorgestellte Deutung der Krise in den Fastenpredigten sah die Abgeordneten nicht vor einer Entscheidung zwischen König und Parlament, zwischen den königlichen Prärogativen und den Freiheitsrechten des englischen Volkes, zwischen dem unteilbaren Oberbefehl des Königs und einer dem Parlament unterstellten Miliz etc.,[51] sondern zwischen Heil und Verdammnis. In den Predigten wurde der Konflikt aller konstitutionellen Elemente entkleidet. Stattdessen beschwören sie von der Kanzel eine bevorstehende Auseinandersetzung heilsgeschichtlicher Dimension.

Die dabei stets vorgeführte Alternative zwischen Heil und Verdammnis ließ den Abgeordneten keinen Raum mehr für Kompromiss und Ausgleich. Zwar wurden sie nie explizit aufgefordert, sich gegen den König zu stellen. Zugleich allerdings durfte aus der Sicht der Prediger nichts von dem, was die Religionspolitik Karls I. ausmachte, vom Parlament als bewahrenswert erwogen werden. Bereits jeder Versuch, auf dem Feld der Kirchenpolitik zu einem Ausgleich mit dem König zu gelangen, wäre verdammenswert, hieße dies doch in letzter Konsequenz, mit dem Antichristen selbst in Verhandlungen zu treten. Ferner äußerten sich die Prediger auch zu strittigen Themen, die nicht unmittelbar mit der Kirchenpolitik verknüpft waren. Ob der wichtigste politische Berater Karls I. kurz vor Ausbruch des Bürgerkrieges, der Earl of Strafford, per Parlamentsbeschluss zum Tode verurteilt werden solle oder nicht[52] oder ob das Parlament den Oberbefehl über die Miliz anstreben solle oder nicht,[53] waren Fragen, zu denen sich die Kanzelredner zu Wort meldeten. Zu diesen Streitfällen äußerten sich die

---

51 Eine Zuspitzung des Antagonismus zwischen Königsherrschaft auf der einen und den Freiheitsrechten des Volkes auf der anderen Seite erfolgte von manchen Autoren und Parlamentariern in der Sprache des Republikanismus. Vgl. hierzu programmatisch *Quentin Skinner*, Classical Liberty and the Coming of the English Civil War, in: ders. und Martin van Gelderen (Hg.), Republicanism. A Shared European Heritage, 2 Bde., Bd. 2, Cambridge 2002, S. 9–28.
52 Zur Causa Wentworth die beiden Predigten am 4. April 1641: *Samuel Fairclough*, The troublers troubled, or Achan condemned, and executed. A sermon, preached before sundry of the honourable House of Commons at Westminster, London 1641; *Thomas Wilson*, Davids zeale for Zion a Sermon preached before Sundry of the honourable House of Commons, London 1641. Vgl. zu beiden Predigten *Trevor-Roper*, Fast Sermons (Anm. 46), S. 93; *Wilson*, Pulpit (Anm. 27), S. 44–46; *Christianson*, Reformers (Anm. 47), S. 186f.
53 *William Sedgwick*, Zions Deliverance and her Friends Duty: or The grounds of Expecting, and Meanes of procuring Jerusalems Restauration, London 1642.

Geistlichen aber nicht explizit, das heißt durch das Abwägen der Vor- und Nachteile, sondern in der Sprache des Biblizismus, das heißt indem sie biblische Analogien und Exempla ins Feld führten.[54] Im Modus des Biblizismus suchten sie die Abgeordneten auf einen Konfliktkurs gegen den König einzuschwören. Unabhängig vom konkreten Konfliktthema konfrontierten die Prediger die Abgeordneten stets mit der Entscheidung zwischen Heil und Verdammnis, was die Abstimmung mehr als einmal im gewünschten Sinne beeinflussen sollte.

Einer der radikalsten Prediger in St. Margaret, William Sedgwick, beschrieb in seiner Predigt am 29. Juni 1642, also unmittelbar vor dem Ausbruch der ersten Kampfhandlungen, die Situation mit folgenden Worten: »If Heaven and Earth should make warre, there would be no corner of the world so safe, as on Gods, and the Churches side«.[55] Der Platz des Parlaments und ganz Englands hatte an der Seite Gottes zu sein, soweit die Botschaft an die Abgeordneten. Diese sehr allgemeine Forderung dürfte unstrittig gewesen sein und erhielt ihre Brisanz erst durch die sich daraus ergebenden Konsequenzen. England habe den Platz an der Seite Gottes nämlich verlassen, so die Botschaft der Predigten, und habe sich der Hure Babylon auf zahlreichen Feldern angenähert. Aus der Kirchenpolitik von König und Bischöfen resultiere allgemein eine Gefährdung Englands, drohe der vollständige Abfall von Gott.

Das Heil Englands könne nur dadurch gesichert werden, so stimmen die Autoren der Fastenpredigten überein, wenn in der Kirchenpolitik eine vollständige Abkehr vom geltenden Kurs erfolge. Genau darin lag aber auch die politische Brisanz dieses Ansinnens. Die Politik, die als gefährlicher Irrweg in den Predigten verworfen wurde, war die vom König autorisierte und von der Kirchenhierarchie durchgesetzte Religionspolitik. Diese Politik machten die Prediger vor dem Parlament dafür verantwortlich, dass sich England in einer heilsgefährdenden Krise befand und der Platz an der Seite Gottes verwaist war. Es war der implizite Vorwurf an den König, das Heil des Volkes aufs Spiel zu setzen, England dem Antichristen auszuliefern und damit der Verdammnis preiszugeben.

Klar ausgesprochen wurde dieser Vorwurf erst im Nachhinein, das heißt nach der Hinrichtung des Königs. So äußerte der Republikaner Edmund Ludlow nach der Restauration der Stuartmonarchie aus dem Exil über Karl I.: »Charles Steward was not the Anti-Christ spoken of by the Apostle, yet was he one of the

---

54 Zum Biblizismus als politischer Sprache vgl. *Pečar*, Macht der Schrift (Anm. 25), sowie *Andreas Pečar* und *Kai Trampedach*, Der Biblizismus – eine politische Sprache der Vormoderne?, in: dies. (Hg.), Die Bibel als politisches Argument. Voraussetzungen und Folgen biblizistischer Herrschaftslegitimation in der Vormoderne, München 2007, S. 1–18.
55 *Sedgwick*, Zions Deliverance (Anm. 53), S. 11.

kings that gave his power to the Beast«.⁵⁶ Dieser Vorwurf war in den Predigten zwar implizit ebenfalls enthalten, blieb aber unausgesprochen: Der König wurde gar nicht erwähnt. Dies mag auch der Grund dafür sein, dass die Predigten als Quelle zur Diskussion der politischen Herrschaftsverhältnisse in der historischen Forschung oftmals ignoriert wurden. Auch ihr subversiver Charakter fand bislang wenig Aufmerksamkeit. Zwar lässt sich konstatieren, dass in ihnen die Frage des Widerstandsrechts nicht berührt wird.⁵⁷ Daraus lässt sich indes nicht schlussfolgern, dass die Königsherrschaft für die Prediger unantastbar blieb.

Die Tatsache, dass der König in den Predigten nicht zur Sprache kam, weder im positiven noch im negativen Sinne, erlaubt mehrere Deutungen. Zunächst lässt sich darin eine Vorsichtsmaßnahme erkennen, das Vermeiden direkter Herrschaftskritik. Hierzu zählt sicherlich auch die Tatsache, dass sich direkte Angriffe, falls diese überhaupt konkret ausgesprochen wurden, meist gegen die Bischöfe richteten, die gewissermaßen den Typus des ›schlechten Beraters‹ besetzten, nicht aber gegen den König selbst.

Dass der König in den Predigten eine Leerstelle blieb, hat jedoch weitere Gründe, die von weit größerer politischer Brisanz waren. So konzentrierten sich die Predigten darauf, Gehorsam für die höchste Herrscherinstanz einzufordern, also gegenüber Gott. Als Gesetz wird das göttliche Gesetz verstanden, nicht die Gesetze des Landes. Der Gehorsam gegenüber Gott wird explizit gefordert, die Konsequenz eines daraus unter Umständen zwingend resultierenden Ungehorsams gegenüber dem König wird verschwiegen. Gleichwohl mahnen die Geistlichen diesen Ungehorsam implizit an, wenn sie das Parlament darauf zu verpflichten versuchen, dem Kirchenregiment Karls I. und Erzbischof Lauds den Garaus zu machen und die gültigen Kirchengesetze zu annullieren.⁵⁸ In den Predigten wird der Königsthron daher in der Konfrontation mit dem Thron Gottes marginalisiert.⁵⁹

---

56 *Edmund Ludlow*, A Voyce from the Watch Tower. Part Five: 1660–1662, hg. von Alistair B. Worden, London 1978, S. 144.
57 Dies mag der Grund sein, weshalb Friedeburg in seiner Darstellung der englischen Bürgerkriegszeit mit keinem Wort auf die Fastenpredigten eingeht; *Robert von Friedeburg*, Widerstandsrecht und Konfessionskonflikt. Notwehr und Gemeiner Mann im deutsch-britischen Vergleich 1530 bis 1669, Berlin 1999, S. 118–130.
58 In der Praxis war das etablierte Kirchenregiment in weiten Teilen des Landes im Herbst des Jahres 1640, das heißt zur Zeit der Einberufung des ›Long Parliament‹, kollabiert. Vgl. hierzu mit zahlreichen Beispielen *David Cressy*, England on Edge. Crisis and Revolution 1640–1642, Oxford 2006, S. 8–10, 110–129, 149–166; *ders.*, Revolutionary England 1640–1642, in: Past and Present 181 (2003), S. 35–71.
59 Dies war die Konsequenz einer am Ideal der Theokratie ausgerichteten Konzeption politischer Herrschaft. Zu den politischen Folgen dieses Ideals vgl. *Jan Assmann*, Herrschaft und Heil. Politische Theologie in Altägypten, Israel und Europa, Darmstadt 2000, S. 48 f., 52: »Im Zeichen des gesetzgebenden Gottes hat der irdische Herrscher diese Position zu räumen.« Der Begriff der Theokratie hat in England im Zuge des Bürgerkrieges und der Zeit der

Eine Marginalisierung drohte Karl I. in den Predigten aber auch durch die Rolle, die zahlreiche Prediger dem ›Long Parliament‹ zuschrieben. Nicht nur die Appelle in Fragen der Kirchenpolitik waren letztlich Eingriffe in königliche Reservatsrechte, da die englischen Könige dem Parlament keine Verfügungsgewalt über das Kirchenregiment einräumten – und schon gar nicht ohne die Mitsprache des Königs.[60] Wenn den Parlamentariern darüber hinaus zunehmend Bibelstellen alttestamentlicher Könige als positive oder negative Exempla vor Augen geführt wurden, so zeigt dies deutlich, dass in den Augen der Prediger das Parlament den König bereits als Adressat politischer Forderungen und Appelle abgelöst hatte. In den 1630er Jahren richteten sich auch kritisch-subversive Traktate wie Henry Burtons *For God, and the King* im Regelfall an den König als Obrigkeit Englands.[61] Mit dem ›Long Parliament‹ war dem König nun eine vorerst dauerhafte alternative Adresse kirchlicher Forderungen und Wünsche an die Seite gestellt. Damit griffen sie der zukünftigen Entwicklung bereits voraus und beeinflussten sie zugleich im gewünschten Sinne.

5. Fazit

Die Fastenpredigten vor dem ›Long Parliament‹ können als Versuch gedeutet werden, die Abgeordneten auf eine spezifische Weltdeutung zu verpflichten, die bestimmte politische Entscheidungen zwingend erforderlich macht, um ein drohendes Strafgericht Gottes von England abzuwenden. Damit bedienten sich die Geistlichen in ihren Sprechakten an das Parlament des Deutungsnarrativs der Krise, um die politische Situation des Landes zu beschreiben und Lösungswege aufzuzeigen. Der Referenzrahmen, der in den Fastenpredigten sowohl zur Beschreibung der bestehenden Probleme als auch zur Präsentation politischer Lösungen diente, war die Bibel, vor allem das deuteronomistische Geschichtswerk im Alten sowie die Johannesoffenbarung im Neuen Testament.

Cromwellherrschaft Einzug gehalten. Richard Baxter war einer der ersten Theologen, der das Ideal der Königsherrschaft Gottes mit dem Begriff der Theokratie bezeichnete und zum politischen Ideal erklärte; *Richard Baxter*, A Holy Commonwealth, or Political Aphorisms, opening the true Principles of Government, London 1659, S. 208–210, 216. Vgl. hierzu ferner allgemein *Jürgen Gebhardt*, ›Alle Macht den Heiligen‹ – zur frühneuzeitlichen Idee der Theokratie, in: Jakob Taubes (Hg.), Theokratie, München u. a. 1987, S. 206–232.

60 Vgl. zum königlichen Kirchenregiment *Ronald G. Asch*, No bishop no king oder cuius regio eius religio. Die Deutung und Legitimation des fürstlichen Kirchenregiments und ihre Implikationen für die Genese des »Absolutismus« in England und im protestantischen Deutschland, in: ders. und Heinz Duchhardt (Hg.), Der Absolutismus – ein Mythos? Strukturwandel monarchischer Herrschaft ca. 1550–1700, Köln 1996, S. 79–124, zum Grundsätzlichen v. a. S. 88–95.

61 *Henry Burton*, For God, and the King, London 1636.

Diese Texte waren in den Predigten das ausschließliche Medium zur Weltdeutung.

Dieser biblische Referenzrahmen lieferte nicht nur die entscheidenden Stichworte zur Krisendiagnose, sondern auch zur Krisenbewältigung. Die strikte Orientierung am biblischen Text bot zur Deutung und Einordnung des aktuellen politischen Geschehens einige Vorteile. Insbesondere reduzierte sich dadurch die ›Kontingenzerfahrung‹, die in Krisensituationen die Verunsicherung der Akteure bewirken konnte. Den Fastenpredigten war gemeinsam, dass sie die Abgeordneten mit Erwartungssicherheit ausstatteten. Dies leisteten sie auf zweierlei Weise: Im Falle der Orientierung an Maximen und Exempla des Alten Testaments produzierten sie Zukunftswissen durch die Projektion und Fortschreibung offenbarter Vergangenheit in den Schriften des Alten Testaments in die Zukunft. Und im Falle der Orientierung an der Johannesoffenbarung produzierten sie Zukunftswissen durch die Projektion offenbarter Zukunft auf das aktuelle Zeitgeschehen.

Beide Projektionen waren allerdings folgenreich für die sich daraus ergebenden politischen Handlungsmöglichkeiten. Die Reduzierung der Kontingenzerfahrung und der damit verbundenen Unsicherheit wurde erkauft durch eine Reduzierung der politischen Spielräume. Letztlich blieb die kompromisslose Durchsetzung einer Kirchenpolitik, die sich am Ideal einer sogenannten ›vollständigen Reformation‹ orientierte, die einzige Option, der drohenden Verdammnis zu entkommen. Der Suggestionskraft dieser Weltdeutung und den mit ihr verbundenen weitreichenden Konsequenzen konnte man sich nur auf zweierlei Weise entziehen. Entweder versuchte man die Plausibilität des politischen Biblizismus generell in Zweifel zu ziehen; ein Weg, den auch in Zeiten des Bürgerkriegs nur wenige Freigeister wie Thomas Hobbes beschreiten sollten.[62] Oder man konfrontierte die Erzählung von Krise und Umkehr mit einer gleichfalls biblizistisch gewonnenen Erzählung von der Sakralität des Herrschers und dem damit einhergehenden Gehorsamszwang aller Untertanen zur Sicherstellung ihres Seelenheils. Mit dieser Erzählung versuchten die Mitstreiter des Königs, an erster Stelle seine Hofkapläne, während des Bürgerkrieges die Legitimation der Parlamentsanhänger zu untergraben.[63] Die Mehrheit des Unterhauses billigte jedoch im Moment der Entscheidung der Erzählung von Krise

---

[62] *Hans Dieter Metzger*, Bibelkritik im Schatten des »Leviathan«. Thomas Hobbes' Rekonstruktion biblischer »Wahrheit«, in: Pečar und Trampedach (Hg.), Die Bibel als politisches Argument (Anm. 54), S. 371–384.

[63] Ein hierfür besonders prominentes Beispiel ist *John Maxwell*, Sacro Sancta Regum Majestas, or, the sacred and royall Prerogative of Christian Kings, Oxford 1644, ¶2r: »A wonder then it is that some smatterers in Divinitie writing in this subject do borrow principles from old poeticall fables and toyes, make premises, and inferred conclusions not onely destructive of Monarchie, but also contradictory to that truth Scripture hath revealed.«

und Umkehr größere Plausibilität zu: Gegen das Strafgericht Gottes erschien nicht nur den Predigern, sondern auch zahlreichen Abgeordneten des Unterhauses der Weg in den Bürgerkrieg als das kleinere Übel.

Günther Lottes

Normalitätsverlust, Prozess und Entscheidung.
Zur Dramaturgie des Kriseninterpretaments[1]

Die folgenden Überlegungen gelten der Schnittstelle zwischen der Krise als einem historiographischen Deutungsmuster und der Krise als einem Wahrnehmungsmuster der Zeitgenossen. Es geht also um die Anwendung des Kriseninterpretaments auf Zeitumstände, bei denen Historiker davon ausgehen können, dass sie auch von den Zeitgenossen als Krise empfunden wurden. Als materialer Bezugshorizont dieser Überlegungen dient vornehmlich, aber nicht ausschließlich die englische Revolution der Mitte des 17. Jahrhunderts. Die Krise als eine rein historiographische Kategorie im Sinne etwa der ›Krise des 3. Jahrhunderts‹ oder der ›Krise des 17. Jahrhunderts‹ bleibt in den folgenden Überlegungen weitgehend unberücksichtigt.

1. Krisenbewusstsein und Normalitätsverlust

Die Suche nach einer Schnittmenge zwischen der Krise als Deutungs- und als Wahrnehmungsmuster führt zunächst zu der Frage, welche Voraussetzungen eigentlich erfüllt sein mussten, damit die Zeitgenossen eine Krise überhaupt als eine solche identifizieren. Die bloße Wahrnehmung von Missständen, selbst der Häufung von Missständen, scheint hierfür nicht auszureichen. Gewalt, Unordnung, Ausbeutung oder plötzliche Zusammenbrüche haben in vielen Gesellschaften immer wieder zum Alltag gezählt, den die Zeitgenossen als selbstverständlich hingenommen haben, weil sie es nicht anders kannten. Zur Krisenwahrnehmung gehört vielmehr der Verlust oder die Gefährdung einer der Krise vorgängigen Normalität. Es häufen sich Vorkommnisse, die mit dieser Normalität unvereinbar sind, in einer Weise, die bei den Zeitgenossen den Eindruck entstehen lässt, es könne so nicht weitergehen, etwas – was auch immer –

---

[1] Günther Lottes hatte keine Gelegenheit mehr, auf die letzten Überarbeitungs- und Ergänzungsvorschläge der Herausgeber zu reagieren. Der Text wird daher so gedruckt, wie der Verfasser ihn der Redaktion überlassen hat.

müsse sich ganz im Sinne der ursprünglichen Bedeutung des Wortes *Krisis* entscheiden. Das Resultat der Krise ist dabei nur selten die Rückkehr zur vorgängigen, sondern der Übergang zu einer neuen Normalität.

Der Krise eignen mithin ihrem Begriff nach zum einen Zeitweiligkeit und zum anderen die Vorstellung eines Spannungsbogens, demzufolge Entwicklungen sich zuspitzen und relativ abrupt enden. Das Augenmerk gilt dabei mehr der Aufwärtsbewegung zum Höhepunkt der Krise hin, auf dem sich alles entscheidet, als der sich anschließenden Periode der Entspannung. Dies wirft die Frage nach der Dauer von Krisen auf. Immer wieder neigen Historiker dazu, den Krisenzustand zeitlich ungebührlich weit zu fassen – ganz so wie den verwandten Begriff des Niedergangs – und ihm damit die analytische Schärfe zu nehmen.[2] Sind die Krise der Römischen Republik, die von den Gracchen bis Actium immerhin fast einhundert Jahre währte, oder die Krise des 3. Jahrhunderts von Commodus bis Diocletian historiographische Konstruktionen? Oder haben wir es dabei auch mit Wahrnehmungs- und Sinnbildungskategorien der Zeitgenossen zu tun? Noch deutlicher tritt die Problematik hervor, wenn wir Edward Gibbons große Studie über den Untergang des Römischen Reiches *The Decline and Fall of the Roman Empire* heranziehen.[3] Gibbon lässt das Imperium in seinem Monumentalwerk über einen Zeitraum von mehr als 1.200 Jahren untergehen und untergräbt damit, ohne sich dessen recht bewusst zu werden, seine eigenen Erklärungsmuster und Deutungskategorien. Wie lange kann ein Reich untergehen? Immer wieder drängt sich die Frage auf, was eigentlich zu dem jeweiligen Zeitpunkt, der in Betracht genommen wird, untergeht: eine wie auch immer geartete Idee des historiographischen Gegenstands oder die Erscheinungsform, welche er bis dahin angenommen hat? Wie lange kann eine Krise dauern, bis der Krisenzustand selbst als Normalität angesehen wird und werden muss?

Damit rückt der Normalitätsbegriff in den Mittelpunkt, der als historiographische Kategorie zwar bedenklich, als Wahrnehmungskategorie der Zeitgenossen aber durchaus hilfreich ist. Wenn die Zeitgenossen feststellen, dass dieser oder jener Zustand oder dieses oder jenes Ereignis aus dem Rahmen fällt und eine krisenhafte Entwicklung signalisiert, dann hat dies für Historiker in jedem Fall einen Aussagewert, also auch dann, wenn sich seine Befunde nicht mit den Wahrnehmungen der Zeitgenossen decken. Es ergibt sich für ihn lediglich die zusätzliche Frage, wo die Gründe für diese Diskrepanz zu suchen sind. Die Normalität, deren Verlust als Krise empfunden wird, kann tatsächlich auch

---

2 Vgl. *Rudolf Vierhaus*, Zum Problem historischer Krisen, in: Karl-Georg Faber und Christian Meier (Hg.), Historische Prozesse, München 1978, S. 313–329, bes. S. 320f.
3 *Edward Gibbon*, The History of the Decline and Fall of the Roman Empire, hg. von David Womersley, 3 Bde., New York 1994 [zuerst London 1776–1789].

weitgehend virtuell oder fiktiv, mehr gefühlt als real gegeben sein, sei es, dass sie nicht selbst erlebt worden, sondern lediglich im kommunikativen Gedächtnis – um eine Kategorie von Maurice Halbwachs zu nutzen – verankert ist,[4] sei es, dass die in Rede stehende Normalität ex post als Erinnerung konstruiert wird und der Normalitätsverlust eher behauptet wird als real gegeben ist. Die Verfassung, deren Verletzung Karl I. in den Jahren zwischen 1640 und 1649 vorgeworfen wurde, war ein solches Konstrukt, das es so bis dahin nicht gegeben hatte, sondern das von der zeitgenössischen antiquarischen Geschichtsschreibung erst geschaffen werden musste.[5] Im Gegenteil, Verhältnisse, wie sie während der ›Eleven Years' Tyranny‹ bestanden hatten, waren in der elisabethanischen Zeit durchaus üblich gewesen und hatten der Loyalität gegenüber der Monarchin keinen Abbruch getan.[6]

Die Krisenwahrnehmung der Zeitgenossen wird damit komplizierter. Sie reagieren nicht einfach nur auf einen tatsächlichen oder gefühlten Legitimitätsverlust, sondern bringen in einem Zustand unsicherer Legitimitätsverhältnisse konkurrierende Normalitätsbehauptungen ins Spiel, die ihren je unterschiedlichen Interessen entsprechen. Eine solche Erweiterung des Krisenverständnisses zur Krise als Diskurs wäre gerade in Bezug auf die englische Revolution durchaus von interpretatorischer Relevanz. So hat die neuere Forschung hervorgehoben, dass beide Konfliktparteien sich der gleichen politischen Sprache bedienten, ohne sich über die politische Semantik hinter den Begriffen einig zu sein.[7] Präziser noch könnte es heißen, dass Einigkeit zwar über einen Kernbereich bestand, aber unterschiedliche Auffassungen über die Manövrierspielräume im Hinblick auf die Erwartungen der einen oder anderen Konfliktpartei an die Verfassung bestanden. So gesehen dürfte Karl also nicht eines absolutistischen Experiments verdächtigt werden, für dessen Durchführung ihm nach 1640 das Instrumentarium aus der Hand geschlagen worden wäre. Stattdessen stellte sich die englische Revolution als ein Zusammenbruch der politischen Kommunikation dar, der nicht zuletzt darauf zurückzuführen war, dass auf keinerlei Status quo Bezug genommen werden konnte. Vielmehr konkurrierten Erinnerungskonstruktionen miteinander, von

---

4 *Maurice Halbwachs*, La mémoire collective (1939), Paris 1950 [dt. Frankfurt a.M. 1985].
5 *John G. A. Pocock*, The Ancient Constitution and the Feudal Law. A Study of English Historical Thought in the 17th Century, Cambridge 1957; *P. Styles*, Politics and Research in Early Seventeenth Century England, in: Levi Fox (Hg.), English Historical Scholarship in the Sixteenth and Seventeenth Centuries, London u.a. 1956, S. 49–72; *Margaret Atwood Judson*, The Crisis of the Constitution: An Essay in Constitutional and Political Thought in England, 1603–1645, New Brunswick 1949.
6 *David M. Dean* und *Norman L. Jones* (Hg.), The Parliaments of Elizabethan England, Oxford 1990; zusammenfassend *Günther Lottes*, Elisabeth I. Eine politische Biographie, Göttingen 1981.
7 *Judson*, The Crisis of the Constitution (Anm. 5); vgl. auch *Robert Ashton*, The English Civil War. Conservatism and Revolution, 1603–1649, London 1978.

denen zumindest die des Parlaments unüberprüfbar war, während sich der König immerhin darauf berufen konnte, dass Heinrich VIII. und Elisabeth I. die ihnen zur Verfügung stehenden Spielräume wesentlich entschiedener genutzt hatten. Trifft dies zu, kann man davon ausgehen, dass die Erinnerungskonstruktion den Zeitpunkt der Krise im Sinne ihres Konstrukts bestimmt, auch wenn die Zeitgenossen, geschweige denn die Historiker, die sich mit ihren Zeugnissen beschäftigen, noch überhaupt kein Krisenbewusstsein nachweisen können. Der Krisenbeginn wird gewissermaßen erinnerungspolitisch vordatiert. Auch die aus der Auseinandersetzung mit der Logik des Kriseninterpretaments zu ziehende Schlussfolgerung wäre von unmittelbarer interpretatorischer Relevanz. Denn sie böte eine Möglichkeit, die irritierenden Forschungsergebnisse Conrad Russells in den Ablauf einzuordnen, der bei seiner Analyse des Parlaments von 1628/29 zu der Feststellung gelangte, dass nichts auf den wenige Jahre später einsetzenden Verfassungskonflikt hindeutete, sondern für beide Konfliktparteien ›business as usual‹ auf der Tagesordnung stand.[8] In der Tat scheint das Gewitter, das sich 1640 mit Macht zu entladen begann, an einem anderen Horizont als dem politisch-konstitutionellen aufgezogen zu sein. Was Männer wie Pym und die Parlamentsopposition in den Jahren 1640 bis 1643 antrieb und bis zur Hinrichtung des Königs 1649 dazu beitrug, das Vertrauen in seine politische Kompromissbereitschaft zu untergraben, war der Verdacht, er sei das Haupt einer katholischen Verschwörung gegen die protestantische politische Nation und würde im Interesse der katholischen Internationale am Ende jeden hintergehen, der sich mit ihm einlasse. Letztlich steckte hinter der Krise des politischen Systems somit eine Krise des protestantischen Konsensus, der seit den 1560er Jahren einen unverrückbaren Bestandteil des politischen Bewusstseins der englischen Herrschafts- und Besitzelite ausmachte. Es war die Furcht, Karl I. könne diesen Konsensus untergraben, die die Opposition gegen den König dazu brachte, das politische System als Schutzwall gegen absolutistische Willkür umzudeuten und dabei schließlich über das Ziel hinauszuschießen.[9]

Die Krise der englischen politischen Ordnung, aus der die Revolution hervorging, gilt für beendet, als offensichtlich wird, dass eine Lösung der politischen Streitfragen im gegebenen institutionellen Rahmen und nach den bisher geltenden politischen Regeln nicht mehr möglich ist. Die Ergebnisoffenheit der als Krise wahrgenommenen Situation ist damit nicht mehr gegeben, auch wenn die neue Ordnung noch keine endgültige Gestalt angenommen haben mag, ja vielleicht dauerhaft niemals annehmen wird. Dieser Punkt ist mit der ›Militia

---

8 *Conrad Russell*, Parliaments and English Politics 1621–1629, Oxford und New York 1979; ders., Unrevolutionary England, 1603–1642, London 1990.
9 Vgl. *Ashton*, Civil War (Anm. 7), S. 98–126; *John Morrill*, The Religious Context of the English Civil War, in: Transactions of the Royal Historical Society 5th Series 34 (1984), S. 155–178.

Ordinance‹ von 1643 und dem Beginn des Bürgerkriegs definitiv gegeben. Das, was auf den Wendepunkt folgt, ist mit dem Deutungsmuster der Krise nicht mehr zutreffend zu erfassen. Der Machtkampf zwischen dem König, dem Parlament und schließlich der New Model Army als einem dritten, neu hinzukommenden Machtfaktor hat das Ringen um Vorrang in der Verfassungstrinität von ›King, Lords and Commons‹, das die Szene bis 1643 beherrschte, weit hinter sich gelassen. Es konnte kein Zweifel darüber bestehen, dass die alte Ordnung fürs Erste verschwunden war und durch eine neue, freilich allenthalben missliebige ersetzt wurde, auf deren schnelle Beseitigung zu hoffen war. Diese Beobachtung macht deutlich, dass Normalität im Sinne des Krisentheorems nicht mit einem Zustand verwechselt werden darf, der von Konsens und Legitimitätseinverständnis getragen wird. Krisenbewusstsein erwächst aus der Gefährdung einer Normalität, welche Akzeptanz diese auch immer besitzt. Die Wendung zu einer Ordnung, die fürs Erste nicht gefährdet erscheint, beendet deswegen auch die Krisenwahrnehmung, die sich erst wieder einstellt, wenn auch die neue Ordnung wieder in Frage gestellt wird. Dabei ist die Krisenwahrnehmung immer bei denjenigen am ausgeprägtesten, die durch die Infragestellung der bestehenden Verhältnisse am meisten zu verlieren haben.

Die englische Grundbesitzergesellschaft hat diese Normalität im Rückblick aus größerer zeitlicher Distanz allerdings nie akzeptiert und sah in der Anwendung von Gewalt bis hin zur Hinrichtung des Königs eher einen Beleg für die Beschleunigung des Legitimitätsverlustes des gesamten, 1640 zur Macht gelangten Regimes. Wenn überhaupt, dann stellte in den Augen der konservativen Interpreten der Zeitgeschichte des 17. Jahrhunderts bestenfalls Cromwells Militärdiktatur einen ersten Schritt zur Stabilisierung der politischen und gesellschaftlichen Verhältnisse dar. So gesehen teilte sich die Krisenwahrnehmung der englischen Herrschaftselite in den 1640er und 1650er Jahren in die gleichsam kürzerfristige und politisch bestimmte Krisenwahrnehmung der Republikaner, die das Scheitern ihrer Ordnungsvorstellungen bis hin zur Errichtung der quasimonarchischen Protektoratsherrschaft miterleben mussten, und die eher längerfristig und gesellschaftlich ausgerichtete Krisenwahrnehmung der Herrschaftselite im Ganzen, die erst durch die Restauration von Monarchie, Parlament und Staatskirche nach 1660 wieder endgültig beruhigt wurde.

2. Krisenwahrnehmung und Krisendramaturgie

Werfen wir als Nächstes einen Blick auf die Binnenstrukturen des Krisenbewusstseins. Natürlich gibt es Krisen, die keine anderen Binnenstrukturen haben als die der Beschleunigung oder der Verlangsamung der als krisenhaft empfundenen Entwicklungen oder anders gesagt der Verschlimmerung oder der

Verbesserung der Lage. Die mit den Verwüstungen des Dreißigjährigen Krieges geschlagene deutsche Bevölkerung war wohl noch weniger als spätere Historiker in der Lage, in der Abfolge ihrer traumatischen Erfahrungen eine Richtung zu erkennen. Gefährdung war für sie mehr oder eben weniger akut. Neben solchen amorphen Krisenerfahrungen scheint es indes andere zu geben, in denen die Zeit der Krise Prozesscharakter aufweist und einem wie immer gearteten Entwicklungsgesetz wie dem der Beschleunigung des politischen Wandels, der Expotenzialität von Legitimitätsverlusten oder der Radikalisierung der politischen Akteure, gefolgt von der Notwendigkeit der Wiederherstellung der Ordnung durch militärische Gewalt nachgeht. Ein frühes und besonders gelungenes Beispiel einer derartigen Analogieanalyse sind Edmund Burkes berühmte *Reflections on the Revolution in France*, die politikwissenschaftliche Analysen und ausgesprochene ebenso wie unausgesprochene historische Bezugnahmen miteinander verbinden.[10] Eine Zeitlang hat eine im Grenzbereich von Geschichts- und Politikwissenschaft operierende Revolutionsforschung solche Verlaufsmuster in den verschiedenen europäischen Revolutionen zu identifizieren versucht und in Modellentwürfe eingebracht.[11] Ob es sehr viel weiter führt, Cromwell mit Napoleon zu vergleichen, kann in unserem Zusammenhang freilich dahingestellt bleiben. Ich halte diese Frage nur insoweit für interessant, als Napoleon selbst sich dieser Parallele bedient und uns damit ein Deutungsmuster für sein politisches Verhalten empfohlen hat, das von seinen Zeitgenossen aufgegriffen wurde und von da an ein, wenngleich nicht unbedingt zentrales Deutungsmuster der modernen französischen Geschichte geblieben ist.[12] Aber welche Folgen hat die Verwendung solcher Verlaufsschemata für die Frage nach der Schnittmenge zwischen der Krise als Wahrnehmungs- und als Deutungsmuster?

Die Ordnung des Krisengeschehens nach prozessualen Gesichtspunkten birgt die Gefahr teleologischer Verzerrungen. Zum einen werden die Krisenwahrnehmungen in den unterschiedlichen Zeitsegmenten des Krisengeschehens auf ein Prozessergebnis hin ausgerichtet, das den Zeitgenossen, als sie handelten, so noch nicht bekannt war und von ihnen vielleicht nicht einmal vermutet wurde. Daran knüpfen sich dann Fehlinterpretationen der Krisenwahrnehmungen der Akteure; es kommt in der Regel wohl zu unangemessenen Dramatisierungen, die suggerieren, dass sehr viel mehr auf dem Spiel stand, als den Zeitgenossen bewusst war. Zum anderen besteht die Gefahr einer systematischen Fehlein-

---

10 *Edmund Burke*, Reflections on the Revolution in France, hg. von Jonathan C. D. Clark, Stanford 2001 [zuerst London 1790].
11 Siehe bereits *Crane Brinton*, The Anatomy of Revolution, New York 1958; *Klaus von Beyme* (Hg.), Empirische Revolutionsforschung, Opladen 1973; vgl. auch *Eberhard Schmitt*, Einführung in die Geschichte der Französischen Revolution, München 1976, S. 11–42.
12 *Bernard Cottret*, Cromwell, Paris 1992, S. 9–11.

schätzung der Handlungsspielräume und der Handlungsabsichten der Akteure, die sich über die von den Modellüberlegungen unterstellte Tragweite ihrer Aktionen wohl selten im Klaren waren. Das Sinngebungsgeschäft im Medium der Prozessmetapher mündet auf diese Weise in eine ›self-fulfilling prophecy‹, welche die zeitgenössischen Horizonte unterschlägt.

Was die englische Revolution angeht, so wird diese Problematik vor allem in der älteren, von den Fragestellungen des 19. Jahrhunderts inspirierten verfassungsgeschichtlichen Literatur deutlich, die den langen Weg des House of Commons zum Gravitationszentrum der englischen Politik oder, verfassungsgeschichtlicher gesprochen, zum Ort der Souveränität als eine aufsteigende Linie von siegreich bestandenen Verfassungskrisen und Verfassungskonflikten beschrieb und den im Zeichen des Revisionismus freilich verloren gegangenen Zusammenhang zwischen den Sinngebungskonstruktionen mittlerer Reichweite und dem übergreifenden Sinngebungsentwurf des nationalgeschichtlichen Narrativs offenbart.[13] Nur ganz nebenbei sei bemerkt, dass diese narrativen Zurichtungen des historischen Stoffes sich häufig literarischer Muster bedienten und mit Denkfiguren wie der Katharsis und des retardierenden Moments die Zeithorizonte der Zeitgenossen gnadenlos überschrieben.[14]

Welche Auswirkungen ein Wechsel des für die Rekonstruktion der Zweckrationalitäten entscheidenden Fluchtpunkts solcher Krisenanalysen haben kann, illustriert der seit einem Vierteljahrhundert in der Revolutionsforschung zu beobachtende Perspektivenwechsel hin zur Interpretation der englischen Revolution als einer Krise des seit 1604 entstehenden britischen Gesamtstaats.[15] Die Wahrnehmungs- und Entscheidungshorizonte der Akteure wurden nun neu gewichtet und sogar in einer Weise rekonstruiert, welche die bisher propagierten Motivationslagen als randständig erscheinen ließ. Mittlerweile hat sich dieser Reinterpretationsimpuls abgeschwächt und ist einer allgemeinen regionalgeschichtlichen Aufarbeitung des 17. Jahrhunderts gewichen, für die der Gesamtstaat nur noch ein ferner Horizont ist.[16] In gewisser Hinsicht wurden so auch Krisenbewusstsein und Krisenwahrnehmung in der englischen Kernregion regionalisiert. Ich halte dies für problematisch. So berechtigt es sein mag, die erinnerungsgeschichtliche Dominanz der englischen Geschichte zu korrigieren und koexistierenden Bewusstseinslagen zu ihrem historischen Recht zu ver-

---

13 Vgl. etwa *Wallace Notestein*, The Winning of the Initiative by the House of Commons, London 1924; *Betty Kemp*, King and Commons 1660-1832, London 1957; *David Keir*, The Constitutional History of Modern Britain. 1485-1937, London 1938.
14 Siehe auch *Herbert Butterfield*, The Whig Interpretation of History, London 1959, S. 45ff.
15 Zum Konzept der ›zusammengesetzten Monarchie‹ vgl. *John H. Elliot*, A Europe of Composite Monarchies, in: Past and Present 137 (1992), S. 48-71.
16 *Steven G. Ellis* und *Sarah Barber* (Hg.), Conquest and Union. Fashioning a British State, 1485-1725, London 1995.

helfen, so wenig darf übersehen werden, dass die im Zentrum tätigen Akteure übergreifend operierten und insofern auch ein übergreifendes Krisenbewusstsein gehabt haben.

Der Perspektivenwechsel von der Verfassungs- zur Gesamtstaatskrise stellte darüber hinaus einen wichtigen Schritt auf dem Weg zur Rehistorisierung des Revolutionsgeschehens dar, die den Blick für die Offenheit der Handlungshorizonte der historischen Subjekte wiederherstellte.

3. Krise und Entscheidung

Dies führt mich zur dritten und letzten meiner Überlegungen. In der Krisenmetapher steckt die Idee der Entscheidung. Auf dem Höhepunkt einer Krise entscheidet sich etwas. Die Dinge können sich so oder so entwickeln; die Rückkehr zur vorgängigen Normalität ist ebenso möglich wie der Übergang in eine neue, qualitativ andere Normalität. In beiden Fällen ist die Gefährdungslage, und zwar die Gefährdungslage in ihrer Unentschiedenheit, die dem Krisenbewusstein Nahrung gegeben und die Krisenwahrnehmung strukturiert hat, an ihr Ende gekommen. Dergleichen historisch offene Lagen sind den Historikern, die immer wieder im Bann dessen stehen, was tatsächlich geschehen ist, nie recht geheuer gewesen. Sie haben deswegen neben den teleologischen Rekonstruktionen immer wieder, oft unter dem Deckmantel der Ursachenforschung, deterministische Annahmen über die Logik der Situation ins Spiel gebracht, die die Entwicklung aus innerer Notwendigkeit in eine bestimmte Richtung getrieben hätten. So wurden, meist begleitet von einem recht sorglosen Umgang mit der Widerspruchsmetaphorik, institutionelle, soziale oder mentalitätsgeschichtliche Konfliktkonstellationen herauspräpariert, die, Krankheitskeimen im Körper vergleichbar, sich schließlich in Systemkrisen manifestiert hätten. Natürlich gibt es Strukturverwerfungen, Widersprüche und Konfliktpotenziale; doch ist je zu prüfen, welche deterministische Kraft ihnen tatsächlich innewohnt, inwieweit sie Krisenwahrnehmungen prägen und Handlungshorizonte präformieren.

Was die englische Revolution angeht, so lassen sich drei einander partiell überlagernde Konflikterwartungsmodelle unterscheiden, denen eine für das Revolutionsgeschehen determinierende Wirkung zugeschrieben worden ist.[17] Im Modell der *Verfassungskrise* stand immer wieder die Annahme im Vordergrund, die Staatsbildungskonflikte des 17. Jahrhunderts allenthalben in Europa stünden im Zeichen der Umsetzung der Idee der Souveränität im Sinne einer Monopolisierung aller öffentlichen Gewalt, sei es beim Fürsten, sei es bei einem

---

17 Vgl. zur Forschungslandschaft *Kaspar von Greyerz*, England im Jahrhundert der Revolution 1603–1714, Stuttgart 1994.

anderen Verfassungsorgan. Im politischen Prozess müsse es daher immer wieder zu Souveränitätskonflikten kommen, weil der politische Prozess angesichts der Unteilbarkeit der Souveränität mit Notwendigkeit auf eine letzte Entscheidung zulaufe. Der englischen Verfassungstrinität von ›King, Lords und Commons‹ haftete in dieser Sicht eine Vorläufigkeit und innere Widersprüchlichkeit an, die nach institutioneller Auflösung verlangte. Wie weit diese Annahme am historischen Befund vorbeigeht, mag man daran ablesen, wie lange es gedauert hat, nämlich das ganze 17. Jahrhundert hindurch, bis dies auch nur ansatzweise der Fall war. Die Verfassungskonflikte des 17. Jahrhunderts endeten jedenfalls bis 1688/90 mit tatsächlichen und 1688/89 mit symbolischen historischen Kompromissen. Die Logik der Souveränitätsidee spielte dabei im Übrigen eine marginale Rolle, wurde von der zeitgenössischen politischen Sprache sogar eher verschleiert, um die Kompromisse nicht zu gefährden.[18]

Als noch problematischer hat sich das Modell der *Gesellschaftskrise* erwiesen. Ich brauche auf die Irrwege der Gentry-Kontroverse hier nicht noch einmal einzugehen.[19] Dass die ökonomisch eher rückschrittlichen Regionen im Westen Englands eher für den König optierten, während die City of London auf Seiten des Parlaments stand, wird man kaum als Wetterleuchten einer bürgerlichen Revolution deuten können. Das große Forschungsinteresse an der Leveller-Bewegung und an den radikalen Sekten hat politische Ursachen und liefert bei näherer Betrachtung gerade keine Anhaltspunkte dafür, dass die klein- und unterbäuerlichen oder die klein- und unterbürgerlichen Schichten eine andere als marginale Rolle spielten.[20]

Schließlich wird man, was die Möglichkeit einer *Religionskrise* angeht, feststellen müssen, dass selbst die konfessionellen Konflikte nicht mit Macht einer Entscheidung zustrebten. Weder die anglikanische Obrigkeitskirche noch das puritanische Alternativmodell erwiesen sich als besonders durchsetzungsfähig oder auch nur durchsetzungsfreudig.

Wenn aber strukturell nichts zur Entscheidung drängte, was entschied sich

---

18 *Johann P. Sommerville*, Politics and Ideology in England, 1603–1640, London 1986; *Derek Hirst*, Authority and Conflict. England 1603–1658, London 1986.
19 *Peter Wende*, Literaturbericht zur Englischen Revolution, in: Geschichte und Gesellschaft 20 (1994), S. 140–155.
20 Zum sozialgeschichtlichen Zusammenhang *Lawrence Stone* und *Jeanne C. Fawtier Stone*, An Open Elite? England 1540–1880, Oxford 1984; *Christopher G. A. Clay*, Economic Expansion and Social Change: England 1500–1700, 2 Bde., Cambridge 1984, Bd. 1, S. 144–158; *Gerhard Schilfert*, Die Englische Revolution. 1640–1649, Berlin 1989. Zur Rolle der Unterschichten aus der Fülle der Untersuchungen nur zwei Werke, die um den Nachweis der Respektabilität des Protests der klein- und unterbürgerlichen Schichten bemüht sind, dabei aber zugleich gleichsam unbeabsichtigt dessen Situationsgebundenheit aufzeigen: *Brian Manning*, The English People and the English Revolution, Harmondsworth 1976; *Buchanan Sharp*, In Contempt of all Authority. Rural Artisans and Riot in the West of England, 1586–1660, Berkeley 1980.

dann 1640/42 beziehungsweise 1649? Erweist sich die Revolution am Ende als das Produkt einer langen Reihe von Fehleinschätzungen, Fehlkalkulationen, Missverständnissen, verpassten Chancen und zum falschen Zeitpunkt durchgeführten Maßnahmen? Handelte es sich um eine Kommunikationskrise des politischen Systems, die nicht beigelegt wurde, obwohl sie hätte beigelegt werden können, dann außer Kontrolle geriet und schließlich Ideen und Akteure hochspülte, die unter anderen Umständen nie zum Zuge gekommen wären? Haben wir hier das Musterbeispiel einer »offenen« Krise vor uns, die auch einen anderen Ausgang hätte nehmen können, wenn die Beteiligten sich eine Vorstellung von den Kräften gemacht hätten, die sie freisetzten? Jedenfalls ist es kein Zufall, dass die Revolution der Mitte des 17. Jahrhunderts im Strom der englischen Geschichte eher als ein Fremdkörper empfunden wird.

Vor dem Hintergrund des Zweifels an den »großen« Interpretationen hat Anthony Fletcher in seinem Buch The Outbreak of the English Civil War den Versuch unternommen, den teleologischen und deterministischen Annahmen durch eine radikale Ereignisgeschichte zu entkommen, die sich zwar nicht auf die Rekonstruktion von Abläufen beschränkt, sondern durchaus nach Sinnzusammenhängen Ausschau hält, diese aber nicht mehr außerhalb der Ereignisfolge selbst sucht.[21] So stellen etwa die integrative Rolle Pyms oder die Kommunikationsdichte zwischen den Parlamentsmitgliedern und der Grafschaftsgesellschaft, in der sie verwurzelt waren, als Resonanzböden und Schauplätze des politischen Prozesses wichtige strukturelle Gegebenheiten dar, auf die ein Gesamtbild des Geschehens nicht verzichten kann. Aus diesen immanenten historiographischen Tiefenvermessungen erschließt sich am Ende eine zeitnahe Sinndimension, die sich in ständiger Anpassung an den Verlauf des Geschehens manifestiert. Dies läuft auf eine radikale Verzeitlichung des historischen Blicks hinaus.

Fletchers Konzept einer radikalen Ereignisgeschichte bietet natürlich Anlass zu kontrafaktischen Spekulationen, die in der Logik des Kriseninterpretaments gleichsam angelegt sind. Hätte die Systemkrise von 1640/43 auch beigelegt werden können? Fehlt der Konfliktentwicklung die innere Notwendigkeit und Unvermeidlichkeit, die ex post in sie hineingelesen wurde? Die Beantwortung dieser Frage erfordert eine streng synchrone und akribische Rekonstruktion der Entscheidungshorizonte der historischen Akteure und eine Bilanzierung der Entscheidungssituationen und ihrer kumulativen Wirkungen. Die Quellenlage zur englischen Revolution, die sich ja immer noch in einer wesentlich von Mündlichkeit und nur fallweiser Schriftlichkeit gekennzeichneten Gesellschaft abspielte, wird dies möglicherweise nicht zulassen. Das berechtigt uns jedoch nicht, gleichsam ersatzweise zu den beschriebenen

---

21 *Anthony Fletcher*, The Outbreak of the English Civil War, London 1981.

historiographischen Kunstgriffen Zuflucht zu nehmen. So unbefriedigend und wenig spektakulär es am Ende auch sein mag, die englische Revolution als Betriebsunfall eines ansonsten funktionierenden politischen Systems zu sehen, es handelt sich dabei um eine Interpretation des Geschehens, das zeitnaheren Historikern wie Edward Hyde oder David Hume weniger fremd war als uns und in der Vergangenheitsbewältigung der Zeitgenossen durchaus seinen Platz hatte.

Andreas Suter

Handeln in der Krise: Ergebnisse einer Fallstudie zum schweizerischen Bauernkrieg 1653

1. Einleitung

Die Tagung zur »Krise als Form gesellschaftlicher Selbstbeobachtung und historiographischer Beschreibung der Frühen Neuzeit« und mit ihr der vorliegende Band stellten und stellen zwei Fragen in den Mittelpunkt.[1] Ausgehend von der Feststellung, dass der Begriff der Krise im 17. Jahrhundert noch nicht als Kategorie der Selbstbeobachtung zur Verfügung stand, fragt er erstens nach der Entstehung des Krisenkonzepts als Modus der gesellschaftlichen Eigen- und Fremddiagnose seit Beginn des 18. Jahrhunderts. Und ausgehend von der unbestrittenen Feststellung, dass antike, mittelalterliche und frühneuzeitliche Gesellschaften ebenfalls Phasen und Situationen durchlaufen hatten, die man aufgrund analytisch-moderner Definitionen als Krisen bezeichnen kann,[2] wird zweitens danach gefragt, wie denn Akteure – ohne den Begriff der Krise zu kennen – derartige Situationen auf andere Art und Weise beschrieben und in solchen Situationen gehandelt haben. Ziel ist mithin eine systematisierende Phänomenologie von Krisenbeschreibung und Krisenhandeln.

Der folgende Beitrag präsentiert dazu Ergebnisse einer Fallstudie zum schweizerischen Bauernkrieg von 1653.[3] Wie erwartet, verwendeten die beteiligten Akteure im Jahr 1653 den Begriff und das Konzept der Krise zur Beschreibung der entstandenen Situation noch nicht. Stattdessen charakterisierten sie die Lage zuerst mit den Begriffen des »Unwesens« oder der »Unruhe« und sprachen damit die Tatsache an, dass man sich in einer außergewöhnlichen Situation befinde, welche den gewohnten Gang der Dinge, das normale ›Wesen‹ eben, in negativer Weise unterbrochen und außer Kraft gesetzt habe. Zugleich

---
1 Siehe die Einleitung von Rudolf Schlögl zu diesem Band.
2 Vgl. *Helga Scholten* (Hg.), Die Wahrnehmung von Krisenphänomenen. Fallbeispiele von der Antike bis in die Neuzeit, Köln, Weimar und Wien 2007. Der Sammelband enthält neben modernen Beispielen auch mehrere Analysen von Krisensituationen in der Antike.
3 *Andreas Suter*, Der schweizerische Bauernkrieg von 1653. Politische Sozialgeschichte – Sozialgeschichte eines politischen Ereignisses, Tübingen 1997.

indizierte diese Begrifflichkeit, dass die Betroffenen darüber beunruhigt waren, denn ›Unwesen‹ wie ›Unruhe‹ sind eindeutig negativ konnotiert.[4] Später, als sich aus diesem außergewöhnlichen Zustand – modern gesprochen eben dem Zustand der Krise – ein offener, gewaltsamer Konflikt zwischen Untertanen und Obrigkeiten entwickelt hatte, ging diese Qualitätsveränderung direkt in die neue Situationsbeschreibung ein. Die Untertanen sprachen nicht mehr von »Unruhe« oder von einem »Unwesen«, sondern davon, dass man sich in einem offenen Konflikt, das heißt in einem »Span« oder »Streit« mit den Herrschaften befinde. Die Herrschaften wiederum, die das Streitverhalten der Untertanen als einen groben Verstoß gegen Gesetz und Ordnung definierten, redeten je nach der Intensität, welche der Konflikt in den verschiedenen Phasen der Auseinandersetzungen angenommen hatte, denunziatorisch und kriminalisierend von einer »Rebellion« oder »Revolte«, von einer »Revolution« oder von einem »Bauernkrieg«.

Das Fallbeispiel des schweizerischen Bauernkriegs 1653 kann demnach wenig bis nichts zur Beantwortung der ersten Frage nach der Entstehung des Krisenbegriffs als Modus der gesellschaftlichen Selbstbeobachtung und -beschreibung beitragen; es kann allenfalls die bekannte Tatsache bestätigen, dass dieser Begriff den Akteuren des 17. Jahrhunderts noch nicht zur Verfügung gestanden hat. Das heißt jedoch nicht, dass moderne analytische Krisenkonzepte für den Zeitraum der Frühen Neuzeit nicht hilfreich und sinnvoll wären. Im Gegenteil: Dieser Aufsatz möchte an diesem Beispiel die Nützlichkeit analytischer Krisenkonzepte zeigen, die auf zwei Ebenen liegt. Erstens können Beobachter zweiter Ordnung auf dieser Grundlage auch für den Zeitraum der Frühen Neuzeit Normal- und Krisenphasen eindeutig unterscheiden und zweitens kann man darauf aufbauend präzisere Einblicke in die Modi der Krisenbeschreibung und des Krisenhandelns der zeitgenössischen Akteure gewinnen. Der Aufsatz führt diesen Nachweis in drei Schritten. In einem ersten Schritt werden der historische Kontext, der analytische Krisenbegriff, der in dieser Untersuchung zur Anwendung gekommen ist, sowie die strukturellen Ursachen der Krise von 1653 dargelegt. In einem zweiten Schritt werden die Modi der Krisenbeschreibung durch die Akteure untersucht. Drittens wird gezeigt, wie in Krisen gehandelt wurde. Zum Schluss folgt eine Zusammenfassung der wichtigsten Ergebnisse.

---

4 Siehe zu diesen und den nachstehend zitierten Beschreibungskategorien des Konflikts sowie für Quellenverweise ebd., S. 12 ff.

2. Historischer Kontext, analytischer Krisenbegriff und strukturelle Ursachen der Krise von 1653

Beim schweizerischen Bauernkrieg von 1653 handelte es sich um den größten sozialen Konflikt in der Geschichte der Alten Eidgenossenschaft. Er bildete den Höhepunkt und Abschluss einer ganzen Welle von kleineren Unruhen und Rebellionen, welche in der ersten Hälfte des 17. Jahrhunderts in diesem Gebiet stattgefunden hatten. Zugleich stand dieser Konflikt zwar nicht in einem inneren Kausal-, aber doch in einem Sachzusammenhang mit zeitlich parallel verlaufenden Konflikten in anderen Teilen Europas, namentlich dem Dreißigjährigen Krieg und seinen wirtschaftlichen Auswirkungen auf die Eidgenossenschaft.

Anfänglich besaß der Konflikt rein lokalen Charakter. Ursprung und Zentrum des Bauernkriegs lagen in der Talschaft Entlebuch, einem Untertanengebiet der Stadt Luzern. Die Ziele der Aufständischen waren zunächst bescheiden. Es ging ihnen lediglich um die Verbesserung ihrer materiellen Notlage und um die Stärkung ihrer rechtlichen Situation gegenüber ihren Territorialherren, gegenüber der Luzerner Obrigkeit. Im weiteren Verlauf des Konflikts weitete sich die lokale Entlebucher Rebellion jedoch rasch auf das übrige Territorium der Stadt Luzern und auf die Territorien weiterer eidgenössischer Städteorte (Bern, Solothurn und Basel) aus. Zugleich radikalisierten sich die Ziele und Mittel des Aufstandes. Gefordert wurde nunmehr nichts weniger als eine grundlegende politische Neugestaltung der Eidgenossenschaft. Die Aufständischen forderten nämlich die Teilung der Souveränität zwischen den ländlichen Untertanen und den städtischen Obrigkeiten, und zwar nicht nur auf der Regierungsebene der einzelnen Kantone, sondern auf der Regierungsebene der gesamten Schweiz. Um dieses Ziel zu erreichen, organisierten sich die aufständischen Untertanen auf eine neue Art und Weise, nämlich in Form überregionaler Bauernbünde, welche die politischen, finanziellen und militärischen Mittel der ehedem regionalen Aufstandsbewegungen kanalisierten und bündelten. Dieser von den städtischen Obrigkeiten mittlerweile als »Revolution« bezeichnete Versuch, die etablierte Ordnung grundlegend zu verändern, führte schlussendlich zu einer militärischen Konfrontation zwischen dem herrschaftlichen Tagsatzungsheer und dem Landsturmaufgebot der Bauern. Der Krieg endete zwar mit einer militärischen Niederlage der Aufständischen, jedoch nicht mit der vollkommenen Zerschlagung ihres militärischen Potenzials. Folgerichtig mussten die städtischen Obrigkeiten für die dauerhafte Befriedung der Situation massive materielle und rechtliche Zugeständnisse an ihre ländlichen Untertanen machen. Im Kontrast zu den gleichzeitigen Entwicklungen im Alten Reich und in Frankreich führten diese herrschaftlichen Konzessionen dazu, dass die auch in der Alten Eidgenossenschaft angestrebte Intensivierung der Herrschaft im Sinne des Absolutismus bis zum Ende des Ancien Régimes gestoppt wurde.[5]

Inwiefern kann man nun den Bauernkrieg 1653 oder mindestens die Phase vor dem Ausbruch des offenen Konflikts als Krise bezeichnen? Wie lässt sich der Krisenbegriff überhaupt analytisch fassen? Den Vorschlägen von Habermas, Giddens und Koselleck folgend sind für eine Krise zwei Momente konstitutiv.[6]

---

5 Obwohl Begriff und Konzept des Absolutismus in der englischen und noch mehr in der deutschen Diskussion in den letzten Jahren Kritik erfahren haben, wird der Begriff hier weiter verwendet. ›Absolutismus‹ heißt im Folgenden nichts mehr und nichts weniger als der Aufbau stehender Heere in Form von Kreistruppen oder fürstlichen Territorialheeren, die Einführung regelmäßiger Steuern zur Finanzierung dieser Truppen und der Aufbau einer zentralisierten Verwaltung zur Administration von Steuern und Armee unter Aushebelung ständischer Selbstverwaltungs- und Mitbestimmungsrechte durch die fürstlichen Territorialherren. Gerechtfertigt wurde diese Machtverschiebung hin zu den fürstlichen Territorialherren durch die Argumentationsfigur, dass der Regent in Zeiten der Not, der *necessitas*, die Rechte und Privilegien der Stände und Untertanen außer Kraft setzen könne und in diesem Sinne eben einen *Rex legibus (ab)solutus* darstelle, wie Regierungslehren des 17. und des 18. Jahrhunderts unter Berufung auf römische Rechtsgrundsätze formulierten. Ungeachtet der Tatsache, dass die Macht der in diesem präzisen Sinne absolut gewordenen Fürsten selbstverständlich immer noch begrenzt blieb – jede vorstellbare Form der Macht- und Herrschaftsausübung findet schließlich in irgendeiner Form Schranken – und ungeachtet der Tatsache, dass die Fürsten selbstverständlich immer noch auf den durch Aushandlungsprozesse erzielten Konsens der Untertanen angewiesen blieben, hatte damit faktisch wie auch im Selbstverständnis der Zeitgenossen eine erhebliche Machtverschiebung zugunsten der Fürsten stattgefunden. Der Absolutismusbegriff beweist seine ungebrochene Nützlichkeit dadurch, dass er diese Machtverschiebung erstens ausdrücken, zweitens die diachrone Differenz absolutistischer zu ständestaatlichen Regimentern des 16. und frühen 17. Jahrhunderts markieren und drittens die synchrone Differenz zu ›paternalistischen‹ Regimentern wie beispielsweise der Alten Eidgenossenschaft, Englands oder Polens, welche die geschilderte Zentralisierung der fürstlichen Herrschaft im geschilderten Sinne in der zweiten Hälfte des 17. und im 18. Jahrhundert nicht kannten, benennen kann. Siehe zur Diskussion des Absolutismusbegriffs mit Hinweisen zu allen einschlägigen Beiträgen *Volker Seresse*, Politische Normen in Kleve-Mark während des 17. Jahrhunderts. Argumentationsgeschichtliche und herrschaftstheoretische Zugänge zur politischen Kultur der frühen Neuzeit, Epfendorf 2005, S. 14 ff., zum *necessitas*-Begriff ebd., S. 377 ff. Zum Begriff und Konzept des ›paternalistischen‹ Regiments im Unterschied zum absolutistischen Regiment *Suter*, Bauernkrieg (Anm. 3), S. 577 ff.

6 Siehe *Jürgen Habermas*, Legitimationsprobleme im Spätkapitalismus, Frankfurt a.M. 1973; *Anthony Giddens*, Die Konstitution der Gesellschaft: Grundzüge einer Theorie der Strukturierung, Frankfurt a.M. 1988; *Reinhart Koselleck*, ›Erfahrungsraum‹ und ›Erwartungshorizont‹ – zwei historische Kategorien, in: ders., Vergangene Zukunft. Zur Semantik geschichtlicher Zeiten, Frankfurt a.M. 1989, S. 349–375; *Hansjörg Siegenthaler*, Regelvertrauen, Prosperität und Krisen. Die Ungleichmäßigkeit wirtschaftlicher Entwicklung als Ergebnis individuellen Handelns und sozialen Lernens, Tübingen 1993. Soweit ich die soziologische Diskussion zu Begriff und Konzept der Krise der letzten Jahre überblicke, ist das hier vorgeschlagene Krisenmodell immer noch aktuell. Vgl. dazu *Jürgen Friedrichs*, Gesellschaftliche Krisen. Eine soziologische Analyse, in: Scholten (Hg.), Wahrnehmung (Anm. 2), S. 13–26; Friedrichs entwickelt in den Grundzügen genau dasselbe Modell, allerdings unter Verweis auf andere Autoren wie Luhmann, Berger, Luckmann und Esser. Offenbar verbinden unter-

Einerseits lassen sich Krisen beschreiben als Überlastung der gesellschaftlichen Selbststeuerungskapazitäten. Derartige Überlastungen können drei Ursachen haben: erstens exogene Schocks, zweitens die Wirkungen längerfristig sich herausbildender, interner Strukturveränderungen, die wiederum das Ergebnis nichtintendierter Folgen routinisierter Handlungen darstellen. Drittens und am häufigsten werden Krisen jedoch durch eine Kombination externer Schocks und interner Strukturveränderungen verursacht. Krisen besitzen mithin stets überaus komplexe strukturelle Ursachen, die sich auf der Grundlage serieller Quellen und Sachinformationen aus nichtseriellen Quellen mit Hilfe der herkömmlichen sozialwissenschaftlichen Verfahren beschreiben lassen.

Andererseits sind Krisen durch bestimmte Auswirkungen auf Lebenswelt, Erfahrungen und kulturelle Selbstdeutungen der Akteure charakterisiert. Die Überlastung der Selbststeuerungskapazitäten schlägt sich nämlich notwendig im Erfahrungshaushalt der Akteure nieder. Der häufig vertretenen konstruktivistischen Meinung, bei Krisen handle es sich bloß um kulturelle Zuschreibungsphänomene und folglich könne man – umgangssprachlich formuliert – Krisen durchaus ›herbeischreiben‹ oder ›herbeireden‹, wird hier widersprochen. Die Überlastung der gesellschaftlichen Selbststeuerungskapazitäten ist nämlich für die Betroffenen eindeutig zu spüren, und dieses Erlebnis bildet zugleich die notwendige Voraussetzung dafür, dass sich in einer Gesellschaft ein verbreitetes Bewusstsein einer Krise entwickeln kann. Die Überlastung führt näherhin dazu, dass die meist unbewussten Handlungs- und Sprachroutinen, die Sprechen und Handeln in Normalzeiten steuern und die gesellschaftlichen Systeme reproduzieren beziehungsweise nur langsam und unmerklich variieren, nicht mehr zu den erwarteten Resultaten führen. Denn aufgrund der exogenen Schocks und/ oder der internen Strukturveränderungen haben sich zwischenzeitlich die Ausgangs- und Rahmenbedingungen für erfolgreiches Handeln verändert. Mit Koselleck könnte man formulieren: In Krisen treten Erfahrungs- und Erwartungshorizont der Akteure auseinander, werden inkongruent und lassen schließlich die Handlungs- und Sprachroutinen der Menschen zusammenbrechen. Die Erfahrung dieses Zusammenbruchs ist zugleich das, was die Betroffenen beunruhigt, ja bedroht. Die Akteure verlieren ihre Handlungs- und Zukunftssicherheit. Die Welt ist ihnen unverständlich. Mehr noch: Es fehlen ihnen sogar die angemessenen sprachlichen Kategorien, um die Ursachen ihrer Unsicherheit beschreiben, erklären und entsprechend neue, den veränderten Ausgangs- und Rahmenbedingungen besser angepasste Handlungsweisen entwickeln zu können. In Krisen ist guter Rat nicht nur buchstäblich teuer, er ist für

---

schiedliche soziologische Strömungen, so verschieden sie andere Phänomene auch immer konzeptualisieren, dieselben oder ähnliche theoretische Vorstellungen einer Krise.

eine Zeit lang schlichtweg nicht vorhanden, weil die Akteure in gewisser Weise sprachlos geworden sind.

Für den schweizerischen Bauernkrieg 1653 lässt sich das, was allgemein als komplexe strukturelle Ursachen von Krisen beziehungsweise als Überlastung der gesellschaftlichen Selbststeuerungskapazitäten auf den Begriff gebracht wurde, folgendermaßen konkretisieren. Als Folge der Friedensdepression, die durch den exogenen Schock des Westfälischen Friedens beziehungsweise das Einstellen der Kampfhandlungen auf dem Gebiet der Eidgenossenschaft einsetzte, wurde die bäuerliche Wirtschaft in allen mit dem Alten Reich wirtschaftlich eng verflochtenen eidgenössischen Regionen schwer in Mitleidenschaft gezogen.[7] Als in den kriegsversehrten Gebieten des Reiches die Getreideproduktion nach der Einstellung der Kampfhandlungen massiv gesteigert und die Exporte in die Eidgenossenschaft wieder aufgenommen werden konnten, sanken die Getreidepreise in der Alten Eidgenossenschaft, die drei Jahrzehnte lang haussiert hatten, abrupt und stark. Entsprechend sanken die landwirtschaftlichen Verkaufserlöse und Einkommen der Bauern. Die negativen Auswirkungen dieser exogen bestimmten Entwicklung auf der Einkommensseite wurden durch interne Strukturveränderungen und dadurch bedingte Strukturschwächen massiv verschärft.[8] Seit den 1620er Jahren hatten nämlich die landwirtschaftlichen Betriebe in der Alten Eidgenossenschaft ihre Verschuldungsquote an das im Dreißigjährigen Krieg gestiegene Preis- und Einkommensniveau fortlaufend angepasst. Diese Hypotheken wurden dabei weniger zu produktivitätssteigernden Investitionen benutzt, sondern zu Bildung und Finanzierung von neuen, kleineren Bauernstellen. Diese neuen und kleineren Bauernbetriebe konnten zwar den demographischen Druck lindern und einer wachsenden Bevölkerung Selbständigkeit bieten; aber unter der Bedingung normaler wirtschaftlicher Austauschbeziehungen zwischen der Eidgenossenschaft und Süd- beziehungsweise Mitteldeutschland waren diese Mittel- und Kleinbetriebe preislich nicht konkurrenzfähig. Dies war umso weniger der Fall, als die eidgenössischen Bauern infolge schlechterer Bodenqualität deutlich geringere Getreideerträge erzielen konnten als ihre Konkurrenten in Süd- und Mitteldeutschland.[9]

---

7 Die statistische Auswertung der Getreidepreisentwicklung in der Alten Eidgenossenschaft zeigt, dass die Preise seit 1619, dem Beginn der Kampfhandlungen im Dreißigjährigen Krieg, stark und regelmäßig anstiegen. Nach einem Höchststand im Jahre 1640 blieben sie bis etwa 1645 auf hohem Niveau, das heißt sie lagen gegenüber dem Ausgangsjahr 1619 doppelt so hoch. Nach 1645 setzte ein rasanter und stetiger Rückfall ein, der bis Mitte der 1650er Jahre andauerte, um dann bis 1670 auf einem tiefen Niveau zu verharren. Danach begannen die Preise unter dem Einfluss der demographischen Entwicklung bis zum Ende des Ancien Régime wieder zu steigen, im letzten Viertel des 17. Jahrhunderts noch langsam, im 18. Jahrhundert stärker. Siehe ausführlicher *Suter*, Bauernkrieg (Anm. 3), S. 330 ff.
8 Siehe ebd., S. 337 ff. und 343 ff.
9 Während in den Korngebieten der Alten Eidgenossenschaft in der zweiten Hälfte des

Die Folge dieser komplexen Verknüpfung interner und externer Veränderungen war, dass der Frieden vielen eidgenössischen Bauern ein überaus gravierendes Problem bereitete: Sie konnten die Zinszahlungen für die aufgenommenen Kredite und Hypotheken nicht mehr aufbringen. In der Mitte des 17. Jahrhunderts standen deshalb Tausende von Betrieben vor dem Bankrott oder waren auf dem Wege der Zwangsversteigerung bereits an die Hypothekengläubiger übergegangen. Verschärft wurde die Liquiditätskrise der bäuerlichen Wirtschaft dadurch, dass die Obrigkeiten die Steuerquote der ländlichen Untertanen im Zeitraum zwischen 1620 und 1653 massiv angehoben hatten, um damit militärische Verteidigungsmaßnahmen finanzieren beziehungsweise herrschaftliche Einnahmeausfälle kompensieren zu können.[10] Viele europäische Monarchen und Republiken, allen voran der französische König, der spanische König und Venedig, hatten zum Ausgleich für die Lieferung eidgenössischer Söldnertruppen seit Beginn des 16. Jahrhunderts regelmäßig große Summen in die Staatskassen der verschiedenen eidgenössischen Kantone gezahlt. Da sich die Finanzquellen der europäischen Mächte als Folge der vielfältigen inneren wie äußeren Kriege in der ersten Hälfte des 17. Jahrhunderts jedoch langsam, aber sicher erschöpften, flossen die ausländischen Geldströme immer spärlicher und versiegten schließlich fast vollständig. Weiteren Schaden litt die bäuerliche Bevölkerung durch die herrschaftliche Finanzpolitik. Die eidgenössischen Obrigkeiten führten Ende 1652 zur Stabilisierung ihrer völlig entwerteten Währungen, die wie im Alten Reich seit den 1620er Jahren zur Finanzierung der Staatshaushalte inflationiert worden waren, eine Münzreform durch. Aber umfangreiche Insidergeschäfte sorgten dafür, dass die Kosten dieser Münzreform zum Vorteil der städtischen Bürger und der staatlichen Tresore primär auf die ländliche Bevölkerung abgewälzt wurden.

Massiv gesunkene Getreidepreise, Verschuldungs- und Liquiditätskrisen der bäuerlichen Haushalte, hohe Steuerquoten und hohe, einseitig verteilte Kosten der Münzreform wogen schwer genug. Schlimmer war jedoch, dass Maßnahmen zur Bekämpfung der verschiedenen wirtschaftlichen Krisenlagen, wie sie die Untertanen seit Beginn des Jahres 1653 gefordert hatten, nicht durchzusetzen waren. Denn bei den Gläubigern der ländlichen Hypotheken handelte es sich

---

16. Jahrhunderts pro ausgesätes Korn durchschnittlich fünf, in der zweiten Hälfte des 18. Jahrhunderts sechs Körner geerntet werden konnten, lag die Produktivität in den reichen Getreideregionen Belgiens, der Niederlande und in England im selben Zeitraum bei ungefähr zehn Körnern pro ausgesätes Korn. Die Produktivitätsvorteile, welche die der Südgrenze sowie der Nord- und Ostgrenze der Alten Eidgenossenschaft vorgelagerten fruchtbaren Getreideanbaugebiete der Poebene und Oberdeutschlands besaßen, bewegten sich ohne Zweifel in ähnlichen Größenordnungen. Siehe ausführlicher *Ulrich Pfister*, Die Zürcher Fabriques. Protoindustrielles Wachstum vom 16. bis zum 18. Jahrhundert, Zürich 1992, S. 402.

10 Vgl. ausführlicher *Suter*, Bauernkrieg (Anm. 3), S. 363ff.

primär um Stadtbürger oder um städtisch kontrollierte Institutionen (Stiftungen, Kirchen, Klöster usw.). Entsprechend hätten alle Maßnahmen, welche die überschuldeten Bauern zur Milderung der verschiedenen Krisenlagen forderten, das heißt die Ersetzung der Abwertungsverluste durch die Münzreform aus den Staatskassen, die Stundung der Zinszahlungen, die Senkung der Zinssätze, Steuererleichterungen, Preisstützungsmaßnahmen für landwirtschaftliche Erzeugnisse und anderes mehr, die Interessen der Städte und ihrer Bewohner, die über die ländlichen Gebiete herrschten, benachteiligt. Folgerichtig schmetterten die städtischen Obrigkeiten alle Bitten und Suppliken ihrer Untertanen um Krisenbekämpfungsmaßnahmen ab. Am 5. Februar 1653 fasste auch die eidgenössische Tagsatzung in der Sache der Münzreform einen entsprechenden Beschluss und lehnte herrschaftliche Entschädigungszahlungen an die ländlichen Untertanen ab. Damit war die Situation sowohl in den einzelnen Orten wie auf der Ebene der gesamten Eidgenossenschaft politisch blockiert und das System endgültig steuerungsunfähig geworden. Die Untertanen sahen sich durch die unnachgiebige Politik der Obrigkeiten gezwungen, die Last der verschiedenen Krisenlagen alleine zu tragen – auch und sogar um den Preis des Verlusts der eigenen Existenzgrundlage.

Es handelte sich jedoch nicht nur um eine Wirtschaftskrise, die die Situation vor dem Ausbruch des offenen Konflikts prägte, sondern auch um eine politische Krise. Denn alle Anstrengungen der Untertanen, im Rahmen der etablierten, legalen politischen Verfahren, das heißt durch schriftliche Bittgesuche oder durch persönliche Vorsprachen von Gesandten Lösungen für ihre wirtschaftlichen Probleme zu erreichen, waren erfolglos geblieben. Also versagten im Vorfeld des offenen Konflikts nicht nur die wirtschaftlichen Routinen und Praktiken, es versagten auch die gewohnten politischen Verfahren, mit denen die Untertanen ihre Interessen artikulieren und die Politik der Obrigkeiten beeinflussen konnten. Die Krise der Wirtschaft weitete sich damit zur Krise der politischen Institutionen und Verfahren der etablierten Herrschaft aus.

3. Die Krise erkennen und beschreiben

Bislang wurde die Krise oder genauer: die verschiedenen exogen und endogen bestimmten Krisenlagen, die Mitte Februar 1653 in einen offenen Konflikt führten, aus der Außensicht des nachgeborenen Historikers betrachtet, der die verschiedenen Krisenursachen mit Hilfe serieller Quellen und Sachinformationen aus nichtseriellen Quellen beschreibt und analysiert. Wie aber haben umgekehrt die Betroffenen die Situation erfahren und geschildert?

Aus Selbstzeugnissen der Aufständischen sind zahlreiche Aussagen überliefert, die das theoretisch Erwartete bestätigen. Dass die ländliche Bevölkerung die entstandene Situation tatsächlich als eine massive Existenzbedrohung, als ein Wegbrechen der Handlungs- und Zukunftssicherheit erfahren und auch beschrieben hat, erstaunt wenig. Wie könnte auch die Aussicht, für die Abgeltung der Schulden Haus, Hof und Lebensgrundlage an die Gläubiger verlieren zu müssen, von den Betroffenen anders dargestellt und gedeutet werden? Auch die Tatsache, dass das politische System blockiert, die Obrigkeit keine Hand zu lindernden Krisenbekämpfungsmaßnahmen geboten hatte, wurde breit thematisiert. In einem zentralen Dokument der Aufstandsbewegung, der Einleitung und Begründung zur Beschwörung eines rebellischen Bundes der Luzerner Untertanen vom 26. Februar 1653, wurden die beiden Momente einer wirtschaftlichen und politischen Krise und die sich für die Betroffenen daraus ergebenden Erfahrungen der Unsicherheit und Angst in folgende Worte gekleidet: »Auch sonst sind die Läufe so bös, so dass der gemeine bauersmann kaum bei haus und weib verbleiben, seine gülten, zinsen und schulden bezahlen und wieb und kind mit gott und ehren erhalten kann. Würde diesen und anderen beschwerden niemand zuvorkommen, so würden in kurzen jahren die meisten unter uns von haus und heim getrieben werden. Indem, wie wir erfahren haben, keine barmherzigkeit, keine brüderliche oder bürgerliche liebe, kein erbarmen mit uns unterthanen mehr bebraucht wird. Ein gantbrief [= richterliche Anordnung zur Zwangseintreibung von Schulden unter Androhung der Zwangsversteigerung] über den anderen, eine neuerung über die andere, eine strafe über die andere folgt ohne gnade. Da mancher redliche landmann lange zeit und seit vielen jahren hoffte, die schulden zu zahlen. Dies aber nicht mehr thun im stande war, da es von jahr zu jahr schwieriger wurde, zu haushalten und leicht ein unfall vom wasser, verlust von rossen oder vieh verursachte, dass einer von haus und heim gestossen, sein gut musste fahren lassen und in die ferne ziehen musste; so ins Elsass, Breissgau und ins Schwabenland.«[11]

Dreierlei fällt an dieser und anderen Krisenbeschreibungen der Untertanen auf. Erstens zeigt sich, dass in den Krisenbeschreibungen der Vielfalt der Krisenursachen in keiner Weise Rechnung getragen wurde. Stattdessen fand im Gang des Erkennens und Beschreibens der Krise eine enorme *Komplexitätsreduktion* statt. Genau beschrieben wurden zwar die existenzbedrohenden Wirkungen der Krise, ebenso wie die Untätigkeit der Obrigkeiten, die trotz der katastrophalen Folgen keine Maßnahmen zur Krisenbekämpfung unternommen, sondern im Gegenteil mit neuen Belastungen, Zwangsmaßnahmen und Strafen die Auswirkungen der Krise verschärft hatten. Sehr genau beschrieben wurden schließlich die Folgen, die aus alledem drohten: Verlust des Hofes und

---

11 Zitiert nach *Theodor von Liebenau*, Der Luzernische Bauernkrieg vom Jahre 1653, in: Jahrbuch für schweizerische Geschichte 18–20 (1893–1895), S. 229–331, 71–320, 1–233, hier Bd. 2, S. 131.

Auswanderung. Bezüglich der Ursachen bleibt die Quelle jedoch eigentümlich stumm. Überhaupt nicht thematisiert wurde die Tatsache, dass ein großer Teil der Probleme nicht durch die herrschaftliche Politik, sondern durch die extremen Wechselfälle der europäischen Politik hervorgerufen worden war. Ebenfalls unerwähnt blieb die Tatsache, dass die Wirkung dieses exogenen Schocks durch Strukturschwächen der eidgenössischen Landwirtschaft, das heißt durch die hohe Hypothekarverschuldung, die vergleichsweise geringeren Betriebsgrößen und niedrigere Produktivität der Getreideerzeugung massiv verschärft worden war. Stattdessen wurden die mannigfaltigen exogenen und endogenen Ursachen unter dem lapidaren Hinweis abgehandelt, dass die »Läufe bös« seien. Zweifellos war diese Form der Darstellung, wie an anderer Stelle gezeigt wird, das Ergebnis eines bestimmten Kalküls. Allerdings nicht nur. Ebenso wichtig war, dass die betroffenen Akteure die Komplexität der Ursachen gar nicht genau durchschauen konnten. Und dies lag nicht in einer wie auch immer zu erklärenden mangelnden Einsichtsfähigkeit der Bauern begründet. In verschiedener Hinsicht zeigten sich die Untertanen nämlich als überaus scharfe und intelligente Beobachter und Analytiker der Zeitumstände. Vielmehr fehlten den zeitgenössischen Akteuren die zur genauen Ursachenanalyse notwendigen Informationen und Methoden. Zentraler Baustein einer solchen Analyse ist nämlich erstens die Auswertung serieller, etwa fünfzig Jahre in die Vergangenheit zurückgreifender Quellen. Nur eine solche, den Erfahrungshaushalt der Akteure transzendierende Sicht kann deutlich machen, in welch großem Ausmaß die Entwicklung der Getreidepreise in der Alten Eidgenossenschaft von den Wechselfällen der europäischen Politik abhängig gewesen war. Den zeitgenössischen Beobachtern fehlten aber nicht nur die Daten, sondern auch die statistischen Methoden zu deren Aufbereitung. Um zweitens die krisenverschärfenden Faktoren der endogenen Strukturschwächen erkennen zu können, braucht es neben der erneuten Auswertung vergangenheitsbezogener serieller Daten mit Hilfe quantifizierender Methoden auch einen interregionalen Vergleich. Allein ein solcher Vergleich hätte es ihnen ermöglicht, die eidgenössischen Verhältnisse in Bezug auf Verschuldung, Betriebsgröße und Bodenqualität mit denjenigen konkurrierender Anbaugebiete in Bezug zu setzen und schließlich die relative Überlegenheit der ausländischen Mitbewerber zu erkennen. Aber auch diese Betrachtungsweise stand den meisten Zeitgenossen nicht zur Verfügung. Es fehlten, abgesehen von vereinzelt vorhandenen Reiseeindrücken, die entsprechenden Vergleichswerte. Die Komplexitätsreduktion der Krisenbeschreibung bezüglich der Ursachen war deshalb unausweichlich. Die Krisenursachen lagen in anonymen strukturellen Prozessen begründet, die jenseits des unmittelbaren Erfahrungshorizonts der Zeitgenossen lagen und die nur mit wissenschaftlichen Methoden zu erkennen sind. Beides bedeutet jedoch eine Überforderung der zeitgenössischen Beobachter. Das war damals der Fall und trifft heute in ähnlicher Weise zu, obwohl die moderne Wissenschaft in aktuellen Krisen rascher fähig ist, aufgrund serieller Daten mögliche Erklärungen zu liefern. Denn meistens ist es ja so, dass in Krisenphasen verschiedene ›wissenschaftliche Experten‹ mit unterschiedlichen Erklärungen und Lösungsansätzen auftreten. Anstatt über gar keine Erklärungen zu verfügen, sehen wir uns heute mit dem neuen Problem konfrontiert, dass wir derer zu viele besitzen und aus den vielen Expertenmeinungen eine Erklärung auswählen müssen.

Zweitens zeigt sich, dass die Komplexitätsreduktion der Krisenbeschreibung mit einer *Personalisierung* der Krisenursachen einhergegangen ist. Anonyme Prozesse, die das nichtindendierte Resultat Tausender und Abertausender von teilweise weit zurückliegenden Einzelentscheidungen und -handlungen darstellen, kann man nicht als Schuldige für eine missliche Lage identifizieren, anklagen oder denunzieren. Genauso wenig gibt die Einsicht in den komplexen, teilweise langfristig angelegten Ursachenzusammenhang Hoffnung, die Krise durch entschlossene Gegenmaßnahmen bewältigen zu können. Genau diese Hoffnung auf rasche Besserung ist jedoch in Krisensituationen mehr als alles andere gefragt. Die Komplexitätsreduktion, welche die vielfältigen strukturellen Ursachen der Krise vereinfacht und die Ursachen der Krise stattdessen auf eindeutig identifizierbare Handlungen von Einzelpersonen und Gruppen zurückführt, kommt diesem Bedürfnis dagegen in hohem Maße entgegen. Hier liegt neben der erkenntnistheoretischen Überforderung der zeitgenössischen Beobachter ein zweiter wichtiger Grund dafür, dass anstelle der komplexen Darstellung der Krisenursachen, die anonyme Strukturveränderungen in den Blick nimmt, die unterkomplexe Darstellung von Handlungen oder Unterlassungen eindeutig zu identifizierender Akteure ins Zentrum gerückt wurde. Auf diese Weise wurden sowohl vereinfachende Schuldzuschreibungen als auch die Hoffnung auf rasche Besserung möglich. Entsprechend breit thematisierte die vorliegende Quelle die durch die Obrigkeit veranlassten »Neuerungen«, »Strafen« und Zwangsversteigerungen, welche die Krise verschärften, sowie die herrschaftliche Unterlassung, den entsprechenden »Beschwerden« und Forderungen der Untertanen nachzukommen. Übrigens war dieser Vorwurf der Luzerner Untertanen gegenüber ihrer Regierung zum Teil durchaus berechtigt. Anders als in einigen anderen eidgenössischen Orten wurden nämlich die Folgekosten der Krise in Luzern in Verfolgung herrschaftlicher Eigeninteressen in der Tat besonders einseitig auf die Untertanen abgewälzt. Aber das ist hier nicht das entscheidende Argument. Entscheidend ist vielmehr, dass die Komplexitätsreduktion bezüglich der Krisenursachen aus den dargestellten systematischen Gründen erfolgte.

Eine Begleiterscheinung der Personalisierung war, drittens, die *Moralisierung* der Krisenbeschreibung. Die krisenverschärfenden Handlungen und Unterlassungen der Regierung wurden nicht nur ausführlich geschildert, sondern in moralisierender Absicht bewertet. Als Maßstab dienten im vorliegenden Fall allgemeine christliche Werte, an denen sich nach dem Verständnis der Zeit das gegenseitige Verhalten von Menschen untereinander, aber auch von Regierungen und Untertanen orientieren sollte. Die Untertanen rekurrieren dabei auf die Werte der christlichen *caritas* wie »Barmherzigkeit« und »Erbarmen« sowie auf »brüderliche« und »bürgerliche Liebe«, mit denen sich die Menschen untereinander, aber auch die Obrigkeiten den Untertanen begegnen sollten. Es ist sehr schwer zu bestimmen, was damit im Einzelnen gemeint war. Fest steht jedoch, dass ›Liebe‹ und ›Barmherzigkeit‹ nicht nur für die Luzerner Untertanen, sondern auch für die in gelehrten Diskursen und praktischen Argumentationen von Ständen und Untertanen sich materialisierende politische Kultur der Frühen Neuzeit des Reiches zentrale Werte waren, derer sich Obrigkeiten wie Untertanen befleißigen sollten.[12] Wer das nicht tat, der verlor die Legitimation zum Regieren beziehungsweise umgekehrt die Legitimation, sich als rechtschaffener Untertan bezeichnen zu dürfen.

Wurde der Prozess der Krisenwahrnehmung und Krisenbeschreibung bisher unter den Begriffen der Komplexitätsreduktion, der Personalisierung und der Moralisierung der Krisenursachen gefasst, so soll im Folgenden dargelegt werden, dass die in der Krise sich vollziehenden Perzeptions- und Zuschreibungsprozesse gleichzeitig von einer gewaltigen *Zunahme der Komplexität* gekennzeichnet waren. Diese Komplexitätszunahme zeigte sich insbesondere in Bezug auf die Frage, wie die Untertanen handelnd die Krise bewältigen und ihre Zukunft anders und neu gestalten könnten. Die Erklärung dieses Phänomens kann an die frühere Beobachtung anknüpfen, dass Krisen sich dadurch auszeichnen, dass Handlungsroutinen zusammenbrechen und guter Rat mehr als teuer ist. Dies galt auch in Bezug auf das politische Handeln der Untertanen. Wie gezeigt waren die etablierten Verfahren der Supplikation in Form von Bittschreiben und persönlicher Vorsprache, mit denen Untertanen auf legale Weise auf die herrschaftliche Politik Einfluss nehmen konnten, gescheitert und die politische Situation blockiert, eben darin bestand ja die politische Krise, die sich aus der wirtschaftlichen Krise entwickelt hatte. Was war in dieser Situation also zu tun?

Tatsächlich setzten die Diskussionen über weitere Handlungsoptionen sehr früh und sehr intensiv ein. Zugleich zeigt sich, dass die ersten, vorläufigen Antworten der Untertanen, die in den Quellen zum Bauernkrieg von 1653 fassbar werden, höchst vielfältig und widersprüchlich ausgefallen sind. Dies erstaunt nicht. Die Ethnologin Mary Douglas hat in einer ihrer Studien die Auffassung vertreten, dass Menschen in Krisenphasen stets auf bestimmte Instanzen, Dis-

---

12 *Seresse*, Normen (Anm. 5), S. 118 ff., 181 ff., 260 ff. Zur Personalisierung und Moralisierung der Beschreibung von Krisenursachen siehe auch die Beiträge von Justus Nipperdey, Mark Häberlein und Dirk Niefanger in diesem Band.

kurse und Bilder zurückgreifen, die wegen ihres hohen Ansehens als ursprüngliche Quellen der Wahrheit gerade in Zeiten der Unsicherheit Orientierung für zukünftiges Handeln vermitteln können.[13] Das Problem, das sich den Akteuren von 1653 stellte und das die nunmehr einsetzende Komplexitätszunahme erklären kann, besteht allerdings darin, dass es nach Douglas eben nicht nur eine, sondern mindestens vier solcher Quellen der Wahrheit gibt, die zu jeweils unterschiedlichen Antworten führen: Es sind dies erstens der Diskurs der Religion, zweitens der Diskurs des Rechts, drittens der Diskurs der Wissenschaft beziehungsweise der Natur und viertens der Diskurs der Geschichte. Obwohl Douglas ihre Beobachtungen am Beispiel von Akteuren moderner Gesellschaften gewonnen hat, kann man sie sehr gut auf die Frühe Neuzeit übertragen. Möglicherweise kann man noch weiter gehen und in diesem Zusammenhang von einer anthropologischen Wiederholungsstruktur der Krisenbeschreibung sprechen.

In den Quellen, die im unmittelbaren Vorfeld des offenen Konflikts entstanden sind, werden diese vier Modi einer Zukunftsorientierung in der Krise gut fassbar. Eine erste Deutung der Krise und der Zukunftsorientierung haben wir bereits kennengelernt. Sie beschreibt die Krise in Analogie zu christlich-religiösen Maßstäben oder, wie die folgende Quellenstelle zeigt, in Analogie zu Exempeln, die der Bibel entnommen waren. Nur werden an diesen Stellen die Maßstäbe der *caritas* und der biblischen *exempla* nicht mehr dafür verwendet, die Handlungen und Unterlassungen der Obrigkeit zu bewerten, sondern dafür, Handlungsoptionen für die Zukunft zu formulieren. Gemäß dieser Deutung befänden sich die Luzerner Bauern in einer ähnlichen Situation wie das geknechtete Volk der Juden unter der Herrschaft des König Herodes. Man müsse folglich ihrem Vorbild folgen, kollektiv auswandern und eine neue Heimat suchen, wie das die Juden auch getan hätten.[14] Eine zweite Deutung beschreibt die Krise in Analogie zur Natur und kommt vor diesem Hintergrund zu einer überaus passiven und resignierten Haltung. Die Obrigkeiten seien so unberechenbar und unbeeinflussbar wie die Natur und das Wetter. Und wer also »die Oberkeit unnd dz wätter tadle, der sye ein narr«. Die dritte Deutung beschreibt die Krise in Analogie zum Recht und leitet daraus ungleich kämpferischere Handlungsalternativen ab. In direkter Gegenrede auf die passive und resignierte Haltung, welche die vorangegangene Krisendeutung nahelegte, formulierte ein anderer Untertan: »Must nit tadlen, wir habent recht«. Er rekurrierte damit auf den im Mittelalter und der Frühen Neuzeit weithin akzeptierten Rechtsgrundsatz, wonach jedes legitime Herrschaftsverhältnis auf Gegenseitigkeit von Rechten und Pflichten zwischen Obrigkeiten und Untertanen beruhe und die

---

13 *Mary Douglas*, Wie Institutionen denken, Frankfurt a.M. 1991.
14 Siehe zu diesen vier Deutungen ausführlicher *Suter*, Bauernkrieg (Anm. 3), S. 89 ff. Nachstehende Zitate ebd.

Untertanen im Ausgleich für ihren Gehorsam und ihre Abgaben an die Obrigkeit von dieser Schutz und Schirm erwarten dürften – gerade auch in Krisenlagen. Und weil die Obrigkeit ihrer Verpflichtung nicht nachgekommen sei, ja den Untertanen, anstatt ihnen zu helfen, sogar »das brod von dem mul abgeschnitten habe«, reklamierte dieser Redner ein aktives Widerstandsrecht gegen die Obrigkeit. Anstelle des passiven Erduldens der Situation oder des bloßen Auswanderns schlug er kämpferisch vor, so lange in einen Zinsen- und Steuerstreik zu treten, bis die Herrschaft ihren Pflichten gegenüber den Untertanen gemäß dem alten Recht wieder nachkomme. Eine noch viel radikalere Handlungsoption legte die vierte Deutung nahe, welche die Krise in Analogie zur Geschichte deutete. Ein Untertan charakterisierte nämlich die Handlungsweisen der Obrigkeiten damit, »dass min Gnädige Herren nur den Tellen mit ihnen spielen«, und folgerte drohend: »es müsst nid mehr lang währen«.[15] Den Tellen mit den Untertanen spielen – mit diesem einen Satz wird die ganze Herrschaft der Luzerner Obrigkeit grundsätzlich in Frage gestellt. Er beschwört die kollektive Erinnerung an die mythische Figur des Wilhelm Tell, an seine Geschichte und an die historische Situation, in der er angeblich gelebt hat. Es ist die Geschichte der eidgenössischen Untertanen, die unter der Tyrannei des Habsburger Adels leben mussten und schließlich unter Führung des Wilhelm Tell die herrschaftlichen Burgen brachen, die Tyrannen töteten, sich befreiten und fortan an ihrer Stelle selber regierten. Im Vergleich mit dem Rekurs auf den versagten Schutz und Schirm ist mit der Krisendeutung in Analogie zur Geschichte des Wilhelm Tell und des eidgenössischen Befreiungskampfes einer sehr viel weitergehenden Handlungsoption das Wort geredet. Es geht nicht mehr nur darum, einen vereinzelten Rechtsanspruch mit kämpferischen Mitteln durchzusetzen. Es geht vielmehr um die kämpferische Realisierung eines revolutionären Programms. Es geht um die Befreiung von den Fesseln einer tyrannischen Herrschaft durch ihre physische Vertreibung und Vernichtung.

Dabei zeigt sich Folgendes: Die mit sozialwissenschaftlichen Methoden ex post eindeutig zu beschreibende Krise erhielt im Interpretationshorizont der vier Verweisungszusammenhänge denkbar unterschiedliche Deutungen und führte zu denkbar unterschiedlichen Handlungsorientierungen, wie die Krise zu bewältigen sei. Zur Option standen mindestens die folgenden vier Vorgehensweisen: Erstens passives Hinnehmen und Erdulden, zweitens Auswanderung beziehungsweise ›Austreten‹ – eine bei ländlichen Untertanen der Frühen Neuzeit häufig zu beobachtende Verhaltensweise, um herrschaftlichen Zumutungen zu entgehen –, drittens die Rebellion im Sinne eines begrenzten Kampfes für die Wiederherstellung des Rechtes und viertens der revolutionäre Umsturz der Herrschaft.

---

15 Zitiert nach ebd., S. 92.

4. In der Krise handeln

Welche Option sollten die Untertanen wählen? Anders gefragt: Wie sollten die Untertanen in der Krise handeln? Die Art und Weise, wie die Akteure die Krise beschrieben und gedeutet haben, gibt die Richtung der Antwort bereits vor. Angesichts der Vielzahl von unterschiedlichen Deutungen der Krise und von möglichen Handlungsoptionen präsentierten sich den Akteuren Gegenwart und Zukunft außerordentlich komplex. Wollte man im Kollektiv handeln, so führte kein Weg daran vorbei, die entstandene Komplexität wieder zu reduzieren und sich mindestens vorläufig auf eine Handlungsoption zu einigen. Damals wie heute kann diese Komplexitätsreduktion nicht anders als auf dem Weg des Kommunizierens und Entscheidens erfolgen. Weil Krisen einerseits durch den Zusammenbruch von Handlungsroutinen und Praktiken gekennzeichnet sind und andererseits den Akteuren in dieser offenen Situation stets eine große Zahl von Handlungsmöglichkeiten denkbar erscheint, ist kollektives Handeln in Krisen notwendigerweise an die Voraussetzung gebunden, dass durch Kommunikation Komplexität reduziert wird.

Wie wurde im Bauernkrieg von 1653 konkret kommuniziert und Komplexität reduziert? Anhand eines methodischen Verfahrens, das man als ›Zeitlupe‹ bezeichnen kann, wurden in jeweils wichtigen Umschlagphasen des Ereignisses die kollektiven Kommunikations- und Entscheidungsprozesse mikrohistorisch rekonstruiert. Im Folgenden werden einige Ergebnisse der ersten Umschlagphase vorgestellt, das heißt der Umschlag von dem, was die Akteure selbst als den Übergang von der »Unruhe« oder dem »Unwesen« zum offenen »Streit« oder »Span« bezeichnet haben. Zu datieren ist dieser Umschlag zwischen dem 6. Februar 1653 und dem 10. Februar 1653.[16] Die Umschlag- und Entscheidungsphase dauerte mithin genau fünf Tage, und in dieser Zeit verwandelten sich die rund 16.000 Bewohner der Talschaft Entlebuch zu einer geschlossenen Aktionseinheit. Sie hatten sich also für eine Option entschieden und zwar gegen die Passivität, gegen das Auswandern und auch gegen die Revolution, die erst in einer späteren Phase des Konflikts in den Vordergrund rücken sollte: sie entscheiden sich für die Rebellion. Welche Kommunikations- und Entscheidungsprozesse begleiteten und ermöglichten diesen Entscheid und wie lässt sich die Präferenz der Akteure für die Option einer Rebellion erklären?

Zur Beantwortung dieser Fragen soll zuerst in einigen ›dichten‹ Einzelheiten geschildert werden, was genau in diesen fünf Tagen geschehen war. An anderer Stelle dieses Aufsatzes ist der 6. Februar 1653, der den Beginn der Umschlagphase markierte, bereits angesprochen worden. Es war jener Tag, an dem

---

16 Siehe die ausführliche Beschreibung der Umgschlagphase bei *Suter*, Bauernkrieg (Anm. 3), S. 107 ff.

deutlich geworden war, dass sich die wirtschaftliche Krise endgültig in eine politische Krise weiterentwickelt hatte. Am 6. Februar 1653 traf in der Talschaft Entlebuch nämlich die wichtige Nachricht ein, dass nicht nur die Luzerner Obrigkeit, sondern auch die Tagsatzung, das heißt das gemeinsame Organ aller eidgenössischen Obrigkeiten es abgelehnt hatte, den Untertanen mit Maßnahmen zur Linderung der Wirtschaftskrise zu helfen. Damit war die einzig verbliebene Hoffnung zerstört worden, dass die schwierige Situation mit Hilfe legaler politischer Verfahren gelöst werden könnte. Die für die Untertanen enttäuschende Nachricht löste umgehend folgende Geschehnisse aus: Noch am selben Tag machte sich aus dem hintersten Dorf im Tal eine kleine Gruppe von Männern auf den Weg in das in der Talmitte gelegene Hauptdorf Schüpfheim. Sie verhielten sich jedoch nicht wie übliche Passanten oder Reisende. Die Männer marschierten vielmehr in Zweierreihen und bildeten eine militärische Formation. Der militärische Charakter des Zuges wurde durch die Tatsache unterstrichen, dass der Zug bewaffnet war. Alle Beteiligten hatten sogenannte »Knüppel« geschultert. Knüppel waren primitive, aber wirksame hölzerne Schlagwaffen, die an der Spitze mit Eisenstacheln verstärkt waren. An der Spitze des Trupps marschierte ein Geigenspieler, der mit seiner Musik zum Besammeln spielte. Daneben ging ein Mann mit einer weißen Fahne, in die das Bild einer solchen Knüppelwaffe gemalt war. Die Leute, die den Wegrand säumten und dem Treiben zuschauten, wurden zum Mitmarschieren aufgefordert. Tatsächlich blieb die Aufforderung nicht ungehört. Als der Umzug im Hauptort des Tales eintraf, marschierten die »Knüppelmänner«, wie sie sich selbst nannten, bereits zu Dutzenden. Und am nächsten und übernächsten Tag vervielfältigten sich die Umzüge und die Prügelfahnen an allen Ecken und Enden der Talschaft.

Für einen historisch informierten Blick sind diese Geschehnisse durchaus zu deuten. Es handelt sich hier um ein Ritual, genauer um das zu einem Rebellionssignal umfunktionierte militärische Besammlungsritual des »Fahnenlupfens« oder des »Mazzeumzuges«, wie die zeitgenössischen Bezeichnungen dafür lauteten. Durch dieses Signal riefen die Obrigkeiten bei drohender Kriegsgefahr mit ihren offiziellen Fahnen zu militärischen Auszügen. Oft genug kam es in der spätmittelalterlichen und frühneuzeitlichen Eidgenossenschaft aber auch vor, dass unzufriedene Untertanen ihre eigenen Fahnen und Symbole verfertigten, um auf dieselbe Weise die Leute zum Widerstand oder gar zum Krieg gegen die eigene Obrigkeit aufzurufen. In beiden Fällen hingen Erfolg oder Misserfolg des Unternehmens ganz davon ab, wie die Leute auf das Signal reagierten. Indem sie sich dem Zug anschlossen oder sich ihm verweigerten, funktionierte das Ritual wie eine öffentliche Abstimmung unter der Bevölkerung. Beim vorliegenden Beispiel war der Entscheid eindeutig und im ganzen Tal sichtbar. Die Rebellion besaß unter der gewöhnlichen Bevölkerung viele Anhänger, sie war populär. Diese ›Abstimmung der Straße‹ brachte wiederum die politischen Honoratioren des Tals, die sich noch am 6. Februar 1653 zögerlich, uneinig und unentschlossen gezeigt hatten, unter Zugzwang. Sie mussten jetzt ebenfalls handeln. Am 10. Februar 1653 wurde deshalb die gesamte Bevölkerung mit Hilfe des bekannten Signals des Kirchglockenläutens zu einer großen Landesprozession auf den Wallfahrtsort Heilig-Kreuz berufen, wie das in Not- und Krisenzeiten allgemein üblich war. Nach dem mehrstündigen Gang auf die Anhöhe des Heilig-Kreuzes wurde auf dem großen Platz vor der Wallfahrtskirche im Beisein aller Honoratioren und der gewöhnlichen Bevölkerung die heilige Messe gefeiert und Gott um Beistand angerufen. Im Anschluss daran hielt man eine als »Landsgemeinde« bezeichnete politische Versammlung ab, die folgende Beschlüsse fasste. Man einigte sich erstens auf die Forderung, dass alle gegen das Alte Recht eingeführten »Neuerungen« der Obrigkeit wieder abgeschafft werden sollten. Zweitens wurde beschlossen, bis zur Erfüllung dieser Forderung in einen Abgabe- und Steuerstreik zu treten. Drittens wählte die Versammlung militärische und politische Anführer, die sich teilweise aus den bestehenden politischen Honoratioren, teilweise aber aus den Anführern der ›Knüppelmänner‹ rekrutierten. Viertens wurde die Obrigkeit aufgefordert, eine herrschaftliche Delegation zu Verhandlungen über die erhobenen Forderungen ins Tal zu schicken. Fünftens mussten alle erwachsenen Männer nicht nur einen Eid auf die programmatischen Ziele schwören, sondern sich auch mit einem förmlichen Eid verpflichten, sich unter Einsatz von Hab, Gut und Leben für die Ziele der Bewegung einzusetzen und die gewählten Anführer der Bewegung gegen alle Nachstellungen der Herrschaft zu schützen. Zuwiderhandelnde sollten, wie ebenfalls beschlossen wurde, als »Meineidige« bestraft und zudem von der Nutznießung aller Konzessionen, die der Obrigkeit abgerungen werden konnten, ausgeschlossen werden. Die Rebellion war damit endgültig auf den Weg gebracht. Sie besaß ein eindeutiges Programm und Ziel, definierte die Mittel der Zielerreichung, besaß politische und militärische Führer, die gegenüber der Mannschaft über Befehls- und Strafgewalt verfügten, und jeder einzelne Punkt war durch die strengste Form der Selbstbindung bekräftigt worden, welche die Frühe Neuzeit überhaupt kannte: durch einen rituellen Eid zu Gott.

Welche Schlussfolgerungen lassen sich aus dieser Beschreibung der Umschlagphase in Bezug auf das Handeln in der Krise ziehen? Vier Punkte erscheinen wichtig. Die Geschehnisse der Umschlagphase zeigen erstens, dass in dieser Zeit tatsächlich sehr intensiv kommuniziert und dass im Ergebnis dieser Kommunikation wiederum Komplexität reduziert wurde. Eine Handlungsoption galt nun für alle als kollektiv verbindlich. Diese Komplexitätsreduktion war die entscheidende Voraussetzung dafür, dass überhaupt eine Aufstandsbewegung zustande kommen konnte.

Zweitens wird deutlich, dass ein Wandel in den Kommunikationsweisen stattgefunden hatte. Bevor der Entscheid zur Rebellion gefallen war, kommunizierten die verunsicherten und unzufriedenen Untertanen an den üblichen Orten der ländlichen Kommunikation: beim Kirchgang, auf Märkten, im Wirtshaus oder etwa bei der Ausführung gemeinsamer Arbeiten. Daneben gab es kleinere Versammlungen der Honoratioren, die dazu dienten, die krisenhafte Lage zu besprechen und die Suppliken der Untertanen auf den Weg zu bringen. Da derartige Versammlungen ohne Einwilligung und Anwesenheit von Herrschaftsvertretern verboten waren und man aber gerade in der entstandenen Situation keine Herrschaftsvertreter dabei haben wollte, erfolgten diese Versammlungen auf konspirative Weise: Sie wurden zu nächtlicher Zeit und in Privathäusern durchgeführt. Zudem wurde in dieser Phase sorgfältig vermieden, schriftliche Zeugnisse und damit bleibende Spuren und Beweismittel zu hinterlassen. Denn wie die Bauern wohl wussten: »Der Buchstabe blibe und könne der [...] oberkeit in die hand werden.«[17] Beim Übergang zur offenen Rebellion und noch deutlicher in der Phase des offenen Konflikts selbst veränderten sich die Kommunikationsweisen jedoch in folgender Hinsicht. Die Anzahl der in die Kommunikationsprozesse einbezogenen Personen vervielfachte sich und umfasste schließlich bei der Prozession Tausende von Menschen. Folgerichtig wurde der konspirative Rahmen gesprengt. Kommunikation wurde jetzt allgemein sicht- sowie hörbar und damit massenwirksam. Das beinhaltete wohlgemerkt selbst schon einen Akt der Rebellion. Denn der Gebrauch vieler Medien, auf die sich die Kommunikation, wollte sie massenwirksam sein, jetzt notwendigerweise stützen musste, war bei strengsten obrigkeitlichen Strafen verboten. Bereits hingewiesen wurde in diesem Zusammenhang auf das Versammlungsverbot für Untertanen, das von ihnen mit der Durchführung der öffentlichen Landsgemeinde in aller Eindeutigkeit übertreten worden war. Aber selbstverständlich war auch die Benutzung des militärischen Besammlungsrituals ohne ausdrücklichen herrschaftlichen Befehl verboten, und verboten waren auch rituelle Verbindungen von Untertanen durch Eide; sie wurden als gefährliche *conspirationes* eingestuft und bei Zuwiderhandeln drohten schwerste Strafen. In Bezug auf die Medien im engeren Sinne des Wortes war in der Phase des offenen Konflikts immer noch eine Mischung zwischen mündlicher und ritueller Kommunikation vorherrschend. Allerdings kam in der Phase des offenen Konflikts der Schrift eine zunehmend wichtigere Rolle zu. Dass der »Buchstabe« Spuren hinterlasse, bedeutete jetzt keinen Hinderungsgrund mehr. Die Grenze zum offenen Streit war ohnehin überschritten worden, und die verantwortlichen Anführer der Bewegung der Obrigkeit waren namentlich bekannt.

An diesen Befund lässt sich eine dritte wichtige Beobachtung anschließen. Trotz all dieser Verbote stellten sich den Untertanen keine unüberwindlichen Hindernisse in den Weg, auf diese neue Art und Weise untereinander massen-

---

17 Zitat nach *Suter*, Bauernkrieg (Anm. 3), S. 109.

wirksam zu kommunizieren. Die Herrschaft konnte ihre Verbote schlichtweg nicht mehr durchsetzen. Dies erklärt sich damit, dass die Obrigkeit vor Ort weder über eigene Herrschaftsvertreter noch über Repressionsorgane verfügte. Die Durchdringung der Untertanengebiete war in diesem und auch in anderen Gebieten der Alten Eidgenossenschaft ausgesprochen schwach ausgeprägt. Auf diese Weise wurde die Obrigkeit in der Verwaltungszentrale der fernen Stadt Luzern von den Entwicklungen in der Talschaft Entlebuch überrascht. Gegenmaßnahmen konnten erst ergriffen werden, als es bereits zu spät und der Entscheid für die Rebellion gefallen war. Aber auch dann noch sah sich die Luzerner Obrigkeit in die Defensive gedrängt. Denn mit den auf dem Heilig-Kreuz gefassten Beschlüssen hatten die aufständischen Untertanen bereits eine militärisch und politisch gut organisierte Gegenstruktur mit einer Mannschaft von rund 1.400 Mann auf die Beine gestellt, die den rebellischen Kommunikationsraum auch gegen militärische Angriffe aus der Stadt schützen konnte. Die Zerstörung dieses Kommunikationsraumes wäre nur um den Preis eines massiven Militäreinsatzes möglich gewesen. Diese herrschaftliche Reaktionsmöglichkeit scheiterte aber wiederum daran, dass die eidgenössischen Obrigkeiten über zu wenig verlässliche Truppen verfügten. Bei den eidgenössischen Truppen handelte es sich nämlich um Miliztruppen, die sich zum großen Teil erneut aus ländlichen Untertanen zusammensetzten. Für den Einsatz gegen andere Untertanen waren diese Milizen jedoch notorisch unzuverlässig, wie die Obrigkeiten genau wussten. Diese schwache administrative und militärische Kontrolle der Untertanengebiete war mithin eine wichtige Bedingung für die Möglichkeit massenwirksamer Kommunikation in den Untertanengebieten und damit für das Gelingen jener Kommunikation, welche in Krisen Komplexität reduzierte und kollektives Handeln möglich machte. Dass das Gebiet der Alten Eidgenossenschaft mehrere Regionen mit einer eigentlichen ›Rebellionentradition‹ kannte, erklärt sich unter anderem aus diesen günstigen Rahmenbedingungen für die Kommunikation.

Die Umschlagphase macht viertens auch deutlich, dass nicht nur die Obrigkeit der Stadt Luzern, sondern auch die politischen Honoratioren der Talschaft die Medien und Kommunikation der Untertanen nicht mehr kontrollieren konnten. Die mündlichen, rituellen und schriftlichen Medien waren prinzipiell allen Talbewohnern zugänglich und wurden auch von Gruppen genutzt, die sich im politischen Alltag weniger Gehör verschaffen konnten. Gemeint sind damit die Anführer und Anhänger des ›Prügelumzugs‹. In einer Situation, in der die politischen Honoratioren der Talschaft lavierten, rissen diese die Initiative an sich: Sie gaben das Signal zur Rebellion und fanden dafür eine Mehrheit. So erwies sich im Ergebnis der intensivierten Kommunikationsprozesse eine Deutung der Krise und eine Deutung der Handlungsoptionen als mehrheitsfähig, welche schlussendlich auch die politischen Machtverhältnisse innerhalb der

Talschaft veränderte. Ausdruck dieser Tatsache ist, dass sich die neu gewählten Anführer der Rebellion nicht mehr ausschließlich aus den etablierten politischen Führern der Talschaft rekrutierten, welche in normalen Zeiten das Sagen hatten, sondern zur Hälfte aus dem Kreis der politisch nicht etablierten ›Knüppelmänner‹.

Noch unbeantwortet ist die Frage geblieben, ob der Entscheid für die Rebellion ein zufälliges Ergebnis bloß diskursiv ausgehandelter Zuschreibungsprozesse war, ob die Untertanen mithin genauso gut und genauso zufällig eine der anderen Handlungsoptionen hätten ergreifen können oder ob der gefällte Entscheid umgekehrt eine Präferenz, die ihrerseits erklärbar ist, zum Ausdruck gebracht hatte. Die Beantwortung dieser Frage kann bei der Beobachtung einsetzen, dass die Ablehnung der Passivität, des Auswanderns und der noch viel radikaleren Option eines revolutionären Umsturzes der Herrschaftsverhältnisse einer bestimmten Gruppe der Talbewohner gar nicht und dafür einer anderen in hohem Maße entgegengekommen ist. Glücklicherweise lassen sich diese Gruppen genauer identifizieren. Sich der Option der Rebellion gar nicht oder nur widerstrebend anschließen wollten, wie bereits angedeutet, die politischen Honoratioren der Talschaft. Verschiedene Quellen zeigen, dass diese sich nur unter dem Druck der öffentlichen Meinung zu diesem Schritt bewegen ließen. So berichtete ein herrschaftlicher Kundschafter, dass die bewaffneten Umzüge nicht nur gegen den Willen der Geschworenen, der lokalen Dorf- und Amtsvorsteher, durchgeführt worden seien, sondern dass diese ihre Amtsautorität in der Umschlagphase vollkommen verloren hätten: »Wie sie von Schüpfen gahn Entlibuch khomen, sahen sie vom Wald her mit 3 rossen ein schlitten vol der brügel führen, denen 5 nachgangen auch mit brügeln. [...] Der weibel limacher haben sich gegen ihnen klagt, dass die geschworenen solche ding nicht gern sehen. Sie sien aber nit mer maister und wan sie sich ihnen widersetzen wollten, wurden sie von diesen gesellen zu todt geschlagen.«[18]

Diese zunächst abwehrende Haltung – nachdem der Entscheid gefallen war, wurden einige der Honoratioren bekanntlich zusammen mit ›Knüppelmännern‹ zu Anführern der Bewegung gewählt – lässt sich gut erklären, wenn man die Honoratioren wie alle anderen Menschen als Akteure konzeptualisiert, die nach den Gesetzen der *bounded rationality* handeln.[19] Das bedeutet mindestens zweierlei. Es heißt erstens, dass sich Akteure nur unter der Bedingung zu einem bestimmten Handeln entschließen, dass die erwarteten Kosten dieses Handelns geringer sind als der erwartete Nutzen, und dass zweitens eine große Sicherheit

---

18 Zitat nach *Suter*, Bauernkrieg (Anm. 3), S. 117.
19 Vgl. *Rod Aya*, Rethinking Revolutions und Collective Violence. Studies in Concept, Theory and Method, Amsterdam 1990. Aya zeigt hier, wie man das von Wirtschaftswissenschaftlern wie Mancur Olson und H. A. Simon maßgeblich entwickelte Konzept der *bounded rationality* für die Analyse sozialer Konflikte fruchtbar machen kann.

herrscht, dass die Erwartungen bezüglich Kosten und Nutzenfolgen auch wirklich eintreten. Insbesondere für die Gruppe der Honoratioren fiel dieses Kosten-Nutzenkalkül besonders ungünstig aus. Als politisch Verantwortliche des Tals mussten sie damit rechnen, im Fall eines Misslingens der Rebellion besonders streng zur Rechenschaft gezogen zu werden. Das war ihnen klar, und sie sprachen diese Befürchtung auch offen aus. So war bereits durch die Kommunikationsprozesse, die den kollektiven Entscheid zur Rebellion ermöglichten und begleiteten, eine ganze Reihe von schweren Gesetzesverstößen erfolgt, die durchaus mit Todesstrafen geahndet wurden. Sie hätten, so formulierte einer dieser Honoratioren am 10. Februar 1653, bereits derart »bös mit der oberkeit« gehandelt, dass etlichen von ihnen »die köpf zwischen die bein gelegt werden« würden, wenn die Herrschaft ihrer habhaft werden könnte.[20] Zugleich konnten die politischen Honoratioren von einer Rebellion vergleichsweise wenig profitieren. Eine Analyse der Vermögensverhältnisse dieser Personen zeigt nämlich, dass sie sich ausnahmslos aus dem sehr kleinen Kreis reicher Bauern rekrutierten, die sich in Bezug auf Landbesitz, Viehbestand und Vermögen deutlich vom Gros der gewöhnlichen Bauern abhoben – von den Vertretern unterbäuerlicher Schichten der ländlichen Gesellschaft ganz zu schweigen. Natürlich waren sie wie alle anderen Bauern von der Wirtschaftskrise ebenfalls betroffen; aber sie besaßen derart großen Besitz, Ersparnisse und Schuldtitel von anderen Bauern, dass sie die Krisenfolgen durch ihre finanziellen Rücklagen abfedern konnten und nicht unmittelbar um ihre Existenz fürchten mussten. Ja, möglicherweise hatte ihnen die Notlage der anderen Bauern sogar noch insofern zum Vorteil gereicht, als sich ihnen die Chance bot, ihren Landbesitz durch den Erwerb zwangsversteigerter Grundstücke arrondieren zu können. Eine Rebellion brachte diesen Leuten gewiss keinen großen Nutzen.

Ganz anders gestaltete sich dagegen das Kosten-Nutzenkalkül der ›Knüppelmänner‹. Weil einige von ihnen nach der Niederlage der Aufständischen hingerichtet wurden und nach ihrem Tod genaue Vermögensverzeichnisse erstellt wurden, kennt man die Besitz- und Vermögensverhältnisse dieser Leute heute ebenfalls sehr genau. Wie bei den Honoratioren handelte es sich bei ihnen um Vertreter der bäuerlichen und nicht der unterbäuerlichen Schicht. Aber im Unterschied zu den politischen Honoratioren der Talschaft stammten sie ausschließlich aus der Schicht der mittleren und kleineren Bauern, deren Rücklagen nicht ausreichten, um die sinkenden Einkommen ausgleichen zu können. Sie waren von der Wirtschaftskrise unmittelbar und direkt bedroht, und folgerichtig war der erwartete Nutzen einer Rebellion vergleichsweise groß. Nichts zu tun und passiv zu bleiben bedeutete für diese Leute mit Sicherheit, Existenz und sozialen Status zu verlieren. Die Rebellion trotz allen Risiken und Kosten zu

---

20 Zitat nach *Suter*, Bauernkrieg (Anm. 3), S. 135.

wagen brachte ihnen die Chance, ihre existenzielle Bedrohung doch noch abwenden zu können. Und da die Gruppe der mittleren und kleineren Bauern zahlreich war, erstaunt es nicht, dass die Option der Rebellion sich in dieser Phase als mehrheitsfähig erwies. Die Frage, ob die gewählte Krisendeutung und Handlungsoption sich im Ergebnis diskursiver Prozesse rein zufällig durchsetzte oder nicht, ist damit beantwortet. Es war kein Zufall, sondern das Ergebnis eines strategischen Kalküls.

5. Zusammenfassung: Eine systematisierende Phänomenologie von Krisenbeschreibung und Krisenhandeln

Welchen Beitrag kann dieses eine Fallbeispiel zur Entwicklung einer systematischen Phänomenologie der Krisenbeschreibung und des Krisenhandelns leisten? Folgende Ergebnisse scheinen über diesen einen Fall hinaus bedeutsam zu sein:

1. Im Unterschied zu den seit Jahren in der Geschichtswissenschaft prominent gewordenen kulturalistischen Konzeptualisierungen lässt sich am Beispiel des Bauernkriegs von 1653 zeigen, was auch die Wirtschaftskrise seit 2008 eindrücklich gezeigt hat und weiterhin zeigt. Konstruktivistische Krisenkonzepte, welche Krisen auf bloße Diskurs- und Zuschreibungsphänomene von Zeitgenossen reduzieren möchten, werden durch die aktuelle Finanz- und Wirtschaftskrise wie auch durch zahlreiche historische Beispiele falsifiziert: Gesellschaftliche Krisen haben vielfältige, systemisch-strukturelle Ursachen, die sich zunächst hinter dem Rücken und jenseits des Wahrnehmungshorizontes der Betroffenen entwickeln und in der Krise selbst dann für die Betroffenen umso stärker erfahrbar und spürbar werden. Krisen haben mithin einen essenzialistischen Kern. Krisendiskurs und Krisen sind nicht dasselbe und kommen nie zur Deckung. Das heißt auch, dass es für Historiker sinnvoll und hilfreich ist, moderne analytische Krisenkonzepte für solche Zeiträume zu verwenden, in denen Zeitgenossen der Begriff und das Konzept der Krise noch nicht zur Verfügung standen.

2. Ein solcher Zugriff ermöglicht es Historikern beziehungsweise Beobachtern zweiter Ordnung, historische Normalphasen von historischen Krisenphasen zu unterscheiden. Dies geschieht mit Hilfe von gesellschaftlichen Phänomenen oder Parametern, die in Krisenphasen als Ergebnis der Überlastung der gesellschaftlichen Selbststeuerung manifest werden. Mindestens folgende Phänomene können für den Bauernkrieg 1653 und andere Krisen in idealtypischer Absicht beschrieben werden: erstens der massenweise Zusammenbruch bezie-

hungsweise die verbreitete Erfolglosigkeit von Handlungsroutinen – im vorliegenden Fall primär im Bereich der Wirtschaft, welche die ökonomische Existenz und das Überleben vieler Bauernbetriebe gefährdete; zweitens der Zusammenbruch der etablierten politischen Kommunikations-, Aushandlungs- und Lösungsmechanismen zwischen Regierten und Regierenden, welche die existenzbedrohenden Folgen der Wirtschaftskrise für die Betroffenen hätten lindern oder mindestens gerechter auf die verschiedenen gesellschaftlichen Gruppen und Schichten hätten verteilen können. Im Ergebnis beider Faktoren ergab sich als drittes Phänomen der Krise ein Auseinandertreten des Erfahrungs- und Erwartungshorizontes der beteiligten Akteure, was den kollektiven Verlust der Handlungssicherheit und das Entstehen einer offenen, mit massiven Existenzängsten angereicherten Situation bedeutete. Daraus folgt zwingend ein viertes Phänomen der Krise: In Krisen entsteht ein erhöhter Kommunikationsbedarf, weil sich die Betroffenen wenigstens über ihre Unsicherheit und Hoffnungslosigkeit Klarheit und Sicherheit verschaffen müssen. Im Ergebnis dieser intensivierten Kommunikation, die bereits als ein erster Schritt auf dem Weg zu einer Krisenlösung gedeutet werden kann, ergibt sich als fünftes Phänomen von Krisen eine starke Zunahme der gesellschaftlichen Komplexität. Da die routinisierten Deutungs- und Handlungsschemata offensichtlich versagt hatten, wurde eine Vielzahl von neuen, unterschiedlichen und sich zugleich teilweise ausschließenden Situationsdiagnosen und daraus sich ergebenden Zukunftsentwürfen formuliert. Neues kollektives Handeln war und ist in derart überkomplexen Situationen endgültig unmöglich geworden. Die Voraussetzung dafür, dass in Krisen trotz alledem wieder gehandelt werden kann, ist mithin eine Reduktion der vielfältigen neuen Optionen, die angesichts des offensichtlichen Versagens der alten entworfen werden. Dies kann durch dezisionistische Entscheide charismatischer Führungsfiguren geschehen, häufig aber auch durch noch einmal intensivierte Kommunikation unter den Betroffenen selbst, welche die verschiedenen Handlungsoptionen diskutieren und abwägen. Ist die Komplexitätsreduktion im Ergebnis der intensivierten Kommunikation erfolgreich und kann man sich auf eine Option einigen, werden kollektives Handeln und das Erbringen von Anpassungsleistungen wieder möglich. Sei es durch offenen Konflikt zwischen Regierenden und Regierten oder zwischen gesellschaftlichen Interessengruppen, sei es im Konsens oder sei es als Mischung beider Verfahren – es werden Maßnahmen und Schritte eingeleitet, welche nach der Überzeugung der Betroffenen die krisenhafte Situation erleichtern beziehungsweise lösen helfen. Intensivierte kollektive Aushandlungsprozesse und Konflikte oder umgekehrt die Intensivierung charismatischer Entscheidungsfindung sind mithin eine sechste typische Begleiterscheinung von Krisenphasen.

3. Beschreibt man die Modi der Krisenbeschreibung der Betroffenen auf der Grundlage des Bauernkriegs von 1653 genauer, kann man hinsichtlich der sys-

temischen und durch die seriellen Methoden der Sozialgeschichte rekonstruierbaren Ursachen der Krise Folgendes feststellen. Die Krisenbeschreibung der Akteure war durch eine sehr starke Reduktion von Komplexität gekennzeichnet. Die vielfältigen Ursachen der Krise, genauer den exogenen Schock und die krisenverschärfenden Auswirkungen der langfristigen endogenen Strukturveränderungen, thematisierten die Akteure gar nicht. Stattdessen wurden die Krisenursachen personalisiert, das heißt nicht als Ergebnis einer raschen Veränderung externer Rahmenbedingungen oder interner anonymer Strukturveränderungen, sondern als Folge von Handlungen und Unterlassungen der Regierung dargestellt. Schließlich wurde die Krise selbst in dem Sinne moralisiert, dass die Handlungen und Unterlassungen vor dem Hintergrund allgemeiner Werte, in diesem Fall christlich-biblischer Werte, kritisiert wurden.

4. Diese Komplexitätsreduktion hinsichtlich der Krisenursachen ist insofern beispielhaft für jede Krisenbeschreibung, als zeitgenössische Beobachter mit einer komplexen Krisenbeschreibung systematisch überfordert sind. Ihnen fehlen die Daten, die über ihren Erfahrungshorizont hinausreichen, und die Methoden, die Daten statistisch oder vergleichend aufzubereiten und zu analysieren. Langfristige Strukturveränderungen und die Wirkung veränderter Rahmenbedingungen lassen sich auf diese Weise ebenso wenig erkennen, wie komparative Vor- und Nachteile unterschiedlicher Wirtschaftsregionen. Umgekehrt bedeutet diese Komplexitätsreduktion hinsichtlich der Krisenursachen aber auch, dass die vorgeschlagenen Krisenlösungen im Horizont der ex post rekonstruierbaren Krisenursachen notgedrungen suboptimal ausfallen müssen. Handeln in Krisen kann nichts mehr und nichts weniger sein als ein schlichtes ›Durchwursteln‹. Und ob diese oder jene Maßnahme erfolgreich und nützlich sein wird, lässt sich regelmäßig erst im Nachhinein sagen.

5. Die Komplexitätsreduktion hinsichtlich der Krisenursachen ist aber auch insofern beispielhaft für sehr viele Krisenbeschreibungen, als die Akteure in Krisen notgedrungen eine starke Neigung zur Personalisierung und Moralisierung der Krisenursachen entwickeln müssen. Denn diese Personalisierung und Moralisierung ist zugleich die Grundlage für die Hoffnung, dass es rasche und wirksame Lösungen für die Krise geben könne. Diese Hoffnung wiederum ist für Menschen, die die Erfahrung des Wegbrechens ihrer Handlungsroutinen und damit der Handlungs- und Zukunftssicherheit machen müssen, psychologisch wichtig und nachvollziehbar.

6. Beschreibt man die Modi des Handelns in der Krise von 1653 genauer, kann zuerst festgestellt werden, dass die Beschreibung möglicher Handlungsoptionen durch die zeitgenössischen Akteure durch eine große Zunahme von Komplexität charakterisiert war. Da es zum Wesen von Krisen gehört, dass die Handlungsroutinen der Menschen infolge der Überlastung der Steuerungskapazitäten zusammenbrechen und neue Handlungsroutinen noch entwickelt werden

müssen, versuchen die Akteure unter Rekurs auf explizite ›Quellen der Wahrheit‹ krisenlösende Handlungsoptionen zu entwickeln. Da es zwar nicht unbeschränkt viele, aber eben in Gestalt der Religion, der Geschichte, der Wissenschaft, des Rechtes und dergleichen mehr auch nicht nur eine einzige Quelle der Wahrheit gibt, entwerfen Akteure in Krisen typischerweise ein Überangebot an Handlungsoptionen, die vermeintlich aus der Krise führen könnten.

7. Die in Krisen notwendigerweise intensivierten Kommunikations- und Entscheidungsprozesse werden oft durch charismatische Führungspersönlichkeiten geprägt. Diese Möglichkeit wurde im vorliegenden Fallbeispiel jedoch nicht realisiert. Vielmehr setzte ein breiter Meinungsbildungs- und Entscheidungsprozess ein, in dessen Ergebnis die Komplexität der Handlungsoptionen tatsächlich reduziert wurde. Es setzte sich jene Handlungsoption durch, die von einer Mehrzahl der Akteure aufgrund ihres je individuellen Kosten-Nutzenkalküls präferiert werden konnte. Mithin bestimmte in diesem und vielen anderen Fällen nicht nur das ›Sagbare‹ das ›Machbare‹, sondern auch umgekehrt das ›Machbare‹ das ›Sagbare‹. Die Bedingung für die Möglichkeit eines breiten Meinungsbildungsprozesses lag darin begründet, dass weder die Herrschaft noch die lokalen politischen Honoratioren die Medien der Massenkommunikation – im vorliegenden Fall die verstärkte und subversive Nutzung massenwirksamer politisch-religiöser Symbole und Rituale – kontrollieren und den Meinungsbildungsprozess eindeutig steuern konnten. Zugleich muss betont werden, dass der Zugang zu und die Nutzung von Medien und Kommunikation in Krisen eine zentrale Rolle spielen. Krisen haben zwar strukturelle Ursachen und besitzen einen essenzialistischen Kern darin, dass die Strukturveränderungen zu einem als bedrohlich erfahrenen Zusammenbruch der etablierten Handlungsroutinen führen. Doch weil dieser Zusammenbruch in einem ersten Schritt notwendig zu einer Erhöhung der Handlungskomplexität führt und kollektive Krisenlösungen in einem zweiten Schritt oft durch intensive Kommunikations- und Entscheidungsprozesse herbeigeführt werden müssen, ist die Frage, wer in welchem Ausmaß Zugang zu Medien hat, für das Zustandekommen der Komplexitätsreduktion und auch für die inhaltliche Wahl der Handlungsoption zentral. Im vorliegenden Fall konnte sich die gemäß dem Kosten-Nutzenkalkül der Klein- und Mittelbauern präferierte und mehrheitsfähige Lösung nur deshalb durchsetzen, weil der Zugang zu den Medien allen gesellschaftlichen Gruppen offen gestanden und weder die Herrschaft noch die lokalen Honoratioren eine beherrschende Kontrolle über die Medien ausüben konnten.

8. Die Schlüsselrolle, welche der Zugang zu den Medien und der Kommunikation bei Krisen und Krisenlösungen spielt, verdeutlicht auch der Ausgang des Bauernkriegs, der in einer Niederlage der Bauern endete. Die Niederlage erklärt sich zu einem großen Teil damit, dass die Untertanen zwar Meister der konspirativen oralen Kommunikation und sogar Virtuosen der subversiven rituel-

len Kommunikation waren, wie die geschilderten Ereignisse der Umschlagphase von der Unruhe zur Rebellion zeigen. Wie spätere Phasen des Konflikts allerdings deutlich machen, waren die Untertanen der Herrschaft auf einer Ebene der Kommunikation klar unterlegen. Was sie weniger gut als die Obrigkeiten beherrschten, war die schriftliche Kommunikation über weite Entfernungen, und vor allem verfügten die Aufständischen im Unterschied zu den Obrigkeiten nicht über das Medium des Buchdrucks. Dies sollte Folgen haben. Je mehr sich die Rebellion im weiteren Verlauf des Konflikts ausweitete, desto schwieriger wurde es für die Aufstandsbewegung, den Nachrichtenfluss zwischen den verschiedenen Zentren des Aufstandes aufrechtzuerhalten und die Vorgehensweisen aufeinander abzustimmen. Was noch wichtiger war: Die Aufständischen verloren den Kampf um die öffentliche Meinung in den noch ruhig gebliebenen Untertanengebieten der Eidgenossenschaft, den die herrschaftliche Seite mit Hilfe gedruckter Mandate und Flugschriften führte und schließlich gewann. Dies war letztlich auch der Grund für die militärische Niederlage der Revolution. Es gelang den Obrigkeiten unter diesen Umständen doch noch, aus den in der Passivität verharrenden Gebieten genügend Soldaten zu rekrutieren und mit ihrer Hilfe die Aufständischen in die Schranken zu weisen. Wenigstens einigen Verlierern war die überragende Bedeutung dieses Faktors durchaus bewusst. Nach der Niederlage betonte ein Bauernführer, er werde jetzt nach Süddeutschland flüchten und zwar an einen Ort, wo er Zugang zu Printmedien habe, denn damit »wolle er der Obrigkeit wohl können heiss machen«.[21]

---

21 Zitiert nach *Suter*, Bauernkrieg (Anm. 3), S. 487.

Andrea Iseli

Krisenbewältigung im 17. Jahrhundert.
Die Rolle der guten Policey

Der Begriff »gute Policey« war im spätmittelalterlichen und frühneuzeitlichen Europa sowohl ein Synonym für die gute Ordnung eines Gemeinwesens als auch die Bezeichnung für die Instrumente, insbesondere die Policeyverordnungen, die diese gute Ordnung wiederherstellen sollten. Inwiefern das Aufkommen und die massive Zunahme der Policeyverordnungen sowie die legitimatorischen Verschiebungen des obrigkeitlichen Eingreifens mittels Ge- und Verboten mit »Krise« in Verbindung gesetzt werden können, soll am Beispiel der Stadt Basel im Dreißigjährigen Krieg diskutiert werden.

1. Begründung der Policeygesetzgebung durch ›Krise‹

Es führe »zu(o) grossem schad und undergang«, wenn Vieh, Salz und Lebensmittel außerhalb des Marktes gehandelt würden, weshalb »zu(o) gemeinem nutz« Schultheiß und Rat von Bern 1487 ein entsprechendes Mandat an die Landgerichte der Berner Landschaft sandten.[1] Ohne gute »gesäz, ordnungen und policeÿ«, so hielt der Fürstabt von Kempten 1591 fest, herrsche »unrecht, confusion, endtliche zerrittung [...] zwitracht, unruhe und ungleichheit«. Mit dieser Ermahnung und mit dem Ziel der »beförderung und unterhaltung gemeinen nuz, frid, einigkeit«[2] begründete der Fürstabt seine große Landesordnung. Unzählige weitere Beispiele, auch für Basel,[3] ließen sich anführen – die Poli-

---

1 Zitiert nach *Peter Blickle*, Kommunalismus. Skizzen einer gesellschaftlichen Organisationsform, Bd. 2: Europa, München 2000, S. 203.
2 Hochfürstlich kemptische Landesordnung, bearb. von Peter Kissling, in: Peter Blickle, Peter Kissling und Heinrich Richard Schmidt (Hg.), Gute Policey als Politik im 16. Jahrhundert. Die Entstehung des öffentlichen Raumes in Oberdeutschland, Frankfurt a.M. 2003, S. 35–152, hier S. 35f.
3 Christenliche Reformation und Policey-Ordnung der Statt Basel, Zu Beförderung Gottes Ehre, Pflantz- und Erhaltung aller Gottseligkeit, Zucht, Ehrbar- und Frommkeit: Zwar hiebevor durch verschiedene Mandaten angesehen, nun aber zusammen gezogen, von newem übersehen, erfrischet, und vermehret, Basel 1715, S. 4.

ceyordnungen wurden meist mit ernsten Worten eingeleitet. Die gute Ordnung des Gemeinwesens war in Gefahr und musste wieder hergestellt oder erhalten werden, weshalb zunächst Räte von städtischen und ländlichen Gemeinwesen, seit dem 16. Jahrhundert auch Landesherren und Landstände und in drei großen Reichspoliceyordnungen von 1533, 1548 und 1577 ebenfalls Kaiser und Reichsstände Mandate und Policeyordnungen erließen. Die obrigkeitliche Ordnungsgesetzgebung erfasste alle Lebensbereiche der Menschen im Alten Reich: Vorgeschrieben wurden der regelmäßige Kirchgang, die Einhaltung der Sonntagsruhe, ein sittliches Benehmen; verboten waren Gotteslästerung, Fluchen, Glücksspiele und der Straßenbettel; geregelt wurden die Lebensmittelversorgung und verschiedenste Wirtschaftsabläufe, die Reinigung des öffentlichen Raums, der Feuerschutz, die Gesundheitsvorsorge, hier insbesondere die Pestabwehr und das Armenwesen.[4]

Diese Verordnungs- und Mandatstätigkeit zum Zweck der Wiederherstellung guter Ordnung ist in den Erlassen vom Spätmittelalter bis weit ins 18. Jahrhundert hinein durchgehend mit dem Hinweis auf eine erschütterte, ungeordnete und daher gefährdete öffentliche Ordnung begründet. Die zeitgenössische Rhetorik der Policeygesetzgebung ließe somit auf krisenhafte Situationen schließen, denen mit Mandaten und Ordnungen begegnet wurde. Reagierte die gute Policey auf ›Krisen‹, wie es die Präambeln der Policeyordnungen vermuten lassen?

Das Aufkommen der Policeygesetzgebung wird in der Tat mit Krisensituationen begründet, beispielsweise für Frankreich: Der Begriff *police* hielt in der königlichen Gesetzgebung erstmals 1371 Einzug.[5] Diesem Erlass folgten um 1400 zahlreiche weitere Ordnungen, die nun auch den entsprechenden Namen – *ordonnances de police* – trugen. Während Blaise Kropf die eigentliche Begriffsbildung der ebenfalls 1371 fertiggestellten Übersetzung von Aristoteles' Politik zuschreibt und somit Nicolas Oresme als Wortschöpfer identifiziert, erklärt er die Einführung des neuen gesetzgeberischen Instruments mit der »Krise des 14. Jahrhunderts«.[6] Das Königreich geriet in diesem Jahrhundert in verschiedene schwierige Situationen. Viermal erfassten schwere Hungersnöte große Teile des Landes (1316/17, 1339–1341, 1343–1346, 1374/75). Seit 1339 stand Frankreich im Krieg, der insgesamt hundert Jahre dauern sollte. Zudem wurde das Königreich, wie ganz Europa, 1348 vom ›Schwarzen Tod‹ heimgesucht, dem rund ein Drittel der Bevölkerung zum Opfer fiel. Missernten und Epidemien

---

4 Für einen Überblick über Theorie und Praxis der guten Policey vgl. *Andrea Iseli*, Gute Policey. Öffentliche Ordnung in der Frühen Neuzeit, Stuttgart 2009.
5 *Blaise Kropf*, Der Begriff aus der politischen Theorie – das Konzept aus der administrativen Praxis. Zum Entstehen der ›police‹ im frühneuzeitlichen Frankreich, in: Blickle, Kissling und Schmidt (Hg.), Gute Policey als Politik (Anm. 2), S. 491–514, hier S. 494.
6 Ebd., S. 493–497.

beschleunigten einen dramatischen wirtschaftlichen Einbruch. Ein Jahrhundert der Krise, gegen dessen Ende die königliche Policeygesetzgebung langsam einsetzte. Offenbar wurde der Monarch um 1400 für seine Stadt Paris insbesondere im gesundheitspoliceylichen Bereich aktiv. Seine Vorschriften sollten garantieren, dass nur unverdorbene Lebensmittel zum Kauf angeboten wurden. Doch auch die Erhaltung der Sauberkeit von Straßen und Plätzen sowie der Brunnen und somit des Trinkwassers waren Grundthemen der Verordnungen. Eine akute ›Krise‹ scheint hier nicht ausschlaggebend gewesen zu sein. Die zeitliche Verzögerung, beispielsweise zu der verheerenden Pestepidemie, erscheint zu groß, als dass von einer Reaktion auf eine tatsächlich schwerwiegende Krise ausgegangen werden kann.

Auch in den Städten im Alten Reich lässt sich Policeygesetzgebung bereits im 14. Jahrhundert nachweisen.[7] Auf territorialer Ebene hingegen setzte die Ordnungstätigkeit in Form von Landespoliceyordnungen erst Mitte des 15. Jahrhunderts ein.[8] Seit dem 16. Jahrhundert nahm die landesherrliche Policeygesetzgebung dann rasant zu. Beispielsweise können im Kurfürstentum Köln bis zum Jahr 1600 18 Ordnungen gezählt werden. Im folgenden Jahrhundert erließen die Kurfürsten bereits 190 Policeyordnungen, und im 18. Jahrhundert stieg diese Zahl auf über 1.000 Gesetzestexte.[9] Nach ersten Versuchen setzte sich die territoriale Policeygesetzgebung somit um 1500 mit zunehmender Vehemenz durch.[10]

Hans Maier gab für diese Entwicklung eine Erklärung, die bislang (fast) unbestritten blieb. Die »Krise der altständischen Ordnung«[11] habe dazu geführt, dass sich die Landesherren des neuen gesetzgeberischen Instruments bedienten, jeweils mit dem Verweis, es diene dem Gemeinen Nutzen, wenn die gute Ord-

---

7 Vgl. beispielsweise *Peter Schuster*, Eine Stadt vor Gericht. Recht und Alltag im spätmittelalterlichen Konstanz, Paderborn u. a. 2000.
8 *Dietmar Willoweit*, Gesetzgebung und Recht im Übergang vom Spätmittelalter zum frühneuzeitlichen Obrigkeitsstaat, in: Okko Behrends und Christoph Link (Hg.), Zum römischen und neuzeitlichen Gesetzesbegriff, Göttingen 1987, S. 123–146, hier S. 137–140. Vgl. auch *Karl Härter*, Policey und Strafjustiz in Kurmainz. Gesetzgebung, Normdurchsetzung und Sozialkontrolle im frühneuzeitlichen Territorialstaat, 2 Bde., Bd. 1, Frankfurt a.M. 2005, S. 124.
9 Vgl. *Thomas Simon*, Krise oder Wachstum? Erklärungsversuche zum Aufkommen territorialer Gesetzgebung am Ausgang des Mittelalters, in: Gerhard Köbler und Hermann Nehlsen (Hg.), Wirkungen europäischer Rechtskultur. Festschrift für Karl Kroeschell zum 70. Geburtstag, München 1997, S. 1201–1217, hier S. 1201.
10 Auch in Frankreich setzte sich die königliche Policeygesetzgebung für das ganze Land erst um 1500 durch, ebenfalls mit einer starken Zunahme der erlassenen Verordnungen bis ins 18. Jahrhundert. Vgl. *Andrea Iseli*, Bonne police. Frühneuzeitliches Verständnis von der guten Ordnung eines Staates in Frankreich, Epfendorf 2003.
11 *Hans Maier*, Die ältere deutsche Staats- und Verwaltungslehre, zweite neubearbeitete Auflage, München 1980, S. 63–73.

nung des Gemeinwesens wieder hergestellt würde. Maier benennt verschiedene Faktoren, die um 1500 in einer tiefgreifenden Krise kumulierten. Zunächst lässt sich feststellen, dass sich im Spätmittelalter die Klagen über Gewalt – Überfälle, unsichere Wege, Angst um Leib und Leben – häuften. Das im Reich ungelöste Problem der Friedenssicherung nennt Maier als Ursache. Doch auch die Wirtschaftsformen waren im Spätmittelalter einem starken Wandel unterworfen. Groß- und Fernhandel, eine sich langsam durchsetzende Geldwirtschaft sowie eine zunehmend dichte wirtschaftliche Verflechtung zwischen Stadt und Land waren mit traditionellen Ordnungsmechanismen nicht mehr zu regeln. Auch die ständischen Unterschiede verwischten zusehends. Der Adel verlor durch die ›Professionalisierung‹ der Kriegführung und die Einführung stehender Heere seine herausragende Stellung als Kriegerstand und damit auch an politischer Bedeutung. Standesunterschiede schwanden sowohl in den Städten, in denen ein erfolgreiches Bürgertum zu Reichtum und Einfluss gelangen konnte, als auch auf dem Land, zumindest in landwirtschaftlich begünstigten Regionen, wo verarmtes Rittertum neben gut bemitteltem Bauernstand anzutreffen war. Das Gefüge der Ständegesellschaft geriet damit in ein Ungleichgewicht; die gute Ordnung war zerrüttet. Die Rechtsbildung löste sich ebenfalls von den tradierten Mechanismen der Ständegesellschaft. Das von den Ständen selbst geschaffene Recht wurde zunehmend vom Gebotsrecht der Fürsten abgelöst. Als Höhepunkt der Krise der altständischen Ordnung bezeichnet Maier die Reformation, die dem geistlichen Stand seine Autonomie entzog. Die Kirche verlor den Zugriff auf wesentliche Bereiche der Gesellschaft, wie Erziehung, Bildung, Armenfürsorge und Krankenpflege. Maier beschreibt damit die Grundvoraussetzungen für den Siegeszug der landesfürstlichen Policeygesetzgebung. Die Erschütterung ständischer Ordnung und Ordnungsgestaltung schuf ein Vakuum, das gefüllt werden musste. Ein Staat war gefragt, so Maier, den es noch nicht gab und der sich über den Aufbau einer territorialen Verwaltung und mittels Policeygesetzgebung zur Regelung der dringlichsten Probleme allmählich herausbildete.

Doch der Krisen nicht genug. Im Alten Reich hatte man sich noch nicht auf einen zumindest vorläufigen Religionsfrieden geeinigt, da setzte das mitunter auch »eisern« genannte Zeitalter (1550–1650) ein.[12] Agrarkrisen, deren Ursache in einer lang andauernden Klimaverschlechterung lag, häuften sich. Die Unbill des Klimas hatte ihren Höhepunkt zwischen 1565 und 1629.[13] Missernten, Teuerungen, Hungersnöte und in der Folge Seuchenzüge sind insbesondere

---

12 Vgl. *Henry Kamen*, The Iron Century. Social Change in Europe 1550–1660, London und New York 1971.
13 Vgl. *Andreas Blauert*, Kriminaljustiz und Sittenreform als Krisenmanagement? Das Hochstift Speyer im 16. und 17. Jahrhundert, in: ders. und Gerd Schwerhoff (Hg.), Mit den Waffen der Justiz. Zur Kriminalitätsgeschichte des späten Mittelalters und der Frühen Neuzeit, Frankfurt a.M. 1993, S. 115–136.

zwischen 1585 und 1594 sowie von 1624 bis 1629 zu verzeichnen. Mit dem Beginn des Dreißigjährigen Krieges wurde der ohnehin schwierige Alltag zusätzlich belastet, was nicht ohne Auswirkungen auf das Lebensgefühl der Menschen blieb. Andreas Blauert spricht »von einer regelrechten Verdüsterung des Lebensgefühls und des Weltbildes«, so dass die Zeitgenossen der Frühen Neuzeit in einem »ständigen Dialog mit der Angst« lebten.[14] Blauert stellt zwar nicht explizit einen Zusammenhang zwischen obrigkeitlicher Reaktion und guter Policey her, etwa in dem Sinne, dass die Bemühungen um gute Policey Angst und Unsicherheit entgegenwirken sollten; in seinem Beitrag zu Hexenverfolgung und obrigkeitlichem Reformwillen im Hochstift Speyer während des Eisernen Jahrhunderts konstatiert er aber eine erstaunliche Parallelität. Während die Zahl der Hexenprozesse zwischen 1628 und 1630 markant anstieg, wurden im gleichen Zeitraum mehr als doppelt so viele Normenverstöße und Verbrechen vor Gericht gebracht als in durchschnittlichen Jahren. Das Hochstift Speyer war nicht nur von Hungersnot und Pestepidemien, sondern auch vom Krieg direkt betroffen. Der Wille der Bevölkerung, Hexen zu verfolgen, war auf obrigkeitlicher Seite, der Speyerer Bischöfe, begleitet von einem dezidierten Reformwillen, der seit dem ausgehenden 16. Jahrhundert vor allem christliches Wohlverhalten der Untertanen bewirken wollte.[15] Mit diesem Befund lässt sich eine Verbindung zur guten Policey herstellen, die mit ihren Vorschriften ein gutes, christliches Gemeinwesen erhalten wollte und daher zu sittlichem Verhalten nicht nur mahnte, sondern auch mit Sanktionen drohte und Verstöße bestrafte. Ob mit der von Blauert festgestellten erhöhten Sanktionierung von Sittenverstößen während des Dreißigjährigen Krieges auch eine intensive Normensetzung einherging, ist seinem Beitrag nicht zu entnehmen. Im Vergleich mit anderen Territorien wäre dieser Befund jedenfalls außergewöhnlich. In Kurmainz, Brandenburg-Preußen, Bayern, Kurköln und weiteren Territorien ist ein deutlicher Einbruch der Policeygesetzgebung gerade um die 1630er Jahre festzustellen.[16]

Krisen des Eisernen Zeitalters sind nicht die letzten Krisen, die mit Policey, genauer mit dem Übergang zur modernen Polizei, in Verbindung gebracht werden. Ralf Pröve stellt für die Sattelzeit eine Krise des städtischen Ord-

---

14 Ebd., S. 117, 131. Blauert bezieht sich für diese beiden Aussagen auf Wolfgang Behringer (S. 117) und Jean Delumeau (S. 131).
15 Ebd., v. a. S. 123–130.
16 *Härter*, Policey (Anm. 8), Bd. 1, S. 126. Auch für Schlesien wurde ein massiver Einbruch der legislativen Tätigkeit zwischen 1600 und 1650 belegt: *Matthias Weber*, Ständische Disziplinierungsbestrebungen durch Polizeiordnungen und Mechanismen ihrer Durchsetzung – Regionalstudie Schlesien, in: Michael Stolleis (Hg.), Policey im Europa der Frühen Neuzeit, Frankfurt a.M. 1996, S. 333–375, hier S. 367.

nungssystems fest.[17] Ein seit Jahrhunderten eingeschliffenes Ordnungssystem zur Erhaltung guter Policey, das aus wenigen städtischen Bediensteten mit nicht wirklich klar definierten Arbeitsbereichen bestand – wie Bütteln, Nachtwächtern, Policeydienern, Bettel- oder Armenbeauftragten, Ratsdienern oder Boten sowie den genossenschaftlich-gemeindlich organisierten und finanzierten Wachdiensten (Nacht-, Feld-, Turm-, Wegewächter, Flurschützen) –, geriet in spätaufklärerische, frühliberale Kritik. Diese Kritik war mitbegründet durch politische und gesellschaftliche »Entwicklungsschübe«, die Pröve in vier Punkten benennt: Erstens eine sich deutlicher manifestierende Trennung von Gesellschaft und Staat sowie eine zunehmend breitere Schicht, die öffentlich staatliches Handeln kritisierte; zweitens die administrativen Reformwerke des späten 18. und insbesondere des frühen 19. Jahrhunderts, die staatliche Herrschaftsbefugnisse auf Kosten der verbliebenen intermediären Kräfte erweiterten; drittens die durch die erstgenannten Punkte wesentlich mitverursachte »Auflösung ständischer Sozialbindungen, ökonomischer Privilegienwirtschaft und rechtlicher Sonderräume«;[18] und schließlich ein seit Mitte des 18. Jahrhunderts beschleunigtes Bevölkerungswachstum, in dessen Verlauf die unterbäuerlichen und unterbürgerlichen Schichten stark wuchsen, was wiederum zu zahlreichen sozialen und politischen Konflikten führte. Die Zeitgenossen nahmen die Zunahme von Kriminalität, Unruhen und Protesten als Problem und Ausdruck von ›Krise‹ wahr, was im 19. Jahrhundert zur Formulierung der »socialen Frage« führte. Auf die Kluft zwischen nicht mehr adäquatem städtischem Ordnungssystem, das auf guter Policey beruhte, und zunehmender Unordnung wurde nach Lösungen gesucht und – allerdings mit mäßigem Erfolg – mit der Einführung von Polizeikräften experimentiert.

In den beschriebenen Zusammenhängen werden Krisen festgestellt, begründet und mit der guten Policey, ihren Ordnungsfunktionen, Geboten und Verboten direkt in Zusammenhang gebracht. Daher könnte – überspitzt formuliert – gefolgert werden, dass die gute Policey vom 14. bis ins 19. Jahrhundert von der Krise gelebt hat. Sie ist aus der Krise heraus entstanden, um diese abzuwenden oder zumindest zu mildern, und im Anbruch zum industriellen Zeitalter wurde sie aufgrund einer Krise abgeschafft. Die gute Policey hätte somit mit Policeyordnungen immer wieder auf Krisen reagiert. Das hat Thomas Simon mit einer einfachen Beobachtung schlüssig verneint. Wenn Krisen »exzeptionelle Zeitabschnitte [...] markieren, in denen bislang stabile oder zumindest

---

17 *Ralf Pröve*, Genossenschaftliche Schutzkonzeptionen und die Krise der gesellschaftlichen Ordnung: Stadtbürger als Hilfspolizisten am Ende Alteuropas (1750–1848), in: André Holenstein u. a. (Hg.), Policey in lokalen Räumen. Ordnungskräfte und Sicherheitspersonal in Gemeinden und Territorien vom Spätmittelalter bis zum frühen 19. Jahrhundert, Frankfurt a.M. 2002, S. 341–358.
18 Ebd., S. 345.

funktionierende Strukturen grundlegend in Frage gestellt werden«,[19] dann müssten sich im längerfristigen Überblick massive Schwankungen in der Policeygesetzgebung feststellen lassen. Das lässt sich aber für die bislang untersuchten Gesetzgebungstätigkeiten in den Territorien nicht bestätigen. In seiner umfangreichen Studie zu Kurmainz hat Karl Härter die Policeygesetzgebung im Zeitraum von 1460 bis 1790 mit anderen Territorien verglichen.[20] Er stellt zwei Phasen der Ordnungsgesetzgebung fest. Die erste, von der Mitte des 15. bis ins frühe 17. Jahrhundert, zeichnet sich als eine Phase mit einer zwar konstanten, aber zahlenmäßig noch relativ bescheidenen Gesetzgebungstätigkeit aus. In der zweiten Phase, seit dem Ende des Dreißigjährigen Krieges, stieg die Policeygesetzgebung kontinuierlich und massiv an, mit einem Höhepunkt in den 1770er, 1780er Jahren. Ein deutlicher Einbruch lässt sich zwischen den beiden Phasen, zur Zeit des Dreißigjährigen Krieges, und insbesondere in den 1630er Jahren, beobachten.[21] Auf die Entwicklung städtischer Policeygesetzgebung wirkte sich der Krieg zwar auch aus, aber nicht unbedingt in Form verminderter Gesetzgebung. Die Ordnungstätigkeit der Städte setzte bereits im 13., spätestens im 14. Jahrhundert ein.[22] Die Zahl der Verordnungen nahm im Spätmittelalter und im 16. Jahrhundert stark zu.[23] In Frankfurt am Main beispielsweise stieg die Policeygesetzgebung seit 1530 stark an, ein Trend, der sich offenbar bis ins 18. Jahrhundert fortsetzte.[24] In Ulm lässt sich eine vergleichbare Entwicklung feststellen. Die Erschütterungen des 17. Jahrhunderts, beispielsweise der Dreißigjährige Krieg, hatten auf die Ordnungstätigkeit des Rates keinen sichtbaren Einfluss, außer dass sich eine Tendenz hin zu weniger, dafür umfassenderen Policeyordnungen abzeichnet.[25] In Basel weist die Verodnungstätigkeit des Rates seit dem frühen 16. bis ins frühe 18. Jahrhundert einen langsamen, aber stetigen

---

19 *Simon*, Krise (Anm. 9), S. 1213.
20 *Härter*, Policey (Anm. 8), Bd. 1. Als Vergleichsterritorien untersucht hat Härter das Reich, Brandenburg-Preußen, mit Kleve und Mark, Magdeburg und Halberstadt, Braunschweig-Lüneburg, Kurpfalz, mit Neuburg und Simmern, Bayern, Kurtrier, Kurköln, Fürstbistum Augsburg, Fürstbistum Würzburg, Fürstbistum Münster, Holstein, Mecklenburg, Braunschweig-Wolfenbüttel, Jülich-Berg, Sachsen Gotha und Coburg, vgl. ebd., S. 15.
21 Ebd., S. 125f. Eine Ausnahme bildet Schlesien. Hier wurden um 1600 am meisten Policeyordnungen erlassen, und die Kurve sinkt anschließend kontinuierlich. Um 1800 wurden ungefähr gleich viele Policeyordnungen erlassen wie um 1550. Vgl. *Weber*, Disziplinierungsbestrebungen (Anm. 16), S. 367.
22 Vgl. *Simon*, Krise (Anm. 9), S. 1203.
23 Vgl. beispielsweise *Schuster*, Eine Stadt vor Gericht (Anm. 7), besonders S. 151–154.
24 Vgl. Repertorium der Policeyordnungen der Frühen Neuzeit, hg. von Karl Härter und Michael Stolleis, Bd. 5: Reichsstädte 1: Frankfurt am Main, hg. von Henrik Halbleib und Inke Worgitzki, Frankfurt a.M. 2004, S. 10–14.
25 Vgl. Repertorium der Policeyordnungen der Frühen Neuzeit, hg. von Karl Härter und Michael Stolleis, Bd. 8: Reichsstädte 3: Ulm, hg. von Susanne Kremmer und Hans Eugen Specker, Frankfurt a.M. 2007.

Anstieg auf und nahm dann in den folgenden einhundert Jahren sprunghaft zu. Außerdem wurden während des Dreißigjährigen Krieges überdurchschnittlich viele Mandate erlassen.²⁶

Die Policeygesetzgebung der Landesherren im 16. Jahrhundert habe sich als »Reaktion auf gesellschaftliche und soziale Probleme und Krisenerscheinungen« entwickelt, erklärt Härter. Die Territorialherren nutzten das Instrument der guten Policey zudem, um ihr Gebotsrecht durchzusetzen. Hingegen lasse sich, so Härter, die Intensivierung der Ordnungsgesetzgebung seit der zweiten Hälfte des 17. Jahrhunderts nicht ausschließlich als Reaktion auf Krisen erklären, vielmehr zeige »sich darin auch die Tendenz zu einer aktiv steuernden Gesetzgebung«.²⁷ Für die, längerfristig gesehen, kontinuierlich zunehmende gesetzgeberische Tätigkeit der Obrigkeiten bietet Thomas Simon eine Erklärung ohne Rückgriff auf Krisen an. Ausgehend von dem Befund, dass die Städte in der Ordnungspolitik vorangingen, erklärt er – unter Rückgriff auf Wilhelm Janssen und Norbert Elias – das frühe Einsetzen städtischer guter Policey damit, dass das Zusammenleben auf engem Raum zu Ordnungsproblemen führte, die mittels Verordnungen und Mandaten der städtischen Räte geregelt wurden.²⁸ Die Städte waren nicht autark, sondern auf Austauschbeziehungen angewiesen. Zudem bestand eine funktionale Arbeitsteilung innerhalb der Stadt, was die gegenseitige Abhängigkeit auch unter den Bürgern intensivierte. Die Austauschbeziehungen innerhalb der Stadtmauern wie auch mit dem Umland mussten möglichst ungestört funktionieren, damit die Stadtbewohner ihren Alltag meistern konnten. Das erkläre das frühe Einsetzen der Policeyordnungen im wirtschaftlichen Bereich:²⁹ Verbote des Fürkaufs, Marktregeln, Lebensmittelkontrollen. Der Stadtfrieden musste garantiert werden, was auch mit dem Verbot unsittlichen Verhaltens einherging. Darunter fielen Spielverbote, da das Spiel um Geld Unfrieden, Gotteslästerung oder auch ein gewaltsames Regeln der Unzufriedenheit nach sich zog. Gleiches galt für den übermäßigen Alkoholkonsum, weshalb auch das Wirtshaus Gegenstand obrigkeitlicher Regulierung wurde.³⁰ Policeyordnungen waren demnach nicht Folge einer Krise, sondern dienten dem geordneten Zusammenleben in der wirtschaftlich verflochtenen und sozial komplexen Stadtgemeinschaft. In derselben Logik kann auch das Einsetzen territorialer Gesetzgebung erklärt werden: als »Folge einer strukturellen ›Verdichtung‹«³¹ im Spätmittelalter. Was Maier als Gründe für die Krise der alt-

---

26 *Philipp Waltz*, Mandatspolitik und »gute Policey« in Basel im 17. und 18. Jahrhundert, Basel 2001, S. 31.
27 *Härter*, Policey (Anm. 8), für die beiden Zitate: Bd. 1, S. 124, 126.
28 *Simon*, Krise (Anm. 9), S. 1210f.
29 Vgl. *Iseli*, Gute Policey (Anm. 4), S. 56ff.
30 Vgl. dazu ebd., S. 43f., 80–83.
31 *Simon*, Krise (Anm. 9), S. 1210.

ständischen Ordnung benannte – Gewalt, Kriminalität, eine wirtschaftlich komplexere Zusammenarbeit zwischen Stadt und Land, überregionaler Handel – führte zu gegenseitigen Abhängigkeiten, die nur auf territorialer Ebene geregelt werden konnten. Damit wird auch der kontinuierliche Anstieg territorialer Policeygesetzgebung plausibel: »Schon die geradezu exorbitante Zunahme der Gesetzgebungstätigkeit bis zum 18. Jahrhundert zeigt, dass der Trend zur zentral gesteuerten Regulierung unabhängig von irgendeiner konkreten Krisensituation gewesen sein muss«.[32] Die Masse der Verordnungen wuchs zudem mit der zunehmend funktionsfähigeren Verwaltung der Territorialstaaten.

Wie soll nun aber ›Krise‹ gefasst werden? Aus dem Überblick vom 14. bis ins 18. Jahrhundert ergibt sich die Feststellung, dass das Alte Europa offenbar nur aus Krisen bestand, was, wenn man unter ›Krise‹ ganz allgemein schwierige Lebensbedingungen während eines bestimmten Zeitabschnitts versteht, ja auch nicht ganz falsch ist. Seit Mitte des 14. Jahrhunderts bis ins 18. Jahrhundert war Europa von drei Grundproblemen ständig bedroht. Die Ernährungsbasis war schmal und ungesichert. Missernten führten zu Hungersnöten und Teuerungen. Unterernährte Menschen fielen Seuchen leichter zum Opfer, so auch der Pest, die noch im frühen 18. Jahrhundert Europa heimsuchte. Die landwirtschaftlichen Erträge waren nicht wesentlich steigerbar, zumindest nicht in dem Maße, wie die Bevölkerung zunahm, so dass Hungersnöte auch noch in der zweiten Hälfte des 18. Jahrhunderts eine traurige Realität darstellten.[33] Als dritte permanente Bedrohung muss auch der Krieg genannt werden: »Irgendwo wurde im frühneuzeitlichen Europa fast immer gekämpft, und dieses Irgendwo lag nicht selten in Deutschland«, stellt Johannes Burkhardt fest.[34] Er spricht darüber hinaus von einem Verdichtungsprozess des Krieges seit dem 15. Jahrhundert, der den Krieg in der Frühen Neuzeit quasi zum Normalfall werden ließ.

Krieg, Hunger und Seuchen sind rückblickend für das vormoderne Europa Konstanten, doch in der Wahrnehmung eines Individuums unterschiedlich gegeben. Nicht jedes Dorf, jede Stadt war vom Krieg betroffen, nicht überall gleichzeitig wütete die Pest. Eine ›Krise‹, die als solche auch von den Zeitgenossen wahrgenommen wurde,[35] musste eine existenzielle Bedrohung während

---

32 Ebd., S. 1209.
33 Für die ›longue durée‹ des Alten Europa zwischen 1300 und 1800 vgl. *Peter Blickle*, Das Alte Europa. Vom Hochmittelalter bis zur Moderne, München 2008, v. a. zu Landwirtschaft und Hungersnöten: S. 143-150. Zur langen europäischen Geschichte der Pest vgl. den Sammelband *Mischa Meier* (Hg.), Pest. Die Geschichte eines Menschheitstraumas, Stuttgart 2005.
34 *Johannes Burkhardt*, Der Dreißigjährige Krieg, Frankfurt a.M. 1992, S. 9.
35 Diesen meines Erachtens wichtigen Zusatz formulierte František Graus: »Unter einer ›Krise‹ verstehe ich […] Erschütterungen (Verluste) von vorher kaum bestrittenen Sicherheiten (Werten), bzw. Umbrüche von Trends, die bisher als gesichert angesehen wurden und deren sich die Zeitgenossen (zumindest partiell) auch bewusst waren«; *František Graus*, Vom »Schwarzen Tod« zur Reformation. Der krisenhafte Charakter des europäischen Spätmit-

eines gegebenen Zeitabschnittes darstellen, während dessen funktionierende Strukturen grundlegend in Frage gestellt wurden.[36] Kumulierten im Verlaufe eines Menschenlebens die Erfahrungen von Krieg, Pest und Versorgungskrise, kann wohl tatsächlich davon ausgegangen werden, dass dessen funktionierender Alltag aus den Fugen geriet und die Bedrohung als individuelle Bedrohung empfunden wurde. Verzweiflung sowie Zweifel am bisherigen Weltbild oder auch am Glauben an Gott sind mehr als nachvollziehbar. »Wir Leut leben wie die Tier, essen Rinden und Gras. Kein Mensch kann sich denken, dass so etwas vor uns geschehen sei. Viele Leut sagen, es sei jetzt gewiss, dass kein Gott ist«,[37] notierte ein Überlebender gegen Ende des Dreißigjährigen Krieges in einem zerstörten Dorf der Schwäbischen Alb in seine Bibel. Der Dreißigjährige Krieg zog Hunger, Pest und großes Elend nach sich. Er wurde als ein nicht endender wahrgenommen und war mit keiner Erfahrung aus der Vergangenheit, an der die Gegenwart üblicherweise gemessen wurde und die bislang Sicherheit gab, vergleichbar.[38]

Zusammenfassend kann festgehalten werden: Erstens ist um 1500 ein tiefgreifender gesellschaftlicher Wandel festzustellen, der sich in erhöhter gesetzgeberischer Tätigkeit niederschlug. Die Analyse der »Krise der altständischen Ordnung« von Maier kann mit Simons These der gesellschaftlichen und ökonomischen »Verdichtung« ohne Krisenbegriff und doch in der Sache sich entsprechend pragmatisch beschrieben werden. Zweitens erweist sich ›Krise‹ als Erklärung für die langfristige Entwicklung der guten Policey und Policeygesetzgebung als unbefriedigend. Doch für ›Ausreißer‹, sei es dass in einer bestimmten Phase eine erhöhte oder im Gegenteil eine nachlassende Gesetzgebung festgestellt werden kann, ließe sich durchaus mit ›Krise‹ im oben formulierten Sinn argumentieren. Zwischen 1450 und 1780 ist während des Dreißigjährigen Krieges auf territorialer Ebene ein deutlicher Einbruch der gesetzgeberischen Tätigkeit festzustellen. Der Dreißigjährige Krieg stellte die Gemeinschaften vor ganz besondere Herausforderungen. Die drei Grundübel, mit denen die Menschen seit dem ›Schwarzen Tod‹ von 1348 bis in das erste Drittel des 18. Jahrhunderts in mehr oder weniger langen zeitlichen Abständen immer wieder zu kämpfen hatten, nämlich Lebensmittelknappheit (oder Hunger), Epidemien und Krieg, fielen zwischen 1618 und 1648 in der Lebenszeit eines Menschen zusammen. Die Zeitgenossen haben diese Phase als Krise, wenn nicht sogar als

---

telalters, in: Peter Blickle (Hg.), Revolte und Revolution in Europa, München 1975, S. 10–30, hier S. 10.
36 So definiert Thomas Simon den Krisenbegriff: *Simon*, Krise (Anm. 9), S. 1213.
37 Zitiert nach *Burkhardt*, Der Dreißigjährige Krieg (Anm. 20), S. 243.
38 Vgl. dazu ebd., S. 238–243.

persönliche Katastrophe erlebt,[39] mit offensichtlichen Auswirkungen auf die Gesetzgebungstätigkeit.

Die Phase des Dreißigjährigen Krieges dient deshalb den folgenden Überlegungen als zeitlicher Rahmen. Untersucht wird, in welcher Weise sich diese existenzielle Bedrohung in den Policeyordnungen niedergeschlagen hat. Als Beispiel dient aber nicht ein vom Krieg direkt erfasstes Gebiet, sondern ein vom Krieg unmittelbar bedrohtes Gebiet, hier konkret die Stadt Basel. In vom Krieg zerstörten oder zumindest direkt betroffenen Territorien, Dörfern oder Städten brach die Gesetzgebungstätigkeit aus naheliegenden Gründen ein. In diesen extremen Situationen blieben weder Zeit noch Menschen für gesetzgebende Akte. Die Verordnungstätigkeit kam aber nicht generell zum Erliegen, in unserem Beispiel Basel erreichte die Zahl der erlassenen Mandate sogar Spitzenwerte. Die Annahme liegt auf der Hand, dass die massive Zunahme ebenfalls in der Krisensituation des Dreißigjährigen Krieges begründet liegt. Deshalb soll hier die Frage nach den Spuren gestellt werden, welche das Erleben von Bedrohung, von individuell erlebtem Unglück, von äußerster Gefahr durch Pest, Krieg oder Versorgungsschwierigkeiten in den Policeyordnungen hinterließ. Policeyordnungen sind deshalb ein geeigneter Spiegel der zeitgenössischen Lebensbewältigung, weil sie dazu beitrugen, »die Welt zu ordnen und einzuteilen« und »die Welt damit handhabbar zu machen«.[40] Lässt sich eine veränderte Wahrnehmung der Welt in den Policeyordnungen ablesen? Welche Konsequenzen hatte die Ausnahmesituation auf die konkrete Gesetzgebung?

2. Basel im Dreißigjährigen Krieg

Im Spätmittelalter wurde Basels Reichsfreiheit bestätigt, und im frühen 16. Jahrhundert war auch die Territorialbildung abgeschlossen. Aus Sicherheitsgründen schloss die Stadt 1501 einen ewigen Bund mit der Eidgenossenschaft. Für das oberrheinische Gebiet stellte Basel einen wichtigen Verkehrsknotenpunkt, bedeutenden Handelsplatz und unentbehrlichen Getreideumschlagplatz dar. Insbesondere der Sundgau war Kornkammer und Weinlieferant nicht nur für Basel, sondern auch für die Eidgenossenschaft. Die Stadt hatte im 16. Jahrhundert geschätzte 9.000 bis 10.000 Einwohner und war damit zwar kleiner als Straßburg, aber größer als Freiburg im Breisgau, Mulhouse oder Colmar und wesentlich größer als die eidgenössischen Städte Zürich und Bern. Der Basler Schultheiß, der große und kleine Rat bestimmten, gestützt auf ein Zunftregiment, die Geschicke

---

39 Vgl. ebd., S. 233–244.
40 *Achim Landwehr*, Die Rhetorik der »guten Policey«, in: Zeitschrift für Historische Forschung 30, 2 (2003), S. 251–287, hier S. 286.

von Stadt und Landschaft. 1529 ordnete die städtische Obrigkeit in einer großen Reformationsordnung das Kirchenwesen neu, womit Basel die Reformation für Stadt und Landschaft verbindlich erklärte.[41]

Der Dreißigjährige Krieg bedrohte die Stadt in verschiedener Weise. Einerseits war das Basler Wehrwesen zu schwach, um Durchzüge fremder Heere oder Grenzverletzungen wirksam abzuwehren. Durchziehende Truppen verlangten Versorgungsleistungen. Besonders bedrohlich war der Durchzug des 25.000 Mann starken Heers des Herzogs Feria und Grafen Aldringer im Jahr 1633. Auch in den Jahren 1637/38 musste die Stadt durchziehende Truppen versorgen und war ab 1638 verpflichtet, die Soldaten bei der Belagerung der Festung Breisach mit Proviant zu beliefern. Zwar verhalf der Krieg einigen Händlern und Kaufleuten zu beträchtlichen Gewinnen, doch für die Stadtbevölkerung verschärfte sich die Versorgungslage aufgrund von mehreren Flüchtlingswellen. Bereits seit 1621/22 flohen Landleute aus dem Elsass und dem Markgräflerland in die Stadt Basel. 1633 wurden 5.256 Flüchtlinge gezählt – eine enorme Zahl, wenn man bedenkt, dass die Stadtbevölkerung zu diesem Zeitpunkt etwa 11.100 Einwohner zählte.[42] Der Rat schrieb zwar vor, dass die Schutzsuchenden ausreichend Vorräte mitzubringen hätten, doch längst nicht alle konnten dies einhalten; mehr und mehr Personen waren auf Almosen angewiesen. Die Obrigkeit versuchte das Problem mit Verboten zu lösen. Der Straßenbettel wurde strikt untersagt, was aber an der Versorgungslage nichts änderte.[43] Während des großen Krieges ergriffen zudem Epidemien die Stadt in mehreren Wellen, konkret in den Jahren 1628 und 1629 sowie zwischen 1633 und 1636.[44] Auffälligerweise erließ der Basler Rat im Zeitraum von 1620 bis 1635 so viele (Policey-)Mandate wie nie zuvor, und es verstrichen fast einhundert Jahre, bis erneut auch nur annähernd so viele Verordnungen in Kraft gesetzt wurden. Die Verordnungsflut seit den 1620er Jahren kulminierte in einer umfassenden, 150-seitigen Reformations- und Policeyordnung im Jahre 1637.[45] Die gesteigerte Verordnungstätigkeit setzte somit

---

41 Siehe *Emidio Campi* und *Philipp Wälchli* (Hg.), Basler Kirchenordnungen 1528–1675, Zürich 2012, S. 13–42. Vgl. *Kaspar von Greyerz*, Reformation, Humanismus und offene Konfessionspolitik, in: Georg Kreis und Beat von Wartburg (Hg.), Basel – Geschichte einer städtischen Gesellschaft, Basel 2000, S. 80–109; *Werner Meyer*, Basel im Spätmittelalter, in: ebd., S. 38–77; *ders.*, Basel 1501: Die Reichsstadt wird Mitglied der Eidgenossenschaft, in: Gesellschaft für das Gute und Gemeinnützige Basel (Hg.), Basel 1501 2001 Basel, Basel 2001, S. 11–52; *Marc Sieber*, Ein Jahrhundert des Aufbruchs: Humanismus, Handel und Zunftwesen, in: ebd., S. 53–74.
42 *Robert Stritmatter*, Die Stadt Basel während des Dreissigjährigen Krieges. Politik, Wirtschaft, Finanzen, Bern 1977, S. 61.
43 *Susanne Burghartz*, Das »Ancien Régime«, in: Kreis und von Wartburg (Hg.), Basel (Anm. 41), S. 116–147, v. a. S. 119, 137.
44 Vgl. *Frank Hatje*, Leben und Sterben im Zeitalter der Pest. Basel im 15. bis 17. Jahrhundert, Basel und Frankfurt a.M. 1992, v. a. Tab. 3/2, S. 161.
45 Vgl. *Waltz* (Anm. 26), Mandatspolitik, S. 31, 46. Die Reformations- und Policeyordnung von

kurz nach Kriegsbeginn, aber noch vor den ersten Flüchtlingswellen und Seuchenzügen ein und ließ erst nach der letzten Pestwelle etwas nach. Die Bedrohung durch den Dreißigjährigen Krieg fand in den Präambeln der Policeyverordnungen deutlichen Ausdruck.

Als im Jahr 1618 der Krieg noch als eine böhmische Angelegenheit wahrgenommen werden konnte, wurden in Basel die Untertanen zu Dankbarkeit gegenüber Gottes Barmherzigkeit ermahnt. Denn trotz oder gerade wegen reicher Ernte und einer guten Herbstsaison stellten Burgermeister und Räte »schendliche undanckbarkeit« und »ta(e)glichs mehr fu(e)rbrechenden unwesen« fest. Um mögliche »Go(e)ttlichen straffen« vorzubeugen, erließ die Obrigkeit »Policey Artickel«,[46] mit denen die Untertanen zu regelmäßigem Gottesdienstbesuch und zu gesittetem Verhalten aufgefordert wurden. Verstöße sollten mit Bußen bestraft werden. Im April 1619 verfügte der Rat ein nun für Stadt und Landschaft verbindliches Mandat, das erneut die Einhaltung der Sonntagsheiligung verordnete. Außerdem wurden Spiel, Trank und ganz allgemein üppiges Leben und Prassen verboten. Angedroht wurden nun schwere Strafen, Leibesstrafen eingeschlossen. Die Begründung des Mandats zeigt bereits zu diesem Zeitpunkt, wie tief Angst und Schrecken vor dem sich ausweitenden Krieg saßen. Verstärkt wurde die Angst offensichtlich durch die Kometenerscheinung[47] im Jahr 1618, welche nicht nur die Obrigkeit als klare Warnung Gottes interpretierte, auf die sie mit einer scharfen Verordnung reagierte: »Nachdem erstvergangnen Jahrs am Himmel gesehene / und auff Erden beschehene schro(e)ckliche Zeichen / jetziger Zeit gefahr: und sorgliche La(e)uff / grosse Kriegsverfassungen / welche fast aller Orten empor gehen / einem jeden Gottliebenden Hertzen gnugsam zuermessen geben / daß gegenwertiger / und auffs ku(e)nfftig mehrers besorgender Jamer anders nitzit / als von dem allgerechten GOtt / umb unserer manigfaltigen sünden und missethaten willen verhengte straffen und bedrawungen seyen / welche in kein andere weg / dann durch rechtschaffene Bu(o)ß und scheinbare verbesserung unsers Lebens abgewendet und gemildert werden mo(e)ge«.[48] Im September 1620 wurde dann der Krieg als Tatsache festgehalten. Was ein Jahr zuvor noch als »Gefahr« und »sorgliche Läuf« bezeichnet worden war, war eingetreten und wurde nun beim Namen genannt: »bey gegenwertigen vast beschwerlichen und gantz trawrigen zeiten / in welchen sonderlich die Evangelischen Kirchen

---

1637 findet sich neuerdings ediert in: *Campi* und *Wälchli*, Basler Kirchenordnungen (Anm. 41), S. 310–366.
46 Staatsarchiv Basel Stadt, Mandatensammlung, Bibl. Bf1, Policey Artickel vom 3. Oktober 1618; *Campi* und *Wälchli*, Basler Kirchenordnungen (Anm. 41), S. 230f., hier S. 230.
47 Vgl. dazu auch *Blauert*, Kriminaljustiz (Anm. 13), S. 130–135.
48 Staatsarchiv Basel Stadt, Mandatensammlung, Bibl. Bf1, Mandat vom 17. April 1619; *Campi* und *Wälchli*, Basler Kirchenordnungen (Anm. 41), S. 232–234, hier S. 232.

hin und har / in der na(e)che und ferne feindtlich angegriffen / und mordtlich verfolgt werden«.[49] Die Schuld wurde dem eigenen fehlerhaften, gotteslästerlichen Verhalten zugewiesen. Es handelte sich um eine wohlverdiente Strafe. Gott musste mit tiefempfundener Reue und Buße um Verzeihung gebeten werden. Deshalb, und um den vom Krieg betroffenen Glaubensgenossen Mitleiden zu bekunden, verordnete die Basler Obrigkeit einen in den städtischen Kirchen gefeierten Bettag für alle Einwohner der Stadt.[50]

1622 rückte der Krieg in bedrohliche Nähe. Die Obrigkeit veranlasste die Verstärkung der städtischen Befestigungen. Das Vorhaben konnte aus finanziellen Gründen nicht umgesetzt werden,[51] begründet wurde es aber erneut mit dem Hinweis auf die »gegenwertigen ho(e)chstbetru(e)bten / ganz trawrigen und gefehrlichen leuften«.[52] Der Rat ergriff am gleichen Tag eine außergewöhnliche Maßnahme und setzte die Preise für Korn und Haber fest.[53] Während Preisfestsetzungen für Lebensmittel wie Fleisch, Brot oder Wein durchaus üblich waren, hüteten sich die Obrigkeiten normalerweise, in den Getreidehandel mit Preisdiktaten einzugreifen.[54] Diesen Vorbehalten gab auch der Basler Rat Ausdruck, wenn er ausdrücklich darauf verwies, dass er den Preis lieber den »handlenden partheyen [...] u(e)berlassen« würde. Doch das Fehlverhalten einzelner Kaufleute, die »auß unersettlichem geitz« und zu Lasten ihrer Mitmenschen die massive Verteuerung zu verantworten hätten, zwinge die Räte »auß Väterlicher vorsorg«[55] zu handeln. Die Versorgungskrise von 1621 bis 1623 war die Folge einer allgemeinen, durch den Krieg mit verursachten enormen Teuerung. Ganz direkt betroffen war Basel aber von der Ausfuhrsperre für Getreide, welche die vorderösterreichische Regierung in Ensisheim verhängte. Zusätzlich belastet wurde die Lebensmittelversorgung durch die erste Flüchtlingswelle aus den benachbarten oberrheinischen Gebieten.[56] Der Krieg hielt damit indirekt auch in Basel Einzug.

1626 war für Basel ein ruhiges Kriegsjahr. Dennoch erließ der Rat ein Totalverbot für den Gassenbettel. Anlass waren offenbar Nachrichten von der sich in Europa ausbreitenden Pest. Bettelvögte (Profosen) wurden zur Versorgung der »recht-du(e)rfftigen Armen« eingesetzt. Fremde Arme durften nur noch in

---

49 Ebd., Mandat vom 4. September 1620; *Campi* und *Wälchli*, Basler Kirchenordnungen (Anm. 41), S. 237f., hier S. 237.
50 Ausführlicher zum Fast- und Bettag von 1620: *Martin Sallmann*, Konfessionalisierung in Basel. Kirche und weltliche Obrigkeit, in: Historisches Museum Basel (Hg.), Wettstein – Die Schweiz und Europa 1648, Basel 1998, S. 52–61.
51 Vgl. *Burghartz* (Anm. 43), »Ancien Régime«, S. 137.
52 Staatsarchiv Basel Stadt, Mandatensammlung, Bibl. Bf1, Mandat vom 7. Dezember 1622.
53 Ebd.
54 Vgl. dazu *Iseli*, Gute Policey (Anm. 4), S. 62–65.
55 Staatsarchiv Basel Stadt, Mandatensammlung, Bibl. Bf1, Mandat vom 7. Dezember 1622.
56 Vgl. *Stritmatter*, Stadt Basel (Anm. 42), S. 82–87.

Begleitung eines Profosen die Stadt betreten. Sie wurden zur Elendenherberge geführt, verpflegt und mussten am folgenden Tag die Stadt wieder verlassen.[57] Betteln verstoße gegen Gottes Gebot, für den eigenen Unterhalt durch ehrliche Arbeit selbst aufzukommen. Und so fehlt denn auch die Aufforderung an die Familien nicht, ihre Kinder »fleissig aufferziehe / daß selbige ihr Leben zu gewinnen erlehrnen / und vorem Ba(e)ttel sich enthalten ko(e)nnen«.[58] Weitere Maßnahmen zur Vorbeugung der Pest wurden getroffen: Im Dezember 1626 verfügte der Rat erstmals, es dürften nur noch Personen die Stadt betreten, die nachweisen konnten, dass sie sich vor ihrer Ankunft in Basel mindestens drei Wochen in pestfreien Gegenden aufgehalten hatten.[59] Doch die Vorsichtsmaßnahmen verhinderten den Ausbruch der Krankheit im September 1628 nicht, obwohl zu Beginn des Jahres die Bestimmungen wiederholt worden waren: Reisende, so hielten Burgermeister und Rat zu Basel nüchtern fest, könnten die »Pestilentzische Sucht« in die Stadt bringen, weshalb sie die »Ordnung nottrungenlich angesehen«.[60] Die Epidemie breitete sich vor allem im folgenden Jahr aus; insgesamt waren 2.500 Tote zu beklagen. Im Juli 1629 versuchte die Obrigkeit, eine weitere Verbreitung der Pest zu verhindern, und regelte das Vorgehen für die Bestattungen.[61] Zudem ließ der Basler Rat ein Traktat der Medizinischen Fakultät drucken, mit dem die Bevölkerung über die Möglichkeiten, sich vor der Pest zu schützen und Erkrankte zu heilen, unterrichtet werden sollte. Eingangs mahnten die Gelehrten, der allmächtige Gott habe die Pest als Strafe geschickt, um die Menschen zu Demut zurückzuführen. Die Verbindung zu den überaus pragmatischen, wenn auch aus heutiger Sicht nicht in jedem Fall wirksamen Maßnahmen begründeten die Gelehrten mit dem Hinweis, »die ordenlichen und von Gott selbs erlaubten Mittel keineswegs [zu] verachten / sondern in Gottes forcht ordentlich [zu] brauchen«. Die Medizinische Fakultät riet dazu, Verstorbene innerhalb von 24 Stunden zu bestatten; Überlebende sollten nach ihrer Genesung weder zum Gottesdienst noch zum Markt gehen dürfen. Kleider und Bettwäsche der Erkrankten müssten in Rhein oder Birs, also keinesfalls an den Brunnen, ausgewaschen werden. Die Wohnungen wie auch die Luft seien sauber zu halten, weshalb Gassen und Straßen gereinigt werden sollten. Zudem könne das Verbrennen von bestimmten Höl-

---

57 Ebd., S. 62.
58 Staatsarchiv Basel Stadt, Mandatensammlung, Bibl. Bf1, Mandat vom 20. Mai 1626; *Campi* und *Wälchli*, Basler Kirchenordnungen (Anm. 41), S. 256–266, hier S. 258.
59 *Stritmatter*, Stadt Basel (Anm. 42), S. 62f. Frank Hatje datiert das erstmalige Verfügen einer Torwache zur Kontrolle der Einreisenden auf Januar 1628. Vgl. *Hatje*, Leben und Sterben (Anm. 44), S. 70.
60 Staatsarchiv Basel Stadt, Mandatensammlung, Bibl. Bf1, Mandat vom 5. Januar 1628.
61 Ebd., Mandat vom 25. Juli 1629; *Campi* und *Wälchli*, Basler Kirchenordnungen (Anm. 41), S. 213–215. Vgl. auch *Stritmatter*, Stadt Basel (Anm. 42), S. 63f., und *Hatje*, Leben und Sterben (Anm. 44), S. 70f., für die Zahl der Sterbefälle S. 161.

zern, Rosmarin oder Eichenlaub in Häusern und Gassen der Seuche entgegenwirken.[62]

Seit 1632 suchten erneut zahlreiche Flüchtlinge Zuflucht in Basel. Ihre Zahl nahm 1633 besonders zu, als schwedische Truppen in den oberrheinischen Raum vorrückten. Im März musste der Rat zudem Kenntnis davon nehmen, dass in Breisach und Freiburg die Pest wütete. Die Obrigkeit traf dieselben Vorkehrungen zur Pestabwehr wie bereits vier Jahre zuvor. Doch die Vorsichtsmaßnahmen, wie beispielsweise die Kontrolle an den Toren, verhinderten auch diesmal die Seuche nicht. Im April 1634 musste ein erster Pestfall verzeichnet werden.[63] Am 15. November 1634 verordnete der Rat die Einhaltung der Sonntagsheiligung und verbot jegliches Glücksspiel, untersagt waren auch Singen und »Jauchzen«. Ein erneuertes sittliches Verhalten sollte die »wol-verdiente uns uber dem halß schwebende straaffen Gottes« abwenden. Die bedrohliche Lage beschrieb der Rat unter Verweis auf die Getreideteuerung und die »grassirende la(e)idige Pestilentzische Sucht / jetziger Zeit gefa(e)hr= und sorgliche La(e)uff / grosse Kriegs-verfassungen / welche vast aller Orten empor gehen / und die annoch wa(e)hrenden Kriegs-gefahren«.[64] Die Bettelordnung von 1626 erneuerte der Rat in den Jahren 1635 und 1636. Die Probleme waren offenbar so groß geworden, dass auf lange Einführungen der Mandate verzichtet wurde. Die Ordnung vom 6. April 1636 verwies bloß auf das vorgängige, sehr nützliche Mandat, das erneuert und bekräftigt werden müsse. Denn die Missachtung der Bestimmungen hätte »abermalen ein[en] merckliche[n] grosse[n] Jam(m)er / und neben allerhand anderen sorg= und gefa(e)hrlichen Beschwa(e)rlichkeiten / auch Contagiosische Süchten un(d) Kranckheiten«[65] zur Folge. Die in der Stadt in Wellen aufflammenden Epidemien[66] erforderten ebenfalls schnelles Handeln. Jedenfalls verordnete der Rat im Januar 1635 ohne Umschweife, dass der Verkauf von Kleidern und Bettwäsche von Verstorbenen verboten sei. Das Mandat ist in harschem Befehlston abgefasst – »fahls disem Unwesen nicht ohnverzogenlich remedirt, und gebu(e)rlich vorgebogen« – und schließt mit einer erstaunlichen Argumentation. Durch die »gnad und barmhertzigkeit Gottes« sei die Epidemie abgeklungen und es solle verhindert werden, dass sie »gar leichtlich newer dingen verursacht / und gleichsam vorsetziglich widerumb

---

62 Staatsarchiv Basel Stadt, Mandatensammlung, Bibl. Bf1, Büchlein 1629 (ohne genaues Datum). Vgl. auch *Stritmatter*, Stadt Basel (Anm. 42), S. 64.
63 Ebd., S. 64–68.
64 Staatsarchiv Basel Stadt, Mandatensammlung, Bibl. Bf1, Mandat vom 15. November 1634; *Campi und Wälchli*, Basler Kirchenordnungen (Anm. 41), S. 297f., hier S. 297.
65 Ebd., Mandat vom 6. April 1636; *Campi* und *Wälchli*, Basler Kirchenordnungen (Anm. 41), S. 307–309, hier S. 307.
66 Es handelte sich zwischen 1633 und 1636 um eine Polyepidemie. Vgl. *Hatje*, Leben und Sterben (Anm. 44), S. 161.

herzu gezogen werden mo(e)chte«.⁶⁷ Falsches Verhalten konnte also einen Wiederausbruch der Seuche verursachen, diesmal aber wurde die Verfehlung nicht im sittlich-moralischen Bereich lokalisiert, sondern im praktischen Alltagsverhalten.

3. Führt die Krise zu einer neuen Policeyrhetorik?

Der europäische Krieg verursachte in Basel das gleichzeitige Auftreten von drei großen Problemen: Pest und Seuchen, Teuerung und Lebensmittelkrise sowie die Versorgung von zahlreichen Flüchtlingen. Burgermeister und Rat versuchten, die Bevölkerung der Stadt so gut wie möglich vor dem Schlimmsten zu bewahren, was für die Getreidepolitik gut dokumentiert ist.⁶⁸ Nicht nur mittels Beschlagnahmungen, Vorschriften und Verboten, beispielsweise des Fürkaufs, sondern auch dank verschiedener Verhandlungen mit Genf, Bern, dem kaiserlichen Feldmarschall von Schauenburg oder dem Herzog Rohan konnte der Rat die Versorgung mit Getreide sicherstellen. Die Bevölkerung wurde aufgerufen, Vorräte anzulegen; Ratsmitglieder unternahmen Reisen in eigener Person, um die städtischen Vorräte aufzustocken. Mehrfach ordnete der Rat Hausdurchsuchungen an, um einen Überblick über die vorhandene Getreidemenge zu erhalten.

Die Notlage zwang die Obrigkeit zum Handeln. Die Präambeln der Mandate fallen Mitte der 1630er Jahre – am Höhepunkt der Krise – ganz weg, oder die Begründungen scheinen sich zu ›verweltlichen‹. Der Rat wandte sich zunehmend im Befehlston an die Untertanen. Die Neuauflage des Bettelmandats von 1635 im Jahre 1649 (bereits nach dem Friedensschluss in Münster und Osnabrück) könnte diese Tendenz bestätigen, denn der Rat stellte sich hier deutlich als aktive, die Untertanen vor Unheil bewahrende Obrigkeit dar: »So mu(e)ssen Sie [der Rat] jedoch / nicht mit geringer beschwa(e)rdt / und gantz beku(e)mmertem Gemu(e)th ta(e)glich in der that erfahren / daß solche so trew-eyferige und wolgemeinte Jntention und Vorhaben jhren Effect nicht vo(e)llig erreicht / sonder vielmehr widerig außgeschlagen / in dem / namlichen / der offentlichen Gassen-Bettel solcher massen nun etlich Jahr hero newer dingen eyngerissen / daß die nicht ohn zeitige Beysorg zu tragen / da diesem Unwesen nicht bey guter zeit remedirt werden solte / abermahlen ein mercklicher grosser Jamer / wie vor

---

67 Staatsarchiv Basel Stadt, Mandatensammlung, Bibl. Bf1, Mandat vom 12. Januar 1635; das Verbot wird am 15. August 1635 wiederholt.
68 *Stritmatter*, Stadt Basel (Anm. 42), S. 79–121.

diesem / und neben allerhand beschwa(e)rlichkeiten / auch Contagiosische Su(e)chten und Kranckheiten ansetzen und entstehen mo(e)chten«.[69]

Nur der Rat, so schwingt in der Botschaft mit, kann solches Leid verhindern. Andererseits blieben Sittenmandate mit dem Verweis, die Notlage sei als Gottesstrafe allein dem unchristlichen Verhalten der Untertanen zuzuschreiben, Teil der Mandatstätigkeit auch in Zeiten höchster Not, wie beispielsweise im oben betrachteten Jahr 1634. Drei Jahre später erließ der Rat zudem eine umfangreiche Reformations- und Policeyordnung, ausgestattet mit altbekannten Formulierungen: »Dahero dann der gerechte Gott zu billichem Zorn gegen uns Menschen bewegt / auß seinem gerechten Urtheil / manigfaltige Plagen und Straaffen u(e)ber uns verha(e)ngt und ergehen lassen; und benantlichen / uns nicht allein mit Thewrung / Erdbide(m) / Pestilentz / und andere(m) Ungemach / die Jahr u(e)ber ernstlich heimgesu(o)cht; sonder auch an jetzo mit Land- und Sta(e)tt-verderblichen Kriegen bedrawen thu(o)t«,[70] weshalb alle Einkehr halten und Gott um Verzeihung bitten müssten. Die Ordnung regelte – in dieser Reihenfolge – Sonntagsheiligung und Gottesdienstbesuch, verbot Hurerei, Ehebruch, Wucher, Fürkauf, Verleumdungen, übermäßiges Trinken und Spielen. Sie schränkte die Ausgaben bei Hochzeitsfeiern und Begräbnissen ein und schloss mit einer detaillierten Kleiderordnung. Abgesehen von der Präambel, in der summarisch auf die Bedrohungslage eingegangen wird und auch die längst vergangene Katastrophe des Basler Erdbebens Erwähnung findet, erinnert nichts in dieser Ordnung an die außergewöhnlich schwierige Lage, in der sich Basel zu diesem Zeitpunkt befand. Die nachfolgenden Reformationsordnungen, wie beispielsweise die von 1715, wurden fast im gleichen Wortlaut neu aufgelegt. Eine der spärlichen Formulierungskorrekturen betrifft den Krieg, der Stadt und Land nicht mehr »bedrohte« wie 1637, sondern diese »umbfangen« würde.[71] Im Vergleich zur älteren Reformationsordnung von 1595, die von »vil un(d) mancherley plage(n) / als Thu(e)rung / Hunger / Krieg / Pestilentz und andere kranckheiten mehr« sprach, trat 1637 ausgerechnet das Erdbeben als mögliche Bedrohung dazu.[72]

Das Phänomen von sich im Wortlaut wiederholenden Ordnungen ist keine Besonderheit Basels, sondern wurde in Studien zur guten Policey bereits

---

69 Staatsarchiv Basel Stadt, Mandatensammlung, Bibl. Bf1, Mandat vom 6. April 1649; *Campi* und *Wälchli*, Basler Kirchenordnungen (Anm. 41), S. 381–384, hier S. 381.
70 Christenliche Reformation, und Policey-ordnung der Statt Basel […], Basel 1637; *Campi* und *Wälchli*, Basler Kirchenordnungen (Anm. 41), S. 310–366, hier S. 310f. Siehe zu dieser Ordnung auch Anm. 45.
71 Christenliche Reformation, und Policey-Ordnung der Statt Basel (Anm. 3).
72 *Campi* und *Wälchli*, Basler Kirchenordnungen (Anm. 41), S. 112–124, hier S. 113 (1595), S. 310–366, hier S. 310f. (1637). Zu den mehrfach wiederholten Reformationsordnungen von Basel vgl. *Waltz* (Anm. 26), Mandatspolitik, S. 46f.

mehrfach festgestellt. Die einfachste Erklärung dazu gab Peter Kissling, der die großen Policeyordnungen (wie die Reformationsordnung Basels) als »Gebrauchstexte« bezeichnete, die teilweise über Jahrhunderte gültig blieben und nur kleinere Anpassungen erfuhren.[73]

In Basel spielte aber die sich seit dem 17. Jahrhundert verschärfende Moralpolitik eine entscheidende Rolle dafür, dass die Sittlichkeitsmandate bis weit ins 18. Jahrhundert zentrale obrigkeitliche Erlasse blieben. Der Münsterpfarrer und Antistes Johann Jacob Grynaeus hatte gegen Ende des 16. Jahrhunderts die reformierte Orthodoxie in Basel durchgesetzt. Er hatte die weitgehende Annahme des Zweiten Helvetischen Bekenntnisses in Stadt und Landschaft erreicht, das Basel 1644 offiziell unterzeichnete und das die Wende der Basler Kirche hin zur calvinistisch-orthodoxen Lehre unterstrich. Der Rat verschärfte seinerseits die Gesetzgebung in religiösen und sittlichen Fragen und erließ die bereits erwähnte Reformations- und Policeyordnung von 1595. Die Bemühungen Grynaeus' und seiner Nachfolger gingen einher mit einer verschärften obrigkeitlichen Sittenpolitik, deren Höhepunkt in der Reformations- und Policeyordnung von 1637 gesehen wird. Der Alltag sollte nach christlich-reformatorischen Grundsätzen gestaltet sein. Die Gesellschaft bedurfte einer Reinigung, die nur durch Buße erfolgen konnte. Die Reformationsordnung von 1637 verschärfte erneut die Gottesdienstordnung und die Sittengesetzgebung. Der 1620 erstmals gefeierte Buß- und Bettag wurde in der zweiten Hälfte des 17. Jahrhunderts zur monatlichen Pflicht.[74] Somit »entwickelte sich das orthodoxe Staatskirchentum parallel zur Entfaltung des politischen Absolutismus«.[75] Letzterer setzte sich Mitte des 17. Jahrhunderts durch. Im Zuge des schweizerischen Bauernkriegs von 1653 erhob sich die Basler Landschaft gegen die städtische Obrigkeit. Nirgends sonst in der Eidgenossenschaft wurden die aufständischen Landleute so hart bestraft wie in Basel. Auch die städtische Revolte gegen die Herrschaftselite 1690/91 vermochte die Machtverhältnisse nicht grundsätzlich zu erschüttern.[76]

Die Krise zwischen 1620 und 1638 könnte demnach der Durchsetzung des Staatskirchentums mit rigoroser Sittengesetzgebung sowie der Behauptung der städtischen Herrschaftselite um die Mitte des 17. Jahrhunderts Vorschub ge-

---

73 *Peter Kissling*, Die Landesordnung des Fürststifts Kempten, in: Blickle, Kissling und Schmidt (Hg.), Gute Policey als Politik (Anm. 2), S. 27–152, hier S. 27. Der Aufsatz von *Jürgen Schlumbohm*, Gesetze, die nicht durchgesetzt werden: Ein Strukturmerkmal des frühneuzeitlichen Staates?, in: Geschichte und Gesellschaft 23 (1997), S. 647–663, löste eine heftige Debatte über die Frage aus, wie die ständigen Wiederholungen von Policeyverordnungen zu interpretieren seien. Vgl. dazu *Lothar Schilling*, Normsetzung in der Krise. Zum Gesetzgebungsverständnis im Frankreich der Religionskriege, Frankfurt a.M. 2005, S. 417–445.
74 Vgl. *Burghartz*, »Ancien Régime« (Anm. 43), S. 139–142.
75 Ebd., S. 140f.
76 Vgl. ebd., S. 131–136.

leistet haben. Die erwähnten Mandate zeugen einerseits von einer zunehmend selbstbewussten Obrigkeit, die sich als erfolgreiche Krisenmanagerin in Szene setzte. Andererseits blieb auch in höchster Bedrängnis Zeit, die Untertanen zu christlichem Wandel und Buße zu verpflichten, um den Zorn Gottes zu besänftigen. Dieser Befund bestätigt ältere Untersuchungen, wonach der Aufstieg absolutistischer Herrschaft vor allem auch eine Folge der Erschütterungen des Dreißigjährigen Krieges war. So wird in den Reformationsmandaten des 18. Jahrhunderts nicht mehr mit Gottes Strafe gedroht, sondern mit dem Zorn der Obrigkeit.[77]

Doch die Krise in der ersten Hälfte des 17. Jahrhunderts hatte darüber hinaus Verschiebungen in der Wahrnehmung der Welt zur Folge, was sich auch in der Art, die Welt zu ordnen, niederschlug. Am Basler Material ist dies ablesbar. Bedrohung, Unglück und Not sind zwar auch Strafen Gottes, doch das alltägliche Verhalten des Einzelnen sowie die Möglichkeit der Obrigkeit, Einfluss auf das Wohlergehen der Gemeinschaft zu nehmen, treten nun neben die rein religiöse Argumentation von Schuld und Sühne. Eine ähnliche Verschiebung der Wahrnehmung stellt Achim Landwehr für den gleichen Zeitraum im Herzogtum Württemberg fest.[78] In der Policeytheorie lässt sich dieser Wandel ebenfalls beobachten. Im 17. Jahrhundert überlagerten sich ›alte‹ und ›neue‹ Policeytheorie. Traditionellerweise wurde gute Policey als ein Mittel verstanden, die bestehende Ordnung zu bewahren. Eine neue Generation von Policeytheoretikern postulierte nun aber den Vorrang der Politik vor der Moral. Ordnung wurde als veränderbar, als gestaltbar verstanden. Die gute Policey erhielt damit den Auftrag, einen neuen Ordnungszustand herbeizuführen, womit pragmatisch-wirtschaftliche Begründungen und Inhalte der Policeyerlasse in den Vordergrund rückten.[79]

Im längerfristigen Überblick lässt sich dies auch für Basel bestätigen. Im 18. Jahrhundert wurden zur Regelung der wirtschaftlichen Abläufe mit Abstand die meisten Mandate erlassen, während Sittenmandate zur Beschränkung von Aufwand und Luxus kaum noch ins Gewicht fielen.[80] Doch auch im kurzen Zeitraum der hier gewählten Krisenzeit kann am Beispiel der Pestmandate eine bedeutende Verschiebung von Inhalten festgestellt werden. Das Pestmandat von

---

77 Vgl. *Waltz* (Anm. 26), Mandatspolitik, S. 84.
78 *Achim Landwehr*, Absolutismus oder »Gute Policey«. Anmerkungen zu einem Epochenkonzept, in: Lothar Schilling (Hg.), Absolutismus, ein unersetzliches Forschungskonzept? Eine deutsch-französische Bilanz – L'absolutisme, un concept irremplaçable? Une mise au point franco-allemande, München 2008, S. 205–228, hier S. 221–223.
79 Vgl. ebd., S. 223–226.
80 Vgl. *Waltz* (Anm. 26), Mandatspolitik, S. 59f.

1629 wiederholte zwar das Mandat von 1610 wortgleich;[81] auch das erwähnte Pestbüchlein von 1629 wurde mit nur wenigen Abweichungen bereits 1564 und 1610 publiziert.[82] Seit dem Pestzug von 1628/29 aber veränderten sich die angeordneten Maßnahmen: Wurden 1610 noch alltägliche Verrichtungen in den Häusern zugelassen, in denen Kranke lagen, schrieb man 19 Jahre später den Hausgenossen vor, Kranke und Verstorbene zu isolieren. Auch die Gesundenden durften sich nicht im öffentlichen Raum bewegen, also weder zum Markt noch zur Kirche gehen. Neu wurden auch Torkontrollen eingeführt. Es sollten nur jene Fremden, aber auch Bürger Einlass erhalten, die sich zuvor drei Wochen in pestfreien Gegenden aufgehalten hatten und entsprechende Passierscheine vorweisen konnten. Seit 1628 wurde in den Pestmandaten auch systematisch auf das Verbot des Gassenbettels hingewiesen.[83] Der Pestzug von 1628/29 zog also einige neue und sehr konkrete Maßnahmen der Obrigkeit nach sich, die die Seuche von der Stadt ab- oder aber die weitere Verbreitung der Pest aufhalten sollten. Zwar galt auch diese Seuche als Strafe Gottes, doch die Versuche, das Leid zu verhindern, waren konkret und im Weltlichen verortet. Und auf den Weltenlauf konnte eventuell doch eingewirkt werden, wie das oben zitierte Mandat von 1649 vermuten lässt. So könnte in der Krise des 17. Jahrhunderts der Anfangspunkt einer pragmatischen Sicht auf die Welt liegen. Maßnahmen zur Pestvorbeugung, die 1649 noch ungemein verschlungen begründet wurden – wenn »nicht bey guter zeit remedirt werden sollte / abermahlen ein mercklicher grosser Jamer [...] entstehen mo(e)chten« –,[84] klingen in einer Mitteilung des Basler Sanitätsrats von 1772 nüchtern: »Da folglich die zu Verhu(e)tung des Eindringens verda(e)chtiger Waaren genommenen Masregeln nicht mehr von gleicher Nothwendigkeit sind«,[85] werden die Einschränkungen im Interesse des Handels und der Kaufleute zurückgenommen. Aufgrund dieses knappen Überblicks kann bestätigt werden, dass in Basel die durch den Dreißigjährigen Krieg ausgelöste Krisensituation nicht nur die Verordnungstätigkeit vorangetrieben hat, sondern darüber hinaus auch die Stadtobrigkeit in ihrer Funktion als unabdingbare ordnende Kraft bestärkte. Allerdings reiht sich diese außerordentliche Situation in eine sich seit dem 15. Jahrhundert entwickelnde Gesetzgebungstätigkeit ein, die sich weniger mit »Krise« als mit der Bewältigung einer zunehmend komplexer werdenden Gesellschafts- und Wirtschaftsstruktur erklären lässt.

---

81 Staatsarchiv Basel Stadt, Mandatensammlung, Bibl. Bf1, Mandate vom 22. September 1610 und vom 25. Juli 1629; *Campi* und *Wälchli*, Basler Kirchenordnungen (Anm. 41), S. 213–215.
82 Vgl. *Hatje*, Leben und Sterben (Anm. 44), S. 40.
83 Vgl. ebd., S. 70–72.
84 Staatsarchiv Basel Stadt, Mandatensammlung, Bibl. Bf1, Mandat vom 4. April 1649.
85 Ebd., Mandat vom 4. April 1649 und 2. November 1772.

Philip R. Hoffmann-Rehnitz

Zur Unwahrscheinlichkeit der Krise in der Frühen Neuzeit. Niedergang, Krise und gesellschaftliche Selbstbeschreibung in innerstädtischen Auseinandersetzungen nach dem Dreißigjährigen Krieg am Beispiel Lübecks

1. Einleitung: Niedergang, Krise und die Stadt nach dem Dreißigjährigen Krieg

> »Der Friede kömt Gott lob mit schnellem Flug geflogen /
> mit jhm komt alles Glück und Segen eingezogen /
> Er bringet Friedenspost / und güldene FriedensZeit /
> der Krieg ist nun gestillt / geendet alles Leid.«

So hoffnungsvoll wie in diesen Zeilen, die aus einem Flugblatt des Jahres 1648 stammen,[1] wurde die frohe ›Post‹ über das Ende des Dreißigjährigen Krieges keineswegs überall aufgenommen. Neben Freude und Erleichterung herrschten Skepsis und Unsicherheit darüber, inwieweit sich die Verhältnisse durch den Friedensschluss von Münster und Osnabrück tatsächlich verbessern würden. Dass ein ›Ende allen Leids‹ kaum zu erwarten war, man vielmehr noch längere Zeit mit den Folgen des Krieges zu kämpfen haben würde, war gerade den Bürgern und Einwohnern der Städte durchaus bewusst.[2] Zahlreiche Kommunen hatten durch den Krieg erhebliche Zerstörungen und einen Rückgang ihrer Einwohnerzahl erfahren, die wirtschaftlichen Verhältnisse vieler Städte befanden sich 1648 in einer prekären Lage und verbesserten sich auch in der Nach-

---

1 Zitiert nach *Claire Gantet*, ›Dergleichen sonst an keine hohen festtag das gantze Jar hindurch zue geschehen pfleget bey den Evangelischen inn diser statt‹. Das Augsburger Friedensfest im Rahmen der deutschen Friedensfeiern, in: Johannes Burkhardt und Stephanie Haberer (Hg.), Das Friedensfest. Augsburg und die Entwicklung einer neuzeitlichen Toleranz-, Friedens- und Festkultur, Berlin 2000, S. 209–232, hier S. 211.
2 Seinen Ausdruck fand diese ambivalente Haltung darin, dass ein Großteil der Friedensfeiern erst nach dem Nürnberger Exekutionstag von 1650 stattfanden, so etwa in Augsburg, Frankfurt, Hamburg, Wien und Prag; vgl. *Gantet*, Augsburger Friedensfest (Anm. 1); *dies.*, Friedensfeste zur Feier des Westfälischen Friedens und die Erinnerung an den Dreißigjährigen Krieg in den süddeutschen Städten (1648–1871), in: Heinz Schilling und Klaus Bußmann (Hg.), 1648. Krieg und Frieden in Europa, Bd. 2: Kunst und Kultur, München 1998, S. 649–656.

kriegszeit oftmals nicht oder nur langsam.³ Vor allem hatte sich die Verschuldung der städtischen Kassen während des Krieges zum Teil drastisch erhöht, und auch nach dem Krieg gelang es nur unter großen Anstrengungen und oftmals auch gar nicht, die fälligen Zinszahlungen aufzubringen, ganz zu schweigen davon, die Schulden abzubauen. Die notorische Geldknappheit, mit der die öffentlichen Kassen wie auch viele Bürger nach 1648 zu kämpfen hatten, wirkte sich dabei unter anderem negativ auf die Nachfrage nach gewerblichen Produkten wie auch auf die städtischen Immobilienmärkte aus.⁴

Aus heutiger Sicht lässt sich die Situation, in der sich viele Städte in den Jahren und Jahrzehnten nach dem Westfälischen Frieden befanden, durchaus als Krise, zumal als Schuldenkrise, bezeichnen. Der krisenhafte Charakter zeigt sich auch darin, dass es zu sozialen Spannungen und politischen Auseinandersetzungen kam, die vor allem durch die Frage angeheizt wurden, welche Maßnahmen zu ergreifen waren, um den Städten und den städtischen Kassen wieder aufzuhelfen, und wie die daraus resultierenden Belastungen unter den Bürgern verteilt werden sollten. Entsprechend hat die Forschung für die Nachkriegszeit eine Häufung von Unruhen in den Städten und insbesondere in den Reichsstädten konstatiert. Vor allem die Versuche der politischen Eliten, die finanziellen Probleme durch die Erhöhung bestehender oder die Erhebung von neuen Abgaben, insbesondere von Verbrauchssteuern, zu bewältigen, wirkten dabei als Ausgangspunkte für Kritik, Protest und politische Konflikte.⁵

---

3 Zu den Debatten über die allgemeine wirtschaftliche Entwicklung im 17. Jahrhundert und insbesondere die wirtschaftlichen Folgen des Dreißigjährigen Krieges vgl. *Volker Press*, Kriege und Krisen. Deutschland 1600–1715, München 1991, S. 268 ff.; *ders.*, Soziale Folgen des Dreißigjährigen Krieges, in: Winfried Schulze (Hg.), Ständische Gesellschaft und soziale Mobilität, München 1988, S. 239–268; *Bernhard Stier* und *Wolfgang von Hippel*, War, Economy, and Society, in: Sheilagh Ogilvie (Hg.), Germany. A New Social and Economic History, Bd. II: 1630–1800, London u. a. 1996, S. 233–262, hier S. 240 ff.; *Wilhelm Abel*, Massenarmut und Hungerkrisen im vorindustriellen Europa. Versuch einer Synopsis, Hamburg und Berlin 1974, S. 154 ff. (»Nachkriegskrise in Deutschland«).

4 Für Lübeck siehe hierzu *Philip R. Hoffmann-Rehnitz*, Rhetoriken des Niedergangs. Zur Wahrnehmung städtischer Schrumpfungsprozesse in der Frühen Neuzeit am Beispiel Lübecks, in: Angelika Lampen und Armin Owzar (Hg.), Schrumpfende Städte. Ein Phänomen zwischen Antike und Moderne, Köln u. a. 2008, S. 145–180, hier S. 162 f. Für die (wirtschaftliche) Entwicklung Kölns nach dem Dreißigjährigen Krieg vgl. *Hans-Wolfgang Bergerhausen*, Köln in einem eisernen Zeitalter 1610–1686, Köln 2010, S. 278 ff., wonach es in Köln erst nach dem Dreißigjährigen Krieg zu einem wirtschaftlichen Umschwung bzw. zu einer wirtschaftlichen »Krise« gekommen sei; für die süddeutschen Reichsstädte vgl. *Thomas Wolf*, Reichsstädte in Kriegszeiten. Untersuchungen zur Verfassungs-, Wirtschafts- und Sozialgeschichte von Isny, Lindau, Memmingen und Ravensburg im 17. Jahrhundert, Memmingen 1991, u. a. S. 90 ff. (für Ravensburg).

5 Bekannte Beispiele für politische Unruhen und Ordnungskonflikte nach dem Dreißigjährigen Krieg sind die Auseinandersetzungen in Lübeck während der 1660er Jahre (dazu unten) oder der Gülich-Aufstand in Köln; vgl. hierzu allgemein *Christopher R. Friedrichs*, German Town Revolts and the Seventeenth-Century Crisis, in: Renaissance and Modern Studies 26 (1982),

Die mannigfaltigen und vielschichtigen wirtschaftlichen, sozialen und politischen Problemlagen und Gefährdungen, mit denen die städtischen Gesellschaften nach dem Dreißigjährigen Krieg konfrontiert waren, äußerten sich auch darin, dass sich die Art und Weise, wie die Städte wahrgenommen wurden und wie diese sich selbst wahrnahmen, signifikant wandelte. So verbreitete sich in der zweiten Hälfte des 17. Jahrhunderts und verstärkt seit der Wende zum 18. Jahrhundert eine Sichtweise, die im Gegensatz zu dem immer noch existierenden Städtelob die Situation der städtischen Gesellschaften, zumal der autonomen Stadtrepubliken, in einem tendenziell negativen Licht darstellte. Demnach breiteten sich Korruption und oligarchische Machtstrukturen aus, und die Städte seien generell in Niedergang und Dekadenz begriffen und von Verfall und Untergang bedroht.[6]

Über die Frage, wie die städtischen Gesellschaften mit den Folgen des Dreißigjährigen Krieges und den damit verbundenen Problemen und Konflikten umgegangen sind, wie sie diese wahrnahmen und inwieweit sich hieraus langfristig Veränderungen der sozialen und wirtschaftlichen Verhältnisse wie auch der politischen Ordnung und Kultur der Städte ergaben,[7] existieren innerhalb

---

S. 27–51; zum Gülich-Aufstand vgl. u.a. *Bernd Dreher*, Oligarchische Machtstrukturen, Stadtregiment und Gemeindepartizipation. Der Prozeß gegen die Bürgermeister Krebs, Cronenberg und Wolfskehl 1680/81 als Auftakt zur Revolte des Nikolaus Gülich, in: Georg Mölich und Gerd Schwerhoff (Hg.), Köln als Kommunikationszentrum. Studien zur frühneuzeitlichen Stadtgeschichte, Köln 1999, S. 403–452. Eine vergleichend angelegte Untersuchung der politischen Konflikte in den Städten nach dem Dreißigjährigen Krieg fehlt bislang; Anknüpfungspunkte hierfür bietet *Thomas Lau*, Bürgerunruhen und Bürgerprozesse in den Reichsstädten Mühlhausen und Schwäbisch Hall in der frühen Neuzeit, Bern u.a. 1999; ders., Unruhige Städte. Die Stadt, das Reich und die Reichsstadt (1648–1806), München 2012.

6 Das wohl prominenteste Beispiel ist in diesem Zusammenhang Venedig; vgl. *Achim Landwehr*, Die Erschaffung Venedigs. Raum, Bevölkerung, Mythos 1570–1750, Paderborn u.a. 2007, S. 408ff.; *Urte Weeber*, Wie die Krise den Niedergang als Reform erfasst. Der Diskurs über zeitgenössische Republiken um 1700, in: Carla Meyer, Katja Patzel-Mattern und Gerrit Jasper Schenk (Hg.), Krisengeschichte(n). »Krise« als Leitbegriff und Erzählmuster in kulturwissenschaftlicher Perspektive, Stuttgart 2013, S. 325–340. Auch für die (süddeutschen) Reichsstädte lässt sich eine vergleichbare Entwicklung beobachten. So bewertete bereits Christoph Schorer in seiner Memminger Chronik von 1660 die Situation, in der sich die Wirtschaft bzw. die ›Nahrung‹ der Stadt und der Bürger befand, in deutlich negativer Weise (andere Bereiche des städtischen Lebens wie die Rechtsprechung beurteilte er dagegen, dem klassischen Städtelob entsprechend, wesentlich positiver); *Christoph Schorer*, Memminger Chronick/ Oder Kurtze Erzehlung vieler denckwürdigen Sachen: die sich allda nicht allein vor alten/ sondern auch zu jetzigen Zeiten/ bevorab in verwichenem dreyssigjährigen Krieg begeben und zugetragen/ von Ao. 369. biß 1660 [...], Ulm 1660, z.B. S. 19.

7 Aus der überschaubaren Anzahl historischer Untersuchungen, die explizit die Entwicklung der deutschen Städte nach dem Dreißigjährigen Krieg in den Blick nehmen, seien hier angeführt: *Christopher R. Friedrichs*, Urban Society in an Age of War: Nördlingen 1580–1720, Princeton 1979; *Herbert Winnige*, Krise und Aufschwung einer frühneuzeitlichen Stadt. Göttingen 1648–1756, Hannover 1996; *Thomas Knubben*, Reichsstädtisches Alltagsleben. Krisenbewältigung in Rottweil 1648–1701, Rottweil 1996; *Wolf*, Reichsstädte (Anm. 4).

der Stadtgeschichtsschreibung ambivalente bis widersprüchliche Einschätzungen: Auf der einen Seite erscheint die Nachkriegszeit als Zeit der Krise und sich zuspitzender Konflikte und damit durchaus als dynamische Epoche. Auf der anderen Seite – und dies ist zumindest die in der deutschen Forschung vorherrschende Auffassung – werden die Jahre nach 1648 als Zeit der Rückkehr zur Normalität und einer gewissen Re-Stabilisierung gesehen, damit aber auch als Zeit der Stagnation.[8] Demnach hätten – so etwa Volker Press – in den Städten, zumal den Reichsstädten, diejenigen Tendenzen erneut Fuß gefasst und sich vertieft, die die Entwicklung der frühneuzeitlichen Stadt bereits vor dem Krieg bestimmt hatten, so insbesondere der Prozess der Oligarchisierung.[9] Dem entspricht die verbreitete Erzählung vom Niedergang der frühneuzeitlichen Stadt, der zwangsläufig in den Untergang der ›Alten Stadt‹ um 1800 mündete. Als Hauptgründe hierfür werden gemeinhin der Strukturkonservatismus und Traditionalismus der städtischen Bürgerschaft angeführt beziehungsweise die kulturell bedingte Unfähigkeit der städtischen Gesellschaften, bestehende Strukturen und ›Lebensformen‹ zu ändern und sich an sich wandelnde Rahmenbedingungen, wie sie vor allem durch den Territorialstaat definiert wurden, anzupassen.[10] Aus dieser Perspektive erscheint die historische Entwicklung der

---

8 Dies entspricht einer Auffassung, die von Theodore K. Rabb und Heinz Dieter Kittsteiner vertreten wird: Demnach ist es nach Jahrzehnten der Krise und der sozialen und politischen Desintegration seit den 1640er/1650er Jahren zu einer allmählichen Stabilisierung und im Verlauf der zweiten Hälfte des 17. Jahrhunderts zu einer Rückkehr zu relativ normalen und sicheren Verhältnissen in Europa gekommen; *Theodore K. Rabb*, The Struggle for Stability in Early Modern Europe, New York 1975; *Heinz Dieter Kittsteiner*, Die Stabilisierungsmoderne. Deutschland und Europa 1618–1715, München 2010. In einer solchen Perspektive stellt sich die Frage nach einer möglichen ›Nachkriegskrise‹ gar nicht erst, wird die Nachkriegszeit doch gerade als Zeit der allmählichen Überwindung der Krise gesehen.

9 »Erstaunlich bleibt [...], wie schnell nach einer kurzen Phase der Mobilität der Oligarchisierungsprozeß die Gesellschaft der meisten Städte erstarren ließ«, so Press. Press – wie auch andere – geht dabei jedoch davon aus, dass sich seit dem Dreißigjährigen Krieg einzelne Städte bzw. Städtegruppen zunehmend auseinander entwickelten, vor allem die Territorial- und die Reichsstädte: Erstere hätten gegenüber Letzteren den Vorteil gehabt, dass sie von außen bzw. von oben reformiert wurden und so an die Bedingungen der Moderne, wie sie der Territorialstaat verkörpert, angepasst wurden; *Press*, Kriege und Krisen (Anm. 3), S. 70 ff., 124 ff., 287 ff., 294 ff. (Zitat S. 288). Vgl. auch *ders.*, Soziale Folgen (Anm. 3), S. 258 ff.; *ders.*, Die Reichsstadt in der altständischen Gesellschaft, in: Johannes Kunisch (Hg.), Neue Studien zur Reichsgeschichte, Berlin 1987, S. 9–42; *ders.*, Merkantilismus und die Städte. Eine Einleitung, in: ders. (Hg.), Städtewesen und Merkantilismus in Mitteleuropa, Köln und Wien 1983, S. 1–14.

10 Außer bei Press findet sich dieses Master-Narrativ in unterschiedlichen Variationen u. a. auch bei Heinz Schilling; *Heinz Schilling*, The European Crisis of the 1590s: the Situation in German Towns, in: Peter Clark (Hg.), The European Crisis of the 1590s. Essays in Comparative History, London u. a. 1985, S. 135–156; *ders.*, Die deutschen Städte in den politischen und religiösen Umbrüchen des »langen 16. Jahrhunderts«. Überlegungen auf den Spuren von Wilfried Ehbrecht, in: Werner Freitag und Peter Johanek (Hg.), Bünde – Städte – Ge-

(Reichs-)Stadt in der Frühen Neuzeit, in Anlehnung an Christian Meier, als ›Niedergang ohne Alternative‹.[11]

Diese Sicht der modernen Geschichtsschreibung entspricht durchaus der zeitgenössischen (Selbst-)Wahrnehmung städtischer Gesellschaften, insbesondere der autonomen Stadtrepubliken, die seit der zweiten Hälfte des 17. Jahrhunderts zunehmend durch Niedergangsnarrative geprägt wurde. Gerade auch angesichts der Revision traditioneller Fortschrittsnarrative innerhalb der jüngeren Geschichtswissenschaft und aktueller Debatten etwa um »schrumpfende Städte«[12] eröffnen sich im – vermeintlichen – Niedergang der frühneuzeitlichen Stadt Untersuchungsperspektiven und Fragestellungen, die diese nicht nur für die Stadtgeschichte, sondern für die historische (Frühneuzeit-)Forschung insgesamt zu einem lohnenswerten Untersuchungsgegenstand machen: Wie genau veränderte sich seit dem Dreißigjährigen Krieg die Art und Weise, wie gesellschaftliche Ordnung und Vergesellschaftung in den Kommunen und von den Bürgern wahrgenommen wurden? Inwieweit prägten sich hier neue Wahrnehmungs- und Beschreibungsmöglichkeiten aus beziehungsweise erhielten traditionelle Formen der gesellschaftlichen Selbstbeschreibung eine neue Signifikanz? Inwieweit war in den Städten und unter den Bürgern ein »Niedergangssinn« oder gar ein »Kri-

---

meinden. Bilanz und Perspektiven der vergleichenden Landes- und Stadtgeschichte, Köln u. a. 2009, S. 319–338, hier v. a. S. 337f.

11 Diese Dominanz von Niedergangsnarrativen innerhalb der (deutschen) Historiographie zur frühneuzeitlichen Stadt kann auch erklären, warum das Konzept der Krise und insbesondere die Debatte um die »Krise des 17. Jahrhunderts« von dieser mit einigen wenigen Ausnahmen (v. a. *Matthias Meyn*, Die Reichsstadt Frankfurt vor dem Bürgeraufstand von 1612 bis 1614. Struktur und Krise, Frankfurt a.M. 1980) kaum rezipiert worden ist. Denn das Konzept der Krise des 17. Jahrhunderts ist mit der Standarderzählung der frühneuzeitlichen Stadt, die auf strukturelle Kontinuität ausgerichtet ist, kaum kompatibel, geht es hier doch gerade darum, die historischen Ermöglichungsbedingungen für die Durchsetzung derjenigen Kräfte zu beschreiben, die den Umbruch von der vormodernen zur europäischen Moderne bestimmten – sei es in wirtschaftlicher Hinsicht für die Durchsetzung des modernen Kapitalismus, sei es in politischer für die Durchsetzung des (früh-)modernen, absolutistischen Staatswesens. Die »Krise des 17. Jahrhunderts« ist demnach eingeschrieben in historische Aufstiegs- und Fortschritts- respektive Modernisierungserzählungen und erhält ihre spezifische Funktion dadurch, dass sie dazu beiträgt, Gestalt und Ursachen des frühneuzeitlichen Strukturwandels zu erklären und zu plausibilisieren. Zur Debatte über die »Krise des 17. Jahrhunderts« siehe zuletzt *Jan Marco Sawilla*, Zwischen Normabweichung und Revolution – »Krise« in der Geschichtswissenschaft, in: Carla Meyer, Katja Patzel-Mattern und Gerrit Jasper Schenk (Hg.), Krisengeschichte(n). »Krise« als Leitbegriff und Erzählmuster in kulturwissenschaftlicher Perspektive, Stuttgart 2013, S. 145–172, hier S. 153 ff.; allgemein zum 17. Jahrhundert als Jahrhundert der Krise und ihrer Überwindung (mit Bezug auch auf die Situation in den Städten) siehe u. a. *Paul Münch*, Das Jahrhunderts des Zwiespalts. Deutsche Geschichte 1600–1700, Stuttgart 1999; *Thomas Munck*, Seventeenth-Century Europe. State, Conflict, and the Social Order in Europe, 1598–1700, Houndmills und Basingstoke ²2005.

12 *Angelika Lampen* und *Armin Owzar* (Hg.), Schrumpfende Städte. Ein Phänomen zwischen Antike und Moderne, Köln u. a. 2008.

senbewusstsein« verbreitet?[13] Und wenn dies der Fall war, wie schlugen sich solche Vorstellungen auf der Ebene der politischen Kommunikation nieder und welche Folgen hatten sie insbesondere für die Wahrnehmung von Politik und der Möglichkeiten und Spielräume politischen Handelns und Entscheidens? Diese Fragen verweisen schließlich auf das allgemeinere Problem, inwieweit sich die Städte nach 1648 als Orte der dynamischen Veränderung begreifen lassen, als Orte, an denen sich ein grundlegender Wandel in der Art und Weise vollzog, wie sich frühneuzeitliche Gesellschaften – und zwar nicht nur städtische Gesellschaften – wahrnahmen und beschrieben. Hierin kann sich dann eine spezifische Modernität frühneuzeitlicher Städte und ihrer Kultur erweisen, die sich nicht zuletzt aus ihrer besonderen, kulturell bestimmten Affinität zum Niedergang ergibt.

Diese Fragen werden im Folgenden anhand politischer Auseinandersetzungen, die sich in Lübeck in der Zeit nach dem Dreißigjährigen Krieg ereigneten, untersucht. Die Ausführungen konzentrieren sich dabei auf bestimmte Problemzusammenhänge und Konfliktkonstellationen, denen die Gewerbe treibenden Teile der Lübeckischen Bürgerschaft, insbesondere die Handwerker und Handwerkerzünfte, aber auch die Brauer, große Bedeutung beimaßen – darunter das Problem der irregulären gewerblichen Arbeit, der sogenannten Störerei. Insofern werden in diesem Aufsatz vornehmlich die Sichtweisen der »gemeinen (Handwerker-)Bürger« rekonstruiert. Daneben werden aber auch Auffassungen und Deutungen der städtischen Obrigkeit in den Blick genommen. Im Anschluss an die Ausrichtung dieses Bandes liegt der besondere Fokus auf der Frage, welche Rolle Narrative des Niedergangs und der Krise innerhalb der untersuchten politischen Auseinandersetzungen und Diskurse spielten. Dabei stellt sich jedoch das Problem, dass ›Krise‹ innerhalb der politischen Kommunikation – zumindest auf der Ebene der Alltagskommunikation – zu dieser Zeit nicht nur als Begriff keine Rolle spielte, sondern dass es – und dies kann hier bereits vorweggenommen werden – ausgesprochen unwahrscheinlich, wenn auch nicht ausgeschlossen war, dass ›Krise‹ als narratives Dispositiv, zumindest in einer Proto-Fassung, in solchen Kontexten verwendet wurde. Im Gegensatz dazu kam Narrativen des Niedergangs eine wichtige und – so die zweite Beobachtung – seit dem Dreißigjährigen Krieg zunehmende Bedeutung in der innerstädtischen politischen Kommunikation zu. Dies, so die weiterführende und noch genauer zu illustrierende These, stand in einem engen Zusammenhang mit langfristigen und grundlegenden Veränderungen der Selbstbeobachtung frühneuzeitlicher (städtischer) Gesellschaften, insbesondere einer zunehmenden Verzeitlichung,

---

13 Die Auffassung, dass sich in der Literatur, vor allem in den Flugblättern, nach 1648 kaum ein Hinweis für ein ›Nachkriegs-Krisenbewusstsein‹ finden lässt, wird vertreten von *Esther-Beate Körber*, Krisenbewusstsein und Krisenbewältigung in der Literatur nach 1648, in: Helga Scholten (Hg.), Die Wahrnehmung von Krisenphänomenen. Fallbeispiele von der Antike bis in die Neuzeit, Köln u. a. 2007, S. 169–187, hier S. 175, 181.

die sich unter anderem in der Ausbildung einer neuen »Zukunftssicht« manifestierte.[14] Dem entsprach, dass sich seit dem 17. Jahrhundert und insbesondere nach dem Dreißigjährigen Krieg *narrative* Formen der gesellschaftlichen Selbstbeschreibung innerhalb der politischen Kommunikation zunehmend verbreiteten.

Im Folgenden werden zunächst die sozialen, wirtschaftlichen und politischen Entwicklungen in Lübeck im 17. Jahrhundert, vor allem nach dem Dreißigjährigen Krieg, knapp skizziert, wobei in besonderer Weise auf die Verhältnisse im Lübeckischen Gewerbe- und Zunftwesen eingegangen wird (Abschnitt 2). Dem schließen sich konzeptionelle Überlegungen zur Narratologie von Niedergang und Krise an, die sich auch mit dem Verhältnis von Krise und Niedergang als spezifischen Formen der gesellschaftlichen Selbstbeschreibung beschäftigen (Abschnitt 3). Dies bildet die Grundlage für Untersuchungen zur Selbstbeschreibung in der innerstädtischen politischen Kommunikation. Dabei werden zunächst die Auseinandersetzungen, die sich in Lübeck in der Zeit nach dem Dreißigjährigen Krieg ereigneten, näher untersucht (Abschnitt 4). Hieran anschließend wird der Fokus zunächst zeitlich (Abschnitt 5), dann auch sozial durch die Einbeziehung der ratsherrlichen Perspektive erweitert (Abschnitt 6).

2. Lübeck im 17. Jahrhundert – eine Zeit des Niedergangs und der Krise?

Lübeck gilt seit jeher als exemplarisch für die Entwicklung der vormodernen Stadt. Es verkörpert in geradezu prototypischer Weise die ›große Erzählung‹ von Aufstieg und Glanz der Stadt im Mittelalter und ihrem Niedergang in der Frühen Neuzeit. Entsprechend ausgeprägt ist dieses Narrativ auch innerhalb der Lübeck-Historiographie. Dabei werden klassischerweise das 17. Jahrhundert und insbesondere die Zeit nach dem Dreißigjährigen Krieg als Phasen eines sich beschleunigenden Niedergangs und Bedeutungsverlustes verstanden. Dies wird maßgeblich auf eine seit dem ausgehenden Spätmittelalter zunehmende Erstarrung der sozialen und politischen Verhältnisse im Innern und eine »Neigung zu konservativem Beharren« zurückgeführt, die in deutlichem Kontrast zum »stürmischen, fast revolutionären Elan« der mittelalterlichen Epoche stehe. Abstieg und »geistige Verödung« erreichten, so Ahasver von Brandt, nach dem Dreißigjährigen Krieg ihren traurigen Tiefpunkt: »Niemals hat Lübeck […]

---

14 *Reinhart Koselleck*, Vergangene Zukunft der frühen Neuzeit, in: ders., Vergangene Zukunft. Zur Semantik geschichtlicher Zeiten, Frankfurt a.M. 1989, S. 17–37, Zitat S. 22; vgl. dazu auch *Lucian Hölscher*, Die Entdeckung der Zukunft, Frankfurt a.M. 1999.

einen tieferen Stand auf geistigem und religiösem, wirtschaftlichem und politischem Gebiet insgesamt eingenommen, als um das Jahr 1700«.[15]

In der neueren Forschung ist diese Sicht zumindest partiell revidiert worden. So tritt neben Anderen Marie-Louise Pelus-Kaplan für eine differenziertere Betrachtung der Entwicklung Lübecks in der Frühen Neuzeit und vor allem nach dem Dreißigjährigen Krieg ein. Sie sieht diese – im Anschluss an die Debatten um die »Krise des 17. Jahrhunderts« – durch mehrere Krisenkonstellationen, allen voran eine Finanz- und Schuldenkrise, geprägt, die in dynamischer Weise aufeinander einwirkten. Demnach zeigten sich seit dem Dreißigjährigen Krieg krisenhafte Erscheinungen in nahezu allen Bereichen des städtischen Lebens, vor allem auf wirtschaftlichem Gebiet, aber auch auf der Ebene von Politik und Herrschaft.[16] Diese kulminierten in den 1660er Jahren, als es aufgrund der kritischen Finanzsituation der Stadt zu mehrjährigen politischen Auseinandersetzungen zwischen dem Rat und (Teilen) der Bürgerschaft kam, die zu einer zumindest teilweisen Neuordnung der politischen Verhältnisse in der Stadt führten.[17]

Diese Auffassung einer ›Nachkriegskrise‹ – genauer: einer Mehrzahl von sich gegenseitig bedingenden Krisenkonstellationen – lässt sich auch auf der Grundlage neuerer Forschungen gut begründen. So fand in der ökonomischen wie auch demographischen Entwicklung seit den 1630er Jahren ein Umschwung statt, nachdem die wirtschaftliche Situation bis dahin noch relativ günstig war und Lübeck auch aufgrund seines Status als »sicherer Hafen« in der ersten Hälfte des Dreißigjährigen Krieges einen deutlichen Anstieg der Bevölkerung zu verzeichnen hatte. Die Nachkriegszeit war durch den relativ raschen Wechsel von

---

15 *Ahasver von Brandt*, Lübeck in der deutschen Geistesgeschichte. Ein Versuch, in: ders., Geist und Politik in der Lübeckischen Geschichte, Lübeck 1954, S. 11–52, hier S. 26, 33f. Von Brandts Rede von der ›geistigen Verödung‹ wird auch aufgegriffen von *Antjekathrin Graßmann*, Lübeck im 17. Jahrhundert: Wahrung des Erreichten, in: dies. (Hg.), Lübeckische Geschichte, Lübeck ³1997, S. 435–488, hier S. 488, die jedoch das Bild eines allgemeinen Niedergangs Lübecks im 17. Jahrhundert differenzierter zeichnet. Zum ›Niedergang‹ Lübecks auch *Johannes Kretzschmar*, Geschichte Lübecks in der Neuzeit, in: Fritz Endres (Hg.), Geschichte der freien und Hansestadt Lübeck, Lübeck 1926, S. 57–112, v. a. S. 69, und *Wolf-Dieter Hauschild*, Frühe Neuzeit und Reformation: Das Ende der Großmachtstellung und die Neuorientierung der Stadtgemeinschaft, in: Antjekathrin Graßmann (Hg.), Lübeckische Geschichte, Lübeck ³1997, S. 341–432, hier v. a. S. 341.

16 *Marie-Louise Pelus(-Kaplan)*, Lübeck au milieu du XVIIe siècle: conflits politiques et sociaux, conjoncture économique, in: Revue d'Histoire diplomatique 92 (1978), S. 189–209; vgl. auch *dies.*, A Lübeck et Hambourg au XVIIe siècle: Crise financière, conjoncture économique, potentiel économique, progrès économique. Une série de questions, in: La ville, la bourgeoisie et la genèse de l'état moderne (XIIe–XVIIIe siècles). Actes du colloque de Bielefeld 1985, Paris 1988, S. 243–262.

17 *Jürgen Asch*, Rat und Bürgerschaft in Lübeck 1598–1669. Die verfassungsrechtlichen Auseinandersetzungen im 17. Jahrhundert und ihre sozialen Hintergründe, Lübeck 1961; *Graßmann*, Lübeck im 17. Jahrhundert (Anm. 15), hier S. 453–461.

wirtschaftlichen Erholungs- und Prosperitätsphasen und wiederkehrenden Einbrüchen gekennzeichnet.[18] Beeinflusst wurden diese Konjunkturen maßgeblich durch die wechselhaften politischen Zeitläufte vor allem im Ostseeraum, die großen Einfluss auf die Entwicklung des für die Lübeckische Wirtschaft zentralen Fernhandels hatten.[19] Dies hatte zudem direkte wie auch indirekte Auswirkungen auf die Lübecker Binnenökonomie, insbesondere die Gewerbe- und Handwerkswirtschaft.[20] Aber auch der sukzessive Bevölkerungsrückgang wirkte sich negativ auf die städtische Binnenwirtschaft aus. Davon waren insbesondere die auf die Produktion von Gütern des alltäglichen Bedarfs ausgerichteten Massenhandwerke betroffen.[21]

Die wirtschaftlichen Schwierigkeiten, von denen die Lübecker Gewerbewirtschaft betroffen war, fanden ihren Niederschlag in der Frage, wie der

---

18 Die Entwicklung des Häusermarkts in Lübeck zeigt, dass die Stadt nach einer Phase der wirtschaftlichen Prosperität im ersten Drittel des 17. Jahrhunderts seit dem Ende der 1630er Jahre, wenn auch unterbrochen durch kurzfristige positive Gegenbewegungen, für längere Zeit – und zwar mindestens bis zum Ende des 17. Jahrhunderts – eine tendenziell negative gesamtwirtschaftliche Entwicklung aufwies; vgl. *Rolf Hammel*(*-Kiesow*), Häusermarkt und wirtschaftliche Wechsellagen in Lübeck von 1284 bis 1700, in: Hansische Geschichtsblätter 106 (1988), S. 41–107; vgl. auch *ders.*, Die Lübecker Häusermarktkurve (1284–1700) und die wirtschaftliche Entwicklung in Schleswig-Holstein. Erste Ansätze zu einem Vergleich, in: Jürgen Brockstedt (Hg.), Wirtschaftliche Wechsellagen in Schleswig-Holstein vom Mittelalter bis zur Gegenwart, Neumünster 1991, S. 37–55. Eine genauere Untersuchung der Lübecker Wirtschaftsgeschichte vor allem des 17. und 18. Jahrhunderts fehlt jedoch bislang; dies gilt vor allem für die Gewerbewirtschaft, aber auch für den Zusammenhang zwischen der Entwicklung des Fern- und Außenhandels und der städtischen Binnenökonomie.
19 Dies gilt insbesondere für den wiederkehrenden Ausbruch kriegerischer Auseinandersetzungen zwischen den Ostseeanrainern, so in den Jahren 1657–1660 und 1674/76–1679; vgl. *Elisabeth Harder-Gersdorff*, Lübeck, Danzig und Riga. Ein Beispiel zur Frage der Handelskonjunktur im Ostseeraum am Ende des 17. Jahrhunderts, in: Hansische Geschichtsblätter 96 (1978), S. 106–138, hier v. a. S. 125, 136; für die wirtschaftliche Entwicklung Lübecks und insbesondere des Fernhandels nach dem Dreißigjährigen Krieg vgl. *Graßmann*, Lübeck im 17. Jahrhundert (Anm. 15), S. 453 f.; für vergleichbare Entwicklungen im Fall Hamburgs vgl. *Walther Vogel*, Handelskonjunkturen und Wirtschaftskrisen in ihrer Auswirkung auf den Seehandel der Hansestädte 1560–1806, in: Hansische Geschichtsblätter 74 (1956), S. 50–64, hier v. a. S. 63 f.
20 Jedoch spielten hier auch andere Entwicklungen eine wichtige Rolle: So wurde im 17. Jahrhundert das Landhandwerk zunehmend zu einer ernsthaften Konkurrenz für die stadtlübischen Gewerbe und Zünfte; vgl. dazu auch *Pelus*(*-Kaplan*), Lübeck au milieu (Anm. 16).
21 Besonders gravierende Probleme ergaben sich in der Nachkriegszeit in dem in Lübeck nicht nur wirtschaftlich, sondern auch sozial bedeutenden Braugewerbe. Die Brauer, denen im sozialen und politischen Ranggefüge Lübecks eine prekäre Mittelposition zukam – zwischen den Handwerkern auf der einen Seite und den das wirtschaftliche, soziale und zunehmend auch das politische Leben Lübecks prägenden Fernhandelskaufleuten auf der anderen Seite –, litten dabei unter einer zurückgehenden Nachfrage innerhalb der Stadt wie auch unter dem Verlust ihrer Exportmärkte; vgl. dazu (mit weiteren Literaturangaben) *Hoffmann-Rehnitz*, Rhetoriken des Niedergangs (Anm. 4), S. 164 ff.

›Nahrung‹ der Stadt und insbesondere der zünftisch organisierten Gewerbe wieder aufgeholfen werden könne, einem zentralen und konfliktreichen Thema innerhalb der Lübeckischen Politik der Nachkriegszeit. Entsprechende Vorschläge und Forderungen wurden von den bürgerschaftlichen Korporationen immer wieder in die politische Kommunikation eingebracht, allen voran von den Ämtern, wie in Lübeck die Handwerkszünfte genannt wurden, beziehungsweise den Vier Großen Ämtern als demjenigen der insgesamt zwölf bürgerschaftlichen Kollegien, in dem die Gesamtheit der Ämter beziehungsweise der Amtshandwerker organisiert war. Aber etwa auch die (Rot-)Brauerzunft entfaltete nach dem Krieg verstärkt Initiativen auf politischem wie rechtlichem Gebiet, um ihre Interessen zu vertreten. Dies gilt gerade auch für die Zeiten, in denen sich die politischen Auseinandersetzungen in Lübeck zwischen Rat und Bürgerschaft intensivierten, wie dies in den Jahren unmittelbar nach dem Westfälischen Frieden oder in den 1660er Jahren der Fall war. Hierbei suchten die bürgerschaftlichen Kollegien und speziell die Ämter ihre wirtschaftlichen Interessen wie etwa die Abschaffung irregulär arbeitender Handwerker (Störer) mit dem städtischen Gemeinwohl und seiner Förderung zu koppeln, und das hieß zu dieser Zeit vor allem: mit der Frage, welche Maßnahmen ergriffen werden sollten, um die prekäre finanzielle Situation, in der sich die Stadtkasse befand, zu verbessern. Dass das Gemeinwohl in dieser Zeit zunehmend mit dem Problem der Verschuldung verknüpft und somit in hohem Maße fiskalpolitisch enggeführt wurde, zeigt, wie sehr die Verschuldung der Stadt von den Zeitgenossen als übergreifendes, den Bestand der Stadt gefährdendes Problem wahrgenommen wurde.[22] Auch in diesem Sinne ist es mit Blick auf Lübeck durchaus gerechtfertigt, für die Nachkriegszeit von einer städtischen Finanz- beziehungsweise Schuldenkrise zu sprechen.

Dass es in Lübeck nach dem Krieg nicht nachhaltig gelang, die städtische Schuldenlast abzubauen, ja dass sich diese im Gegenteil sogar noch vergrößerte, war auch der zumindest bis in die 1660er Jahre bestehenden Unfähigkeit der innerstädtischen Politik geschuldet, einen tragfähigen Konsens über die Schuldenfrage und die damit verbundenen Streitpunkte zu finden.[23] Auch wenn über die Notwendigkeit des Schuldenabbaus grundsätzlich Einigkeit zwischen Rat und Bürgerschaft herrschte, so waren diese, aber auch die bürgerschaftlichen Gruppen und Kollegien untereinander, über die Frage, welche Mittel am besten

---

22 Siehe dazu ausführlicher unten Abschnitt 4.
23 Vgl. dazu auch *Pelus*(-*Kaplan*), Lübeck et Hambourg (Anm. 16), S. 244 ff., die betont, dass es Lübeck im Vergleich zu Hamburg nicht nur nicht gelang, die finanzielle Krise nach dem Dreißigjährigen Krieg zu überwinden, sondern sich diese vielmehr weiter verschärfte und auch im 18. Jahrhundert latent blieb. Vgl. auch *Carl Wehrmann*, Das Schuldenwesen der Stadt Lübeck nach Errichtung der Stadtkasse, in: Hansische Geschichtsblätter 6 (1891), S. 65–97.

ergriffen werden sollten, um dieses Problem zu lösen, tief gespalten. Auf der einen Seite propagierte der Rat immer wieder die Erhöhung von Abgaben beziehungsweise die Erhebung neuer Steuern als Mittel, um die anfallenden Zinszahlungen zu finanzieren und die Schuldenlast zu verringern, worin er zumindest zeitweise auch von Teilen der Bürgerschaft, insbesondere den beiden »patrizischen«, aber auch den »kommerzierenden Kollegien«, in denen die Fernhandelskaufleute organisiert waren, unterstützt wurde. Dagegen trafen solche Vorhaben vor allem bei den Gewerbe treibenden Gruppen der Bürgerschaft auf erheblichen Widerstand, allen voran bei den (Vier Großen) Ämtern und der Brauerzunft. Virulent waren diese Differenzen bereits in den Auseinandersetzungen und Verhandlungen, die unmittelbar nach dem Westfälischen Frieden vor allem um Fragen der städtischen Finanz- und Schuldenpolitik geführt wurden und die sich vor allem zu Beginn der 1650er Jahre intensivierten, bevor sie Mitte der 1650er Jahre wieder abebbten. Bevor diese »Traktate«, wie sie von den Zeitgenossen genannt wurden, genauer untersucht werden,[24] wird der zugrunde liegende narratologische Ansatz erläutert, um so Niedergang und Krise als spezifische narrative Dispositive der gesellschaftlichen Selbstbeschreibung analytisch genauer fassen und voneinander unterscheiden zu können.

3. Niedergang und Krise in narratologischer Perspektive

Der ›Krise‹ ist in letzter Zeit vor allem von Seiten der Literaturwissenschaften, aber auch von anderen sozial- und kulturwissenschaftlichen Disziplinen wie der Politik- und Geschichtswissenschaft eine neue Aufmerksamkeit zuteilgeworden. Von besonderer Bedeutung sind in diesem Zusammenhang narratologische beziehungsweise erzähltheoretische Ansätze,[25] die insbesondere Ansgar Nünning in einer »Narratologie der Krise« verdichtet hat.[26]

---

24 Die ›Traktate‹ der unmittelbaren Nachkriegszeit, die dann in den politischen Konflikten der 1660er Jahre ihre Fortsetzung und Steigerung fanden, sind bislang noch kaum untersucht; auf sie wird auch von *Asch*, Rat und Bürgerschaft (Anm. 17), S. 97 f., nur knapp verwiesen; vgl. hierzu künftig *Philip R. Hoffmann-Rehnitz*, Differenz und Gemeinwohl. Politische Kommunikation, korporative Partizipation und die Ordnung der Arbeit in der frühneuzeitlichen Stadt, erscheint voraussichtlich Münster 2016.
25 Vgl. dazu u. a. *Wolf Schmid*, Elemente der Narratologie, Berlin und New York ²2008; *Albrecht Koschorke*, Wahrheit und Erfindung. Grundzüge einer Allgemeinen Erzähltheorie, Frankfurt a.M. ²2012; *Ansgar Nünning*, Wie Erzählungen Kulturen erzeugen. Prämissen, Konzepte und Perspektiven für eine kulturwissenschaftliche Narratologie, in: Alexandra Strohmaier (Hg.), Kultur – Wissen – Narration. Perspektiven transdisziplinärer Erzählforschung für die Kulturwissenschaften, Bielefeld 2013, S. 15–53.
26 *Ansgar Nünning*, Grundzüge einer Narratologie der Krise. Wie aus einer Situation ein Plot

Narrative beziehungsweise Erzählmuster bilden eine wichtige Dimension von Kultur, da sie eine Möglichkeit darstellen, wie sozialem Geschehen ein Sinn gegeben und dieses gedeutet und verstanden werden kann; mit anderen Worten: Narrative sind eine Möglichkeit der Welterschließung und der Konstruktion sozialer Wirklichkeit(en).[27] Sie tun dies in einer spezifischen Weise. Konstitutiv für Narrative ist ihr temporaler Charakter beziehungsweise ihre »temporale Struktur«, das heißt, sie beobachten Phänomene, gerade auch soziale Phänomene, auf ihr Werden beziehungsweise ihr Geworden-Sein und demnach auf ihre Veränderlichkeit hin. In dieser Hinsicht unterscheiden sich Narrative insbesondere von deskriptiven Mustern, die (soziale) Phänomene in ihrem So-Sein und damit in statischer Weise bestimmen.[28] Darstellungen und Beschreibungen, nicht zuletzt Selbstbeschreibungen, lassen sich demzufolge danach differenzieren, ob sie primär einer deskriptiven oder einer narrativen Logik folgen. Dabei sind das Nebeneinander und die Verknüpfung beider Formen durchaus üblich. Wie zu zeigen sein wird, ist auch die ›Krise‹ ein Deutungs- und Beschreibungsmuster, das narrative und deskriptive Elemente miteinander verknüpft. Gesellschaften lassen sich somit auch danach unterscheiden, inwieweit in sozialer und kultureller Kommunikation auf narrative Beschreibungsmuster zurückgegriffen wird und über welches Set an unterschiedlichen narrativen

---

und eine Krise (konstruiert) werden, in: Henning Grunwald und Manfred Pfister (Hg.), Krisis! Krisenszenarien, Diagnosen und Diskursstrategien, München 2007, S. 48–71; *ders.*, Krise als Erzählung und Metapher. Literaturwissenschaftliche Bausteine für eine Metaphorologie und Narratologie von Krisen, in: Carla Meyer, Katja Patzel-Mattern und Gerrit Jasper Schenk (Hg.), Krisengeschichte(n). »Krise« als Leitbegriff und Erzählmuster in kulturwissenschaftlicher Perspektive, Stuttgart 2013, S. 117–144; *ders.*, Steps Towards a Metaphorology (and Narratology) of Crises: On the Functions of Metaphors as Figurative Knowledge and Mininarrations, in: Herbert Grabes u. a. (Hg.), Metaphors Shaping Culture and Theory, Tübingen 2009, S. 229–262. Ein narratologisches Verständnis von Krise vertreten auch *Moritz Föllmer*, *Rüdiger Graf* und *Per Leo*, Einleitung. Die Kultur der Krise in der Weimarer Republik, in: Moritz Föllmer und Rüdiger Graf (Hg.), Die »Krise« der Weimarer Republik. Zur Kritik eines Deutungsmusters, Frankfurt a.M. und New York 2005, S. 9–41, nach denen es Krisen nicht gibt, sondern sich diese »erst in narrativen Strukturen (konstituieren), mit denen die Zeitgenossen oder expost Historikerinnen und Historiker komplexe Prozesse zu erfassen suchen […]. Erst in Erzählungen werden Strukturveränderungen und Ereignisabläufe zu Krisen«; ebd., S. 12.

27 Vgl. *Koschorke*, Wahrheit und Erfindung (Anm. 25); *Wolfgang Müller-Funk*, Kultur und ihre Narrative. Eine Einführung, Wien und New York ²2008; *Jerome Bruner*, The Narrative Construction of Reality, in: Critical Inquiry 18 (1991), S. 1–21.

28 Vgl. dazu u. a. *Nünning*, Prämissen (Anm. 25), v. a. S. 40ff.; *Schmid*, Elemente der Narratologie (Anm. 25), S. 2 (Zitat) und 7ff., sowie *Müller-Funk*, Kultur (Anm. 27), v. a. S. 70ff., hier auf Ricœur und dessen Auffassung eingehend, nach der »(d)ie von jedem narrativen Werk entfaltete Welt […] immer eine zeitliche [ist]«; ebd., S. 71; zum Zusammenhang von Zeit und Narrativität vgl. u. a. *Paul Ricœur*, Narrative Time, in: Critical Inquiry 7 (1980), S. 169–190.

Dispositiven – also den Erzählmustern mitsamt den Regeln ihrer Anwendung – sie verfügen.[29]

Narrative werden in Form von Erzählungen (Narrationen) – in mündlicher, schriftlicher, bildlicher oder auch multimedialer Form – aktualisiert, indem sie auf soziales Geschehen bezogen werden, dem dadurch ein bestimmter Sinn verliehen wird.[30] Dieser kann in weiterer Kommunikation bestätigt oder – nicht zuletzt durch Rekurs auf andere Narrative – bestritten oder variiert werden.[31] Aus kommunikationstheoretischer Perspektive liegt die wesentliche Funktion von Narrativen darin, Kommunikation zu ermöglichen und zu strukturieren, nicht zuletzt, indem die Komplexität des Sozialen reduziert und so für Kommunikation handhabbar gemacht wird.[32]

Narrative können dabei unterschiedlich ausgeprägt und abstrahiert sein, so auch als »Mini-« oder »Ein-Wort-Narrative« (Eubanks) oder Metaphern.[33] Dabei ist es umso unwahrscheinlicher, dass Narrative begrifflich verdichtet und abstrahiert werden, je komplexer sie vor allem in ihrer Plotstruktur gebaut sind. Ein klassisches Narrativ stellt der Niedergang (mit all seinen semantischen Variationen wie Verfall, Ruin, Dekadenz, Korruption etc.) dar, dem in der Frühen Neuzeit große Bedeutung für die gesellschaftliche Selbstbeschreibung, nicht

---

29 Vgl. dazu *Hayden White*, Das Problem der Erzählung in der modernen Geschichtstheorie, in: ders., Die Bedeutung der Form. Erzählstrukturen in der Geschichtsschreibung, Frankfurt a.M. 1990, S. 40–77, hier v. a. S. 60. Zur Analyse von Zeitkulturen vor allem im Übergang von Früher Neuzeit zur Moderne sei hier nur auf die Untersuchungen Reinhart Kosellecks verwiesen, u. a. *Reinhart Koselleck*, Vergangene Zukunft. Zur Semantik geschichtlicher Zeiten, Frankfurt a.M. 1989; ders., Zeitschichten. Studien zur Historik, Frankfurt a.M. 2003.

30 Um die performative bzw. kommunikative Dimension zu betonen, ließe sich hier auch von »Enarration« sprechen.

31 Die Unterscheidung von Narrativen und Narrationen lässt sich mit Luhmann auch über die Unterscheidung von Medium und Form bestimmen (vgl. dazu u. a. *Niklas Luhmann*, Die Gesellschaft der Gesellschaft, 2 Bde., Frankfurt a.M. 1997, Bd. 1, S. 190 ff.): Narrative (als Medien) sind demnach relativ dauerhaft, dafür unsichtbar; sie koppeln Elemente in loser, das heißt nicht strikt festgelegter Weise und eröffnen damit Möglichkeitsräume der Sinngebung durch Beobachtung und damit auch der Kommunikation. Auf der Ebene der sozialen Kommunikation werden Narrative in Narrationen momenthaft in eine Form gebracht bzw. findet eine strikte Kopplung von Elementen statt, die andere mögliche Formen zunächst (aber nicht dauerhaft) ausschließt; nur Formen bzw. Narrationen sind für Dritte direkt beobachtbar.

32 Zu kommunikativen Formen und Praktiken der Konstruktion sozialer Wirklichkeit vgl. auch *Reiner Keller* u. a. (Hg.), Kommunikativer Konstruktivismus, Wiesbaden 2012.

33 Bei Metaphern handelt es sich nach Konersmann um »Erzählungen, die sich als Einzelwort maskieren«; zitiert nach *Ansgar Nünning*, Making Crises and Catastrophes – How Metaphors and Narratives shape their Cultural Life, in: Carsten Meiner und Kristin Veel (Hg.), The Cultural Life of Catastrophes and Crises, Berlin und Boston 2012, S. 59–88, hier S. 60. Nach Albrecht Koschorke lassen sich Narrative dadurch, dass sie die Gestalt von Begriffen annehmen, verdinglichen respektive ›vereigentlichen‹, indem so ihr ›uneigentlicher‹ Charakter kaschiert wird; *Koschorke*, Wahrheit und Erfindung (Anm. 25), S. 24 f.

zuletzt auch im Kontext historiographischer Diskurse, zukam.³⁴ Die basale Plotstruktur von Niedergangsnarrativen ist dabei relativ simpel. Sie können somit auch leicht semantisch fixiert, gleichzeitig aber auch vielfach variiert werden, nicht zuletzt auch durch die Verknüpfung mit anderen Narrativen, wodurch sie eine durchaus komplexe Gestalt annehmen können. Narrative des Niedergangs basieren auf einer Vergleichsoperation, die auf einer – oftmals stark normativ aufgeladenen – Unterscheidung von ›gut‹ und ›schlecht‹ beruht³⁵ und durch die ein bestimmter Zustand im Vergleich mit einem ihm vorausliegenden, positiv(er) bewerteten Zustand als defizitär ausgewiesen wird. Dabei wird unterstellt, dass diese beiden Zustände durch eine negativ gerichtete Entwicklung miteinander verbunden sind.

Niedergänge markieren Vorgänge von längerer Dauer, die einen kontinuierlichen Charakter besitzen und die zum Zeitpunkt der Erzählung in der Regel auch nicht abgeschlossen sind. Niedergangsnarrative sind demnach eng mit Vorstellungen einer kontinuierlich verlaufenden Zeit verbunden, in der Vergangenheit und Zukunft einen »kohärenten Zeit-Raum«³⁶ umspannen und Letztere eine ausreichend verfügbare und auch planbare Ressource darstellt.³⁷

---

34 Zu Niedergangskonzepten und -narrativen vgl. u. a. *Reinhart Koselleck* und *Paul Widmer* (Hg.), Niedergang. Studien zu einem geschichtlichen Thema, Stuttgart 1980; *Alexander Demandt*, Art. »Dekadenz«, in: Stefan Jordan (Hg.), Lexikon Geschichtswissenschaft: Hundert Grundbegriffe, Stuttgart 2002, S. 54–56; *Gerrit Walther*, Art. »Dekadenz«, in: Friedrich Jaeger u. a. (Hg.), Enzyklopädie der Neuzeit, Bd. 2, Stuttgart und Weimar 2005, Sp. 887–891; *Paul Widmer*, Art. »Niedergang/ Untergang«, in: Historisches Wörterbuch der Philosophie, Bd. 6, Basel und Stuttgart 1984, Sp. 838–846; *Dieter Gembicki*, Art. »Corruption, Décadence«, in: Handbuch politisch-sozialer Grundbegriffe in Frankreich 1680–1820, hg. von Rolf Reichardt und Hans-Jürgen Lüsebrink, Heft 14/15, München 1993, S. 1–54. Für die neuzeitliche Historiographiegeschichte *Peter Burke*, Tradition and Experience: The Idea of Decline from Bruni to Gibbon, in: Daedalus 105 (1976), S. 137–152, sowie der Beitrag von Günther Lottes in diesem Band.

35 *Paul Widmer*, Niedergangskonzeptionen zwischen Erfahrung und Erwartung, in: Reinhart Koselleck und Paul Widmer (Hg.), Niedergang. Studien zu einem geschichtlichen Thema, Stuttgart 1980, S. 12–30, hier S. 13 ff.; hierzu wie zum Folgenden vgl. auch *Caroline Poss*, Dekadenz, Studien zu einer großen Erzählung der frühen Moderne, Göttingen 2013, S. 39 ff.

36 *Hölscher*, Entdeckung der Zukunft (Anm. 14), S. 19 und passim. Niedergang, Verfall und Dekadenz werden gerade auch in der (modernen) Geschichtsschreibung typischerweise in umfassendere, zumeist evolutionär-biologistische Verlaufsmodelle eingeordnet, die dem Modell von Wachstum, Blüte und Verfall/ Untergang folgen; diese sind typisch für die Geschichtsvorstellung der Romantik und des Historismus (vgl. hierzu Demandt, Art. »Dekadenz« (Anm. 34), mit weiteren Literaturangaben). Eine Variation hiervon sind Vorstellungen, die Niedergang als ein (mehr oder weniger notwendiges) Durchgangsstadium für eine darauf folgende Phase der Erneuerung und des (Wieder-)Aufstiegs sehen. Solche Konzepte knüpfen an ältere, bereits in der Antike existierende und in der Renaissance (u. a. von Machiavelli) aufgegriffene zyklische (Kreislauf-)Modelle und entsprechende Niedergangs- und Dekadenzvorstellungen an.

37 Dabei ist zunächst noch keine Aussage darüber getroffen, inwieweit die Zukunft als kontingent beobachtet und damit als offener Horizont entworfen wird, ob es also nur eine

Dies ermöglicht die Ausbildung und Existenz stabiler Erwartungen (wie auch Erfahrungen) und zumindest bis zu einem gewissen Grad auch eine Vorausschau. Niedergänge steuern dabei auf einen in der Zukunft liegenden, jedoch zumeist zeitlich nicht genauer bestimmten Nullpunkt – den Untergang – zu, wobei es in der Regel nicht klar ist, ob der Niedergang gestoppt und die Entwicklung damit umgekehrt werden kann.[38] Aber auch wenn Niedergangsnarrative eine negative Zukunftserwartung und Bedrohungsszenarien evozieren, entfällt in ihnen doch zunächst der *unmittelbare* Zwang zu handeln oder Entscheidungen zu treffen, um eine mögliche Wende zum Besseren herbeizuführen, weil Zeit und Zukunft aufgrund der zugrunde liegenden kontinuierlichen Zeitkonzeption keine knappe Ressource darstellen. Handeln und Entscheiden lassen sich von der Gegenwart auf eine – mehr oder weniger nahe – Zukunft verschieben.[39] Es besteht jedoch die Möglichkeit, den Niedergang in apokalyptischer Weise zu dramatisieren, indem angenommen wird, er gelange in naher Zukunft an sein Ende und der »Untergang« stünde unmittelbar bevor. Dadurch wird die Zeit zum Handeln und zur Umkehr verknappt und die Handlungssituation entsprechend als Entscheiden gerahmt. Hier nähert sich dann das Niedergangsnarrativ dem Konzept der Krise.

Dies verweist bereits darauf, dass zwischen Niedergang und Krise eine gewisse, nicht zuletzt auch historisch bedingte Nähe besteht. Demnach haben sich auch moderne Krisenvorstellungen innerhalb der politisch-sozialen Sprache

---

Zukunft oder mehrere Zukünfte gibt; vgl. hierzu auch *Widmer*, Niedergangskonzeptionen (Anm. 35). Niedergänge sind mit der Logik des (politischen) Rationalismus vereinbar, der an die Möglichkeit einer systematischen Beeinflussung zukünftiger Entwicklungen, mithin an Planung glaubt. Im Fall von Krisen ist dies anders. Darauf, dass sich das Konzept der Krise (im Gegensatz zu Niedergang und vor allem zu Fortschritt) der Vorstellung einer durch Planung steuerbaren Zukunft entzieht und in einem Spannungsverhältnis zur Logik eines modernen, linear-teleologischen Fortschrittsdenkens steht, hat bereits Koselleck hingewiesen; *Reinhart Koselleck*, Kritik und Krise. Eine Studie zur Pathogenese der bürgerlichen Welt, Frankfurt a.M. [8]1997, S. 134.

38 Vgl. *Widmer*, Niedergangskonzeptionen (Anm. 35), S. 15ff.
39 Versteht man Niedergang ebenso wie Fortschritt im Sinne Kosellecks als »prozessuale[n] Reflexionsbegriff«, eröffnet sich die von Koselleck verworfene Möglichkeit, dass Niedergangsvorstellungen in ähnlicher Weise, wie er dies für das Fortschrittskonzept annimmt, für die Ausbildung einer modernen ›Zukunftszeit‹ im Sinne der »Erschließung eines offenen Zukunftshorizontes« von Bedeutung waren. Dass Koselleck den Konzepten Niedergang und Verfall im Blick auf die für die Moderne typische Dynamisierung der Zeit bzw. Beschleunigung höchstens eine sekundäre Rolle zugeschrieben hat, liegt darin begründet, dass nach ihm Verfall und Niedergang der ›progressive Zug‹ abgeht, den er allein dem Fortschrittskonzept zuschreibt; jene erscheinen nur als eine vorübergehende und sektoral begrenzte Störung, die jedoch unter Umständen als Bedingung für weiteren Fortschritt gedacht werden kann (vergleichbar dem paradoxen Verhältnis von Revolution und Restauration); *Reinhart Koselleck*, ›Fortschritt‹ und ›Niedergang‹ – Nachtrag zur Geschichte zweier Begriffe, in: ders. und Paul Widmer (Hg.), Niedergang. Studien zu einem geschichtlichen Thema, Stuttgart 1980, S. 214–230, Zitate S. 223f.

seit dem 17. Jahrhundert im Umfeld von Niedergangsnarrativen ausgeprägt. Es scheint einen engen (auch zeitlich engen) Zusammenhang mit dem Aufkommen eines neuen Fortschrittsdenkens in der Aufklärung und einer damit verbundenen Umwertung von Niedergang/ Dekadenz als der anderen Seite des Fortschritts beziehungsweise als Abweichung vom Prozess des Fortschritts zu geben.[40] Die Krise lässt sich dabei nicht bloß auf eine weitere Variante im weiten Feld der Niedergangsnarrative reduzieren.[41] Vielmehr fungiert sie spätestens seit der zweiten Hälfte des 18. Jahrhunderts als das Dritte der Unterscheidung Fortschritt/ Niedergang beziehungsweise *progrès/ décadence*.[42] Krise markiert demnach nicht zuletzt im ökonomischen Denken seit dem 19. Jahrhundert denjenigen Zeitpunkt, in dem Fortschritt in Niedergang beziehungsweise Auf- in Abschwung umschlägt. Gerade aufgrund ihres zeitlich punktuellen Charakters unterscheidet sich Krise in konstitutiver Weise von Niedergang (wie auch Fortschritt). So handelt es sich bei ihr nicht – zumindest nicht ausschließlich – um ein Narrativ im oben bestimmten Sinne. Vielmehr verbinden sich in der Krise narrative und deskriptive Dimensionen respektive Dynamik und Statik. Krise lässt sich entsprechend entweder im Modus des Dramas (als *story*) oder im Modus der Diagnose (als *stasis*) entfalten. Wie dies geschieht, ist situationsabhängig, wobei der eine Modus im anderen enthalten sein kann.[43] Dieser Umstand

---

40 Neben den Beiträgen in diesem Band vgl. auch *Gembicki*, Art. »Corruption, Décadence« (Anm. 34), S. 19 ff.; dabei bildete die Entwicklung Spaniens u.a. bei Montesquieu einen wichtigen erfahrungsgeschichtlichen Hintergrund für die Umwertung von Niedergangs- und Dekadenzvorstellungen während des 18. Jahrhunderts (als Teil eines, so Gembicki, ›neuen Krisendenkens‹ in der Aufklärung); für den »Fall« Spanien vgl. auch *Christian von Tschilschke*, Der spanische Patient. Krisendiagnose, Reformdiskurse und Projektmacherei im spanischen 18. Jahrhundert, in: Uta Fenske, Walburga Hülk und Gregor Schuhen (Hg.), Die Krise als Erzählung. Transdisziplinäre Perspektiven auf ein Narrativ der Moderne, Bielefeld 2013, S. 169–187.
41 Das ambivalente Verhältnis von Krise und Niedergang zeigt sich in solchen Erzählungen, in denen beide miteinander verbunden werden, zum Beispiel in der dramatischen Zuspitzung von Niedergang in einer Krise (mit der Möglichkeit der Überwindung des Niedergangs) oder in der Begründung von Niedergang durch Krisen. Gemeinsam ist einem modernen Krisen- und Niedergangsverständnis ihre Sozialimmanenz; ihre Ursachen werden maßgeblich im menschlichen Handeln bzw. in sozialen Prozessen selbst gesucht und nicht als Ergebnis exogener (Umwelt-)Faktoren angesehen. Im Unterschied zu Katastrophen werden Krisen in der Moderne immer der gesellschaftlichen Innenwelt und nicht ihrer Umwelt zugeschrieben, auch wenn es durchaus möglich ist, sich bei der Bewältigung von Krisen auf externe Instanzen (z. B. Gott, den IWF, Experten) zu beziehen.
42 Seit den 1760er Jahren und vor allem im Zeitalter der Französischen Revolution wurde in Frankreich (in Anlehnung an England) der Begriff der *décadence* zunehmend durch denjenigen der *corruption* ersetzt; vgl. *Gembicki*, Art. »Corruption, Décadence« (Anm. 34), S. 34 ff.
43 Die Begriffs- und Ideengeschichte von Krise in der Moderne zeigt, dass die Modi changieren und als austauschbar gelten: So habe nach Habermas Marx den heilsgeschichtlichen Krisenbegriff, verstanden als »Wendepunkt eines schicksalhaften Prozesses«, durch einen so-

trägt erheblich zu dem paradoxalen und schwer greifbaren Charakter bei, der für Krise, so wie sie sich im Übergang zur Moderne ausprägte, so kennzeichnend ist und der eine Definition erschwert: Am ehesten kann Krise als dynamischer Zustand verstanden werden, als Zustand, dem ein prozessualer Charakter inhärent ist und in dem sich dynamische Prozesse verdichten und dabei zumindest kurzzeitig zum Stillstand kommen. Dieser Zustand ist aber nur vorläufig oder transitorisch und drängt auf Veränderung und Auflösung. Krisen sind dabei weniger Ereignisse als vielmehr Proto-Ereignisse im Sinne von Zuständen, die dem eigentlichen Ereignis (der Entscheidung) vorausliegen.[44]

Der Möglichkeit, Soziales über die Form der Krise zu beobachten und zu beschreiben,[45] liegen kulturelle und historische Voraussetzungen zugrunde, die letztlich erst in der Moderne voll entfaltet sind: so vor allem die Vorstellung, dass sich das Soziale beziehungsweise die soziale Ordnung dynamisch entwickelt und (gerade auch in ihrer Reproduzierbarkeit) auf Veränderung hin angelegt ist, was unter anderem in der sich vor allem im 19. Jahrhundert vollziehenden umfassenden Narrativierung der Selbstbeschreibung (nicht zuletzt auch in Form der Geschichtsschreibung[46]) seinen Ausdruck findet. Krise, verstanden als strukturelle Signatur der Moderne,[47] bezeichnet denn auch immer mehr als allein die

---

zialwissenschaftlichen Krisenbegriff im Sinne von Systemkrise ersetzt, ein Verständnis, das auch dem Krisenkonzept von Habermas wie auch dem Großteil des strukturalistisch geprägten und sozialwissenschaftlich dominierten Krisendiskurses der 1970er und 1980er Jahre zugrunde liegt; *Jürgen Habermas*, Legitimationsprobleme im Spätkapitalismus, Frankfurt a.M. 1973, S. 10f. Demgegenüber schließen kulturalistische Ansätze eher an eine narratologische, dramaturgische Konzeptionalisierung von Krise an.

44 Ähnlich etwa auch *Koselleck*, Kritik und Krise (Anm. 37), S. 105 (»Es liegt im Wesen einer Krise, daß eine Entscheidung fällig ist, aber noch nicht gefallen. Und es gehört ebenso zur Krise, daß offen bleibt, welche Entscheidung fällt«). Der dezisionistische Charakter vor Krisen ist nicht nur von Reinhart Koselleck immer wieder hervorgehoben worden, sondern bereits schon von Schleiermacher oder Carl Schmitt; vgl. dazu auch *Reinhart Koselleck*, Art. »Krise«, in: Otto Brunner, Werner Conze und Reinhart Koselleck (Hg.), Geschichtliche Grundbegriffe. Historisches Lexikon der politisch-sozialen Sprache in Deutschland, Bd. 3, Stuttgart 1982, S. 617–650, v. a. S. 617ff., 626f.; *Nünning*, Krise als Erzählung (Anm. 26), S. 122 und passim; *Föllmer, Graf* und *Leo*, Einleitung (Anm. 26), v. a. S. 13f.

45 Für die Art und Weise, wie dies in der modernen Geschichtsschreibung und speziell in der Frühneuzeitforschung geschieht, vgl. *Sawilla*, Krise (Anm. 11). Nach Sawilla verdankt sich die Popularität, die dem Krisenkonzept in der Geschichtswissenschaft vor allem seit dem Zweiten Weltkrieg zugewachsen ist, neben seiner »semantischen Flexibilität« (ebd., S. 166) auch dem Umstand, dass darüber das Verhältnis von Ereignissen und Strukturen/ Strukturwandel auf einer mittleren Ebene begreifbar gemacht werden kann.

46 Vgl. dazu v. a. *Hayden White*, Metahistory. Die historische Einbildungskraft im 19. Jahrhundert in Europa, Frankfurt a.M. 2008.

47 Dies im Anschluss an *Koselleck*, Krise (Anm. 44), hier S. 627, der jedoch von Krise als einer »strukturellen Signatur der Neuzeit« spricht. Allerdings wird Krise nach Koselleck hierzu erst seit der zweiten Hälfte des 18. Jahrhunderts, das heißt, für die Frühe Neuzeit vor der Sattelzeit kommt der Krise gerade (noch) nicht der Status einer strukturellen Signatur zu. Demnach erscheint es auch mit Blick auf Kosellecks Ausführungen treffender, von Krise als

Störung sozialer Ordnung oder den Umschlag von Funktionalität in Dysfunktionalität beziehungsweise den Übergang von Auf- in Abschwung.[48] Sie bezeichnet vielmehr die Störung einer sozialen Ordnung, die sich selbst als eine sich verändernde, und zwar zum Besseren hin verändernde, versteht. Krise bezieht sich demnach nicht auf die Ordnung selbst, sondern auf deren sich kontinuierlich und dynamisch vollziehende Veränderlichkeit im Sinne von Fortschritt, der als Normalzustand verstanden wird und durch den Vergangenheit, Gegenwart und Zukunft in einer bestimmbaren und verstehbaren Weise verbunden sind, so dass Veränderungen bis zu einem Grad erklärbar und erwartbar sind. Dadurch wird die Möglichkeit der »rationalen« Voraussage (auf der Grundlage von »Erfahrungswissen«) wie auch das Verständnis von Vergangenheit als Geschichte eröffnet, so wie dies im Prinzip auch für Niedergangsnarrative kennzeichnend ist.[49]

In Krisen wird dieses Verständnis von der Kohärenz der Zeit und damit ein wesentliches Charakteristikum der modernen Zeiterfahrung jedoch suspendiert, werden die Zeitdimensionen entkoppelt, verengt sich Zeit auf eine radikale Gegenwärtigkeit. Es ist genau diese Indeterminiertheit, die als anomal/ außergewöhnlich und als Gefährdung wahrgenommen wird[50] (was aber die Mög-

---

struktureller Signatur der Moderne zu sprechen (zumindest wenn man unter Moderne die Zeit zwischen der Sattelzeit und der Gegenwart versteht).

48 Ein solches verkürzendes Verständnis von Krise liegt einem objektivierenden bzw. strukturalistischen Verständnis von Krise zugrunde. So bestimmt Habermas Krisen als »anhaltende Störungen der *Systemintegration*«. Diese gehen »aus ungelösten Steuerungsproblemen« hervor, die sich mit herkömmlichen Mitteln nicht lösen lassen. Sie treten den Subjekten so als ›objektive Kraft‹ entgegen, die ihnen Handlungsmacht und Souveränität entzieht; *Habermas*, Legitimationsprobleme (Anm. 43), S. 9ff. (Zitate S. 11, 13). Ähnlich auch die Bestimmung von Krise bei *Rudolf Vierhaus*, Zum Problem historischer Krisen, in: Karl-Georg Faber und Christian Meier (Hg.), Historische Prozesse, München 1978, S. 313–329, der Krise aber prozessualisiert, indem er mit Krise das Instabil- bzw. Dysfunktional-Werden von zuvor stabilen/ funktionalen Zuständen fasst.

49 *Hölscher*, Entdeckung der Zukunft (Anm. 14), S. 41ff.; *Koselleck*, Vergangene Zukunft der frühen Neuzeit (Anm. 14), S. 28ff.

50 Siehe dazu *Michael Makropoulos*, Krise und Kontingenz. Zwei Kategorien im Modernitätsdiskurs der Klassischen Moderne, in: Moritz Föllmer und Rüdiger Graf (Hg.), Die »Krise« der Weimarer Republik. Zur Kritik eines Deutungsmusters, Frankfurt a.M. und New York 2005, S. 45–76, hier v.a. S. 50f. In diesem Sinne lässt sich dann auch mit Jürgen Link von ›Verlust von Normalität‹ bzw. ›Denormalisierung‹ als Kennzeichen von Krisensituationen sprechen, von dem Bedarf nach Handeln (nicht zuletzt: nach Sich-Entscheiden) ausgeht, um so Normalität wiederzugewinnen; *Jürgen Link*, Über die normalisierende Funktion apokalyptischer Visionen. Normalismustheoretische Überlegungen, in: Lorenz Engell, Bernhard Siegert und Joseph Vogl (Hg.), Gefahrensinn, München 2009, S. 11–22, hier S. 12; vgl. auch *ders.*, Zum Anteil apokalyptischer Szenarien an der Normalisierung der Krise, in: Uta Fenske, Walburga Hülk und Gregor Schuhen (Hg.), Die Krise als Erzählung. Transdisziplinäre Perspektiven auf ein Narrativ der Moderne, Bielefeld 2013, S. 33–47, sowie die Einleitung von Rudolf Schlögl in diesem Band.

lichkeit nicht ausschließt, dass dies mit der Zeit normalisiert werden kann). Dabei bleiben Vergangenheit und Zukunft (als Zeiten dynamischer Veränderung) zugleich in der Krise eingeschrieben. Der Krise kommt somit ein indexikalischer Charakter zu, indem sie auf Vergangenheit und Zukunft verweist; allein: diese Verweisungen lassen sich nicht mehr – zumindest nicht mehr in ausreichend sicherer Weise – entziffern. Krisen bezeichnen damit einen Zustand der Diskontinuität; der »kohärente Zeit-Raum« (Hölscher) wird in Krisen zu einem Diskontinuum. Zeit, insbesondere Zukunfts-Zeit wird dabei als Handlungsressource vernichtet, was dem Handeln und Entscheiden den Charakter der Unausweichlichkeit und Unaufschiebbarkeit verleiht: Handeln wird – und darauf verweist die Etymologie von Krise – in Krisen immer als Entscheiden, das heißt als Handeln, das auf eine zu treffende Entscheidung hin ausgerichtet ist, gerahmt; die Akteure stehen unter Handlungszwang, wobei im Unterschied zu »normalen« Formen des Entscheidens die Möglichkeit des Nicht-Entscheidens aufgehoben scheint.[51] Diese Konstellation wird zugleich insofern als problematisch ausgewiesen, als zum einen die weitere Entwicklung ganz wesentlich vom gegenwärtigen Handeln abhängt, zum anderen aber die Folgen des Handelns beziehungsweise Entscheidens als nicht absehbar erscheinen – aufgrund des für Krisen kennzeichnenden Verlusts an Erfahrung und Vertrauen und der damit verlorenen Möglichkeiten, soziale Komplexität zu reduzieren und einigermaßen verlässlich geltende Aussagen über die Zukunft zu treffen.[52] Damit bleibt in letzter Konsequenz auch unklar, wie entschieden werden soll und ob dadurch überhaupt eine Wende zum Besseren und »Rettung« erreicht und der drohende Untergang abgewendet werden kann (oder ob die zu treffende Entscheidung alles vielleicht noch viel schlimmer machen wird).

4. Politische Konflikte und gesellschaftliche Selbstbeschreibung in Lübeck nach dem Dreißigjährigen Krieg

Auf die wachsende Bedeutung, die Niedergangsnarrative für die (Selbst-)Beschreibung städtischer Gesellschaften seit der Mitte des 17. Jahrhunderts zumindest im Rahmen elaborierter Diskurse hatten, wurde oben bereits verwie-

---

51 Der Unausweichlichkeit des Entscheidens kommt in Krisen ein quasi-objektiver Charakter zu, als er sich aus der Logik der Situation bzw. der ›Verhältnisse‹ ergibt und dadurch dem Handeln der Akteure entzogen bleibt – zumindest scheint dies so. Dies ist beim Niedergang anders: Hier existiert, wie oben ausgeführt, kein unmittelbarer Handlungs- und Entscheidungszwang, weil Entscheidungen in eine unbestimmte Zukunft verschoben werden können.
52 Vgl. dazu *Niklas Luhmann*, Vertrauen. Ein Mechanismus der Reduktion sozialer Komplexität, Konstanz und München ⁵2014.

sen. Inwieweit dies auch für die Ebene der innerstädtischen politischen Alltagskommunikation gilt, ist bislang noch nicht genauer untersucht worden. Die politischen Auseinandersetzungen und Verhandlungen, die sich in Lübeck in den Jahren nach dem Dreißigjährigen Krieg zwischen dem Rat und den bürgerschaftlichen Kollegien ereigneten, können dafür einen Ausgangspunkt bilden. Anhand der schriftlichen Stellungnahmen und Supplikationen der gewerblichen Zünfte und speziell der (Vier Großen) Ämter zwischen 1650 und 1653, als die ›Traktate‹ ihren (vorläufigen) Höhepunkt erreichten, lässt sich zum einen nachvollziehen, wie Anliegen, die vornehmlich die unmittelbaren, primär ökonomischen Interessen der bürgerlichen Kollegien und speziell der Ämter betrafen, in die politische Debatte eingebracht und mit dem fiskalpolitischen Kern des Konflikts – also der Frage, wie die Stadt wieder aus den Schulden gebracht werden könne – verknüpft wurden; zum anderen aber auch, welche Funktion hierbei Narrative und speziell Niedergangsnarrative hatten.[53]

In ihren Eingaben und schriftlichen Stellungnahmen beschworen die Ämter zunächst den allgemeinen Konsens, der zwischen Rat und Bürgern darüber bestand, dass sich die Stadt und vor allem die städtische Kasse in einer schwierigen Lage befänden und dass es notwendig sei, geeignete Maßnahmen zu

---

53 Abschriften der Stellungnahmen und Eingaben, die die Vier Großen Ämter im Zuge der ›Traktate‹ vor allem in den Jahren 1650/51 abfassten, sind in gebündelter Form zusammen mit Abschriften anderer Zeugnisse aus diesem Kontext (z. B. Resolutionen und Propositionen des Rates bzw. von Ratsvertretern) in einem Amtsbuch der Schneider überliefert (Stadtarchiv Hansestadt Lübeck, Archive der Handwerksämter und Innungen, Schneider Amtsbuch 2). Bei Supplikationen, wie sie im Folgenden vornehmlich untersucht werden, handelt es sich insofern um halb-serielle Quellen, als sie seit der zweiten Hälfte des 16. Jahrhunderts massenhaft und in zunehmender Anzahl »hergestellt« wurden (wodurch sie zu einem, wenn nicht dem zentralen Medium der politischen Kommunikation in der frühneuzeitlichen Stadt wurden) und sowohl in ihrer äußeren Form als auch in ihrem Inhalt und ihrer Sprache in hohem Maße (formalen) Konventionen folgten. Aufgrund der Orientierung an Referenztexten und durch Praktiken des Abschreibens und Kopierens wurden in ihnen immer wieder dieselben Argumente, Deutungsmuster und Sprachfiguren verwendet und reproduziert, auch wenn sie an sich verändernde Kontexte und die jeweiligen Situationen und Interessenlagen angepasst wurden. Insofern zeichnen sich Supplikationen durch ein hohes Maß an Redundanz und mit Blick auf die verwendeten »Sprachen« (im Sinne von Skinner und Pocock) durch einen geringen Innovationsgrad aus. Entsprechend lassen sich in ihnen längerfristige Entwicklungen und Veränderungen von Formen gesellschaftlicher Selbstbeschreibung gerade auf der Ebene der politischen Alltagskommunikation gut nachvollziehen. Zu Supplikationen als Quellen und zur Praxis des Supplizierens in der frühneuzeitlichen Stadt vgl. u. a. *Gerd Schwerhoff*, Das Kölner Supplikenwesen in der Frühen Neuzeit – Annäherungen an ein Kommunikationsmedium zwischen Untertanen und Obrigkeit, in: Georg Mölich und Gerd Schwerhoff (Hg.), Köln als Kommunikationszentrum. Studien zur frühneuzeitlichen Stadtgeschichte, Köln 2000, S. 473–496; *Alexander Schlaak*, An den Grenzen des Machbaren. Zur Entwicklung von Schriftlichkeit in frühneuzeitlichen Reichsstädten am Beispiel des Esslinger Supplikenwesens, in: Esslinger Studien 44 (2005), S. 63–83.

ergreifen, um die im Verlauf des Krieges aufgenommenen Schulden wieder abzutragen und so das ›Gemeine Beste‹ zu befördern.[54] Zugleich aber wurde hervorgehoben, dass die Auffassungen darüber, welche Mittel in dieser Situation zu ergreifen und welche auch als ›practicierlich‹ (wie es in den Quellen heißt) anzusehen seien, zwischen Rat und bürgerschaftlichen Kollegien und insbesondere den Ämtern ›diskrepierten‹ (auch dies ein Quellenbegriff).[55] So wurden die von Seiten des Rates vorgebrachten und von einigen bürgerschaftlichen Kollegien unterstützten Pläne, neue Abgaben zu erheben beziehungsweise bestehende zu erhöhen, unter anderem von den Ämtern als untauglich abgelehnt. Im Gegensatz zum Rat, der versuchte die Debatte möglichst auf fiskalpolitische Aspekte zu beschränken, vertraten sie zudem eine umfassendere Sicht auf die Dinge, als sie die Probleme Lübecks vor allem ökonomisch bestimmten. Dem entsprach eine unterschiedliche Sicht auf die Ursachen für die ›Abnahme‹ der Stadt und die Frage, von welcher Seite eine Gefährdung des Gemeinwohls ausging. So seien aus Sicht der Ämter (wie auch anderer bürgerschaftlicher Korporationen) die gewerblich tätigen Bürger ohnehin schon in (zu) hohem Maße mit Kontributionen und anderen *Onera* beschwert. Eine zusätzliche Belastung würde ihre schwierige wirtschaftliche Situation weiter verschlechtern und damit auch ihre Möglichkeit und Bereitschaft verringern, Abgaben zu leisten. Dagegen sollten aus Sicht der gewerblichen Zünfte vornehmlich solche Maßnahmen ergriffen werden, die die ›Nahrung‹ der Bürger und insbesondere der Brauer und der Amtshandwerker beförderten, nicht zuletzt weil sie dadurch in die Lage versetzt würden, ihren Pflichten nachzukommen und die nötigen Steuern und Abgaben zu zahlen. Anstatt also, wie vom Rat vorgeschlagen, neue Abgaben zu erheben, sollte man besser den »Gravaminibus einer Jeden Zunfft undt Amteß […] abhelffen«. Dies sei auch schon »lengst geklagt undt [vom Rat] zugesagt«, bislang jedoch »hinter die handt gesetzet« worden. Weil aber »dem Vorigen nicht gestewret« worden sei, seien die Missstände immer »ärger geworden«. Wenn nun die »in allen Stenden undt Amptern Verworrene[n], und Zerruttete[n] [Zustände] […] wieder zu Recht, und ein Jedeß in seinen vorigen, oder zu der

---

54 Dabei fällt auf, dass die Vier Großen Ämter in den von ihnen verfassten schriftlichen Stellungnahmen auf die städtischen Finanzprobleme kaum, und wenn dann nur in ganz pauschaler Weise eingingen. Dies war wohl Folge dessen, dass in diesem Punkt allgemeiner Konsens unterstellt wurde. Auffällig ist zudem, welche geringe Rolle der Rekurs auf die allgemeinen ›Zeitläufte‹ spielte, vor allem findet der gerade überstandene Krieg, wenn überhaupt, nur am Rande Erwähnung, so etwa in einer (undatierten) schriftlichen Stellungnahme der Vier Großen Ämter von Ende 1650/ Anfang 1651, in der sie darauf hinweisen, »in waß schwere Last, daß Kriegeswesen von A° 1620 hero diese guhte Stadt gebracht« habe. Eine Abschrift findet sich in: Schneider Amtsbuch 2, fol. 47–50, hier fol. 47r.
55 Vgl. etwa die Resolution des Lübecker Rats vom Oktober 1650 (Abschrift), in: Schneider Amtsbuch 2, fol. 39–42; sowie eine (undatierte) Proposition bzw. ›Erinnerung‹ der Vier Großen Ämter von Ende 1650/ Anfang 1651 (Abschrift), in: ebd., fol. 60–66.

Stadt beste, muglichen beßeren standt gebracht« werden würden, dann könnten sich aus einer solchen »remedirung«, so die Hoffnung der Vier Großen Ämter, so viele Mittel ergeben, »daß zufoderst die Zinsen, und so ferner die Capitalln solcher uffgenohmmenen gelder abgetragen werden können«.[56]

Die Darstellung der Vier Großen Ämter stellte einen engen Zusammenhang zwischen dem städtischen Schuldenproblem, der Abstellung der Gravamina und dem Gemeinwohl her. Dabei griffen die Ämter auf klassische und innerhalb der politischen Kommunikation seit Langem verbreitete Topoi und Argumentationsstrategien zurück, die die Bürger und speziell die Zünfte als Träger und Bewahrer der städtischen Ordnung hervorhoben. Dies ermöglichte es, Erwartungen gegenüber der Obrigkeit beziehungsweise dem Rat zu formulieren, die auf den Schutz der Bürger und der bürgerschaftlichen Korporationen durch Beseitigung der vorgebrachten Missstände abzielten, war es doch höchste obrigkeitliche Pflicht, das städtische Gemeinwohl zu befördern und soziale Unordnung zu bekämpfen. Diese topische Argumentationsfigur ließ sich nun, wie das obige Quellenzitat zeigt, vor allem dadurch narrativ ausgestalten, dass behauptet wurde, die Missstände und die durch sie verursachten ›Zerrüttungen‹ der sozialen Ordnung hätten in der Vergangenheit immer weiter zugenommen (nicht zuletzt aufgrund des Nicht-Handelns des Rates) und würden dies auch weiterhin tun, wenn nicht entsprechende Gegenmaßnahmen ergriffen würden. Mitunter wird unterstützend eine frühere Zeit beschworen, in der die Missstände noch nicht – zumindest nicht im gegenwärtigen Ausmaß – bestanden hätten und entsprechend eine ›gute Ordnung‹ geherrscht habe. Insofern musste es das Ziel sein, diesen ›vorigen‹ oder wenn möglich auch einen ›besseren‹ Zustand (wieder) herzustellen.[57] Hierfür wurde der Begriff ›Remedierung‹ beziehungsweise ›remedieren‹ benutzt. Nicht nur durch seine Herkunft aus der medizinischen Sprache (*remediare* = heilen) weist dieser eine Verbindung zum Begriff der Krise auf, sondern auch durch die implizierte Nähe zu politischen Körpermetaphoriken, auf die unten noch weiter einzugehen sein wird.[58] Jedoch liegt dieser

---

56 Schneider Amtsbuch 2, fol. 47v–48r.
57 Auffällig ist, dass dieser zukünftige Zustand jenseits pauschaler Angaben wie der Rückkehr zur vorigen guten Ordnung weitgehend unbestimmt bleibt. Nicht ganz eindeutig geht aus der zitierten Passage hervor, ob sich das »besser« auf den gegenwärtigen oder auf den vergangenen Zustand bezieht; beide Lesarten sind möglich. Je nachdem, welcher Lesart man folgt, ergeben sich unterschiedliche Relationierungen zwischen den Zeitdimensionen: Im einen Fall markiert die Vergangenheit den Idealzustand, dessen Wiederherstellung man in der Zukunft anstreben kann und sollte (wobei eine Annäherung daran schon eine Verbesserung gegenüber der Gegenwart darstellt). In der zweiten Lesart ist es dagegen denkbar, einen Zustand zu erreichen, der denjenigen der Vergangenheit übertrifft, das heißt, die Zukunft kann nicht nur gegenüber der Gegenwart, sondern auch gegenüber der Vergangenheit als verbesserungsfähig gedacht werden.
58 Die Rede von den *remedia*, die bei einer Krankheit des Staatskörpers ergriffen werden bzw.

Darstellung ein Zeitverständnis zugrunde, das Vergangenheit, Gegenwart und Zukunft in kontinuierlicher – und zwar in negativ gerichteter – Form miteinander verknüpft. Ausgangspunkt bildet ein als ideal gesetzter Zustand, der in einer nicht weiter bestimmten Vergangenheit existiert hat. Eine ›Heilung‹ und Rückkehr zu diesem ›idealen‹ Ursprung ist dabei als realisierbare Möglichkeit in den Prozess eingeschrieben. Dabei erscheint im Prinzip jeder Zeitpunkt (soweit eine ›Remedierung‹ noch als möglich erachtet wird) als potenzielle Entscheidungssituation. Die eigene Gegenwart wird hier nicht wie im Fall der Krise in besonderer Weise aus dem Fluss der Zeit hervorgehoben, etwa als dramatische Zuspitzung oder gar als Bruch im kontinuierlichen Zeitverlauf. Es stehen allerdings durchaus Möglichkeiten narrativer Dramatisierung zur Verfügungen, mittels derer sich eine bestimmte Gegenwart gegenüber anderen (früheren) Zeitpunkten in besonderer Weise als Entscheidungssituation qualifizieren ließ; hierauf ist unten zurückzukommen.

Seine Ausgestaltung fand dieses Niedergangsnarrativ vor allem in der Schilderung von konkreten Missständen. Die Ämter wie auch andere bürgerschaftliche Kollegien brachten im Rahmen der ›Traktate‹ eine ganze Reihe von Gravamina und Beschwerungen zur Sprache, die zu einem Großteil die wirtschaftliche Situation und ›Nahrung‹ der Bürger und Zünfte betrafen. So wurde von bürgerschaftlicher Seite immer wieder der schlechte Zustand beklagt, in dem sich das städtische Brauwerk im Allgemeinen und die Qualität des Biers im Besonderen befanden.[59] Gerade von Seiten der Ämter wurde zudem das Problem der »Störerei«, das heißt der irregulär ausgeübten gewerblichen Tätigkeiten durch die sogenannten »Bönhasen«, »Störer« und »Pfuscher« als ein zentraler Missstand, dem es Abhilfe zu schaffen galt, vorgebracht. Besonders im Fokus stand dabei die Zunahme der Störer auf den Dörfern und Gütern im Lübecker Umland.[60] Politisch war die Störer-Problematik insofern von erheblicher Viru-

---

ergriffen werden sollten, sind wie auch andere medizinische und insbesondere Krankheits- und Heilungsmetaphern (der Gesetzgeber als Arzt etc.) bereits in antiken Schriften verbreitet, so etwa bei Livius; *Alexander Demandt*, Metaphern für Geschichte. Sprachbilder und Gleichnisse im historisch-politischen Denken, München 1978, S. 26f.

59 Die Zustände im städtischen Brauwesen standen im Lübeck der Nachkriegszeit wie kaum ein anderer Bereich des städtischen Lebens sinnbildlich für die Probleme der Stadt und insbesondere ihrer Gewerbewirtschaft (siehe dazu auch ausführlicher unten Abschnitt 6). Dabei maßen nicht nur die Brauer, sondern insbesondere auch die Vier Großen Ämter der Förderung des Brauwesens große Bedeutung zu, zumal man darin eine Möglichkeit sah, dem ›Gemeinen Besten‹ zu helfen, bildeten doch die Bierakzisen eine wichtige städtische Einnahmequelle.

60 Auch die Brauerzunft beklagte sich im Rahmen der ›Traktate‹ wiederholt über die Ausbreitung des sogenannten »Außen-Brauens«, das heißt die Zunahme von Brauereien und Mälzereien im Umland, die aus ihrer Sicht den städtischen Normen und Statuten sowie ihren Privilegien zuwiderliefen und für den zunehmenden Rückgang der Braunahrung in der Stadt mitverantwortlich gemacht wurden. Zum Problem der irregulären gewerblichen Tätigkeiten

lenz, als sich die Klagen nicht zuletzt gegen die »Landbegüterten« richteten und damit gegen hochgestellte und politisch einflussreiche Bürger und Familien aus der Lübecker Oberschicht, die Güter und Dörfer im städtischen Umland besaßen. Diesen wurde vorgeworfen, auf ihren Gütern die irreguläre Ausübung von gewerblichen Tätigkeiten zu fördern und dadurch nicht nur gegen die Interessen der Lübecker Zünfte, sondern auch die der Stadt als Ganzer, sprich: gegen das Gemeinwohl, zu handeln.[61]

Nun ließen sich die ›Störer-Erzählungen‹, wie sie vor allem von Seiten der Ämter entfaltet wurden, gut in die evozierten allgemeinen Niedergangsszenarien einfügen. Der Rückgriff auf die Figur des Störers erzeugte Plausibilität und Evidenz im Blick auf das ja ansonsten eher diffuse Gefühl der Gefährdetheit der städtischen Ordnung im Allgemeinen und der Ämter und ihrer Nahrung im Besonderen. Die Ursachen für die Zunahme von Missständen und ›Confusion‹ ließen sich dem Störer als einem Anderen zuschreiben, der außerhalb der städtisch-bürgerlichen Sozial- und Normenordnung stand und diese von außen her korrumpierte.[62] So behaupteten die Ämter wiederholt und in stereotyper Weise, dass es in der (zeitlich nicht näher umrissenen) Vergangenheit zu einer stetigen Zunahme der Störer inner- wie außerhalb der Stadt gekommen sei. Dadurch, dass die Landbegüterten »Ihre Dörffer fast mehr [...] mit handtwerckern alß Baurleuten besetzen« würden, würde den Bürgern und Ämtern der

---

(Bönhaserei/ Störerei) vgl. *Philip R. Hoffmann(-Rehnitz)*, Winkelarbeiter, Nahrungsdiebe und rechte Amtsmeister. Die »Bönhaserei« als Forschungsproblem der vorindustriellen Gewerbegeschichte und deren Bedeutung für das frühneuzeitliche Handwerk Lübecks, in: Mark Häberlein und Christof Jeggle (Hg.), Vorindustrielles Gewerbe. Handwerkliche Produktion und Arbeitsbeziehungen in Mittelalter und früher Neuzeit, Konstanz 2004, S. 183–210.

61 Zu dem Konflikt zwischen den gewerblichen Zünften Lübecks und den Landbegüterten siehe auch *Pelus(-Kaplan)*, Lübeck au milieu (Anm. 16), S. 198ff. In den politischen Auseinandersetzungen der 1660er Jahre kam diesem Problem eine bedeutsame Rolle vor allem dabei zu, die gewerblichen Zünfte und insbesondere die Ämter, die sich zunächst nicht der bürgerschaftlichen ›Opposition‹ angeschlossen hatten, zu mobilisieren. Seinen Höhepunkt fand dieser Konflikt im Frühjahr 1665, als wiederholt mehrere Hundert Lübecker Bürger, vor allem Handwerker und Brauer, auf umliegende Dörfer und Güter zogen, um dort ›Bönhasenvisitationen‹ durchzuführen. Dies zeigt deutlich, welches politische Konfliktpotenzial diesem Problem (zumindest im Fall Lübecks) zu eigen war; vgl. dazu *Asch*, Rat und Bürgerschaft (Anm. 17), S. 112ff., sowie zukünftig *Hoffmann-Rehnitz*, Differenz und Gemeinwohl (Anm. 24).

62 Ein weiterer Vorteil der Figur des Störers und von Störerklagen war, dass darüber unter den Mitgliedern der Ämter ein übergreifendes, gemeinsames Ziel bestimmt, eine Interessenidentität hergestellt und diese politisch mobilisiert werden konnte. Dies war ansonsten angesichts der heterogenen Interessenlagen unter den Ämtern und Amtshandwerkern nur schwer zu erreichen. Zur Figur des Störers vgl. *Philip R. Hoffmann-Rehnitz*, The Invention of the ›Störer‹. Irregular Artisan Work between the Late Middle Ages and Early Modernity, in: Thomas Buchner und Philip R. Hoffmann-Rehnitz (Hg.), Shadow Economies and Irregular Work in Urban Europe (16th to Early 20th Centuries), Münster u.a. 2011, S. 37–62.

Stadt ihre Nahrung entzogen. Deswegen begäben »die Burger hauffen weiß sich hinauß ufß Landt oder in andere Stedte, flecken und Dörffer«. Sollte die Stadt nicht wüst werden,[63] sei es »hochnötigh«, dass in den um Lübeck gelegenen Dörfern »alle handtwercker uff dem Lande abgeschaffet werden«.[64] Dem Rat wird vorgeworfen, diese Entwicklung bislang nicht ausreichend unterbunden zu haben.[65]

Dramatischere Gestalt erhielt die Niedergangserzählung durch die Evozierung von Szenarien des (drohenden) Untergangs, Ruins und Todes. In eindringlicher Weise findet sich dies in einer Eingabe der Vier Großen Ämter an den Lübecker Rat vom 9. August 1653,[66] in der sie sich darüber beklagen, dass die zunehmende Zahl der Bönhasen die Ämter wie auch andere Bürger »uff ein großes bißhero ruiniret« hätten: »Also eß mit den handtwerckern auch mehr und mehr in confusion müge gerathen, und solch gewerb, aß daß hertz dießer Stadt, binnen der Stadt zerspaltet, und von außen derselbenn gahr gleichsamb auß dem Leibe hinweg gerißen werden müge«. Hier erscheinen die Störer geradezu als diabolische Kraft, die in den Körper der Stadt eindringen und ihn vernichten, sofern ihnen nicht durch entschlossenes politisches Handeln Einhalt geboten werde. Die Dramatik der gegenwärtigen Lage und ihre Hervorhebung als Situation, in der entschiedenes Handeln dringend erforderlich ist und unaufschiebbar erscheint, wird dadurch erzeugt, dass die bisherige Entwicklung als bereits weit fortgeschritten geschildert wird (›großteils bisher ruiniert‹). Denn dann konnte auch der Endpunkt nicht mehr fern sein, der Ruin und Untergang der Ämter wie der ganzen Stadt. Der Rekurs auf Körpermetaphoriken, vor allem auf die Vorstellung von der Stadt als (gefährdetem) Körper, den es zu schützen galt, unterstrich die dramatische Wirkung der hier entfalteten Erzählung weiter.

In dieser dramatisierten Fassung nähern sich die damals gängigen Niedergangserzählungen modernen Krisenvorstellungen deutlich an. Einschränkend ist allerdings anzumerken, dass der Rückgriff auf solche elaborierten und dramatisch aufgeladenen Niedergangserzählungen (wie überhaupt der Rückgriff auf narrative Muster) innerhalb der politischen Kommunikation der damaligen Zeit die Ausnahme blieb. Der Rekurs auf ein Krisendispositiv, zumindest in

---

63 Darin kann eine frühe Reflexion des Bevölkerungsrückgangs, den Lübeck seit dem Ausgang des Dreißigjährigen Krieges erlebte, und der mit den demographischen und wirtschaftlichen Entwicklungen verbundenen Probleme des städtischen Immobilienmarkts gesehen werden. Wie unten aufgezeigt wird, werden solche Zusammenhänge in Quellen aus dem letzten Drittel des 17. Jahrhunderts zunehmend reflektiert.
64 Undatierte schriftliche Stellungnahme der Vier Großen Ämter (Abschrift), in: Schneider Amtsbuch 2, fol. 47–50, hier fol. 49.
65 Undatierte Proposition bzw. ›Erinnerung‹ der Vier Großen Ämter (Abschrift), in: Schneider Amtsbuch 2, fol. 60–66, hier fol. 65r.
66 Die Eingabe findet sich in: Stadtarchiv Hansestadt Lübeck, Altes Senatsarchiv, Interna, Rat und Bürgerschaft 32/11 (o. fol.).

dieser Proto-Form, war demnach nicht gänzlich ausgeschlossen, blieb aber doch unwahrscheinlich. Dies gilt selbst für Zeiten, in denen sich die inneren politischen Auseinandersetzungen zuspitzten, wie dies in Lübeck insbesondere im Verlauf der 1660er Jahre der Fall war. Jedoch nahm in solchen Situationen die Häufigkeit zu, mit der auf dramatisierte Fassungen von Niedergangsnarrativen zurückgegriffen wurde. Diese ließen sich auch bewusst einsetzen, um den Ton der Auseinandersetzung zu verschärfen. So finden sich in Eingaben, die die Vier Großen Ämter im Laufe der Jahre 1662/63 beim Rat einreichten, in zunehmender Weise solche Narrative. Dem entsprachen eine immer deutlicher formulierte Kritik am Rat und ein zunehmend fordernder, zum Teil auch drohender Tonfall. Diese Entwicklung kulminierte in einer Eingabe der Vier Großen Ämter vom 29. Oktober 1663. Wenn ihnen in Bezug auf die geschilderten Verhältnisse nicht geholfen werde und ihre ›Beschwerungen‹ nicht »remediret« würden, so die Ämter in kaum verhohlener Deutlichkeit, dann würden sie in Zukunft »zu dem contribuiren so ohnwillig gefunden werden«, denn, so die rhetorische Frage, wie sollten sie die Akzisen und andere *Onera* ableisten, wenn ihnen ihre Nahrung, die bereits »gar schlecht und gering ist, daß auch gar viel unter unß dz liebe brodt kaum haben«, weiter aufgrund der bestehenden Missstände entzogen würde. Darum erwarteten die Ämter vom Rat auch ›richtige Hilfe‹ vor allem gegen die Störer und ihre Unterstützer und ›wirkliche Exekution‹, und nicht wie bisher bloß Worte und Vertröstungen. Es führe – und diese Passage wurde von Seiten des Rates angestrichen – bei den Ämtern zu seltsamen Gedanken, wenn die Ratsherren ihren Privatnutzen und den ihrer Verwandten, und zwar insbesondere derjenigen, die Bönhasen auf ihren Gütern arbeiten und wohnen ließen, vor das Gemeinwohl der Stadt stellten. Was daraus für ›Ungelegenheit‹ und ›Unheil‹ erwachsen könne, das möge der Rat selbst am besten zu beurteilen wissen. Sie, so die Supplikanten, sollten jedenfalls dessen ›entschuldigt‹ sein.[67]

5. Zeitliche Erweiterungen

Die meisten der von den Ämtern in den politischen Auseinandersetzungen der Nachkriegszeit verwendeten Argumentationsfiguren und Topoi waren keineswegs neu. So hatte etwa die Lübecker Bürgerschaft im Kontext der sogenannten ›Reiserschen Unruhen‹ in einer Supplikation von 1598 über den (wirtschaftlichen) Abstieg und Niedergang der Stadt geklagt: Es zeige der »unlauchbare

---

67 Die Eingabe vom 29. Oktober 1663 findet sich in: Stadtarchiv Hansestadt Lübeck, Altes Senatsarchiv, Ämter, Allgemein 5/1 (o. fol.). Weitere Quellen hierzu, insbesondere Eingaben der Vier Großen Ämter aus den Jahren 1662/63, finden sich in: ebd., sowie in: Handwerksämter, Allgemein 7/1.

augenschein wie dieser gutenn Stadt Narunge so ganz geringe wirtt, und teglich je lenger Je mehr abnimb«, nicht zuletzt im Vergleich mit florierenden Städten wie Hamburg. Während dort die Preise für Häuser hoch seien, stünden Häuser in Lübeck »wust«: »In der Stadt haben wir große teuerunge und armuth und hatt das ansehen obs auff de Tote Nähe mit uns gekommen seie«, so die durchaus dramatische Verlautbarung der Bürger.[68] Klagen von Bürgern und insbesondere der Zünfte über bestehende Missstände und ›Gravamina‹ und deren Zunahme wie auch über die Abnahme ihrer ›Nahrung‹ im Allgemeinen reichen bis ins Mittelalter zurück.[69] Beschwerden über Störer und Bönhasen verbreiteten sich dagegen (nicht nur in Lübeck) erst im Verlauf des 16. Jahrhunderts, vor allem seit den 1560er Jahren. Dies gilt insbesondere für die Auffassung, dass die stetige Zunahme der Störer negative Folgen für die Ämter wie auch für die Stadt als Ganze habe und zu ›Unheil‹, ›Verderb‹ und ›Confusion‹ führe.[70] Entsprechende Darstellungen der Störer als einer immer größer werdenden Gefahr für die Stadt, der es entschieden Einhalt zu gebieten galt, finden sich denn auch in zahlreichen Eingaben der Lübecker Ämter seit dem letzten Drittel des 16. Jahrhunderts.[71]

---

68 Zitiert nach *Asch*, Rat und Bürgerschaft (Anm. 17), S. 58. Allgemein kamen bei den im Rahmen der Reiserschen Unruhen von den Bürgern vorgebrachten Beschwerden wirtschaftliche und soziale Probleme wie etwa die Förderung der Brauwerks, das, so die Klage, in kurzer Zeit stark abgenommen habe, oder auch der Umgang mit der (wachsenden) Armut eine wichtige Bedeutung zu. Sie nahmen auch im Rezess von 1605, der die Reiserschen Unruhen beendete, breiten Raum ein; vgl. ebd., S. 72 ff., 92 f.

69 So sind auch Rhetoriken des Ruins, des Verderbens oder des Verfalls, gerade auch des physischen Verfalls, als Chiffren für die bedrohte Ordnung und den Wandel der Zeiten hin zum Schlechteren bereits im (Spät-)Mittelalter verbreitet; sie finden sich unter anderem in Sebastian Brants *Narrenschiff*, wo es etwa heißt: »Siquidem in vitium et ruinam prona sunt omnia«; zitiert nach *Peter Hibst*, Siquidem in vitium et ruinam prona sunt omnia. Überlegungen zum spätmittelalterlichen Krisenverständnis an der Schwelle zur Neuzeit, Sebastian Brants Narrenschiff, in: Helga Scholten (Hg.), Die Wahrnehmung von Krisenphänomenen. Fallbeispiele von der Antike bis in die Neuzeit, Köln u. a. 2007, S. 155–168, hier S. 156 f. Auch in England waren Rhetoriken des Niedergangs und Verfalls von Städten im 14. und 15. Jahrhundert verbreitet; so klagten Londoner Bürger im ausgehenden 14. Jahrhundert darüber, dass viele Häuser in der Stadt leer stünden, während die Bevölkerung außerhalb der Mauern und vor allem in den Vorstädten zunähme; vgl. *Frank Rexroth*, Grenzen der Stadt, Grenzen der Moral. Der urbane Raum im Imaginarium einer vormodernen Stadtgesellschaft, in: Peter Johanek (Hg.), Die Stadt und ihr Rand, Köln u. a. 2008, S. 147–165, hier S. 161. Zum Problem des Niedergangs (*decay*) englischer Städte bzw. der ›urban crisis‹ des ausgehenden Mittelalters und des 16. Jahrhunderts vgl. u. a. *Charles Pythian-Adams*, Desolation of a City: Coventry and the Urban Crisis of the Late Middle Ages, Cambridge 1979; *Alan Dyer*, Decline and Growth in English Towns 1400–1640, Houndmills und London 1991.

70 Ausführlicher hierzu *Hoffmann-Rehnitz*, Invention (Anm. 62); sowie *ders.*, Winkelarbeiter (Anm. 60).

71 Siehe etwa die Supplikation der Älterleute des Schneideramts vom 16. Mai 1582 an Bürgermeister und Rat von Lübeck, in: Stadtarchiv Hansestadt Lübeck, Altes Senatsarchiv, Ämter, Schneider 12/1 (o. fol.); ähnliche Formulierungen finden sich etwa auch in zwei

Im Laufe des Dreißigjährigen Krieges erreichten die Beschwerden der Lübecker Ämter über die immer weiter zunehmenden Aktivitäten irregulärer Handwerker ein neues Ausmaß. Vor allem in den 1630er und 1640er Jahren häuften sich entsprechende Klagen. Darin zeigt sich sicherlich auch das zunehmende Bewusstsein der Gefährdetheit der städtischen Gesellschaft durch übergreifende Entwicklungen, auf die die städtische Politik keinen oder nur geringen Einfluss besaß. Vor allem wuchs den Störerklagen der Ämter insofern eine neue politische Qualität zu, als sie, wie oben ausgeführt, zunehmend mit allgemeinen politischen Problemlagen und vor allem der Leistung von Abgaben und der ›Defension‹ der Stadt verknüpft wurden.[72] In verstärkter Weise und in differenzierterer Form wurde jetzt auch auf narrative Muster, vor allem auf Narrative des Niedergangs und damit verbundene Gefährdungsszenarien zurückgegriffen. Durch diesen zunehmenden Eingang narrativer Elemente in die politische Kommunikation kam es auch zu einer stärkeren Entfaltung dessen, was man mit Koselleck als Erfahrungsräume und Erwartungshorizonte bezeichnen kann.

Diese in der Zeit des Dreißigjährigen Krieges zu beobachtende Tendenz einer narrativen Ausdifferenzierung der politischen Alltagskommunikation setzte sich in der Nachkriegszeit weiter fort. Dies gilt, wie oben ausgeführt, sowohl für die politisch unruhigen Jahrzehnte nach dem Krieg als auch für das letzte Drittel des 17. Jahrhunderts, in dem sich in Lübeck die politischen Verhältnisse weit-

---

Supplikationen der Älterleute des Schneideramts an Bürgermeister und Rat von Lübeck vom 6. September 1588 und vom 18. März 1593 (in: ebd.).

72 Vgl. etwa die Eingabe der Ämter der Schneider und Schuster vom 3. Juli 1635 an den Lübecker Rat (in: Stadtarchiv Hansestadt Lübeck, Altes Senatsarchiv, Ämter, Allgemein 5/1 (o. fol.)), in der die Supplikanten ausführen, dass durch die immer weiter zunehmenden Bönhasen »alle Ambter und Gilden, die wol in casu necessitatis zur defension dieser guten Stadt das beste mit würden thun, im mittelst aber teglich die onera wie billig, also auch von hertzen willig und gerne, mit tragen helffen müßen, gentzlich ruiniret, und die Zunfftgenoßen in mangel der Nahrung gahr und gantz an den Bettelstab werden gebracht und versetzet werden, wofehrn diesem einreißenden unheill von E. E. hoch: und wolw: nicht zeitlich wirt rath geschaffet«. Auch in einer Eingabe des Schneideramts an den Rat vom 22. Januar 1642 (in: Stadtarchiv Hansestadt Lübeck, Altes Senatsarchiv, Ämter, Schneider 12/1 (o. fol.)) wird eindringlich vor dem Unheil gewarnt, das dem Handwerk wie auch der Stadt als Ganzer durch die Störer drohe, zumal »da bey diesen betrübten und hochschwierigen Zeiten, ohne das die burger und einwohner sehr abzunehmen beginnen [auch hier ein früher Reflex auf den Bevölkerungsrückgang in Lübeck], und gleichsam in den letzten zuegen liegen, auch unter dehnen unser Ampt nicht das geringste ist, alß worin sich 180 Meister befinden, worunter gantz wennig, ia uber zehn nicht, mit dehnen es also bestellet, wie es wol billig sein solte, zugeschweigen, das sie theils nicht einen Jungen arbeit zugeben haben, und dahero in kurtzen Jahren unterschiedliche Amptsbruder und schneider auß mangel der nahrung weg in den Krieg sich begeben, und Weib und Kindt sitzen laßen mußen, welches vor diesem wol niemaln erforet, unndt auch itzo einig und alleine von solchen bohnhasen unnd Amptsdieben herruhret«.

gehend stabilisierten.[73] Zumindest bis zum Beginn des 18. Jahrhunderts lassen sich eine weitere Entfaltung und Ausdifferenzierung von Bedrohungs-, Verfalls- und Niedergangsbeschreibungen und damit verbunden eine zunehmende Narrativierung des politischen Diskurses beobachten. Gerade in der Kommunikation der Bürger beziehungsweise der bürgerschaftlichen Korporationen und insbesondere der Ämter mit dem Rat traten in zunehmender Weise narrative Formen neben die herkömmlichen deskriptiven, vor allem juristisch geprägten Muster, auch wenn letztere weiterhin dominant blieben.[74] Damit verschoben sich auch sukzessive die Erwartungen, die an das politische Handeln der Obrigkeit beziehungsweise des Rates gestellt wurden: Die Ahndung von (individuellen) Normverstößen und deviantem Handeln trat gegenüber der Auffassung zurück, dass allgemeine Entwicklungen durch politische Maßnahmen und Entscheidungen beeinflusst und ›gesteuert‹ werden könnten und sollten. Dadurch erweiterte sich aber zunächst noch einmal die Diskrepanz zwischen den Erwartungen, die an politisch-obrigkeitliches Handeln gestellt wurden, und den beschränkten (zumal exekutiven) Möglichkeiten, über die die Obrigkeiten und insbesondere die städtischen Räte zu dieser Zeit verfügten.[75]

Besonders ausgeprägt zeigt sich dieser Rückgriff auf narrative Muster in einer Eingabe der Vier Großen Ämter an den Lübecker Rat aus dem Jahre 1672, in der sie sich über die Ausübung irregulärer Handwerksarbeit auf den Stiftsdörfern im Lübecker Umland beschwerten.[76] Die Eingabe beginnt nach den üblichen Eingangsfloskeln mit einer allgemeinen Darstellung der ›Abnahme‹ der Ämter und ihrer Nahrung, gefolgt von der Forderung, dass »mittel zur hand genommen werden möchten, wodurch solchem Übel gewehret, und derer hiesigen Ämbter gäntzliche ruin und verderben verhütet werden könte«. Begründet wurde dies nun ausführlich damit, dass »dieser gantzen Stadt Wolfahrt darauff guten Theils mit beruhet, daß die Handwercker darinnen bey Nahrung gehalten, und die Zahl

---

73 Jedoch haben sich auch nach dem Bürgerrezess von 1669 zahlreiche, wenn auch begrenzte politische Auseinandersetzungen in Lübeck ergeben, so in den Jahren 1676/77 aufgrund der Erhöhung der Viehakzise; vgl. dazu *Jan Lokers*, (Un-)Ruhige Stadtgesellschaft. Konflikt und Konsens im Lübeck des 18. Jahrhunderts, in: Zeitschrift für Lübeckische Geschichte 90 (2010), S. 131-180.
74 Daran, dass deskriptive Muster in der politischen Alltagskommunikation der Städte bis ins 18. Jahrhundert vorherrschend blieben und nur allmählich durch narrative Formen ergänzt bzw. verdrängt wurden, hatte der sowohl formal als auch inhaltlich ›konservative‹ Charakter von Supplikation einen nicht unerheblichen Anteil (dazu siehe oben Anm. 53). Verstärkt wurde die Tendenz zum Deskriptiven durch die Nähe zum juristischem Denken, da viele Supplikationen von juristisch ausgebildeten Personen verfasst wurden.
75 Vgl. dazu allgemein *Jürgen Schlumbohm*, Gesetze, die nicht durchgesetzt werden – ein Strukturmerkmal des frühneuzeitlichen Staates?, in: Geschichte und Gesellschaft 23 (1997), S. 647-663.
76 Diese Eingabe datiert vom 18. Januar 1672 und findet sich in: Stadtarchiv Hansestadt Lübeck, Altes Senatsarchiv, Ämter, Allgemein 7/1 (o. fol.).

derer Ambtsbrüder und ihrer Gesellen nicht mehr und mehr verringert werden, und diese Stadt an Einwohnern oder andere Leuten nicht ferner abnehmen möge, zumahlen solches leider! schon mehr als zu viel geschehen ist, und in unterschiedlichen Ämbtern alhier nicht halb so viel Meister und Gesellen befunden werden, als vorhin darinnen gewesen, wodurch gleichwol andere Einwohner allhier, von welchen die Ämbter und Gesellen, was Sie nötig haben, kauffen, ihre Nahrung zugleich sehr abgehet, und dem publico immer mehr und mehr entzogen, und die Stadt auch ihrer nötigen defension beraubt wird«.

In dieser Begründung zeigt sich zugleich eine weitere Tendenz dieser Zeit: Die Supplikanten zeichnen ein Bild der Stadt als eines Sozialzusammenhangs, der durch wirtschaftliche Wechselbeziehungen und vor allem über den (Ver-)Kauf von Gütern und deren Konsum konstituiert und integriert wird und dessen Bestand und Wohlfahrt dabei vom Wohlergehen der einzelnen Teile respektive der Sicherung ihres Einkommens (›Nahrung‹) abhängen. Aufgrund der ökonomisch bedingten Abhängigkeiten zwischen den einzelnen Teilen beziehungsweise ›Gliedern‹ wirken sich wirtschaftliche Probleme in einzelnen Bereichen der Stadtwirtschaft unmittelbar auf das Einkommen anderer Teile wie auf die Wohlfahrt der Stadt als Ganzer und nicht zuletzt auch auf das ›Publicum‹ (die städtischen Finanzen) und die öffentliche Sicherheit aus. Solche Auffassungen von der Stadt als einer primär über ökonomische Wechselbeziehungen und Abhängigkeiten integrierten Einheit waren zwar ebenfalls nicht neu, jedoch verstärkte sich in der zweiten Hälfte des 17. Jahrhunderts die Tendenz, die städtische Gesellschaft als Wirtschaftszusammenhang zu bestimmen. Dieser Ökonomisierung städtischer Selbstwahrnehmung entsprach auch, dass das Gemeinwohl zunehmend weniger als ein normativ gedachter, idealer Ordnungszustand sondern im Sinne von Wohlfahrt als das immer nur vorläufige Ergebnis eines sich stetig verändernden ökonomischen Prozessgeschehens verstanden wurde. Entsprechend wurde verstärkt auf narrative Formen der (Selbst-)Beschreibung zurückgegriffen, die geeignet waren, diese Konstituierung und Reproduktion der Stadt als eines dynamisch integrierten Wirtschaftszusammenhangs darzustellen und zu versinnbildlichen. Dabei kam wiederum vor allem organologischen Körper- und Gliedmetaphoriken und damit verbundenen Narrativen der ›Entkräftung‹, des ›Krank-Werdens‹ und des ›Ersterbens‹ eine wichtige Bedeutung zu.[77]

Exemplarisch lässt sich dies an einer Eingabe des Lübecker Schneideramts von 1704 zeigen. Das Amt beschwerte sich über seinen »gahr schlechten Zustand«; es sei insbesondere durch die zunehmenden Bönhasereien »gantz entkräfftet«, weswegen angesichts der andauernden Missbräuche nicht allein der

---

77 Zu solchen bereits in der Antike verbreiteten Metaphern vgl. *Demandt*, Metaphern (Anm. 58), S. 20 ff., 79 ff.

»gäntzliche Untergang« des Amts, sondern auch eine »gäntzliche Zerrüttung deß gemeinen Wesens« zu befürchten sei. Dieses würde »nothwendig zu Grunde gehen [...], wan ein Glied nach dem andern von Kräfften kommen und ersterben wird«.[78] Das Amt griff dabei die zu dieser Zeit ebenfalls nicht neue, aber zunehmend populäre Redeweise von den ›Gliedern‹ auf. Diese war insofern mehrdeutig, als sie sowohl auf die Metaphorik des Körpers als auch diejenige der Kette[79] referieren konnte, wobei im einen Fall an funktional-organizistische, im anderen an kausal-mechanistische Konzeptionalisierungen von Vergesellschaftung angeknüpft, in beiden Fällen aber der für das Fortleben unabdingbare Zusammenhang aller Teile beziehungsweise Glieder unterstrichen wurde. Nicht nur in dieser Hinsicht ergeben sich dann enge Bezüge zwischen der politischen Alltagskommunikation in den Städten und den ökonomischen Diskursen der damaligen Zeit, zumal zu den Merkantilisten, die wie Johann Joachim Becher in seinem 1668 erstmals aufgelegten *Politischen Discurs*[80] die Stadt als »eine volckreiche nahrhaffte Gemein« definierten und dementsprechend die Förderung der »Volckreiche[n] Nahrung« als oberste »Staats-Regul« propagierten. Eine »rechte Gemein«, so Becher, liege dann vor, »wann die Glieder der Gemein ihre Sachen also anstellen / daß einer von dem andern leben / einer von dem andern sein Stück Brod verdienen kann / ja einer dem anderen die Nahrung in die Hand spielet [...] / dann dardurch entstehet die Nahrung / und durch die Nahrung wird ein Ort populös«.[81]

---

78 Die undatierte Eingabe findet sich in: Stadtarchiv Hansestadt Lübeck, Altes Senatsarchiv, Ämter, Schneider 12/1 (o. fol.).
79 Vgl. dazu *Demandt*, Metaphern (Anm. 58), S. 311 ff.
80 Eine zweite Auflage erschien in erweiterter Form 1673, eine dritte 1688. Im Folgenden wird aus der dritten Auflage zitiert.
81 *Johann Joachim Becher*, Politische Discurs [...], Frankfurt ³1688 (ND Glashütten im Taunus 1972), S. 2 f. In Bechers *Politischem Discurs* spielen Szenarien des Rückgangs und des Abnehmens (der Bevölkerung, der Nahrung etc.), des Niedergangs und des (drohenden) Ruins eine wichtige Rolle, gerade auch bei seinen Ausführungen zur ›Civil Societät‹. Jedoch werden diese (negativ gerichteten) Entwicklungen bei Becher nicht als sich dynamisch vollziehender Prozess, sondern als sich kontinuierlich entfaltende (und in diesem Sinne statische) Entwicklungen beschrieben; insofern fehlt auch hier, vergleichbar den innerstädtischen politischen Diskursen, weitgehend die Vorstellung, dass sich Prozesse des Niedergangs beschleunigen und krisenhaft zuspitzen (können). Auf Wechselbeziehungen und Affinitäten zwischen den von den Zünften vertretenen Auffassungen und dem ›gelehrten‹ ökonomischen Denken des 17. und 18. Jahrhundert hat zuletzt Justus Nipperdey aufmerksam gemacht, der die These vertritt, dass zwischen den Vorstellungen der Zünfte und der Kameralisten über wirtschaftliches Handeln, ökonomische Zusammenhänge und Wirtschaftspolitik bzw. -regulierung (z. B. im Hinblick auf Markt/ Wettbewerb und ›Nahrung‹) kein grundlegender Gegensatz existierte, sondern vielmehr zahlreiche Übereinstimmungen bestanden; *Justus Nipperdey*, Regulierung zur Sicherung der Nahrung. Zur Übereinstimmung von Menschenbild und Marktmodell bei Zünften und Kameralisten, in: Margrit Müller, Heinrich R. Schmidt und Laurent Tissot (Hg.), Regulierte Märkte. Zünfte und Kartelle/ Marchés régulés. Corporations et cartels, Zürich 2011, S. 165–182.

Ganz ähnliche Auffassungen werden auch in einer *Remonstration* artikuliert, die Mitglieder der Lübecker Brauerzunft 1688 abfassten und mit der sie vor dem Rat darum anhielten, dass dem Brauwerk angesichts seines sich zunehmend verschlechternden Zustands aufgeholfen werden sollte.[82] Denn, so die Begründung der Supplikanten, es müsse »mit der Zeit die Consumption unsere[r] gute[n] Stadt erhalten« werden, die auch »eintzig und allein die Seele ist, wovon allerseits Glieder untereinander leben müßen«. Wenn diese wegfalle, dann »ist eß mitt dem gantzen leibe auff einmahl gethan«. Dagegen, so führen die Supplikanten weiter aus, »beruhet in notorio, wie aller handell und wandel von tage zu tage ie mehr und mehr wegfällt, wie die Stadt von Mannschafft mercklich abgenommen, dergestalt daß nicht allein sehr viell Capitalheuser ledig stehen, sondern eine Große menge lediger buden, Käller und gänge wüste zu finden, worinnens sonst die besten trincker gewohnet«. Der hier wie auch in anderen Quellen dieser Zeit beschworene physische Verfall, vor allem der Leerstand und das fortschreitende ›Wüst-Werden‹ zahlreicher Wohn- und Wirtschaftsgebäude fungieren als sinnfälliges Symptom und zentrales Symbol des Niedergangs und des drohenden Ruins der Stadt.[83] Die ultimative Steigerung dieses Narrativs findet sich in einer von den Vier Großen Ämtern verfassten Supplikation an den Rat vom 24. September 1690, in der sie sich vor allem darüber beschweren, dass ihnen durch die Ausübung von Handwerksarbeit in dem nahe Lübeck gelegenen Dorf Moisling ihre Nahrung entrissen würde.[84] Die Supplikanten warnen davor, dass die Stadt, sollte der Rat nichts unternehmen, durch diesen »für augen

---

82 Diese Remonstration datiert vom 4. September 1688 und findet sich in: Stadtarchiv Hansestadt Lübeck, Altes Senatsarchiv, Interna, Brauwerk 43/5 (o. fol.). Zum schwierigen Zustand, in dem sich das Brauwerk in Lübeck im 17. Jahrhundert und insbesondere seit dem Dreißigjährigen Krieg befand, siehe oben vor allem Anm. 21.

83 Auch in anderen Städten finden sich vor allem in der zweiten Hälfte des 17. Jahrhunderts Beispiele dafür, dass sich städtische Bürger bei ihren Obrigkeiten über das Problem der leer stehenden respektive wüsten Häuser beklagten und dies als ein offensichtliches Indiz für den Rückgang bzw. Niedergang der bürgerlichen Nahrung und allgemein für den ›augenscheinlichen Ruin des Gemeinwesen‹ anführten; vgl. dazu etwa *Elke Schlenkrich*, Zwischen Niedergang und Hoffnung auf Neubeginn: Bausubstanz, Berufs- und Haushaltsstruktur der Stadt Glatz im späten 17. Jahrhundert, in: Viatori per urbes castraque. Festschrift für Herwig Ebner zum 75. Geburtstag, Graz 2003, S. 559–572, hier S. 560f. (hier sind es vor allem die zerfallenden Brauhäuser und der Niedergang des Brauwesens, über das sich die Glatzer Bürger in ihren Bittschriften an den Landesherrn beklagten); oder auch *Ronald G. Asch*, Von »Brummbärten«, »Ketzermachern« und »Tellerleckern« oder Konflikt und Konsens in Zeiten des Niedergangs. Die Stadt Osnabrück zwischen Westfälischem Frieden und Siebenjährigem Krieg, in: Osnabrücker Mitteilungen 108 (2003), S. 97–119, hier S. 101; *Winnige*, Göttingen (Anm. 7), S. 33. Auch in Frankreich liegt dem gerade im Kontext der Fronde vielfach gebrauchten Schlagwort der *décadence* ein durchaus konkret-physisches Verständnis im Sinne von *ruine* bzw. *destruction* (von Häusern, einer Stadt, auch im Sinne von körperlichem Verfall) zugrunde; *Gembicki*, Art. »Corruption, Décadence« (Anm. 34), S. 13ff.

84 Diese findet sich in: Stadtarchiv Hansestadt Lübeck, Altes Senatsarchiv, Ämter, Allgemein 7/2 (o. fol.).

schwebenden ruin und verderb« »an ihren noch übrigen kräfften ferner enerviret und wol gahr zu grunde gerichtet oder auch infelicissima metamorphosi zum dorff und leedigen Steinhauffen gemachet werden dörffte«.[85]

6. Soziale Erweiterungen – die ratsherrliche Sicht

Die im Vorigen herausgearbeiteten narrativen Formen der Wahrnehmung und Beschreibung gesellschaftlicher Zusammenhänge sowie ihre Entwicklung können als kennzeichnend für die politische Kultur städtischer Gesellschaften in der zweiten Hälfte des 17. Jahrhunderts angesehen werden. Sozial blieben sie nicht auf eine bestimmte Schicht innerhalb der Bürgerschaft begrenzt, sondern waren in der gesamten Bürgerschaft und gerade auch in der politischen Elite, insbesondere unter den Ratsherren, verbreitet. Um dies aufzuzeigen, wird abschließend ein Blick auf ein Dokument aus den 1670er Jahren geworfen, das von einem Lübecker Ratsherrn abgefasst wurde und das in enger Verbindung zu den politischen Diskussionen über die ökonomische Entwicklung der Stadt und vor allem der Gewerbewirtschaft stand.[86] Dabei handelt es sich um ein Gutachten, das der Lübecker Ratsherr Nicolaus Schomerus (1613–1690) im Oktober 1676 über die seit Längerem in Lübeck umstrittene Frage abfasste, »obs der Stadt L. ersprießlicher sey«, das sogenannte Reihebrauen »abzuschaffen/ oder solches beyzubehalten«.[87] Nach dieser unter den Ratsherren wie den Bürgern und selbst den Brauern umstrittenen Reiheordnung wurden die jährlich zu vergebenden Brauzeichen, das heißt die Berechtigung, eine bestimmte Menge Bier zu brauen, nach einer festgelegten Reihenfolge gleichmäßig auf die einzelnen Brauer verteilt. Dadurch sollte, trotz der tendenziell sinkenden Umsätze und Erträge im Brauwesen, die Zahl der Brauer beziehungsweise der Brauhäuser konstant bleiben und ein Verdrängungswettbewerb unterbunden werden. Kritiker der Reiheordnung sahen in ihr eine Einschränkung bürgerlicher Freiheiten und insbesondere der »freien Commercia«. Sie machten sie zudem für die schlechte Qualität des Lübecker Biers verantwortlich.

Das ursprünglich handschriftliche Gutachten von Schomerus wurde mit

---

85 Die hier verwandte rhetorische Figur, dass aus Städten Dörfer werden, findet sich bereits im Spätmittelalter; vgl. *Oliver Landolt*, »Aus Reichsstädten würden Dörfer werden«. Politisches Desinteresse, Politikverdrossenheit und Verweigerung politischer Pflichten in spätmittelalterlichen Kommunen, in: Jahrbuch für Regionalgeschichte 26 (2008), S. 37–58.
86 Die Sichtweise der Ratsherren ist insofern in der Regel deutlich schwieriger zu fassen als diejenige der Bürger bzw. der bürgerschaftlichen Korporationen, als die Obrigkeiten bzw. der Rat ihr Handeln in aller Regel nicht oder allenfalls kursorisch begründeten.
87 Schomerus, der selbst Inhaber eines (Weiß-)Brauerhauses war, war promovierter Jurist und wurde 1669 in den Lübecker Rat gewählt. Er war auch Mitglied der Kommission, die 1676 die Verhandlungen mit der Bürgerschaft wegen der Erhöhung der Viehakzise führte.

kleinen Änderungen und Ergänzungen gedruckt und kursierte offenbar innerhalb der Lübecker Bürgerschaft.[88] Die Anfertigung eines solchen Gutachtens, vor allem aber sein Druck und seine öffentliche Verbreitung waren ungewöhnlich, entsprechend muss der Rat der Angelegenheit eine große Relevanz zugemessen haben. Tatsächlich war die Debatte um das Reihebrauen 1676 erneut aufgeflammt. Politisch brisant war dies vor allem deswegen, weil es im Zuge von Auseinandersetzungen um die Erhöhung der Viehakzise geschah, die den ersten ernsthaften inneren politischen Konflikt in Lübeck nach der Einigung von Rat und Bürgerschaft im Bürgerrezess von 1669 darstellten.[89] Dabei waren es vor allem die Ämter, die das Problem des Reihebrauens mit der Debatte um die Erhöhung der Viehakzise verknüpften, was auch erklärt, warum der Rat in dieser Situation eine umfassende und möglichst definitive Klärung der Frage nach Abschaffung beziehungsweise Beibehaltung der Reiheordnung anstrebte.

In seinem Gutachten wog Schomerus die vorgebrachten Argumente gegeneinander ab, um schließlich zu dem aus seiner Sicht eindeutigen Ergebnis zu gelangen, dass die Beibehaltung der Reihe im Interesse der Stadt wie auch deren Glieder, gerade auch der Ämter, liege: Denn durch die Abschaffung der Reihe würden, so Schomerus, nicht nur die große Mehrheit der Brauer »verderben« und »aus dero nahrung gebracht/ und consequenter es verlauffen/ auch dero Häuser zu Steinhauffen werden«,[90] sondern es würden auch »viele privat-Bürger umb ein groß theil dero Wolfahrt/ dero in Brauhäusern habende Rente und Pfandgelder kommen« und überdies die Einkünfte der Stadt sowie die »Mannschafft« der Stadt geschwächt werden. Letztlich würde »die Stadt nach und nach/

---

88 So verwiesen etwa die Brauer in der oben genannten Remonstration von 1688 auf diese Schrift und betonten, dass die von ihnen vorgebrachten Auffassungen und Vorschläge dem ›hochvernünftigen Gutachten‹ des Dr. Schomerus entsprechen würden und von großem Nutzen für die »peuplirung der Stadt und verbeßerung derselben Nahrung« seien. Das handschriftliche (Original-)Gutachten befindet sich in Stadtarchiv Hansestadt Lübeck, Altes Senatsarchiv, Interna, Brauwerk 31/7, ein Exemplar der gedruckten Fassung in Brauwerk 31/8 (zudem findet sich auch ein Exemplar der Druckfassung in der Staatsbibliothek Berlin). ›Gegeben‹ wurde das Gutachten laut der handschriftlichen Fassung am 19. Oktober 1676, im Druck ist dagegen das Datum 19. Oktober 1677 angegeben. Zitiert wird im Folgenden aus der gedruckten Fassung des Gutachtens. Zu Schomerus' Gutachten und der Debatte um das Reihebrauen vgl. auch *Hoffmann-Rehnitz*, Rhetoriken des Niedergangs (Anm. 4), S. 168 ff.

89 Die vom Rat und anderen bürgerschaftlichen Kollegien im Frühjahr 1676 beschlossene Verdopplung der Viehakzise wurde von den Ämtern wie auch der Brauerzunft abgelehnt. Der Konflikt zwischen dem Rat auf der einen und den Ämtern auf der anderen Seite sollte sich im Verlauf der Jahre 1676/77 verschärfen, wobei der Rat unter anderem die Rollen der Ämter wegen ihres fortgesetzten ›Ungehorsams‹ kassierte. Erst Anfang 1678 konnte der Konflikt beigelegt werden. Vgl. dazu die Quellen in Stadtarchiv Hansestadt Lübeck, Altes Senatsarchiv, Interna, Viehakzise 2/1.

90 Dabei verwies Schomerus auf die negativen Erfahrungen mit einer kurzzeitigen Aufhebung der Reihe vor einigen Jahren, wodurch »ein brauhauß bey dem andern wüst gestanden/ und die Einwohner weggefallen« seien.

von Jahren zu Jahren/ gantz öde und wüste werden«.⁹¹ Schomerus griff dabei das kausal-mechanistisch fundierte Bild der Stadt als einer Kette von vielen einzelnen, zusammenhängenden und wechselseitig voneinander abhängenden Gliedern auf: »Muß nicht [...] in Städten (wann sie sonst bestehen sollen) eine Zunfft die ander/ und ein Ambt das ander unterhalten? Hanget nicht die gantze Bürgerschafft/ als eine Kette/ an einander?/ [...] wo bleibet aber die Kette/ wann successivè etzliche hundert Glieder daraus wegfallen?«⁹²

Besonders interessant an Schomerus' Gutachten ist, dass er die temporale Struktur der von ihm dargestellten Vorgänge reflektiert und mit dem Problem politischen Entscheidens verbindet. So wird an mehreren Stellen betont, dass der abzusehende Ruin »nicht alsobalden/ sondern nach und nach/ von Zeit zu Zeit sich eräuget« (oder an anderer Stelle: »nicht alsbald in dem ersten und andern halben oder gantzen Jahre/ sondern nach und nach successivè erfolget«): »Der Schade/ welcher einer Stadt auff solche Weise nach und nach einschleichend und unvermerckt wiederfähret/ ist viel grösser zu achten/ als welcher geschwinde geschicht/ und muß derowegen umb so viel sorgfältiger und vorsichtiger in zeiten verhütet werden«.⁹³ Dieser Diagnose entspricht, dass Schomerus in seinem Gutachten eine Apologie der obrigkeitlichen ›Regierungskunst‹ anstimmt. Die Obrigkeit müsse »allezeit weiter sehen/ und die consequentias in publicis consideriren«. So sei ihr auch von Gott »die Sorgfalt anbefohlen« worden, gerade in denjenigen Fällen, in denen jemand um etwas anhalte, was für ihn selbst schädlich sei (und damit meint Schomerus nicht zuletzt die Forderung der Ämter und anderer nach Abschaffung der Reihe), »das beste [zu] rathen [und

---

91 Dem Gutachten sind die Einschätzungen weiterer Ratsherren angefügt. Diese schlossen sich der Position von Schomerus an, auch wenn sie es nicht ohne Bedenken taten, vor allem weil die Reiheordnung die ›freien Commercia‹ einschränke. Dies, so Peter Clasen, sei bedenklich, da eine jede Beschränkung von Nahrung, Gewerbe und Handel »dem Wachsthumb und Flor einer Kauff- und Handels-Stadt hinderlich und schädlich fällt«. Diese skeptische Position wurde in diesem Fall grundsätzlich auch von Seiten der Handwerksämter geteilt. Die Frage, ob sich eine bestimmte Gruppe eher für wirtschaftliche Freiheit oder Regulierung aussprach, war somit weniger eine Frage der ›Mentalität‹ als vielmehr der je nach Situation unterschiedlich ausgeprägten Interessenlage und deren Wahrnehmung.
92 Dabei verwies Schomerus darauf, dass sich aus einer Bevölkerungsabnahme weitere negative Folgen für die verbliebenen Bürger ergäben. Insbesondere müssten sie dann stärker mit Abgaben und Akzisen ›beschwert‹ werden, denn die Stadt müsse »ja unterhalten werden, es tragen wenige oder viel dazu« bei, wenn sie nicht »gantz zu grunde gehen/ und consequenter alle Bürger verlauffen sollen«.
93 Mit dem ›geschwinden Schaden‹ bezieht sich Schomerus wohl auf die klassischen Bedrohungen vormoderner städtischer Gesellschaften wie Seuchen, Belagerungen oder Stadtbrände. Wie mit diesen Gefahren und den damit verbundenen Schäden umzugehen war und welche (auch präventiven) Maßnahmen jeweils zu ergreifen waren, war seit Langem Teil der städtischen Politik.

vorzusehen] [...]/ ob gleich tausend und über tausend der Obrigkeit absehen nicht errathen mögten«.[94]

Schomerus' Apologie der obrigkeitlichen Regierungskunst ordnet sich in eine lange diskursive Tradition des politischen Denkens ein, die die Bedingungen guten Regierens und insbesondere die dafür erforderlichen Herrscher- und Regententugenden reflektiert. Schomerus konzentriert sich in diesem Zusammenhang besonders auf die Vorausschau als diejenige Eigenschaft beziehungsweise Tugend, durch die sich die Herrschenden und die Obrigkeiten von den ›gemeinen Bürgern und Untertanen‹ abhöben und die in konstitutiver Weise mit dem göttlichen Regierungsauftrag verbunden sei. Die zentrale Bedeutung der Vorausschau ergibt sich demnach aus der obrigkeitlichen Pflicht, gerade auch denjenigen Gefahren und ›Schäden‹ rechtzeitig durch vorausschauendes Handeln zu begegnen, die sich über eine lange Frist weitgehend unbemerkt einstellen. Er verweist hierbei darauf, dass politische Maßnahmen, die auf die Abwehr solcher *nicht unmittelbar evidenter* Gefahren ausgerichtet seien, mit einem besonderen Legitimationsproblem verbunden seien.[95] Schomerus wirft hier nicht nur die Frage auf, wie latent existierende Gefahren, die sich erst zukünftig entfalten und die demnach auch in ihrer (potenziellen) Schädlichkeit erst später sicht- und erfahrbar werden, in einer jeweiligen Gegenwart erkannt werden können. Vielmehr werden damit auch ganz grundsätzliche Probleme einer politischen Epistemologie berührt, die wiederum eng mit der Frage nach der ›Zukunftssicht‹ (Koselleck) verbunden sind.[96] So beruht die von ihm vertretene Auffassung, dass es prinzipiell mög-

---

94 Schomerus führt hier eine weitere, geradezu klassisch anmutende Erklärung dafür an, warum der »augenscheinlich erfolgende Ruin der Stadt«, der durch die Aufhebung der Reihe erfolgen müsse, von vielen nicht gesehen werde: »Verblendet muss derselbe seyn von Gott/ welcher das noch nicht sehen sollte/ doch/ wann der Allerhöchste ein Land oder eine Stadt dero Sünden halber (welcher wir leider! mehr als zu viel auff unser Stadt haben) straffen will, so müssen auch die allerklugesten den Verderb vorhin nicht sehen können«.

95 In dieser Hinsicht ergeben sich Parallelen unter anderem zu Machiavelli, der im dritten Kapitel des *Principe* ausführt, dass entferntere Gefahren, analog zur Schwindsucht, zwar schwer zu erkennen, aber noch relativ leicht zu kurieren seien; später dagegen, wenn die Gefahr sichtbar und nahe sei, wenn die ›Krankheit‹ unheilbar geworden sei, sei der Kampf verloren. Nur der ›nicht gemeine Kopf‹ könne, so Machiavelli, solche aufkeimenden Gefahren und ›Krankheiten‹ rechtzeitig erkennen und abwenden; Niccolò Machiavelli, Vom Fürsten, in: ders., Hauptwerke, hg. von Alexander Ulfig, Köln 2000, S. 397–486, v. a. S. 406f.

96 Die von Schomerus vertretenen Auffassungen von politischem Handeln und Entscheiden, das auf die Beeinflussung zukünftiger Entwicklungen gerade im Innern der Gemeinwesen orientiert sein sollte, und die diesen zugrunde liegenden epistemologischen Prämissen, die auf die Erkenntnis und Vergegenwärtigung (potenzieller) zukünftiger, in der Gegenwart noch kaum sichtbarer Entwicklungen und Gefahren (›Vorausschau‹) ausgerichtet sind, entsprechen dabei zumindest in dieser Hinsicht einem modernen, rationalistischen Modell von Regieren im Sinne von Foucaults Konzept der *gouvernementalité* und nehmen damit auch Vorstellungen eines ›aufgeklärten‹ obrigkeitlichen Regierens vorweg; vgl. dazu Burkhardt

lich ist, solche latenten Gefahren in der Gegenwart zu erkennen (wenn auch nur für einen ausgewählten, besonders qualifizierten und nicht ›verblendeten‹ Kreis von Personen), auf der (mechanistischen) Vorstellung einer kontinuierlich verlaufenden und seriell strukturierten Zeit. Schomerus argumentiert dabei durchaus auf der Grundlage vergangener Erfahrungen, wobei er die Vergangenheit als Erfahrungsraum, die Gegenwart und die Zukunft als Erwartungshorizont in eine übergreifende Niedergangserzählung einbettet. Er verzichtet dabei weitgehend auf die durchaus diskursiv vorhandenen Möglichkeiten, die gegenwärtige Situation zu dramatisieren, ja es ist gerade das Kennzeichen der von ihm entworfenen Gegenwart, dass sie als (noch) relativ normal erscheint. Es ist die Vergegenwärtigung zukünftiger Bedrohungen und Schäden, nicht eine akute, gegenwärtige Krise, die politisches Handeln und Entscheiden notwendig macht, dieses zugleich aber aufgrund des nicht-evidenten Charakters der abzuwehrenden Gefahren als problematisch erscheinen lässt.

7. Schluss

Schomerus' Gutachten macht ebenso wie die zuvor diskutierten politischen Diskurse deutlich, welche Bedeutung Narrativen des Niedergangs für die politische Kultur und die Selbstbeschreibung frühneuzeitlicher Städte insbesondere in der Zeit nach dem Dreißigjährigen Krieg zukam. Die in dieser Zeit zu beobachtende Verbreitung von Niedergangsvorstellungen war eng verknüpft mit einem sich langfristig vollziehenden Wandel der städtischen Selbstwahrnehmung: weg von einer statischen Sicht, wie sie etwa das traditionelle Städtelob auszeichnete, hin zu einer allmählichen Narrativierung der Selbstbeschreibung und damit verbunden ihrer sukzessiven Verzeitlichung. Diese Prozesse erfassten dabei nicht allein die Ebene des elaborierten Diskurses, wie er in Stadtbeschreibungen und -chroniken greifbar ist, sondern gerade auch die innerstädtische, zumal die politische Alltagskommunikation. Verzeitlichung und Narrativierung der Selbstbeschreibung waren dabei keineswegs Vorgänge, die auf Städte begrenzt waren, jedoch fanden sie hier eine spezifische Ausprägung in ihrer Dominanz von Niedergangserzählungen als denjenigen kulturellen Mustern, in denen und über die Probleme reflektiert wurden, mit denen sich (nicht

---

Wolf, Das Gefährliche regieren. Die neuzeitliche Universalisierung von Risiko und Versicherung, in: Lorenz Engell, Bernhard Siegert und Joseph Vogl (Hg.), Gefahrensinn, München 2009, S. 23–33, hier v. a. S. 23 f.; vgl. auch *Ludwig Jäger*, Sprache als Medium politischer Kommunikation. Anmerkungen zur Transkripitivität kultureller und politischer Semantik, in: Ute Frevert und Wolfgang Braungart (Hg.), Sprachen des Politischen. Medien und Medialität in der Geschichte, Göttingen 2004, S. 332–355, hier S. 346 ff.

nur) städtische Gesellschaften seit dem Dreißigjährigen Krieg konfrontiert sahen. Insofern standen die Veränderungen auf der Ebene der städtischen Selbstwahrnehmung in einem engen Zusammenhang mit den dynamischen und konflikthaften Verhältnissen im Innern der Städte. Weil Niedergang nicht als vorgegebenes Schicksal, sondern als revidierbar gedacht wurde, führte die seit dem Dreißigjährigen Krieg beobachtbare Verbreitung von Niedergangsvorstellungen gerade in der politischen Kommunikation nicht zu politischer Resignation oder zu einer defensiv-konservativen Haltung, die auf die Bewahrung des Althergebrachten ausgerichtet gewesen wäre. Vielmehr motivierte sie politisches Handeln, das auf die Veränderung gegebener Bedingungen in der Zukunft ausgerichtet war, und förderte politische Mitsprache und Partizipationsansprüche der Bürger.

Rückblickend lassen sich dieser Wandel in der politischen Kultur der Städte und gerade die Narrativierung gesellschaftlicher Selbstbeschreibung als Vorboten derjenigen Transformationsprozesse begreifen, in deren Zuge sich seit der Mitte des 18. Jahrhunderts die Art und Weise, wie Gesellschaft und speziell auch Politik wahrgenommen wurden, grundlegend umgestalteten. Dabei wurden über Niedergangsnarrative grundlegende epistemische Probleme reflektiert, die dann auch für das Fortschrittsdenken, wie es sich seit dem 18. Jahrhundert verbreiten sollte, zentral waren. So entspricht die bei Schomerus auftauchende Vorstellung der sukzessiven Evolution von nicht unmittelbar evidenten Gefahren durchaus einem modernen Fortschrittsbegriff (wenn auch unter umgekehrten Vorzeichen), der nach Kant dadurch ausgezeichnet ist, »daß die Welt […] vom Schlechten zum Besseren, unaufhörlich (obgleich kaum merklich) fortrücke«.[97] Dabei findet sich bei Schomerus die auch von Kant vorgenommene spezifische Verknüpfung von Zeitlichkeit (›unaufhörlich‹, ›sukzessive‹) mit dem Problem der Erkennbarkeit von Wandel (›kaum merklich‹). ›Niedergang‹ erscheint demnach als durchaus emblematisch für die Geschichte der frühneuzeitlichen Stadt gerade des 17. und 18. Jahrhunderts. Jedoch sollte dies nicht als Zeichen für eine grundsätzliche Rückständigkeit städtischer Gesellschaften, für deren Resistenz gegenüber Wandel und deren Unfähigkeit zu struktureller Veränderung gesehen werden.

Und wo bleibt bei alledem die ›Krise‹? Wie oben gesehen, blieb der Rückgriff auf das Narrativ der Krise innerhalb der innerstädtischen politischen Alltagskommunikation zumindest bis zum Beginn des 18. Jahrhunderts, aber auch darüber hinaus, ausgesprochen unwahrscheinlich. Eine durchaus, wenn auch nicht besonders häufig genutzte Möglichkeit bestand in der Dramatisierung von Niedergangsnarrativen, indem der Zeitraum zwischen der Gegenwart und dem zu erwartenden zukünftigen Endpunkt der Entwicklung, dem Untergang, ver-

---

97 Zitiert nach *Widmer*, Art. »Niedergang/ Untergang« (Anm. 34), Sp. 841.

kürzt und dieser als unmittelbar bevorstehend angenommen wurde (hierbei ließ sich an ältere apokalyptische Deutungsmuster anschließen). Jedoch bleibt eine solche Proto-Form des modernen Krisenverständnisses letztlich nur eine Variante innerhalb eines sich zunehmend ausdifferenzierenden Spektrums von Niedergangsnarrativen. Als eigenständiges Dispositiv gesellschaftlicher Selbstbeschreibung sollte sich Krise – zumindest in Deutschland – erst seit der zweiten Hälfte des 18. Jahrhunderts ausprägen und dann im Verlauf des 19. Jahrhunderts gerade auch in der politischen Alltagskommunikation ausbreiten. Möglich wurde dies dadurch, dass ›Fortschritt‹ zum zentralen sprachlich-diskursiven Paradigma der gesellschaftlichen Selbstverständigung aufstieg und sich dabei in Differenz setzte zu bestehenden Narrativen des Niedergangs, mit denen er nichtsdestotrotz eng verbunden blieb. Krise bildete und bildet bis heute eine ›Figur des Dritten‹, über die die Differenz zwischen Fortschritt und Niedergang markiert und reflektiert wird, die sich zugleich aber auch in Differenz zur Unterscheidung von Fortschritt und Niedergang setzt, indem sie als das Andere zu den epistemologischen Grundlagen und den Zeitstrukturen, die Fortschritt und Niedergang gemeinsam sind, fungiert, vor allem zu der Vorstellung von Zeit als einem kontinuierlich verlaufenden Prozess.[98] Krise durchbricht damit (vergleichbar dem Revolutionskonzept) auch die Möglichkeit, gesellschaftliche Zustände über einfache, linear strukturierte narrative Muster zu beschreiben.[99] Insofern wurden im ›modernen‹ Krisenkonzept, wie es sich um 1800 ausbildete, historisch-kulturelle Entwicklungen reflektiert, die seit dem 17. Jahrhundert die Bedingungen für die Entwicklung von Krise als einer ›strukturellen Signatur der Moderne‹ erst schufen (so vor allem die Verzeitlichung und die Narrativierung gesellschaftlicher Selbstwahrnehmung).

Städte dienten dabei nicht nur als Objekt, für dessen Beschreibung man auf neue Formen der Selbstbeschreibung wie Niedergangs- oder Krisennarrative referierte. Städtische Gesellschaften waren vielmehr auch der Ort, wo sich diese entfalteten, insbesondere indem sie mit konkreten Erfahrungen und

---

98 Bei Schomerus wird eine solche Differenz auch reflektiert, wenn auch in einer umgekehrten Logik, wenn diejenige Gefahr, die sich in kurzer Zeit ereignet, als das Normale und Hergebrachte angesehen wird, während die allmähliche Evolution von Gefahr dagegen als das Neue und Problematische abgesetzt wird. Mit Ersterem verwies Schomerus auf katastrophische Ereignisse. ›Krise‹ (in ihrer modernen Fassung) schließt zwar an solche Katastrophenvorstellungen durchaus an, gerade in ihrem ereignishaften und plötzlichen Charakter, jedoch unterscheidet das 19. Jahrhundert deutlich zwischen Krise und Katastrophe vor allem im Hinblick auf die jeweilige Verursachungslogik, das heißt, ob die Ursachen als sozial endogen (Krise) oder sozial exogen (Katastrophe) angesehen werden (dazu siehe auch Anm. 41). Zur ›Figur des Dritten‹ vgl. *Eva Eßlinger* u. a. (Hg.), Die Figur des Dritten. Ein kulturwissenschaftliches Paradigma, Berlin 2010.
99 Die Krise entspricht insofern im Sinne Hayden Whites einer ironischen Erzählform, weswegen es auch kein Zufall ist, dass sich Jacob Burckhardt intensiv mit dem Krisenbegriff auseinandersetzte.

Problemlagen verbunden wurden und sich sozial gerade auch in die mittleren und unteren Schichten der Bevölkerung hinein verbreiteten, und dies nicht zuletzt auf der Ebene der politischen Alltagskommunikation. Entscheidend dafür waren die dynamischen Entwicklungen und die strukturelle Wandlungsfähigkeit, die nicht erst die Stadt des 19. Jahrhunderts, sondern gerade auch diejenige des 17. Jahrhunderts auszeichneten, boten sie doch wichtige Anstöße dafür, gesellschaftliche Zustände und die Rolle von Politik und politischem Handeln in der Gesellschaft neu zu deuten und zu beschreiben. Ohne ein genaueres Verständnis dieser Entwicklungen ist die ›Erfolgsgeschichte‹ der Krise in der Moderne nicht zu verstehen.

Mark Häberlein

Ehrliche Gesichter, heimliche Feindschaften und flüchtige Schuldner: Krisenerfahrung und Krisenbeschreibung in ökonomischen Konflikten der Frühen Neuzeit

1. Gesichter, Körper, gute Worte

In seiner autobiographischen Schrift *Lebensgeschichte und Natürliche Ebentheuer des Armen Mannes im Tockenburg* beschreibt Ulrich Bräker, wie er als junger Familienvater, Landhändler und angehender Baumwollverleger in den Strudel der Wirtschaftskrise der frühen 1770er Jahre geriet. Obwohl sich die Krise seit Ende der 1760er Jahre durch nasse Sommer und kalte Winter ankündigte, wurde sie Bräker zufolge durch menschliches Verhalten erheblich verschärft: »Das mögen nun politische Kornjuden wohl gemerkt, und der nachfolgenden Theurung vollends den Schwung gegeben haben. Dieß konnte man daraus schliessen, daß um's Geld immer Brodt genug vorhanden war; aber eben jenes fehlte, und zwar nicht bloß bey dem Armen, sondern auch bey dem Mittelmann. Also war diese Epoche für Händler, Becken und Müller eine göldene Zeit, wo sich viele eigentlich bereicherten, oder wenigstens ein Hübsches auf die Seite schaffen konnten. Hinwieder fiel der Baumwollen=Gewerb fast gänzlich ins Koth [...].«[1]

Im Winter 1770/71 – »der schauervollste den ich erlebt habe« – brachten steigende Lebensmittel- und sinkende Garnpreise Bräker zunehmend in Bedrängnis, doch konnte er zumindest seine Familie ernähren, »da ich stets noch einichen Credit fand«. Aber in der Teuerungskrise wurden auch die Kreditbeziehungen mit der Zeit brüchig: »Meine Schuldner bezahlten mich nicht; ich konnte also hinwieder auch meine Gläubiger nicht befriedigen, und mußte darum Geld und Baumwolle auf Borg nehmen, wo ich's fand.« Schließlich begannen Bräkers Gläubiger, ihn zu mahnen, und er beobachtete, wie die Kreditkrise immer weiter um sich griff: »Von Zeit zu Zeit mußt' ich hören, wie dieser und jener bankerott machte. Es gab hartherzige Kerls, die alle Tag mit den Schätzern im Feld waren, ihre Schulden einzutreiben. Neben andern traf die

---

[1] Ulrich Bräker, Sämtliche Schriften, Vierter Band: Lebensgeschichte und vermischte Schriften, München und Bern 2000, S. 487f.

Reihe auch meinen Schwager; ich hatte ebenfalls eine Anfoderung [sic] an ihn, und war selber bey dem Auffallsact gegenwärtig; freylich mehr ihm zum Beystande, als um meiner Schuld willen. O! was das vor ein erbärmliches Specktakel ist, wenn einer so, wie ein armer Delinquent, dastehn – sein Schulden= und Sündenregister vorlesen hören – so viele bittre, theils laute, theils leise Vorwürfe in sich fressen – sein Haus, seine Mobilien, alles, bis auf ein armseliges Bett und Gewand, um einen Spottpreiß verganten sehn – das Geheul von Weib und Kindern hören, und zu allem schweigen muß, wie eine Maus. O! wie fuhr's mir da durch Mark und Bein!«[2]

Im Bewusstsein, seine Gläubiger nicht aus eigener Kraft befriedigen zu können und ihrem Zugriff hilflos ausgeliefert zu sein, schwankte der Vater von fünf Kindern zwischen Hoffen und Bangen, Gottvertrauen und Verzweiflung – ein Gemütszustand, der durch die erneute Schwangerschaft seiner Frau, den Tod zweier Kinder an einer Ruhrepidemie und die eigene schwere Erkrankung noch gesteigert wurde. In seiner wirtschaftlichen Not stellte Bräker sich die Frage, ob er selbst an seiner Lage schuld sei, und bewegte sich dabei zwischen Rechtfertigung und Selbstkritik: »Freylich konnt' ich mir wirklich keine eigentliche Verschwendung oder Lüderlichkeit vorwerfen; aber doch ein gewisses gleichgültiges, leichtgläubiges, ungeschicktes Wesen, u.s.f. Denn erstlich hatt' ich nie gelernt, recht mit Geld umzugehn; auch hatte es nie keine Reitze für mich, als in wie fern' ichs alle Tag' zu brauchen wußte. Hiernächst traut' ich jedem Halunken, wenn er mir nur ein gut Wort gab; und noch itzt könnte mich ein ehrlich Gesicht um den letzten Heller im Sack betriegen. Endlich und vornämlich verstuhnden lange weder ich noch mein Weib den Handel recht, und kauften und verkauften immer zur verkehrten Zeit.«[3]

Auch in den folgenden Jahren lebte Bräker stets »zwischen Furcht und Hoffnung« und fürchtete insbesondere die Zurzacher Messen, weil die Messetermine zugleich Zahlungstermine für Kreditgeschäfte waren. Während ihm einerseits »ein Paar Bekannte« immer wieder mit Darlehen aushalfen, verbreiteten andererseits »Neider« Gerüchte über seine Zahlungsschwierigkeiten und machten damit »einige meiner Creditoren ziemlich mißtrauisch«. Neben der Geduld und Solidarität seiner Gläubiger erachtete Bräker einen weiteren Umstand als entscheidend für den Erhalt seiner Kreditwürdigkeit: »Uebrigens trauten's mir nur wenige von meinen Nachbarn und nächsten Gefreundten zu, daß ich so gar bis an die Ohren in Schulden stecke; vielmehr wußt' ich das Ding so ziemlich geheim zu halten, meinen Kummer und Unmuth zu verbergen, und

---

2 Ebd., S. 489–491.
3 Ebd., S. 492.

mich bey den Leuthen allzeit aufgeräumt und wohlauf zu stellen. Auch glaub' ich, ohne diesen ehrlichen Kunstgriff wär' es längsten mit mir aus gewesen.«[4]

In dieser Beschreibung und Deutung der Wirtschaftskrise der frühen 1770er Jahre[5] benannte Bräker zwar Missernten und Preisschwankungen als Ursachen. In erster Linie erscheint die Teuerungs- und Kreditkrise jedoch als Folge menschlichen Verhaltens und als Krise sozialer Beziehungen. Unter Rückgriff auf tradierte antijüdische Wuchertopoi[6] bezichtigte Bräker »politische Kornjuden«, sich durch Fürkauf bereichert und dadurch die Krise verschärft zu haben. Die physische Präsenz der Schätzer machte die finanzielle Not ebenso unmittelbar erfahrbar wie das »erbärmliche Specktakel« des zahlungsunfähigen Schuldners, der seinen Offenbarungseid leisten musste. Die Tatsache, dass Bräker für seinen Schwager bürgte, und der Umstand, dass nur Nachbarn und nächste Verwandte um seine eigenen finanziellen Nöte wussten, unterstreichen die Einbettung von Kreditverhältnissen in soziale Beziehungsnetze.[7] Vertrauen als unabdingbare Basis für Geschäfts- und Kreditbeziehungen[8] beruhte jedoch

---

4 Ebd., S. 494–496.
5 Klassisch: *Wilhelm Abel*, Massenarmut und Hungerkrisen im vorindustriellen Europa. Versuch einer Synopsis, Hamburg und Berlin 1974, S. 191–257. An neueren Arbeiten vgl. *Clemens Zimmermann*, Obrigkeitliche Krisenregulierung und kommunale Interessen. Das Beispiel Württemberg 1770/71, in: Manfred Gailus und Heinrich Volkmann (Hg.), Der Kampf um das tägliche Brot. Nahrungsmangel, Versorgungspolitik und Protest 1770–1990, Opladen 1994, S. 107–131; *Helmut Rankl*, Die bayerische Politik in der europäischen Hungerkrise 1770–1773, in: Zeitschrift für Bayerische Landesgeschichte 68 (2005), S. 745–779; *Britta Schneider*, ›Wo der getreidt-Mangel Tag für Tag gröser, und bedenklicher werden will‹. Die Teuerung der Jahre 1770 bis 1772 im Hochstift Bamberg, in: Mark Häberlein, Kerstin Kech und Johannes Staudenmaier (Hg.), Bamberg in der Frühen Neuzeit. Neue Beiträge zur Geschichte von Stadt und Hochstift, Bamberg 2008, S. 261–291.
6 *Stefan Rohrbacher* und *Michael Schmidt*, Judenbilder. Kulturgeschichte antijüdischer Mythen und antisemitischer Vorurteile, Reinbek 1991, S. 79–147. Vgl. speziell im Hinblick auf die Wirtschaftskrise der frühen 1770er Jahre auch *Dominik Collet*, ›Moral economy‹ von oben? Getreidesperren als territoriale und soziale Grenzen während der Hungerkrise 1770–1772, in: Jahrbuch für Regionalgeschichte 29 (2011), S. 45–61, v. a. S. 52f.
7 Vgl. dazu *Laurence Fontaine*, Espaces, usages et dynamiques de la dette dans les hautes vallées dauphinoises (XVIIe–XVIIIe siècles), in: Annales H.S.S. 49 (1994), S. 1375–1391; *dies.*, Pouvoir, identités et migrations dans les hautes vallées des Alpes Occidentales (XVIIe–XVIIIe siècles), Grenoble 2003, S. 62–81; *Peter Spufford*, Les tiers du crédit au village dans l'Angleterre du XVIIe siècle, in: Annales H.S.S. 49 (1994), S. 1359–1373, v. a. S. 1366–1370; *Angiolina Arru*, »Schenken heißt nicht verlieren«. Kredite, Schenkungen und die Vorteile der Gegenseitigkeit in Rom im 18. und 19. Jahrhundert, in: L'Homme. Zeitschrift für Feministische Geschichtswissenschaft 9 (1998), S. 232–251.
8 *Martin Fiedler*, Vertrauen ist gut, Kontrolle ist teuer: Vertrauen als Schlüsselkategorie wirtschaftlichen Handelns, in: Geschichte und Gesellschaft 27 (2001), S. 576–592; *Stefan Gorißen*, Der Preis des Vertrauens: Unsicherheit, Institutionen und Rationalität im vorindustriellen Fernhandel, in: Ute Frevert (Hg.), Vertrauen: Historische Annäherungen, Göttingen 2003, S. 90–118; *Hartmut Berghoff*, Die Zähmung des entfesselten Prometheus? Die Generierung von Vertrauenskapital und die Konstruktion des Marktes im Industrialisierungs- und Glo-

nicht nur auf verwandtschaftlichen oder nachbarschaftlichen Verbindungen, sondern auch auf dem ›Augenschein‹: Wenn Bräker einräumt, dass ihn ein »ehrlich Gesicht um den letzten Heller im Sack betriegen« konnte, und schildert, wie er durch demonstrative Zurschaustellung von Gelassenheit und Zuversicht seine Gläubiger von seiner Solvenz zu überzeugen vermochte, gewinnt die Einschätzung der Kreditwürdigkeit des Gegenübers eine konkrete, physische Qualität. So wie ein »ehrliches Gesicht« beim Abschluss eines Geschäfts half, konnte eine heitere, sorgenfreie Miene den Kredit eines Schuldners erhalten helfen.

Dass es sich hier keineswegs um Spezifika einer traditionalen ländlichen Face-to-face-Gesellschaft handelt, erhellen sowohl der Umstand, dass weite Teile der ländlichen Nordschweiz im 18. Jahrhundert in proto-industrielle Handels- und Gewerbestrukturen eingebunden waren,[9] als auch der Vergleich mit großen europäischen Handelsstädten. Obwohl die Aktivitäten städtischer Handelsgesellschaften in hohem Maße auf Schriftlichkeit – Rechnungsbüchern, Schuld- und Wechselbriefen, kaufmännischer Korrespondenz – basierten,[10] waren selbst in der Metropole Paris mündliche Geschäfts- und Kreditvereinbarungen zwischen Kaufleuten noch im 18. Jahrhundert an der Tagesordnung.[11]

Zudem manifestierten sich gerade ökonomische Vertrauenskrisen auffallend häufig in Face-to-face-Situationen. In Bankrottfällen Augsburger Kaufleute des 16. Jahrhunderts berichten Prozessakten und städtische Chroniken immer wieder von Schuldnern, die ihre Körper durch Flucht dem Zugriff ihrer Gläubiger entzogen; von Gläubigern, die ihre Schuldner durch physischen Zwang und Einschüchterung zur Rückzahlung von Schulden zwangen; und von Kreditoren, die durch öffentliche Drohungen, Schmähungen und das Streuen von Gerüchten den Ruf ihrer Schuldner schädigten und dadurch ihren Konkurs

---

balisierungsprozess, in: ders. und Jakob Vogel (Hg.), Wirtschaftsgeschichte als Kulturgeschichte. Dimensionen eines Perspektivenwechsels, Frankfurt a.M. und New York 2004, S. 143–168; *Jorun Poettering*, Handel, Nation und Religion. Kaufleute zwischen Hamburg und Portugal im 17. Jahrhundert, Göttingen 2013, S. 237–248.

9 *Ulrich Pfister*, Proto-industrialization in Switzerland, in: Sheilagh Ogilvie und Markus Cerman (Hg.), European Proto-industrialization, Cambridge 1996, S. 137–154.

10 *Markus A. Denzel, Jean-Claude Hocquet* und *Harald Witthöft* (Hg.), Kaufmannsbücher und Handelspraktiken vom Mittelalter bis zum beginnenden 20. Jahrhundert / Merchant's Books and Mercantile »Pratiche« from the Late Middle Ages to the Beginning of the 20th Century, Stuttgart 2002; *Francisco Bethencourt* und *Florike Egmond* (Hg.), Cultural Exchange in Early Modern Europe, Bd. III: Correspondence and Cultural Exchange in Europe, 1400–1700, Cambridge u.a. 2007; *Mark Häberlein*, Aneignung, Organisation und Umsetzung von Kaufmannswissen in Süddeutschland im 16. und 17. Jahrhundert, in: Michael North (Hg.), Kultureller Austausch. Bilanz und Perspektiven der Frühneuzeitforschung, Köln, Weimar und Wien 2009, S. 273–288.

11 *Amalia D. Kessler*, A Revolution in Commerce: The Parisian Merchant Court and the Rise of Commercial Society in Eighteenth-Century France, New Haven und London 2007, S. 61 f.

herbeiführten. Handelsbücher erwiesen sich in Konfliktfällen häufig als nachlässig geführt oder unauffindbar, so dass eine verlässliche schriftliche Grundlage für die Bestimmung von Guthaben und Außenständen fehlte.¹² Im Bericht des Augsburger Juristen Hieronymus Fröschel über den Bankrott des Großkaufmanns Melchior Manlich im Jahre 1574 finden sich gleich mehrere dieser Motive. Fröschel zufolge hätten sich Manlich und sein Schwiegersohn Karl Neidhart in einer schwierigen geschäftlichen Situation entschlossen, sich auf Manlichs Landgut Winden im Herzogtum Bayern zurückzuziehen – nicht um vor ihren Gläubigern zu fliehen, wie Fröschel ausdrücklich betonte, sondern um in Ruhe darüber zu beraten, was zu tun sei. Einer ihrer Gläubiger, der Augsburger Patrizier Leonhard Rehlinger, sei ihnen jedoch auf der Straße nachgelaufen und habe lautstark die Rückzahlung seines Darlehens verlangt. Hätte Rehlinger sich ruhig verhalten, so Fröschel, wären die übrigen Gläubiger nicht aufgeschreckt worden und hätte der Bankrott der Handelsgesellschaft Melchior Manlichs möglicherweise vermieden werden können.¹³

Diese Beobachtungen legen es nahe, Rudolf Schlögls These, »dass der kommunikative Kern politischer Vergesellschaftung in der Stadt [...] nicht die Schrift, sondern Kommunikation unter Anwesenden war«,¹⁴ auch für den ökonomischen Bereich in Erwägung zu ziehen. Obwohl die Feststellung, dass »mit der Entwicklung eines europaweit vernetzten Bank- und Kreditwesens [...] körpervermittelte Informationen in der Kommunikation der Wirtschaft zu einer Nebensache« wurden,¹⁵ auf lange Sicht zweifellos zutrifft, zeigen zahlreiche Beispiele, dass körpergebundene Kommunikation in konkreten ökonomischen Auseinandersetzungen bis weit in die Frühe Neuzeit hinein bedeutsam blieb. Ökonomische Krisen und geschäftliche Konflikte, so die hier vertretene These, wurden in der Frühen Neuzeit primär auf der Ebene interpersonaler Beziehungen wahrgenommen und beschrieben.

Ausgehend von einem Fallbeispiel – dem Bankrott des Nürnberger Kaufmanns Johann de Meere und seinen Auseinandersetzungen mit seinen Gläubigern in den 1590er Jahren – wird im Folgenden zunächst aufgezeigt, wie Zeit-

---

12 *Mark Häberlein*, Brüder, Freunde und Betrüger. Soziale Beziehungen, Normen und Konflikte in der Augsburger Kaufmannschaft um die Mitte des 16. Jahrhunderts, Berlin 1998, S. 256–259, 288–292, 309f. und passim.
13 *Friedrich Roth*, Zum Bankerott der Firma Manlich in Augsburg im Jahre 1574, in: Zeitschrift des Historischen Vereins für Schwaben und Neuburg 38 (1912), S. 160–164, hier S. 162f.; *Häberlein*, Brüder, Freunde und Betrüger (Anm. 12), S. 307f.
14 *Rudolf Schlögl*, Vergesellschaftung unter Anwesenden. Zur kommunikativen Form des Politischen in der vormodernen Stadt, in: ders. (Hg.), Interaktion und Herrschaft. Die Politik der frühneuzeitlichen Stadt, Konstanz 2004, S. 9–60, hier S. 28.
15 So *Rudolf Schlögl*, Resümee: Typen und Grenzen der Körperkommunikation in der Frühen Neuzeit, in: Johannes Burkhardt und Christine Werkstetter (Hg.), Kommunikation und Medien in der Frühen Neuzeit, München 2005, S. 547–560, hier S. 558.

genossen wirtschaftliches Scheitern in die Begrifflichkeit von Ehre und Ehrverlust fassten (2.). Daran anschließend werden die Kategorien der Beschreibung geschäftlichen Scheiterns und ökonomischer Krisen genauer untersucht. Krisendarstellungen, so wird sich zeigen, rekurrierten einerseits auf allgemeine Topoi wie Nahrungsmangel und Verarmung, andererseits auf Narrative gestörter Vertrauensbeziehungen und individuellen Fehlverhaltens (3.). Diese personalisierten und in starkem Maße an moralischen Normen orientierten Wahrnehmungs- und Beschreibungsmuster wurden seit dem 16. Jahrhundert von rechtlichen Regelungen unterfüttert, die die Durchführung von Bankrottverfahren regelten und auf lange Sicht zu einer Verrechtlichung ökonomischer Beziehungen beitrugen. Die Rechtsnormen rekurrierten einerseits auf die beschriebenen Zusammenhänge von geschäftlichem Scheitern und individuellem Verhalten, andererseits standardisierten sie die Konfliktregelung und trugen damit langfristig zur Entpersonalisierung der Beschreibungskategorien ökonomischer Krisen bei.

2. »das keiner den andern diffamiren soll«: Ehre und Kredit in einem Bankrottfall um 1600

Am 20. Oktober 1596 legte der Anwalt des aus den Niederlanden stammenden, aber in Nürnberg eingebürgerten Kaufmanns Johann de Meere dem Reichskammergericht zwei Klageschriften vor. Das eine Libell richtete sich gegen de Meeres Nürnberger und Augsburger Gläubiger, die ihrem Schuldner angeblich einen Vergleich aufgezwungen hatten. Da die Bestimmungen dieses Vertrags für de Meere höchst nachteilig seien, solle er annulliert werden. Die andere Klageschrift beschuldigte den Kaufmann Peter Steinhauser und seine »Consorten«, die Amberger Zinnblechhandelsgesellschaft, die Kreditwürdigkeit de Meeres durch das Ausstreuen von Gerüchten und ein aggressives juristisches Vorgehen gegen ihn zerstört zu haben, und verlangte dafür nicht weniger als 75.000 Gulden Schadenersatz.[16] Zur Begründung dieser Forderung führte de Meeres Anwalt aus, es sei »wahr, und rechtens [...], das keiner den andern *diffamiren* oder bei andern ehrlichen leuthen sein Credit vnd gueten Nahmen, heimblich, oder offentlich zu schwechen vnterstehen soll«. Ebenso wenig dürfe jemand in »Burgerlichen sachen« in Haft genommen werden. In der maßgeblichen Stadt-

---

16 Die Akten des Prozesses, den Johann de Meere gegen seine Gläubiger führte, finden sich im Bayerischen Hauptstaatsarchiv München (im Folgenden BayHStA), Reichskammergericht, Nr. 8611, die Akten des Prozesses de Meere contra Steinhauser und Konsorten ebd., Nr. 8614. Vgl. zu diesen Fällen auch *Lambert F. Peters*, Der Handel Nürnbergs am Anfang des Dreißigjährigen Krieges. Strukturkomponenten, Unternehmen und Unternehmer. Eine quantitative Analyse, Stuttgart 1994, S. 194–199.

rechtskodifikation, der Nürnberger Reformation, sei festgelegt, dass jemand, der »durch vnglückh zu abgang seiner guettern kommen, vnd solches etlicher maßen bescheinen konndte, [...] inn keine verhafft genommen werden soll«. Wer gegen die Bestimmungen des Reichsrechts und des Nürnberger Stadtrechts jemanden verhaften lasse, mache sich der Injurien schuldig und sei verpflichtet, dem Geschädigten seine Kosten und den entstandenen Schaden zu erstatten.[17]

In seiner ausführlichen Narration des Falls betonte der Anwalt daraufhin zunächst den guten Leumund seines Mandanten: De Meere habe »von Jugent auf sich aller Zucht vnd Erbarkeit beflissen« und sei noch nie »mit verhafftung seiner Person einiger mißhandlung wegen« bestraft worden. Er sei »zum Kauffmanshandel erzogen« worden und habe es schließlich so weit gebracht, dass er »von vielen vornemmen Kaufleuthen zu einem Factor gebraucht worden« sei. Mit seinen »Factoreien« habe er jährliche Einkünfte von über 5.000 Gulden erzielt. Seine Kommittenten Quirin Goel in Antwerpen und Giovanni Battista Carminali in Venedig habe er über mehrere Jahre hinweg »mit allerhand gattung von Plechen versehen«, die er bei verschiedenen Personen »vf seinen Nahmen, vnd Credit« eingekauft und ihnen gegen Provision zugesandt habe. Nach dieser Charakterisierung seines Mandanten als ehrbaren und namhaften Kaufmann ging der Anwalt auf die konkrete Geschäftsbeziehung zwischen de Meere und Steinhauser ein. Johann de Meere habe Peter Steinhauser und dessen Diener wiederholt verzinnte und unverzinnte Amberger Bleche für »viel tausent gulden« abgekauft, wobei ihm jeweils Zahlungsfristen von drei bis vier Monaten eingeräumt worden seien. Steinhauser sei bekannt gewesen, dass de Meere diese Bleche nicht auf eigene Rechnung, sondern als Kommissionär niederländischer und italienischer Kaufleute einkaufte. Umgekehrt sei Steinhauser ihm stets als selbstständiger Kaufmann gegenübergetreten.[18]

Diese reibungslose und vertrauensvolle Geschäftsbeziehung habe jäh geendet, als Francesco de Franchi, der Stiefvater von de Meeres Ehefrau, im August 1594 »wegen zuuor gelittenen schaden falliert« habe. Da de Franchi Peter Steinhauser Geld schuldig war, sei Steinhauser dessen »hefftig Feindt, vnd vf ihne verbittert worden« und habe »alle mittel, vnd weg gesuchet, wie er demselben beikommen könndte«. Obwohl de Meere am Handelsgeschäft seines Stiefschwiegervaters keinen Anteil hatte, habe Steinhauser auf ihn »eine vnverdiente heimbliche Feindtschafft geworffen« und sich an ihm rächen wollen. Er sei einige Tage nach dem Bankrott de Franchis zu de Meere gegangen, habe »sich verborgener weiß bei ihme *insinuirt*« und sich beklagt, dass ihn de Franchi für etliche gelieferte Bleche nicht bezahlt habe, worüber »seine Herrn nicht wohl zufrieden« seien. Auf Steinhausers Frage hin, was er ihm raten würde,

---

17 BayHStA München, Reichskammergericht, Nr. 8614, Quad. 3, Art. 1–9.
18 Ebd., Art. 10–24.

habe de Meere, der dessen »verborgene Feindtschafft nicht gemerckt, oder sich böses zu ihme versehen habe«, ihm geantwortet, dass er ihm keinen Rat geben könne, da ihm sein »Stief Schweher« selbst noch Geld schuldig sei. Steinhauser müsse »gleich andern Creditorn [...] gedult tragen«. Als Anzahlung auf seine eigenen Schulden habe er Steinhauser rund 240 Gulden ausgehändigt. Über diese Anzahlung hinaus sei er ihm 1.384 Gulden und vier Schillinge für jüngst gelieferte Bleche schuldig geblieben, da deren Bezahlung noch nicht fällig gewesen sei.[19]

Nachdem Peter Steinhauser erkannt habe, dass de Meere nicht bereit war, die Haftung für Schulden des Stiefvaters seiner Frau zu übernehmen, habe er »seine gefasste heimbliche Feindtschafft außbrechen lassen«. Drei Tage nach dem ersten Gespräch habe er de Meere erneut aufgesucht und von ihm ultimativ die Bezahlung der Restsumme verlangt. Angeblich hatte er »von seinen Herren zu Amberg« einen entsprechenden Auftrag erhalten, doch stand de Meeres Anwalt zufolge außer Frage, dass dies ein bloßer Vorwand gewesen und die Forderung »auß vnchristlichem lautterm Hass, vnd neidt hergeflößen« sei. De Meere habe diese »vnzeitige forderung« zurückgewiesen und sein Befremden darüber ausgedrückt, dass Steinhauser erst jetzt seine Tätigkeit für die Amberger Zinnblechhandelsgesellschaft offenlegte. Er wolle ihn »vff Zihl, vnd Zeit« bezahlen, wenn er das Geld von seinen Auftraggebern empfangen habe. Um Steinhauser entgegenzukommen, habe de Meere ihm angeboten, ihn in Form von Waren – englischem Tuch, Spezereien oder Zucker – zu bezahlen oder ihn an drei Nürnberger Kaufleute zu verweisen, die ihm noch Geld schuldig waren. Steinhauser sei mit diesem Angebot zufrieden gewesen und habe zugesagt, einen Boten mit dieser Nachricht nach Amberg zu schicken. Nachdem Johann de Meere sich noch einige Tage in Nürnberg aufgehalten habe, sei er am 9. September 1594 zur Herbstmesse nach Frankfurt aufgebrochen.[20]

Nach de Meeres Ankunft in Frankfurt hätten ihn mehrere Gläubiger »mit vngestüm« bedrängt, sie auszuzahlen. Obwohl die Forderungen noch nicht fällig gewesen seien, habe er ihnen über 40.000 Gulden ausbezahlt. Unterdessen sei es ihm nicht gelungen, etliche seiner eigenen Schuld- und Wechselforderungen einzutreiben. Seine Kommittenten in Antwerpen und Venedig hätten ihm zwar geschrieben, er solle sich durch Wechsel auf sie Geld beschaffen, doch sei ihm Peter Steinhauser dabei »im wege gestanden« und habe ihm »sein[en] Credit, vnd gueten trawen vnd glauben hinterlistiger weiß geschwecht, vnd wie er

---

19 Ebd., Art. 25–35. – Dass de Meere tatsächlich Forderungen an de Franchi hatte, bestätigt eine Vollmacht, die Gaspar de Meere am 12. November 1593 in Venedig für seinen Bruder Johann und Anton Schwan zur Einbringung von Außenständen bei dem aus Verona stammenden, aber in Nürnberg ansässigen Francesco de Franchi ausstellte; *Wilfrid Brulez*, Marchands flamands à Venise, I: 1568–1605, Brüssel und Rom 1965, S. 154f. (Nr. 484).
20 BayHStA München, Reichskammergericht, Nr. 8614, Quad. 3, Art. 36–50.

könndt gehindert«. Steinhauser habe nämlich seine Schuldforderung an de Meere hinter dessen Rücken Frankfurter Wechselmaklern mit Abschlag zum Kauf angeboten. Auf diese Weise sei Johann de Meere in eine Kreditklemme geraten und habe nicht alle seine Gläubiger in Frankfurt befriedigen können. Er vereinbarte jedoch mit seinen Gläubigern schriftlich freies Geleit auf zwei Monate, um in Nürnberg das Geld aufzutreiben. Steinhauser habe diese Vereinbarung ohne expliziten Befehl aus Amberg nicht unterschreiben wollen, jedoch gegenüber den Kaufleuten Carlo Werdteman, Alessandro Maranelli und Dinozzio Lippi versichert, das Geleit zu respektieren.[21]

Dessen ungeachtet erschien gleich am Tag nach seiner Ankunft in Nürnberg ein Bote des Bürgermeisters im Amt und forderte ihn auf, auf dem Rathaus zu erscheinen. De Meeres Haus sei dabei »hindten, vnd vorn mitt Stattknechten, vnd Schulzen vmbringt gewesen«, und »etlich hundert Personen« hätten sich »vf der gaßen versamblet«. Das Wachpersonal habe ihn zum Rathaus begleitet, wo ihm der amtierende Bürgermeister eröffnete, dass er von den Geschäftsführern der Amberger Zinnblechhandelsgesellschaft verklagt worden sei. De Meere antwortete, dass er den Ambergern nichts schuldig sei und von Steinhauser Geleit habe. Seine Bitte, einen Boten zu Steinhauser oder zu einem der drei Zeugen zu schicken, lehnte der Bürgermeister ab und befahl ihm, sich in das Ratsgefängnis zu begeben. Auch de Meeres Einwand, dass es dem Stadtrecht widerspreche, jemanden einzusperren, der zur Bezahlung seiner Schulden beziehungsweise zur Leistung einer Kaution willens und in der Lage sei, fand kein Gehör. Auf seine Befürchtung, die Haft würde ihm »zur gar großen schmach, vnd schaden kommen, vnd zu seinem eussersten verderben gereichen«, sagten ihm der Bürgermeister und der Ratsherr Paulus Behaim angeblich zu, die Angelegenheit gleich am folgenden Tag dem Rat vorzutragen. Am nächsten Tag sei dann jedoch niemand zu ihm vorgelassen worden; stattdessen wurde er nachts um zwei Uhr von »vielen Knechten« auf den hohen Turm gebracht und dort eingesperrt. Dort sei er sieben Wochen lang festgehalten worden und habe keinen Besuch empfangen dürfen. Steinhauser habe die Schuld zwar auf seine Herren in Amberg abgewälzt, doch sei er derjenige gewesen, der »es alles allso hat angespunnen, vnd inns werckh gerichtet«. De Meere sei dadurch »zum höchsten *iniurirt*, vnd geschmechet worden« und habe etliche tausend Gulden Schaden erlitten. Nur »Schelmen vnd Dieb« würden »in ihren heußern mit Soldaten, vnd Stattdienern verwahrt« und »jederman zu schimpff vnd spott bei hellichtem tag vber die gaßen« geführt.[22]

In dieser Erzählung, die Johann de Meeres Anwalt dem Reichskammergericht vorlegte, findet sich eine Reihe von Elementen der Beschreibung geschäftlichen

---

21 Ebd., Art. 51–65.
22 Ebd., Art. 66–103.

Scheiterns im Kontext einer ökonomischen Krise, die auch der zwei Jahrhunderte später entstandene autobiographische Text Ulrich Bräkers aufweist. Obwohl de Meeres Handelsverbindungen von den Niederlanden bis nach Italien reichten und ohne schriftliche Korrespondenzen und Wechselbriefe gar nicht denkbar waren, erfolgten die entscheidenden Vereinbarungen und Auseinandersetzungen mit seinen Gläubigern stets in Form direkter, persönlicher Konfrontationen. Wiederum findet sich das Moment des Neids und der Verstellung (»heimliche Feindschaft«), und wiederum wirken sich verwandtschaftliche Verflechtungen – in diesem Fall die Tatsache, dass der Stiefvater von de Meeres Frau in Konkurs ging – verhängnisvoll auf den eigenen Kredit aus. Und während in Bräkers Text die Person des Schätzers und der Akt des Offenbarungseids unter den Schuldnern Angst und Schrecken verbreiteten, waren es im Falle de Meeres der Gang zum Ratsgefängnis unter der Bewachung von Stadtknechten und vor angeblich Hunderten von Zuschauern sowie die wochenlange Gefängnishaft, die den Schuldner um Ehre und Kredit brachten.

Die Klage vor dem Reichskammergericht stieß insofern ins Leere, als kurpfälzische Untertanen durch ein *privilegium de non appellando* vor der Ladung vor fremde Gerichte geschützt waren, was die Anwälte des Kurfürsten umgehend geltend machten.[23] Dennoch forderte die oberpfälzische Regierung eine Stellungnahme von den Geschäftsführern der Amberger Gesellschaft an, deren Narration ein ganz anderes Bild der Ereignisse und der handelnden Personen zeichnete. Nachdem man über de Meere in Erfahrung gebracht habe, dass es »mit seinen sachen nit allerdings zum besten stehe«, habe man ihn durch Peter Steinhauser »gütlich« zur Zahlung aufgefordert. Er habe »sich aber mit allerhandt faulen vnnd nichtigen ausflüchten, biß Er endlich entwichen, auffgehalten«. Als de Meere schließlich angeboten habe, eine Schuldforderung über rund 2.700 Gulden, die er an den Nürnberger Bürger Georg Kellner hatte, auf die Amberger Gesellschaft zu transferieren, habe man dies »gutwillig acceptirt«. Vom Nürnberger Rat habe man dann jedoch die Mitteilung erhalten, dass Kellner de Meere gar nichts schuldig sei, sondern die fragliche Schuldforderung auf Heinrich und Daniel von Hagen laute. Daraus habe man in Amberg den Schluss gezogen, dass »Johann de Meere, mit bösen Practickhen vmbgehe, vnnd mit seiner bezahlung sehr gefehrlich« sei, und angesichts seiner hohen Schulden beschlossen, den Nürnberger Rat um seine Verhaftung zu ersuchen. Nach seiner Freilassung sei de Meere »zu nachteil seiner noch vnuerglichenen Creditorn wider ausgerissen« und habe sich nach Roth »in das glait begeben, als Er auch noch in flichten hin- und her vagirt«. Er habe sich somit als »ein flichtiger vnd

---

23 Ebd., Quad. 5.

austrünniger [sic] Mann« erwiesen, der »in vnwarheit vnnd betrug befunden worden«.[24]

Dem von de Meeres Anwalt gezeichneten Bild des ehrbaren Kaufmanns, den ein verschlagener Geschäftspartner aus »Neid« und »Feindschaft« ins Unglück stürzte, setzte die Amberger Gesellschaft also das Bild des betrügerischen Bankrotteurs entgegen, der mit »bösen Praktiken«[25] umging und sich dem Zugriff seiner Gläubiger durch Flucht zu entziehen versuchte.

Dasselbe Gegensatzpaar begegnet auch im Prozess zwischen Johann de Meere und seinen Gläubigern. De Meere ließ darin vortragen, dass ihn »etliche seiner Creditoren, innsonderheit Peter Steinhauser [...] bei andern Kaufleuthen heimblicher weiß verclainert« hätten. Durch »die böse nachred« seien mehrere Frankfurter Messwechsel geplatzt, wodurch »sein Credit gantz vnd gar verlohren« gegangen sei. Nachdem er in Nürnberg ungeachtet der Zusage freien Geleits verhaftet worden war, hätten ihm seine Gläubiger während seiner Haft »einen vnleidlichen vertrag abzutringen sich vnterstanden«. Ausdrücklich verwahrte sich de Meere gegen die Behauptung, dass er auf der Frankfurter Messe »fallirt« habe. Vielmehr habe er dort 40.000 Gulden ausbezahlt und hätte auch noch mehr bezahlen können, »wan ihne diejenigen, dern schuldt noch nicht verfallen, so blötzlich nicht vbereylt, vnd sein Credit abgeschnitten, vnd genommen hetten«. Der Ratsherr Hans Welser schließlich habe ihm zunächst zugesagt, dass sich die Sache gütlich regeln lasse, und ihn dann ins offene Messer laufen lassen.[26]

In ihrer Replik auf diese Schrift hielten Welser sowie die Gläubigervertreter Wilhelm Imhoff, Daniel Hopfer und Jacob Fetzer dagegen, dass de Meeres Zahlungsunfähigkeit ein »wissentlicher, vorsezlicher Panckerot« sei, der »aus leichtfertigem bösen fürsatz« erfolgte. Im Wissen um seinen bevorstehenden Ruin habe de Meere noch von mehreren Nürnberger und Augsburger Kaufleuten große Mengen an Waren angenommen und Vereinbarungen mit ihnen abgeschlossen. Zudem habe er seine Geschäftsbücher von seinem Handelsdiener Heinrich Hüller heimlich aus der Stadt schaffen lassen. In dem Vertrag habe man de Meere aus gutem Willen ein Viertel der Schuldsumme – immerhin rund 13.000 Gulden – nachgelassen. Auch den Vorwurf besonders strenger Haftbedingungen wollten die Gläubigervertreter nicht gelten lassen. Aus ihrer Sicht

---

24 Ebd., Quad. 7.
25 Zum Begriff der »Praktiken« im Diskurs des 16. Jahrhunderts vgl. *Valentin Groebner*, Gefährliche Geschenke. Ritual, Politik und die Sprache der Korruption in der Eidgenossenschaft im späten Mittelalter und am Beginn der Neuzeit, Konstanz 2000, S. 251–265, sowie speziell im Hinblick auf Konflikte unter Kaufleuten *Mark Häberlein*, Der Kopf in der Schlinge. Praktiken deutscher Kaufleute im Handel zwischen Sevilla und Antwerpen um 1540, in: ders. und Christof Jeggle (Hg.), Praktiken des Handels. Geschäfte und soziale Beziehungen europäischer Kaufleute in Mittelalter und früher Neuzeit, Konstanz 2010, S. 335–353, v. a. S. 350–352.
26 BayHStA München, Reichskammergericht, Nr. 8611, Quad. 3.

hatte Johann de Meere sich verdächtig gemacht, »weilen er gleich anfangs seiner verhaft sich allerley listigen Practicken befließen« habe. Unter anderem habe er »vnder dem scheindeckel der vbergebliebenen speiß, den seinigen verborgene zettel von Papir, auch ettliche bletter, auß schreibtafeln mit frembden sprachen vnd notis vberschrieben zum ofternmal eingeschlaicht, auch sich endlich mit vngewonlicher schreibung auf das Zinngeschirr eben verdächtig genug gemacht«. Es sei daher notwendig gewesen, ihm seine Schreibutensilien wegzunehmen und den Besuch, den er empfing, zu überwachen.[27]

Die Auseinandersetzungen drehten sich letztlich also um die Ehre und den Charakter des Bankrotteurs – um die Frage, ob er ein redlicher Kaufmann war, der aufgrund einer unglücklichen Verkettung von Umständen und der Diffamierung seiner ›Feinde‹ in Zahlungsschwierigkeiten geraten war, oder ein vorsätzlicher Bankrotteur, der seine gutwilligen Gläubiger absichtlich zu schädigen und zu betrügen versuchte. Damit standen die Reputation und Glaubwürdigkeit des zahlungsunfähigen Händlers, sein soziales Kapital in Kaufmannskreisen und in der städtischen Gesellschaft zur Debatte. Schriftliche Unterlagen erwiesen sich bei der Klärung dieser Frage als notorisch unzuverlässig, da die Handelsbücher de Meeres offenbar nicht verfügbar und die entscheidenden Absprachen und Maßnahmen mündlich getroffen worden waren.

3. Bankrott, Reputation und soziale Netzwerke im Licht der neueren Forschung

Neuere Studien zu Bankrotten in der Frühen Neuzeit haben eine personalisierte, moralische Wahrnehmung des Phänomens, wie sie im Fall Johann de Meeres begegnet, in ganz unterschiedlichen Kontexten beobachtet. Die Zahlungsunfähigkeit von Kaufleuten wurde in den großen Handelszentren des Heiligen Römischen Reiches ebenso als Problem individuellen Verhaltens und sozialer Beziehungen gesehen wie in Westeuropa und im kolonialen Nordamerika.

Für die Wirtschaftsmetropole Augsburg, in der im Verlauf des 16. und frühen 17. Jahrhunderts zahlreiche Kaufleute zahlungsunfähig wurden, konnte gezeigt werden, dass Handelsgesellschaften nicht nur Zusammenschlüsse von Familienmitgliedern und nahen Verwandten waren, sondern dass auch die Kapitaleinlagen, mit denen diese Firmen arbeiteten, zu einem beträchtlichen Teil aus dem verwandtschaftlichen Umfeld kamen. Firmenbankrotte belasteten schon aus diesem Grund die sozialen Beziehungsnetze innerhalb der reichsstädtischen Oberschicht in besonderem Maße. So war es einerseits nicht ungewöhnlich, dass

---

27 Ebd., Quad. 6.

Gläubiger ihren Verwandten vorwarfen, sie um ihr Geld betrügen zu wollen, während jene sich als Opfer unglücklicher Umstände darzustellen versuchten. Auf der anderen Seite blieben die Gläubiger in vielen Fällen auf die Kooperation der Bankrotteure angewiesen, weil diese die Geschäfte ihrer zahlungsunfähigen Firma am besten kannten und daher bei der Eintreibung von Außenständen und der Sicherung der Aktiva wichtige Dienste leisten konnten. Zudem waren Verwandte häufig bereit, aus »sonderer freundschafft vnnd grossem mitleiden« auf einen Teil ihrer Forderungen an die Bankrotteure zu verzichten. Am Ende vieler Konkursverfahren standen daher Verträge zwischen Schuldnern und Gläubigern, die häufig von Verwandten der Bankrotteure vermittelt worden waren und die Übergabe der Aktiva regelten sowie die Ansprüche der einzelnen Kreditoren an die Konkursmasse festlegten. In den Auseinandersetzungen zwischen Bankrotteuren und ihren Gläubigern wurde also stets nicht nur über finanzielle Forderungen, sondern auch über die Reputation der Schuldner verhandelt, und der Abschluss eines Vertrags markierte zugleich die Wiederherstellung der Ehre des Schuldners und der gestörten sozialen Beziehungen. Besondere Bedeutung kam ferner den Frauen der Bankrotteure zu, da ihr Vermögen in der Regel in den Handelsfirmen ihrer Ehemänner angelegt war und sie im Konkursfall zu den privilegierten Gläubigern zählten. Durch einen vollständigen oder teilweisen Verzicht auf diese privilegierten Forderungen konnten Frauen maßgeblich zur Beilegung des Konflikts beitragen; zugleich schmälerten sie dadurch jedoch das verbliebene Familienvermögen.[28]

Craig Muldrews Studie über Kreditnetze im frühneuzeitlichen England interpretiert Kredit als soziale Währung, die aufs Engste mit Reputation und persönlichem Vertrauen zusammenhing. Die meisten Kreditvereinbarungen wurden von Personen, die sich persönlich kannten – Verwandten, Nachbarn, Mitgliedern derselben Gemeinde – in mündlicher Form vor Zeugen geschlossen, und das Vertrauen, das Schuldner und Gläubiger miteinander verband, basierte auf persönlichen Qualitäten wie Ehrlichkeit, Verlässlichkeit und Rechtschaffenheit. In dem Maße, in dem sich England zwischen dem späten 16. und dem frühen 18. Jahrhundert zu einer Markt- und Konsumgesellschaft entwickelte, wurden Kreditnetze jedoch komplexer und unübersichtlicher – ein Umstand, der sich in einem starken Anstieg der Zahl der Schuldklagen vor Gericht niederschlug. Zahlungsunfähigkeit und geschäftliches Scheitern waren einerseits

---

28 *Häberlein*, Brüder, Freunde und Betrüger (Anm. 12), S. 243–274, 287–311, 371–392; *ders.*, Firmenbankrotte, Sozialbeziehungen und Konfliktlösungsmechanismen in süddeutschen Städten um 1600, in: Österreichische Zeitschrift für Geschichtswissenschaften 19/3 (2008), S. 10–35, hier S. 22–30; *ders.*, Merchants' Bankruptcies, Economic Development, and Social Relations in German Towns during the Long Sixteenth Century, in: Thomas Max Safley (Hg.), The History of Bankruptcy: Economic, Social and Cultural Implications in Early Modern Europe, London und New York 2013, S. 19–33, v. a. S. 19–21, 23–26.

eine weit verbreitete Begleiterscheinung der Verdichtung von Marktbeziehungen; andererseits wurden sie von Zeitgenossen als moralisches Versagen gewertet.[29]

Französische Kaufleute des 18. Jahrhunderts waren Thomas Luckett zufolge einem Ehrenkodex verpflichtet, der eine tugendhafte und untadelige Lebensführung, Ehrlichkeit und Verlässlichkeit in geschäftlichen Beziehungen sowie Einsatz für das Gemeinwohl einschloss. Kaufmännische Reputation beruhte nicht auf riskanten Geschäften und Gewinnmaximierung, sondern gerade auf der Vermeidung von unverantwortlichen Risiken und der Unterordnung des persönlichen Ehrgeizes unter das Gemeinwohl. Die Begriffe ›Ehre‹ und ›Kredit‹ wurden häufig synonym gebraucht, wie ein Brief einer Handelsfirma aus Dieppe an einen Geschäftspartner in Lyon aus dem Jahre 1782 verdeutlicht: »Cette conduite ne vous fait pas d'honneur, bien s'en faut, et vous devriez etre un peu plus jaloux de soutenir votre crédit.«[30] Um ihre Reputation zu mehren, pflegten Kaufleute enge Beziehungen zu Verwandten und Geschäftspartnern, sowohl in Form persönlicher Kontakte als auch durch eine ausgedehnte Korrespondenz. Im Fall einer Zahlungsunfähigkeit war die Reputation des Schuldners ein zentraler Faktor, der darüber entschied, ob eine gütliche Einigung mit den Gläubigern möglich war oder es zu einer gerichtlichen Auseinandersetzung kam.[31] Natacha Coquery, die Konkurse von Einzelhändlern im Paris des 18. Jahrhunderts untersucht hat, betont, dass die Bankrotteure vor Gericht in erster Linie persönliche Umstände und Missgeschicke anführten, während das allgemeine wirtschaftliche Umfeld – Marktentwicklungen oder ökonomische Krisen – in ihrer Argumentation praktisch keine Rolle spielten.[32]

---

29 *Craig S. Muldrew*, The Economy of Obligation: The Culture of Credit and Social Relations in Early Modern England, Basingstoke u.a. 1998, S. 2–7, 95–97, 148–152, 182–186, 199–203, 217–221, 273–275. Siehe auch *ders.*, Zur Anthropologie des Kapitalismus. Kredit, Vertrauen, Tausch und die Geschichte des Marktes in England 1500–1750, in: Historische Anthropologie 6/2 (1998), S. 167–199. Auf die Bedeutung persönlicher Face-to-face-Beziehungen verweist bereits *Richard Grassby*, The Business Community of Seventeenth-Century England, Cambridge 1995, S. 176–178.
30 *Thomas Manley Luckett*, Credit and Commercial Society in France, 1740–1789, Ph.D. dissertation, Princeton University 1992, Zitat S. 72, Anm. 4.
31 *Luckett*, Credit and Commercial Society (Anm. 30), S. 45–90. Dass sich jüdische Handelshäuser in Livorno im 18. Jahrhundert an ähnlichen Verhaltensnormen und Konventionen orientierten, wie sie Luckett für Frankreich beschreibt, zeigt *Francesca Trivellato*, The Familiarity of Strangers: The Sephardic Diaspora, Livorno, and Cross-Cultural Trade in the Early Modern Period, New Haven und London 2009, S. 177–193, 273–275.
32 *Natacha Coquery*, Credit, Trust and Risk. Shopkeepers' Bankruptcies in 18-century Paris, in: Safley (Hg.), The History of Bankruptcy (Anm. 28), S. 52–71, hier S. 64: »Nothing was mentioned about market conditions or economic transformations. Failure was not perceived as the consequence of an improper choice or competitive climate. It was an individual accident, out of context. Bankrupts portrayed themselves as having no control over the world

In einer Studie über Konkurse von Fernhandelskaufleuten in der nordamerikanischen Hafenstadt Philadelphia im 18. Jahrhundert stellt die Historikerin Toby Ditz ebenfalls fest, dass geschäftliches Scheitern zumeist als persönliches Versagen wahrgenommen wurde: »most Anglo-Americans, including most merchants, viewed business reversals as results of personal failure rather than social forces. [...] Merchants ascribed failures to the character flaws and immoral conduct of others, or, much less frequently, to their own shortcomings«. Die Unterscheidung zwischen ehrbarem und unehrbarem Verhalten zieht sich wie ein roter Faden durch die Briefe kolonialer Kaufleute. Darüber hinaus hebt Ditz den Gebrauch geschlechtsspezifischer Bilder und Begriffe in den von ihr untersuchten Korrespondenzen hervor. Kaufleute, die in geschäftliche Schwierigkeiten geraten waren, beschrieben ihre Situation als Verlust von Männlichkeit und verglichen den gewissenlosen Geschäftspartner, dem sie die Schuld an ihrer Lage gaben, mit dem sexuellen Verführer. »Mercantile narratives of business failure oscillated between humiliating and even self-disparaging scenes of merchants in distress and efforts to use the transaction between writer and reader to recuperate a fragile masculinity.«[33]

Auch Margot Finns Untersuchung über Kreditbeziehungen im England des 18. und 19. Jahrhunderts, die Gerichtsakten ebenso einbezieht wie Tagebücher, Autobiographien und fiktionale Texte, betont die Einbettung von Krediten in soziale Beziehungen und den engen Zusammenhang von Kreditgewährung und der Einschätzung des sozialen Status und Charakters des Schuldners. Finn zufolge hatten Kredite in der englischen Gesellschaft bis ins Viktorianische Zeitalter hinein primär eine personale Qualität, und wie Ditz stellt sie fest, dass Erzählungen über die sozialen Verpflichtungen, die aus ökonomischen Transaktionen resultierten, häufig eine sexuelle Komponente (Verführung, Heiratsversprechen) hatten. »Character«, so Finn, »figured centrally and recurrently in English debt relations, both as a metonym for personal credit in moral discourse and as a pragmatic mechanism for obtaining goods and services through the credit nexus«.[34]

Der Nexus von personalen Beziehungen, Ehre, Vertrauen und Kredit, den diese Studien beschreiben, wird im 18. Jahrhundert in Pamphleten und satirischen Schriften mit Titeln wie »Banqueroutiers Leichbegängnuß« eindrücklich repräsentiert. Bankrott wird darin sprachlich und visuell als sozialer Tod, als

---

around them. An ideal of honesty and moderation that seems disconnected from economic realities haunted their self-narratives.«

33 *Toby L. Ditz*, Shipwrecked; or, Masculinity Imperiled: Mercantile Representations of Failure and the Gendered Self in Eighteenth-Century Philadelphia, in: Journal of American History 81 (Juni 1994), S. 51–80, Zitate S. 59, 79.
34 *Margot C. Finn*, The Character of Credit: Personal Debt in English Culture, 1740–1914, Cambridge 2003, S. 3, 45, 47, 67, 69, 95, 102 f., Zitat S. 320.

Verlust persönlicher Bindungen und Ausschluss aus der Gemeinschaft interpretiert. »Der Credit«, formulierte die in Hamburg publizierte Moralische Wochenschrift *Der Patriot* im Jahre 1724, »ist die Seel in dem Cörper der Kauffmannschaft, und wann selbiger ausscheidet, so folget gantz gewiß der Tod«.[35] Zwei Jahre später formulierte Daniel Defoe – der selbst Bankrott gemacht hatte und daher wusste, wovon er schrieb – ganz ähnlich: »Breaking is the death of a tradesman, he is mortally stabb'd [...] his shop is shut up, as it is when a man is buried; his credit, the life blood of his trade, is stagnated [...] in a word, his fame, and even name as to trade is buried [...].«[36] Und der kursächsische und königlich-polnische Kommerzienrat Paul Jacob Marperger bemerkte 1717, mit dem »Credit« verhalte es sich »wie mit der Jungfernschafft [...]; wann solche einmahl verlohren, so ist sie hernach unwiederbringlich«.[37] Solange Kredit vorrangig als personale Qualität verstanden wurde, erschienen personenbezogene Metaphern wie das Begräbnis und die Entjungferung offensichtlich besonders geeignet, um die Folgen seines Verlusts anschaulich zu machen.

4. Gestorben, verloren, geraubt: Darstellungen geschäftlichen Scheiterns

Im Juni 1597 wurde Johann de Meere, der sich zu dieser Zeit in Norddeutschland aufhielt, aufgrund einer Forderung seines Gläubigers Mathis de Kessell aus Stade im holsteinischen Amt Reinsbeck verhaftet. In dieser misslichen Situation versuchte er, sich seiner drückenden Schulden durch eine *cessio bonorum*, eine vertragliche Übertragung seiner Besitztümer an seine Gläubiger, zu entledigen. Diesen Schritt lehnten die Nürnberger Gläubiger strikt ab und kritisierten in scharfer Form, dass »ein solcher verruchter wissentlicher vnd vorsetzlicher Panckerottirer so gefährlich vnd betrieglich bonis zu cediren, sich so leichtfertig vnd hochsträfflich vermessen darff«. Sein Vorschlag zeige lediglich, »was

---

35 *Robert Beachy*, Bankruptcy and Social Death: The Influence of Credit-Based Commerce on Cultural and Political Values, in: Zeitsprünge. Forschungen zur Frühen Neuzeit 4 (2000), S. 329–343, hier S. 339–343, Zitat S. 341.
36 Zitiert nach *Julian Hoppit*, Risk and Failure in English Business, 1700–1800, Cambridge 1987, S. 26. Zu Defoe vgl. *Sandra Sherman*, Finance and Fictionality in the Early Eighteenth Century: Accounting for Defoe, Cambridge 1996.
37 *Uwe Schirmer*, Staatliche Wirtschaftspolitik in Kursachsen um 1700? Haushaltspolitik und Hoffinanz zu Beginn der Augusteischen Zeit, in: Verein für sächsische Landesgeschichte (Hg.), Sachsen und Polen zwischen 1697 und 1765. Beiträge der wissenschaftlichen Konferenz vom 26. bis 28. Juni 1997 in Dresden, Dresden 1998, S. 268–283, hier S. 274. Vgl. auch *Carola Lipp*, Aspekte der mikrohistorischen und kulturanthropologischen Kreditforschung, in: Jürgen Schlumbohm (Hg.), Soziale Praxis des Kredits (16.–20. Jahrhundert), Hannover 2007, S. 15–36, hier S. 20f.

heimdückischer betrüeglicher vnd gefährlicher weiß dieser verruchter Panckerottirer gegen vns seinen Creditorn, sowolln vor alls nach seinem falliment, [...] zu hanndeln gesinnet gewesen«.[38] Ungeachtet dieser scharfen Kritik seitens der Kreditoren wirft der Text der von Johann de Meere vorgeschlagenen Güterzession ein interessantes Schlaglicht auf die Art und Weise, wie ein bankroter Kaufmann sein eigenes Scheitern zu erklären versuchte.

De Meere zählte zunächst seine Verpflichtungen gegenüber Augsburger und Nürnberger Gläubigern auf, die Gegenstand des in Nürnberg abgeschlossenen und von ihm später angefochtenen Vertrags waren. Demnach war er 26 Personen und Firmen rund 53.000 Gulden schuldig; ein Viertel der Summe war ihm erlassen worden. Darüber hinaus hatte er bei niederländischen, norddeutschen, englischen und italienischen Kaufleuten erhebliche Verbindlichkeiten. Diesen Schulden stellte de Meere die Verluste und »gelittenen schäden« gegenüber, die ihm seit 1587 widerfahren waren. So sei ihm Adrien de Breusseghem in Antwerpen bei seinem Tod im Jahre 1588 fast 17.000 Gulden schuldig geblieben; aus dessen Nachlass habe er jedoch »nichts alß etliche wenige landtgüeter bekhommen khönnen« und daher »viel gelt vff wexel vnnd Interesse nehmen« müssen. Auch Johann Pipler zu Nürnberg habe ihm bei seinem Ableben 1587 über 1.500 Gulden geschuldet. Sein Schuldner Georg de Willem in Hamburg sei »vor etlichen Jahren fallirt«, Clemens von Gelff und Franz Pilgram, von denen er noch mehrere hundert Gulden zu fordern hatte, seien ebenfalls bankrott gegangen, und Nürnberger Handwerker, denen er Geld vorstreckte, »zum theil gestorben vnnd zum theill gar inn Armuth gerathen«. Seine Forderung an den Engländer »Lorentz Grüen« war vor dem Gericht in Stade und dem Reichskammergericht in Speyer anhängig.[39]

Aber nicht nur verstorbene und bankrotte Geschäftspartner machten de Meere zu schaffen, sondern auch unsichere Transportwege und die Inkompetenz von Kommissionären. So sei ein Getreidetransport von Hamburg nach Lissabon in die Hände englischer Seeräuber gefallen. Obwohl er große Unkosten aufgewandt habe, um seine Ware wiederzuerlangen, sei »alles verlohren blieben«. Ferner hätten »die Banditen vnnd Rauber inn Italia ein Balla mit fusti [=Barchent] genummen, vnnd noch etliche andere wahren beschediget«. Der Nürnberger Kaufmann Veit Pfaud habe ihm vor Jahren ein Paket mit Seidenwaren zur Versendung nach Hamburg übergeben; dort habe man jedoch vergessen, dieses Paket aus dem Fass zu nehmen, und es sei versehentlich weiter nach Spanien verschickt worden. Sein Partner Mathias von Kesselt in Stade habe Seidengewand zu billig veräußert, englische Tuche und Kerseys hingegen zu teuer erstanden. Beim Aufkauf von Baumwolle in Nürnberg hätten de Meere und Hans

---

38 BayHStA München, Reichskammergericht, Nr. 8611, Quad. 9.
39 Ebd., Quad. 12.

Hueter durch einen unvorhergesehenen Preisverfall Verluste erlitten, und der Geschäftspartner Bettino Cassale in Verona habe sich beim Einkauf von Loröl »betriegen lassen«. Sein Kommissionär Peter Jacot in Antwerpen habe de Meere beim Erwerb von Tapisserien und »Buratten« sowie beim Absatz von Barchent »nicht recht gethan« und Verluste in Höhe von mehreren hundert Gulden verursacht. Auch Marx Manart in Venedig[40] bewies beim Einkauf von Wolle und Tobin angeblich wenig Geschick, und fallende Preise für Spezereien verursachten weitere Defizite. Indem er zwischen 1587 und 1594 immer wieder Waren »auff Zeit« erstand, sie seinen Kommittenten aber um Bargeld überlassen musste, habe er fast 2.500 Gulden eingebüßt. Als de Meeres Nürnberger Gläubiger seine Warenbestände mit Arrest belegten, sei ihm »viel vertorben«; Fässer mit Nürnberger Messern seien ebenso verrostet wie Büchsenschlösser, die nach Italien hätten exportiert werden sollen. Schließlich, so führte Johann de Meere weiter aus, habe er gehofft, das verlorene Geld »wiederumb zue gewinnen, vnnd inn gueter Handlung zue bleiben«, doch sei »leider ein Vnglückh auffs ander khommen, also hab ich viell gelts auff wexell vnnd Interesse nehmen müssen, vnnd ist viell Interesse darauff gelauffen«. Der Versuch, durch Wechselgeschäfte zwischen Hamburg, Venedig, Antwerpen, Nürnberg und Frankfurt von Kursschwankungen zu profitieren, habe lediglich zu weiteren Verlusten geführt.[41]

Unabhängig von der Glaubwürdigkeit dieser Auflistung geschäftlicher Missgeschicke – an der die Nürnberger Gläubiger massive Zweifel anmeldeten – ist vor allem auffällig, dass Johann de Meere jeden finanziellen Verlust mit einer konkreten Handlung oder (Fehl-)Entscheidung einer Person beziehungsweise einer Personengruppe in Verbindung brachte. Geschäftspartner waren gestorben oder bankrott gegangen, Seeräuber und Straßenräuber hatten sich seiner Waren bemächtigt, Kommissionäre zu billig verkauft und zu teuer eingekauft, und ungeduldige Gläubiger hatten die Sache nur noch schlimmer gemacht. Dabei waren seine Zahlungsschwierigkeiten in der mitteleuropäischen Handelswelt um 1600 alles andere als singulär: In der Reichsstadt Augsburg sind zwischen 1580 und 1620 nicht weniger als 57 Konkurse von Kaufleuten und Handelsfirmen nachweisbar, und auch in Nürnberg und Frankfurt ging eine Reihe von Fernhändlern – darunter auffällig viele niederländische und italienische Zuwanderer – bankrott. Das Spektrum reichte von kleineren, auf bestimmte Geschäftszweige spezialisierten Händlern mit relativ geringer Kapitaldecke bis hin zu europaweit tätigen Kaufmannsbankiers.[42] Manche Historiker haben die 1590er Jahre angesichts der Häufung von demographischen, sozio-

---

40 Zu den Geschäftsbeziehungen zwischen Manart und den mit ihm verschwägerten Brüdern de Meere vgl. auch *Brulez*, Marchands flamands I (Anm. 19), S. 156 (Nr. 457), 167 (Nr. 488).
41 BayHStA München, Reichskammergericht, Nr. 8611, Quad. 12.
42 *Häberlein*, Firmenbankrotte (Anm. 28), S. 14–22, 31f.; ders., Merchants' Bankruptcies (Anm. 28), S. 21f.

ökonomischen, politischen und religiös-mentalen Krisensymptomen sogar als allgemeine Krisenzeit interpretiert,[43] doch Zeitgenossen wie Johann de Meere fehlte offenbar das Beschreibungsinstrumentarium zur Erfassung der strukturellen und konjunkturellen Aspekte der Krise. So wie Kredit als personale Beziehung wahrgenommen wurde, in der die persönliche Reputation eine soziale Währung darstellte, so wurde geschäftliches Scheitern als Serie von individuellen Fehlern und Rückschlägen interpretiert.[44]

Ganz Ähnliches gilt für den Augsburger Handelsdiener und Chronisten Georg Kölderer, der in seiner Chronik zwar die Häufung von Bankrotten um 1590 mehrfach erwähnt, die Erklärung dafür aber ebenfalls in persönlichem Fehlverhalten sucht. »Es gab um diese Zeiten«, so Kölderer, »allumb grosse Fallimenten und Panckrotta unter den Kauffleuten, das sich dann zue seltzamer verenderung ansehen liesse, und grosse gelltts nott verursacht«. Als die Handelsgesellschaft der Gebrüder Sulzer von Augsburg Ende 1589 zahlungsunfähig wurde, sah er die Hauptursache darin, dass zwei der Brüder den – unter Augsburgs Protestanten verhassten – Gregorianischen Kalender unterstützt hatten, und über den Bankrott der Jenisch-Gesellschaft 1592 schrieb Kölderer, »das hett man innen nicht zuegetrautt: Sondern sie jederzeit für stille, wol vermögende, und ehrliche Leuth gehallten«. Unvermittelt fügte er seiner Beschreibung des Sulzer-Bankrotts den Satz hinzu: »Inn summa alle welltt will verarmen, und ist kain gelltt unter denn Leuthen so wol auch gar schmale und kleine Narung, das man wol ains goldt- und Silbermachers bedörffte.«[45] Zwischen der allgemeinen Klage über Geld- und Nahrungsmangel und dem Fehlverhalten einzelner Kaufleute existierte für Kölderer offenkundig keine Vermittlungsebene.

In der Publizistik der Kipper- und Wipper-Inflation der frühen 1620er Jahre, die ein breites Spektrum an Reaktionen in verschiedenen Medien hervorbrachte, dominiert gleichfalls die Auffassung, dass ein konkreter Personenkreis – die für die Münzverschlechterung verantwortlichen Kipper und Wipper – durch ihr habgieriges und verantwortungsloses Verhalten an der Wirtschaftskrise schuld sei. Tiefergehende strukturelle Ursachen der Inflation wurden zwar in einzelnen Traktaten von ›Experten‹ analysiert, doch in der Masse der Flugschriften und

---

43 Vgl. *Peter Clark* (Hg.), The European Crisis of the 1590s. Essays in Comparative History, London 1984, v. a. den Beitrag von *Heinz Schilling*, The European Crisis of the 1590s: the Situation in German Towns, S. 135–156.
44 Ähnliches beobachteten Bruce Mann und Thomas Luckett bei französischen und nordamerikanischen Bankrotteuren des 18. Jahrhunderts: *Bruce H. Mann*, Republic of Debtors: Bankruptcy in the Age of American Independence, Cambridge MA und London 2002, S. 72–74; *Luckett*, Credit and Commercial Society (Anm. 30), S. 87f.
45 Staats- und Stadtbibliothek Augsburg, 2° Cod. S 43 (Kölderer-Chronik, Bd. 5), fol. 5v, 18v; *Häberlein*, Firmenbankrotte (Anm. 28), S. 10–12. Zu Kölderer vgl. *Benedikt Mauer*, »Gemain Geschrey« und »teglich Reden«. Georg Kölderer – ein Augsburger Chronist des konfessionellen Zeitalters, Augsburg 2001.

Flugblätter herrschte eine personalisierende Sichtweise vor, die den Kippern und Wippern vorwarf, ihre Seele aus Habgier dem Teufel verschrieben zu haben, und sie mit Dieben und Juden verglich. Auch Verbindungen zu zahlungsunfähigen Kaufleuten wurden gezogen; eine Flugschrift aus dem Jahre 1621 charakterisierte die Kipper und Wipper als »Banckrottirer«. Angesichts der Erfahrung, dass »scheinbar feste und unverrückbare Werte binnen kurzer Zeit ihren Gehalt verloren«, hatte die Schuldzuweisung an eine bestimmte Gruppe von Personen Ulrich Rosseaux zufolge eine sozialpsychologische Entlastungsfunktion.[46]

5. Bankrott und Recht

Die in den Auseinandersetzungen zwischen ökonomischen Akteuren und in Berichten von Zeitgenossen immer wieder anzutreffende Unterscheidung zwischen ehrbaren Kaufleuten, die aufgrund widriger äußerer Umstände unverschuldet in Schwierigkeiten geraten waren, und betrügerischen Bankrotteuren fand auch in die Gesetzgebung Eingang und prägte dadurch wiederum die Argumentationsstrategien vor Gericht. Die französische Gesetzgebung differenzierte seit dem 16. Jahrhundert zwischen *faillite* als unverschuldeter Zahlungsunfähigkeit und *banqueroute* als schuldhaftem und damit strafbarem Bankrott. Nur einem ehrbaren Falliten, der an seiner Zahlungsunfähigkeit unschuldig war, war es gestattet, sein Vermögen in Form eines *lettre de cession* an seine Gläubiger zu transferieren und sich so weiterer Verfolgung zu entziehen, während betrügerischer Bankrott nach einem Gesetz von 1673 sogar mit Todes- oder Galeerenstrafen sanktioniert werden konnte. In der Praxis waren Betrugsklagen gegen Bankrotteure allerdings selten, da die Gläubiger, wie das *Journal de commerce* 1762 feststellte, ein geringes Interesse an strafrechtlicher Verfolgung hatten: »Mais ce crime demeure presque toujours impuni, parce que les créanciers aiment mieux traiter avec le banqueroutier, et lui faire des remises, que de perdre toute leur dette.«[47] In das englische Recht fand diese Unterscheidung mit dem *bankruptcy statute* von 1706 Eingang. Während Statuten des 16. und früheren 17. Jahrhunderts Bankrotteuren durchweg unehrenhafte und betrügerische

---

46 *Ulrich Rosseaux*, Die Kipper und Wipper als publizistisches Ereignis (1620–1626). Eine Studie zu den Strukturen öffentlicher Kommunikation im Zeitalter des Dreißigjährigen Krieges, Berlin 2001, S. 285–302, Zitate S. 288, 292. Vgl. auch den Beitrag von Justus Nipperdey in diesem Band.
47 *Luckett*, Credit and Commercial Society (Anm. 30), S. 87–90, Zitat S. 89, Anm. 4; *Françoise Bayard*, L'infrajudiciaire et l'economie. De quelques exemples lyonnais et parisiens de règlements de faillites aux XVIe et XVIIe siècles, in: Benoît Garnot (Hg.), L'infrajudiciaire du Moyen Age à l'époque contemporaine. Actes du colloque de Dijon 5–6 octobre 1995, Dijon 1996, S. 361–372, hier S. 363f.; *Kessler*, A Revolution in Commerce (Anm. 11), S. 261f.

Motive unterstellt und ihre Inhaftierung vorgesehen hatten, konnten zahlungsunfähige Kaufleute, die als ehrbare Schuldner anerkannt waren, nun der Schuldhaft entgehen und zu einem dauerhaften Ausgleich mit ihren Gläubigern gelangen.[48]

Die Reichspoliceyordnungen von 1548 und 1577 enthielten Abschnitte »Von verdorbenen Kauffleuthen«, die – offenkundig in Reaktion auf die Häufung von Konkursfällen in Handelsstädten wie Augsburg[49] – in ähnlicher Weise zwischen unverschuldeten, aufgrund widriger Umstände eingetretenen und vorsätzlichen, durch betrügerische Machenschaften, geschäftlichen Leichtsinn oder verschwenderische Lebensweise herbeigeführten Konkursen unterschieden. Im letzteren Fall sollten Bankrotteure kein obrigkeitliches Geleit erhalten, in Haft genommen werden und keine Ämter mehr bekleiden dürfen.[50] Die Fallitenordnungen, die der Rat der Reichsstadt Augsburg als Reaktion auf eine Welle teilweise spektakulärer Konkurse zwischen 1564 und 1580 erließ, regelten nicht nur die Durchführung von Konkursverfahren, sondern übernahmen auch die Unterscheidung zwischen unverschuldeten und betrügerischen Bankrotten. Die Fallitenordnung von 1580 sah prinzipiell die Verhaftung der Bankrotteure sowie soziale Sanktionen gegen insolvente Kaufleute wie den Verlust der Mitgliedschaft in der exklusiven Kaufleute- oder Herrentrinkstube vor. Begründet wurden diese Maßnahmen mit dem Interesse der Obrigkeit am Schutz der Gläubiger vor betrügerischen Machenschaften und Manipulationen ihrer Schuldner sowie an der Aufrechterhaltung des Gemeinwohls. Dabei stellte der Augsburger Rat einen expliziten Zusammenhang zwischen dem angeblich aufwändigen und luxuriösen Lebensstil der Bankrotteure, ihrer vermeintlich schlechten und nachlässigen Haushaltsführung sowie ihrem geschäftlichen Scheitern her.[51]

Wie die Untersuchung von Bankrottfällen um 1600 zeigt, stellten diese Ordnungen einerseits eine Grundlage für die Bewältigung geschäftlicher Krisen bereit, denn ihre Bestimmungen wurden im Regelfall umgesetzt, die Bankrot-

---

48 *W.J. Jones*, The Foundations of English Bankruptcy: Statutes and Commissions in the Early Modern Period, in: Transactions of the American Philosophical Society 69/3 (1979), S. 1–63; *Hoppit*, Risk and Failure (Anm. 36), S. 18–41; *Mann*, Republic of Debtors (Anm. 44), S. 46f.
49 *Häberlein*, Brüder, Freunde und Betrüger (Anm. 12), S. 264f.
50 *Matthias Weber*, Die Reichspolizeiordnungen von 1530, 1548 und 1577. Historische Einführung und Edition, Frankfurt a.M. 2002, S. 198f., 252–254.
51 *Reinhard Hildebrandt*, Zum Verhältnis von Wirtschaftsrecht und Wirtschaftspraxis im 16. Jahrhundert. Die Fallitenordnungen des Augsburger Rates 1564–1580, in: Anita Mächler u.a. (Hg.), Historische Studien zu Politik, Verfassung und Gesellschaft. Festschrift für Richard Dietrich zum 65. Geburtstag, Bern und Frankfurt a.M. 1976, S. 153–160; *Häberlein*, Brüder, Freunde und Betrüger (Anm. 12), S. 323f., 331–336; *Paul Fischer*, Bankruptcy in Early Modern German Territories, in: Safley (Hg.), The History of Bankruptcy (Anm. 28), S. 173–184, hier S. 178.

teure in Haft genommen und Maßnahmen zur Sicherstellung der Konkursmasse ergriffen. In den Verträgen, die zahlungsunfähige Kaufleute mit ihren Gläubigern schlossen, wurden die gestörten Vertrauensbeziehungen wiederhergestellt, indem die Kreditoren den Bankrotteuren bestätigten, dass sie nicht aus eigenem Verschulden in Schwierigkeiten geraten seien.[52] Andererseits verfestigte sich damit auch die Wahrnehmung von Konkursen als individuelles Versagen, was zu Debatten über die Reputation und Moral des zahlungsunfähigen Schuldners Anlass gab.

Wie die Augsburger Ordnungen des 16. Jahrhunderts ging die sächsische Konkursordnung von 1724 auf einen konkreten Fall, den Bankrott und die Flucht des angesehenen Leipziger Kaufmanns und Ratsherrn Gottfried Winckler, zurück. Das von der Leipziger Kaufmannschaft, die um die Reputation des Handelsplatzes besorgt war, entworfene und vom sächsischen Kurfürsten in Kraft gesetzte *Mandat wieder die Banqueroutiers* übernahm die inzwischen etablierte Differenzierung zwischen ehrbaren Kaufleuten und Bankrotteuren, die durch Betrug, ein »unordentliches Leben« sowie »Luxus und Pracht« zahlungsunfähig geworden waren. Robert Beachy zufolge signalisiert diese Konkursordnung die Ablösung eines traditionellen Wucherdiskurses durch einen neuen Diskurs über geschäftliches Scheitern, der im Zusammenhang mit der Verbreitung neuer kommerzieller Instrumente wie des Wechselbriefs stand.[53] Angesichts der – von Beachy völlig übersehenen – breiten Diskussion über die Ursachen und Folgen geschäftlichen Scheiterns in den süddeutschen Reichsstädten während des 16. Jahrhunderts, die sich auch im oben beschriebenen Fall de Meere niederschlug, erscheint diese Interpretation nicht haltbar. Vielmehr überlagerte ein Diskurs über geschäftliches Scheitern, der ökonomische Krisenerfahrungen auf das Handeln von individuellen Akteuren beziehungsweise Akteursgruppen zurückführte, spätestens seit Mitte des 16. Jahrhunderts die Debatten über kaufmännischen Wucher, Fürkauf und Eigennutz. Dieser moralisch eingefärbte Diskurs wurde indessen erst im Verlauf des 18. Jahrhunderts in der ökonomischen Literatur sowie in den Gutachten und Stellungnahmen von Merkantilmagistraten und Handelsgerichten allmählich überwunden und durch die Vorstellung ersetzt, dass ein nach rationalen Prinzipien organisierter kommerzieller Sektor dem Allgemeinwohl dienlich sei.[54] Vor diesem Hintergrund

---

52 *Häberlein*, Firmenbankrotte (Anm. 28), S. 24–26; *ders.*, Merchants' Bankruptcies (Anm. 28), S. 26f.
53 *Beachy*, Bankruptcy and Social Death (Anm. 35), S. 331–335. Zur Entwicklung des Konkursrechts im 17. und 18. Jahrhundert vgl. auch den knappen Überblick bei *Fischer*, Bankruptcy (Anm. 51), S. 178–180.
54 Vgl. *Winfried Schulze*, Vom Gemeinnutz zum Eigennutz. Über den Normenwandel in der ständischen Gesellschaft, in: Historische Zeitschrift 243 (1986), S. 591–626; *Johannes Burkhardt*, Die Entdeckung des Handels. Die kommerzielle Welt in der Wissensordnung der

erschien schließlich auch geschäftliches Scheitern weniger als moralisches Versagen denn als unvermeidliche Begleiterscheinung einer kommerzialisierten Wirtschaft.⁵⁵

Gleichwohl ist die Vorstellung, dass ökonomische Krisen von konkret benennbaren Individuen und Gruppen verursacht werden und Ausdruck gestörter Vertrauensbeziehungen sind, bis in die Gegenwart lebendig. Während der Niederschrift der ersten Fassung dieses Aufsatzes erschien im Wirtschaftsteil einer großen deutschen Tageszeitung ein Artikel unter dem Titel »Das Gesicht der Krise«. Der Artikel handelte vom ehemaligen Vorstandsvorsitzenden einer Immobilienbank, die nach gigantischen Fehlspekulationen vom deutschen Staat mit vielen Milliarden Euro an Steuergeldern gerettet werden musste. Der Ex-Chef jener Bank sei »nun der Buhmann der Nation« und stelle »für viele Bürger das Gesicht der Krise« dar. Seine eigenen Nachbarn würden ihm zurufen, »er solle sich schämen«, doch der Bankier fühle sich »zu Unrecht beschuldigt« und kämpfe »um sein Gehalt und sein Ruhegeld und – was am schwierigsten ist – seine Ehre«.⁵⁶ Auch wenn die Komplexität der modernen Finanzwelt und die Größenordnung der Verluste, um die es in diesem Fall geht, die Vorstellungskraft von Männern wie Johann de Meere und Ulrich Bräker zweifellos gesprengt hätten, wären ihnen die Beschreibungskriterien, auf die dieser Artikel rekurriert, vertraut gewesen. Schließlich gehörten die Verbindung von Krisenerfahrung und individuellem Verhalten, der Verlust interpersonalen Vertrauens und der Kampf bedrängter Akteure um ihre Ehre ungeachtet der allmählichen Institutionalisierung von Bankrottverfahren im Zivilrecht zu den grundlegenden Darstellungs- und Deutungsmustern in frühneuzeitlichen ökonomischen Konflikten.

Frühen Neuzeit, in: ders., Helmut Koopmann und Henning Krauß (Hg.), Wirtschaft in Wissenschaft und Literatur. Drei Perspektiven aus historischer und literaturwissenschaftlicher Sicht, Augsburg 1993, S. 5–28; *Kessler*, A Revolution in Commerce (Anm. 11), S. 225–297.
55 Exemplarisch: *Mann*, Republic of Debtors (Anm. 44).
56 *Thomas Fromm* und *Klaus Ott*, Das Gesicht der Krise, in: Süddeutsche Zeitung Nr. 60, 13. März 2009, S. 18.

Justus Nipperdey

Von der Katastrophe zum Niedergang. Gewöhnung an die Inflation in der deutschen Münzpublizistik des 17. Jahrhunderts

Krisen werden in der Gegenwart in erster Linie volkswirtschaftlich definiert. Auch wenn der Krisenbegriff in seiner Vielfalt auf nahezu alle Phänomene menschlicher und gesellschaftlicher Existenz angewendet wird, haben Wirtschaftskrisen eine singuläre Position. In Zeiten ihrer Virulenz kommen sie ohne erklärende Epitheta aus, es ist schlicht und einfach von ›der Krise‹ die Rede. In den Wirtschaftsmodellen der Moderne, sei es die neoklassische, die keynesianische oder die marxistische Theorie, haben Krisen ihren festen Platz. Sie stellen eine Notwendigkeit der zyklischen Wirtschaftsweise des Kapitalismus dar. Zwar wird immer wieder die Überwindung dieser Bedingung postuliert, wenn Krisen über einen längeren Zeitraum ausbleiben; mit dem Ausbruch der nächsten Krise werden solche Überlegungen wieder hinfällig.

Die Frühe Neuzeit kannte kein Modell von Wirtschaftskrisen, weder zyklischer noch einmaliger Art.[1] Während die politische Theorie des 17. Jahrhunderts von den *metamorphoses rerumpublicarum* ausging, dem Aufstieg und Untergang der Staaten und Staatsformen, der durch gute Politik hinausgezögert, aber nicht wirklich aufgehoben werden konnte, beschäftigten sich ökonomische Autoren nicht mit Untergangsszenarien. Die bekannten kontinentaleuropäischen Schriften merkantilistischen oder kameralistischen Inhalts bestanden aus grundsätzlichen wirtschaftspolitischen Vorschlägen, die unabhängig von der aktuellen Konjunkturlage formuliert wurden. Viele Missstände wurden angesprochen, ohne diese einer spezifischen, zeitlich definierbaren Krise *der* Wirtschaft zuzurechnen, auch weil das Konzept eines autonomen Bereichs Wirtschaft noch nicht existierte. Ohne ein System Wirtschaft, in dem Krisen strukturell generiert werden, musste die Verantwortung personal zugeschrieben werden, wie Mark Häberlein in diesem Band am Beispiel des Bankrotts zeigt. Die Kameralisten des 17. Jahrhunderts argumentierten in analoger Weise. Sie fan-

---
1 Vgl. *Reinhart Koselleck*, Art. »Krise«, in: Geschichtliche Grundbegriffe. Historisches Lexikon zur politisch-sozialen Sprache in Deutschland, hg. von Otto Brunner u. a., Bd. 3, Stuttgart 1982, S. 617–650, hier S. 623, 641.

den die Gründe für den darniederliegenden Handel und Wandel im bisherigen Fehlen einer planenden Wirtschaftspolitik und nicht etwa in den Folgen des Dreißigjährigen Krieges oder in spezifischen Wirtschaftskrisen.

Soweit man Debatten über Einflussfaktoren findet, kreisen diese um Währungs- und Wechselkursfragen.[2] Denn das Währungssystem wurde als erster Bereich der Wirtschaft identifiziert, in dem anonyme Kräfte wirkten, die nicht auf persönliche Schuld zurückzuführen waren, sondern höchstens auf konkludentes Handeln vieler Einzelner. Dazu gehörten der veränderte Wechselkurs zwischen Gold und Silber und die Inflation, die nach Meinung Jean Bodins auf den Edelmetallimport aus Amerika zurückzuführen war.[3] Auch das später nach dem englischen Kaufmann und Finanzfachmann Thomas Gresham (ca. 1519–1579) benannte Greshamsche Gesetz, das auch in den Münzschriften von Nicolas Oresme oder Nicolaus Copernicus zu finden ist, identifiziert einen unaufhaltsamen Mechanismus im Münzwesen: Bei gleichem Nennwert würden schlechtere Münzen die vollwertig geprägten Münzen verdrängen, weil diese ins Ausland abfließen oder eingeschmolzen werden würden.[4] Nach Meinung der Münzexperten konnte kein noch so gut gemeintes Verbot diese Wirkung verhindern. Auch die ökonomischen Fragen der Spätscholastiker kreisten um Währungs- und Geldwertfragen. Sie stellten ebenfalls gesetzmäßige Abfolgen fest und entwickelten Vorgehensweisen, wie man in deren Rahmen christlich handeln konnte. Diese Anerkennung anonym wirkender ökonomischer Gesetze hat sie zu gerühmten Vorreitern der modernen Wirtschaftswissenschaft gemacht.[5]

Bis weit ins 17. Jahrhundert bildete das Münzwesen nicht nur das Hauptthema ökonomischen Denkens, es erhielt auch die größte publizistische Beachtung. Dies gilt vor allem für das Reich, in dem Produktions- oder Handelskrisen oder die allgemeine wirtschaftliche Lage selten thematisiert wurden.[6] Hier mag die vergleichsweise geringe ökonomische Integration des Reiches eine Rolle gespielt haben, die dazu führte, dass es selten zu einer vollständig gleichlaufenden Kon-

---

2 In England gilt die von Thomas Mun, Edward Misselden und Gerard de Malynes geführte Debatte um Ursprung und Wesen der Gewerbe- und Handelskrise der frühen 1620er Jahre als Geburtsstunde der englischen Handelswissenschaft des 17. Jahrhunderts. Hauptstreitpunkte waren hier Geld- und Währungsfragen; *John D. Gould*, The Trade Crisis of the Early 1620's and English Economic Thought, in: The Journal of Economic History 15 (1955), S. 121–133. Zentral ist diese Debatte auch für *Lars Magnusson*, Mercantilism. The Shaping of an Economic Language, London und New York 1994, S. 61, 214.

3 *Jean Bodin*, La Response [...] au paradoxe de monsieur de Malestroit, Paris 1568.

4 *John Munro*, Gresham's Law, in: The Oxford Encyclopedia of Economic History, hg. von Joel Mokyr, Bd. 2, Oxford und New York 2003, S. 480 f.

5 *Marjorie Grice-Hutchinson*, The School of Salamanca. Readings in Spanish Monetary Theory 1544–1605, Oxford 1952.

6 Dies gilt zumindest für die als Einzelschriften publizierten Traktate. Inwieweit die Zeitungen des 17. Jahrhunderts Informationen zur ökonomischen Lage, zu Konjunkturveränderungen und Wirtschaftskrisen enthalten, ist meines Wissens bislang noch nicht untersucht worden.

junktur in seinen Territorien kam.[7] Die Inflationsschübe des ersten und des letzten Viertels des 17. Jahrhunderts erlangten dagegen eine reichsweite Aufmerksamkeit, selbst wenn sie nicht überall in gleicher Heftigkeit zu spüren waren. Dabei ist zu untersuchen, wie das Geschehen in der zeitgenössischen medialen und diskursiven Repräsentation dargestellt und verstanden wurde. Wie in anderen Zusammenhängen fällt auch hier der Krisenbegriff selbst nicht. Freilich könnte dennoch eine Krisenkonzeption auszumachen sein, die von anderen Selbstbeschreibungsmodi wie Katastrophe oder Niedergang zu differenzieren oder in Bezug zu ihnen zu setzen wäre. In der Forschung und auch in diesem Sammelband haben sich einige Charakteristika herauskristallisiert, die als notwendig erachtet werden, um sinnvoll von einer Wahrnehmung der eigenen Zeit als Krisenzeit zu sprechen. Dazu gehört zunächst das Außergewöhnliche der Situation, die sich von einer vorgehenden Normalität unterscheidet. Außerdem tritt sie völlig unerwartet auf, womit ein Zerbrechen von Erfahrungen und Erwartungen und häufig der Eindruck einer Beschleunigung der Geschichte einhergehen. Es wird den Zeitgenossen deutlich, dass die bisherigen Bearbeitungsmodi nicht mehr funktionieren und daher neue gefunden werden müssen, deren Tauglichkeit zur Problemlösung jedoch noch unsicher ist. Dazu kommt, insbesondere für die Zeit vor der extremen Proliferation des Begriffs, das dezisionistische Element,[8] das direkt an die medizinische Herkunft des Begriffs anknüpft. Gerade für das 17. und 18. Jahrhundert stellt die medizinische Metaphorik, gepaart mit der Entscheidung zwischen Leben und Tod beziehungsweise Erfolg und Untergang, einen zentralen Anzeiger eines bewussten Krisenbegriffs dar. Nach diesen Kriterien soll im Folgenden untersucht werden, ob und, wenn ja, wie die Inflationsschübe der 1620er und der 1680er Jahre als Krise wahrgenommen wurden.

Als Ausgangspunkt der Untersuchung dienen die vielen Flugschriften zur sogenannten Kipper- und Wipperinflation der frühen 1620er Jahre. Forschungshistorisch bildet diese Inflation einen Kontrapunkt innerhalb der Historiographie zu Wirtschaftskrisen der gesamten Frühen Neuzeit, die sich gemeinhin wenig für zeitgenössische Bewertungen interessiert hat. Denn aufgrund der massiven Flugschriftenüberlieferung, die Gustav Freytag in seinen *Bildern aus der deutschen Vergangenheit* bekannt machte, ist ihre mediale Wahrnehmung schon früh in den Blick der Forschung gelangt.[9] Auch heute noch ist die Publizistik zur Kipper- und Wipperzeit besser erforscht als die Inflation selbst,

---

7 Vgl. etwa die notwendigerweise differenzierten Aussagen zur ökonomischen Lage vor dem Dreißigjährigen Krieg sowie zu den Kriegsfolgen; *Rainer Gömmel*, Die Entwicklung der Wirtschaft im Zeitalter des Merkantilismus 1620–1800, München 1998, S. 2–4, 10f.
8 *Koselleck*, Art. »Krise« (Anm. 1), S. 627.
9 *Gustav Freytag*, Die Kipper und Wipper und die öffentliche Meinung, in: ders., Der Dreißigjährige Krieg 1618–1648, Bd. 2: Die Städte, Nachdruck Bad Langensalza 2005.

nicht zuletzt durch die ausführliche Studie von Ulrich Rosseaux, die das gesamte entstandene Korpus an Flugschriften, Flugblättern, Zeitungen und Messrelationen identifiziert und interpretiert.[10] Für die Jahre 1620 bis 1626 fand Rosseaux 100 einschlägige unabhängige Flugschriften (ohne Nachdrucke) und 45 Flugblätter. Der größte Teil davon entfällt auf »Schmäh- und Jammerschriften« sowie theologische Traktate.[11]

Mit dem Ende der Inflation nahm auch die Zahl der Traktate zum Münzwesen um die Jahrhundertmitte ab. Im letzten Drittel des 17. Jahrhunderts setzte dann eine erneute Inflation ein, die als zweite oder kleine Kipperzeit (ca. 1675–1695) bezeichnet wird.[12] Auch diese anhaltende Inflationsperiode hat zu einer Vielzahl von Veröffentlichungen geführt, die von der Forschung bislang kaum zur Kenntnis genommen worden sind. Dabei handelt es sich zum Teil um ganz ähnliche Traktate wie in der großen Kipperzeit. Insgesamt ist jedoch eine starke Diversifizierung der Schriften zum Münzwesen zu konstatieren. Eine neue und bedeutende Kategorie bilden jene Schriften von Experten des Münzwesens, die im Umfeld des Immerwährenden Reichstags in Regensburg entstanden. Seit Mitte der 1660er Jahre wurde dort ausdauernd über die Lösung der Währungsprobleme verhandelt.[13] Über die rein politische Funktion hinaus fungierte der Regensburger Reichstag als Informationsbörse und Kommunikationszentrum des Reiches,[14] so auch in Fragen der Münzpolitik. In diesem Umfeld erschienen immer wieder kenntnisreiche Schriften, die mit nüchternem Blick die Ursachen und die möglichen Folgen der verschiedenen Lösungsvorschläge durchmusterten. Den Höhepunkt dieser politischen Münzschriften bildeten die *Acta Publica Monetaria*, ein im Folioformat erschienenes Sammelwerk, in dem der Reichstagsgesandte David Thoman von Hagelstein Münzschriften vom 14. Jahrhundert bis in die jüngste Vergangenheit versammelte.[15] Im Zuge der Etablierung der historisch-politischen Zeitschriften im Umfeld des Reichstags wurden im späten 17. Jahrhundert dann auch die Verhandlungen und Be-

---

10 *Ulrich Rosseaux*, Die Kipper und Wipper als publizistisches Ereignis (1620–1626). Eine Studie zu den Strukturen öffentlicher Kommunikation im Zeitalter des Dreißigjährigen Krieges, Berlin 2001, S. 42. Vgl. auch *Fritz Redlich*, Die deutsche Inflation des frühen siebzehnten Jahrhunderts in der zeitgenössischen Literatur: die Kipper und Wipper, Köln u. a. 1972.
11 Zusammen machen beide Kategorien 72 von 100 aus; Rosseaux, Kipper (Anm. 10), S. 270f.
12 *Michael North*, Kleine Geschichte des Geldes: Vom Mittelalter bis heute, München 2009, S. 107.
13 *Thomas Christmann*, Das Bemühen von Kaiser und Reich um die Vereinheitlichung des Münzwesens. Zugleich ein Beitrag zum Rechtsetzungsverfahren im Heiligen Römischen Reich nach dem Westfälischen Frieden, Berlin 1988.
14 *Susanne Friedrich*, Drehscheibe Regensburg, Das Kommunikations- und Informationssystem des Immerwährenden Reichstags um 1700, Berlin 2007.
15 *David Thoman von Hagelstein*, Acta Publica Monetaria, Augsburg 1692.

schlüsse des Reichstags und der Reichskreise gedruckt.[16] Diese Publikationen erschlossen das Reservoir vergangener Überlegungen und Maßnahmen zu Münzproblemen für eine politische Teilöffentlichkeit und aktualisierten sie damit für die Gegenwart. Gleichzeitig wurden Anfang der 1680er Jahre in Bibliotheken alle vorhandenen Schriften der Kipper- und Wipperzeit in Sammelbänden zusammengebunden und so in ihrer Gesamtheit leicht verfügbar gemacht.[17] Die erneut aufbrechende Inflation wurde auf diese Weise in ein längeres Zeitkontinuum eingeordnet.

Die beiden Textkorpora zur großen und zur kleinen Kipperzeit spiegeln also die veränderte politische Öffentlichkeit sowie das sich wandelnde Mediensystem des Reiches im 17. Jahrhundert wider. Trotz teilweise unterschiedlicher intendierter Empfänger lassen sie sich sehr gut vergleichen. Alle Texte beziehen sich direkt auf die jeweils aktuellen Entwicklungen im Münzwesen und vielfach auch aufeinander, so dass sie geschlossene Korpora ergeben. Außerdem bildete, wie gezeigt werden wird, der Rekurs auf die Inflation der 1620er Jahre und die dort produzierten Texte ein prägendes Element des Währungsdiskurses des letzten Jahrhundertdrittels, gerade in Bezug auf die Art und Weise, wie die Vorgänge der eigenen Zeit wahrgenommen wurden. Konkret bedeutet dies beispielsweise, dass nicht das Geschehen selbst, sondern erst der Vergleich zur großen Inflation determinierte, wie die kleine Kipperzeit wahrgenommen oder dargestellt wurde. Eine Voraussetzung für die komparative Ausrichtung des Diskurses ist die Existenz eines früheren, als vergleichbar angesehenen Phänomens, das tief im kollektiven Gedächtnis verankert war. Genau hier liegt der entscheidende Unterschied in der Wahrnehmung beider Inflationen. Während die große Kipperzeit als singuläres Ereignis gedeutet werden musste, stand bei der Wiederkehr des Phänomens ein erweitertes und verändertes Repertoire an Wahrnehmungsmodi bereit. In einem ersten Teil wird zunächst die Deutung der Kipper- und Wipperzeit untersucht. Der zweite Teil fragt nach dem Umgang mit den erneut auftretenden Währungsturbulenzen im letzten Drittel des 17. Jahrhunderts. Der letzte Teil diskutiert schließlich mögliche Ursachen für den eingetretenen Wandel und konzentriert sich dabei auf den Effekt der Gewöhnung an die Inflation.

---

16 Acta Monetaria Novissima, Stuttgart 1694. Vgl. zur Funktion im Diskurs *Peter Brachwitz* und *Susanne Friedrich*, Historisch-politische Zeitschriften als Wissensspeicher, in: Frank Grunert und Anette Syndikus (Hg.), Wissensspeicher der Frühen Neuzeit. Formen und Funktionen, Berlin 2015, S. 21–42.

17 So in der herzoglichen Bibliothek in Gotha. Die Bände stammen aus den Jahren 1683/84, also kurz nach dem Einsetzen der Publizistik zur zweiten Kipperzeit (s. u.).

1. Die »schleunige und ungewöhnliche Veränderung der Zeit«. Der Diskurs über die Krise von 1620 bis 1623

Die Kipper- und Wipperinflation war mit Sicherheit eine objektive Krise im klassischen Sinn.[18] Nach einer längeren Inkubationszeit der Preisrevolution des 16. Jahrhunderts nahm die Inflation in den ersten zwei Jahrzehnten des 17. Jahrhunderts an Fahrt auf. Seit dem Beginn des Dreißigjährigen Krieges verschärfte sich die Lage mit der immer schnelleren Ausmünzung minderwertiger Scheidemünzen insbesondere in Süd- und Mitteldeutschland. Auch die Obrigkeiten, die anfangs immense Gewinne aus der Münzverschlechterung gezogen hatten – der Kaiser hatte noch 1622 die Münzprägung Böhmens, Mährens und Österreichs unter der Enns für ein Jahr gegen die Zahlung von sechs Millionen Gulden an das böhmische Münzkonsortium verpachtet[19] – erkannten schließlich, dass die Lage außer Kontrolle geraten war und die Entwicklung beendet werden musste, um einen Kollaps der Wirtschaftstätigkeit, der Steuererhebung und somit auch der Kriegführung zu verhindern. Auf dem Höhepunkt der Krise reagierten sie daher mit der entschiedenen Rückkehr zur alten Münzordnung und der Einziehung und Einschmelzung der Masse an Kupfermünzen. Die besondere Dramatik der damaligen Lage erkennt man an der außergewöhnlichen Einmütigkeit, mit der die betroffenen Reichsstände in Kriegszeiten zur Tat schritten, während eine gemeinsame Münzpolitik zu anderen Zeiten nur schwer zu erreichen war. Der einzig gangbare Weg einer kurzfristigen Problemlösung war die Rückkehr zur Münzordnung des 16. Jahrhunderts. Angesichts der ungelösten Probleme dieser Münzordnung legte sie allerdings auch den Grundstein für die weitere Unsicherheit des Währungssystems und die schließlich folgende Inflation der zweiten Jahrhunderthälfte.

Die neuere Wirtschaftsgeschichte bewertet die negativen Folgen der Kipperzeit deutlich weniger dramatisch, als Gustav Freytag dies getan hatte, sowohl in Bezug auf die Gesamtwirtschaft als auch den Besitz von Einzelpersonen. Denn erstens war nicht das ganze Reich betroffen, der Norden und Westen blieben relativ verschont. Zweitens betraf die Inflation nur die Münzen mit geringem Nennwert, während die großen Gold- und Silbermünzen weitgehend wertstabil blieben. Daher konnten drittens die überregionalen Geschäfte der Kaufleute auf deren Basis unbeschadet weitergeführt werden, und die Besitzer größerer

---

18 Vgl. zum objektiven Charakter von Krisen *Rudolf Vierhaus*, Zum Problem historischer Krisen, in: Karl-Georg Faber und Christian Meier (Hg.), Historische Prozesse, München 1978, S. 313–329.

19 *Paul W. Roth*, Die Kipper- und Wipper-Zeit in den Habsburgischen Ländern, 1620 bis 1623, in: Eckart Schremmer (Hg.), Geld und Währung vom 16. Jahrhundert bis zur Gegenwart, Stuttgart 1993, S. 84–103, hier S. 91–95.

Geldvermögen, gemeinhin die Hauptleidtragenden von Inflationen, blieben von großen Verlusten verschont. Es handelte sich bei der Kipper- und Wipperinflation um eine Spekulationsinflation, nach deren Zusammenbruch »eine vergleichsweise einfache Rückkehr zum monetären status quo ante möglich« war.[20] Gleichwohl darf diese Relativierung der längerfristigen Folgen nicht den Blick auf die kurzfristigen Wirkungen im Alltag und die damit einhergehende zeitgenössische Wahrnehmung verstellen. Entscheidend ist dabei die Neuartigkeit des Phänomens der galoppierenden Inflation. Nährte sie anfangs noch die Illusion des schnellen Reichtums, wurde sie schon bald als Zusammenbruch einer jahrhundertelang bestehenden Ordnung bewertet. Diese von den Zeitgenossen immer wieder hervorgehobene Neuartigkeit und Geschwindigkeit des Geschehens, aber auch seine Unverständlichkeit, die immer wieder hinter den Schuldzuweisungen an die Kipper und Wipper zum Vorschein kommt, zeigen, wie sehr die Inflation mit einem allgemeinen Orientierungsverlust einherging.

Begrifflich wurde der Verlust der hergebrachten Währungsordnung nicht einheitlich gefasst. Bekanntlich wurde ›Krise‹ im 17. Jahrhundert noch nicht verwendet. In den 1620er Jahren findet sich auch kein äquivalenter Begriff, der das Geschehen in abstrakter Form bezeichnen würde. Stattdessen setzte sich die Wortschöpfung der ›Kipper und Wipper‹ für die sichtbaren Akteure der Münzverschlechterung durch, aus der Gustav Freytag dann den Terminus der ›Kipper- und Wipperzeit‹ generierte. Die Kipper und Wipper leiten sich vermutlich von der Münzwaage ab, mit der Geldhändler die hochwertigen Münzen aussortierten.[21] Der ursprünglich niederdeutsche Begriff trat um 1620 auf und verbreitete sich in kürzester Zeit im ganzen Reich.[22] Zunächst fügten die Autoren noch Worterklärungen an, was bald nicht mehr notwendig war, obwohl die Herkunft und ursprüngliche Bedeutung den meisten Menschen ebenso unklar war wie dem Juristen Benjamin Leuber, der 1623 schrieb: »heute nennet man sie (ich weis nicht woher oder warumb) Kipper und Wipper«.[23] Zeitgenössisch benannte man also nicht die Inflationszeit selbst, sondern die handelnden Subjekte. Das ist nicht erstaunlich, wurden die Ursachen der Geldentwertung doch ausschließlich im persönlichen Handeln Einzelner festgemacht und die Inflation damit personalisiert.[24]

Trotz des Fehlens einer einheitlichen Benennung der Vorgänge findet man eine Vielzahl von Begriffen und Beschreibungen, die ihre Gefährlichkeit erkennbar machen. So ist schon in den Titeln der Flugschriften von »eusserstem

---

20 *Rosseaux*, Kipper (Anm. 10), S. 71.
21 Zur Etymologie *Redlich*, Inflation (Anm. 10), S. 17–21.
22 Vgl. zum Gebrauch in den österreichischen Erblanden *Roth*, Die Kipper- und Wipper-Zeit (Anm. 19), S. 84.
23 *Benjamin Leuber*, Ein kurtzer Tractat Von der Müntze, Teil I, Jena 1623, S. 90.
24 *Rosseaux*, Kipper (Anm. 10), S. 285.

Verderb der gantzen deutschen Nation«[25], von »unerträglichem Geltauffsteigen«[26], der großen »Welt- und Geltsorge«[27] und dem »hochgefährliche[n] Zustand [...] der gantzen wehrten Christenheit« die Rede. Diese Klagen kulminieren im pleonastischen Seufzer über die Inflation als dem »hochschädliche[n] Weltschad«.[28] Solche Beschreibungen des Phänomens und seiner Folgen verdeutlichen zwar die Problematik, sie beinhalten jedoch keine Sinngebung des Geschehens. Eine solche bot um 1620 das Bild vom Ende der Zeiten, das manche Theologen bemühten. Unter den Autoren von Flugschriften zur Kipper- und Wipperzeit stellten protestantische Pfarrer mit 21 von 44 namentlich feststellbaren Autoren die mit Abstand größte Gruppe.[29] Die Theologische Fakultät der Universität Jena begann ihr langes Gutachten mit der Erkenntnis, »daß vns (leider) dieselben letzten vnd betrübten Zeiten ergriffen / von welchen vnser einiger Heyland [...] vor lengst zuvor verkündiget haben / daß es allerdings verkehret / verwirret / jämmer: vnd erbärmlich in denselben werde zugehen«.[30] Auch Nicht-Theologen meinten, man müsse die Inflation »für einen gewissen Vorboten des Jüngsten tages / vnd rechtmessige Straff vnserer vielfeltig begangnen Sünden halten vnd deuten«.[31] Diese straftheologische Deutung stellt die häufigste Form der Erklärung dar. Sie ist aus der frühneuzeitlichen Deutung von Naturkatastrophen bekannt[32] und kam auch ohne den Rekurs auf das Jüngste Gericht aus. Dass die Inflation eine Strafe Gottes darstellte, war unstrittig. Da sie – anders als Naturkatastrophen – zweifellos auf die konkrete Handlung von Menschen zurückzuführen war, blieb die Frage, wie Gott diese Bestrafung bewerkstelligte. Hier bot sich der Teufel als Agent an, der sowohl aus eigenem Antrieb als auch auf Befehl Gottes handeln konnte, um die Menschen zu bestrafen. Diese Deutung ließ sich hervorragend mit der Personalisierung der Inflation in der Gestalt der Kipper und Wipper verbinden, die vom Teufel instruiert und angeleitet wurden. Der Teufel hatte demnach »zum verderb Röm.

---

25 *Andreas Lampe*, De Ultimo Diaboli foetu [...], Leipzig 1621.
26 Colloquium novum Monetarum, o.O. 1621.
27 *Konrad Dieterich*, Welt- vnd Geltsorge [...], Ulm 1621.
28 Mysterium: Mysteriorum Mundanorum, o.O. 1620.
29 *Rosseaux*, Kipper (Anm. 10), S. 121.
30 Die Jenaer Theologen relativieren diese Aussage allerdings am Ende ihres langen Gutachtens, wo sie gerade die Chiliasten attackieren und letztlich eine weltliche Lösung fordern. Von dem hochsträfflichen Müntzvnwesen [...] Rahtsames / Schrifftmässiges / außführliches Bedencken. [...] Durch die WolEhrwürdige Theologische Facultet zu Jena gestellet, Jena 1622, S. 1.
31 *Theophilus Gleichrecht* [i. e. *Henning Kniephoff*], Consultatio Juridica [...], Erfurt 1623, S. 4.
32 *Christian Rohr*, Extreme Naturereignisse im Ostalpenraum. Naturerfahrung im Spätmittelalter und am Beginn der Neuzeit, Köln u. a. 2007, S. 63; *Marie Luisa Allemeyer*, Profane Hazard or Divine Judgement? Coping with Urban Fire in the 17th Century, in: Historical Social Research 32 (2007), S. 145–168.

Reichs solche Müntz Stratagema erdacht«[33] und ließ diese von seiner »letzten Bruth und Frucht [...], den Kippern und Wippern«[34] ausführen.

Die Erklärungen versuchten auf diese Weise, den Ereignissen einen Sinn zuzuschreiben, Schuldige zu identifizieren und einen Ausweg aus der Krise zu weisen, der durch eine Kombination von moralischer Besserung und wiederhergestellter obrigkeitlicher Aufsicht über das Münzwesen zu erreichen sei.[35] Trotz dieser Rationalisierung des Geschehens, die zumindest aus Sicht der theologischen Autoren mentale Sicherheit stiften sollte, schimmert in vielen Flugschriften eine besondere Beunruhigung über die Inflationsdynamik durch. Als beängstigend erwies sich zunächst die Neuartigkeit der Inflation. Sie besaß offensichtlich eine andere Struktur als die gewöhnlichen Teuerungen infolge schlechter Ernten oder Kriege, obgleich sie in den Texten immer *auch* mit diesem Begriff benannt wird. Es handelte sich aber nicht um eine der wiederkehrenden Teuerungen oder um eine bloße Fortschreibung der langsamen Inflation des langen 16. Jahrhunderts, sondern um eine »vnerhörte Verkehrung vnnd Vnordnung« des Münzwesens.[36] Dazu kam ein spezifischer psychologischer Aspekt der Hyperinflation, der nicht nur für sich neuartig war, sondern auch auf die mangelnde Gewöhnung an Geldwertschwankungen verweist. Es handelt sich um den radikalen Umschlag von einer gefühlten Bereicherung zu Beginn der Inflation zur totalen Verarmung in ihrem weiteren Verlauf. Da der Besitzer eines Talers mehr Kreuzer als zuvor üblich dafür erhielt, tauschte er ihn ein und fühlte sich reicher als zuvor, weshalb die Menschen »diesen vnerhörten modum acqvirendi«[37] für nützlich hielten. Dem Erfurter Juristen Henning Kniephoff zufolge sind alle Stände diesen »wahnwitzigen Einbildungen« gefolgt: »Wer wird leugnen können / daß nicht angenehm gewesen sey / die Rent- vnd Cämmereyen / nicht allein durch das auffwachsen der Müntz an ihrer Bahrschafft der Zahl der fl. nach bereichert zu sehen: sondern noch viel mehr durch die zu hauffen weise gepregete newe Müntz / sothanen vberschwenglichen Gewin einzufangen? Wer wird leugnen können / daß nicht angenehm gewesen sey / Christlich frommen vnd Gottesfürchtigen Leuten / daß ihr gesamblter Vorrath ohn einiges ihr zuthun vnd gehabte Mühe / gleich im Schlaff / auß vermuthetem Göttlichem Segen sich also hoch vermehret? [...] Vnd wird in gemein niemandt leugnen / daß angenehm gewesen sey auch dem gemeinem Pöbel an ihrem Mahlschatz / Pathengelde / vnd anderem ihrem Noth-Pfennige / sich reicher zu

---

33 *Kniephoff*, Consultatio (Anm. 31), S. 3.
34 *Lampe*, De Ultimo (Anm. 25), Titel.
35 Die Kritik an den Obrigkeiten und ihrer Mitschuld fällt insgesamt sehr zurückhaltend aus. Rosseaux konnte nur drei Werke identifizieren, in denen die jeweilige Obrigkeit für die Ereignisse mitverantwortlich gemacht wird; *Rosseaux*, Kipper (Anm. 10), S. 286.
36 Von dem hochsträfflichen Müntzvnwesen (Anm. 30), S. 2.
37 *Kniephoff*, Consultatio (Anm. 31), S. 4.

befinden?«.³⁸ Das Urteilsvermögen der Menschen sei getrübt worden, in »solcher schleunigen vnnd vngewöhnlichen verenderung der Zeit«.³⁹

Diese Aussage enthält bereits den zweiten verstörenden Aspekt der Inflation, ihre ungeheuere Geschwindigkeit. In einer der satirischen Schriften beraten die Götter auf dem Parnass, wie der »geschwinden Thewrung« abzuhelfen sei.⁴⁰ Das Adjektiv ›geschwind‹ stellt keine wertfreie Beschreibung des Tempos der Geldentwertung dar, vielmehr besitzt es eine inhärent negative Bedeutung und lässt sich in manchen Verwendungen dem Begriffsfeld ›betrügerisch‹ zuordnen.⁴¹ Die *Wolmeinende Warnung Vor Tumult und Auffruhr* warnte davor, dass der Pöbel bei weiterer Untätigkeit der Obrigkeiten zum allgemeinen Aufstand bewogen werde »unnd also der thewren und geschwinden Zeit remedirte«.⁴² Im christlich-moralischen Kontext wurde Geschwindigkeit als Gegensatz zur hergebrachten Tugend behandelt und in ähnlicher Weise wie die unchristliche Staatsräson und politische Prudentia kritisiert. »Finantz vnd Wucher«, Münzbetrug und falsche Gewichte seien »heut zu tag so gemein; daß mans vor ken Sünde mehr helt / sondern es muß nur Klugheit / Weltweißheit / Geschwindigkeit heissen«, schimpfte eine Münzflugschrift.⁴³

Der dritte beängstigende Aspekt neben der Neuartigkeit und der Geschwindigkeit ist schließlich die Unverständlichkeit des Geschehens. Eine der frühesten Flugschriften zum Thema trägt den Titel *Mysterium: Mysteriorum Mundanorum. Das ist: Ein Welt- und Geldtgeheimnuß*.⁴⁴ Interessant ist bei diesem anonymen Traktat von 1620, dass der Begriff der Kipper und Wipper hier noch nicht vorkommt. Wie erwähnt, verbreitete sich der zuvor unbekannte Begriff ab 1620 mit ähnlich rasender Geschwindigkeit wie die Inflation selbst und bezeichnete jene Menschen, die durch Stadt und Land zogen, noch vorhandene gute Münzen einkauften und diese zu offiziellen oder inoffiziellen Münzstätten brachten, wo sie eingeschmolzen und mit geringerem Metallgehalt wieder ausgemünzt wurden. Der Autor des *Mysterium Mysteriorum* hatte noch keine Anschauung dieses Zyklus. Das Fehlen der Kipper und Wipper als sichtbare und an die Leser problemlos vermittelbare Schuldige erschwerte die Ursachenforschung in einer Zeit, in der die Inflation selbst schon an Fahrt aufgenommen hatte. Freilich

---

38 Ebd., S. 3 f.
39 Ebd., S. 4. Bei Kniephoff ist der Teufel für die Verwirrung sowohl des Geldes als auch der Sinne verantwortlich. Seine Darstellung bietet dabei ein plausibles Bild von Menschen, die keine Inflationserwartungen in ihre ökonomischen Entscheidungen einfließen lassen.
40 *Christian Friedrich* (Pseud.), Colloquium vnd Iudicium der Götter [...], o.O. 1622, Titel.
41 Vgl. die Stellen aus Luther und Goldast, in: Art. »geschwind«, in: Deutsches Wörterbuch von Jacob Grimm und Wilhelm Grimm, Bd. 5, Sp. 3994–3998, hier Sp. 3997.
42 *Johann Weinreich*, Wolmeinende Warnung Vor Tumult und Auffruhr, Erfurt 1622, S. 2.
43 Mysterium (Anm. 28), S. 18.
44 Ebd. In Rosseaux's Aufstellung handelt es sich um die erste Flugschrift zur Inflation und die einzige von 1620; *Rosseaux*, Kipper (Anm. 10), S. 456.

präsentierte auch dieser Autor die »Weltdiebe / getauffte vnd vngetauffte Juden«[45] als die Profiteure, gleichwohl zählte er eine Vielzahl theologischer und politischer Ursachen auf, die zur Erklärung beitragen sollten, letztlich aber verwirrend wirken und das »Mysterium« umso größer erscheinen lassen.

Auch nach der ›Erfindung‹ der Kipper und Wipper, die die Komplexität des Geschehens auf ein verstehbares Maß reduzierte, finden sich Elemente der Unergründlichkeit, die zumeist religiös gedeutet wurden. So führt die von Gott zur Strafe gesandte und vom Satan geführte Armee der Wucherer eben nicht nur zur »Verwüstung«, sondern auch zur »Verwürrung« Deutschlands.[46] Die Verwirrung manifestiert sich in den *Paradoxa Monetaria*, einer anonym publizierten satirischen Sammlung von vierzig »seltzame[n] vngewohnliche[n] / jedoch in sich wahrhaffte[n] Schlußreden« über das Wesen und die Folgen des zerrütteten Münzwesens. Die Sprüche sollten deutlich machen, wie die Welt in karnevalesker Manier, aber ganz ohne Spaß, auf den Kopf gestellt war. Dazu gehörte die Umkehrung der Rollen, wenn etwa die Kramer besser als die Juristen »inter bonitatem intrinsecam & extrinsecam« der Münzen unterscheiden könnten oder wenn es nun den Geldhändlern und nicht den Fürsten zukomme, »Land und Leute zu schätzen«.[47] Überhaupt geben die Fürsten viel Stoff für die Paradoxien der Inflation: Sie verteidigen ihr Land gegen fremde Soldaten, aber dulden – obgleich fromme Fürsten –, dass eben dieses Land durch die Inflation verdorben wird. Für den normalen Bürger gilt die erste Paradoxie des Werkes: »Das heutiges tages Ehrliche leute / wenn sie schon nicht zu Schelmen werden wollen / nothwendig müssen Schelmen sein / denn wer nicht wechselt / muß panckrottieren«.[48]

Auch wenn man grundsätzlich die Schuld des Teufels beziehungsweise den unergründlichen Plan Gottes verantwortlich machte, blieb die Unbegreiflichkeit der innerweltlichen Funktionsweise ihrer Interventionen bestehen: »Was heimlichen Diebstals ein jeglicher Haußvater in seinem Beutel / Kasten / Kellern vnd Bodem / nach dieser Oerther gewöhnlichen Rechnungen an dem Gulden gehabt / ist grösser denn es Menschliche Zungen außsprechen / oder die Vernunfft begreiffen vnd ergründen künte. In deme vnser durch Gottes segen erlangtes Gut vnd Reichthumb theils verschwunden / evanesciret vnd in Wind geflogen: also daß wir solches weder verwahrloset oder verzehret / noch durch falliment oder Diebstal verlohren haben«.[49] Die Verluste an Gut und Geld entstanden nicht auf herkömmlichem Weg, nicht einmal auf einem nachvollzieh-

---

45 Mysterium (Anm. 28), S. 20.
46 *Georg Zaemann*, Geitz vnd Wucher Armee [...], Kempten 1622.
47 Paradoxa Monetaria, o.O. 1622, S. 5.
48 Ebd., S. 3.
49 *Kniephoff*, Consultatio (Anm. 31), S. 1.

baren Weg. Stattdessen waren sie die Folge von Wirkungen eines opaken Geldsystems, das dem menschlichen Verständnis unzugänglich war.

Fassen wir die drei genannten Merkmale der Schriften der Kipper- und Wipperzeit zusammen, enthalten sie einige der zuvor genannten Kriterien einer Krisendeutung, während andere offenkundig fehlen. Zentrale Aspekte sind sicherlich die Plötzlichkeit und Außergewöhnlichkeit des Geschehens, die sich auch darin zeigen, dass keine geeignete Bezeichnung dafür existiert. Der Unterschied zu früheren Teuerungen ist so evident, dass das Wort ›Teuerung‹ nie an zentraler Stelle für die Hyperinflation verwendet wird. Stattdessen dominieren die allgemeinen Begriffe ›Unordnung‹, ›Confusion‹ und ›Zerrüttung‹. Angesichts der Neuartigkeit und Geschwindigkeit des Geschehens bestehen keine stabilen Erwartungen im Hinblick auf die Überwindung des jämmerlichen Zustands. Schließlich drängte sich den Zeitgenossen der Eindruck der unkontrollierbaren Beschleunigung der Geschichte auf, die die alten Sicherheiten wie in einem Rausch vernichtete.

Auf der anderen Seite fallen im Vergleich mit der Krisenbegrifflichkeit des 18. Jahrhunderts bestimmte Leerstellen auf. Zunächst ist hier die geringe Verwendung von Körper- und medizinischen Metaphern zu nennen, die in der zweiten Kipperzeit prägend sein werden. Zwar meinen die Theologen der Universität Jena, dass es »nunmehr mit der Welt auffs höchste Alter / vnd auff die todte Neige kommen« sei, doch wollen sie auf diese Weise nur den herrschenden Geiz erklären, der typisch für alte Menschen sei.[50] Immerhin widmen sie das letzte Kapitel ihrer langen Schrift der Frage, »wie doch solcher Kranckheit zu remediren«.[51] Ansonsten findet man eine medizinische Metapher an zentraler Stelle lediglich bei Zacharias Geizkofler, mithin nicht dem typischen Autor der Kipper- und Wipperzeit. Das 1621 postum gedruckte Gutachten des Reichspfennigmeisters war bereits 1607 entstanden. Er versuchte die Ursachen der für den Experten schon damals offensichtlichen Schieflage des Währungssystems festzustellen, »damit / wann die Kranckheit erst erkennet / die remedia vmb so viel leichter gefunden werden können.«[52] Geizkofler betonte, die Lösung werde keineswegs ohne »Beschwerden vnnd Vngelegenhaiten« sein, denn es sei bekannt, dass »desperati morbi cauteriata remedia erfordern.«[53]

Das Fehlen dieser Metaphorik ist dabei kein zufälliges oder rein sprachliches Phänomen. Vielmehr deutet es auf die geringe Rolle der anstehenden direkt politischen oder abstrakt historischen Entscheidung in den Kipperschriften hin.

---

50 Von dem hochsträfflichen Müntzvnwesen (Anm. 30), S. 3.
51 Ebd., S. 74.
52 *Zacharias Geizkofler*, Außführliches/ in den ReichsConstitutionibus, und sonsten in der Experientz Wolgegründtes Fundamental Bedencken über das eingerißne höchstschädliche Müntz Unwesen, o.O. 1622, S. 5.
53 Ebd., S. 24.

Dieses Phänomen hat Ulrich Rosseaux bereits mit seiner Titulierung des Großteils der Traktate als »Schmäh- und Jammerschriften« deutlich gemacht. Erstaunlich ist dabei nicht, dass hier keine konkreten Lösungsvorschläge unterbreitet oder diskutiert wurden, sondern welch geringe Rolle die bloße Notwendigkeit zu handeln in diesen Texten spielt. Obwohl die Obrigkeiten im Reich exakt mit diesem Entscheidungsgebot konfrontiert waren und sich letztlich auch der Situation gewachsen zeigten, wurde diese Frage nur in Einzelfällen thematisiert. Das dezisionistische Element und damit die mentale Erschließung der Zukunft, das häufig als konstitutiv für eine Krisenwahrnehmung angesehen wird, sind in den Kipperschriften nur schwach ausgebildet.[54]

Könnte man die Wahrnehmung der Kipperzeit anders fassen? Als alternative Modelle bieten sich die Deutung als Niedergang oder als Katastrophe an. Erstere scheidet für unseren Zusammenhang aus. In fast allen Texten wurde die lange Vorgeschichte der Inflation ausgeblendet, die durchaus als Niedergangsgeschichte hätte gedeutet werden können. Stattdessen kam die Krise aus heiterem Himmel und zerstörte die eben noch herrschende gute Ordnung. In dieser Hinsicht deutet sich eine Affinität zum zeitgenössischen Verständnis von (Natur-)Katastrophen an. Schon bei der Straftheologie als wichtigstem Element der Sinngebung der Inflation ist diese Analogie sichtbar geworden. Christian Rohr definiert sieben Kriterien, von denen zumindest drei bis vier erfüllt sein sollten, um von einer Katastrophenwahrnehmung der Zeitgenossen sprechen zu können.[55] Einige dieser Merkmale sind in den Kipperschriften deutlich zu erkennen: die Unerwartetheit des Geschehens, die direkte oder indirekte Betroffenheit, das Fehlen von Erklärungsmustern sowie der über den materiellen Schaden hinausgehende Symbolgehalt der Begebenheit, der angesichts der engen symbolischen Verflechtung von guter Münze und guter Ordnung im politischen Denken der Frühen Neuzeit evident ist. Die Grenzen zwischen Krisen- und Katastrophenwahrnehmung sind freilich fließend. Zwei von Rohrs Kriterien weisen über das Einzelereignis hinaus beziehungsweise betten es in einen größeren Kontext ein: die »Häufung schwerer Naturereignisse in kurzer Zeit« sowie eine ohnehin schon herrschende »allgemeine Krisenstimmung«, die »die Sensibilität der Menschen für die Zeichen der Natur bzw. Gottes« erhöhte.[56] Demnach führt eine Krisenstimmung zu einer veränderten und weitergehenden Deutung einzelner Katastrophen, während die Häufung von Katastrophen wiederum eine Krisenstimmung hervorruft – eine zirkuläre Argumentation, die

---

54 *Koselleck*, Art. »Krise« (Anm. 1), S. 626.
55 *Rohr*, Naturereignisse (Anm. 32), S. 55–62.
56 Ebd., S. 61. Das in der obigen Aufzählung fehlende Kriterium ist der Mangel an Hilfskräften, der ein spezifisches Phänomen von Naturkatastrophen ist.

eine Unterscheidung von Katastrophen- und Krisenwahrnehmung schwer macht.

Nun war die Inflation offenkundig kein natürliches, sondern ein anthropogenes Ereignis. Sie wurde auch nur ausgesprochen selten metaphorisch mit Naturereignissen verbunden, einmal sprechen die Jenaer Theologen von der eingerissenen »Flut«.[57] Die notwendige Existenz aktiv handelnder Menschen als Auslöser war den Zeitgenossen vollkommen bewusst. Sie stellte in gewisser Hinsicht die Hauptschwierigkeit der Deutung dar, da eine Transmission von Gottes Zorn über das Wirken des Teufels und der von ihm abhängigen Kipper und Wipper auf die Gesamtgesellschaft konstruiert werden musste. Erst durch die Verbreitung der semantischen Option der Kipper und Wipper wurde die irdische Schuld zurechenbar und Gottes Wirkmechanismus verständlich. So erklärt sich, dass die Verwirrung und das Unverständnis in den frühen Schriften um 1620 größer sind als auf dem Höhepunkt der Inflation drei Jahre später. Die politische und ökonomische Katastrophe bedarf also direkt handelnder innerweltlicher Täter. Unterscheiden sich diese von Auslösern von Naturereignissen, also beispielsweise von Hexen, die einen Hagelsturm hervorrufen? In den Kipperschriften selbst findet man erstaunlicherweise kaum Andeutungen auf eine Art Schadenszauber der Kipper und Wipper. Vielmehr handeln diese in relativer Öffentlichkeit, selbst wenn ihre Schmelzöfen an geheimen Stellen im Wald stehen. Der Hauptimpetus der Schriften liegt daher auch nicht in der selbstverständlich omnipräsenten Forderung nach Dingfestmachung und Bestrafung der Kipper und Wipper. Stattdessen erachten es die Autoren in deutlicher Erkenntnis der Situation für nötig, den Kippern und Wippern die Möglichkeiten für ihr Tun zu entziehen. Wenn diese keine Münzen mehr zum Einschmelzen in den Wald tragen, können sie dort auch keinen Schaden mehr anrichten, denn zaubern können sie im Gegensatz zu Hexen nicht.

Insofern existiert in den Kipperschriften doch eine politische Handlungsoption beziehungsweise die klare Aufforderung an die Obrigkeit, Maßnahmen zu ergreifen. Dies hängt auch mit der Dauer des Geschehens zusammen, das sich trotz aller beklagten Geschwindigkeit über Jahre hinzog und damit von einer kurzfristigen Naturkatastrophe unterschied. Selbstverständlich verlangt diese im Nachhinein politische Aktivität zur Schadensbegrenzung und -behebung, das ursprüngliche Naturereignis selbst stellt jedoch keinen Dauerzustand dar. Selbst wenn es wie eine Flut einige Zeit anhalten kann, ist offensichtlich, dass es nicht in der Gewalt der Obrigkeit liegt, das Abfließen des Wassers zu beschleunigen. Demzufolge besteht durchaus ein Unterschied zwischen der Wahrnehmung einer – derivativ von Gottes Zorn – menschlich hervorgerufenen und dauerhaften Katastrophe und einem Naturereignis. Die entscheidende

---

57 Von dem hochsträfflichen Müntzvnwesen (Anm. 30), S. 2.

Differenz bildet die Forderung nach politischen Maßnahmen zur Beendigung, nicht nach nachträglicher Linderung des Problems. Diese Erkenntnis steht nun im Widerspruch zur vorigen Beobachtung, dass in den Kipperschriften das dezisionistische Element und die Erschließung einer anderen Zukunft und somit zentrale Bestandteile der Koselleckschen Krisendefinition weitgehend fehlen.

Der Gegensatz von mangelnder Thematisierung der Entscheidungssituation auf der einen und Forderung nach aktiver politischer Lösung des Problems auf der anderen Seite liegt im ausgesprochen vagen Charakter der Handlungsaufforderung an die Obrigkeiten begründet. In den Kipperschriften werden kaum konkrete Vorgehensweisen vorgeschlagen, geschweige denn alternative Lösungsstrategien debattiert. Stattdessen dominiert ein meist impliziter Appell an die Obrigkeiten, das Problem aus der Welt zu schaffen. Damit ist keine politische Richtungsentscheidung gemeint, sondern gemeinhin einfach die Rückkehr zum guten alten Zustand durch Einhaltung und Durchsetzung der gültigen Gesetze. In einer der seltenen expliziten Erläuterungen darüber, »wie diesem eingerissenen Vnheil vorzukommen« sei, erklärten die Jenaer Theologen, »daß ein jeder seines Ampts vnd seiner schuldigen Pflicht sich erinnere / vnd was er / vermöge seines Beruffs / diesem Vnheil zu wehren thun kann / mit höchstem vleiß vnd ernst verrichte. Lehrer vnd Prediger sollen bey der Obrigkeit vnablässig anhalten / daß sie den grossen Schaden vnd Landeßverderben / so aus dem Müntzwesen herkommen / ihnen lassen zu Hertzen sincken / vnd auff abwendung solchs Vnheils ernstlich bedacht seyn«. Dazu müssten sie das Kippen und Wippen, den Vorkauf und die mutwillige Teuerung verbieten und sich mit den übrigen Reichsständen »einmütige zusammen setzen / vnd rahtschlagen / wie doch die eingerissene Vnordnung ehests Tages abgeschafft werden könne«.[58] Noch dezidierter äußert sich der Magdeburger Pastor Christian Gilbert de Spaignart, der forderte, die »Obrigkeit soll ihres Ampts Hoheit besser in acht nehmen / als bisher von etlichen geschehen«.[59] Ohne den seltenen kritischen Ton gegenüber der Obrigkeit beinhalten auch die ›Schmäh- und Jammerschriften‹ im Prinzip die gleiche Aufforderung, also die irgendwie – der Weg ist Sache der Obrigkeiten – zu bewerkstelligende Wiederherstellung der guten Ordnung.

Der entscheidende Unterschied zum neuzeitlichen Krisenbegriff liegt also darin, dass trotz des erlebten rapiden Wandels kein Bruch mit der Vergangenheit und keine Entwertung der Erfahrungen konstatiert werden. Die notwendige Lösung liegt in einer unspezifischen Rückkehr zum hergebrachten Muster. Die einzige Alternative zu dieser Wiederherstellung sind die endzeitlichen Vorstel-

---

58 Von dem hochsträfflichen Müntzvnwesen (Anm. 30), S. 77.
59 *Christian Gilbert de Spaignart*, Die Ander Theologische MüntzFrage / Was Evangelische Christfromme Obrigkeiten / bey jetzigem entstandenem bösen Müntzen / in acht nehmen sollen / damit sie / so viel müglich / ihres Gewissens pflegen können, Erfurt 1622, S. 3.

lungen jener Autoren, die meinten, »es könne der Sachen am besten gerathen werden per Chiliastici regni expectationem«.[60]

Bei der Publizistik zur Kipper- und Wipperzeit handelt es sich somit nicht um den modernen Krisendiskurs, der alternative Handlungsmöglichkeiten und eine aktiv zu prägende Zukunft einschließt. Von der Wahrnehmung der Naturkatastrophen unterscheidet sich dieser Diskurs allerdings ebenfalls, insbesondere durch die Dauer des Geschehens und die direkte Schuld einer größeren Gruppe von Menschen. Diese machen ein direktes politisches Eingreifen erforderlich, das jedoch anhand hergebrachter Handlungsmuster erfolgen kann. Zwischen der Deutung von Krise und Naturkatastrophe liegt offenbar noch das Feld der anthropogenen Katastrophen, deren Verarbeitung und spezifische semantische Konnotationen bisher kaum erforscht sind.[61]

Die tatsächliche Behebung der Kipper- und Wipperinflation gelang erstaunlich reibungslos, auch wenn manche Zivilprozesse um Darlehen und Verträge aus der Inflationszeit noch Jahrzehnte lang geführt wurden.[62] Die während jener Jahre entwickelte Deutung blieb dennoch wirkmächtig. Denn trotz aller übrigen Schrecken des Dreißigjährigen Krieges behielt die Inflation ihren Platz im kulturellen Gedächtnis als ein unerhörter und nie zu wiederholender Zusammenbruch der guten Ordnung und Policey. Zwischen diesen beiden Polen – dem Schreckensszenario auf der einen, der Lösbarkeit des Problems auf der anderen Seite – oszillierte dann die Repräsentation und Deutung der Inflation der zweiten Jahrhunderthälfte, der wir uns nun zuwenden.

2. Die »Corruption« des Münzwesens

Die Kipper- und Wipperinflation endete mit der Einziehung der Masse minderwertiger Münzen und ihrer neuerlichen Ausmünzung in vollwertiger Form. Damit war zwar die Hyperinflation beendet und der Hartgeldbedarf für die folgenden Jahre gedeckt, doch die Rückkehr zur Reichsmünzordnung von 1559 perpetuierte auch deren strukturelle Probleme.[63] Zwar war der Taler nach dem

---

60 Von dem hochsträfflichen Müntzvnwesen (Anm. 30), S. 74.
61 Vgl. zur semantischen Verbindung von Natur- und anthropogenen Katastrophen seit dem 16. Jahrhundert *Gerrit Jasper Schenk*, Dis-astri. Modelli interpretativi delle calamità naturali dal Medioevo al Rinascimento, in: Michael Matheus, Gabriella Piccinni, Giuliano Pinto und Gian Maria Varanini (Hg.), Le calamità ambientali nel tardo Medioevo europeo. Realtà, percezioni, reazioni. Atti del XI convegno del Centro di Studi sulla Civiltà del Tardo Medioevo (S. Miniato 31 maggio – 2 giugno 2008), Florenz 2010, S. 23–76.
62 *Rosseaux*, Kipper (Anm. 10), S. 69.
63 Vgl. *Christmann*, Bemühen (Anm. 13), S. 90f.; *Konrad Schneider* und *Peter Krahé*, Die zweite Kipperzeit, in: dies. (Hg.), Das entlarffte böse Müntz-Wesen, Koblenz 1981, S. 15–30, hier S. 17.

sächsischen Münzfuß 1559 erstmals als Reichsmünze anerkannt worden und hatte bald die Funktion einer Leitwährung übernommen. Allerdings gelang es nicht, im gesamten Reich einheitliche Kleinmünzen zu etablieren, vielmehr rechnete man in Norddeutschland mit Groschen oder Mariengroschen und in Süddeutschland mit Kreuzern, wozu regional noch weitere Kleinmünzen kamen. Das grundsätzliche Problem war nicht gelöst. In der Reichsmünzordnung war der Feingehalt der kleinen Münzen (unterhalb des Talers) zu hoch angesetzt, so dass sich deren korrekte Ausmünzung kaum ohne Verlust für die Münzstätte vornehmen ließ. Die Münzherren schränkten daher die Produktion von Kleingeld stark ein oder sie unterschritten den festgesetzten Silbergehalt, wobei der Nominalwert selbstverständlich gleich blieb. Diese Dynamik, bei der jeder Münzherr seinen eigenen Gewinn steigern konnte, indem er den Feingehalt noch etwas senkte, hatte einen großen Anteil an der Auslösung der Kipper- und Wipperinflation. Da das korrekte Ausmünzen der Kleinmünzen jedoch ein Verlustgeschäft war, konnte man auch im weiteren Verlauf des 17. Jahrhunderts nicht erwarten, dass die Münzherren sich an die Reichsmünzordnung halten würden.

Seit der Jahrhundertmitte nahm die Herstellung von Münzen, die von der Reichsmünzordnung abwichen, erneut zu.[64] Selbst Kaiser Leopold ließ zur Finanzierung des Türkenkriegs Anfang der 1660er Jahre große Mengen an Fünfzehnkreuzerstücken prägen, deren Silbergehalt ein Fünftel niedriger lag als vorgesehen. Viele Reichsstände schlugen Münzen nach leichterem Fuß und schlossen sich teilweise zusammen, um dies in einheitlicher Form durchzusetzen, auch wenn sie sich der Übertretung des Reichsrechtes bewusst waren.[65] Auf diese Weise sollten die strukturelle Schwäche der Reichsmünzordnung behoben werden, das Land mit einer ausreichenden Anzahl von Gebrauchsmünzen versehen werden und die Münzherren daran verdienen, ohne wieder eine Abwärtsspirale auszulösen. So einigten sich etwa Kursachsen und Kurbrandenburg auf einen einheitlichen Münzfuß im Münzvergleich von Zinna (1667), den viele weitere Territorien übernahmen. Angesichts unterschiedlicher Vorstellungen, wie die Lösung aussehen sollte, kam es trotzdem zu keiner reichsweiten Einigung.[66] Die Verminderung des Silbergehalts der Münzen setzte sich fort, auch

---

64 Vgl. für die folgende Darstellung *Hans-Jürgen Gerhard*, Neue Erkenntnisse zum Münzvergleich von Zinna. Wandlungen in der Währungsstruktur des Reiches in der zweiten Hälfte des 17. Jahrhunderts, in: ders. (Hg.), Struktur und Dimension: Festschrift für Karl Heinrich Kaufhold zum 65. Geburtstag, Bd. 1, Stuttgart 1997, S. 138–172; *Friedrich von Schrötter*, Das deutsche Heckenmünzwesen im letzten Viertel des 17. Jahrhunderts, in: Deutsches Jahrbuch für Numismatik 1 (1938), S. 39–106; *Schneider* und *Krahé*, Zweite Kipperzeit (Anm. 63); *Christmann*, Bemühen (Anm. 13), S. 114–124.
65 *Gerhard*, Erkenntnisse (Anm. 64), S. 148.
66 Zu den entsprechenden Reichstagsverhandlungen *Christmann*, Bemühen (Anm. 13), S. 104–114.

weil kleinste Münzherren auf den Plan traten und Massen an minderwertigen Münzen herstellen ließen. Das befeuerte die Inflation in den 1680er und frühen 1690er Jahren, die anders als in der Kipper- und Wipperzeit auch größere Silbermünzen wie den Taler betraf.

Um die Mitte der 1690er Jahre konnte dieser Zyklus der Geldentwertung beendet werden. In weiten Teilen des Reiches setzte sich der niedrigere Leipziger Fuß durch, selbst in den zuvor skeptischen süddeutschen Kreisen Franken, Bayern und Schwaben wurde er zum Reichsmünzfuß erklärt. Die größeren Territorien gingen juristisch und mit Gewalt gegen die sogenannten Heckenmünzen in ihrer jeweiligen Nachbarschaft vor. Zusätzlich dazu ließen sie schlechte Münzen gegenstempeln, so dass sie einen neuen, dem Feingehalt entsprechenden Nominalwert erhielten. Dies machte das Münzgeschäft für die Trittbrettfahrer weniger profitabel. Damit trat zunächst eine Beruhigung des Münzwesens ein, obgleich das System wegen der Vielfalt der Münzsorten und Münzherren sowie der parallel existierenden Währungen auch im 18. Jahrhundert labil blieb. Die beiden Inflationshöhepunkte in den 1620er und den 1680er und 1690er Jahren verbinden demnach einige gemeinsame Charakteristika wie die strukturelle Unzulänglichkeit der Reichsmünzordnung und der lange inflationäre Vorlauf, der ab einem bestimmten Punkt an Tempo zulegte. Ebenso fallen die Unterschiede ins Auge: Zu keinem Zeitpunkt, auch nicht am Höhepunkt der Inflation um 1690, kam es in der zweiten Kipperzeit zu einem Zusammenbruch des Währungssystems wie nach 1621.

Die Publizistik zur zweiten Kipperzeit spiegelt deren Verlauf wider. Sie beginnt etwa um 1680, steigert sich quantitativ im Laufe des folgenden Jahrzehnts und erlebt dann in den Jahren 1690–1692 ihren Höhepunkt.[67] Sie erstreckt sich

---

67 Dies ergab eine Auswertung von Dekesels *Bibliotheca Nummaria*. Er ordnet die Kipper- und Wipperschriften einer eigenen Kategorie (Nr. 6) für religiöse und moralisierende Münzschriften zu. Diese Kategorie bildet eine deutsche Besonderheit und besteht praktisch nur aus deutschsprachigen Werken. Für das Jahrzehnt nach 1670 identifizierte er 10, nach 1680 22 und nach 1690 20 solcher Schriften. Allerdings stellt keiner der in den 1670er Jahren erschienenen Traktate wirklich eine Kipperschrift dar, so dass die im folgenden Absatz behandelten zwei Texte von 1680 als erste Äußerungen zur zweiten Kipperzeit anzusehen sind. *Christian Dekesel*, Bibliotheca Nummaria. Bibliography of 17th century numismatic books, 3 Bde., London 2003. Vgl. für die statistischen Angaben *ders.*, Die numismatischen Publikationen in Europa im 17. Jahrhundert: Ein Gesamtbild, in: ders. und Thomas Stäcker (Hg.), Europäische numismatische Literatur im 17. Jahrhundert, Wiesbaden 2005, S. 11–37. Auch vor 1680 erschienen münzkundige Traktate über die Mängel des Münzwesens (Kat. 2 oder 4 bei Dekesel), jedoch in deutlich geringerer Frequenz als ab diesem Zeitpunkt. Strukturell unterscheiden sich diese Schriften nicht wesentlich von denen der 1680er Jahre. Vgl. etwa *Johann Caspar Lentz*, Kurtz gegründte Fürstellung der bey dem Müntzweesen im Reich, sich vornemblich erzeugender Mängel, Regensburg 1665; Kurtze und einfältige Vorstellung Des ietzigen Müntz-Wesens / Und Was dabey weiter zu vermuhten / Wie auch Wie denselben Ubel abzuhelffen, Lübeck [um 1670]; Ein kurtzes und einfältiges Müntz-Gespräch, o.O. 1676.

nicht nur über einen längeren Zeitraum als die Kipper- und Wipperflugschriften, sondern sie zeigt auch eine höhere Vielfalt. Waren damals praktisch keine »geld- und wirtschaftspolitischen Schriften« publiziert worden,[68] findet man nun eine Vielzahl von mehr oder weniger elaborierten Abhandlungen, sowohl münztechnischen als auch – seltener – allgemein ökonomischen Inhalts. Diese Texte dominieren insbesondere die erste Phase der Publizistik zur kleinen Kipperzeit. Erst in den Jahren um 1690 erschienen wieder vermehrt ›Schmäh- und Jammerschriften‹, die ohne jeglichen Anspruch, das Geschehen zu analysieren oder adäquate Lösungen zu propagieren, in hyperbolischer Manier die Verderbtheit der Zeiten und das verdammenswerte Treiben der Kipper und Wipper beklagten.

Trotz dieser Vielfalt war das einheitliche, prägende Element aller Textsorten zur kleinen Kipperzeit der Rekurs auf die große Inflation sechzig Jahre zuvor. Dieser konnte in rein topischer Form auftreten, wie er auch in den Münzverhandlungen der zweiten Jahrhunderthälfte zu finden ist, wo immer wieder die Gefahr einer neuen Kipper- und Wipperzeit heraufbeschworen wurde, wenn man sich nicht zu gemeinsamem Handeln entschlösse.[69] An anderer Stelle wurde die frühere Inflation jedoch durchaus analytisch zum Verständnis der aktuellen Lage herangezogen.

Im publizistischen Bereich stellte sich die explizite Anknüpfung an die Kipper- und Wipperzeit zunächst als eine verlegerische Strategie dar. Ein unbekannter Verleger brachte 1680 zwei Schriften aus der Kipper- und Wipperzeit neu heraus, einmal als Nachdruck und einmal als Neufassung eines alten Traktats.[70] Bei dem Nachdruck handelt es sich um ein ursprünglich 1622 erschienenes Gutachten der Theologischen Fakultät der Universität Jena,[71] das nun mit einer aktuellen Vorrede versehen wurde. Demnach bestehe die berechtigte Sorge, »daß es mit dem itzigen Müntz-Unwesen von Tage zu Tage ärger werden und endlich gar so ablauffen möchte / als es vor funffzig und mehr Jahren

---

68 Rosseaux konnte für diese Kategorie nur zwei Schriften finden: 1. ein 1621 gedrucktes, aber schon 1607 entstandenes Gutachten des Reichspfennigmeisters Zacharias Geizkofler zu den Problemen der Reichsmünzordnung; 2. eine Übersetzung von Jean Bodins *La Response* [...] *au paradoxe de monsieur de Malestroit* (Paris 1568), die sich mit den Ursachen der Preisrevolution im 16. Jahrhunderts befasst; *Rosseaux*, Kipper (Anm. 10), S. 271f., 348, 353.
69 Mit diesem Argument forderten etwa die welfischen Herzöge August, Christian Ludwig und Georg Wilhelm 1656 den sächsischen Kurfürsten zur Zusammenarbeit im Münzwesen auf; *Gerhard*, Erkenntnisse (Anm. 64), S. 147.
70 Die Vermutung, dass beide Schriften, die ohne jeglichen Hinweis auf ihre Herkunft erschienen, von einem einzigen Verleger stammen, stützt sich auf die Ankündigung des baldigen Erscheinens des Traktats von Christian Billich in der Vorrede des Jenenser Gutachtens. Von dem Höchst-sträfflichen Müntz-Unwesen / Rahtsames / Schrifftmässiges / Ausführliches Bedencken, o.O. 1680, Vorrede, fol. * iiir.
71 Vgl. zu diesem Text *Rosseaux*, Kipper (Anm. 10), S. 324f. Ursprünglich: Von dem hochsträfflichen Müntzvnwesen (Anm. 30).

ergangen«. Ohne Verzug müssten die Obrigkeiten das Problem angehen, »ehe das Feuer weiter brenne / und gantz Deutschland mit aller seiner Wolfahrt verzehre und aufffresse / da es denn hernach zu spät seyn würde / auff Mittel und Wege gedencken / wie Geld und Gut zu erhalten / wenns schon weggeflogen«.[72] Als Autor des zweiten Textes trat ein Christian Billich auf, unter dessen Namen schon 1621 eine Münzschrift veröffentlicht worden war, auf die der Autor sofort zu sprechen kam. Denn schon damals habe er »christlich und billig« wider die Kipper und Wipper geschrieben, die nun abermals ihr Haupt erhoben hätten.[73] Beide Schriften versuchen unübersehbar, die Krisenstimmung der 1620er Jahre zu aktualisieren, indem die eigene Lage als Wiederkehr der damaligen Katastrophe dargestellt wird. Noch sei es zwar nicht so weit, doch ohne ein beherztes Eingreifen sei eine Eskalation bis zur vollständigen Geldentwertung nicht zu verhindern. Im Sinne eines ›Wehret den Anfängen‹ wurde die Kipper- und Wipperzeit zum zentralen Deutungsmotiv für die aktuelle »Münz-Confusion«.

Als sich das Tempo der Geldentwertung im Laufe der 1680er Jahre beschleunigte, nahmen die direkten Anleihen an die Kipper- und Wipperzeit zu. Theologische Texte aus dieser Zeit wurden nachgedruckt und mit aufrüttelnden Vorreden versehen.[74] Nun war die Situation gekommen, die christliche Autoren wie jener Christian Billich schon 1680 vorhergesagt hatten. Der Theologe Enoch Zobel lamentierte in einer Vorrede zur Neuauflage von Andreas Lampes *De ultimo Diaboli foetu*, wie »die bißhero etliche Jahr lang heimlich bereitete / unverantwortlich geschmiedete / von Christlich-vernünfftigen besorgte / und im Vorrath beseufftzete / aber von vielen unchristlichen und unbedachtsamen Leuten nicht vermerckte noch behertzigte Noth / Elend und Schade des schändlich-verderbten Müntz-Wesens / zum Schrecken und jämmerlicher Bestürtzung des gantzen Landes / endlich ausbrach«.[75]

Dieses Ausbrechen gab auch die Gelegenheit, an die überlieferten Schmähschriften anzuknüpfen. Texte wie der *Zuruff Des Höllischen Fürstens Lucifers*,[76] der sich mit lobenden Worten an seine Gefolgsleute, die Kipper und Wipper, wandte, ähneln in Stil und Inhalt der Masse der Schriften aus den frühen 1620er

---

72 Müntz-Unwesen (Anm. 70), Vorrede, fol. * iiir.
73 *Christian Billich*, Müntz-Memorial oder Unbetrüglicher Vorschlag von dem rechten Principal- und Hauptstück, dadurch dem heutigen Müntz-Unwesen und denen dran hangenden vielen großen Greueln eiligst zu remediren, o.O. 1680, S. 2. Vgl. *Christian Billich*, Unvorgreiffliches Bedencken Wie man dem Müntz-Wesen abhelffen / unnd eine Wohlfeihle Zeit wiederumb zu wegen bringen könne, o.O. 1621.
74 Siehe etwa: Der Wipper und Kipper Spiegel, o.O. 1688. Zuerst erschienen in *Georg Rost*, Dreyfacher theologischer Spiegel, Rostock 1623.
75 *Andreas Lampe*, De ultimo Diaboli foetu, [...] Jetzo auffs neue gedruckt / und mit einer Vorrede M. Enoch Zobels, Leipzig 1692, fol.):(iir. Die ursprüngliche Ausgabe stammte von 1621: *Lampe*, De ultimo (Anm. 25).
76 Zuruff Des Höllischen Fürstens Lucifers, o.O. 1689.

Jahren.[77] Eine eindeutige Kopie eines Verkaufsschlagers der Kipperzeit war auch *Endymions Erneuerte Relation aus dem Parnasso* von 1690.[78] Damals waren mehrere solcher an Traiano Boccalini angelehnte Satiren erschienen, in denen die Götter auf dem Parnass über das deutsche Münzwesen debattierten.[79] Auch der sächsische Jurist Christian Leonhard Leucht hat das Verkaufspotenzial von Kipper- und Wipperschriften ausgenutzt. Im Jahr 1688 publizierte er in Leipzig mehrere Traktate über die Kipper und Wipper, zunächst unter dem Pseudonym des Aretophilus, dann aber als Anton Fabricius, der latinisierten Form jenes Pseudonyms, unter dem er später als Herausgeber der *Europäischen Staats-Cantzley* berühmt werden sollte.[80] Seine *Kippe die Wippe, nach der jetzigen Mode* knüpfte in deutlicher Manier an die Kipper- und Wipperzeit an, auch wenn sich der Inhalt als recht harmloses Münzgespräch herausstellt, gerade verglichen mit dem derben Humor der Originalschriften.[81] Dieser erste Versuch war offenkundig sehr erfolgreich, denn noch im gleichen Jahr legte er als *Anhang von Kippe die Wippe* deutlich aggressivere »warhaffte Historien« von Juden und anderen Münzfälschern vor, die angesichts ihrer mangelnden Struktur und Kohärenz wohl in größter Eile verfasst oder versammelt wurden, um die Konjunktur nicht zu verpassen.[82] Eine verbesserte Version des ursprünglichen Textes publizierte Leucht dann unter dem Namen Fabricius und mit ausführlichen Widmungen an die Obrigkeit und die Kaufmannschaft von Leipzig. Darin entschuldigte er sich beim nun anvisierten gebildeten Publikum und den angesprochenen Würdenträgern für seine ursprünglich reißerische Titelwahl und rechtfertigte sie mit der Notwendigkeit, die Aufmerksamkeit des Publikums auf das Problem zu lenken: »So tumm und lächerlich / ich will nicht sagen liederlich / Anfangs der Titul dieses Werckleins gewesen / so guten Nutzen schaffet es der Warheit und sichere relation zu folge.« Denn »es hat jemand müssen der Katze die Schelle anhängen«.[83]

---

77 Vgl. auch *Filargirius*, Das entlarffte böse Müntzwesen, oder vielmehr das heut zu Tage im schwang gehende schänd- und schädliche Kippen und Wippen, o.O. 1690.
78 Endymions Erneuerte Relation aus dem Parnasso, von Kippern und Wippern, und ihren Bunds-Genossen, Köln [fingiert] 1690.
79 Vgl. *Rosseaux*, Kipper (Anm. 10), S. 317–322. Boccalinis *Raguagli die Parnaso* waren nur wenige Jahre zuvor auf deutsch erschienen: *Traiano Boccalini*, Politischer Probierstein auß Parnasso, o.O. 1617.
80 Zur Auflösung des Pseudonyms vgl. *Dekesel*, Bibliotheca (Anm. 67), Bd. 1, S. 926.
81 *Anton Christian Fabricius*, Kippe die Wippe, nach der jetzigen Mode: oder Müntz-Betrug, o.O. 1688.
82 *Anton Christian Fabricius*, Anhang von Kippe die Wippe mit einer Klag-Rede: Madonna Kippe die Wippe und ihrer jungen Magd Fanciullezza, Leipzig 1688.
83 *Anton Christian Fabricius*, Verbessertes und vermehretes Kippe die Wippe, o.O. 1688, fol. b 2r-v. Fabricius / Leucht brachte im gleichen Jahr auch noch ein viertes Werk zum Thema heraus, wobei er sich diesmal auf den viel kritisierten Verbrauch von Münzmetall durch die Gold- und Silberschmiede konzentrierte; *Anton Christian Fabricius*, Allgemeiner

In den Jahren der zweiten Kipperzeit wurde also eine gewisse Anzahl an satirischen und theologischen Schriften veröffentlicht, die strukturell eng an die Publizistik der Kipper- und Wipperzeit anknüpften. Sie übernahmen die überlieferten Schuldzuschreibungen und mokierten sich über Kipper und Wipper, Juden und andere Geldfälscher. Über die Personalisierung der Verantwortung hinaus sind hier keine Deutungen des Geschehens intendiert. Dies unterscheidet sie von einigen der straftheologischen Schriften. Erneut wurde die Zerrüttung des Münzwesens als göttliche Prüfung dargestellt, die die Menschheit zur Umkehr von ihren Sünden bewegen sollte.

Daneben existierte ein vollständig anderer Umgang mit dem Vermächtnis der großen Inflation. Die gesamte zweite Kipperzeit begleitete ein Strom von münztechnischen und münzpolitischen Schriften, die mal hochgelehrt, mal volkstümlich die Missstände zu analysieren und Lösungen zu finden beziehungsweise ihre präferierten Lösungen zu verbreiten suchten. All diese Texte rekurrierten in vielfältiger Weise auf die Kipper- und Wipperzeit, doch häufig in entgegengesetzter Weise wie die bislang untersuchten Traktate. Denn die Erinnerung an die Hyperinflation konnte nicht nur eine Krisenerwartung und Krisenstimmung befeuern, sondern im Gegenteil sogar beruhigend eingesetzt werden. Zwei Argumentationsschemata lassen sich identifizieren, die beide eine große Bedeutung für die Frage der zeitgenössischen Wahrnehmung der Inflation und die Perzeption der ersten Kipperzeit haben. Auf der einen Seite steht der Hinweis, dass es dieses Mal bei Weitem nicht so schlimm sei wie damals; auf der anderen Seite die Betonung der 1622–1623 erreichten Beendigung der Inflation, die diese als relativ harmlos und als Teil eines Zyklus auswies. Kombinierte man beide Argumente, ergab sich der beruhigende Befund: Erstens ist die Lage nicht so ernst wie damals, und zweitens wurde sogar jene Situation überwunden.

An der Entdramatisierung der aktuellen Lage arbeiteten in erster Linie jene Autoren, die selbst in den politischen Verhandlungen um das Münzwesen beteiligt waren. In der großen Kipperzeit waren solche Autoren nicht in Erscheinung getreten, nun zeichneten sie für einen erheblichen Anteil der publizierten Traktate verantwortlich. Sicherlich bildete der Hinweis auf die potenzielle Verschlimmerung der Lage bis hin zur Rückkehr der Kipper- und Wipperzeit ein beliebtes Argument zugunsten des eigenen Lösungsvorschlags. Trotzdem versuchten die Experten des Münzwesens doch den Eindruck einer existenzbedrohenden Lage zu zerstreuen, die auf sie als (Mit-)Verantwortliche zurückfallen konnte. Im gleichen Jahr, in dem mit dem Nachdruck des Gutachtens der Jenaer Theologen und Billichs *Münzmemorial* die Publizistik zur zweiten Kipperzeit einsetzte, verwahrte sich Leonhard Willibald Hofmann, Generalmünzwardein

---

Gold und Silber Trahtzieher Arbeit Wie auch Jubelen Betrug, Wie solcher itzo zum höchsten Schaden der Welt practiciret wird, Leipzig 1688.

des Fränkischen Kreises, gegen die übertriebene Verdammung des Münzwesens: Manch einer würde »nach seinem schwachen Verstande / gleich geschehe der gröste Schaden / wo nicht Ruin / dem Heil. Reiche plumper Weise / ohne Umbstände / die Gepräge schänden / schmähen / ja biß in die Hölle verfluchen«.[84]

Die aus der aktuellen Münzverschlechterung herrührenden Gefahren für das Gemeinwesen sind dabei in Hofmanns eigenem *Münzgespräch* gegenwärtig. In einfachen Worten lässt der Münzwardein seine Protagonisten die unterschiedlichen Sichtweisen auf die aktuelle Lage und ihre Verursacher formulieren. Erster Bezugspunkt ist die große Kipper- und Wipperzeit. So ruft der Senior der »altdeutsch gekleidet[en]«[85] Gesprächspartner den Jüngeren die Geschehnisse der Jahre 1621 bis 1623 ins Gedächtnis, wobei ihm »das Herz im Leibe zerbersten / und die Augen Blut weinen« möchten, wenn er an das Leid der Menschen denke.[86] Hofmann schöpft aus einer umfassenden Kenntnis überlieferter Münzschriften und rekapituliert die Deutung der vom Teufel organisierten Bestrafung der Menschen, die schließlich durch das Erbarmen Gottes beendet worden sei. In den Augen des gestrengen Alten geschieht das Gleiche nun wieder, und die Rettung ist keineswegs sicher: Denn das Münzwesen steht nicht für sich, sondern »kan auch andere höchstschädliche Landplagen / Veränderungen / ja endlich gar den besorglichen Untergang nach sich ziehen und verursachen«.[87]

Den Eindruck des Anbruchs der letzten Zeit, der in manchen Schriften der Kipperzeit präsent gewesen war, möchte Leonhard Hofmann offenbar nicht so stehen lassen. Ein zweiter Gesprächspartner antwortet, indem er beide Inflationen in eine historische Verlaufsform einpasst. Das Übel der Münzverschlechterung sei gar nichts Neues und auch 1620 nicht neu gewesen. Wer die Historien studiere, werde finden, »daß bald alle 50. Jahr sich die Müntzen geändert haben.«[88] Damit geht keineswegs eine Rechtfertigung der Münzveränderung einher, der Sprecher perhorresziert sie und ihre unchristlichen Verursacher in gleicher Weise wie der Greis. Dennoch ergeben sich aus der Identifikation einer wiederkehrenden zyklischen Störung vollständig andere Implikationen als aus einer einmaligen, sowohl in Bezug auf ihre Ursache als auch die Lösung. Zunächst befreite sie die aktuell lebenden Menschen von einer besonderen Schuld. Zwar verstanden weder Hofmann noch ein anderer Autor die Störung trotz der historischen Wiederholung als systembedingte Notwen-

---

84 *Leonhard Wilibald Hofmann*, Nutzlich-curieuses Müntz-Gespräch, Nürnberg 1680, Vorrede, o.S.
85 Ebd., S. 1.
86 Ebd., S. 3.
87 Ebd., S. 7.
88 Ebd., S. 9.

digkeit, sondern alle hielten an der persönlichen Schuld bestimmter Akteure fest, die eine eigentlich gute Ordnung korrumpierten. Gleichzeitig war ihnen die inhärente Labilität des Systems bewusst, und sie lamentierten ausführlich über die fatalen Entwicklungen in der Reichsgeschichte, die dazu beigetragen hatten, etwa die massenhafte Vergabe des Münzregals.[89] Aufgrund dieser unzweckmäßigen Organisation reichten wenige skrupellose, ›eigennützige‹ Reichsstände und Münzpächter aus, um das ganze System ins Wanken zu bringen. Die so gewonnene Zurechenbarkeit der Schuld entlastete die Gesamtgesellschaft vom Vorwurf, Gottes Zorn auf sich gezogen zu haben.

Ebenso bedeutsam sind die Auswirkungen des Konzepts der zyklischen Störung für die Bemühungen um ihre Beendigung. In der kleinen Kipperzeit standen sich im Prinzip zwei Fraktionen gegenüber. Die einen präferierten eine einmalige und endgültige Lösung durch Rückkehr zum Münzfuß der Reichsmünzordnung von 1559. Auch die zweite Partei vertrat offiziell eine schließliche Rückkehr zu diesem Münzfuß, um nicht einer absichtlichen Neuerung und Abkehr vom Reichsherkommen beschuldigt zu werden. Die Rückkehr sei aber nicht auf einmal zu bewerkstelligen, vielmehr müssten die Kosten und Leiden der Regenten und der Bevölkerung gemildert werden, indem zunächst ein Provisional- oder Interims-Mittel beschlossen werde – also ein neu festzulegender Münzfuß. Innerhalb des Reichstages vertraten das Städtekollegium und das Kurfürstentum Bayern die erste Position, während die Kurfürsten- und Fürstenkollegien mehrheitlich die Interimslösung favorisierten.[90] Die dortige Debatte wurde in die Öffentlichkeit getragen, indem die beteiligten Experten ihre Gutachten oder eigens zur Veröffentlichung verfasste Traktate drucken ließen.

In diesem Zusammenhang wurde die Interpretation der Kipper- und Wipperzeit und ihres Endes zu einem Zankapfel. Beide Seiten versuchten, die damalige Zeit als Exemplum für die Tauglichkeit des eigenen Vorschlags anzuführen. Dabei war die Bewertung der jetzigen Lage im Vergleich zur Kipperzeit von großer Bedeutung. Der wortmächtigste Gegner der Interimslösung war der Augsburger Gesandte David Thoman von Hagelstein, unter dessen Namen 1692 postum die *Acta Publica Monetaria* erschienen. In mehreren Traktaten behandelte er in den 1680er Jahren die Frage, »Ob es besser und vorträglicher sey, wider die jetzmalige Müntz-Confusion nur ein Provisional-Mittel zu ergreiffen?«[91] Sein wichtigstes Argument war ein historisches: Schon in den Jahren

---

89 Siehe etwa: Das Bey dieser Zeit Landverderbliche Müntz-Wesen, Frankfurt und Leipzig 1690, Vorrede, fol.)(3v; Der An Beutel geschnürete Kipper / Oder Die übel curierte Kipper-Kranckheit In Teutschland, o.O. 1693, S. 8.
90 Vgl. *Christian Leonhard Leucht*, Neuer Müntz-Tractat, Nürnberg 1692, S. 24 f.
91 So der Titel des zweiten Traktats in [*David Thoman von Hagelstein*], Zwey unterschiedliche Müntz-Bedencken, Regenspurg 1685. Dieses »Bedencken« wurde mehrfach anonym, 1692

1600 bis 1620 habe man immer wieder »ein Remedium provisionale nach dem andern ergriffen«, die jedoch nicht den gewünschten Effekt gezeitigt hätten, »sondern das Ubel und die Confusion sampt der Land und Leut verderblichen Kipperey / nur dardurch desto grösser und stärker gewachsen sey«.[92] Erst als man sich auf dem Höhepunkt der Inflation zum Haupt-Remedium, der sofortigen Rückkehr zur Reichsmünzordnung, entschlossen habe, sei die Münzzerrüttung gelöst worden. Gerade wenn man die noch schlimmere Lage der Kipperzeit in Betracht ziehe, könne kein Zweifel daran sein, dass »der Anno 1623. mit stattlichem Succeß practicirte Modus« auch jetzt der richtige sei.[93]

Den Unterschied im Ausmaß der »Confusion« des Münzwesens führten jedoch auch manche Befürworter der provisorischen Lösung an. Tatsächlich sei damals eine Radikalkur unternommen worden. Um sich ein gerechtes Urteil bilden zu können, müsse man aber wissen, »daß wider die damalige desperate Kranckheit auch ein desperates Hülff-Mittel gebrauchet worden; welches itzo (Gott Lob!) noch nicht nöthig«.[94] Denn zum einen seien die Vermögensverluste bei dieser Art der Münzbereinigung enorm, und zum zweiten »gerathen dergleichen desperate Curen nicht allemal«,[95] so dass sie nur als letzter Ausweg – wie im Jahr 1623 – angewendet werden dürften. Unter Verwendung der medizinischen Metapher und dem Verweis auf die Situation zwischen Leben und Tod wird hier die sechzig Jahre zurückliegende Inflation zur existenziellen Krise erklärt, ganz im Gegensatz zur Gegenwart. Denn in deren Bewertung stimmen der Befürworter und der Gegner der Interimslösung in beruhigender Weise überein: Die aktuelle Situation reiche nicht an die Kipper- und Wipperzeit heran.

Man findet auf der Seite der Gegner Hagelsteins aber auch die gegenteilige Argumentation. Demnach sei die Lage jetzt sogar schlimmer als 1622, so dass die damals vorgenommene Radikalkur heute nicht mehr möglich sei. Diese Dra-

---

dann in den *Acta Publica Monetaria* unter Hagelsteins Namen aufgelegt. Vgl. auch ders., Gründliche Information, was das Außmüntzen geringhaltiger und Reichs-Schrot und Korn ohngemäßer Müntz-Sorten, und die Müntz-Kipperey eigentlich sey, Regensburg 1685; ders., Ferneres […] Müntz-Bedencken / Daß bey der jetzigen fort und fort mehrers zunehmenden Müntz-Confusion und Geld-Verringerung weder rathsam / noch möglich sey / durch remedia provisionalia wiederum auf die alte Anno 1559. aufgerichte heylsame Müntz-Ordnung […] zu kommen und zu gelangen; sondern die Wichtigkeit deß Wercks ohnumgänglich erfordere / daß dieselbe auf einmahl wieder introducirt, in: ders. (Hg.), Acta Publica Monetaria (Anm. 15), S. 177–186.

92 Ebd., S. 3.
93 Ebd., S. 15.
94 Ohnmaßgebliches Bedencken / Worinn vornehmlich die Frage erörtert wird: Ob […] es besser und thunlicher / ein Interims- oder Provisional-Mittel zu ergreifen / und gradatim zu gehen / Oder auf einmal und mit einem Sprunge wiederum auf den alten Fuß des Reichs-Thalers zu kommen?, o.O. 1690, fol. B 2v.
95 Ebd., fol. B 2v.

matisierung des eigenen Zustands findet sich im gesamten Schrifttum zur zweiten Kipperzeit nur in wenigen Münztraktaten als zielgerichtetes Argument zugunsten der Interimslösung, keine der theologischen oder Schmähschriften geht so weit. Ein anonymer Autor hat es 1687 erstmals verwendet. Der Hagelsteinschen Argumentation setzt er die Frage entgegen: »Hiebey aber kommet zu bedencken / ob dann Anno 1623. in effectu die Müntz-Zerrittung schwerer als jetzund gewesen?«[96] Zunächst sei unbestreitbar, dass tatsächlich damals der Reichstaler gegenüber den Scheidemünzen viel »höher gestiegen« sei. Intrinsisch, also im Silbergehalt, sei er jedoch stabil geblieben. Darin erkennt der Autor eine entscheidende Differenz: »Aber weilen damals meystens Kupferne Scheid-Müntz / und nicht so viel schlechtere silberne Sorten / wie heut zu Tage waren / scheinet die Remedierung dermalen schwerer zu seyn / als sie An. 1623. gewesen / da man die schlechte Sorten miteinander gar verbotten / und also gäntzlich ausgerottet«.[97] Mit dieser Analyse der unterschiedlichen Inflationsdynamiken kommt der anonyme Autor der Meinung der modernen Geldgeschichte nahe. Denn auch sie nimmt an, dass die über kleinere Silbermünzen wirkende Inflation des späten 17. Jahrhunderts in manchen Aspekten schwerwiegender und schwieriger zu lösen war als die Kupferinflation der Kipper und Wipper.

Für die Frage der Wahrnehmung geht es jedoch nicht darum, wie ›richtig‹ die Situation nach heutigen Kriterien eingeschätzt wurde. Hier ist interessant, dass es gerade einer der Münzkundigen – und nicht der Theologen oder Moralisten – ist, der die aktuelle Münzzerrüttung als die größere identifiziert. Diese Erkenntnis hängt von seiner Expertise ab, denn nur aufgrund der ungewöhnlichen Kenntnis der Zusammenhänge des Münzwesens[98] kommt er zu seinem kontraintuitiven Ergebnis. Gleichzeitig ist es sein Expertentum, das ihn von einer negativen Übertreibung abhält. Denn sein Vergleich steht in einem eindeutigen Kontext. Es geht ihm darum, den Befürwortern der sofortigen Rückkehr zum alten Münzfuß das beste Argument aus den Händen zu schlagen, nicht eine Panik auszulösen. Natürlich seien auch die jetzigen Probleme lösbar, wenn man nur seinen Rezepten folge. In der Publizistik setzte sich die Idee, dass die aktuelle Lage schwerwiegender als diejenige der 1620er Jahre sein könnte, nicht durch. Nur ein weiterer Traktat vertrat 1692 die Ansicht, dass die Krankheit der Münze schon so weit fortgeschritten sei, dass sie nicht »auf einen Streich kan redressieret werden, [...] weiln die Remedia violenta mehrmals gefährliche Sympto-

---

96 Discurs von dem heutigen corrupten Zustand Deß Müntzwesens im Reich, o.O. 1688 [EA 1687], S. 22.
97 Ebd.
98 Unter allen zeitgenössischen Schriften beinhaltet der *Discurs von dem heutigen corrupten Zustand Deß Müntzwesens* auch die klarste und konziseste Darstellung der Entwicklung der Inflation seit dem Ende des Dreißigjährigen Krieges.

mata nach sich ziehen«.⁹⁹ Angesichts der Dauerhaftigkeit der Inflation scheint sich Anfang der 1690er Jahre aber selbst bei mit dem Münzwesen beschäftigten Räten eine gewisse Unsicherheit über das Ausmaß der Missstände eingeschlichen zu haben. So schrieb die kurbayerische Regierung Ende 1693, das Münzwesen sei in einer solchen Unordnung, »daß es fast dahin stehet / ob es auch hiebevor diesem einmahl in solchen Abfahl kommen seye«.¹⁰⁰ Insgesamt blieb ein solcher Ton, der an die ›unerhörte‹ Kipperzeit erinnert, aber die Ausnahme. Bei aller Klage über die Zustände war die kleine Kipperzeit zeitgenössisch nur *eine* Münzzerrüttung, die hinter der großen Kipperinflation zurückstand.

Damit stellt sich noch einmal die Frage nach der Historisierung des Geschehens. Das Konzept der zyklischen Zerrüttung, das der fränkische Kreismünzwardein Hofmann einführte, wurde schon genannt. Trotz seiner wichtigen Wirkung der Entdramatisierung der Situation blieb es in sich äußerst vage. Andere Autoren suggerieren etwas konkreter, wie sie die Veränderungen im Münzwesen der Vergangenheit, aber auch der Zukunft konzeptualisierten. Hierbei handelt es sich selbstverständlich ausschließlich um Autoren, die für die Interimslösung eintraten, die ja in der Realität die konsensuale Etablierung eines neuen Münzfußes bedeutete. Denn die Verfechter der sofortigen Rückkehr zur Reichsmünzordnung von 1559 konnten in ihrer Argumentation keinen akzeptablen Wandel im Münzwesen tolerieren. Jede Veränderung seit diesem Datum war eine bedauernswerte Korruption der guten Ordnung, die zurückgedreht werden musste. Genauso konnte ein zukünftig funktionstüchtiges Münzwesen nur auf einer statischen Ordnung aufgebaut werden, wozu immerhin die Scheidemünzenregelungen von 1559 verändert werden sollten, deren Problematik inzwischen erkannt war.

Einzelne Vertreter der Interimspartei betrachteten dagegen die langsame Veränderung des Münzfußes als eine Notwendigkeit und deren kluge Steuerung geradezu als ein Wesensmerkmal guter Münzpolitik. Niemand bestritt die seinerzeitige Weisheit der Reichsmünzordnung von 1559, wohl aber deren Dauerhaftigkeit. Denn es »schicken sich die alten Gesetze nicht allemal auff die neue Zeiten / welche sich seither Anno 1559. mercklich geändert haben«.¹⁰¹ Insbesondere die anonymen Wirkkräfte des Edelmetallmarktes trieben diese Entwicklung, weshalb die veränderten Metallwerte immer wieder neu in Betracht gezogen werden müssten. Der Kupferpreis habe sich stark erhöht, und auch der

---

99 Dieser Traktat gibt sich im Titel als Kommentar zum eben diskutierten *Discurs* zu erkennen. Nach Inhalt und Diktion zu urteilen, dürfte er aber nicht vom gleichen Autor stammen; Anmerckungen Über den Vor diesem in den Druck gekommenen Discurs Von dem Heutigen corrupten Zustand des Müntz-Wesens in dem Reich, o.O. 1692, S. 33.
100 Schreiben von der Chur-Bayrischen Regierung / an den allgemeinen Creyß-Convent zu Ulm. d.d. München / den 5 Decemb. 1693, in: Acta novissima (Anm. 16), S. 28.
101 Ohnmaßgebliches Bedencken (Anm. 94), fol. A 2v.

europaweite Silberpreis werde sich nicht »eben præcise nach der Bonität des Teutschen Geldes reguliren«, wie der Autor ironisch hinzufügte. Schon die jetzt als Werk für die Ewigkeit dargestellte Reichsmünzordnung von 1559 sei ja in Wirklichkeit eine Veränderung des Münzfußes gewesen, die auf die zeitlichen Entwicklungen reagiert habe. Diese kluge und vorausschauende Politik habe dann als »Alexipharmakon«, als Gegengift gegen weitere Abwertungen gewirkt.[102] Noch genauer thematisierte der Autor des *Discurs von dem heutigen corrupten Zustand des Münzwesens* den im Zeitablauf eintretenden Wandel. Entgegen der gängigen Ansicht zeigte er, dass man 1623 gar nicht zum ursprünglichen Münzfuß von 1559 zurückgekehrt sei, sondern im Prinzip einen neuen eingeführt habe, bei dem der Taler 90 statt zuvor 68 Kreuzer wert gewesen sei. Wenn man also damals den Taler innerhalb oder nach 64 Jahren um 22 Kreuzer habe »steigen« lassen, so könne man den Taler nun nach weiteren 64 Jahren (der Traktat erschien 1687) guten Gewissens noch einmal um sechs oder zwölf Kreuzer erhöhen. Gleichzeitig fühlte sich der Autor bemüßigt, die damit suggerierte Normalität der Veränderung für die Zukunft zu relativieren, allerdings mit einem erstaunlich langen Zeithorizont. »Dieses solle aber nicht dahin verstanden werden / daß man alle 64. Jahr den Thaler also erhöhen lassen solle / der sonst in 600. Jahren / wann die Welt so lang stehen wird / solcher Gestalt zu deß gemeinen Besten grossen Abbruch allzuhoch hinauf getrieben werden wurde«.[103]

Im Kontext dieses angedeuteten Veränderungsmodells, das Vergangenheit und Zukunft in einen gemeinsamen Horizont einbindet, werden die Münzschwierigkeiten zu Übergangsphänomenen von einem Zustand in den anderen. Die Anpassung an die veränderten Bedingungen wird zum Normalfall. Was bleibt, ist eine konkrete politische Entscheidungssituation, da zwischen den verschiedenen Machtträgern ausgehandelt werden muss, wie die Anpassung an die Verhältnisse ausgestaltet wird, und sich das Münzwesen bis zu dieser Entscheidung in Unordnung im Sinne einer kaum vorhersehbaren Veränderungsdynamik befindet. Als eine solche Situation kann man die kleine Kipperzeit und auch die im 18. Jahrhundert immer wieder folgenden Münzkrisen interpretieren. Es wäre jedoch falsch, diesen abgeklärten Blick auf die Geschehnisse auf die gesamte zeitgenössische Wahrnehmung zu übertragen. Diese lässt sich viel eher mit dem Bild des Niedergangs fassen, sowohl bei theologischen als auch münzkundigen Autoren. Die Theologen beklagten den allgemeinen Sittenverfall und die stetige Zunahme des Eigennutzes, die die Münzzerrüttung ausgelöst hätten. Angesichts der Schlechtigkeit der Welt machten sie wenig Hoffnung auf eine grundlegende Besserung, aber ebenso wenig erwarteten sie das Ende der

---

102 Ebd., fol. B 3r.
103 Discurs […] corrupten Zustand (Anm. 96), S. 23.

Zeit. Die Münz-*Confusion* gewinnt hier die Bedeutung eines Seismographen für den offenkundig unaufhaltsamen Niedergang von wahrem Christentum, Anständigkeit und guter Ordnung.

Auf einer anderen Ebene, doch strukturell ähnlich argumentierte die Mehrzahl der münzkundigen Autoren. Auch ihnen präsentierte sich das Geschehen als ein andauernder Niedergang. Vom Ideal der Reichsmünzordnung von 1559 ausgehend blickten sie auf eine 150-jährige Verfallsgeschichte, die mal mit größerer, mal mit geringerer Geschwindigkeit vonstattenging. In diesem Kontext stellte die Zeit der zweiten Kipperzeit einen besonders schlimmen, aber keinen existenzbedrohenden Zeitabschnitt dar.

3. Fazit: Gewöhnung an die Inflation

Vergleicht man die Wahrnehmung der beiden großen Inflationen des 17. Jahrhunderts in der zeitgenössischen Publizistik, zeigen sich signifikante Unterschiede. Die Kipper- und Wipperzeit war insbesondere durch ihre Neuartigkeit geprägt, die keinerlei Einordnung in überlieferte Deutungsmuster zuließ – außer dem eschatologischen Verständnis, das sie als Hinweis auf das Weltende oder zumindest als besonders schwere Strafe Gottes charakterisierte. Im Gegensatz dazu wurde die kleine Kipperzeit nicht mehr als gottgesandte und menschgemachte Katastrophe dargestellt, sondern in einen längeren historischen Zusammenhang eingebettet. Dieser bestand zum überwiegenden Teil aus den Niedergangserzählungen entweder des christlichen Glaubens und der damit verbundenen Tugenden oder des weltlichen Münzwesens. Ein zweiter Interpretationsstrang wich vom Niedergangsszenario ab, indem die bisherige wie auch die zukünftige Veränderung als Notwendigkeit des historischen Ablaufs verstanden wurden.

Zur Erklärung dieses Unterschieds bieten sich mehrere Ursachen an, die alle einen gewissen Anteil an der gewandelten Interpretation haben. Zunächst fällt die differierende zeitliche Verteilung der Schriften innerhalb des Inflationsverlaufs auf. Während die Texte zur Kipper- und Wipperzeit ausnahmslos auf dem Höhepunkt der Krise erschienen, begann die Publizistik zur zweiten Kipperzeit schon in der Inkubationszeit und zog sich dann über fast 15 Jahre hin. Die Erregung nahm im Laufe dieser Jahre zu, insgesamt überwiegt jedoch das Bild einer potenziellen Krise, deren Ausbruch verhindert werden müsse. Doch selbst die höhere Beunruhigung der Schriften der Jahre 1690 bis 1692 unterscheidet sich merklich von jener der Kipper- und Wipperzeit.

Als zweite Ursache kommt die Struktur der Autorengruppe in Frage: Während in den 1620er Jahren protestantische Theologen den Inhalt und Ton der Flugschriftenpublizistik prägen, übernahmen im letzten Viertel des Jahrhunderts Münzexperten diese Rolle. Sie kannten die Geschichte des Münzwesens, verwendeten diese als Argumentationshilfe und beschäftigten sich meist in pragmatischer Weise mit der aktuellen Problemlösung. Zweifellos veränderte das den öffentlichen Diskurs zur Münzfrage. Gleichwohl stellten Theologen oder Vertreter einer *Politica Christiana* immer noch die Mehrheit jener Autoren, die nicht direkt zum politischen Procedere schrieben, sondern das Phänomen in einen weiteren gesellschaftlichen Kontext einbetteten. Doch auch sie interpretierten die kleine Kipperzeit anders als die vorherige Inflation. In einer fast resignativen Haltung beklagten sie den Niedergang des Christentums, wo ihre Vorgänger noch kämpferisch aufgetreten waren.

Diese Beobachtung führt uns zu einem dritten Erklärungsansatz, dem Wandel religiöser Weltdeutungsmuster im Laufe des 17. Jahrhunderts. In den sechzig Jahren zwischen beiden Inflationen hatten sowohl konkrete Endzeiterwartungen wie das direkte strafende Eingreifen Gottes an Diskurshoheit verloren. Die große Kipperzeit ereignete sich im Moment des Auslaufens der großen chiliastischen Welle im Luthertum.[104] Den lutherischen Theologen, die den Großteil der Flugschriftenautoren ausmachten, war diese apokalyptische Publizistik wohlvertraut, und sie konnten in der Deutung der Inflation daran anknüpfen.[105] Obgleich auch im späten 17. Jahrhundert noch apokalyptische Erwartungen zu finden sind, führten sie inzwischen eine Randexistenz in abgegrenzten Gruppen wie etwa dem radikalen Pietismus.[106] Innerhalb der politischen Publizistik spielten sie dagegen keine Rolle mehr. Vor diesem Hintergrund überrascht es kaum, dass auch die kleine Kipperzeit nicht mehr in einem endzeitlichen Deutungsschema interpretiert wurde. Für die veränderte Wahrnehmung der Inflation war dieser geistesgeschichtliche Wandel mit Sicherheit von großer Bedeutung.

Neben diesem übergreifenden Transformationsprozess finden sich die Ursachen des Wandels innerhalb des Münzwesens beziehungsweise seiner medialen Verarbeitung selbst. Einen prägenden Einfluss gewinnt darin die Erfahrung der großen Währungskrise zu Beginn des Jahrhunderts. Diese wurde in der kollektiven Erinnerung tradiert und konnte nicht nur unter den wenigen Experten des Münzwesens, sondern auch für eine breitere Öffentlichkeit aktuali-

---

104 *Volker Leppin*, Antichrist und Jüngster Tag. Das Profil apokalyptischer Flugschriftenpublizistik im deutschen Luthertum 1548-1618, Gütersloh 1999.
105 Umgekehrt beschreibt Lehmann die Endzeiterwartung um 1600 als Folge sozialhistorischer Krisen des späten 16. Jahrhunderts, zu denen auch die stetige Inflation gehörte, die schließlich in die Kipperkrise mündete; *Hartmut Lehmann*, Endzeiterwartung im Luthertum im späten 16. und im frühen 17. Jahrhundert, in: Hans-Christoph Rublack (Hg.), Die lutherische Konfessionalisierung in Deutschland, Gütersloh 1992, S. 545-554.
106 *Hans Schneider*, Die unerfüllte Zukunft. Apokalyptische Erwartungen im radikalen Pietismus um 1700, in: Manfred Jakubowski-Tiessen u. a. (Hg.), Jahrhundertwenden. Endzeit- und Zukunftsvorstellungen vom 15. bis zum 20. Jahrhundert, Göttingen 1999, S. 187-212.

siert werden. In deren Folge fanden zwei neue Aspekte Eingang in den Diskurs zum Münzwesen, die den Umgang mit der zweiten Kipperzeit prägen sollten: zum einen die dem Münzwesen inhärente Instabilität und ständige Veränderung und zum anderen die Möglichkeit der temporären Restabilisierung auf einem neuen Niveau. Aus beiden Elementen ergab sich eine neue Lesart der wieder ausbrechenden Münzverschlechterung. Sie wurde nun als ein Stück beklagenswerter Normalität verstanden, meist im Kontext einer dauerhaften Verfallsgeschichte. Trotz der vielfältigen Klagen über diesen Dauerzustand verlor sie an Schrecken. Man gewöhnte sich an die wiederkehrende Münzverwirrung. Diese wurde aber durchaus noch als akutes Problem wahrgenommen, wie insbesondere die klare Korrelation von objektiv messbarer Inflation und der dazugehörigen Publizistik beweist.

Diese zeitgenössische Normalisierung, an der insbesondere die münzkundigen Autoren beteiligt waren, blieb nicht ohne Wirkung. Die unterschiedliche Aufmerksamkeit, die die Forschung der eigentlichen Kipper- und Wipperzeit und der zweiten oder kleinen Kipperzeit zugewendet hat, ist mit der jeweiligen ökonomischen oder währungstechnischen Bedeutung, aber auch mit der Menge der dazu generierten Schriften nicht hinreichend zu erklären. Vielmehr ist sie auch von den zeitgenössischen Diskursen geprägt. Der um 1620 herrschende Eindruck einer neuen, unbekannten und unverständlichen Entwicklung wurde in das Bild der fundamentalen Krise überführt. Ebenso hat die Gewöhnung an die Inflation in der zweiten Jahrhunderthälfte dazu geführt, dass diese Münzverschlechterung von den Historikern nicht recht ernst genommen worden ist. Dabei lag der Unterschied vermutlich mehr in der zeitgenössischen Wahrnehmung als in den ökonomischen Folgen.

Dirk Niefanger

Die Krisenpoetik des barocken Trauerspiels

Die Darstellung von Krisen gehört wesentlich zur Poetik des barocken Trauerspiels.[1] Sie sieht vor, kritische Situationen eines Staates oder einer Gesellschaft auf die konkreten Krisenerfahrungen der Menschen zu beziehen, und entwickelt von dort aus eine spezifische, didaktisch ausgerichtete Dramaturgie. Der auf der Bühne gezeigte Untergang hoher, öffentlich und politisch handelnder Personen steht insofern in strenger Relation zum gewünschten, vornehmlich privat gedachten Verhalten des Publikums. Von einer Begrenztheit des heroischen Trauerspiels im 17. Jahrhundert auf den politisch-öffentlichen Raum kann daher zwar hinsichtlich des auf der Bühne agierenden Personals, nicht aber in poetologischer Hinsicht gesprochen werden. Diese Neudeutung der barocken Trauerspielpoetik – aus dem Geiste ihrer metadramatischen Passagen und ihrer Paratexte – soll im Folgenden anhand einiger protestantischer Beispiele entwickelt werden.

Die Vorstellung, dass kollektive und individuelle Krise geradezu notwendig aufeinander zu beziehen sind, ist kein originär poetischer Gedanke, er geht etwa aus zeitgenössischen staatstheoretischen Modellen wie dem des *Leviathan* (1651) von Thomas Hobbes hervor: »For by art is created that great LEVIATHAN called a COMMONWEATLTH, or STATE, in Latin CIVITAS, which is but an artificial man; though of greater stature and strength than the natural, for whose protection and defence it was intended; and in which the *sovereignty* is an artificial *soul*, as giving life and motion to the whole body.«[2] Hobbes betont mit

---

[1] Ein Teil des folgenden Beitrags basiert auf einem Vortrag, der am 15. Dezember 2007 beim Erlanger Barock-Kolloquium zum 70. Geburtstag von Theodor Verweyen vorgetragen wurde und meine Konstanzer Thesen vom Juli 2007 nochmals diskutierte.
[2] *Thomas Hobbes*, The English Works of Thomas Hobbes of Malmesbury, hg. von Sir William Molesworth, Bd. 3: Leviathan, or The Matter, Form, and Power of a Commonwealth Ecclesiastical and Civil, London 1839, S. IX; »Der große Leviathan (so nennen wir den Staat) ist ein Kunstwerk oder ein künstlicher Mensch – obgleich an Umfang und Kraft weit größer als der natürliche Mensch, welcher dadurch geschützt und glücklich gemacht werden soll. Bei dem Leviathan ist derjenige, welcher die höchste Gewalt besitzt, gleichsam die Seele, welche den ganzen Körper belebt und in Bewegung setzt.« Deutsche Übersetzung: *Thomas Hobbes*, Le-

seinem Repräsentationsmodell auf der einen Seite die Verantwortlichkeit des absolutistisch regierten Staates gegenüber seinen Einwohnern und auf der anderen Seite deren konstitutierende und legitimierende Macht als Staatsglieder. Die barocken Trauerspiele – jedenfalls in der hier vor allem analysierten protestantischen Variante – setzen eine solche Bezogenheit ebenfalls voraus, auch wenn sie auf der Bühne eher die krisenhaften Staatsaktionen und in den Paratexten deren Auswirkungen auf die Untertanen thematisieren. Haupt- und Paratext gestalten zwei aufeinander beziehbare Aspekte der Krisenbewältigung, die ähnliche Parallelen aufweisen wie der Staatskörper und seine Glieder im *Leviathan*. Die Paratexte konstituieren das Drama in seiner institutionellen Gewalt, legitimieren es im literarischen Feld und suchen ihm eine optimale bühnenwirksame Schlagkraft zu verleihen. Deshalb binden sie das ›hohe‹ Drama stets an die konkrete Welt der (nicht unbedingt ›hohen‹) Zuschauer. Die barocken Trauerspiele sind deshalb – wie in meist älteren Arbeiten manchmal angenommen wird – keine versteckten Fürstenspiegel,[3] sondern zielen hauptsächlich – wie die Dramen des 18. Jahrhunderts – auf konkrete Verhaltensweisen des Zuschauers. Sie folgen konkreten didaktischen Konzepten, die in den komplex angelegten Lesefassungen genauso deutlich werden wie in den aufwendigen Inszenierungen der Stücke an Schulen, in städtischen Foren und Höfen.

Im ersten knapperen Abschnitt der folgenden Ausführungen wird anhand zentraler Beispiele aus der protestantischen Barockliteratur die dramatische Gestaltung von Krisen als Erscheinungen der öffentlich wirksamen Politik analysiert. Im zweiten, etwas ausführlicheren Abschnitt zeigt der Beitrag, wie diese Krisendarstellung in wichtigen poetologischen Paratexten als anthropologisch gedachte Wirkungsmomente der Dramendidaktik verstanden werden.

---

viathan. Erster und zweiter Teil, übers. von Jacob Peter Mayer, Nachwort von Malte Diesselhorst, Stuttgart 1980, S. 5.

3 Vgl. etwa die Arbeiten von *Werner Lenk*, Absolutismus, staatspolitisches Denken, politisches Drama. Die Trauerspiele des Andreas Gryphius, in: ders. u. a., Studien zur deutschen Literatur im 17. Jahrhundert, Berlin und Weimar 1984, S. 252–351; *Klaus Reichelt*, Barockdrama und Absolutismus. Studien zum deutschen Drama zwischen 1650 und 1700, Frankfurt a.M. u. a. 1981; *Elida Maria Szarota*, Geschichte, Politik und Gesellschaft im Drama des 17. Jahrhunderts, Bern und München 1976; *Wilhelm Voßkamp*, Daniel Casper von Lohensteins ›Cleopatra‹. Historisches Verhängnis und politisches Spiel, in: Walter Hinck (Hg.), Geschichte als Schauspiel. Deutsche Geschichtsdramen, Frankfurt a.M. 1981, S. 67–81; oder *Peter-André Alt*, Der Tod der Königin. Frauenopfer und politische Souveränität im Trauerspiel des 17. Jahrhunderts, Berlin u. a. 2004.

1. Dramatisierte Staatskrisen

Wenn auf den Barockbühnen die politische Rationalität allegorisch als Quacksalber auftritt, der seine teuflische Arzney an kränkelnde Staaten verscherbeln will, kann man wohl von der Darstellung einer tief greifenden Krise sprechen. Einem durch Importe in Schieflage geratenen Kleinstaat, vertreten durch eine Königin, preist ein fliegender Händler politischer Ideen sich mit folgenden Worten großsprecherisch an: »Ich habe / Großmächtigste Königin / mich eintzig und allein auff die politische Artzeney geleget / und in derselben den vortreflichen Machiavell zu einen Lehrer gehabt / also daß mir keine Krankheit hierinnen vorkommen soll / die ich nicht zuvertreiben verhoffe.«[4]

Die Krise wird hier mit der signifikanten Häufung auffälliger Symptome einer heilbaren Krankheit zusammengebracht, die richtiges politisches Verhalten als Medizin verlangt; das wirkt sehr modern, entspricht aber tatsächlich in etwa der frühneuzeitlichen, von der Medizin geprägten Vorstellung von Krise.[5] Noch in Zedlers *Grossem Vollständigem Universal-Lexicon* heißt es 1733: »Heut zu Tage nennt man crisin diejenige heilsame Würckung der Natur, durch welche die Materie der Kranckheit [...] aus dem Cörper geschafft und dieser dadurch von seinem Untergang und Kranckheit befreyet wird.«[6] In der zeitgenössischen Medizin verweist die Krise am Scheitelpunkt der Krankheit auf die Selbstheilungsfähigkeit des Körpers; man unterscheidet in diesem Sinne eine perfekte und eine nicht perfekte Krise, eine, die zur Heilung und eine, die zum Untergang führt. Diese Vorstellung von Krankheitsverläufen wird spätestens im 18. Jahrhundert auf andere Bereiche, insbesondere auf gesellschaftliche und politische Konstellationen übertragen.[7] Ich benutze in meiner Argumentation diesen übertragenen und nicht den zeitgenössischen Begriff.

Im zitierten Drama trägt die Krisen-Arzney das zweifelhafte Degout des Gestrigen: Rücksichtslosigkeit, Egoismus, wenn nötig Gewalt. Insofern scheint das, was der Quacksalber anbietet, hier die falsche Medizin zu sein; sie führt, die Symptome des Verfalls nur verstärkend, letztlich zum Untergang eines einst florierenden Staatswesens. Zu finden sind die referierten Szenen im anonymen,

---

4 Historisch-politische Schauspiele. Ratio Status (1668) – Die Teutsche Groß-Königin Leonilda (1673), mit einem Nachwort hg. von Klaus Reichelt, Tübingen 1987, S. 17.
5 Vgl. *Karin Tebben*, Krise, in: Bettina von Jagow und Florian Steger (Hg.), Literatur und Medizin. Ein Lexikon, Göttingen 2005, S. 458–463.
6 Art. »Crisis«, in: Johann Heinrich Zedler, Grosses vollständiges Universal Lexicon [...], Bd. 6, Leipzig und Halle 1732–1754, Sp. 1652f., hier Sp. 1652.
7 Zum Zusammenhang von frühneuzeitlichem Politikverständnis und Medizin vgl. *Wolfgang U. Eckart*, Anmerkungen zur ›Medicus Politicus‹- und ›Machiavellus Medicus‹-Literatur des 17. und 18. Jahrhunderts, in: Udo Benzenhöfer und Wilhelm Kühlmann (Hg.), Heilkunde und Krankheitserfahrung in der frühen Neuzeit. Studien am Grenzrain von Literaturgeschichte und Medizingeschichte, Tübingen 1992, S. 114–130.

aber recht populären Schauspiel *Ratio Status oder Der itziger Alamodisiernder rechter Staats=Teufel*, das in drei Jahren gleich dreimal ediert wurde (1668, ²1669, ³1670). Das populäre Stück vertritt eine zwar rationale, aber verantwortungsbewusste Politikauffassung. Es prangert primär politisches Fehlverhalten an, liefert aber keine theologischen Erklärungsmuster für die Auswirkung und Herkunft von Krisen. Der anonyme Druck und die fehlende Angabe eines Druckortes ließen hier eine eher säkulare und deutlich kritische Position zu. Letzteres gilt freilich auch für den vorgeführten Machiavellismus: Der so rücksichtslos wie am Ende glücklos agierenden Staatsraison fehle es an Verbindlichkeit gegenüber dem eigentlichen Souverän, dem Volk und seiner traditionellen Struktur. Ein System, das auf die erprobte Macht der Stände baut, wird hier als die bessere Alternative zu dem als fremd empfundenen Absolutismus gesehen. Mit dem Votum für die Ständegesellschaft präferiert das *Ratio Status*-Drama eine durchaus übliche, geradezu konservative Position im Alten Reich.

Dramatisierungen von Krisenszenarios sind in ganz unterschiedlichen Theaterformen des 17. Jahrhunderts zu finden, etwa in den Geschichtsdramen[8] der schlesischen Dichter, die stärker als das *Ratio Status*-Stück auf eine exakt arbeitende Dramaturgie Wert legen. Für die Konstruktion eines solchen Dramas erscheint die ›medizinisch‹ gedachte Krisensituation, der Heilung und Verderben gleichermaßen inhärent ist, als veritable Möglichkeit der aristotelisch verstandenen Peripetie: Schon deshalb steigert sich nicht selten die Krise bis zum dritten, entscheidenden Akt. Ein gutes Beispiel hierfür aus der deutschen Literatur des 17. Jahrhunderts ist das Trauerspiel *Leo Armenius* (1650) von Andreas Gryphius, das die zuerst ethisch zweifelhafte, dann zunehmend zaudernde Politik des oströmischen Herrschers Leo thematisiert. Genau in der Mitte des Dramas,[9] von jeweils exakt 1.238 Verszeilen beziehungsweise elf Szenen und 32 Verszeilen umrahmt, findet sich der Wendepunkt: War bisher die Handlung durch die Herrschaft Leos bestimmt, wechselt mit seinem Einschlafen das Glück, und sein Gegenspieler Michael Balbus wird zur Herrscherfigur. Gekennzeichnet wird der Umschlag durch einsetzende Violen und Reyen-Chöre, die gegen die gewöhnliche Art und Weise mitten in den Akt eingefügt werden. Der Lichtwechsel, vorher das »Sonnenbild«, jetzt eine »alles schwartz« anstreichende Nacht und ein »bleiche[r] Mond«,[10] versinnbildlicht den Übergang der Machtposition vom Kaiser zum Tyrannen, wobei nicht einmal als ausgemacht gilt, ob der durch Rechtsbruch erzeugte Herrscherwechsel auch wirklich eine Verschlechterung des Staates nach sich zieht. Aber darum geht es im *Leo Armenius*

---

8 Vgl. *Dirk Niefanger*, Geschichtsdrama der Frühen Neuzeit. 1495–1773, Tübingen 2005.
9 Vgl. *Andreas Gryphius*, Leo Armenius, hg. von Peter Rusterholz, Stuttgart 1971, S. 56 ff. (III, 1).
10 Ebd., S. 58 (III, I).

auch nicht. Im Zentrum steht die unrechtmäßig erworbene Macht selbst, die als Symptom und Sinnbild einer umfassenden historischen Krise gedeutet wird. Sie zeigt sich ganz konkret am persönlichen Schicksal des Königs; in seiner unruhigen Nacht wird die Sorge um den in die Krise geratenen Staat plausibel – ein anthropologisches Phänomen, das auch im 17. Jahrhundert nachvollziehbar war.

Das spätere Trauerspiel *Catharina von Georgien* (1657) von Andreas Gryphius behandelt die Tötung der georgischen Königin durch den persischen Schah Abas im Jahr 1624. Catharina weigert sich, ihrem Glauben zu entsagen, und hält dem Liebeswerben des fremden Herrschers stand.[11] Daraufhin lässt der Schah sie foltern und schließlich töten. Schon das berühmte, auch als zeitgenössischer Stich erhaltene Eingangsbild des Stücks macht deutlich, dass sich das hier präsentierte Staatswesen in einer Krise befindet: »Der Schauplatz lieget voll Leichen-Bilder / Cronen / Zepter / Schwerdter etc. Vber dem Schau-Platz öffnet sich der Himmel / vnter dem Schau-Platz die Helle. Die Ewigkeit kommet von dem Himmel / vnd bleibet auff dem Schau-Platz stehen.«[12]

Neben der ersten von acht *Catharina*-Radierungen,[13] die aus dem 17. Jahrhundert erhalten sind, weist wohl auch das Titelbild der Werkausgabe von 1663 auf das Eingangsszenario (Abb. 1). Dort sieht man nämlich, wie in der ersten Regiebemerkung beschrieben, neben der georgischen Regentin, die wie in der späteren Folterszene ihr Haar offen trägt und ihre Brüste entblößt hat,[14] den Himmel und auf dem Boden Kronen, Zepter und Schwerter verstreut. Den älteren Mann auf der rechten Seite, ein Engel mit Fackel, könnte man als Ewigkeitsdarstellung deuten, das Skelett verweist auf den Tod; die Figur im Hintergrund stellt die Trauer dar. Exemplarisch könnte sich die Trauernde auf Serena beziehen, die im *Catharina*-Drama das Leiden der Königin mit ansehen muss. Auf dem Titelblatt erscheint sie als stellvertretende Zuschauerin, die das gezeigte herrschaftliche Leid – wie Serena im Drama – auf sich bezieht: »Halt mich nicht fragend auff. Euch kann Seren erzehlen // Wie schrecklich Persen sey; wie grimmig Chach heist quälen / [...].«[15] Das Martyrium Catharinas, das zeigt, wie grausam und verkommen der persische Staat ist, lässt Serena in Ohnmacht

---

11 Die neueste Analyse – mit einem ausführlichen Resümee des Forschungsstandes – bietet Melanie Hong, Gewalt und Theatralität in Dramen des 17. und des späten 20. Jahrhunderts. Untersuchungen zu Bidermann, Gryphius, Weise, Lohenstein, Fichte, Dorst, Müller und Tabori, Würzburg 2008, S. 125–182.
12 *Andreas Gryphius*, Catharina von Georgien, hg. von Alois M. Haas, Stuttgart 1975, S. 13 (I).
13 Vgl. die Radierungen von Gregor Bieber (Zeichner) und Johann Using (Stecher), die vermutlich zur (geplanten) Inszenierung am Hofe Herzog Christian von Wohlaus angefertigt wurden. Eine Reproduktion findet sich unter anderem in *Manfred Brauneck*, Die Welt als Bühne. Geschichte des europäischen Theaters, Bd. 2, Stuttgart und Weimar 1996, S. 399.
14 Vgl. *Gryphius*, Catharina (Anm. 12), S. 106 (V).
15 Vgl. ebd., S. 104 (V).

fallen. Auch diesen Zusammenhang von Staatshandeln, exemplarisch leidender – mit entsprechender Fallhöhe ausgestatteter – Regentin und leidender Rezipientin vermittelt der Bildtitel. Als Frontispiz der wichtigen Werkausgabe von 1663 hat das Bild in diesem Sinne einen programmatischen Charakter, der durch die Paratexte der Dramen bestätigt wird. Ich komme darauf zurück.

Abb. 1: Bildertitel zu *Andreas Gryphius*, Freuden- und Trauerspiele, auch Oden und Sonette, Leipzig 1663, Bl. [1v].

Der Eingangsmonolog der Ewigkeit bestätigt den Eindruck, den das Bühnenbild eröffnete. Die selige Ewigkeit werde gesucht, »wo alles bricht vnd felt«.[16] Von krachenden Thronen, dem heiligen Blut der Fürsten und zitternden Herrschern ist die Rede. Das Fallhöhe-Motiv wird schließlich auf die Protagonistin des Stückes bezogen: auf Catharina, die, wie ihr Gegenspieler Cach Abas die weltliche Macht verlieren wird. Während sie allerdings im Drama zur Märtyrerin aufsteigen wird, perspektiviert das Stück den Untergang des persischen Herrschers und seines Staates in der Vision der sterbenden Catharina, die das Trauerspiel beschließt: »[...] Doch eh'r du wirst vergehn; / Must du dein Persen sehn in Kriges Flammen stehn / Dein Hauß durch schwarzes Gifft der Zweytracht angesteckt / Biß du durch Kinder-Mord und Nächstes Blut beflecket / Feind / Freunden vnd dir selbst vnerträglich / wirst das Leben / Nach grauser Seuchen Angst dem Richter vbergeben.«[17]

Während die auf der Bühne platzierte Vorrede der Ewigkeit am Ende das Geschehen – ähnlich wie das Frontispiz und die Paratexte – auf den idealen Rezipienten bezieht, bleibt das Ende ganz auf der Ebene der Diegese. Hier zeigt sich ein uneinsichtiger Herrscher, der, anders als der ideale Rezipient des dramatischen Rahmens, nichts aus dem Martyrium der georgischen Herrscherin gelernt hat.

Auch in anderen protestantischen Trauerspielen des 17. Jahrhunderts werden Modi der Krisenwahrnehmung gezeigt. So behandelt Christian Weises *Masaniello* eine zeitgeschichtliche Revolte, die der einfache Fischer Thomas Aniello (= Masaniello) 1647 gegen den Vizekönig von Neapel und den korrupten Adel geführt hatte. Nach harten Auseinandersetzungen gewinnt Masaniello die Macht. Der Höhepunkt des Stückes ist eine – metadramatisch interpretierbare – Szene im Dom zu Neapel, in der der einfache Fischer offiziell die Regierungsgewalt übertragen bekommt; dieses traurige »Spectacul« wird von zwei Adeligen, die hier als ideale Zuschauer fungieren und später zu den Mördern des Fischers gehören, kommentiert. Sie fragen sich erstaunt »wo [...] in allen Historien ein gleiches Exempel«[18] für die Krise des Staates zu finden wäre, prognostizieren aber ein baldiges Ende dieser unstatthaften Herrschaft. Masaniello wird denn auch wahnsinnig, seine Beschlüsse werden unberechenbar und seine Handlungsweisen zeugen von Überforderung und fehlendem Urteilsvermögen. Der Fischer wird schließlich vom Adel erschossen; ein grausames Strafgericht gegen die Revolutionäre folgt, so dass die frühere Herrscher-Clique die alte Machtkonstellation wieder herstellen kann.

In der Inhaltsangabe und im Stück selbst wird die Staatskrise als heftiges

---

16 Ebd., S. 13 (I).
17 Ebd., S. 120 (V).
18 *Christian Weise*, Masaniello. Trauerspiel, hg. von Fritz Martini, Stuttgart 1972, S. 141.

»Ungewitter«[19] beschrieben, das mithilfe der göttlichen Providenz überstanden worden sei. Die »Nachwelt«, so heißt es im vorletzten Vers des Trauerspiels, der sich ganz offensichtlich an den idealen Rezipienten richtet, soll sich dieser Ereignisse erinnern.[20] Er soll gemäß dem barocken Konzept der *historia magistra vitae* aus der Geschichte lernen. Eine andere Deutung des Krisengeschehens hatte vorher der Narr Allegro in einem komischen Monolog angedeutet, der davon berichtet, man habe den Fischer dem Volk als eine Art Märtyrer verkauft. Wofür die »Reliqvie[n] zum Gedächtnis« letztlich stehen, wird in der Szene nicht ganz klar; sie könnten auch an das Unrecht des neapolitanischen Regimes, das die Revolte auslöste, erinnern.[21] Weil die historische Erkenntnis im Denken der Zeit vage bleiben muss und weil die Zeiten prinzipiell unsicher sind, erscheint es wichtig, so heißt es im Nachredner, dass die »Zuschauer [...] bey sich erwegen«, welche Lehren sie aus dem Schauspiel ziehen können, und dass sie sich des Glücks der Beständigkeit gewiss sind.[22] Auch Weises Trauerspiel bricht auf den beiden Ebenen der Diegese – mit den Deutungen der Adeligen und des Narren – und der rahmenden Paratexte die Staatskrise auf den persönlichen Erlebnishorizont des Einzelnen herab.

Ähnliches können wir auch in den Dramen Daniel Caspers von Lohenstein beobachten. Als Beispiel sei kurz sein Trauerspiel *Sophonisbe* betrachtet. Es basiert, wie aus der Widmungsvorrede deutlich wird, ausdrücklich auf der barocken Idee des *theatrum mundi*. Die Welt sei als Theater zu verstehen, in dem jedem eine festgelegte Rolle zugeschrieben sei. Dem Theater komme die Aufgabe zu, dieses Prinzip exemplarisch zu zeigen. Was in *Sophonisbe* gezeigt wird, soll auf das eigene Spiel im Welttheater bezogen werden.

Das Stück setzt mit einer politischen Krise ein, die in der Inhaltsangabe folgendermaßen zusammengefasst wird: »König Masanissa weiset für der belägerten Haupt-Stadt in Numidien / Cyrtha / in seinem Zelte denen Abgesandten der Königin Sophonisbe den gefangenen König Syphax in Band und Eisen / sie bedreuende: daß / da sich die Stadt nicht Augenblicks ergeben würde / er ihm den Kopf abschlagen lassen wollte.«[23] Berichtet wird die Belagerung der nordafrikanischen Stadt Cirta aus der Sicht der sich martialisch gebenden Sieger. Die Krise betrifft die Titelfigur und ihren gefährdeten numidischen Staat; sie ist Ausgangspunkt des tragischen Geschehens, das mit Sophonisbes Selbstmord endet. Von einem »ergrimmte[n] Wetter«, das über Numidien gekommen sei, ist – ähnlich wie in Weises *Masaniello* – die Rede.[24]

---

19 Ebd., S. [2] und 175 (V, 25).
20 Ebd., S. 177 (V, 25).
21 Ebd., S. 173 (V, 23).
22 Ebd., S. 179 (Nachredner).
23 *Daniel Casper von Lohenstein*, Sophonisbe, hg. von Rolf Tarot, Stuttgart 1970, S. 14.
24 Ebd., S. 116 (V).

In seinem Eingangsmonolog gibt Masanissa Sophonisbes verfehlter Bündnispolitik die Schuld an der Krise. Sie – so sagt der erste gesprochene Satz des Dramas – habe das »Fallbrett« gestellt, das den Untergang des Reiches bewirkt habe. Die Drohungen des Besatzers betreffen den ganzen Staat, seinen Besitz und verschonen selbst die ungeborenen Kinder nicht.[25]

In den formgerechten schlesischen Trauerspielen leisten die Reyen zwischen beziehungsweise hinter den einzelnen Akten – als metadramatische Komponenten – den didaktischen Transfer. Hier werden die tragischen Handlungen kommentiert, ethische Positionen diskutiert und Lehren gezogen. Nach dem ersten Akt, in dem expositorisch die Krise von Sophonisbes Numidien dargestellt wurde, wendet sich die »Zwytracht« direkt an den Rezipienten, um ihm deutlich zu machen, dass sie nicht nur hier, sondern immer wieder die Ursache politischen Unheils gewesen sei.[26] Es folgen Argumente der allegorisch agierenden Figuren Liebe, Rache, Hass, Freude, Schrecken, Begierde, Neid und Furcht. Am Ende kommt die »Seele der Sophonisbe« zu Wort: »Ja! Alle die beherbergt meine Brust«.[27] Sie bestätigt, dass ihre Politik nicht auf Affektbeherrschung beruhe wie beim später auftretenden Römer Scipio, sondern auf der Beherrschtheit durch Affekte. Diese einfache Verhaltensopposition, für die die Reyen den Zuschauer durch die allegorische ›Innensicht‹ hier und in den dritten Reyen sensibilisieren, ermöglicht den didaktischen Transfer. In der Krise der Sophonisbe erkennt der Zuschauer seine eigene Gefährdung – trotz späterer und von der Forschung stets betonter Anbindung der gezeigten Geschichte an die Herrschaft Habsburgs.[28]

2. Die Krisenpoetik der Paratexte

Die Darstellung von Krisen im Drama bleibt an die doppelte Medialität der Gattung gebunden: Zumindest die überlieferten barocken Dramen sind – wie alle hier besprochenen Beispiele – Aufführungs- und Lesetexte zugleich. Insofern muss eine Analyse der in den Schauspielen entworfenen Krisenszenarien zum einen die auf Gegenwärtigkeit zielende Bühnenfassung einer dramaturgisch gestalteten Krise, zum anderen die textlich gesicherte, als Aufführung nur antizipierte und deshalb stärker historiographische Darstellung der Krise im Blick haben. Gerade der zweite Fall – die Wirkung des schriftlichen Dramentextes – zeigt sich in der Relevanz der Paratexte. Gemeint sind die rahmenden Beigaben

---

25 Ebd., S. 21 (I).
26 Ebd., S. 38 (I).
27 Ebd.
28 Etwa durch die Habsburgapotheose in den zweiten, vierten und fünften Reyen.

zu den Lesetexten, die nicht unwesentlich das Verständnis der Zentraltexte prägen: Widmungen, Vorworte, Titel, Inhaltsangaben, Erläuterungen der historischen Hintergründe und Traditionen. Gerade hier werden in vielen Texten des 17. Jahrhunderts, insbesondere auch in der Literatur, reale Krisenszenarien verhandelt und auf die eigentlichen Schauspieltexte bezogen. Für den Historiker sind sie deshalb nicht selten die besseren Quellen zur Erkundung kultureller Diskurse. Als Gelenkstück zwischen Leser und Dramentext kommt den Paratexten für Lektüreweisen, didaktische Zielsetzungen sowie für die Verortung der Literatur im Leben und in der Geschichte eine Schlüsselstellung zu. Hier wird das Verhältnis von Drama und Krise erörtert.

So wundert es nicht, dass zwei wichtige Paratexte der Theaterliteratur des 17. Jahrhunderts mit der Beschreibung von Krisenszenarien beginnen, die den dramatischen Text und darüber hinaus die Beschäftigung mit Literatur und Theater überhaupt rechtfertigen; sie und nicht die Schauspiele selbst sind Gegenstand der folgenden Ausführungen.

Als eine erste Krisenpoetik kann man Martin Opitz' Vorrede *An den Leser* bezeichnen, die seiner *Trojanerinnen*-Übersetzung von 1625 vorangestellt ist. Sie steht im Kontext des ein Jahr zuvor erschienenen *Buchs von der Deutschen Poeterey* (1624), das gemeinhin als erste deutsche Poetik gilt. Die Vorrede leitet eine Musterübersetzung von Senecas Tragödie ein, die deutlich machen soll, zu welchen Leistungen die junge deutsche Poesie fähig ist. Wir haben es hier also mit einem zentralen poetologischen und vor allem auch programmatischen Text der Barockzeit zu tun.

Gleiches gilt wohl für den zweiten Paratext, der anschließend analysiert wird: die Vorrede zum oben erwähnten Trauerspiel *Leo Armenius* von Gryphius. Sie ist programmatisch dem ersten deutschsprachigen Originaldrama des wichtigsten Dramatikers seiner Zeit vorangestellt. Diese Vorrede bezieht sich – wie das erwähnte Frontispiz der Werkausgabe von 1623 – aber nicht nur auf das erste, sondern auch auf die folgenden Trauerspiele des Autors.

Programmatisch und von exemplarischer Bedeutung erscheint schließlich auch der dritte Referenztext, auf den im Folgenden eigens eingegangen wird, weil er stärker auf die Schauspielpraxis abhebt: die Vorrede zur *Perseus*-Tragödie, dem ersten gedruckten Dramentext des Hamburger Geistlichen Johann Rist aus dem Jahre 1634. Nur ein kurzer Blick in Rists populäre *Monatsgespräche*[29] kann zeigen, dass wir es hier mit einem der profundesten zeitgenössischen Kenner der barocken Theaterszene zu tun haben. Wie die *Leo Armenius*-Vorrede verweist

---

29 Vgl. *Johann Rist*, Die AllerEdelste Belustigung Kunst- und Tugendliebender Gemüther [...] (Monatsgespräche, April), in: ders., Sämtliche Werke, hg. von Eberhard Mannack u. a., Bd. 5, Berlin u. a. 1974, S. 183–411.

auch der Text von Rist generell auf das Verfassen einer ganzen Reihe »vnterschiedlicher Com[œdien] vnd Trag[œdien]«.[30]

Beginnen wir mit Opitz, dem ›Vater der deutschen Poesie‹: Er verbindet in seiner Vorrede individuelles Krisenmanagement mit der Darstellung historischer Problemkonstellationen im Drama: »Solche Beständigkeit aber wird vns durch beschawung der Mißligkeit des Menschlichen Lebens in den Tragedien zu föderst eingepflantzet: dann in dem wir grosser Leute / gantzer Städte vnd Länder eussersten Vntergang zum offtern schawen und betrachten / tragen wir zwar / wie es sich gebühret / erbarmen mit jhnen / können auch nochmals aus wehmuth die Thränen kaum zu rück halten; wir lernen aber daneben auch aus der stetigen besichtigung so vielen Creutzes vnd Vbels das andern begegnet ist / das vnserige / welches vns begegnen möchte / weniger fürchten vnd besser erdulden.«[31]

Bemerkenswert mag zuerst sein, dass Opitz primär nicht beim Dreißigjährigen Krieg ansetzt,[32] sondern bei der »Mißligkeit des Menschlichen Lebens«, bei der konkreten menschlichen Krisenerfahrung also, die durch strukturelle Unsicherheit, Kontingenzerfahrung und unabsehbare Glückswechsel bestimmt wird. Die Vorrede vermisst keine abstrakte politische, religiöse oder historische Konstellation, in die sie das folgende Schauspiel und damit die Krise als berechenbare Größe platziert, sondern verweist zuerst einmal auf einen elementaren menschlichen Affektzusammenhang, der dann – mit einer Amplificatio – in jeweils größere Kontexte gestellt wird: Demnach zeigen sich Krisen zuerst persönlich (und dann erst in Städten und in Ländern); sie werden vor allem affektiv und nicht rational wahrgenommen. Schließlich fördert diese Rezeptionsweise nicht primär einen staatlichen Eingriff, wie das eingangs zitierte *Ratio Status*-Drama, sondern einen in erster Linie persönlich gedachten Duldungshabitus. Ein anthropologisch gedachtes Szenario rückt bei Opitz also an die Stelle einer Krisenkonstruktion, wie sie etwa die allegorische Darstellung des namenlosen Barockdramas realisiert. Damit unterstelle ich Opitz keineswegs eine moderne Identitätsauffassung, sondern konstatiere lediglich, dass die implizite Tragödientheorie der Vorrede auf persönliche Involviertheit und weder auf kollektive Rezeptionshaltungen (wie etwa Begeisterung, Bewunderung oder

---

30 *Johann Rist*, Perseus, in: ders., Sämtliche Werke, hg. von Eberhard Mannack u.a., Bd. 1, Berlin u.a. 1967, S. 117–282, hier S. 124.
31 *Martin Opitz*, Buch von der Deutschen Poeterey (1624). Studienausgabe. Mit dem ›Aristarch‹ (1617) und den Opitzschen Vorreden zu seinen ›Teutschen Poemata‹ (1624 und 1625) sowie der Vorrede zu seiner Übersetzung der ›Trojanerinnen‹ (1625), hg. von Herbert Jaumann, Stuttgart 2002, S. 113f.
32 Dies könnte man gegen Nicola Kaminskis Ansatz anführen. Vgl. *Nicola Kaminski*, Ex bello ars oder Ursprung der »Deutschen Poeterey«, Heidelberg 2004, v.a. S. 20f. Sie leitet die Grundlagen der deutschen Poesie aus der »politischen und militärischen Wirklichkeit des Dreißigjährigen Krieges« ab (ebd., S. 9).

Feierlichkeit) noch auf globale Strukturmaßnahmen (wie etwa Ordnung, Staatsräson oder Sozialdisziplin) setzt. Dies mag insofern erstaunen, als das Drama selbst die staatliche Komponente der Krise, die Schreckensherrschaft der Griechen nach Trojas Fall, sehr wohl thematisiert.

Damit bewegt sich die Vorrede durchaus auf aristotelischem Terrain. »Erbarmen« und »wehmuth« sind unschwer als barocke Abkömmlinge von *eleos* und *phobos*, Jammer und Schaudern, zu interpretieren.[33] Da Aristoteles schließlich in Opitz' Definition der Tragödie im *Buch von der Deutschen Poeterey* ausdrücklich genannt wird, liegt diese Annahme nahe.[34] Auch dort findet sich übrigens der individuelle gleichberechtigt neben dem allgemein staatlichen Akzent der Krise in einer Enumeratio deutlich markiert; denn eine Tragödie handle »von Königlichem willen / Todtschlägen / verzweiffelungen / Kinder- und Vatermörden / brande / blutschanden / krieg und auffruhr / klagen / heulen / seuffzen und dergleichen«.[35]

Auffällig ist hier – und das ergänzt meine eben angestellte Vermutung –, dass in Opitz' Poetik die globalen Krisen – Krieg und Aufruhr – gegenüber den individuellen keineswegs hervorgehoben werden. Zudem werden einzelne Affekte genannt, die sich einerseits für die Bühne eignen, andererseits aus dem Alltag bekannt sind: Klagen, Heulen, Seufzen, Verzweifeln. In diesen menschlichen Reaktionen manifestieren sich eben konkret und deshalb auf der Bühne sichtbar die Folgen der Krise, seien sie persönlicher oder staatlicher Natur. Dabei soll die Tragödie offenbar beide Seiten bedenken, die Verbrechen und historischen Konstellationen, die zur Krise führen, und die einzelnen menschlichen Affekte. Der Gattungsentwurf der Vorrede kommt somit eher einer anthropologischen als einer politischen oder historischen Charakterisierung der Krise nahe. Er setzt dabei nicht auf globale Konzepte und deren allegorische Darstellung, sondern auf individuelles Krisenmanagement, auf körperlich sichtbare Folgen.

Ein solches Verständnis der barocken Dramenpoetik ist mit der jüngeren Kritik an Oestreichs Konzept der Sozialdisziplinierung[36] kompatibel: Danach reichten die Strukturen der vorhandenen Gemeinwesen im 17. Jahrhundert nicht aus, um eine umfassende Sozialdisziplinierung, so wie sie der älteren Forschung vorschwebte, zu etablieren. Vielmehr sind dezentrale Institutionen als Garanten für Ordnung und Krisenbewältigung anzusehen, etwa kleinere Höfe, Gemeinwesen, Städte, Kirchen, Zünfte, Großfamilien, Fürsorgestellen

---

33 Vgl. *Aristoteles*, Poetik, übers. und hg. von Manfred Fuhrmann, Stuttgart 2003, Kap. 6.
34 Vgl. *Opitz*, Deutsche Poeterey (Anm. 31), S. 30.
35 Ebd.
36 Vgl. *Gerhard Oestreich*, Antiker Geist und moderner Staat bei Justus Lipsius (1547–1606). Der Neustoizismus als politische Bewegung, hg. von Nicolette Mout, Göttingen 1989, und ders., Geist und Gestalt des frühmodernen Staates. Ausgewählte Aufsätze, Berlin 1969.

oder militärische Gruppierungen, die je unterschiedlich, in differentem Grade und mit verschiedenen Zielen ›policeylich‹ tätig waren. In vielen Gebieten und Bereichen gab es eine Art »Selbstregulierung der Untertanen«,[37] wenn man so will, autochtone Ordnungsvorstellungen und Krisenstrategien. Diese hatten oft eine größere Effizienz als autoritäre, ausschließlich von oben kontrollierte Maßnahmen.

Diesen historischen und poetologischen Befund stärkt die eigentümliche Umdeutung der Constantia in der Vorrede von Opitz, die – durchaus im Sinne von Justus Lipsius[38] – durch die »beschawung der Mißligkeit des Menschlichen Lebens [...] eingepflantzet« wird.[39] Nicht einen gleichbleibend konstanten Zustand soll die Tragödie bewirken, sondern eine prozessual gedachte Aus- oder Abhärtung, die es dem Menschen möglich macht, mit der Krise umzugehen; die Vorrede favorisiert also eine flexible, keine starre Strategie, sie begreift die Didaxe des Dramas als dynamischen Vorgang, der auf einem Wechselspiel von Gräuelerfahrung und Fiktionalisierungsbewusstsein beruht.

Denn die Abhärtung erhält in der Theatertheorie von Opitz eine besondere Bedeutung für die Krisenbewältigung, da sie an die Stelle der schwer bestimmbaren Katharsis in der aristotelischen *Poetik* rückt. Auch hier bestätigt ein Blick in das *Buch von der Deutschen Poeterey* die Vermutung ihrer Sonderstellung; die Poesie habe die Aufgabe, »vnser gemüte wieder die zuefälle dieses lebens auß[zu]härten«,[40] heißt es dort. Natürlich ist die Förderung von Duldungsfähigkeit und Härte etwas anderes als Katharsis (Reinigung), die von den Zeitgenossen meist als *consolatio* (Tröstung) oder *conversio* (Wandlung, Bekehrung) gedeutet wird.[41] In der zitierten Schlüsselpassage der Vorrede lässt sich

---

37 *Heinz Schilling*, Disziplinierung oder ›Selbstregulierung der Untertanen‹? Ein Plädoyer für die Doppelperspektive von Makro- und Mikrohistorie bei der Erforschung der frühmodernen Kirchenzucht, in: Historische Zeitschrift 264 (1997), S. 675–691. Vgl. auch *Markus Meumann* und *Ralf Pröve*, Die Faszination des Staates und die historische Praxis, in: dies. (Hg.), Herrschaft in der Frühen Neuzeit. Umrisse eines dynamisch-kommunikativen Prozesses, Münster u. a. 2004, S. 11–49, und in größerem Zusammenhang *Georg Schmidt*, Geschichte des Alten Reiches. Staat und Nation in der Frühen Neuzeit. 1495–1806, München 1999, sowie *Ronald G. Asch* und *Heinz Duchhardt* (Hg.), Der Absolutismus – ein Mythos? Strukturwandel monarchischer Herrschaft in West- und Mitteleuropa (ca. 1550–1700), Köln u. a. 1996.
38 Vgl. *Justus Lipsius*, De Constantia – Von der Bestendigkeit. Faksimiledruck der deutschen Übersetzung des Andreas Viritius nach der 2. Aufl. von c. 1601 [...], hg. von Leonard Forster, Stuttgart 1965.
39 *Opitz*, Deutsche Poeterey (Anm. 31), S. 114.
40 Ebd., S. 73.
41 Vgl. *Hans-Jürgen Schings*, Consolatio tragoediae. Zur Theorie des barocken Trauerspiels, in: Reinhold Grimm (Hg.), Deutsche Dramentheorien. Beiträge zu einer historischen Poetik des Dramas in Deutschland, Frankfurt ³1980, S. 1–44, v. a. S. 37; *Hellmut Thomke*, Geistliches Drama und Kritik am Theater, in: Albert Meier (Hg.), Die Literatur des 17. Jahrhunderts, München 1999, S. 377–400, v. a. S. 385, und *Werner Wilhelm Schnabel*, Herrschaftliche

indes eine gewisse Abfolge von »erbarmen«, »wehmuth« und Abhärtung erkennen, wobei der Mensch die bessere Duldungsfähigkeit aus dem Gesehenen parallel zu den beiden ›klassischen‹ Tragödien-Affekten lernt. Diese Fähigkeit hilft nicht nur, das Gesehene auf der Bühne besser zu ertragen, sondern auch die oben zitierte »Mißligkeit des Menschlichen Lebens«. An paralleler Stelle der Poetik spricht Opitz von der Kontingenz als von einer zwar individuell erlebten, aber nicht überblickbaren Konstellation. In der zitierten Passage der Vorrede bringt Opitz dies auf die eingängige Formel: »weniger fürchten vnd besser erdulden«. Man kann wohl mit Fug behaupten, dass die Aus- beziehungsweise Abhärtung hier zum primären Ziel der anthropologischen Tragödientheorie ausgerufen wird.

Innerhalb des Schauspiels wirken die Gräuel quasi homöopathisch, weil sie mit einem Fiktionalisierungsbewusstsein verbunden sind, das das Geschehen von der Wirklichkeit qualitativ unterscheiden hilft. Der Rezipient erfährt die Gräuel, ohne unmittelbar involviert zu werden; »erbarmen« und »wehmuth« beziehen sich nicht auf die Realität, sondern auf das Theater; aber dieses dient der Stärkung für jene.

Nach dieser individuell angelegten Dramenpädagogik argumentiert die Vorrede schließlich dann doch auch mit globalen Krisenkonstellationen, die durch historische Vergleiche – wie sie in der Frühen Neuzeit üblich sind – interpretiert werden. Hier wird nun an den Fall von Troja erinnert, der im der Vorrede folgenden Stück freilich mehr in statischen Bildern als in dramatischen Handlungen thematisiert wird. Auch dort erscheinen also vornehmlich Momente des Leidens und kaum rationale Argumente, die eine historische Krise erklären könnten.

Wenden wir uns der zweiten Vorrede zu, dem zentralen Paratext zum oben erwähnten Trauerspiel *Leo Armenius* von Andreas Gryphius (1650). Zitiert sei der Anfang: »Großgünstiger Leser. // INdem vnser gantzes Vatterland sich nuhmehr in seine eigene Aschen verscharret / vnd in einen Schawplatz der Eitelkeit verwandelt; bin ich geflissen dir die vergänglichkeit menschlicher sachen in gegewertigem / und etlich folgenden Trawerspielen vorzustellen. Nicht zwar / weil ich nicht etwas anders vnd dir vielleicht angenehmers vnter händen habe: sondern weil mir noch dieses mal etwas anders vorzubringen so wenig geliebet / alß erlaubet«.[42] Die Vorrede setzt – anders als jene von Opitz – nicht beim individuell erlebten Leid, sondern bei der vaterländischen Krise an. Das vorliegende und einige folgende Trauerspiele sollen, so Gryphius, an die »ver-

---

Willkür und ihre Opfer – Handlungsmuster und Wertehorizonte im voraufklärerischen Drama, in: Petra Bendel und Thomas Fischer (Hg.), Menschen- und Bürgerrechte: Perspektiven der Regionen, Erlangen 2004, S. 569–588.
42 *Gryphius*, Leo Armenius (Anm. 9), S. 4.

gänglichkeit menschlicher sachen« erinnern; diese zeige sich besonders an den katastrophalen Folgen[43] des gerade beendeten Dreißigjährigen Krieges. Die Ausgangsbeschreibung arbeitet mit einer Allegorie: Das Vaterland hat sich selbst in seine eigene Asche verscharret, ist also nicht nur vernichtet worden, sondern hat diese Vernichtung durch sein eigenes Zutun noch forciert. Die Asche erscheint dabei als Gegensatz zur Eitelkeit und der Staatskörper als Schauplatz übermäßiger Diesseitsorientierung.

Einen Ausweg aus der Katastrophe kann die Vorrede nicht bieten; sie setzt auf eine Bewusstseinsveränderung des Rezipienten, als deren Kern ein realistischer Blick auf die Labilität menschlicher Errungenschaften angesehen wird. Mit der ostentativen Leser- beziehungsweise Zuschaueranrede – »bin ich geflissen dir« – rückt auch bei Gryphius der Mensch ins Zentrum. Denn um die Veränderung seines Weltbezugs geht es ihm; er (und kein abstraktes Vaterland) soll in seinem Handeln die Vergänglichkeit des Menschlichen mit bedenken.

Wie dies erreicht wird, erklärt die Krisenpoetik – wie bei Opitz – mit einem Rekurs auf die aristotelische Tragödienpoetik: »Die Alten gleichwohl haben diese art zu schreiben nicht so gar geringe gehalten / sondern alß ein bequemes mittel menschliche Gemüter von allerhand vnartigen vnd schädlichen Neigungen zu säubern / gerühmet.«[44] Hier haben wir es mit einer der wenigen dramentheoretischen Äußerungen von Gryphius zu tun; schon deshalb muss sie als eine Schlüsselstelle seiner Krisenpoetik bezeichnet werden. Erwartbar wirkt in poetologischem Kontext der Hinweis auf Autoritäten: Mit den »Alten« sind natürlich in erster Linie die antiken Autoren Aristoteles und Horaz gemeint; in ihrer Tradition können aber auch ihre neuzeitlichen Nachfolger Scaliger und Heinsius mitgelesen werden. Die Vorrede zum *Buch von der Deutschen Poeterey* macht diesen Zusammenhang für die Schlesier, also auch für Gryphius, kanonisch.[45] Mit der Autoritätsreferenz öffnet dieser den Blick für die aristotelische Katharsis-Lehre. Ausdrücklich verweist er darauf, dass die Tragödie – »diese art zu schreiben« – ein Instrument sei, um die menschlichen Gemüter von schädlichen Emotionen – gemeint sind vermutlich wieder *eleos* und *phobos* – zu reinigen. Die ostentative Berufung auf die Katharsis-Lehre impliziert auch hier eine eminent anthropologische Fundierung der Krisenpoetik.

In den Tragödien soll folglich nicht gezeigt werden, wie adäquat zu reagieren wäre, damit keine Krisensituationen entstehen, oder wie Krisen überhaupt zu vermeiden seien. Nein, hier geht es um individuelles Handeln in Krisensitua-

---

43 Vgl. hierzu *Dirk Niefanger*, Affekt und Katastrophengedächtnis bei Andreas Gryphius, in: Johann Anselm Steiger u. a. (Hg.), Passion, Affekt und Leidenschaft in der Frühen Neuzeit, Bd. 2, Wiesbaden 2005, S. 941–950. Zur Affektdiskussion im 17. Jahrhundert vgl. den gesamten Sammelband.
44 *Gryphius*, Leo Armenius (Anm. 9), S. 4.
45 Vgl. *Opitz*, Deutsche Poeterey (Anm. 31), S. 13.

tionen. Und die im Theater präsentierten Staatskrisen fasst die Vorrede als Handlungsmuster auf, die helfen sollen, sich von Affekten zu befreien. Anders ausgedrückt werden hier vor allem menschliche Schicksale und keine bloßen Haupt- und Staatsaktionen verhandelt. Auch der spätere Hinweis auf die Fehler der »jetzt regierenden Fürsten«[46] ändert an diesem Befund nichts, denn er belegt nur die Allgemeingültigkeit der im Stück exemplifizierten menschlichen Situation. Als versteckter Fürstenspiegel kann der *Leo Armenius* schon wegen der offensichtlichen »Doppeldeutigkeit« seines Protagonisten nicht dienen.[47]

Die Entfaltung der historischen Situation Deutschlands in der Vorrede dient dazu, die im Stück rezipierte Staatskrise in eine konkrete Rezeptionssituation zu stellen.[48] Indem das Gesehene nicht als bloßes Moment einer vergangenen Zeit, sondern als notwendiger Stoff in krisenhafter Zeit akzentuiert wird, bekommt es ein stärkeres affektives Gewicht. Das entfernte historische Geschehen der Tragödie, die Ablösung des konstantinischen Kaisers Leon durch Michael Balbus im Jahre 741, wird dabei bewusst nicht einfach auf aktuelles staatspolitisches Handeln applizierbar, wohl aber dessen affektiver Kern, nämlich die Erfahrung von Kontingenz – denn nichts anderes stellt der im Drama gezeigte Glückswechsel ja dar –, als anthropologische Konstante sichtbar. Die »vnartigen vnd schädlichen Neigungen«, von denen die Tragödie durch Katharsis befreien soll – *eleos* und *phobos*, Jammer[49] und Schaudern – sind jene Affekte, die uns mit Macht beschleichen, wenn wir den Glückswechsel des Kaisers auf der Bühne erleben müssen. Sein »Adé Welt«[50], seine Absage an das Vergängliche des Diesseits, korrespondiert deshalb nicht von ungefähr mit dem Beginn der Vorrede. Gnade und Hoffnung, Konstanz und Tröstung erfahren wir, so lässt sich schließen, nur aus einem lutherisch gedachten Jenseitsbezug. Dieser reinigt von der affektiven Bindung ans weltliche Glück.

Wie bei Opitz erlebt der Rezipient – trotz der doppelten historischen Verankerung an die Zeitgeschichte (durch die Vorrede) und die Geschichte Leons (durch das Stück selbst) – die affektive Anfechtung aber nur auf dem Theater, in

---

46 *Gryphius*, Leo Armenius (Anm. 9), S. 4.
47 *Peter J. Burgard*, König der Doppeldeutigkeit: Gryphius' ›Leo Armenius‹, in: ders. (Hg.), Barock: Neue Sichtweisen einer Epoche, Wien, Köln und Weimar 2001, S. 121–141. Vgl. *Heinz J. Drügh*, »Was mag wol klärer seyn?« – Zur Ambivalenz des Allegorischen in Andreas Gryphius' Trauerspiel Leo Armenius, in: Hartmut Laufhütte u. a. (Hg.), Künste und Natur in Diskursen der Frühen Neuzeit, Bd. 2, Wiesbaden 2000, S. 1019–1031, und *Nicola Kaminski*, Andreas Gryphius, Stuttgart 1998, S. 81–97.
48 Dies scheint mir Kaminski zu übersehen, die von einer unbestimmten »Affinität zwischen der kriegsbedingten Verwandlung des ›Vaterlandes‹ in einen ›Schawplatz der Eitelkeit‹ und der vom Autor vorgenommenen Verwandlung der ›vergänglichkeit menschlicher sachen‹ in ein ›Trawerspiel‹« spricht; *Kaminski*, Andreas Gryphius (Anm. 47), S. 81.
49 Vgl. etwa *Gryphius*, Leo Armenius (Anm. 9), S. 104f. u. ö.
50 Vgl. ebd., S. 102.

einer fiktiven Welt also. Deshalb wird die Form des Trauerspiels (»nicht etwa anders«) von Gryphius in der zitierten Anfangspassage der Vorrede ausdrücklich betont. Denn nur diese scheint das geeignete Instrument zu sein, mit Krisen, wie der gegenwärtig im Vaterland erlebbaren, umzugehen.

Der 1607 geborene Johann Rist[51] setzt viel stärker als Gryphius und Opitz auf die Theaterpraxis. Seine Vorrede spricht deshalb nur dann den »Comœdien vnd Tragœdien« ihre »vielfältigen Nutzbarkeiten« zu, »wann sie recht vnd wol agiret werden«. Dann freilich lösen sie »eine sonderliche Lust vnd Ergetzlichkeit [bei] den Zuschauern« aus.[52]

Trotz der Hervorhebung performativer Aspekte des Theaters und der etwas einseitigen Betonung des Horazischen *delectare*[53] finden sich auch bei Rist Hinweise auf die Krisensituation der Zeit: Auch in »vnseren Martialischen und hochbetrübten Zeiten«, schreibt er, fänden die Stücke ihre kompetenten Autoren.[54] Die genannte *delectare*-Funktion der Schauspiele bindet er an das anthropologische Bedürfnis des Menschen, sich nach schwerer Arbeit zu erholen. Denn die Stücke seien vornehmlich für jene gedacht, »welche durch schwere Amptsgeschäfte gleich gar ermüdet sind / höchlich dadurch wiederumb können erquicket werden. Vnmüglich ists / daß jenige Creatur / absonderlich aber der Mensch ohne Ruhe vnd Ergetzung leben könne.«[55] Die »Comœdien vnd Tragœdien« seien deshalb für die Erholung so geeignet, weil »durch dieselbe der gantze Mensch höchlich erfrewet wird«.[56] Den für das 17. Jahrhundert etwas wunderlichen Ausdruck[57] »der gantze Mensch« wählt der Autor hier nicht zufällig; er scheint Rist vielmehr ein wichtiger Bezugspunkt seiner Theatertheorie zu sein. So findet sich in den erwähnten *Monatsgesprächen* die Formulierung, eine vollkomme Komödiantin müsse auf die »ansehnliche Darstellung jhrer gantzen Person« achten.[58] So könne – heißt es dort etwas später – »ein Mensch den anderen durch seine Rede / Sitten und Bewegung« zu beliebigen Affekten »zwingen«.[59]

---

51 Vgl. *Renate Jürgensen*, Melos conspirant singuli in unum. Repertorium bio-bibliographicum zur Geschichte des Pegnesischen Blumenordens in Nürnberg (1644–1744), Wiesbaden 2006, S. 168–177; *Johann Anselm Steiger* (Hg.), »Ewigkeit, Zeit ohne Zeit«. Gedenkschrift zum 400. Geburtstag des Dichters und Theologen Johan Rist, Neuendettelsau 2007.
52 *Rist*, Perseus (Anm. 30), S. 121.
53 Vgl. *Horaz*, Ars Poetica / Die Dichtkunst. Lateinisch / Deutsch, übers. und mit einem Nachwort hg. von Eckart Schäfer, Stuttgart 2005, S. 24, V. 333.
54 *Rist*, Perseus (Anm. 30), S. 121.
55 Ebd.
56 Ebd.
57 Für das 18. Jahrhundert ist er geradezu zum Schlagwort anthropologischer Zugänge geworden. Vgl. etwa *Hans-Jürgen Schings* (Hg.), Der ganze Mensch. Anthropologie und Literatur im 18. Jahrhundert, Stuttgart und Weimar 1994.
58 *Rist*, Die AllerEdelste Belustigung (Anm. 29), S. 281.
59 Ebd.

Rists Schauspiel-Anthropologie zielt indes nicht nur auf das *delectare*. So fügt er in seiner Vorrede Ausführungen zur Nützlichkeit des Theaters, zum *prodesse*, an. Wieder steht aber die Schauspielkunst und damit die Darstellung von Menschen durch Menschen im Zentrum seiner Argumentation: »Nützlich sind sie [die Schauspiele] den jenigen / welche jre Personen auff dem Theatro öffentlich præsentieren vnd darstellen / Nützlich sind sie auch allen Spectatoribus vnd Zusehern ins gemein.«[60] Obwohl man davon ausgehen kann, dass Rists doch recht komplexe *Perseus*-Tragödie über einen tyrannischen makedonischen Monarchen, der sich gegen Rom auflehnt, nicht von jedem verstanden wurde, finden sich in der Vorrede Hinweise auf ein intendiertes breites Publikum. Mit den lustigen Intermezzi, die den Tragödienregeln widersprächen, wolle er »dem gemeinem Manne« die Möglichkeit geben, aus dem Stücke seinen eigenen Nutzen zu ziehen.[61] Denn »was wir selber sehen / daz gleuben wir tausentmahl gewisser / als was wir auß blosser relation […] vernehmen.«[62] Das theatrale Miterleben wirkt also effizienter beim Krisenmanagement als bloßes Lesen oder Hören.

Worin besteht nun der Nutzen der Tragödie für die Zuschauer? Sie werden »durch fleissiges anschawen [von] allerhand vortrefflicher historischen sachen bewogen vnd angereitzet / die Laster […] zu meiden.«[63] Vermutlich hat man sich die konkrete Wirkung, die Rist vorschwebt, ähnlich vorzustellen wie bei den Schauspielern, die ja, wie schon zitiert, durch ihr Spiel parallele Affekte beim Publikum erregen können. Dann werden durch das Spiel auch beim Zuschauer, »die Gemühter dergestalt […] alteriret, daß sie den lastern […] von Herzen gram vnd feind werden«.[64] Auch hier scheint die aristotelische Katharsis-Lehre durch: Die Erregung der Gemüter soll bei Rist von Lastern reinigen. Die didaktisch ausgerichtete Tragödie bietet eine Möglichkeit für den Menschen, über kontrolliert erzeugte Affekte den Umgang mit Krisensituationen zu lernen. Bei Rist erhält hierbei – anders als bei Opitz und Gryphius – aber die Schauspielpraxis ein besonderes Gewicht. Das Schauen und Spielen von Theaterstücken (und weniger das Lesen von Dramen) hilft, »in diesen vnsern Martialischen vnnd hochbetrübten Zeiten«[65] zurechtzukommen. Es bietet Erholung *und* stärkt die affektive Ablehnung von Lastern.

---

60 *Rist*, Perseus (Anm. 30), S. 122.
61 Ebd., S. 125.
62 Ebd., S. 123.
63 Ebd.
64 Ebd., S. 122.
65 Ebd., S. 121.

3. Fazit

Das Theater wird in den besprochenen Dramen- und Paratexten mit Krisenerfahrungen zusammengebracht, ja als Trainingsmöglichkeit für den Umgang mit Krisen, für die ›Zufälle des Lebens‹ gesehen. Dies funktioniert, weil die Barockdichter das Schauspiel, jedenfalls von den metadramatischen Passagen der Dramentexte und den poetologischen Paratexten her, anthropologisch und nicht – wie man meinen könnte – als heimlichen Fürstenspiegel denken. Als wichtige Referenz verweisen die Vorreden und die Strukturen der Dramen zumindest implizit auf die aristotelische Katharsis-Lehre; sie ermöglicht es, die durch die Bühne erzeugten Affekte auf die Handlungen des Rezipienten zu beziehen. Begünstigt wird dieser Effekt dadurch, dass die Krisen innerhalb der Dramen-Diegese – meist mithilfe des Höhe-Fall-Schemas – auf einzelne Protagonisten bezogen werden. Der Krisenpoetik liegt eine Art homöopathisches Denkmodell zugrunde, das seine Evidenz aus einer Affekt-Analogie zieht. Demnach helfen die gesteuerten Affekte, die im Theater oder beim Lesen erzeugt werden, mit Krisensituationen, die ähnliche Affekte erzeugen, umzugehen. Die Inszenierung der Krisen im Theater und ihre Beziehung zur Lebenswirklichkeit der Rezipienten folgen insofern dem frühneuzeitlichen Repräsentationsmodell,[66] das noch nicht arbiträre Zeichen einsetzt, sondern auf wiedererkennbaren Ähnlichkeiten basiert. Kleine, kontrolliert verabreichte Affekt-Dosen sollen nach Opitz eine Aus- oder Abhärtung, nach Gryphius eine Verinnerlichung der ›consolatorischen‹ Jenseitsperspektive und nach Rist eine Abscheu vor Lastern erzeugen.

Insofern kann man zwar gewisse Unterschiede in den einzelnen Ausprägungen der barocken Krisenpoetik konstatieren, ihnen gemeinsam ist aber ein

---

66 ›Repräsentation‹ (*représentation, repræsentatio*) hat den Vorteil, ein zeitgenössischer Begriff der Frühen Neuzeit zu sein, wo er vor allem in zwei Bedeutungsvarianten gebraucht wird: Das Repräsentierte zeigt erstens (stellvertretend) etwas, das abwesend ist, oder es führt zweitens etwas (öffentlich) als gegenwärtig vor, macht etwas präsent. Repräsentation in diesem letzten Sinne kann entweder als mentale Vorstellung oder als zeichenhafte Darstellung gefasst werden. Unter »Repräsentationen der sozialen Welt« versteht Roger Chartier jene »Figurationen, kraft derer die Gegenwart Sinn annehmen, die andere verstehbar und der Raum erkennbar werden kann«. Sie gelten nicht generell, sondern sind nur innerhalb einer begrenzten sozialen Größe »faßbar, denkbar, lesbar«. Sie gehorchen »stets den Interessen der Gruppe, die sie zimmerte«, und dienen dazu, »ihre Sicht der sozialen Welt, ihre Werte und ihre Herrschaft« durchzusetzen; *Roger Chartier*, Kulturgeschichte zwischen Repräsentation und Praktiken, in: ders., Die unvollendete Vergangenheit. Geschichte und die Macht der Weltauslegung, übers. von Ulrich Raulff, Frankfurt a.M. 1992, S. 7–23, hier S. 11f. Vgl. auch *Carlo Ginzburg*, Repräsentation – das Wort, die Vorstellung, der Gegenstand, übers. von Wolfgang Kaiser, in: Freibeuter 53/54 (1992), S. 3–23, und *Martin Schulz*, Körper sehen – Körper haben. Fragen der bildlichen Repräsentation. Eine Einleitung, in: Hans Belting, Dietmar Kamper und Martin Schulz (Hg.), Quel Corps? Eine Frage der Repräsentation, München 2002, S. 1–25.

Umbrechen (nationaler oder auf nationale Konstellationen übertragbarer) Krisenszenarien auf persönliches Handeln. Sowohl die als Krise beschriebene Ausgangsposition der Tragödien als auch die in den Stücken gezeigten historischen Krisen werden strikt in ihrer Relevanz für das einzelne Individuum und seine Affekte gelesen. Insofern agiert die anthropologisch konstruierte Didaxe der barocken Geschichtsdramen ausgesprochen konkret.

Konrad Petrovszky

Die Entdeckung der historischen Tiefe als Strategie der Krisenverarbeitung: die moldauische Chronistik des 17. Jahrhunderts

»Denn der Herr hat alles mit einer Frist versehen und die Unbeständigkeit des Schicksals verfügt. Den Weltenlauf wolltet ihr ergründen, die Welt indes hat euren Lauf bemessen. So ist unser Zeitalter«.[1] Diese an die »Weisen dieser Welt« gerichteten Verszeilen entstammen dem Gedicht des moldauischen Adligen und Chronisten Miron Costin *Das Leben der Welt* (*Viaţa lumii*). Unter Rückgriff auf Vorbilder der biblischen Literatur sowie der lateinischen Klassik suchte er hier nach einer dichterischen Formulierung für die Erfahrung allgemeiner Unbeständigkeit und Zerrüttung, die er für sein Zeitalter postulierte.

Damit scheint sich Costin als Gewährsmann der These von der »Krise des 17. Jahrhunderts« anzubieten, die sich seit den einschlägigen Aufsätzen von Eric Hobsbawm und Hugh Trever-Roper geradezu als feste Redewendung etabliert hat.[2] Für kaum ein anderes Jahrhundert der Neuzeit werden die Begriffe ›Krise‹ und ›Krisenbewusstsein‹ in vergleichbarem Maße verwendet wie für das 17. Jahrhundert. Gefährdungsszenarien, Unsicherheitsdiskurse einerseits, Ordnungsstreben und Selbstversicherung in kulturellen oder religiösen Traditionen andererseits werden als atmosphärische Signatur eines Jahrhunderts angeführrt,[3]

---

1 »Că Dumnezeu au vîrstatŭ toate cu Sorocul,/ Au poruncitŭ la un loc să nu stea norocul./ Cursul lumii aţi cercatŭ, lumea cursul vostru/ Au tăiat. Aşa este acum vacul nostru«. *Miron Costin*, Viaţa lumii [Das Leben der Welt], in: Opere [Werke], hg. und kommentiert von P. P. Panaitescu, Bukarest 1958, S. 318–325, hier 322. – Diese und alle nachfolgenden Übersetzungen stammen vom Verfasser des vorliegenden Beitrags.
2 *Eric J. Hobsbawm*, The General Crisis of the European Economy in the Seventeenth Century, in: Past and Present 5 (1954), S. 33–53 und 6 (1964), S. 44–65; *Hugh R. Trevor-Roper*, The General Crisis of the Seventeenth Century, in: Past and Present 16 (1959), S. 31–64. Vgl. auch die Zusammenfassung der daran anschließenden Forschung unter dem gleichnamigen Titel im Handbuch von *Günter Vogler*, Europas Aufbruch in die Neuzeit: 1500–1650, Stuttgart 2003, S. 413–416.
3 Mit wahrnehmungsgeschichtlicher Perspektive vgl. etwa die Sammelbände *Monika Hagenmaier* und *Sabine Holtz* (Hg.), Krisenbewußtsein und Krisenbewältigung in der Frühen Neuzeit. Festschrift für Hans-Christoph Rublack, Frankfurt am Main u. a. 1992; *Manfred Jakubowski-Tiessen* (Hg.), Krisen des 17. Jahrhunderts. Interdisziplinäre Perspektiven, Göt-

das auch für das Osmanische Reich und sein weit nach Ostmitteleuropa reichendes Herrschaftsgebiet als Epoche tiefgreifender Umbrüche gilt.[4]

Vor allem der Geschichtsschreibung wird in Zusammenhang mit Krisensituationen zugutegehalten, ein sensibler Indikator zu sein: Historiographie vermag kraft ihrer Beobachterperspektive Krisenhaftes nicht nur zu artikulieren (oder aber zu unterschlagen), vielfach scheint der historische Diskurs selbst durch tiefgreifende Umbruchserfahrungen hervorgebracht zu sein. Häufig jedoch wird eine gegenseitige Verwiesenheit von Krisenerfahrung und Geschichtsschreibung eher postuliert, als dort, wo sie alles andere als evident ist, tatsächlich explizit gemacht zu werden. Dies ist etwa für die rumänische Forschung der Fall, wo die ideen- und mentalitätsgeschichtlich maßgeblichen Arbeiten von Paul Hazard, Pierre Chaunu und Jean Delumeau relativ rasch und oft reflexartig auf die eigene Frühe Neuzeit appliziert werden, um die Entstehung eines allgemeinen Krisenbewusstseins aus einer dementsprechenden Realität zu erklären.[5] Nun sind die Positionen und Konfliktlinien des 17. Jahrhunderts in diesem Raum zu einem guten Teil nur anhand weniger Chroniken rekonstruierbar. Im modernen Verständnis oft mit einem gesteigerten kulturellen Zeugniswert versehen, werden diese auch in der Forschung fast ausschließlich unter

---

tingen 1999, sowie *Hartmut Lehmann* und *Anne-Charlott Trepp* (Hg.), Im Zeichen der Krise. Religiosität im Europa des 17. Jahrhunderts, Göttingen 1999.

4 Freilich fallen die Diagnosen je nach Region, Zeitraum und Gesellschaftsbereich unterschiedlich aus, doch scheint sich der Krisenbegriff aufgrund einer Verdichtung von Befunden ab 1580 als allgemeine Deutungskategorie anzubieten. Die klassische Darstellung von *Halil Inalcik*, The Ottoman Empire. The Classical Age 1300–1600, London 1973, endet um 1600 mit der bezeichnenden Kapitelüberschrift »The Decline of the Ottoman Empire«. Diese Epochengrenze wird auch für die Einteilung der umfangreichsten sozial- und wirtschaftsgeschichtlichen Darstellung des Osmanischen Reiches wieder aufgenommen (*Halil Inalcik* und *Donald Quataert* [Hg.], An Economic and Social History of the Ottoman Empire, 2 Bde., Cambridge 1994), während *Colin Imber*, The Ottoman Empire, 1300–1650. The Structure of Power, Basingstoke u. a. 2002, das Ende der »klassischen Epoche« in die Mitte des 17. Jahrhunderts verlegt. Für eine Diskussion dieser Periodisierungsentwürfe siehe *Suraiya Faroqhi*, Formen historischen Verständnisses in der Türkei. Politische und wirtschaftliche Krisen in der »Frühen Neuzeit«, in: Renate Dürr u. a. (Hg.), Eigene und fremde Frühe Neuzeiten. Genese und Geltung eines Epochenbegriffs, München 2003, S. 107–122.

5 Gemeint sind insbesondere *Paul Hazard*, La crise de la conscience européenne. 1680–1715, 2 Bde., Paris 1934–1935; *Jean Delumeau*, La peur en Occident (XIVe– XVIIIe siècles), Paris 1978, sowie von *Pièrre Chaunu*, La civilisation de l'Europe classique, Paris 1966. Beispiele einer anregenden Aufnahme und Verarbeitung dieser Impulse in der rumänischen Geschichtsschreibung bieten *Alexandru Duțu*, Umaniștii români și cultura europeană [Die rumänischen Humanisten und die europäische Kultur], Bukarest 1974; *Stefan Lemny*, Sensibilitate și istorie în secolul XVIII românesc [Empfindsamkeit und Geschichte im rumänischen 18. Jahrhundert], Bukarest 1990, sowie *Toader Nicoară*, Sentimentul de insecuritate în societatea românească la începutul timpurilor moderne (1600–1830) [Das Gefühl der Unsicherheit in der rumänischen Gesellschaft zu Beginn der Neuzeit (1600–1830)], 2 Bde., Cluj 2002–2005, wenngleich auch hier die Analysekategorien westeuropäisch-französischer Provenienz nicht weiter auf ihre Übertragbarkeit in andere soziokulturelle Kontexte hin befragt werden.

dem Blickpunkt des Abbildungsverhältnisses von (historischem) Kontext und (historiographischem) Text betrachtet und eventuell noch hie und da auf ihre ›Wahrheitstreue‹ geprüft. Doch greift die so praktizierte Reduzierung des historischen Narrativs auf seine Mitteilungsfunktion sicherlich zu kurz, um nachzuvollziehen, wie weit die Verwicklung von Geschichtsschreibung in das zeitgenössische Konfliktfeld reicht. Die Frage etwa, wie die (reale oder zumindest angenommene) Krise in den Chroniken durch eine schriftliche Fixierung überhaupt erst ausgetragen wird und welche Absichten damit verfolgt werden, bleibt in dieser Perspektive völlig unterbelichtet.

Mit Blick auf den konkreten Fall der moldauischen Chronistik, die an dieser Stelle erörtert werden soll, erscheint es mir daher aussichtsreicher, Geschichtsschreibung in erster Linie als eine Form textueller (Aus-)Handlung zu begreifen, in der Hoffnung, auf diesem Wege ihr Krisenverhalten exakter beschreiben zu können. Denn der umfassende Wandel, den die Chronistik des Fürstentums Moldau im Zeitraum zwischen 1640 und 1690 erfahren hat, kann in gewissem Sinne sowohl als Fallbeispiel eines gewandelten Geschichtsbewusstseins infolge einer Krisenerfahrung gelesen werden, ebenso gut aber auch als Beispiel dafür, wie eine Krise überhaupt erst über die Geschichtsschreibung in ihrer Größenordnung vermittelt, um nicht zu sagen: konstruiert wird. Für beide Lesarten – Geschichtsschreibung als Krisenprodukt oder aber Krise als Narrationseffekt – werden sich stichhaltige Argumente finden lassen. Ob man nun fragt, worin denn die Krisenerfahrung bestand, die sich historiographisch niederschlug, oder aber, welche Absicht mit der historiographischen Qualifizierung der Gegenwart als Krise verfolgt wurde – beide Fragen sind letztlich als komplementär zu verstehen und verweisen auf das Respondenzverhältnis, in dem historiographische Texte und gesellschaftliche Konstellationen stehen.[6] In eben dieser Doppelperspektive möchte ich im Folgenden der spezifischen Verflechtung von Gegenwartsdiagnose und Geschichtszeit in der Chronistik der frühneuzeitlichen Moldau nachgehen, um zu zeigen, wie die Krise kultureller Selbstverständlichkeiten und sozialer Orientierungspunkte einen historiographischen Registerwechsel herausforderte, der seinerseits dem zeitgenössischen Konfliktfeld einen neuen, historisch ›angereicherten‹ Sinn verlieh.[7]

Der erste Abschnitt zeichnet in geraffter Form die historischen Umstände des Aufkommens einer krisensensitiven Geschichtsschreibung im Laufe des

---

6 Damit folge ich *Gabrielle M. Spiegel*, The Past as Text. The Theory and Practice of Medieval Historiography, Baltimore und London 1999, und ihrer dort in mehreren Einzelanalysen dargelegten Konzeption der »social logic of writing«.

7 Für eine umfassende Auseinandersetzung mit der südosteuropäischen Geschichtsschreibung der Vormoderne, die auch eine Kurzfassung des vorliegenden Beitrags beinhaltet, siehe *Konrad Petrovszky*, Geschichte schreiben im osmanischen Südosteuropa. Eine Kulturgeschichte orthodoxer Historiographie des 16. und 17. Jahrhunderts, Wiesbaden 2014.

17. Jahrhunderts nach. Da das Schreiben von Geschichte in der Moldau bis ins beginnende 19. Jahrhundert ausnahmslos eine Angelegenheit des Adels beziehungsweise des höheren Klerus blieb, beschränken sich die Ausführungen im Wesentlichen auf die gesellschaftliche Elite des Fürstentums. Demgegenüber werden im zweiten Abschnitt die unterschiedlichen Dimensionen historiographischer Umdisponierung entfaltet, um schließlich den Zusammenhang von Geschichtsentwurf und zeitgenössischer Konfliktlage in den Blick zu nehmen. Ausgehend von der spezifisch südosteuropäischen Perspektive werden einige der eingangs erwähnten Punkte bezüglich der Annäherung an das Phänomen ›Krisenbewusstsein‹ abschließend noch einmal aufgegriffen.

1. Das Fürstentum Moldau im 17. Jahrhundert – die levantinische Zuwanderung und die Konjunktur des Abstammungsarguments

Als politische Einheit stellt das Fürstentum Moldau eine relativ junge Erscheinung dar. Auf der politischen Karte Europas begann es sich erst in der zweiten Hälfte des 14. Jahrhunderts abzuzeichnen, in etwa zeitgleich mit der südlich angrenzenden Walachei. Dem byzantinisch-orthodoxen Ritus verpflichtet standen beide Fürstentümer seit ihrem Bestehen im Vasalitätsverhältnis zu den benachbarten katholischen Königreichen Polen und Ungarn, zu denen sich schon im Lauf des 15. Jahrhunderts das in Expansion begriffene Osmanische Reich als neue und dauerhafte Hegemonialmacht hinzugesellte.[8] Die religiöse und politische Grenzlage des Fürstentums wirkte sich in besonderem Maße auf die inneren Verhältnisse aus, die von einer Dauerkonkurrenz zwischen der Fürstengewalt (Woiwod) einerseits sowie den auch untereinander rivalisierenden Adelsfraktionen (Bojaren) andererseits geprägt waren. Diese Konstellation führte jedoch – wie in der angrenzenden Walachei, doch anders als in vergleichbaren europäischen Fällen – zu keinem geregelten Verfahren ständischer Mitherrschaft, sondern verfestigte vielmehr ein System adliger Klientelbildung um eine autokratisch aufgefasste Landesherrschaft – ein Prozess, den die fortschreitende Integration ins osmanische Wirtschafts- und Herrschaftssystem beschleunigte.[9] Ohne jemals administrativ ins Osmanische Reich eingegliedert

---

8 Siehe hierzu neuerdings *Liviu Pilat*, Between Ottoman Empire and Latin Christendom: Moldavia as Frontier Society in the Late Middle Ages, in: Gábor Kármán und Radu G. Păun (Hg.), Europe and the ›Ottoman World‹. Exchanges and Conflicts (Sixteenth to Seventeenth Centuries), Istanbul 2013, S. 171–193.

9 Für die bis in die zweite Hälfte des 18. Jahrhunderts weitgehend auf Gewohnheitsrecht basierenden politischen und juridischen Mechanismen siehe *Daniel Barbu*, Bizanț contra Bizanț. Explorări în cultura politică românească [Byzanz contra Byzanz. Erkundungen in der

worden zu sein, erwuchsen aus dem besonderen Abhängigkeitsverhältnis der beiden Donaufürstentümer eine Reihe finanzieller, materieller und militärischer Verpflichtungen gegenüber der Hohen Pforte.[10] Der sich schon bald etablierende Kreislauf von steigendem Abgabendruck und chronischer Ressourcenknappheit, nicht zuletzt im Zuge der zunehmenden militärischen Auseinandersetzungen, zeitigte eine Reihe tiefgreifender ökonomischer, politischer und sozialer Folgen, von denen die Schwächung des Fürstenamtes und der allgemeine Bedeutungszuwachs eines ökonomisch potenten Bojarenstands an erster Stelle zu nennen sind. Da andererseits jedoch das monokratische System nie prinzipiell in Frage gestellt wurde, blieben die Besetzung von Staatsämtern, die Steuerpolitik, die Gewährung von Privilegien und eine Reihe anderer Verfahren im Wesentlichen von der Person des Fürsten abhängig, dessen Handlungsspielraum wiederum von den Ansprüchen der Reichspolitik sowie seines jeweiligen Unterstützerkreises eingeschränkt war.[11]

Der in diesem Spannungsverhältnis bereits strukturell angelegte Machtverteilungskampf, der nicht selten militärisch ausgetragen wurde, erfuhr im Laufe des 17. Jahrhunderts eine besondere Dynamisierung, als der Zustrom von Händlern und Geschäftsleuten, von Geistlichen und staatlichen Würdenträgern aus dem südlichen Balkanraum ein neues Ausmaß erreichte.[12] Durch die kon-

---

politischen Kultur Rumäniens], Bukarest 2001, sowie *Radu Păun*, La circulation de pouvoir dans les Pays Roumain au XVIIe siècle. Repères pour un modèle théorétique, in: New Europe College Yearbook (1998/99), S. 265–310. Für die institutionen- und kulturgeschichtlichen Hintergründe siehe *Nicolae Stoicescu*, Sfatul domnesc și Marii Dregători din Țara Românească și Moldova (sec. XIV–XVII) [Der Fürstenrat und die hohen Staatsämter in der Walachei und Moldau. 14.–17. Jahrhundert], Bukarest 1968, *Valentin Al. Georgescu*, Bizanțul și instituțiile românești pînă la mijlocul secolului al XVIII-lea [Byzanz und die rumänischen Institutionen bis Mitte des 18. Jahrhunderts], Bukarest 1980, sowie *Andrei Pippidi*, Tradiția politică bizantină în țările române în secolele XVI–XVIII [Die byzantinische politische Tradition in den rumänischen Fürstentümern], 2. erw. Aufl., Bukarest 2001.

10 Zu Theorie und Praxis der Tributabhängigkeit vgl. *Mihai Maxim*, L'Empire ottoman au nord du Danube et l'autonomie des Principautés Roumains au XVIe siècle. Études et documents, Istanbul 1999, *Viorel Panaite*, The Ottoman Law of War and Peace: The Ottoman Empire and Tribute Payers, Boulder 2000, sowie *Gábor Kármán* und *Lovro Kunčević* (Hg.), The European Tributary States of the Ottoman Empire in the Sixteenth and Seventeenth Centuries, Leiden und Boston 2013.

11 Zur Verflechtung der ökonomischen und politischen Prozesse siehe die konzise Darstellung bei *Bogdan Murgescu*, Istorie românească – istorie universală. 600–1800 [Rumänische Geschichte und Universalgeschichte. 600–1800], 2. erg. Aufl., Bukarest 1999, S. 146 ff.

12 Die Einwanderung ökonomisch potenter oder politisch einflussreicher Christen aus dem osmanischen Kernraum Südosteuropas in die Donaufürstentümer ist zwar ein häufig thematisiertes, doch in seinen Etappen, Ausmaßen, Motiven, sozialen und regionalen Wirkungsgraden kaum systematisch untersuchtes Phänomen der Frühen Neuzeit. Für einen Überblick siehe *Georgescu*, Bizanțul și instituțiile românești (Anm. 9), S. 86–104, sowie neuerdings *Lidia Cotovanu*, L'émigration sud-danubienne vers la Valachie et la Moldavie et sa géographie (xve–xviie siècles): la potentialité heuristique d'un sujet peu connu, in: Ca-

stante Zuwanderung aus dem Kernraum des Osmanischen Reiches und den rasanten Aufstieg der sogenannten »Griechen«[13] in Führungspositionen kam es im Laufe des 17. Jahrhunderts zu einer starken ethnischen Diversifizierung der Oberschicht der beiden Donaufürstentümer. In der Moldau betrug der Anteil Nichteinheimischer an den höchsten Staatsämtern, die zum Fürstenrat (*sfatul domnesc*) zugelassen waren, im Durchschnitt 25 Prozent, unter einigen Fürsten sogar über 40 Prozent; besonders stark war die neue Aufsteigerschicht in den Schlüsselpositionen von Diplomatie, Finanzwesen und engeren Hofämtern vertreten. In Anbetracht der chronisch instabilen Verhältnisse des Fürstentums, in denen sich zur Machtsicherung Klientelverhältnisse gegenüber nie besonders klar etablierten Aufstiegsverfahren als effizienter erwiesen, brachten viele der beförderten Personen ein entscheidendes Plus an ökonomischem Kapital und sozialem ›Beziehungswissen‹ mit, das sie häufig bereits innerhalb des osmanischen Wirtschafts- und Verwaltungssystems erworben hatten.[14]

War die Zuwanderung aus dem südlichen Balkanraum ein Prozess, der bereits mit den osmanischen Eroberungen eingesetzt hatte, so betraf die im 17. Jahrhundert beschleunigte, massive Umwälzung der Zusammensetzung der herr-

---

hiers balkaniques [Online] 42 (2014), URL : http://ceb.revues.org/4772, DOI : 10.4000/ceb.4772 (eingesehen am 01.08.2014). Fest steht, dass, abgesehen von den zwei großen Einwanderungswellen – die eine als Fluchtbewegung im Zuge der osmanischen Eroberung, die andere innerhalb des osmanischen Herrschafts- und Wirtschaftssystems – von einer Reihe weiterer Schübe ausgegangen werden muss, die je nach Gesellschaftsstand und Interessenlage anders motiviert waren und in starkem Maße auch von der Politik des jeweiligen Landesherren nebst den einflussreichen Kreisen in Istanbul abhängig waren. Einen überzeugenden Versuch zur Quantifizierung des levantinischen Anteils an der politischen Entscheidungsebene im 17. Jahrhundert unternimmt *Radu G. Păun*, Les grands officiers d'origine gréco-levantine en Moldavie au XVIIe siècle. Offices, carrières et stratégies de pouvoir, in: Revue d'Études Sud-Est Européennes 45 (2007), S. 153–195, dem die folgenden Angaben entnommen sind.

13 Der in der zeitgenössischen Sprache verwendete Kollektivbegriff ›Griechen‹ für alle zugewanderten Personen oder Familien verweist einerseits auf deren mehrheitliche Herkunft aus dem griechischsprachigen Raum und andererseits – wo dies nicht der Fall war – auf die Bedeutung des Griechischen als Kulturmodell für die christliche Elite des Osmanischen Reiches. Vgl. dazu *Victor Roudometof*, From »rum millet« to Greek Nation: Enlightenment, Secularization and National Identity in Ottoman Balkan Society 1453–1821, in: Journal of Modern Greek Studies 16 (1998), S. 11–48; *Sia Anagnostopoulou*, L'historicité des termes: les Grecs et la domination ottomane XVIe–XIXe s., in: May Chehab, Yannis Ioannou und Françoise Métral (Hg.), Méditerranée: Ruptures et continuités, Lyon 2003, S. 187–196.

14 *Păun*, Les grands officiers (Anm. 12). Wie aus der Untersuchung Păuns ebenso hervorgeht, spielte bei der Besetzung der Staatsämter das System der »relations affinitives« die entscheidende Rolle, wobei die ethnische Zugehörigkeit gegenüber dem politischen Kapital klar in den Hintergrund trat. Dabei ist zu betonen, dass die zentrale Bedeutung von Patronage und verwandten Beziehungssystemen kein südosteuropäisches Spezifikum darstellte. Vgl. zu diesem nur wenig untersuchten Thema, mit Fokus auf West- und Nordeuropa, *Heiko Droste*, Patronage in der Frühen Neuzeit. Institution und Kulturform, in: Zeitschrift für Historische Forschung 30 (2003), S. 555–590.

schenden Elite die alte Aristokratie in ungleich höherem Maße: Denn die ökonomisch potenten, aber auch oft gebildeteren und finanzpolitisch versierteren *homines novi* konnten – gefördert durch die chronisch schwache und an Finanzmangel leidende Fürstengewalt – in kürzester Zeit wirtschaftlich und politisch aufsteigen. Die Ausweitung der sowieso schon üblichen Praxis der Landesherren, Staatsämter zu verkaufen, neue zu schaffen und mit Günstlingen zu besetzen, verschärfte daher den Widerstand der alteingesessenen Bojaren gegen die zugewanderten Konkurrenten.

Die levantinische Zuwanderung wurde so gerade von der traditionellen Oberschicht des Fürstentums als Herausforderung empfunden. Was nunmehr ins Wanken geriet – und dies wird vielerorts artikuliert – war das als ›herkömmlicher Brauch‹ oder ›alte Gewohnheit‹ (*obicei vechi*) sinnfällig bezeichnete Auswahl- und Reproduktionssystem der Aristokratie. Und die Tatsache, dass es eigentlich nie einen klaren, geregelten Selektionsmechanismus gegeben hatte, war lange noch kein Grund, eine Art ›gewohnheitsrechtliches Gefühl‹ zu verhindern, das besagte, es gäbe ein solches System der Adelszugehörigkeit. Um den gefährdeten sozialen und ökonomischen Status zu sichern und die Privilegierung bei der Verteilung von Ämtern und Ländereien gegenüber möglichen Konkurrenten einzufordern, schien die Berufung auf die Distinguiertheit der Abstammung daher ein probates Mittel zu sein.

Während genealogische Argumentationsmuster bis dato nur im Zusammenhang mit dem Fürstenamt bekannt waren und eine dementsprechend religiös-monarchische Färbung hatten, ist um die Wende vom 16. zum 17. Jahrhundert eine Ausweitung auf größere Kreise der Oberschicht feststellbar. Die gentile Selbstbehauptungsrhetorik bevölkerte so in zunehmendem Maße die adlige Vorstellungswelt des 17. Jahrhunderts. Das neue Abstammungsbewusstsein förderte Formen der Ostentation, die bislang in diesem Kulturraum kaum in Gebrauch waren, wie etwa Wappen, Siegel und genealogische Epitaphe.[15] In diesem Zusammenhang kam auch dem Verweis auf die römische Herkunft eine gestiegene Bedeutung zu, um unter Berufung auf eine edle Deszendenz politische Ansprüche einzuklagen beziehungsweise Privilegien historisch zu legitimieren.[16] Genealogische Argumentationsformen zur Durchsetzung und Sicherung des eigenen Status hatten sich im Laufe des Jahrhunderts anscheinend in einem solchen Maße verbreitet, dass sich der moldauische Metropolit Dosoftei (reg. 1671–1674 und 1675–1686) in einem Psalmenkommentar zu einem mah-

---

15 Vgl. die Beispiele bei *Pippidi*, Tradiția politică (Anm. 9), S. 167 ff.
16 Ein Beispiel dafür ist der spätere Metropolit von Kiev Petru Movilă, dessen Familie im Zeitraum von 1595 bis 1634 sechs Fürsten der Moldau stellte. Er ließ seine Familie von Mucius Scaevola herleiten. Vgl. dazu *Petre P. Panaitescu*, Petru Movilă. Studii [Petru Movilă. Studien], hg. und kommentiert von Ștefan S. Gorovei und Maria Magdalena Székely, Bukarest 1996, S. 15.

nenden Einwurf gegen die »polnische Mode« veranlasst sah: »Die einen trachten auch mit Geld danach, einen Adelsnamen für Ehre und Ruhm dieser vergänglichen Welt zu erwerben; und die anderen streben danach, ihre Abkunft von der polnischen Krone herzuleiten, andere wiederum aus Konstantinopel, aus Antiochia oder aus Rom«.[17]

Unter dem Eindruck eines verstärkten Konkurrenzdrucks bot insbesondere die Berufung auf die letztgenannte römische Abstammung eine effektive Abgrenzungsmöglichkeit gegenüber den zahlreichen Emporkömmlingen in den Bojarenstand. Diesen gegenüber ließ sich Landesfremdheit als Negativkategorie umso besser ins Feld führen, als in Situationen des Machtwechsels der Unmut der Bevölkerung relativ leicht unter Verweis auf die ›Griechen‹ abgerufen werden konnte – ein Appellativ, das gemeinhin mit Steuereintreiberei und Wucherei gleichgesetzt wurde.[18] Ein bemerkenswertes Beispiel hierfür stellt die Verfügung des walachischen Fürsten Leon Tomşa (reg. 1629–1632) vom 15. Juli 1631 dar, in dessen Präambel dieser Zusammenhang explizit hergestellt wird, wenn es heißt:«In Ansehung der allgegenwärtigen Armut und Verwüstung des Landes, suchten Meine Herrlichkeit mitsamt des Bojarenrats nach den Gründen des über das Land hereingebrochenen Unglücks. Und es erwies und bestätigte sich, das alles Unglück und Elend des Landes von den fremden Griechen herrührt, die sich in die Herrschaftsverhältnisse einmischen, das Land ohne Mitleid verkaufen und damit zu Wucherzins Spekulation betreiben. Denn wenn sie hier ins Land kommen, trachten sie nicht danach, nach Landessitte [*după obicéiul ţerîi*] zu handeln, sondern danach, die guten Dinge zu verderben und schlechte und rücksichtslose Regeln einzuführen […].«[19] Die Verfestigung der Leitdifferenz von ›eigen‹ und ›fremd‹ – im Idiom der Zeit charakteristischerweise *pământean* (›einheimisch‹, wörtlich: ›bodenständig‹) und *strein* (›fremd‹) oder häufiger *grec* (›Grieche‹) – prägte so eine Abgrenzungsrhetorik, die gegenüber den ein-

---

17 »[…] unii şi cu plată, să-şi facă nume de şleahtă pentru cinstea şi slava acestei lumi trecătoare, că unii sîlesc să să răspunză din coruna leşească, alţii din Ţarigrad, alţii din Antiohia şi din Rîm«. *Dosoftei*, Psaltirea în versuri. 1673 [Der Reimpsalter von 1673], hg. von N. A. Ursu, Iaşi 1974 [fotomechanischer Nachdruck der Ausgabe Uniev 1673], S. 610f.; der Kommentar des Metropoliten bezieht sich auf Psalm 86.
18 Bereits seit dem 16. Jahrhundert sind zum Teil gewalttätige Reaktionen gegen den Zustrom der ›Griechen‹ bekannt. Vgl. die Beispiele bei *Păun*, Les grands officiers (Anm. 12), S. 182. Zu den Motiven und Ausdrucksformen des ständischen Anti-Gräzismus siehe auch *Murgescu*, Istorie românească (Anm. 11), S. 181 ff.
19 »Deci văzând toţi atîta sărăcie şi pustiire ţerâi, căutam Donia mea, cu tot Sfatul ţerîi, să se afle de unde cad acéle nevoi pre ţeară. Aflatu-se-au şi se-au adevărat cum toate nevoile şi sărăcia ţerăi se începe de la greci triini, carii ameastecă domniile şi vînd ţeara fără milă şi o precupescu pre camete asuprite. Şi deacă vin aici în ţeară, ei nu socotescu să umble după obicéiul ţerîi, ce strică toate lucrurile bune şi adaogă legi réle şi asuprite […]«. Documenta Romaniae Historica. B: Ţara Românească, Bd. 22 (1630–1632), Bukarest 1969, Nr. 255, S. 406–409, hier S. 406f.

dringenden ›Griechen‹ (*greci*) auf der Qualität des ›Landstämmigen‹ (*pământean*) insistierte.[20]

Dies sollte jedoch nicht darüber hinwegtäuschen, dass viele der Bojaren, die sich gegen die Griechen abgrenzten, selbst nichtmoldauischer (beziehungsweise nichtwalachischer) Herkunft waren, ihre Familien jedoch bereits ausreichend lange im Lande waren, um als *împământenit*, das heißt als ›naturalisiert‹ zu gelten.[21] Die Berufung auf die römische Herkunft erwies sich daher für verschiedene, zuweilen miteinander konkurrierende Interessenlagen als geeignet: Einerseits diente sie in Reaktion auf einen bedrohlich empfundenen sozialen Wandel der Untermauerung angeblich angestammter Ansprüche. Andererseits aber schien die römische Herkunft insofern auch als Integrationsstrategie einsetzbar gewesen zu sein, als das emphatische Bekenntnis zu ihr es ermöglichte, die Eingesessenheit auch für die jeweils eigene Familie zu reklamieren – was einmal mehr ihre Nützlichkeit im zeitgenössischen Konfliktfeld demonstrierte.[22]

2. Der teilnehmende Chronist und die Entdeckung der historischen Tiefe

Mit Blick auf die eingangs formulierte These über das ausgeprägte Krisensensorium der Geschichtsschreibung stellt sich zunächst auch im moldauischen Fall die Frage, wie sich diese Epoche im Blick der Chronisten darstellte.

---

20 Zur Politisierung der Differenz vgl. *Toader Nicoară*, Le discours antigrecque et antiphanariote dans la société roumaine (XVIIe et XVIII siècles), in: Maria Crăciun und Ovidiu Ghitta (Hg.), Ethnicity and Religion in Central and Eastern Europe, Cluj-Napoca 1995, S. 205–211; *Bogdan Murgescu*, ›Phanariots‹ and ›Pământeni‹. Religion and Ethnicity in Shaping Identities in the Romanian Principalities and the Ottoman Empire, in: ebd., S. 196–204; *Nikos Panou*, Greek-Romanian Symbiotic Patterns in the Early Modern Period: History, Mentalities, Institutions, in: The Historical Review 3 (2006), S. 71–110 und 4 (2007), S. 59–104. Zur Instrumentalisierung der Begriffe im Kampf der rivalisierenden Bojarenfraktionen siehe ferner *Constantin Rezachevici*, Fenomene de criză socialpolitică în Țara Românească în veacul al XVII-lea [Soziokulturelle Krisenerscheinungen in der Walachei im 17. Jahrhundert], in: Studii și materiale de istorie medie 9 (1978), S. 58–84 und 14 (1996), S. 85–117.

21 Das prominenteste Beispiel einer solchen geglückten Naturalisierung stellt die weitverzweigte Familie Cantacuzino dar, deren Angehörige sich bereits im ausgehenden 16. Jahrhundert in beiden Donaufürstentümern niedergelassen und in die lokale Aristokratie eingeheiratet hatten. Vgl. hierzu *Pippidi*, Tradiția politică (Anm. 9), S. 178ff.

22 Ebd. mit weiteren aufschlussreichen Beispielen für die Verwendung des Abstammungsarguments in affirmativer oder denunziatorischer Absicht. Vgl. auch *Duțu*, Umaniștii români (Anm. 5), S. 37 und insbesondere S. 113, mit zahlreichen Belegstellen zur *patria*-Rhetorik in der Ära des walachischen Fürsten Constantin Brâncoveanu (reg. 1688–1714).

Der soziale Ort der Geschichtsschreibung: eine Angelegenheit der Oberschicht

Allein schon bei einer oberflächlichen Sichtung der erhaltenen moldauischen Chroniken ist unschwer zu erkennen, dass im 17. Jahrhundert ein in Selbstverständnis und Anlage gewandelter Typus von Geschichtsschreibung entstand, der sich recht deutlich von einer bis dahin streng auf die Figur des Landesfürsten ausgerichteten Chronistik unterschied. Mit dem Verschwinden des dynastischen Prinzips der Thronbesetzung, das im Zusammenhang mit der fortschreitenden Einbindung ins osmanische Machtgefüge gesehen werden muss, kam auch die traditionelle, eng am Fürstenhaus orientierte Chronistik zum Erliegen.[23] Während diese auf Kirchenslawisch verfassten Chroniken von Klerikern aufgeschrieben und verbreitet worden waren, trat mit den hier zu behandelnden Chroniken Mitte des 17. Jahrhunderts eine Geschichtsschreibung auf den Plan, deren Verfasser bzw. Redaktoren dem adligen Milieu entstammten und die sich des Rumänischen bedienten, das sich erst Ende des 16. Jahrhunderts allmählich als Schriftsprache durchzusetzen begann. Um den offensichtlichen Zusammenhang mit der zuvor skizzierten politischen Machtverlagerung zu signalisieren, die eine faktische Dezentrierung und Pluralisierung der Macht auf unterschiedliche Interessenfraktionen bedeutete, ist in der Forschung zumeist von »Bojarenchroniken« im Gegensatz zu den älteren »Fürstenchroniken« die Rede.

Am Anfang dieser Entwicklung stehen zwei Großchroniken, die in der Mitte (um 1640) beziehungsweise im zweiten Jahrhundertdrittel (um 1675) abgefasst wurden. Zum einen handelt es sich um die erste rumänischsprachige Chronik überhaupt, eine spannungsreiche Kompilation unter Beteiligung mehrerer Schreiber, die nach ihrem wahrscheinlichen Erst- und Hauptredaktor Grigore Ureche benannt wird. Dieser entstammte einem eingesessenen Bojarengeschlecht mit engen Beziehungen nach Polen-Litauen, wo auch der spätere Chronist auf einer Jesuitenschule in Lemberg seine Ausbildung erhielt. Seine Ämterlaufbahn beschloss Ureche zum Zeitpunkt der wahrscheinlichen Abfassung seiner Chronik als Statthalter (*vornic*) der Unteren Moldau. Die ihm zugeschriebene Chronik trägt den Titel *Chronik des Moldauischen Landes, von der Landnahme, dem Lauf der Jahre und dem Leben der Fürsten, welche von Fürst Dragoș bis Fürst Aron reicht* (»Létopisețulŭ țării Moldovei, de cînd s-au descălecat țara și de cursul anilor și de viiața domniilor carea scrie de la Dragoș vodă

---

23 Die hierzu gehörigen Texte aus dem 15. und 16. Jahrhundert folgten dem Modell der südslawisch-byzantinischen Herrscherannalistik. Vgl. *Petrovszky*, Geschichte schreiben (Anm. 7), S. 137–148, sowie die Edition nahezu aller bekannten Chroniken der Moldau bei *Petre P. Panaitescu* (Hg.), Cronicile slavo-romîne din sec. XV–XVI [Die slawisch-rumänischen Chroniken des 15.–16. Jahrhunderts], Bukarest 1959. Interessanterweise bricht die Textüberlieferung um 1580 ab, und es ist weiterhin umstritten, ob die Geschichtsschreibung im Fürstentum bis zur Ureche-Chronik tatsächlich zum Erliegen kam.

până la Aron vodă«) und erzählt von der Gründung des Fürstentums Mitte des 14. Jahrhunderts bis etwa 1595.²⁴ Ebenfalls einem Bojarengeschlecht mit Besitzungen und Adelstitel in Polen-Litauen entstammte der Verfasser der zweiten hier zu diskutierenden Chronik, Miron Costin. Nach seiner Ausbildung in einer polnischen Jesuitenschule durchlief er im Dienste mehrerer Fürsten den gesamten *cursus honorum* der Moldau bis hin zum Ersten Kanzler (*vel logofăt*), der höchsten Beamtenwürde des Fürstentums. Des Komplotts bezichtigt wurde er 1691 hingerichtet. Seine umfangreiche, gegen Ende des Jahrhunderts von seinem Sohn Nicolae weiter bearbeitete Chronik trägt den Titel *Chronik des Moldauischen Landes von Fürst Aron bis in die heutige Zeit, beginnend dort, wo sie von Ureche, dem Statthalter der Unteren Moldau, abgebrochen wurde, und verfasst von Miron Costin, dem Statthalter des Unterlandes, in der Stadt Iași, im Jahre von der Erschaffung der Welt 7183 und von der Geburt des Heilands, Jesus Christus 1675* (»Létopisţulŭ ţărîi Moldovei de la Aaron vodă încoace, de unde este părăsitŭ de Uréche vornicul de Ţara de Giosu, scosŭ de Miron Costinŭ vornicul de Ţara de Giosŭ în orașu în Iași, în anul de la zidirea lumiei 7183, iară de la nașterea mîntuitorului lumii, lui Iisus Hristos, 1675«). Neben seiner Großchronik verfasste Costin noch weitere historische und literarische Schriften, wie etwa das eingangs zitierte Gedicht.²⁵

In Anbetracht einer sich nur sehr zögerlich diversifizierenden säkularen Schriftkultur, als deren beste Beispiele gerade die Chroniken Ureches und Costins gelten, wird diesen in der Forschung zur Frühen Neuzeit Südosteuropas besondere Aufmerksamkeit zuteil.²⁶ Sie können aufgrund ihres an den mol-

---

24 Zitiert wird nach der Ausgabe *Grigore Ureche*, Letopisețul Țării Moldovei [Chronik der Moldau], 2. überarb. Aufl., hg. von P. P. Panaitescu, Bukarest 1958. Für den Bildungshintergrund des ansonsten biographisch nur skizzenhaft zu greifenden Chronisten sowie den von ihm verwendeten polnischen Chroniken vgl. die weiterhin maßgebliche Studie Petre P. Panaitescu, Influența polonă în opera și personalitatea cronicarilor Grigore Ureche și Miron Costin [Der polnische Einfluss in Werk und Persönlichkeit der Chronisten Grigore Ureche und Miron Costin], Bukarest 1925, S. 7–83.

25 Zu Costins politischem und intellektuellem Hintergrund vgl. ebd., S. 83–133, sowie *Dumitru Velciu*, Miron Costin. Interpretări și comentarii. Bukarest 1973. Die folgenden Zitate entstammen der kritischen Werkausgabe Costin, Opere (Anm. 1). Der Vollständigkeit halber sei auch auf eine deutsche Übersetzung der Chronik verwiesen: Grausame Zeiten in der Moldau. Die Moldauische Chronik des Miron Costin 1593–1661, übersetzt, kommentiert und eingeleitet von Adolf Armbruster, Graz u. a. 1980.

26 Von keiner der beiden Chroniken ist der Autograph erhalten. Während die ursprüngliche Redaktion der Chronik Costins einigermaßen klar rekonstruierbar ist, herrscht im Fall der Chronik Ureches sowohl hinsichtlich der Filiation als auch überhaupt der Autorschaft große Unklarheit. Angesichts der verwirrenden Zahl an Interpolationen wird sich die Frage der an der Abfassung beteiligten Hände aller Wahrscheinlichkeit nach nicht befriedigend lösen lassen. Vgl. zur komplizierten Textgeschichte die Teiledition *Grigore Ureche*, Letopisețul țării Moldovei [Chronik des Moldauischen Landes], hg. von Liviu Onu, Bukarest 1967, sowie die

dauischen Verhältnissen gemessen hohen Verbreitungsgrades, der zahlreichen Redaktionen und ihres Modellcharakters für spätere Chroniken im Sinne von Jan Assmann als kanonbildende Schriften der frühmodernen rumänischen Schriftkultur angesehen werden.[27]

Dramatisierung der Zeit

Unter formalen Gesichtspunkten bleiben die *Chroniken des Fürstentums Moldau* an den Regierungszeiten der Landesfürsten orientiert und folgen damit der konventionellen Abfolgestruktur der Geschichtsschreibung. So schließt das Vorhaben des Grigore Ureche, »Berichte [zu geben], worin vom Ablauf der Jahre und vom Leben der Fürsten erzählt wird«,[28] an die Tradition der älteren Chronistik an. Als erste Chronik jedoch, die sich das Ziel setzte, alle verfügbaren Quellen zur moldauischen Landesgeschichte zusammenzutragen und diese »vom Anbeginn zu verzeichnen«,[29] verlagert sie gegenüber den älteren Chroniken den Schwerpunkt von der Figur des Souveräns auf die geschichtlichen Verwicklungen, als deren Objekte Herrscher und Herrschaftspraktiken nunmehr erscheinen.

Die Abfolge der Regentschaften gewinnt so in beiden Chroniken die Qualität eines Geschichtstableaus, das von einem ausgeprägten Gegenwartsbewusstsein und einer qualifizierenden Bezugnahme auf die Geschichtszeit zusammengehalten wird: Indem die Ereignisse durch die begrifflichen Oppositionen ›gute Zeiten‹ (*vréme bună*) – ›schlechte Zeiten‹ (*vréme rea*) beziehungsweise ›Glück‹ (*noroc bun*) – ›Unglück‹ (*noroc rău*) einen zeitlichen Index erhalten, wird der bis dahin maßgebliche heilsgeschichtliche Erzählrahmen von einem neuen, skeptischen Zeitverständnis überlagert. Der Unterschied der Zeiten – deutlich benannt und strategisch eingesetzt – wird in beiden Chroniken in weniger typologisierender als vielmehr in problematisierender Absicht verhandelt, so dass sich kausale Beziehungen zwischen Vergangenheit und Gegenwart herstellen lassen.

Perioden des wirtschaftlichen Niedergangs, der Intrigen, des Verrats und der allgemeinen Verunsicherung werden in oft drastischem Ton vor Augen geführt und legen sich über das chronologische Verzeichnis der politischen Ereignisse.

    Zusammenfassung der über einhundert Jahre alten Diskussion bei *Ovidiu Pecican*, Lumea lui Simion Dascălul [Die Welt Simions des Gelehrten], Cluj-Napoca 1998.

27 Vgl. *Jan Assmann*, Das kulturelle Gedächtnis. Schrift, Erinnerung und politische Identität in frühen Hochkulturen, München 1992, S. 103–129.

28 »[...] povești, ce într-înse spune cursul anilor și viiața domnilor«. *Ureche*, Letopisețul (Anm. 24), S. 64.

29 « [...] însemnînd de la început«. Ebd.

Die Tendenz zur dramatischen Darstellung der gelebten Gegenwart, zur polemischen Überzeichnung politischer Persönlichkeiten und zur Dramatisierung der Verhältnisse kennzeichnet bereits die Ureche-Kompilation und tritt bei Costin sogar noch stärker hervor. Wenn im ersten Fall vom »Niedergang [scăderea], den man in unseren Tagen beobachten kann«,[30] berichtet wird und im anderen wiederum festgestellt wird, dass »dies Land bis heute immer weiter verfallen ist«,[31] geht aus diesen Äußerungen deutlich hervor, dass für beide Chronisten die als prekär empfundene Gegenwart den thematischen Bezugspunkt der Geschichtsarbeit bildet.

So zeichnet sich in dieser Konzeption ein Verständnis des Geschichtsverlaufs ab, der – und dies ist der entscheidende epistemologische Sprung – nicht mehr abbildgleich einer göttlichen Instanz folgt und stets auf göttliches Einwirken hinweist, sondern, soweit es sich um rein menschliches Machwerk handelt, auch innerweltlich steuerbar und bewertbar ist. Im Oszillieren der Erklärungsversuche zwischen diesen beiden Ebenen wird eine eigenständige, wenngleich nicht völlig säkulare Geschichtszeit sichtbar.[32] Als neues treibendes Moment im Geschichtsverlauf erscheint die Kategorie der Fügung (*noroc*), die wechselweise ›gut‹ oder auch ›schlecht‹ sein kann. Dies verweist auf einen Zeitmodus, der nicht mehr harmonisch im göttlichen Heilsplan aufgeht, sich den Zeitgenossen dafür als willkürlich, unergründlich, geradezu angsterfüllend darstellt.[33] Es handelt sich um eine Zeit, die aus den Fugen geraten und kaum mehr kontrollierbar scheint: »Blind ist das Schicksal während des Aufstiegs, doch wankend im Stehen und hastig und überstürzt beim Abstieg«,[34] kommentiert Miron Costin den verhängnisvollen Ablauf der Ereignisse. Umso eindringlicher wird daher die Notwendigkeit artikuliert, die »Zeichen der Zeit« lesen zu können, womit sowohl die Zeit der Natur als auch die Zeit der Geschichte gemeint sind.[35]

---

30 »[S]căderea care să véde că au venit în zilele noastre«. Ebd., S. 63.
31 »[...] au purces den scădere în scădére această țară până astădzi«. *Costin*, Opere (Anm. 1), S. 123.
32 Auf diesen intermediären Status hebt besonders *Barbu*, Bizanț contra Bizanț (Anm. 9), S. 143, ab.
33 Das hier unschwer erkennbare *fortuna labilis*-Motiv, das Costin in anderen kleineren Schriften weiter verfolgt, zeugt von der Rezeption späthumanistischer und barocker Schriftkultur in der rumänischen Schriftkultur des 17. Jahrhunderts. Vgl. dazu *Duțu*, Umaniștii români (Anm. 5), sowie das Südosteuropa gewidmete Heft der Zeitschrift Baroque 11 (1984).
34 »Orbŭ nărocul la suiş şi lunecos a stare la un loc, grabnicŭ şi de sîrg pornitoriŭ la coborîş«. *Costin*, Opere (Anm. 1), S. 173.
35 Der Begriff *sémn* (›Zeichen‹) wird insbesondere bei Ureche auch im Sinne von ›Ereignis‹ gebraucht, was ein interessantes Licht auf seinen erkenntnistheoretischen Status wirft.

Aufwertung des historischen Schreibens und Lesen der Zeichen

Die mit der Ureche-Chronik einsetzende Reflexion über die Qualität der Zeit geht Hand in Hand mit dem Nachdenken über das Schreiben. Im Gegensatz zur früheren Geschichtsschreibung wird nun der Akt des Schreibens selbst zum Thema erhoben: Schreiben wird als die adäquate Weise entdeckt, Denken und Zeit einander anzunähern, wie Miron Costin in einem ausladenden Lob der Schrift betont: »Der allmächtige Herr überließ die Schrift, diesen vortrefflichen Spiegel, dem menschlichen Verstande, in dem der Mensch, sofern er dessen bedarf, das seit Langem Vergangene erfahren und erkennen kann.«[36] Indem der Chronist die Ereignisse nicht mehr allein aufzählt, sondern ihre Abfolge im Spiegel des eigenen Schreibens zu verstehen sucht, entdeckt er im Schreiben eine Eroberungsstrategie der historischen Zeit und damit auch eine mögliche Abhilfe gegen den unnachgiebigen Determinismus der, wie es heißt, »schrecklichen Zeiten«. Aufgabe der Geschichtsschreibung ist es nunmehr, »uns Dinge, die fernab unseres Sichtfelds liegen, zu lehren, um durch jene vergangenen Zeiten die zukünftigen zu verstehen«.[37] Das Schreiben wird nicht mehr allein als Verzeichnen, sondern vielmehr als jenes Medium erfahren, das den schicksalhaften Zeitlauf zu erkennen erlaubt. Indem Geschichte als eigener Gegenstand in den Blick genommen wird, vermag der Chronist schließlich Erkenntnisse aus ihr selbst zu gewinnen und ihre aufeinander verweisenden »Zeichen« (*sémne*) zu »lesen«: Sei es, dass aus fehlerhaften Taten Lehren gezogen werden können, sei es, dass einer älteren Tradition folgend Naturzeichen (Kometen, Unwetter oder Heuschreckenplagen) als strafend oder zukunftsverheißend gedeutet werden, oder sei es, dass aus materiellen Überresten auf die ferne Vorgeschichte des Landes und seiner Bewohner geschlossen werden kann. Geschichtsschreibung wird so als Festhalten und Lesen von ›Geschichtszeichen‹ verstanden.[38]

---

36 »Lăsat-au puternicul Dumnezeu, iscusită oglindă minții omenești, scrisoarea, dintru care, daca va nevoi omul, céle trecute cu multe vremi le va putea ști și oblici«. *Costin*, Opere (Anm. 1), S. 242. Costins Reflexionen über das Schreiben finden sich im Vorwort seiner zweiten größeren Chronik *De neamul moldovénilor, din ce țară au ieșit strămoșii lor* [Über das Geschlecht der Moldauer und woher ihre Ahnen kamen], in: ebd., S. 241–277, hier S. 242.
37 »Scriptura departe lucruri de ochii noștri ne învață, cu acéle trecute vrémi să pricépem céle viitoare«. Ebd., S. 244.
38 Vgl. zu diesem Begriff die anregenden Beiträge in *Heinz Dieter Kittsteiner* (Hg.), Geschichtszeichen, Köln u. a. 1999.

Problematisierung der Herrschaft und der politisch-sozialen Bezugsgrößen

In auffallendem Gegensatz zu ihren historiographischen Vorgängern dramatisieren die Chroniken gerade den Wandel der Verhältnisse, bis zu dem Punkt, an dem zum ersten Mal eine Geschichtszeit aufscheint, die nicht mehr unmittelbar von göttlichem Einwirken abhängig ist. Zielte die Chronistik des vorangegangenen Jahrhunderts vor allem auf eine historische Legitimierung bestimmter auftraggebender Fürsten und bemühte sich entsprechend, die Konkordanz der Landesgeschichte mit dem christlichen Heilsplan aufzuzeigen, so exponieren die Chroniken des 17. Jahrhunderts bewusst den problematischen Charakter der geltenden Herrschaftsnormen und Ordnungsvorstellungen.

Indem die Diagnose der Gegenwart, die in Begriffen von menschlicher Ohnmacht und schicksalhafter Launenhaftigkeit erfolgt, aufs Engste mit der historischen Darstellung verschränkt wird, stellt sich zugleich eine bemerkenswerte Korrelation zwischen temporalen und solchen Begriffen ein, die zur Beschreibung politisch-sozialer Verhältnisse dienen: Günstiges/ ungünstiges Schicksal, gute Zeiten/ grausame Zeiten werden übersetzt in strukturierende Kategorien wie Ordnung/ Zerrüttung, Gesetz/ Unrecht oder Wohlstand/ Verwüstung, die in ihrer dichten Abfolge innerhalb des Geschichtsnarrativs eine auf die Gegenwart verdichtete Situation der Dringlichkeit vor Augen führen. Das nachdrückliche Bekunden beider Chroniken, in Zeiten des Niedergangs zu leben, stellt letztlich den traditionellen Bezugsrahmen selbst zur Debatte und ermöglicht damit auch die Artikulation bestimmter Themen, die bis dahin noch nicht Gegenstand des historiographischen Nachdenkens gewesen waren. Im problematisierenden Blick auf die Formen der Herrschaft ist eine politisierende und historisierende Haltung erkennbar, auch wenn diese oft nur in formelhaften Wendungen oder Kommentaren zu Thronwechseln greifbar wird: »So wie nach gutem wieder schlechtes Geschick eintritt, wandelte sich das günstige Geschick des Landes: Als ob es von Gott angeordnet wäre, dass auf gutes und heiteres Wetter schlechtes und stürmisches folgen soll und auf eine ruhige und sanftmütige Herrschaft eine grausame und bittere.«[39]

Geschichtsschreibung markiert ihr eigenes Terrain, denn sie verzeichnet nicht nur die Abfolge von Herrschaften, sondern wird selbst zur Richterin über die Herrschaft (*domnie*). Dies geschieht etwa in Form von »Belehrungen und Ermahnungen der Mächtigen« (bei Ureche noch in der kirchenslawischen Wendung *nacazanie silnim*) beziehungsweise kurzen Lehren (*învățătură* bei

---

[39] »Ci norocul cel bun al țărîi să schimbă, că după noroc bun, iată veni și rău, ca cum ar fi de la Dumnezeu însemnat, după vréme bună și senin, să vie vréme rea și turburată, după domnie lină și blândă, să vie cumplită și amară«. *Ureche*, Letopisețul (Anm. 24), S. 219. Zu verweisen ist an dieser Stelle ferner auf die Doppelbedeutung von rum. *vreme*, das sowohl »Wetter« als auch »Zeit« bedeutet.

Costin), die als Kommentare oder kurze Reflexionen in den historischen Bericht eingefügt werden. Stellvertretend hierfür kann die Kritik am autokratischen Führungsstil des Fürsten Alexandru Lăpuşneanu (reg. 1552–1561 und 1564–1568) angeführt werden, über den es in der Ureche-Chronik heißt: »Würden doch die Großen von verstandlosen Insekten lernen, wie sie ihre Herrschaft aufrechtzuerhalten haben: So wie [von den] Bienen, die ihre Wohnstätte und ihre Nahrung mit Stachel und Gift verteidigen. Dennoch fügt die Bienenkönigin, ihr Fürst, niemandem Schaden zu, denn alle hören auf ihre Belehrungen. Ihn [den Fürsten] zu lieben und ihm mit Hingabe zu dienen, wäre für das Wohlbefinden besser, als sich vor ihm aus Furcht und Schrecken zu verneigen.«[40] Gegenüber dem herrscherzentrierten Duktus der älteren Geschichtsschreibung fällt hier gerade die ständische Sichtweise auf, die die Mangelhaftigkeit der Landesherrschaft in den Vordergrund rückt.[41] Entsprechend werden in der wechselhaften Geschichte des Fürstentums jene Aspekte des Fürstenregiments hervorgehoben, die die Loyalität der Untergebenen gewährleisten. »Glücklich« sind der Ureche-Chronik zufolge »jene Fürsten, deren Länder ihnen aus Liebe und nicht aus Angst dienen, denn Angst bringt Hass hervor, und der Hass wird, wie spät auch immer, schließlich doch ausbrechen«.[42]

Vielfach nur angedeutet und in Subtexten versteckt, ist die politisch-ethische Haltung zur Frage der Landesführung in den Chroniken dennoch deutlich zu erkennen. Anstelle der landesfürstlichen Herrschaft (*domnie*) rückt nunmehr

---

40 »Iani, de s-ar învăța cei mari de pre nişte muşte fără minte, cumu-ş țin domniia, cum iestealbina, că toate își apără căşcioara şi hrana lor cu acile şi cu veninul său. Iară domnul lor, ce se chiamă matcă, pre niminea nu vatămă, ci toate de învățătura ei ascultă. Mai bine ar fi pentru blîndețe să-l asculte şi săl iubască şi cu dragoste să-i slujască, decît de frică şi de groază să i se pléce.« *Ureche*, Letopiseţul (Anm. 24), S. 191. Im gleichen Tenor beklagt auch Costin den Zustand des Fürstentums: »Oh, Moldau! Wären doch alle Fürsten, die über dich herrschen, weise, so würdest du nicht so schnell zu Grunde gehen. Denn sie versuchen nicht, sich im Lande einen redlichen Namen zu verdienen, sondern streben ohne rechtes Maß danach, ihr Vermögen zu vergrößern, das schließlich doch vergeudet wird und ihr Haus [ihre Familien, K.P.] zudem noch gefährdet [...]«/ »O! Muldova, di ar hi domnii tăi, carii stăpînescu în tine, toți înțelepți, încă n-ai peri aşè lesne. Ce domniile neştiutoare rîndul tău şi lacome sîntu pricine perirei tale. Că nu caută să agonească şie nume bun ceva la țară, ce caută desfrînați numai în avuție să strîngă, care apoi totuş să răsipéşte şi încă şi cu primejdii caselor lor [...]«. *Costin*, Opere (Anm. 1), S. 66.

41 Zur Anfechtung des autokratischen Herrschaftsverständnisses aus den Reihen des Bojarenstandes siehe *Pippidi*, Tradiția politică (Anm. 9), S. 174–184, und insbesondere zur Moldau *Veniamin Ciobanu*, Curente ale ideologiei politice în Europa secolului XVII. Interferențe româno-polone [Strömungen der politischen Ideologie im Europa des 17. Jahrhunderts: Rumänisch-polnische Wechselbeziehungen], in: Revista istorică 5/7–8 (1994), S. 761–769.

42 »Fericiți sîntu acéia domni, cărora țările lor slujéscu din dragoste, nu din frică, că frica face urîciune şi urîciunea, cîtu de tîrdziu tot izbucnéşte«. *Ureche*, Letopiseţul (Anm. 24), S. 61. Sinngleiche Paränesen durchsetzen auch die Chronik Miron Costins.

das Land (*țară*) selbst ins Zentrum des historischen Interesses: An seinem Wohlergehen bemisst sich, ob die jeweilige Landesherrschaft zum Nutzen (*de folosul țărîi* bei Costin) oder zum Schaden des Landes (*spre cumpănă acestui pămîntŭ* bei Costin beziehungsweise *spre paguba țării* bei Ureche) gereicht. Unter das richterliche Verdikt des Chronisten können und müssen so auch Vorkommnisse fallen, die weit vor der eigens erlebten Gegenwart liegen. An einer bemerkenswerten Stelle der Ureche-Chronik wird die gegenwärtige Verfassung mit den unheilvollen Umständen der Landesgründung selbst in Verbindung gebracht: »Da das Fürstentum aber bekanntermaßen nicht von besonnenen [*așăzați*, das heißt regellosen] Menschen gegründet wurde, sind weder die Gesetze noch die Einrichtungen des Landes gemäß guten Sitten [*obicée bune*] geordnet. Stattdessen wurde alle Rechtsprechung dem Stärksten überlassen, damit er [alleine] richte; und das, was ihn gut oder schlecht dünkte, wurde so zum Gesetz und dies hat ihn selbstherrlich gemacht. Was also des Fürsten Wille ist, soll der Wille aller sein, ob zum Nutzen oder zum Nachteil des Landes – eine Sitte, die bis zum heutigen Tag fortlebt.«[43] Der historische Kommentar im vollen Bewusstsein sich ändernder Zeiten leistet somit eine recht unverblümte Kritik selbstherrlicher Herrschaftspraktiken, die sich nicht weniger als die kriegerischen Auseinandersetzungen unheilvoll auf die Geschichte des Landes ausgewirkt hätten. Unter dem Gegenwartseindruck eines »unruhigen und ungeordneten [*neașezată*] Landes«[44] verlagert die Chronistik ihr Interesse auf Fragen der inneren Ordnung (*așezare*) einerseits und der politischen Gepflogenheiten (*obiceiuri*) andererseits, die in der Gegenwart des Chronisten auf dem Spiel zu stehen schienen.

Die Sorge um die »Ordnung des Landes« (*aședzarea țărîi*) stellt – wie überhaupt im Schrifttum des 17. Jahrhunderts[45] – ein wiederkehrendes Thema der Chroniken dar. Dabei erschließen sich die unterschiedlichen Valenzen der Formulierung erst in der Bedeutungsvielfalt der Begriffe *aședzare* und *țară*. Während *aședzare* sowohl ›Befriedung‹ als auch ›rechte Ordnung‹ oder ›Verfassung‹ bedeuten kann, schwingt in der Doppelbedeutung des Terminus *țară* ein politischer Gehalt ständischer Provenienz mit: Er lässt sich einerseits als ›Land‹ im rein geographischen oder administrativen Sinn verstehen, bezeichnet aber andererseits auch die Bewohner und insbesondere jene land-

---

43 »Și pentru că aceasta să cunoaște că cum nu-i discălicată țara de oameni așăzați, așa nici legile, nici tocmeala țării pre obicée bune nu-s legate, ci toată direptatea au lăsat pre acel mai mare, ca să o judece, și ce i-au părut lui, ori bine, ori rău, acéia au fost lége, de unde au luat voie așa mare și vîrf. Deci cumu-i voia domnului, le caută să le plăcă tuturor, ori cu folos, ori cu paguba țării, care obicéi până astadzi trăiește«. *Ureche*, Letopisețul Anm. 24), S. 67.
44 Ebd., S. 87.
45 Zahlreiche, insbesondere die Rechtsprechung betreffende Stellungnahmen aus dem ›Jahrhundert der Krise‹ bei *Barbu*, Bizanț contra Bizanț (Anm. 9).

besitzende Klasse der Bojaren, der das Privileg der politischen Interessenvertretung zukam.⁴⁶

Häufiger noch als auf die fehlende ›Wohlgeordnetheit‹ – die eben auch als Fehlen einer adligen Mitbestimmung gelesen werden kann – wird in den Chroniken aber auf die ›Gewohnheit‹ (*obicei*) abgehoben. Auch in diesem Falle gleitet die Bedeutung zwischen (einheimischem) ›Brauchtum‹ oder ›Sitte‹ einerseits und (politischer) ›Tradition‹ andererseits. Fest steht jedenfalls, dass es sich hierbei – *obiceaiul neamului nostru* (Costin), wörtlich: »die Sitte unseres Geschlechts« – um jene politische Bezugsgröße handelte, die immer häufiger durch landesfremde Herrscher und deren Entourage in Frage gestellt wurde. So gehörte Costin zufolge etwa der aus Dalmatien stammende Fürst Gaspar Grazziani (1619–1620) – »ein Mensch ohne Kenntnis der Ordnung und der Sitten des Landes [*rîndul și a obiceaiurilor țărîi*], ohne Kenntnis der Sprache, eine Sache, die schlimmer nicht sein kann, wenn der Fürst die Sprache des Landes, über das er herrscht, nicht spricht«⁴⁷ – jener neuen, von der Pforte protegierten, landesfremden Schicht von Aufsteigern an, die für die traditionellen politischen Spielregeln eine Gefahr darstellten.

Gerade an solchen Bemerkungen, deren Sprache auffällige Parallelen zu den Rechtsdokumenten der Epoche aufweist,⁴⁸ wird deutlich, wie in der narrativen Aneinanderreihung von Vergehen gegen die »guten Sitten des Landes« eine Abwehrhaltung mit historischer Tiefe aufgebaut wurde, die direkt auf den neuralgischen Punkt zeitgenössischer Auseinandersetzung und adliger Sensibilität antwortete: die Umwälzungen innerhalb der politischen Elite, die der eingesessene Adel als Gefährdung seines Selbstverständnisses wahrnahm.

Selbstvergewisserung in historischer Tiefe: die Entdeckung der lateinischen Herkunft

Auf der Grundlage eines allseitig konstatierten Bedrohungs- und Destabilisierungsszenarios hob die Chronistik die Frage nach der richtigen Herrschaftsform – freilich noch innerhalb eines monarchisch-ständischen Rahmens – in den Vordergrund. Mit der Virulenz der Themen ›Ordnung‹ und ›Gewohnheiten‹ des ›Landes‹ gewann schließlich auch die Frage der Herkunft eine neue politische Qualität. Die Sorge um die politisch-gesellschaftlichen Orientierungspunkte,

---

46 Für Belege vgl. neben ebd., S. 71f. die grundlegende Untersuchung der politisch-administrativen Terminologie bei *Marian Coman*, Putere și teritoriu: Tara Românească medievală (secolele XIV–XVI), Iași 2013.

47 »[…] omŭ neștiutoriŭ rîndul și a obiceaiurilor țărîi, fără limbă de țară, care lucru mai greu nu poate hi, cîndu nu știe domnul limba țărîi unde stăpînește«. *Costin*, Opere (Anm. 1), S. 66.

48 Vgl. den in Anm. 19 zitierten Erlass des walachischen Fürsten Leon Tomșa.

ausgedrückt in der begrifflichen Trias *obicei*, *țară* und *asedzare*, ließ so die Frage nach dem ›Anfang‹ (*început*) im Sinne des geschichtlichen Ursprungs auf den Plan treten. Der Ursprung bot sich als normative Referenz geradezu an, wertete doch die edle Herkunft des ›Geschlechts‹ (*neam*) gerade jene – ›unsere‹ – Gewohnheiten auf, deren Bedrohung in der Rechtsprechung festgestellt und in der Geschichtsschreibung dramatisch vor Augen geführt wurde.

In einem zeitgenössischen Kontext angesiedelt, der vom Aufwind eines gentilen Abstammungsdiskurses geprägt war, fand das Thema des römischen Ursprungs der Landesbewohner in der Chronistik seine erste gelehrte Ausformulierung, um sich von da an als Anfangs- und Bezugspunkt des rumänischen Geschichtsnarrativs zu etablieren. Als erste brachte die Ureche-Chronik Mitte des 17. Jahrhunderts die verschiedenen Herkunftserzählungen zusammen und verschweißte so die vorwiegend mündlich tradierten Varianten der Staatsgründungslegende mit der aus der Gelehrtenwelt stammenden Latinitätsthese zu einer Großerzählung.[49] Die Chronik etablierte die Redeweise von der ›ersten Landnahme‹ (*discălicatul dentăi*) durch Kaiser Traian und dem ›ersten Land‹ (*țara dentăi*), das untergegangen und später in der ›zweiten Landnahme‹ durch den Woiwoden Dragoș neu begründet worden sei (*discălicatul țării al doilea rînd*). Allein die Überlieferungsgeschichte der Ureche-Chronik – häufig vervielfältigt, mehrfach interpoliert und noch häufiger kommentiert – liefert ein beeindruckendes Bild der fieberhaften Gelehrtendebatte, die Ende des 17. Jahrhunderts um die Ursprungsfrage kreiste.[50]

Mit der Aufnahme der römischen Ursprungserzählung in die Geschichtsschreibung eröffneten sich dem Chronisten vollkommen neue Arbeitsgebiete.[51] Die Vorzeit des Fürstentums bot nämlich ein hoch geschätztes und dabei noch kaum erschlossenes Betätigungsfeld historiographischer Arbeit und bereits Miron Costin stellte seiner mit dem Jahr 1585 beginnenden Landeschronik einen

---

49 Freilich gab es bereits davor eine Reihe humanistischer Historiker, unter anderem Enea Silvio Piccolomini oder Antonio Bonfini, die auf die römische Kolonisierung Dakiens und die Latinität der Bewohner der entsprechenden Gebiete verwiesen, doch fand dies erst im 17. Jahrhundert Eingang in rumänische Gelehrtenkreise. Für eine umfangreiche Inventarisierung der verschiedenen mittelalterlich-frühneuzeitlichen Sprach- und Nationstheorien siehe *Adolf Armbruster*, La romanité des Roumains, histoire d'une idée, Bukarest 1977, in erweiterter rumänischer Neuauflage Bukarest 1993.
50 Die Teilnehmer und Positionen dieser Diskussion, die stark von der polnischen Geschichtsschreibung jener Zeit beeinflusst war, versucht *Pecican*, Lumea (Anm. 26) zu ermitteln.
51 Dass es sich hierbei um eine Neuerung handelte, lässt das überschwängliche Lob des Interpolators Simion auf Grigore Ureche erkennen: Er habe »die Anfänge und die Herkunft der Ahnen [und] woher sie ins Land geströmt sind in Erfahrung gebracht [...]«/ »[...] au aflat cap și începătura moșilor, de unde au izvorît în țară [...]«. *Ureche*, Letopisețul (Anm. 24), S. 72.

Vers über die ›erste Landnahme‹ durch Traian statuarisch voran.[52] Nur wenige Jahre später (zwischen 1681 und 1691) schickte er eine polemisch-historische Abhandlung hinterher, die ausschließlich der Beweisführung des lateinischen Ursprungs gewidmet war – *De neamul moldovenilor, din ce țară au eșit strămoșii lor* (»Vom Geschlecht der Moldauer und woher ihre Ahnen kamen«). Dabei konnten die Chroniken des 17. Jahrhunderts auch die Sprache ihrer eigenen Abfassung, das Rumänische, als weiteren Beleg der Romanität aufbieten und etymologische Stützargumente einflechten, wie etwa anhand von Wortbeispielen in einem der ersten Abschnitte der Ureche-Chronik.[53] Weitaus intensiver war Miron Costin damit befasst, der sich in zwei auf Polnisch verfassten Kurzchroniken eigens darum bemühte, Indizien der römischen Herkunft in Glaubensformen, Bräuchen, historischen Überresten und eben der Sprache der Moldauer und Walachen zusammenzutragen.[54]

In scharfem Kontrast zur aktuellen, betrüblich anmutenden Gegenwart – den »schrecklichen Zeiten« (*vrémuri cumplite* bei Costin) – kam der Ursprungsgeschichte eine besondere Strahlkraft zu, führte sie doch zu einer Neujustierung der zeitlichen Verankerungspunkte des ›Landes‹ und seiner ›Gewohnheiten‹, die im Lichte des römischen ›Anfangs‹ ungleich heller hervortreten konnten. Mit der zentralen Stellung des ›Landes‹, das in seiner spezifischen Bedeutungsvielfalt nunmehr zum Dreh- und Angelpunkt historischer Reflexion wurde, verlor das Datum der Welterschaffung seine Bedeutung als Anfangspunkt der Geschichtsschreibung zugunsten des römischen Ursprungs von ›Land‹ und ›Sippe‹.

---

52 *Costin*, Opere (Anm. 1), S. 42.
53 Vgl. den Abschnitt »Über unsere moldauische Sprache« (*Pentru limba noastră moldovenească*). *Ureche*, Letopisețul (Anm. 24), S. 67.
54 *Chronika Ziem Mołdawskich i Multańskich* (»Chronik der Moldauischen und Walachischen Länder«) sowie *Historyja polskimi rytmami o mołdawskiej ziemi i multańskiej* (»Historie in polnischen Versen über das moldauische und walachische Land«), in rumänischer Übersetzung ediert in *Costin*, Opere (Anm. 1), S. 202–217 und 218–240; im polnischen Original: *Miron Costin*, Latopis Ziemi Mołdawskiej i inne utwory historyczne, hg. von Ilona Czamańska, Posen 1998, S. 257–274 und 275–306. Der Hintergrund der Abfassung beider Texte war ein in erster Linie politischer: Als Vertreter der einheimischen pro-polnischen Adelsfraktion sah Costin in der engen Anbindung an den polnisch-litauischen Staat eine Möglichkeit, die Abhängigkeit vom Osmanischen Reich zu lösen. Vgl. *Ciobanu*, Curente ale ideologiei politice (Anm. 41). Eine nachweislich edle Abkunft galt im Kommunikationsformular der polnischen Adelsrepublik als besonders positiv codiert. Vgl. dazu *Hans-Jürgen Bömelburg*, Frühneuzeitliche Nationen im östlichen Europa. Das polnische Geschichtsdenken und die Reichweite einer humanistischen Nationalgeschichte (1500–1700), Wiesbaden 2006, v. a. der Abschnitt »Genealogisches Denken im nationalen Kontext«, S. 238–256.

Erschließung eines profanen Geschichtsraums

Die Freilegung der historischen Tiefe der Landesgeschichte, in der die Kategorien von Herkunft und Territorium eng ineinander verwoben waren, hatte schließlich auch eine stärkere räumliche Verankerung der Geschichte zur Folge. Denn die Chroniken von Ureche und Costin begriffen die Moldau nicht mehr allein als Herrschaftsraum des Fürsten, dessen Ort sie innerhalb eines weltlichgöttlichen, das heißt vertikalen Bezugsystems aufzuzeigen hatten, sondern waren nunmehr um die genaue Kenntnis der räumlich-territorialen sowie zeitlichen Dimensionen der Landesgeschichte diesseits einer heilsgeschichtlichen Verortung bemüht. Dies belegen nicht zuletzt die zahlreichen, teils ausgedehnten Exkurse in die osmanische, siebenbürgische oder polnische Geschichte, die von beiden Chronisten in offensichtlich vergleichender Absicht unternommen wurden.

Die Verschiebung des zeitlichen Anfangspunktes der Geschichtsschreibung – vom Datum der Welterschaffung zur römischen Antike, vom ›Beginn‹ zum ›Ursprung‹ – erweiterte somit die Artikulationsmöglichkeiten der Chronik in zweifacher Weise: zum einen durch die Entdeckung der historischen Tiefe der Gemeinschaft und zum anderen durch die Territorialisierung ihrer Geschichte. Die Erschließung dieses zeitlich wie räumlich ›eigenen‹ Geschichtsraums kann damit in einem weiteren Sinne als Prozess der allmählichen Abkehr der Geschichtsschreibung von einem transhistorischen Denken gelesen werden, das die geschichtliche Umwelt stets innerhalb eines gottgegebenen Gesamtzusammenhangs zu begreifen und zu deuten pflegte. Dabei erlaubte erst die profane ›Krisenzeit‹ der Chroniken – die sich in Begriffen des Schwankens und der Unverfügbarkeit ausdrückte – die problematisierende Bezugnahme auf einen gegenwärtigen Erfahrungsraum, der als unruhig, chaotisch und grausam geschildert wurde. So zeichnete sich ein profaner Geschichtsraum ab, der sich aus dem traditionellen, universalen Heilsplan herauslöste und zur Entdeckung einer bis dahin unerschlossenen geschichtlichen Tiefendimension führte.

Die Entdeckung der römischen Herkunft innerhalb dieser beunruhigenden Geschichtszeit korrespondierte bestens mit einem sozialen Erwartungshorizont, dessen Geltungsanspruch sich aus der Sicht jener privilegierten Schicht, der mitunter die Chronisten entstammten, gerade aus einer glorreichen Vorgeschichte speiste. Der These der lateinischen Abstammung, die in den Chroniken des 17. Jahrhunderts auf den Plan trat, kam damit eine maßgebliche identitätssichernde Funktion zu: Durch den innergeschichtlich erzeugten Spannungsbogen von ruhmreicher – wenngleich entfernter – Vergangenheit und prekärer Gegenwart wurde eine Erwartungshaltung an die Zukunft aufgebaut, die berufen war, aus der Vorgeschichte zu schöpfen. Wie der Kunsthistoriker und Politologe Daniel Barbu treffend bemerkt, erschien nunmehr »das Land nicht nur als temporärer und in einem Monarchen personifizierter Ausdruck einer lokalen ekklesiologischen Realität. Vielmehr beginnt die ›Patria‹ für die rumänische Elite des Zeitalters der Krise die höchste Form des sozialen Zusammenschlusses zu werden«.[55] In diesem Zusammenhang öffnete nicht zuletzt die Geschichte der römischen Kolonialisierung Dakiens einen Geschichtsraum, der die als krisenhaft beschriebene Gegenwart wiederum so erscheinen ließ, dass sich gerade im Rückgriff auf die Vergangenheit eine mögliche Handlungsoption in der Gegenwart abzeichnete. Anders gesagt: Mit der Latinitätsthese stand ein gentiles Herkunftsnarrativ zur Verfügung, das im Interesse eines um Stellung und Privilegien ringenden einheimischen Adels wirkungsvoll eingesetzt werden konnte.[56] Die Selbstvergewisserung in der Geschichtszeit – eine Kernfunktion genealogischen Argumentierens[57] – ging Hand in Hand mit ihrer politisch-identitären Besetzung im zeitgenössischen Konfliktfeld.

3. Historiographie und Krise zwischen Wahrnehmung und Aushandlung. Methodische Anmerkungen aus der südosteuropäischen Frühneuzeit

Auch innerhalb der rumänischen Historiographie gilt das 17. Jahrhundert angesichts von innenpolitischen Unruhen, zahlreichen Kriegen und der Verschärfung des osmanischen Abhängigkeitsregimes als das Jahrhundert der Krise. Zwar sind Zweifel an dem allzu laxen Gebrauch dieser Kategorie durchaus berechtigt – sie wird oft wenig differenziert für ganze Jahrhunderte verwendet, nicht selten mit unverkennbar nationalem Unterton –, dennoch besitzt sie zumindest für die Beschreibung der sozial- und wirtschaftsgeschichtlichen Realitäten in der Moldau der zweiten Jahrhunderthälfte eine schwer zu leugnende

---

55 *Barbu*, Bizanț contra Bizanț (Anm. 9), S. 110.
56 Als Teil einer Strategie der Traditionsbildung ist die Latinitätsthese der moldauischen Chroniken im Übrigen durchaus vergleichbar mit dem Sarmatendiskurs des polnischen oder dem Romanitätsdiskurs des litauischen Adels, die gleichermaßen durch die Geschichtsschreibung popularisiert wurden. Vgl. dazu *Norbert Kersken*, Geschichtsbild und Adelsrepublik. Zur Sarmatentheorie in der polnischen Geschichtsschreibung der frühen Neuzeit, in: Jahrbücher für Geschichte Osteuropas 52,2 (2004), S. 235–260, sowie *ders.*, Entwicklungslinien der Geschichtsschreibung Ostmitteleuropas in der Frühen Neuzeit, in: Joachim Bahlcke und Arno Strohmeyer (Hg.), Die Konstruktion der Vergangenheit: Geschichtsdenken, Traditionsbildung und Selbstdarstellung im frühneuzeitlichen Ostmitteleuropa, Berlin 2002, S. 19–53.
57 Vgl. *Kilian Heck* und *Bernhard Jahn*, Genealogie als Denkform in Mittelalter und Früher Neuzeit: Leistungen und Aporien einer Denkform, in: dies. (Hg.), Genealogie als Denkform in Mittelalter und Früher Neuzeit, Tübingen 2000, S. 1–9.

Evidenz.⁵⁸ Die Krisenrhetorik, die in den Chroniken fassbar wird, wurde jedoch *nicht* – so mein Argument – in erster Linie durch die zahlreichen kriegerischen Auseinandersetzungen, Epidemien oder wirtschaftlichen Turbulenzen, die sich in dieser Epoche häuften, freigesetzt, sondern antwortete auf konkrete Verwerfungserfahrungen innerhalb des Systems der Machtverteilung, die die privilegierten Schichten in direkter Weise betrafen. Die Konkurrenzsituation, in der sich der einheimische Adel gegenüber potenten Aufsteigern positionieren musste, brachte eine sozial-identitäre Distinktionsrhetorik hervor, gleichsam als Stütze eines nicht mehr leistungsfähigen gewohnheitsrechtlichen Verfahrens. In diesem diskursiven Kontext fest eingeschrieben, erscheint die Chronistik der Jahrhundertmitte als Aushandlungsort eines gentilen Krisenbewusstseins, das sich in mindestens drei markanten Brüchen mit der bis dahin betriebenen Geschichtsschreibung vollzog: erstens durch die Dramatisierung der Zeiterfahrung und in der Selbstaufwertung des (historischen) Schreibens ›in unsicheren Zeiten‹, zweitens durch die Hinterfragung der Herrschaftspraktiken und die Thematisierung der problematisch gewordenen politischen Bezugsgrößen sowie drittens durch die Erschließung eines profanen Geschichtsraums, der vermittels des römischen Herkunftsnarrativs als neue Bezugsgröße aktiviert werden konnte.

Für die moldauische Chronistik des 17. Jahrhunderts zeigt sich damit ein enger Bedingungszusammenhang zwischen der verstärkten Berufung auf die römische Kollektivgenealogie und der zeitgenössischen Krisensemantik. Prinzipiell favorisiert oder sogar beschleunigt wurde diese narrative Verkoppelung sicherlich durch Umbruchserfahrungen, denen die alteingesessene Elite des Landes seit der Jahrhundertwende zunehmend ausgesetzt war. In einem gewissen Sinne lag auch die Krisenrhetorik im Interesse eben dieser Gruppe, denn die auffallende Sensibilisierung der moldauischen Chroniken für Phänomene der sozialen und politischen Welt förderte zugleich auch ihre Befähigung, historische Selbstvergewisserung in einer als kritisch empfundenen Situation zu gewährleisten. Die eingangs angesprochene Frage also, ob Geschichtsschreibung eine bestimmte Problematik aus einer bestehenden Krise aufnahm oder diese erst in Bezug auf die Krisensituation entwickelte (das heißt genauer: in ihrer Beschreibung erst produzierte), ist, zumindest für den hier vorgestellten Fall, nicht einseitig zu beantworten. Anhand der moldauischen Chroniken des 17. Jahrhunderts lässt sich aber immerhin sagen, dass erst *vermittels* einer expliziten Krisenbeschreibung einerseits die Erschließung und narrative Ausge-

---

58 Für eine überzeugende Zusammenstellung der unterschiedlichen Faktoren im Rahmen der gesamteuropäischen konjunkturellen Entwicklung siehe *Murgescu*, Istorie românească (Anm. 11), S. 146 ff., 168 ff. und 173 f. in Bezug auf das Fürstentum Moldau.

staltung eines Geschichtsraums stattgefunden hat und andererseits die Selbstermächtigung historischen Schreibens entscheidend befördert wurde.

Die beiden diskutierten Chroniken des Grigore Ureche und Miron Costin lassen erkennen, wie Geschichtsschreibung sich in einen spezifischen sozialen Kontext einbrachte, indem sie ihn als instabil, zerrüttet usw. beschrieb. Die Chroniken operieren dabei mit einem Set von Beschreibungsmodalitäten, die in hohem Maße einer Typologie der Krisenwahrnehmung der Frühen Neuzeit entsprechen: Kontingenzerfahrung, Prodigienhäufung, Verfallsrhetorik, Scheitern bekannter Verfahren, Sprach- oder Genrewechsel, Suche nach stabilisierenden Mustern usw.[59] Sicherlich ließe sich diese, wenn man so will, Spurensuche nach Krisenindikatoren in Diskursen der Frühen Neuzeit weiterverfolgen – ein Unternehmen, das jedoch, stärker als bislang geschehen, lokale Besonderheiten berücksichtigen müsste, wie gerade der Blick aus der räumlichen ›Peripherie‹ der Westeuropa-zentrierten Frühneuzeitforschung aufzuzeigen vermag. Auf einige kritische Punkte, die sich aus dem südosteuropäischen Blickwinkel abzeichnen und die auch als Anmerkungen zur allgemeinen Problematik einer Wahrnehmungsgeschichte verstanden werden können, soll daher abschließend kurz eingegangen werden.

Zunächst liegt es auf der Hand, dass es zu kurz greifen würde, die Untersuchung auf den Terminus ›Krise‹ zu verengen und dementsprechend nach Stellenbelegen zu suchen. Eine Erweiterung des semantischen Rasters und die Berücksichtigung funktionaler Äquivalente für das Konzept ›Krise‹ erscheinen daher sicherlich notwendig, wenngleich dies im Einzelfall schwierig zu leisten sein mag. Denn vor allem ist damit zu rechnen, dass gewisse Sprachen – wie etwa das Rumänische des 17. Jahrhunderts – noch kaum über Begriffe zur Beschreibung übergeordneter Zeitprozesse verfügten und diese erst recht mühsam herausbildeten. Über lange Zeit allein einer griechischkundigen Leserschicht vertraut bürgerte sich etwa der Begriff *criză* erst ab 1800 im Rumänischen ein.[60]

Der begriffliche Apparat, der uns in den Chroniken von Grigore Ureche und Miron Costin entgegentritt, gehört zu den ersten überlieferten Belegen eines Ringens um eine qualitative Zeitterminologie und ist insofern schon bemerkenswert. Doch reicht die auffällige Redseligkeit und relative Entbundenheit von konventionellen Formen schon aus, um darin einen Krisenindikator zu sehen? Gegenüber vorschnellen Schlüssen ist zumindest zu bedenken, dass beide

---

59 Für systematische Versuche zur Schärfung des Krisenbegriffs vgl. *Reinhart Koselleck*, Art. »Krise«, in: Geschichtliche Grundbegriffe. Historisches Lexikon zur politisch-sozialen Sprache in Deutschland, hg. von Otto Brunner u.a, Bd. 3, Stuttgart 1982, S. 617–650; *Rudolf Vierhaus*, Zum Problem historischer Krisen, in: Karl-Georg Faber und Christian Meier (Hg.), Historische Prozesse, München 1978, S. 313–329.

60 Vgl. *N. A. Ursu*, Formarea terminologiei științifice romînești [Die Herausbildung der wissenschaftlichen Terminologie des Rumänischen], Bukarest 1982.

Chroniken natürlich auch aus einer bereits kulturell etablierten, religiösen Krisenrhetorik schöpfen. Denn die eschatologische Zurichtung der Gegenwart gehörte gewissermaßen zum allgemeinen deskriptiven Haushalt der orthodoxen Schriftkultur.[61] Diese Feststellung ist insofern wichtig, als die bisherigen mentalitätsgeschichtlichen Arbeiten, die in auffallender Zahl zum Thema der Furcht vorliegen, vor dem Problem mangelnder dokumentarischer Dichte stehend, diesbezügliche Äußerungen zur Qualität der Zeit oft überbewerten und eben die Konventionalität des Ausdrucks, die häufig protokollarischen Charakter annimmt, nur unzureichend berücksichtigen.[62]

Die hier signalisierten Bedenken deuten auf zweierlei hin: Zum einen ist die Rekonstruktion eines angenommenen Krisenbewusstseins dort mit erheblichen Schwierigkeiten konfrontiert, wo ein Mindestmaß an dokumentarischer Dichte und qualitativer Streuung nicht gewährleistet ist. Dies ist etwa im südöstlichen Europa der Fall, wo Schriftarmut und Schriftkonservativismus im Verbund auftreten. Zum anderen, so wird daraus noch einmal deutlich, kann eine komparative Geschichte der Krisenwahrnehmungen nicht von einer allgemeinen Typologie der Wahrnehmungsmuster ausgehen, die nicht auch die Grenzen des kulturell jeweils unterschiedlich Sagbaren mitreflektiert.

---

61 Darauf weist an mehreren Stellen *Duțu*, Umaniștii români (Anm. 5) hin.
62 Vgl. die in Anm. 5 erwähnten Arbeiten. Für eine grundlegende Neukonzeption des Furcht-Paradigmas siehe *Andreas Bähr*, Die Furcht der Frühen Neuzeit. Paradigmen, Hintergründe und Perspektiven einer Kontroverse, in: Historische Anthropologie 16 (2008), S. 291–309. Nach Andreas Bähr »konstituiert sich die Forschung zur Geschichte der Furcht in der Frühen Neuzeit bisher, in der einen oder anderen Form, in den Paradigmen derjenigen Aufklärung, die diese Furcht bewältigt zu haben proklamierte«; ebd., S. 291. Berücksichtigt man nun, dass eine solche Aufklärung in Südosteuropa nicht existierte beziehungsweise mit einiger Verspätung rezipiert wurde, so trifft diese Feststellung für die Forschung bezüglich dieses Raumes gewissermaßen in doppelter Weise zu.

Marian Füssel

Die Krise der Schlacht. Das Problem der militärischen Entscheidung im 17. und 18. Jahrhundert

In den anderthalb Jahrhunderten zwischen dem Ende des Dreißigjährigen Krieges und den französischen Revolutionskriegen verging in Europa kaum ein Jahr, in dem es nicht zu bewaffneten Konflikten kam. Rund sechs Millionen Soldaten fielen oder wurden auf den Schlachtfeldern Europas verwundet.[1] Allein diese ständige Bellizität der europäischen Fürstengesellschaft würde schon die in der Historiographie allenthalben anzutreffende Zeitdiagnose einer Krise rechtfertigen.[2] Bezeichnenderweise lautet dann auch der Titel eines einschlägigen Handbuchs zum Zeitraum 1600–1715 »Kriege und Krisen«.[3] Können Kriege ganz allgemein bereits als eine extreme Form der Krise verstanden werden – sowohl als militärische Eskalationsform anderer Krisen, wie etwa einer unentschiedenen Erbfolge, als auch in ihren Folgen, des Herrschaftswechsels, der Verwüstung, ökonomischer Krisen etc. –, so gilt das in besonderer Form auch für eine einzelne Schlacht.[4] Denn definiert man mit Kurt Tucholsky Krise als jenen »ungewisse[n] Zustand, in dem sich etwas entscheiden soll: Tod oder Leben – Ja oder Nein«,[5] dann wird eine Schlacht zur zentralen Realisationsform der Krise. Bereits in der Etymologie des

---

1 *Jürgen Luh*, Kriegskunst in Europa 1650–1800, Köln u. a. 2004, S. 1.
2 Vgl. *Johannes Burkhardt*, Die Friedlosigkeit der Frühen Neuzeit. Grundlegung einer Theorie der Bellizität in Europa, in: Zeitschrift für Historische Forschung 24 (1997), S. 509–574. Zur Krisendiagnose im 16. und 17. Jahrhundert vgl. *Manfred Jakubowski-Tiessen* (Hg.), Krisen des 17. Jahrhunderts. Interdisziplinäre Perspektiven, Göttingen 1999; *Monika Hagenmeier* und *Sabine Holtz* (Hg.), Krisenbewußtsein und Krisenbewältigung in der Frühen Neuzeit – Crisis in Early Modern Europe. Festschrift für Hans-Christoph Rublack, Frankfurt a.M. 1992; epochenübergreifend vgl. *Helga Scholten* (Hg.), Die Wahrnehmung von Krisenphänomenen. Fallbeispiele von der Antike bis in die Neuzeit, Köln u. a. 2007.
3 *Volker Press*, Kriege und Krisen. Deutschland 1600–1715, München 1991.
4 Grundsätzlich ist sowohl zu unterscheiden zwischen dem zeitgenössischen Verständnis von Krieg und seiner modernen historiographischen Kennzeichnung als Krisenphänomen als auch zwischen einem eher unspezifischen Alltagsverständnis von Krise als Zeit des Niedergangs, des Verlustes und der Katastrophe (was auf Kriege in jedem Fall zuträfe) und einer engeren, stärker auf Entscheidungshandeln, dessen Praxis und Beobachtbarkeit abzielenden Begriffsverwendung, wie sie hier verfolgt werden soll.
5 *Kurt Tucholsky*, Gesammelte Werke, Bd. 5, Hamburg 1986, S. 201.

griechischen *krino* beziehungsweise *krinesthai* als ›urteilen‹, ›scheiden‹, ›entscheiden‹, aber auch sich ›messen‹, ›streiten‹ oder ›kämpfen‹ ist eine solche Nähe angelegt.[6] Die Schlacht als Krise wirkt mit anderen Worten an der Sichtbarwerdung von Kontingenz. So ist bereits im Begriff der ›Entscheidungsschlacht‹ die Eigenschaft eines verdichteten Entscheidungshandelns enthalten, das dem Ideal nach einen ganzen Krieg und das Schicksal eines Herrschers oder eines Volkes besiegeln konnte und damit zu einer Krise wurde. Anthologien von sogenannten Entscheidungsschlachten konnten sich somit gar zu einem eigenen Genre der Militärhistoriographie entwickeln.[7] Im militärhistorischen Diskurs bezeichnet der Begriff ›Krise der Schlacht‹ ferner eine bestimmte Phase innerhalb einer Schlacht, in der sich das Blatt in Richtung einer Entscheidung wendet.[8]

Für den besagten Zeitraum verzeichnen die einschlägigen Anthologien jedoch nur wenige Ereignisse, wie etwa Höchstädt (1704), Poltawa (1709) oder Waterloo (1815), die das Etikett einer entscheidenden Schlacht verdienen.[9] Wenn aber die postulierte Entscheidungsqualität einer Schlacht verloren geht, gerät diese als Austragungsmedium für Entscheidungshandeln selbst in eine Art Krise, diesmal aber eher im Sinne einer soziologischen Definition von Krise als »wahrgenommener Gefährdung eines institutionalisierten Handlungsmusters«.[10] Anders aus-

---

6 Vgl. *Reinhart Koselleck*, Art. »Krise«, in: Geschichtliche Grundbegriffe. Historisches Lexikon zur politisch-sozialen Sprache in Deutschland, hg. von Otto Brunner u.a., Bd. 3, Stuttgart 1982, S. 617–650, hier S. 617; *Oliver Ramonat*, Art. »Krise«, in: Enzyklopädie der Neuzeit, hg. von Friedrich Jaeger, Bd. 7, Stuttgart und Weimar 2008, S. 226–229.
7 Vgl. *John Keegan*, Das Antlitz des Krieges. Die Schlachten von Azincourt 1415, Waterloo 1815 und an der Somme 1916, Frankfurt a.M. und New York 1991, S. 62–69, S. 400ff., sowie die Einleitungen der Herausgeber in *Stig Förster, Markus Pöhlmann* und *Dierk Walter* (Hg.), Schlachten der Weltgeschichte. Von Salamis bis Sinai, München 2001, S. 12–15, sowie *Marian Füssel* und *Michael Sikora* (Hg.), Kulturgeschichte der Schlacht, Paderborn 2014, S. 11–26, hier S. 12–14.
8 Vgl. *Roger Repplinger*, Auguste Comte und die Entstehung der Soziologie aus dem Geist der Krise, Frankfurt a.M. 1999, S. 13; *Herfried Münkler*, Clausewitz' Beschreibung und Analyse einer Schlacht: Borodino als Beispiel, in: Steffen Martus u.a. (Hg.), Schlachtfelder. Codierung von Gewalt im medialen Wandel, Berlin 2003, S. 67–91, hier S. 68 mit Anm. 5.
9 Der das Genre begründende Klassiker ist *Edward Creasy*, The Fifteen Decisive Battles of the World. From Marathon to Waterloo, London 1851. Später wurde das Werk von Joseph B. Mitchell um fünf Schlachten des 19. und 20. Jahrhunderts auf zwanzig erweitert und erschien in deutscher Übersetzung als *Joseph B. Mitchell* und *Edward Creasy*, 20 entscheidende Schlachten der Weltgeschichte, Gütersloh 1968. Vgl. ferner in Auswahl *Christian F. Maurer*, Entscheidungsschlachten der Weltgeschichte, Leipzig 1882; *Walter Heichen* (Hg.), Die Entscheidungsschlachten der Weltgeschichte von Marathon bis Tsushima. Ein Buch vom Ringen der Völker um die Machtstellung in alter und neuer Zeit, Altenburg 1915; *Klaus Jürgen Bremm*, Im Schatten des Desasters. Zwölf Entscheidungsschlachten in der Geschichte Europas, Norderstedt 2003; *John Frederick Charles Fuller*, Die Entscheidungsschlachten der westlichen Welt, Tübingen 2004.
10 Vgl. zu dieser Definition *Jürgen Friedrichs*, Gesellschaftliche Krisen. Eine soziologische Analyse, in: Scholten (Hg.), Wahrnehmung (Anm. 2), S. 13–26, hier S. 14.

gedrückt gerät die Handlungsform Schlacht in die Krise, gerade weil ihr der Krisencharakter abhandenkommt. Welcher Rationalität aber folgen so aufwendige Veranstaltungen wie eine rangierte Feldschlacht mit Zehntausenden von Männern, wenn sie nichts entscheiden? Handelt es sich um den Ausdruck einer Krise im Sinne eines Defizienzphänomens einer in Konventionen erstarrten Kultur? Ich werde zur Beantwortung dieser Fragen im Folgenden in vier Schritten vorgehen. Zunächst wird die allgemeine Diagnose der Kabinettkriegführung als Krisenphänomen historiographiegeschichtlich rekapituliert (1.), um daran anschließend die zeitgenössische Semantik der militärischen Krisendiagnose am Beispiel Friedrichs II. im Siebenjährigen Krieg zu behandeln (2.). In einem dritten Schritt wird die zeitgenössische militärtheoretische Diskussion um die Kontingenzproblematik einer Schlacht verfolgt (3.), um schließlich die Entscheidungsbedingungen für eine Schlacht des Ancien Régime als kulturelle Praxis zu analysieren (4.).

1. Viel Lärm, aber kein Sieg? Schlachten, die nichts entscheiden

Die Diagnose einer Krise bedarf stets der Aufhellung des Beobachterstandpunktes desjenigen, der die Krise konstatiert. In unserem Fall ist also danach zu fragen, ob und in welchem Ausmaß bereits die Zeitgenossen eine Krise der Schlacht diagnostizierten oder inwieweit es sich um eine nachträgliche Konstruktion moderner Militärhistoriographie handelt. Schaut man sich etwa eine Skizze der zu analysierenden taktischen Situation durch Eugen von Frauenholz aus den dreißiger Jahren des 20. Jahrhunderts an, wird die Zeitgebundenheit des Standpunktes recht deutlich: »Der Gedanke, man müsse eine Schlacht möglichst vermeiden und nur als äußerstes Mittel durchfechten, ist zwar nicht erst im siebzehnten Jahrhundert aufgetaucht, schon im fünfzehnten finden sich Belege für solche Anschauungen. Aber im siebzehnten Jahrhundert begann der Gedanke von der Gefährlichkeit der Schlacht immer breiteren Boden zu fassen. Noch mehr als im Dreißigjährigen Krieg begann man zu manövrieren, das heißt durch gewandte operative Bewegungen den Gegner zu zwingen, günstige Stellungen aufzugeben und damit ganze wertvolle Landstriche preiszugeben. Der Krieg, ein Duell zwischen den Fürsten oder Regierungen, und nicht zwischen den Völkern, entfremdete sich dem ursprünglichen Vernichtungsgedanken immer mehr zugunsten der Auffassung, man müsse dem Gegner möglichst viele und wertvolle Faustpfänder abnehmen, um ihn zum Frieden unter den gewünschten Bedingungen zu zwingen«.[11]

---

11 *Eugen von Frauenholz*, Das Gesicht der Schlacht. Taktik und Technik in der deutschen Kriegsgeschichte, Stuttgart ²1937, S. 66. Frauenholz gehört zu einer Gruppe von Militär-

Die Formulierung, der Krieg »entfremdete sich dem ursprünglichen Vernichtungsgedanken«, suggeriert, dass es sich um eine Art Dekadenzphänomen handele, das sich vom eigentlichen ›ursprünglichen‹ Wesen der Kriegführung zusehends entfernt habe, eine Perspektive, die maßgeblich durch die Ideen von Carl von Clausewitz und die Historiker des preußischen Generalstabs bestimmt ist, die den deutschsprachigen militärhistorischen Diskurs des 19. und frühen 20. Jahrhunderts nachhaltig beeinflussten.[12] Für Clausewitz ist die Hauptschlacht »der blutigste Weg der Lösung«. Zwar »schaudert« der »Mensch im Feldherren« angesichts des enormen Blutvergießens, doch noch mehr »erbebt der Geist des Menschen vor dem Gedanken der mit einem einzigen Schlag gegebenen Entscheidung. *In einen Punkt* des Raumes und der Zeit ist hier alles Handeln zusammengedrängt«.[13] Für die Schlachten vermeidende Kriegführung der Kabinettkriege hat Clausewitz folglich nur Verachtung übrig: »Die Geschichts- und Theorienschreiber haben sich dann abgemüht, in diesen Feldzügen und Kriegen in irgendeinem anderen Wege nicht bloß das Äquivalent der versäumten Schlachtentscheidung zu finden, sondern selbst eine höhere Kunst. Auf diese Weise sind wir in unserer Zeit nahe daran gewesen, in der Ökonomie des Krieges die Hauptschlacht wie ein durch Fehler notwendig gewordenes Übel anzusehen, wie eine krankhafte Äußerung, zu der ein ordentlicher, vorsichtiger Krieg niemals führen müsste […]. Die Geschichte der Zeit hat diesen Wahn zerstört. […] Wir mögen nichts hören von Feldherren, die ohne Menschenblut siegen«.[14] Bei Clausewitz und seinen Nachfolgern misst sich jegliches militärisches Handeln des Ancien Régime letztlich am Maßstab von Napoleons Kriegführung.

Der Berliner Historiker Hans Delbrück (1848–1929) nimmt hingegen eine eher vermittelnde Position ein, die nicht davon ausgeht, dass »man aus einem Zeitalter vorwiegender Manöver allmählich zu einer Strategie vorwiegender Schlachtenentscheidung fortschreitet, sondern Theorie wie Praxis […] sich bald mehr dem einen Pol, bald dem anderen« annähern.[15] Die ersten Kriege Lud-

---

historikern der NS-Zeit, die dem Jahrhundert der Aufklärung weitgehend mit Verachtung begegneten. Vgl. exemplarisch *Winfried Mönch*, »Rokokostrategen«. Ihr negativer Nachruhm in der Militärgeschichtsschreibung des 20. Jahrhunderts. Das Beispiel von Reinhard Höhn und des »moralischen« Faktors, in: Daniel Hohrath und Klaus Gerteis (Hg.), Die Kriegskunst im Lichte der Vernunft. Militär und Aufklärung im 18. Jahrhundert, Teil 1, Hamburg 1999, S. 75–97.

12 *Wolfgang Petter*, Zur Kriegskunst im Zeitalter Friedrichs des Großen, in: Bernhard Kroener (Hg.), Europa im Zeitalter Friedrichs des Großen. Wirtschaft, Gesellschaft, Krieg, München 1989, S. 245–268, hier S. 248–253.
13 *Carl von Clausewitz*, Vom Kriege. Hinterlassenes Werk. Ungekürzter Text nach der Erstauflage (1832–34), Frankfurt a.M., Berlin und Wien 1980, S. 242.
14 Ebd., S. 242f.
15 *Hans Delbrück*, Geschichte der Kriegskunst, 4 Bde., Neuausgabe des Nachdrucks von 1964, Bd. 4, Berlin 2000, S. 389.

wigs XIV. stellen sich für ihn beispielsweise als »reine Manöver-Feldzüge« dar: »Die einzige wirkliche Schlacht, bei Seneffe (1674), war nicht beabsichtigt und blieb unentschieden, weil Condé die Armee nicht aufs Spiel setzen wollte und den Kampf nicht fortsetzte«.[16] Auch der dritte Krieg Ludwigs habe nur eine Schlacht mit wesentlichen Folgen aufgewiesen, nämlich die Schlacht an der Boyne in Irland (1690).[17] Gerade die für die weitere Kriegsentwicklung zumeist folgenlosen Schlachten des 17. und 18. Jahrhunderts waren jedoch von extrem hohen Opferzahlen geprägt. Eine Tendenz, der manche Autoren am Ende des 19. Jahrhunderts allein durch vorwiegend taktische »Verbesserungen« zu begegnen hofften, die endlich die Entscheidungsqualität wieder erhöhen und damit die Gefallenenzahlen senken würden.[18]

Auch moderne angloamerikanische Militärhistoriker teilen grundsätzlich die Wahrnehmung zunehmender Unentschiedenheit im 17. und 18. Jahrhundert. So beschreibt etwa Russel F. Weigley das »Zeitalter der Schlachten« von Breitenfeld (1631) bis Waterloo (1815) als eine Ära der Unentschiedenheit: »The swift decisions almost never came. If war's one virtue was its capacity to produce decisions at a tolerable cost, it had lost its virtue before the age of battles commenced«.[19] Für Weigley ist die Ära zwischen Gustav Adolph und Napoleon von einem Hiatus zwischen der Hoffnung der Politik, Entscheidungen auf dem Schlachtfeld herbeizuführen, und der tatsächlichen Entscheidungslosigkeit der Schlachten geprägt, die allein zu enormen Verlusten an Menschen und Ressourcen führten.[20] Er sieht daher die Kriegführung der Zeit nicht als Fortführung der Politik, sondern als deren ›Bankrotterklärung‹ an. In jüngster Zeit ist durch James Q. Whitmanns Studie *The Vedict of Battle* jedoch erneut Bewegung in die Diskussion gekommen.[21] Whitmann argumentiert aus rechtshistorischer Perspektive dafür, dass die sogenannte »pitched battle« als quasi-juristisches Entscheidungsverfahren im Grunde die bislang humanste Form der Kriegführung darstelle.[22] Der sich im späten 19. Jahrhundert vollziehende Übergang der Schlacht von einer »rule of law« hin zu einer »rule of force« wird von ihm als die Geschichte eines Verlusts gelesen.[23] Auch Whitmann ist bewusst, dass nur we-

---

16 Ebd.
17 Neuere Arbeiten stellen allerdings auch die militärische Entscheidungsqualität in Frage. Vgl. *Pádraig Lenihan*, 1690: Battle of the Boyne, Stroud 2003.
18 Vgl. *Gustav Roloff*, Der Menschenverbrauch in den Hauptschlachten der letzten Jahrhunderte, in: Preußische Jahrbücher 72 (1893), S. 105–151.
19 *Russel F. Weigley*, The Age of Battles. The Quest for Decisive Warfare from Breitenfeld to Waterloo, London 1993, S. XII–XIII, hier S. XVIII.
20 Ebd., S. 536–543.
21 *James Q. Whitmann*, The Verdict of Battle. The Law of Victory and the Making of Modern War, Cambridge MA, London 2012.
22 Ebd., S. 23 und S. 50.
23 Ebd., S. 24.

nige Schlachten gerade des 18. Jahrhunderts direkten Entscheidungscharakter aufwiesen. Doch auch die unentschiedenen Schlachten seien ein »Segen« gewesen, verglichen mit der Alternative, den Krieg marodierend ins Land zu tragen.[24]

War für die deutsche Militärgeschichte Friedrich der Große die Ausnahme unter den Manöverstrategen des 18. Jahrhunderts, so ist es in der britischen Tradition John Churchill, der erste Duke of Marlborough, der im spanischen Erbfolgekrieg die Entscheidung erfolgreich in der Schlacht gesucht habe. Wie sehr die Perspektive durch spätere Ereignisse determiniert ist, zeigt etwa die Charakterisierung der Schlacht von Höchstädt (1704) als ein »Waterloo des 18. Jahrhunderts«.[25] Die Eigenschaft einer »vollgültigen Entscheidungsschlacht« wird Höchstädt allenfalls in der regionalen Begrenzung auf Süddeutschland zugestanden, ja man spricht auch von einer »negativen Entscheidungsschlacht«, deren Bedeutung mehr in der Verhinderung als in der Ermöglichung von Entscheidungen läge.[26] Neuere Arbeiten etwa zur Schlacht von Ramillies (1706) zeigen ferner, dass auch das Bild vom Erfolg Marlboroughs sich bei näherem Hinsehen als nachträgliche Konstruktion der auf die Schlachtentscheidung fixierten Militärhistoriker darstellt.[27] Mussten einzelne Schlachtensiege noch lange keine grundsätzliche Entscheidung eines Krieges bedeuten, galt dies im gleichen Atemzug für eine Niederlage. Eine Schlacht des Ancien Régime war, wie schon Adam Dietrich Heinrich von Bülow zu Beginn des 19. Jahrhunderts festhielt, »nie so entscheidend, dass dadurch ein Heer völlig zu Grunde gerichtet« werden konnte.[28] Gelang einerseits der unterlegenen Partei zumeist ein mehr oder weniger geordneter Rückzug, so war andererseits die andere Partei in der Regel ohnehin nicht in der Lage, eine Verfolgung aufzunehmen und den

---

24 Ebd., S. 5.
25 *Bernhard R. Kroener*, La planification des opérations militaires et le commandement supérieur. La crise de l'alliance franco-bavaroise à la veille de la bataille de Höchstädt, in: Forces armées et systèmes d'alliances. Colloque International d'Histoire Militaire et d'Études de Défense Nationale, Montpellier, 2.–6. September 1981, Bd. 1, Paris 1983, S. 165-189, hier S. 187. Vgl. auch *Marcus Junkelmann*, Feldzug und Schlacht von Höchstädt, in: Johannes Erichsen und Katharina Heinemann (Hg.), Brennpunkt Europas 1704. Die Schlacht von Höchstädt / The Battle of Blenheim (Begleitbuch zur Ausstellung in Schloss Höchstädt an der Donau 1. Juli bis 7. November 2004), Stuttgart 2004, S. 55-67, sowie ausführlich *ders.*, Das greulichste Spectaculum von der Welt. Die Schlacht von Höchstädt, eine europäische Entscheidung?, Augsburg 2004.
26 Vgl. *Junkelmann*, Feldzug (Anm. 25), S. 66; *ders.*, Spectaculum (Anm. 25), S. 71-74.
27 Vgl. *Jamel Ostwald*, The »Decisive« Battle Ramillies, 1706: Prerequisites for Decisiveness in Early Modern Warfare, in: Journal of Military History 64 (2000), S. 649-678.
28 *Adam Dietrich Heinrich von Bülow*, Lehrsätze des neuern Krieges oder reine und angewandte Strategie aus dem Geist des neuern Kriegssystems hergeleitet, Berlin 1805, S. 109, zitiert nach *Jürgen Luh*, »Strategie und Taktik« im Ancien Régime, in: Militärgeschichtliche Zeitschrift 64 (2005), S. 101-131, hier S. 126.

Gegner vollständig zu vernichten.²⁹ Napoleon ist schließlich die militärische Führerfigur, an der sich das Ideal der vernichtenden Entscheidungsschlacht wie an kaum einer anderen Person festmacht. Austerlitz und andere Schlachten werden zu taktischen Leitbildern, die auch die Bewertung der vorherigen Jahrhunderte als Zeitalter der Krise maßgeblich beeinflussen. »Austerlitz was not Napoleon's first victory«, resümiert John Lynn, »but it was the clash that more than any other gave tangible reality to the ideal of decisive battle, a concept that would haunt the nineteenth and twentieth centuries«.³⁰

Es ist daher wohl kein Zufall, dass sich erst in der Schlachtenikonographie des 19. Jahrhunderts die Darstellung eines Schlüsselmoments aus nächster Nähe durchzusetzen beginnt.³¹ Im 17. und 18. Jahrhundert dominieren hingegen sogenannte Wimmelbilder und extrem geometrisierte Darstellungen.³² Strategisches Entscheidungshandeln wird hier durch Markierung des Feldherrn inmitten des Kampfes oder einer Beobachterposition auf dem sprichwörtlichen Feldherrnhügel ausgewiesen.³³

Die vom Maßstab Napoleons ausgehenden divergierenden Interpretationen der Kriegführung des 18. Jahrhunderts kulminierten am Ende des 19. Jahrhunderts wissenschaftsgeschichtlich im sogenannten »Strategiestreit«.³⁴ Wie bereits erwähnt vertrat Delbrück eine analytische Position, die eine ›doppelpolige‹, zwischen ›Vernichtung‹ und ›Ermattung‹ oszillierende Strategie behauptete und dabei die Bedeutung der Schlachtentscheidung deutlich relativierte. Das hätte an sich wohl kaum größere Wellen geschlagen, wenn Delbrück seine Theorie nicht auch auf das militärische Vorgehen Friedrichs II. ausgeweitet und damit einen nationalen Mythos in Frage gestellt hätte.³⁵ So habe die »Tatsache, dass die Schlachtentscheidungen, die im Spanischen Erbfolgekrieg

---

29 Vgl. ebd., S. 126f.
30 *John A. Lynn*, Battle. A History of Combat and Culture from Ancient Greece to Modern America, Boulder 2003, S. 180.
31 Vgl. als Überblick *Susanne Parth*, Zwischen Bildbericht und Bildpropaganda. Kriegskonstruktionen in der deutschen Militärmalerei des 19. Jahrhunderts, Paderborn 2010.
32 Vgl. exemplarisch *Marian Füssel*, Die schöne Schlacht. Bilder der Schlacht von Minden, in: Martin Steffen (Hg.), Die Schlacht bei Minden. Weltpolitik und Lokalgeschichte, Minden 2008, S. 172-183, 244-246, sowie als Überblick *Gerhard Paul*, Bilder des Krieges – Krieg der Bilder. Die Visualisierung des modernen Krieges, Paderborn 2004, S. 25-45.
33 Vgl. *Ewa Anklam*, Wissen nach Augenmaß. Militärische Beobachtung und Berichterstattung im Siebenjährigen Krieg, Berlin u. a. 2007, S. 96-110.
34 *Martin Raschke*, Der politisierende Generalstab. Die friderizianischen Kriege in der amtlichen deutschen Militärgeschichtsschreibung 1890-1914, Freiburg 1993; *Sven Lange*, Hans Delbrück und der »Strategiestreit«. Kriegführung und Kriegsgeschichte in der Kontroverse 1879-1914, Freiburg i.Br. 1995.
35 Zur Bedeutung der Kriege Friedrichs II. für den militärischen Selbstverständigungsdiskurs des Kaiserreichs vgl. *Bernhard R. Kroener*, »Den Krieg lernen«. Die Feldzüge Friedrichs des Großen in der amtlichen Geschichtsschreibung des Kaiserreiches, in: Jürgen Kloosterhuis (Hg.), Archivarbeit für Preußen, Berlin 2000, S. 303-313.

zwar einige Male ganz gewaltig, aber nur selten gewesen waren und nach Malplaquet überhaupt nicht mehr Platz gegriffen hatten, verglichen mit den immer wiederholten Schlachten, die seit dem Auftreten Friedrich des Großen einsetzen, [...] zu der Auffassung Veranlassung gegeben, dass Friedrich überhaupt nicht der doppelpoligen Strategie zuzuteilen, sondern sozusagen als der Entdecker und Schöpfer der Niederwerfungsstrategie anzusehen sei, die nachher von Napoleon auf die Höhe geführt worden ist. Diese Auffassung ist, wie wir noch näher feststellen werden, irrtümlich«.[36] Delbrücks zunächst allein auf das Persönlichkeitsbild des *roi connétable* abzielende Antwort wird man heute in dieser Eindeutigkeit allerdings wohl nicht mehr ohne Weiteres teilen: »Die Häufigkeit der Schlachtentscheidung der fridericianischen Kriegführung hat ihren letzten Grund nicht in einem neuen Prinzip, sondern in der titanenhaften Charakteranlage des Königs, die großen Entscheidungen zustrebte«.[37] Auch wenn man, wie es im Übrigen auch Delbrück schon tat, eher strukturelle Bedingungen mit zu berücksichtigen hat, bleibt jedoch – wie sich weiter unten anhand der historischen Semantik von ›Krise‹ erweisen wird – die persönliche Suche Friedrichs nach Entscheidungssituationen ein zentrales Merkmal seiner Politik wie seiner Selbstinszenierung.[38] So sahen die Theoretiker des 18. Jahrhunderts vor allem Friedrichs Geltungs- und Prestigedrang als Ursache des »ewigen Bataillierens«.[39] Sein Bruder Heinrich urteilte in einem bekannten Satz: »Mein Bruder wollte immer bataillieren; das war seine ganze Kriegskunst!«[40]

2. »Das ist die furchtbarste Krisis meines Lebens.« Die Semantik der Krise bei Friedrich II.

Friedrichs Hoffnung auf die entscheidende Wirkung einer Schlacht kommt in seinen Schriften immer wieder zum Ausdruck. So formuliert er in den *Generalprinzipien des Krieges* von 1748: »Schlachten entscheiden das Schicksal der Staaten. Wer immer Krieg führt, muß solche Entscheidungen herbeiführen, sei es, um sich aus einer misslichen Lage zu befreien oder den Feind darein zu

---

36 *Delbrück*, Kriegskunst (Anm. 15), S. 390 f.
37 Ebd., S. 391. Als charakteristisches Beispiel für eine die ›Individualität‹ seines Handelns betonende Sicht in der Weimarer Zeit vgl. etwa *Hans Rothfels*, Friedrich der Große in den Krisen des Siebenjährigen Krieges, in: Historische Zeitschrift 134 (1926), S. 14–30.
38 Vgl. etwa kritisch zum »melodrama of a self-styled philosopher-poet« *Franz A. J. Szabo*, The Seven Years War in Europe 1756–1763, Harlow u. a. 2008, S. 427.
39 Vgl. dazu beispielsweise *Rüdiger Michael*, Kunersdorf 1759. Prestige- oder Vernichtungsschlacht?, in: Militärgeschichte. Zeitschrift für historische Bildung 9 (1999), S. 79–88.
40 *Theodor von Bernhardi*, Friedrich der Große als Feldherr, 2 Bde., Berlin 1881; hier zitiert nach *Theodor Schieder*, Friedrich der Große. Ein Königtum der Widersprüche, Gütersloh 1986, S. 351.

versetzen, oder um den Streit auszufechten, der sonst nie ein Ende nähme.«[41] Später, während des Siebenjährigen Krieges, notiert er in einem Brief an August Wilhelm vom 13. Juli 1757: »Meine Absicht ist, zu versuchen, irgendwie eine Entscheidung durch eine Schlacht herbeizuführen. Wenn uns beides nicht gelingt, bevor der Feldzug zu Ende ist, sind wir verloren.«[42] Die Äußerungen Friedrichs II. stellen gleichzeitig, folgt man Reinhart Koselleck, besonders frühe Belege für den politischen Wortgebrauch des Begriffs ›Krise‹ im Deutschen dar.[43] Zwar habe »das Jahrhundert der Kritik und des moralischen Fortschritts [...] die ›Krise‹ als zentralen Begriff nicht gekannt«, und erst mit Rousseau sei die Krise geschichtsphilosophisch gehaltvoll in die politisch-soziale Selbstbeschreibungssemantik der Gesellschaft eingezogen, doch tritt in unserem Zusammenhang die Semantik der Krise immerhin zur Beschreibung individueller militärischer Entscheidungssituationen und politischer Problemkonstellationen auf.[44] Friedrich II. spricht in seiner Korrespondenz wiederholt von seinen ›Krisen‹ nach einzelnen Schlachten und während ganzer Kriege. Konnte er 1740 noch die als Krise diagnostizierte Situation des europäischen Staatensystems für seine Expansionspolitik nutzen, so sieht er sich im Siebenjährigen Krieg in einer permanenten Entscheidungssituation, die ein ständiges Reagieren am Rande der Katastrophe erfordert. Schon im österreichischen Erbfolgekrieg beschloss der Preußenkönig in seiner Selbstbeschreibung, sich in »dieser Krisis [...] mit Aufbietung aller seiner Hilfsmittel eine furchtgebietende Haltung zu geben«.[45] Später sieht sich Friedrich im Zusammenhang der Schlacht von Hohenfriedberg »dans une grande crise«, und während des Siebenjährigen Krieges scheinen die Krisendiagnosen kaum mehr abzureißen.[46] So äußert er etwa nach der verlorenen Schlacht von Kolin gegenüber seinem Vorleser und Gesprächspartner

---

41 Die Werke Friedrichs des Großen, Bd. 6: Militärische Schriften, hg. von Gustav Berthold Volz, Berlin 1913, S. 75. Nicht von ungefähr dient Whitmann Friedrichs Einnahme Schlesiens und die dazu geführten Schlachten als das Paradebeispiel seiner Argumentation, vgl. *Whitmann*, Battle (Anm. 21), S. 59, 67–94.
42 »Mon sentiment est de tâcher d'en venir quelque part à une décision par une bataille. Si nous n'en venons pas là, l'un et l'autre, avant la fin de la campagne, nous sommes perdus.« Politische Correspondenz Friedrich's des Großen, hg. von Johann Gustav Droysen, Bd. 15, Berlin 1887, Nr. 9197, S. 241; dt. nach *Christopher Duffy*, Friedrich der Große. Die Biographie, Düsseldorf 2001, S. 191.
43 Vgl. *Koselleck*, Art. »Krise« (Anm. 6), S. 624.
44 *Reinhart Koselleck*, Kritik und Krise. Ein Beitrag zur Pathogenese der bürgerlichen Welt, Freiburg und München ²1959, S. 132.
45 Die Werke Friedrichs des Großen, hg. von Gustav Berthold Volz, Bd. 2: Geschichte meiner Zeit, Berlin 1912, S. 55.
46 Vgl. Politische Correspondenz Friedrich's des Großen, Bd. 4, Berlin 1880, S. 96.

Henri de Catt über die Reise seines Bruders nach Dresden: »Zweifellos wäre er in dem Augenblick der Krisis, in der ich mich befand, zu mir zurückgekehrt.«[47]

Wenn es aber gar nicht so einfach war, eine Schlacht eindeutig zu gewinnen, wie stand es dann um das Risiko eines wirklich entscheidenden Verlustes, das in den kriegstheoretischen Diskursen der Aufklärer immer wieder beschworen wurde? Hier kann ein exemplarischer Blick auf die wohl schwerste Niederlage Friedrichs II. bei Kunersdorf 1759 Aufschluss geben. Im berühmten »Mirakel des Hauses Brandenburg« im Zuge der Niederlage der Schlacht von Kunersdorf finden seine militärischen Krisendiagnosen ihren Höhepunkt.[48] Am Verlust der Schlacht und dem Ausmaß der Niederlage ließ Friedrich keine Zweifel aufkommen und schrieb an den Grafen Finckenstein nach Berlin: »[...] schließlich wäre ich beinahe selbst in Gefangenschaft geraten und mußte das Schlachtfeld räumen. Mein Rock ist von Schüssen durchbohrt, zwei Pferde sind mir unter dem Leibe gefallen. Mein Unglück ist, dass ich noch lebe. Unser Verlust ist sehr beträchtlich: von einem Heere von 48000 Mann habe ich jetzt, wo ich dies schreibe, keine 3000. Alles flieht, und ich bin nicht mehr Herr meiner Leute. Man wird in Berlin gut tun, an seine Sicherheit zu denken. Das ist ein grausames Mißgeschick, ich werde es nicht überleben. Die Folgen davon werden schlimmer sein als die Sache selbst. Ich habe kein Hilfsmittel mehr, und um nicht zu lügen, ich halte alles für verloren. Den Untergang meines Vaterlandes werde ich nicht überleben. Leben sie wohl für immer.«[49] Das Verlassen des Schlachtfeldes kündigt hier bereits eine eindeutige Niederlage an, gleichwohl sieht Friedrich die eigentliche Krise nicht in der verlorenen Schlacht selbst, sondern in ihren Folgen. Die Schlacht selbst verfügt insofern nicht über die Entscheidungsqualität einer Krise, sondern dient nur als unterstellte Voraussetzung zu einer solchen. Immer wieder ist jetzt explizit von einer »Krise« die Rede. An seinen Bruder Heinrich schreibt Friedrich am 16. August: »Stelle dir vor, was ich in dieser furchtbaren Krise alles dulde; dann wirst Du Dir leicht sagen können, dass es die Qualen der Verdammten übersteigt.«[50] Eine Woche später schreibt Friedrich an Prinz Ferdinand: »Das ist die furchtbarste Krisis meines Lebens. Jetzt heißt es siegen oder sterben. Daun und mein Bruder marschieren nebeneinander her. Möglicherweise ziehen sich alle diese Heere hier zusammen, und es kommt zu

---

47 *Friedrich der Große*, Gespräche mit Henri de Catt, hg. von Willy Schüßler, München 1981, 20. Juni 1858, S. 155.
48 *Johannes Kunisch*, Das Mirakel des Hauses Brandenburg. Studien zum Verhältnis von Kabinettspolitik und Kriegführung im Zeitalter des Siebenjährigen Krieges, München 1978.
49 Politische Correspondenz Friedrich's des Großen, Bd. 18, Berlin 1891, Nr. 11335, S. 481; dt. nach *Max Hein* (Hg.), Briefe Friedrichs des Großen, Bd. 2, Berlin 1914, Nr. 44, 52. Zum Kontext von Friedrichs »Suizidrhetorik« vgl. *Florian Kühnel*, Kranke Ehre? Adlige Selbsttötung im Übergang zur Moderne, München 2013, S. 156–162.
50 *Hein* (Hg.), Briefe Friedrichs des Großen (Anm. 49), Bd. 2, Nr. 45, 52.

einer allgemeinen Schlacht, die über unser Geschick und den Frieden entscheidet.«[51] Zu einer solchen Schlacht sollte es nicht kommen, und auch die Folgen der Niederlage von Kunersdorf waren weniger nachhaltig als angenommen. Schon am 16. August verfügte Friedrich bereits wieder über 27.848 Mann.[52] Friedrichs Standhaftigkeit und Entschlossenheit angesichts andauernder Krisen, treffender müsste man von Kriseninszenierungen sprechen, wurden jedoch zu einem der grundlegenden Bausteine seiner politischen Mythologisierung. So fanden Friedrichs Krisenbeschwörungen später unter anderem in der NS-Propaganda Widerhall in Veit Harlans Film *Der große König* von 1940–1942.[53] In einer Szene vor der Schlacht vor Kunersdorf hält der König eine Ansprache an seine Generäle, die von der Bildmotivik an die berühmte Parchwitzer Rede vor der Schlacht von Leuthen erinnert, und spricht: »Deutschland ist in einer furchtbaren Krisis. Wir leben in einer Epoche, die alles entscheiden und das Gesicht von Europa verändern wird.«[54]

Die Erfahrung von Kunersdorf führte Friedrich schließlich auch zu einer schriftlichen Auseinandersetzung mit einem seiner wichtigsten politisch-militärischen Vorbilder: König Karl XII. von Schweden. Im Oktober und November 1759 verfasste der Preußenkönig seine *Betrachtungen über die militärischen Talente und den Charakter Karls XII.* zu seiner »eigenen Belehrung«.[55] Der Schwedenkönig, der bezeichnenderweise 1718 während einer Belagerung im Kampf starb, war wie Friedrich ein *roi connétable* und damit bereits eine historische Ausnahme. Aufschlussreich für mediale Wandlungsprozesse angesichts der Frage, wie Entscheidungsträger lernen, die richtigen Entscheidungen zu treffen, sind dabei folgende Bemerkungen über Karl: »Jetzt kann unsere sich dem Waffendienst zuwendende Jugend die Theorie dieses schwierigen Handwerks aus klassischen Büchern und aus den Betrachtungen alter Militärs erlernen. Der Schwedenkönig besaß solche Hilfsmittel nicht. Zu seiner Unterhaltung

---

51 »C'est la crise la plus affreuse où je me sois trouvé de ma vie.« Dt. nach *Hein* (Hg.), Briefe Friedrichs des Großen (Anm. 49), Bd. 2, Nr. 52, An Ferdinand, [Fürstenwalde] 24. [August 1759], S. 57.
52 Vgl. *Luh*, Strategie (Anm. 28), S. 127.
53 Vgl. *Friedrich P. Kahlenberg*, Preußen als Filmsujet in der Propagandasprache der NS-Zeit, in: Axel Marquardt und Heinz Rathsack (Hg.), Preußen im Film, Hamburg 1981, S. 135–163, hier S. 156–158. Vgl. zum Film auch im gleichen Band S. 270–272.
54 Ebd., S. 157 (im Film: 2:09). Zur Ikonographie der Parchwitzer Rede vgl. Menzels unvollendetes Gemälde *Ansprache vor der Schlacht bei Leuthen* (1858) bei *Hans Dollinger*, Friedrich II. von Preußen. Sein Bild im Wandel von zwei Jahrhunderten, München 1986, S. 130, sowie die Illustration Richard Knötels in *Richard Knötel* und *Carl Röchling*, Der alte Fritz in 50 Bildern, Berlin 1895 [Nachdruck Dortmund 1981], S. 67.
55 *Friedrich der Große*, Betrachtungen über die militärischen Talente und den Charakter Karls XII., Königs von Schweden, in: Johannes Kunisch (Hg.), Aufklärung und Kriegserfahrung. Klassische Zeitzeugen zum Siebenjährigen Krieg, Frankfurt a.M. 1996, S. 547–587, hier S. 549.

und um ihm den Geschmack für Latein beizubringen, das er nicht liebte, ließ man ihn zwar den geistvollen Roman des Quintus Curtius übersetzen. Dies Buch mochte in ihm wohl den Wunsch wachrufen, es Alexander dem Großen gleichzutun, aber er lernte daraus nicht die Regeln, die das System der neueren Kriegskunst bietet, um Erfolge zu erringen. Karl XII. verdankte der Kunst nichts, der Natur alles.«[56]

Im Jahr 1760 äußert Friedrich nach der gewonnenen Schlacht von Liegnitz gegenüber dem Marquis d'Argens: »Sicherlich bin ich einer sehr großen Gefahr entronnen und habe bei Liegnitz so viel Glück gehabt, als ich nach Lage der Dinge nur eben haben konnte. In einem gewöhnlichen Kriege wäre das viel. In dem jetzigen sinkt die Schlacht zum Scharmützel herab, und überhaupt ist meine Sache nicht vorwärts gekommen. [...] Die gegenwärtige Krise nimmt eine andere Gestalt an, aber entschieden ist nichts, und ein Ende ist nicht abzusehen«.[57] In diesen Aussagen Friedrichs klingt eine zweite, oben bereits angesprochene ›Krise der Schlacht‹ an, nämlich die der tendenziellen Unentschiedenheit. Ein Handbuch zur deutschen Militärgeschichte bringt es schließlich wie folgt auf den Punkt: »Friedrich der Große hatte sehr viele Schlachten geschlagen und viele gewonnen, aber keine von ihnen war kriegsentscheidend gewesen«.[58] Für Friedrich stellt sich die ewige Fortsetzung des Krieges mit endlosen Schlachten ohne sichtbare Entscheidungen insofern als eine ›Gefährdung‹ eines ›institutionalisierten‹ oder doch zumindest als wirksam unterstellten Handlungsmusters Schlacht dar. Auch er selbst reflektiert mithin gewissermaßen beide Ebenen, die der Schlacht als Krisis und die der Krise der Schlacht.

3. Kontingenz und Entscheidung

Wie sich bereits andeutete, begegneten die zeitgenössischen Militärtheoretiker der Suche nach der Schlacht vom Beginn der frühneuzeitlichen Kriegstheorie am Anfang des 16. Jahrhunderts bis zum Jahrhundert der Aufklärung fast uni-

---

56 Ebd., S. 553. Friedrich selbst hatte sich vor allem aus dem berühmten Polybiuskommentar (1727–1730) des Chevalier Jean Charles Folard militärtheoretische Kenntnisse angeeignet. Vgl. *Karl Linnebach*, Friedrich der Große und Folard. Ein Blick in die geistige Werkstatt des Feldherrn, in: Wissen und Wehr 17 (1936), S. 522–543.
57 Brief an d'Argens aus Reußendorf, 18. September 1760, in: *Friedrich der Grosse*, Mein lieber Marquis! Sein Briefwechsel mit Jean-Baptiste d'Argens während des Siebenjährigen Krieges, hg. von Hans Schumann, Zürich ²1986, S. 229.
58 *Volkmar Regling*, Grundzüge der Landkriegführung zur Zeit des Absolutismus und im 19. Jahrhundert, in: Militärgeschichtliches Forschungsamt (Hg.), Handbuch zur deutschen Militärgeschichte 1648–1939, Bd. 5, Abschnitt 9: Grundzüge der militärischen Kriegführung, München 1979, S. 3–425, hier S. 134.

sono mit Skepsis.⁵⁹ Eine Skepsis, die sich allerdings gerade aus der Möglichkeit nährte, dass eine Schlacht tatsächlich entscheidend verlaufen konnte und damit zu einem unkalkulierbaren Risiko wurde, das dem Ideal der mathematischen Planbarkeit des Krieges zuwiderlief.⁶⁰ So betonen die meisten Staats- und Militärtheoretiker des 18. Jahrhunderts den kontingenten Charakter der Schlacht. Den militärtheoretischen Diskussionsstand der Zeit um 1700 fasst Hannss Friedrich von Fleming 1726 in seinem *Vollkommenen Teutschen Soldaten* zusammen. Zum Entscheidungscharakter einer Schlacht schreibt er: »Nachdem der Ausgang der Schlachten sehr ungewiß, die gantze Wohlfarth eines Landes-Herrn u. Landes, oder auch dessen totaler Ruin ofters von einer einzigen Schlacht dependirt, so muß ein General sich nicht leicht dazu entschlüssen, und dem Feind nicht eher angreiffen, als bis er alle Vortheile, und alle und iede Umstände in genaue Betrachtung gezogen, und er guten Grund zu vermuthen hat, daß eine glückliche Bataille gehalten werden möchte.«⁶¹ In der Gegenüberstellung von »Wohlfarth« und »Ruin« wird der potenzielle Entscheidungscharakter der Schlacht überdeutlich. Ihre tendenzielle Ungewissheit lastet dem jeweiligen Entscheidungsträger daher eine schwere Verantwortung auf. Der spanische Staats- und Kriegstheoretiker de Marcenado (1684–1732) formulierte Ende der 1730er Jahre in seinen elfbändigen *Reflexiones militares:* »Der Ausgang einer Schlacht bleibt bey allen Vortheilen des Platzes und aller Ueberlegenheit an vielen und versuchten Völkern unerachtet dennoch allezeit [...] ungewiß.«⁶² Auch Jacob Heinrich von Lilienfeld stellte 1767 in seinem *Neuen Staats-Gebäude* fest: »In einer Feldschlacht deren Entscheidung zugleich die Entscheidung der menschlichen Verhängnisse ist, kommt es viel auf einen Zufall, ein Ungewisses, ein Ungefähr an. Ein tapferer Anführer, dessen Name und Ruhm die Soldaten begeistert, ihr Vorurteil und Eindruck, eine gelungene kleine List, ein panischer Schrecken, eine falsche Nachricht, unvermutete Überrumplung [...], ein Missverstand, ein Blendwerk und viele andere Vorfälle, die für sich allein genommen von keiner Erheblichkeit sind, machen gemeiniglich eine Bataille gewinnen oder verlieren [...]. Der Krieg gleicht also, wenn man ihn auf der besten

---

59 Vgl. die Zusammenstellung von zeitgenössischen Zitaten bei *Delbrück*, Kriegskunst (Anm. 15), S. 396–401.
60 *Frank Göse*, Der Kabinettskrieg, in: Dietrich Beyrau u. a. (Hg.), Formen des Krieges. Von der Antike bis zur Gegenwart, Paderborn u. a. 2007, S. 121–147, darin S. 127–130: »Krieg ohne Schlachten?«.
61 *Hannss Friedrich von Fleming*, Der Vollkommene Teutsche Soldat, Leipzig 1726 [Nachdruck Osnabrück 1967], S. 285.
62 Des Herrn Marquis von Santa-Cruz-Marzenado, Gedanken von Kriegs- und Staatsgeschäfften: aus dem Französischen übersetzet. Mit einer Vorrede des Herrn P. F. von Bohn [...] Theil 11, Wien 1753, S 14ff.; hier zitiert nach *Werner Hahlweg*, Krieg – Kriegskunst – Kriegstheorie, in: ders. (Hg.), Klassiker der Kriegskunst, Darmstadt 1960, S. 7–28, hier S. 13 mit Anm. 19.

Seite zeiget, einem geworfenen Lose, dessen Ausschlag allemahl gleich ungewiß und schrecklich ist«.[63] Ein sächsisches Dienst-Reglement von 1752 vertritt daher die Ansicht: »Eine Bataille ist die wichtigste und gefährlichste Kriegs-Operation. In einem offenen Lande ohne Festigung kann der Verlust derselben so decisiv seyn, dass sie selten zu wagen und niehmals zu rathen ist. Die größten Generals stehen billig an, sie ohne dringende Ursachen zu geben. Alle nur ersinnliche gute Anstalten können den Gewinnst nicht versichern. Ein kleiner Fehler, ein unvermeydlicher Zufall, kann sie verliehrend machen. Es ist demnach aus dem Gewinst und Verlust einer Bataille von denen Verdiensten des Generals kein sicheres Urteil zu fällen. Die Kriegs-Erfahrnen richten ihn nach seinen Anstalten und nicht nach dem glücklichen oder unglücklichen Ausschlag der Action«.[64] Die zeitgenössischen Kriegstheoretiker bestätigen damit den Krisencharakter einer Schlacht, betonen sie doch immer wieder deren Entscheidungsqualität. Jedoch handelte es sich um Entscheidungen, die sich bewusster Steuerbarkeit entziehen und damit noch einmal besonders deutlich auf das krisenhafte Moment verweisen. Die mangelnde Kontrolle über den Schlachtausgang war es jedoch, die im Zeitalter des Rationalismus als inakzeptable Leichtsinnigkeit erscheinen musste. Andere Formen des Kampfes, wie etwa die Belagerung, wurden damit gleichzeitig aufgewertet, da sich in ihnen idealtypisch die geradezu handwerkliche Berechnung und der überlegene Einsatz von Technik realisieren ließen. Eine Entscheidung wurde tendenziell zu einer Frage der Zeit und konnte dem Anspruch nach über kurz oder lang fast methodisch herbeigeführt werden.[65] Die Vorstellung geometrischer Planbarkeit ließ für viele Theoretiker der Kriegskunst die Schlacht schließlich als zu vermeidendes Übel erscheinen. So heißt es beispielsweise bei Henry Humphrey Evans Lloyd: »Kluge Generäle werden immer eher [die Kenntnis des Landes, der Wissenschaft der Stellungen, des Lagerwesens und der Märsche] zur Grundlage ihrer Maßregeln machen, als die Sachen auf den ungewissen Ausgang einer Schlacht ankommen zu lassen. Wer sich auf diese Dinge versteht, kann Kriegsunternehmungen mit geometri-

---

63 *Jacob Heinrich von Lilienfeld*, Neues Staats-Gebäude in drey Büchern, Leipzig 1767, S. 192; zitiert nach *Johannes Kunisch*, Fürst – Gesellschaft – Krieg. Studien zur bellizistischen Disposition des absoluten Fürstenstaats, Köln, Weimar und Wien 1992, S. 153. Ähnlich äußert Kaunitz 1776 Bedenken gegenüber der Kriegführung, da »die evenements eines Krieges [...] wegen der vielen Zufällen allezeit ungewisz« seien. Vgl. »Politische Erinnerungen bey Gelegenheit Ihro Maytt. Des Kaysers bevorstehenden Reise nach Frankreich«, in: Denkschriften des Fürsten Kaunitz-Rietberg, hg. von Adolf Beer, in: Archiv für Österreichische Geschichte 48 (1872), S. 1–162, hier S. 75, Hinweis darauf in *Lothar Schilling*, Gewalt als Mittel staatlicher Expansion im Urteil der Aufklärungszeit, in: Claudia Ulbrich u. a. (Hg.), Gewalt in der Frühen Neuzeit, Berlin 2005, S. 227–235.
64 Zitiert nach *Max Jähns*, Geschichte der Kriegswissenschaften, vornehmlich in Deutschland, 3 Bde., 3. Abtheilung. Das XVIII. Jahrhundert seit dem Auftreten Friedrichs des Großen 1740–1800, München und Leipzig 1891, S. 2031 f.
65 Vgl. *Luh*, Kriegskunst (Anm. 1), S. 81 ff.

scher Strenge einleiten und beständig Krieg führen, ohne jemals in die Notwendigkeit zu kommen, schlagen zu müssen.«⁶⁶ Die gezielte Steuerung der Gewalt erweist sich somit als das eigentliche Problem jeglicher Kriegführung. So lautet eine treffende Definition des Soziologen Ulrich Bröckling: »Militärisches Handeln ist Kontingenzmanagement mit dem Ziel, alle Aktivitäten auf die Steigerung des eigenen beziehungsweise die Schwächung des gegnerischen Gewaltpotentials auszurichten«.⁶⁷ Das Schlachtfeld bildet daher zu jeder Zeit geradezu einen »Kontingenzraum par excellence«.⁶⁸ Ein Sachverhalt, der gerade in der Epoche Friedrichs II. taktisch von besonderer Bedeutung war, wie bereits Delbrück hervorhob: »In jeder Kriegführung spielt eine große Rolle das Unberechenbare, der Zufall, und die Beherrschung dieses dunklen Elements der Ungewissheit durch Entschlossenheit ist eine der wesentlichen Eigenschaften des Feldherrn. Ganz besonders stark wurde dieses Moment in der Friderizianischen Epoche dadurch, dass die langgestreckten, dünnen Linien der Infanterie so überaus spröde waren. In kurzer Zeit, in einem Augenblick konnte eine Schlacht entschieden sein; man hatte nicht die Möglichkeit, durch hinhaltendes Gefecht längere Zeit zu gewinnen, um Verstärkungen heranzuziehen, Fehler zu reparieren oder ohne wesentliche Verluste abzubrechen.«⁶⁹

Spielte demnach also der Zufall in der Reflexion über die Schlachtentscheidung seit jeher eine entscheidende Rolle, so führte dies im 18. Jahrhundert auch zu einer narrativen Rationalisierung des Zufalls, die, wie Reinhart Koselleck gezeigt hat, allmählich eine vollständige Eliminierung der Kategorie des Zufalls durch die historische Schule vorbereitete.⁷⁰ Schon in Friedrichs eigenen Schriften stellt sich ein ambivalentes Verhältnis zur Macht des Zufalls ein. In seinen kriegshistorischen Memoiren hatte Fortuna offenbar keinen Platz mehr.⁷¹ Ursachen durften sich nicht als kontingent erweisen, sondern mussten auf eindeutige Fehler und Leistungen zurückzuführen sein. So schreibt er im Dezember 1758 in seinen *Betrachtungen über die Taktik* über seine Gegner: »Wie

---

66 Des Herrn General Lloyd's Abhandlungen über die allgemeinen Grundsätze der Kriegskunst, Frankfurt a.M. und Leipzig 1783, S. XVIII; zitiert nach *Luh*, Strategie (Anm. 28), S. 12. Dazu auch *Helmut Schnitter* und *Thomas Schmidt*, Absolutismus und Heer. Zur Entwicklung des Militärwesens im Spätfeudalismus, Berlin (Ost) 1987, S. 154–165.
67 Vgl. *Ulrich Bröckling*, Schlachtfeldforschung. Die Soziologie im Krieg, in: Martus u. a. (Hg.), Schlachtfelder (Anm. 8), S. 189–206.
68 Ebd., S. 189.
69 *Delbrück*, Kriegskunst (Anm. 15), S. 395f.
70 *Reinhart Koselleck*, Der Zufall als Motivationsrest in der Geschichtsschreibung. Bemerkungen zu Archenholtz' Geschichte des Siebenjährigen Krieges, in: ders., Vergangene Zukunft. Zur Semantik geschichtlicher Zeiten, Frankfurt a.M. ³1995 [Original zuerst 1968], S. 158–175. Zur historiographischen Diskussion über Zufall und Kontingenz vgl. *Arnd Hoffmann*, Zufall und Kontingenz in der Geschichtstheorie. Mit zwei Studien zu Theorie und Praxis der Sozialgeschichte, Frankfurt a.M. 2005.
71 Vgl. *Koselleck*, Zufall (Anm. 70), S. 170.

viele günstige Augenblicke haben sie vorbeigehen lassen, wie viel gute Gelegenheiten verpasst! Kurz, welch ungeheuren Fehlern verdanken wir unsere Rettung!«[72] In anderen Schriften, wie seinen privaten Aufzeichnungen, der Korrespondenz oder der Lyrik, spielten der Zufall und das Glück hingegen eine tragende Rolle.[73] 1775 schreibt Friedrich in einem militärtheoretischen Traktat *Reflexions sur les projets de campagne* über den »Krieg bei gleichen Kräften«: »Entreißt alles, was ihr könnt, dem Zufall durch Eure Voraussicht, und dennoch wird er nur noch zuviel Einfluß auf die militärischen Operationen haben; es genügt, daß Eure Weisheit sich mit dem Zufalle teile.«[74] Ein gewisses Vertrauen in die Beherrschbarkeit der kontingenten Situation der Schlacht blieb jedoch eine Grundvoraussetzung für Friedrich, sich tatsächlich auf immer neue ›Krisen‹ in Schlachtentscheidungen einzulassen.

4. Wie entscheidet man eine Schlacht? Die kulturelle Konstruktion von Sieg und Niederlage

Mit einem ›ungewissen Zustand‹ ist eine Schlacht bereits treffend gekennzeichnet. Doch welche Parameter standen in der Praxis überhaupt zu Verfügung, um über Sieg oder Niederlage zu entscheiden? Seit der Antike bildete das zentrale Kriterium für den Schlachtensieg die Behauptung des Schlachtfeldes, der Wahlstatt.[75] Nur wer sich *maître de champ de bataille* nennen konnte, hatte Anspruch auf den Sieg. Ein Kriterium, das in der Praxis jedoch regelmäßig zu Deutungskonflikten führte. Gleich die erste Schlacht des Siebenjährigen Krieges

---

72 *Friedrich der Große*, Betrachtungen über die Taktik und einige Aspekte des Krieges oder Betrachtungen über einige Veränderungen in der Art der Kriegführung, in: Kunisch (Hg.), Aufklärung (Anm. 55), S. 515–545, hier S. 543.
73 Vgl. *Schieder*, Friedrich der Große (Anm. 40), S. 208f.
74 Zitiert nach der Übersetzung von *Jähns*, Kriegswissenschaften (Anm. 64), S. 2011. Eine deutsche Ausgabe ist »Betrachtungen über die Feldzugspläne«, enthalten in: Die Werke Friedrichs des Großen, Bd. 6: Militärische Schriften (Anm. 41), S. 201–221, hier S. 220.
75 Vgl. zum Begriff den Art. »Wahlstatt«, in: *Johann Heinrich Zedler*, Universal-Lexikon [...], Bd. 52, Leipzig und Halle 1747, Sp. 846f., wo es heißt: »Wahlstatt, Französisch *Champ De Bataille*, heißt das Feld und der Ort, wo zwey feindliche Armeen einander eine Schlacht liefern, und wird derjenige, welcher, ob er gleich weit mehr Volck, als der andere verlohren, wenn der andere sich retiriren müssen, das Feld behält *Maitre du Champ de Bataille*, meist er vom Felde, oder von der Wahlstatt, genennet«. Bereits Moritz von Sachsen warnte jedoch davor, es bei dieser symbolischen Manifestation zu belassen: »Jedoch, wenn man sich einmal in eine Schlacht einlässet, so muß man sich auch sodenn den Sieg zu Nutze zu machen wissen, und besonders nicht, der löblichen Gewohnheit nach, bloß damit zufrieden seyn, dass man die Wahlstatt behauptet hat.« Des Herrn Graf Moritz von Sachsen, Herzogs zu Curland und Semigallien, Marechal-General der Königl. Französischen Armeen, Einfälle über die Kriegskunst, hg. von Herrn Bonneville, Leipzig und Frankfurt a.M. 1757, S. 76.

zwischen Preußen und Österreichern bei Lobositz 1756 entwickelte sich zu einem ausgedehnten medialen Deutungskonflikt, wer denn nun tatsächlich das Feld behauptet hatte.[76] Eine ähnliche Medienschlacht wiederholte sich zwei Jahre später nach der äußerst blutigen Schlacht von Zorndorf zwischen der preußischen und der russischen Armee. Auch hier machten beide Parteien auf symbolische Weise den Sieg geltend.[77] Hierzu gaben die zentralen Schriften über die Kriegskunst von Turenne (1665) über Montecuccoli (1670) bis Khevenhueller (1732) eine ähnlich lautende Anweisung. Nach einer Schlacht soll durch das Absingen des *Te Deums*, Salutschüsse, Gottesdienste und Pressemitteilungen ebenso wie durch das Insistieren darauf, dass der Platz, auf dem man zuletzt gestanden habe, das eigentliche Schlachtfeld gewesen sei und man die Toten des Gegners begraben habe, der Sieg geltend gemacht werden.[78] Denn eines der immer wieder angeführten Argumente für die räumliche Behauptung der Wahlstatt war die Fähigkeit zur Beerdigung der eigenen wie vor allem der gegnerischen Gefallenen. So schreibt der preußische Feldprediger Carl Daniel Küster 1791 in der *Berlinischen Monatsschrift* über die Beerdigung der Gefallenen nach der Schlacht bei Prag 1757: »Rühmlich ists für euch Helden, die Siegendgefallenen und Besiegten auf dem Kampffelde zu begraben. Es ist das Siegel des Sieges. Ihr seid Meister des Wahlfeldes. Euer Arm und Muth hat es gestern erobern helfen.«[79] Immer wieder wird die standhafte Behauptung des Feldes angeführt: »Die Streiter die ihr zur Ruhe bestattet, starben den Heldentod

---

76 Vgl. zuletzt die Studie von *Bernhard Jahn*, Die Medialität des Krieges. Zum Problem der Darstellbarkeit von Schlachten am Beispiel der Schlacht von Lobositz (1.10.1756) im Siebenjährigen Krieg, in: Wolfgang Adam und Holger Dainat (Hg.), »Krieg ist mein Lied«. Der Siebenjährige Krieg in den zeitgenössischen Medien, Göttingen 2007, S. 88–110.

77 Vgl. dazu ausführlich *Marian Füssel*, Das Undarstellbare darstellen. Zum Bild der Schlacht im 18. Jahrhundert am Beispiel Zorndorf (1758), in: Gabriela Signori und Birgit Emich (Hg.), Kriegs / Bilder in Mittelalter und Früher Neuzeit, Berlin 2009, S. 317–349.

78 »La Victoire gagnée, il faut rendre graces à Dieu, et s'il est possible, sur le Champ de bataille; enterrer les morts, publier votre Victoire; et en profiter, en poursuivant l'ennemi [...]«; *Henri de Turenne*, Mémoires, zitiert nach *Eugen von Frauenholz*, Das Heerwesen in der Zeit des Absolutismus, München 1940, S. 84; »III. Nach der Schlacht, man habe gewonnen oder verloren, 1. Soll man, nach erhaltenem Sieg, zuförderst Gott danken, die Todten begraben, den Sieg bekannt machen und vergrößern, die Überbleibsel der geschlagenen Armee mit Nachdruck verfolgen [...]«; *Raimund von Montecuccoli*, Besondere und geheime Kriegs-Nachrichten, Leipzig 1736, S. 131 [verfasst um 1670]; »§ 167. Was man nach der Schlacht thun solle, so ist solche gewonnen oder verloren. So man victorisiert, das Tedeum singen, die Soldaten begraben, die Victori publiciren und prosequiren, der feindlichen Armee mit Ordnung nachsetzen und die Zeit nicht mehr lassen, sich zu vereinigen.« *Ludwig Andreas von Khevenhueller*, Idee vom Kriege; zitiert nach *Frauenholz*, Heerwesen, S. 93.

79 *Karl Daniel Küster*, Christliches Heldengespräch beim Begraben der Todten auf dem Schlachtfelde bei Prag, den 7 Mai 1757, in: Berlinische Monatsschrift 17 (1791), S. 284–288, hier S. 284f. Dasselbe offensichtlich in: Neues Hannoverisches Magazin 1 (1791), S. 407–412.

für Sieg und Vaterland. Sie sind nicht gewichen, nicht geflohen, sonst ständet ihr nicht auf diesem Ehrenplatze.«[80]

Auch in einer der letzten Schlachten des Siebenjährigen Krieges bei Torgau 1760 fiel es offenbar schwer, einen eindeutigen Sieger auszumachen. Archenholz berichtet daher: »Da niemand wusste, wie das Schlachtloos ausgefallen, so waren beide Theile übereingekommen, sich nach Anbruch des Tages der Macht, die das Feld behauptet hätte, gefangen zu geben.«[81] Bei Sonnenaufgang bot das erleuchtete »Leichenfeld« jedoch offenbar ein eindeutiges Szenario. Friedrich wurde gewahr, »dass keine Österreicher hier mehr zu bekämpfen waren. Er sah sich im Besitz des ganzen Schlachtfeldes; der Sieg war völlig entschieden, und Sachsen behauptet«.[82] An dieser Stelle zeigt sich, dass das Problem der Unentschiedenheit eng mit dem spätestens seit der Renaissance immer wieder beklagten Problem der Unbeobachtbarkeit zusammenhing. Denn nicht erst mit den napoleonischen Schlachten, wie etwa Paul Virilio meint, erreichten die Schlachtfelder einen Grad der Unübersichtlichkeit, der die Beobachtbarkeit von Entscheidungen enorm erschwerte.[83] Dies belegt etwa das Beispiel einer weiteren in ihrem Ausgang letztlich unentschiedenen Schlacht des Siebenjährigen Krieges, die am 26. Juli 1757 zwischen einer alliierten Armee unter Führung des Herzogs von Cumberland und der französischen Armee unter Marschall d'Estrées bei Hastenbeck geschlagen wurde.[84] Aufgrund von Fehleinschätzungen der Situation gaben beide Heerführer den Befehl zum Rückzug, so dass es im Grunde weder Sieger noch Verlierer gab, was bereits den preußischen großen Generalstab zu der Feststellung veranlasste, dass die Schlacht bei Hastenbeck »in der Kriegsgeschichte immer eine eigenthümliche Stellung einnehmen« werde.[85] Denn für den Fall, dass beide Parteien das Schlachtfeld behaupteten und sich den Sieg nachher zurechneten, habe man einige Beispiele. Äußerst ungewöhnlich sei es jedoch, dass beide Gegner »aus Furcht, umgangen und in eine Katastrophe verwickelt zu werden, fast zu gleicher Zeit den Rückzug antreten, und dann der, der den Abmarsch seines Gegners am frühesten bemerkt, wieder vorrückt, das schon verlassene Schlachtfeld besetzt und nur hierdurch zum Sieger wird«, dafür

---

80 Ebd., S. 285.
81 *Johann Wilhelm von Archenholz*, Geschichte des siebenjährigen Krieges in Deutschland von 1756 bis 1763 (1793), in: Kunisch (Hg.), Aufklärung (Anm. 55), S. 9–513, hier S. 358.
82 Ebd., S. 359.
83 Vgl. *Paul Virilio*, Krieg und Kino. Logistik der Wahrnehmung, Frankfurt a.M. 1989 [Paris 1984], S. 115f. Vgl. meine Kritik an dieser Sichtweise in *Marian Füssel*, Undarstellbare Evidenz. Zur Medialität der Schlachtenrepräsentation im 18. Jahrhundert, in: Recherche. Zeitung für Wissenschaft 2 (2008), S. 10–11.
84 *Moritz Oppermann*, Die Schlacht bei Hastenbeck. Zum 250. Jahrestag am 26. Juli 2007, Hameln ²2007 [1. Aufl. 1957], S. 25–29.
85 *Großer Generalstab* (Hg.), Der Siebenjährige Krieg 1756–1763, Bd. 5: Hastenbeck und Rossbach, Berlin 1903, S. 108.

biete die gesamte Kriegsgeschichte kein Beispiel.[86] Auch wenn man demzufolge der Schlacht von Hastenbeck einen gewissen Ausnahmecharakter zugesteht, so lassen sich an ihr doch zwei allgemeine Phänomene gut beobachten. Zum einen das auf Schonung der eigenen Truppen ausgerichtete Vorgehen angesichts einer drohenden völligen Vernichtung beziehungsweise mangelhafter Rückzugsmöglichkeiten – stand doch dem Herzog von Cumberland nur eine einzige Brücke durch die sumpfigen Niederungen der Flüsse von Hamel und Remte zur Verfügung.[87] Zum anderen zeigt sich hier abermals die Bedeutung der performativen Besetzung des Schlachtfeldes für die Beanspruchung des Sieges. Die angeführten Beispiele machen deutlich, dass weniger das Problem der Entscheidung zum Tragen kam als das der Unentschiedenheit. Nicht die Sorgen der Militärtheoretiker, eine Schlacht könnte tatsächlich in einer vernichtenden und eindeutigen Niederlage enden, standen in der Praxis zur Diskussion, sondern das symbolische Ringen darum, überhaupt ein Ergebnis im Sinne einer Verteilung von Sieg und Niederlage zu produzieren.

Bereits in der Literatur des 17. Jahrhunderts wird reflektiert, dass ein Sieg nur dann Geltung besitze, wenn er auch durch die Zeitung verbreitet werde. Kaum zufällig findet sich diese Wendung bei einem der frühen Zeitungstheoretiker, in Kaspar Stielers *Die Wittekinden* (1666).[88] Wenn die Entscheidung über Sieg oder Niederlage nicht mehr eindeutig zu beobachten war und als solche tendenziell immer unwahrscheinlicher wurde, da die Feldherren einerseits auf möglichst geringe Risiken bedacht waren und sich andererseits eine völlige Vernichtung eines geschlagenen Gegners praktisch kaum realisieren ließ, mussten sich auch die kulturellen Repräsentationsweisen dieser Situation anpassen. So fand die Krise der Schlachten im Sinne ihrer Unentschiedenheit ihren Reflex auch in der zeitgenössischen Kunst.[89] Wie etwa Julie Anne Plax am Beispiel von Antoine Watteau gezeigt hat, ersetzte man die heroisierenden Schlachtendarstellungen immer öfter durch Bilder sich wohlgeordnet zurückziehender oder rastender Truppen.[90] Die *belle retraite* wurde nun zum neuen Ideal, nicht der spektakuläre

---

86 Ebd. Vgl. auch *Gerhard Niemann*, Die Operationen im Westen während des Siebenjährigen Krieges bis zur Schlacht von Hastenbeck und die Schlacht bei Hastenbeck am 26. Juli 1757, in: Wehrwissenschaftliche Rundschau 11 (1961), S. 577–598, hier S. 596.
87 Vgl. *Oppermann*, Hastenbeck (Anm. 84), S. 26.
88 Vgl. *Bernhard Jahn*, Vergessliche Helden und die Stiftung von Gedächtnis. Probleme der Memoria im synästhetischen Verbund der Künste in der Oper (1640–1740), in: Dietmar Peil (Hg.), Erkennen und Erinnern in Kunst und Literatur. Kolloquium Reisensburg 4.–7. Januar 1996, Tübingen 1998, S. 382–418, hier S. 402f.
89 Sowohl der Gewinner (Herzog von Marlborough) als auch der Verlierer (Max Emanuel von Bayern) der Schlacht von Höchstädt (1704) bedienten sich zur Ausstattung ihrer Schlösser beispielsweise der gleichen Brüsseler Wandteppiche mit Motiven der Schlacht. Vgl. *Junkelmann*, Spectaculum (Anm. 25), S. 75–79.
90 *Julie Anne Plax*, Gloire Surrenders: Watteau's Military Paintings, in: John Bonehill und

Sieg. Ein eindrückliches Beispiel hierfür ist etwa die Schlacht von Malplaquet 1709, nach der französische Augenzeugen trotz hoher Verluste den ›schönen‹, das heißt geordneten Rückzug lobten.[91] Während sich die Franzosen vom Schlachtfeld zurückziehen mussten, also die formellen Verlierer der Schlacht waren, betrugen ihre Verluste ›nur‹ 10.000 Mann im Gegensatz zu 20.000 Mann auf Seiten der Briten unter der Führung Marlboroughs.[92] Der Herzog von Saint-Simon bemerkte daher über die Aufnahme der Nachricht bei Hofe lakonisch: »Der erste Kurier hatte den ganzen Unmut erdulden müssen, den seine Nachricht hervorrief; inzwischen aber war man gegen Missgeschicke bereits derart abgestumpft, dass eine auf solche Weise verlorene Schlacht fast schon als Sieg gewertet wurde.«[93]

Ein Augenzeuge des Siebenjährigen Krieges, der russische Offizier Andrej Bolotow, räsoniert in seinen Memoiren über die Schlacht bei Prag als eines der blutigsten Ereignisse des ganzen Krieges: »Wie blutig auch die bereits erwähnte und höchst schreckliche Schlacht bei Prag gewesen war, und obgleich in ihr in wenigen Stunden von beiden Seiten über dreißigtausend Mann erschlagen und verstümmelt worden waren, änderte sich doch nicht das geringste am Stand der Dinge, verringerte sich die Heftigkeit des Krieges nicht, keimte keine Hoffnung auf Frieden auf. Diese Schlacht ist besonders dadurch bemerkenswert, dass, obgleich alle dachten und erwarteten, sie würde gewaltige Folgen haben, es dennoch nicht der Fall war und sie eben keine gehabt hat.«[94] Hier wird einerseits deutlich, dass die Höhe des Blutzolls keinerlei Auswirkungen auf die Entscheidungsqualität einer Schlacht haben musste, andererseits wie sehr die Zeitgenossen dennoch eine durch die Schlacht herbeigeführte Entscheidung erwarteten oder zumindest erhofften. Welcher Rationalität folgten nun Schlachten, wenn sie kaum in der Lage waren, Entscheidungen herbeizuführen? Lagen die Clausewitzschen Militärhistoriker des 19. und 20. Jahrhunderts mit ihrer Diagnose der ›entfremdeten‹ Kabinettkriegführung also etwa gar nicht so falsch? Eine vollständige Vernichtung der gegnerischen Truppen war unter den Bedingungen der zeitgenössischen Kriegführung ebenso wenig möglich wie intendiert. Als Fortführung höfischer

---

Geoff Quilley (Hg.), Conflicting Visions. War and Visual Culture in Britain and France c. 1700–1830, Aldershot und Burlington 2005, S. 15–40.

91 »Si notre infanterie fit une belle retraite, on peut dire aussi que notre cavalerie, que je voyois sur notre droite dans une belle plaine, la fit dans le plus bel ordre du monde.« Mémories de Chevalier de Quincy, hg. von Léon Lecestere, Bd. 2, Paris 1899, S. 372.
92 Vgl. *André Corvisier*, La Bataille de Malplaquet 1709. L'effondrement de la France évité, Paris 1997.
93 Die Memoiren des Herzogs von Saint Simon, hg. und übers. von Sigrid von Massenbach, Bd. 2, Frankfurt a.M., Berlin und Wien 1985, S. 285.
94 *Andrej Bolotow*, Leben und Abenteuer des Andrej Bolotow von ihm selbst für seine Nachkommen aufgeschrieben, 2 Bde., Bd. 1, München 1990, S. 210.

Politik und Kultur mit letalem Ausgang folgte eine Schlacht vielmehr ebenso instrumentellen wie symbolischen Zwecken. So waren die Gloire des Fürsten und ihre Repräsentation in der europäischen Öffentlichkeit mindestens ebenso wichtig wie taktische Raumgewinne.[95] Schnelle und eindeutige Entscheidungen, wie sie die spätere Militärhistoriographie propagierte, mussten gar nicht intendiert sein. Ähnlich wie das frühneuzeitliche Rechtswesen war auch die Kriegführung innerhalb der europäischen Adelsgesellschaft oftmals von einer Kultur des Schwebezustands geprägt.[96] Hier liegt dann auch das Grundproblem der Argumentation von James Q. Whitmann, der als Jurist seinen ungebrochenen Glauben an die Möglichkeit rechtlicher Entscheidungsfindung auch auf historische Zeiten projiziert, deren Entscheidungskulturen jedoch ganz anderen sozialen Logiken folgen konnten. Solange es nicht zu nachhaltigen Fehleinschätzungen der Lage kam, blieb auch dem Unterlegenen durch die Ideologie des geordneten Rückzugs eine Möglichkeit, sein Gesicht zu wahren. Endete eine Schlacht jedoch in einer ungeordneten Flucht wie bei Rossbach 1757, konnte dies zu einer nachhaltigen Diskreditierung der unterlegenen Partei in der Öffentlichkeit führen, die kaum mehr einzuholen war.[97]

5. Fazit

Von den unterschiedlichen Beobachtungsmöglichkeiten der Kategorie ›Krise‹ wurden hier drei Ebenen gewählt: die Schlacht als solche als Krise, die Krise als eine entscheidende Situation innerhalb einer Schlacht und die Krise der Entscheidungsqualität von Schlachten, wobei es sich bei letzterer im Wesentlichen um eine nachträgliche Konstruktion der Militärhistoriographie handelte. Damit wurde der Blick nicht makroperspektivisch auf ganze Kriege als Ausdrucksformen der Krise gerichtet, sondern auf einzelne raum-zeitlich eng fokussierte

---

95 Vgl. *Luh*, Kriegskunst (Anm. 1), S. 208–216; *Bruno Preisendörfer*, Exkurs über den Krieg, in: ders., Staatsbildung als Königskunst. Ästhetik und Herrschaft im preußischen Absolutismus, Berlin 2000, S. 327–344, 422–428.
96 Vgl. *Marian Füssel*, Gelehrtenkultur als symbolische Praxis. Rang, Ritual und Konflikt an der Universität der Frühen Neuzeit, Darmstadt 2006, S. 431.
97 Vgl. *Anklam*, Wissen nach Augenmaß (Anm. 33), S. 175–187; *Sascha Möbius*, »Haß gegen alles, was nur den Namen eines Franzosen führt«? Die Schlacht bei Rossbach und nationale Stereotype in der deutschsprachigen Militärliteratur in der zweiten Hälfte des 18. Jahrhunderts, in: Jens Häseler und Albert Meier (Hg.), Gallophobie im 18. Jahrhundert. Akten der Fachtagung vom 2./3. Mai 2002 am Forschungszentrum Europäische Aufklärung, Berlin 2005, S. 123–158; *Thomas Nicklas*, Die Schlacht von Rossbach (1757) zwischen Wahrnehmung und Deutung, in: Forschungen zur Brandenburgischen und Preußischen Geschichte 12 (2002), S. 35–53.

Entscheidungssituationen. Die ›Krise‹ als Diagnose- und Beschreibungskategorie leistet für die vorgenommene Analyse des Schlachtdiskurses damit zweierlei. Zum einen zeigt sie, wie sich Entscheidungshandeln in der Vorstellung einer Schlacht ereignishaft verdichtet und gerade die angenommene Möglichkeit einer eindeutigen Entscheidung von den Zeitgenossen als untragbares Risiko gewertet wurde. Die Praxis zeigt hingegen, dass der tatsächliche Ausgang einer Schlacht unter den strukturellen Bedingungen der zeitgenössischen Kriegführung selten entscheidenden Charakter annahm. Es erweist sich vielmehr, dass eine tendenzielle Unentscheidbarkeit in der Praxis ebenso zum Problem werden konnte wie die im militärtheoretischen Diskurs unterstellte Entscheidungsgefahr. Zum anderen verdeutlicht das Beispiel Friedrichs II., wie das Zusammenfallen von militärischer und politischer Entscheidungsmacht zu einer Fokussierung der allgemeinen politischen auf eine persönliche Krisenwahrnehmung reduziert werden konnte. Dass der *roi connétable* alles Entscheidungshandeln auf sich vereinte – um es mit den Worten des Grafen Étienne François Choiseul-Stainville zu sagen, dass man es mit einem Fürsten zu tun hatte, »der sein eigener Feldherr, sein Staatslenker, Armeeintendant und nötigenfalls auch sein Generalprofoß« war – ermöglichte es ihm, ständig die *crisis* zu suchen und Risiken einzugehen, die seinen Gegnern schon strukturell nicht zur Verfügung standen.[98] Der König auf dem Schlachtfeld konzentrierte die Entscheidung auf seine Person, individuelles Schicksal des Königs und kollektives Schicksal Preußens wurden ein und dasselbe. Dieses forcierte Herbeiführen von Krisen- beziehungsweise Entscheidungssituationen war aber im zeitgenössischen System der Kriegskunst im Grunde nicht vorgesehen. Insofern ist die Krisendiagnose der Militärhistoriographie des 19. Jahrhunderts nicht zu teilen, da sie die Frühe Neuzeit stets im Gestus eines ›noch nicht‹ beobachtet, als noch unterentwickelte Vorform oder gar als Phase des Niedergangs gegenüber einem hypostasierten Zustand zuvor beschreibt. Jenseits dessen kann der Krisenbegriff jedoch als förderliches heuristisches Mittel gelten, um der komplexen Problematik von Entscheidung und Kontingenz in Schlachten nachzugehen.

---

98 *Johannes Kunisch*, Friedrich der Große. Der König und seine Zeit, München 2004, S. 434; ähnlich *Szabo*, Seven Years War (Anm. 38), S. 425.

Jan Marco Sawilla

Entscheiden unter Zeitdruck? Zur Krisensemantik in der französischen Publizistik zwischen Religionskriegen, Fronde und Französischer Revolution

> ROBESPIERRE. –
> »Il est vrai que les dangers de la patrie sont extrêmes;
> c'est donc le moment de prendre de grandes mesures [...].«[1]

1. »Vivre libre ou mourir« – Der Schein der Entscheidung und die Theatralik der Krise

In der Französischen Revolution wurden zahlreiche Krisen proklamiert. Am 3. August 1791 eröffnete der damalige Pariser Bürgermeister Jérôme Pétion (1756–1794) im Jakobinerklub eine Rede, in der er angesichts der Abspaltung des Club des Feuillants am 15. Juli 1791 und des drohenden Schismas jakobinischer Gesellschaften die Loyalität zur Muttergesellschaft einforderte, mit den Worten: »Die heftige Krise, die die *société* eben in Aufruhr versetzt hat, konnte sie zerstören, sie ist aber im Begriff, ihr ein neues Leben zu geben; es hängt von Ihnen ab, Tage der Trauer in Tage des Triumphs zu verwandeln.«[2] Dieser Art, zu Entscheidungen aufzufordern, lag keineswegs die Wahl zwischen echten Alternativen zugrunde. Niemand sollte ernsthaft beschließen, so zu handeln, dass »Tage der Trauer« den Fortgang der Ereignisse bestimmten. Vielmehr zielten

---

1 Séance du vendredi, 29 mars 1793, in: La Société des Jacobins. Recueil de documents pour l'histoire du Club des Jacobins de Paris, hg. von François-Alphonse Aulard, Bd. 5: Janvier 1793 à mars 1794, Paris 1895, Nr. 46, S. 109–113, hier S. 109.
2 DISCOURS || PRONONCÉ dans l'assemblée de la société des Amis de la || Constitution de Paris, séante aux Jacobins. || Par M. PETHION, Président, le 3 août 1791. || Et la réponse de M. L. P. DUFOURNY. || A PARIS, || de l'Imprimerie Patriotique, cour du Commerce, S. 1: »La crise violente qui vient d'agiter la société pouvoit la détruire, ella va lui donner une vie nouvelle; il dépend de vous de changer des jours de deuil en des jours de triomphe.« Alle deutschen Übersetzungen stammen vom Verfasser. Das Schisma war aus den Debatten hervorgegangen, die sich im Anschluss an den Fluchtversuch des Königs am 20./21. Juni 1791 mit dessen konstitutioneller Rolle und personaler Unverletzlichkeit befasst hatten. *Michael L. Kennedy*, The Jacobin Clubs in the French Revolution. The First Ten Years, Princeton NJ 1982, S. 260–296. Vgl. zu Pétion kurz *Wolfgang Kruse*, Die Französische Revolution, Paderborn u. a. 2005, S. 214.

Pétions Worte darauf ab, die existenzielle und alternativlose Dimension der Sachlage herauszustellen und Opposition zu unterbinden. Nicht auf Abwägung, sondern auf Gefolgschaft setzte dieses Element des politischen Denkens. Insofern eignete ihm eine theatralische und imperative – oder wenigstens präskriptive – Struktur. Für die Reden der Französischen Revolution und die tagesaktuelle Publizistik scheint dies charakteristisch gewesen zu sein. »Vivre libre ou mourir« lautete die Maxime der Jakobiner. Sie befand sich im Zentrum ihres Siegels, mit dem sie ihre Publikationen – wie die erwähnte Flugschrift – oder das seit November 1790 erscheinende *Journal des Amis de la Constitution* zu signieren pflegten.[3] Es handelte sich um die Maxime derer, die ihre Entscheidung bereits gefällt hatten, als sie sich für die Sache der Revolution ausgesprochen hatten, und die daraus erwachsenden Konsequenzen in Begriffen von Sein oder Nichtsein zu tragen bereit waren. Mithin hatte die Sachlage selbst, so Thomas Paine (1737–1809) in seinen *Rights of Man* von 1791, jede ernsthafte Entscheidung im Augenblick der *crisis/ crise* suspendiert. Angesichts des »augean stable of parasites and plunderers«, den die französische Monarchie für ihn bedeutete, stünde nur »a complete and universal revolution« zur Disposition. In dem Moment, in dem die Krise eingetreten sei, habe man keine andere Wahl (*no choice*), als sich dieser Umwälzung »with determined vigour« zu verschreiben. Alles andere würde bedeuten, überhaupt nicht zu handeln.[4] Bisweilen konnte,

---

3 *Johann Wilhelm Zinkeisen*, Der Jakobiner-Klub. Ein Beitrag zur Geschichte der Parteien und der politischen Sitten im Revolutions-Zeitalter, Teil 1: Der Jakobiner-Klub und das französische Klubwesen bis zur Trennung der Feuillants von den Jakobinern im Juli 1791, Berlin 1852, S. 394–397; *Kennedy*, Jacobin Clubs (Anm. 2), S. 67–72; *Jeremy D. Popkin*, Revolutionary News. The Press in France, 1789–1799, Durham und London 1990, S. 119. Zu den Journalen der Französischen Revolution zuletzt im Überblick *Rolf Reichardt*, Plurimediale Kommunikation und symbolische Repräsentation in den Französischen Revolutionen 1789–1848, in: Sven Grampp u. a. (Hg.), Revolutionsmedien – Medienrevolutionen, Konstanz 2008, S. 231–274, hier S. 237–240. Für Wolfgang Kruse steht diese Maxime, jenseits der Jakobiner selbst, für die Formierung einer Gesellschaft aus *citoyens soldats*, die auf die Konstruktion zahlloser innerer und äußerer Bedrohungsszenarien gerade nicht mehr mit einem Prozess der Abwägung verschiedener politischer Optionen reagierte. *Wolfgang Kruse*, »Vivre libre ou mourir!« Zur kriegerischen Formierung der bürgerlichen Gesellschaft im politischen Diskurs der Französischen Revolution 1789 bis 1799, in: Michael Grüttner (Hg.), Geschichte und Emanzipation. Festschrift für Reinhard Rürup, Frankfurt a.M. und New York 1999, S. 163–188, hier S. 166f.; *ders.*, Die Erfindung des modernen Militarismus. Krieg, Militär und bürgerliche Gesellschaft im politischen Diskurs der Französischen Revolution. 1789–1799, München 2003, S. 85, 100f.
4 RIGHTS OF MAN: || BEING AN || ANSWER TO MR. BURKE'S ATTACK || ON THE || FRENCH REVOLUTION. || BY || THOMAS PAINE [...] || LONDON: || PRINTED FOR J. S. JORDAN, No. 166. FLEET-STREET. || MDCCXCI., S. 17: »That crisis was then arrived, and there remained no choice but to act with determined vigour, or not to act at all.« Auch in der nahezu zeitgleich veröffentlichten französischen Version wurde auf das Lexem *crise* zurückgegriffen. DROITS || DE || L'HOMME; || EN REPONSE À L'ATTAQUE DE M. BURKE || SUR LA RÉVOLUTION FRANÇOISE. || Par THOMAS PAINE [...]. || Traduit de l'Anglois, par F. S. .....

wie von Mirabeau (1749-1791) in einer Denkschrift vom 15. Oktober 1789, darauf hingewiesen werden, dass die *crise* selbst als unausweichlich zu betrachten sei. Sie selbst diktierte jene Handlungen, durch die das Staatswesen und die entstehende Verfassung gerettet werden könnten (*sauver l'État et la Constitution naissante*).⁵

Im politischen Raum der Revolution implizierte die theatralische und präskriptive Struktur, die die Rede von der Krise trug, ganz offensichtlich nicht, dass keine Alternativen vorhanden gewesen wären. Sie organisierte, ganz im Gegenteil, ein heterogenes Feld verschiedener Gruppen und Parteiungen von nur relativer Stabilität. Wurden Krisen proklamiert, standen immer auch – der Tagesaktualität verpflichtete – Fragen der Einheit oder Spaltung, der Loyalität oder Illoyalität zur Debatte. Dabei riefen sich diejenigen, die die frei werdenden Stellen im politischen Gefüge des neuen Staatsgebildes zu besetzen und zu halten bestrebt waren, mit der Proklamation einer Krise zugleich als bewährte Bewältiger derselben in Erinnerung.⁶ Sie sprachen von Szenarien der inneren und

---

|| Avec des Notes et une nouvelle Préface de || l'Auteur. || A PARIS, || Chez F. BUISSON, Imprimeur-Libraire, || rue Hautefeuille, No. 20. || MAI 1791, S. 18: »Cette crise étoit alors arrivée, et il n'y avoit point d'autre choix que d'agir avec une vigueur déterminée [...].« Vgl. zu dieser Passage *Reinhart Koselleck*, Art. »Krise«, in: Geschichtliche Grundbegriffe. Historisches Lexikon zur politisch-sozialen Sprache in Deutschland, hg. von Otto Brunner u. a., Bd. 3, Stuttgart 1982, S. 617–650, hier S. 630.

5 Mirabeau griff dabei auf das alte medizinische Bildfeld der Krise zurück. Die Denkschrift reagierte auf den Zug der Pariser Bürger nach Versailles vom 5./ 6. Oktober dieses Jahres; Mémoire. Fait par le comte de Mirabeau, après les événements des 5 et 6 octobre 1789, et remis à »Monsieur«, comte de Provence, frère du Roi, le 15 octobre, par le comte de La Marck, in: Correspondance entre le comte de Mirabeau et le comte de La Marck pendant les années 1789, 1790 et 1791, hg. von Ad. de Bacourt, Bd. 1, Paris 1851, S. 364–382, hier S. 367: »[...] le corps politique tombe en dissolution; il faut une crise pour le régénérer; il lui faut une transfusion de sang nouveau.« Sein als alternativlos präsentierter therapeutischer Vorschlag zielte auf die Notwendigkeit ab, zwischen König und Volk eine möglichst enge Verbindung zu etablieren. Ebd.: »Le seul moyen de sauver l'État et la Constitution naissante, est de placer le roi dans une position qui lui permette de se coalitionner à l'instant avec ses peuples.« Zur Unvermeidbarkeit der Krise vgl. ebd., S. 372: »[...] il ne faut pas s'imaginer pouvoir sortir d'un grand péril sans un péril, et toutes les forces des hommes d'État doivent être employées maintenant à préparer, tempérer, diriger et limiter la crise, et non à empêcher qu'il n'y en ait une, ce qui est entièrement impossible, [...].«

6 LETTRE || DE J. PETION, || A SES COMMETTANS, || SUR LES || CIRCONSTANCES ACTUELLES. || A CAEN, de l'Imprimerie de P. CHALOPIN, Imprim. & || Membre de ladite Société [signiert Paris, 18. Juli 1791], S. 3: »Voilà que tout à coup, dans un moment de crise, on croit qu'il importe de me perdre; & je suis un factieux, un conspirateur, un homme vendu aux Puissance étrangeres! O vous!« Das Einfordern eines positiven Votums für die eigene Person grenzte bisweilen an das Einfordern eines persönlichen Bekenntnisses wie im Beispiel Dantons: Justification. D'après le »Moniteur« (Club des Jacobins, mardi 3 décembre 1793), in: Discours de Danton, hg. von André Fribourg, Paris 1910, Nr. 233, S. 608–611, hier S. 608: »Remarquons l'énergie révolutionnaire du peuple pendant la crise actuelle. [...].« Ebd., S. 609: »J'ai entendu des rumeurs. Déjà des dénonciations graves ont

äußeren Bedrohung.⁷ Sie sahen – immer wieder – größere oder kleinere politische Einheiten dem Untergang entgegengehen und suchten damit dort, wo sich Interessen zu zerstreuen drohten, Einmütigkeit herzustellen sowie die Unausweichlichkeit der von ihnen vorgeschlagenen Maßnahmen mit emotionaler Evidenz auszustatten. Politische Weitsicht oder eine klare Diagnostik lagen dem keineswegs zugrunde. Am 12. März 1793 sah Robbespierre das Ende der Republik als Folge eines Mangels an Mäßigung und als das Resultat der Ausschreitungen, die an der Tagesordnung seien, heraufziehen.⁸ Gut zwei Wochen später, am 27. März, konstatierte er das Versagen der Assemblée législative. Die Erhebung des Volks galt ihm nun als das letzte Mittel, das Vaterland zu retten (*sauver la patrie*).⁹ Die Masse auf den Straßen konnte in diesem Sinne teils als Bestandteil einer Krise, teils als deren Lösung in Erscheinung treten. Die Theatralik von Sein oder Nichtsein unterlief damit einerseits die Konstruktion neutraler politischer Räume. Andererseits scheint sie genau das Resultat einer sich pluralisierenden politischen Kultur gewesen zu sein, die den Begriff der Krise als leicht zu handhabendes Steuerungsinstrumentarium dort für sich entdeckt hatte, wo der Ausgang komplexer Ereignisfolgen kaum zu kalkulieren war. Reinhart Koselleck hat die damit assoziierte Tendenz zur Schlagworthaftigkeit, die ›Krise‹ in der politischen Rede der Moderne auszeichnete, am Beispiel der Revolution von 1848 thematisiert.¹⁰ In England scheint ›Krise‹ bereits im 18. Jahrhundert in dieser Qualität reflexiv geworden zu sein.¹¹

    été dirigées contre moi. […] || J'ai éprouvé une sorte de défaveur en paraissant à la tribune. Ai-je donc perdu ces traits qui caractérisent la figure d'un homme libre? Ne suis-je plus ce même homme qui s'est trouvé à vos côtes dans les moments de crise? Ne suis-je pas celui que vous avez souvent embrassé comme votre ami […].«

7 Robespierre konstatierte Anfang 1793 eine »zweifache Krise«, in der man sich befinde, nämlich die, eine Verfassung etablieren und einen Krieg führen zu müssen; Séance du vendredi 15 février 1793, in: Société des Jacobins, Bd. 5 (Anm. 1), Nr. 14, S. 26–29, hier S. 28: »C'est ainsi que nous parviendrons à déjouer les desseins des émissaires qui, dans la double crise d'une Constitution à établir et d'une guerre à soutenir, voudraient diviser les citoyens et bouleverser Paris.«

8 Séance extraordinaire du mardi 12 mars 1793, in: ebd., Nr. 35, S. 85–87, hier S. 85: »Plusieurs motions aussi violentes les unes que les autres ont été faites, et les motions violents sont seules à l'ordre du jour dans des moments de crise. Aujourd'hui le modératisme n'est plus de saison : il tuerait la République.«

9 Séance du mercredi 27 mars 1793, in: ebd., Nr. 45, S. 107–109, hier S. 108f.: »Dans une crise à peu près semblable, l'Assemblée législative eut le courage de déclarer qu'elle ne pouvait sauver la patrie; le peuple se leva, et la patrie fut sauvée. Il fut un dernier effort.« Vgl. ähnliche Beispiele, in denen ausdrücklich von *crise* die Rede war, ebd., Nr. 140, S. 351; Nr. 208, S. 556; Nr. 260, S. 697.

10 *Koselleck*, Art. »Krise« (Anm. 4), S. 636f., 647.

11 Siehe hierzu den Beitrag von André Krischer in diesem Band.

2. Entscheiden unter Zeitdruck – Zeitlichkeiten der Krise

Der vorliegende Beitrag wird sich mit jenen Konfigurationen auseinandersetzen, die in der französischen Publizistik seit der Zeit der Religionskriege als krisenhaft oder – späterhin auch lexikalisch – als *crise* beschrieben wurden. Chronologisch zielt er damit auf jene wort- und begriffsgeschichtliche Lücke, die in den *Geschichtlichen Grundbegriffen* zumal die erste Hälfte des 17. Jahrhunderts repräsentiert. Im Fall des Krisenbegriffs ist dies umso unvorteilhafter, als Koselleck immerhin zwei lexikalische Belege für *crisis/ crise* aus dem englischen Schrifttum jener Zeit beibringen konnte,[12] die seither allerdings nicht vermehrt worden sind. Systematisch wird es darum gehen, ausgehend von dem genuin medizinischen Bedeutungskern von *crisis*,[13] einen Beitrag zur Untersuchung der Bedeutung zu leisten, die organologische Staatsauffassungen für die Selbstbeschreibung frühneuzeitlicher Gesellschaften besaßen. Genauer gesagt wird zu skizzieren sein, wie *crise* im Laufe der Zeit als Körperbild auf politische Konfigurationen übertragen wurde, nach und nach seine metaphorische Qualität verlor – diese ist beispielsweise in der oben zitierten Passage Mirabeaus noch klar erkennbar – und sich zu einem Proprium der politischen Sprache entwickelte. Dem liegt die Hypothese zugrunde, dass ›Krise‹ als genuin frühneuzeitliches Konzept zu betrachten ist, das sich seither nur graduell und kontextuell, nicht aber systematisch verändert hat. Die Bildlichkeiten, die in der Moderne zur Illustration und Reflexion des Staatsganzen verwendet wurden – beispielsweise

---

12 *Koselleck*, Art. »Krise« (Anm. 4), S. 620, mit Blick auf eine Passage aus Benjamin Rudyerds (1572–1658) Memoirs. His Speeches and Poems, hg. von James Alexander Manning, London 1841, S. 114. Es handelt sich um eine in direkter Rede wiedergegebene Ansprache vor der parlamentarischen Versammlung vom 17. März 1627, in der Rudyerd nach eigener Aussage eine zwischen »King« and »people« moderierende Position eingenommen habe: »Mr. Speaker, – It is the goodness of God, and the favour of the King, that hath brought us again to this place, and if we be as thankful to both as our duty to both requires, our meeting certainly will be crown'd with a blessing. This is the crisis of Parliaments. We shall know by this if Parliaments live or die: the King and the kingdom will be valued or disvalued both by enemies or friends, by the success of this Parliament.« Der zweite Beleg stammt aus dem Brief von Robert Baillie an William Spang, 22. Sept. 1643, in: *Robert Baillie*, The Letters and Journals, Bd. 2: 1642–1646, hg. von David Laing, Edinburgh 1841, S. 81–101, hier S. 90: »This seems to be a new period and crise of the most great affaire, […].« Weitere Passagen: A Second Postscript of Mr. William Spang's Letter [Anfang 1643], in: ebd., S. 38f., hier S. 39: »[…] but waiting for some crise in the English desease […]«; Publick Letter for Scotland, London, 2. April 1644, in: ebd., S. 144–155, hier S. 152: »We expect to hear shortlie of the event of our armies march, the 12th of this instant, from Sunderland towards Hartlepole. The successe of these three expeditions now in hand may readilie draw this longsome disease of our kingdoms towards some crise.«; For General-Lieutenant Baylie, London, 16. Juli 1644, in: ebd., S. 206f., hier S. 206: »We hope that blessed day shall be the crisis of our affaires, which then were in so dangerous a condition.« Vgl. dazu auch den Beitrag von André Krischer in diesem Band.
13 *Koselleck*, Art. »Krise« (Anm. 4), S. 619.

das Kontraktmodell oder die Metapher der Maschine – unterscheiden sich von der organologischen Metaphorik der Frühen Neuzeit dadurch, dass sich in ihnen ein Begriff des Staats artikuliert, der diesen nicht mehr »als naturgegebene Ganzheit [...], sondern als Kompositum, dessen Zusammensetzung in gewisser Weise arbiträr und daher auch [...] veränderlich bleibt«, adressiert.[14] Wenn diese Annahme zutreffen sollte, dann könnte die organologische und auf Totalität abzielende Bildlichkeit der ›Krise‹ in der Tat einer Zeit entwachsen sein, in der die »Ordnung des Ganzen« auf das gleichförmige Zusammenspiel der Teile angewiesen war und die Dysfunktionalität auch kleinerer Einheiten den Kollaps des gesamten »Organismus« nach sich ziehen konnte.[15] Wenn es zudem richtig ist, dass frühneuzeitliche Politik sich keineswegs in einem auf prospektive Offenheit hin ausgelegten Handlungsraum bewegte, sondern sie in zeitlich limitierten Ereignissen und Ereignisfolgen dachte,[16] dann könnte ferner vermutet werden, dass die Theatralisierung des Augenblicks zunächst der sequenziellen Charakteristik frühneuzeitlicher Politik entsprach und ihr Gegenstück in der Moderne in einem der Tagesaktualität verpflichteten Ringen um Entscheidungskompetenz finden sollte.

In jedem Fall bedurfte es keiner geschichtsphilosophischen Grundierung, um ›Krise‹ mit einem Denken in »harten dualistischen Alternativen« zu verknüp-

---

14 *Albrecht Koschorke*, II. Logiken der Verkörperung. 1. Zur Funktionsweise sozialer Metaphern, in: ders. u. a., Der fiktive Staat. Konstruktionen des politischen Körpers in der Geschichte Europas, Frankfurt a.M. 2007, S. 55–64, hier S. 60.
15 *Tilman Struve*, Die Entwicklung der organologischen Staatsauffassung im Mittelalter, Stuttgart 1978, S. 306f. Einen Forschungsstand im eigentlichen Sinn gibt es auf diesem Gebiet nicht. Wenig hilfreich ist etwa *Erik Ringmar*, Metaphors of Social Order, in: Terrell Carver und Jernej Pikalo (Hg.), Political Language and Metaphor. Interpreting *and* Changing the World, London und New York 2008, S. 57–68, hier S. 59. Ringmar schließt von der organologischen Bildlichkeit auf die Notwendigkeit eines harmonisierenden Staatsbegriffs: »In a state understood as a body, conflicts are quite inconceivable. Social groups or classes cannot be at war with each other for the [...] reason that one hand cannot fight the other or the heart rebel against the stomach.« Die Möglichkeit der Krankheitsmetaporik zieht er nicht in Erwägung. Die inzwischen zahlreichen Studien, die sich auf einzelne Ereignisse oder Perioden bezogen mit politischen Körperbildern in der Frühen Neuzeit befassen, lassen bisher kaum Rückschlüsse auf allgemeinere Entwicklungen zu. Im vorliegenden Beitrag wurden daher nur ausgewählte Arbeiten konsultiert.
16 Vgl. dazu Rudolf Schlögl in seiner Einleitung zu diesem Band, S. 14f. Siehe auch *ders.*, Kommunikation und Vergesellschaftung unter Anwesenden. Formen des Sozialen und ihre Transformation in der Frühen Neuzeit, in: Geschichte und Gesellschaft 34 (2008), S. 155–224, hier S. 166, 170f., 174f. Die Annahme, dass sich politisches Handeln vor allem an konkreten Ereigniszusammenhängen orientierte und sich die soziale und politische Ordnung im Wesentlichen im Vollzug konstituierte, stabilisierte und perpetuierte, wird am Beispiel der Stadt eingehend untersucht; *ders.*, Power and Politics in the Early Modern European City. Elections and Decision-Making, in: ders. (Hg.), Urban Elections and Decision-Making in Early Modern Europe, 1500–1800, Cambridge 2009, S. 2–28, hier S. 11f.

fen.¹⁷ Diese Dualität ist, wie zu skizzieren sein wird, dem medizinischen Krisenbegriff von Beginn an inhärent. Insofern wird einerseits die Frage zu stellen sein, auf welche Weise Phänomene der Krise in der politischen Publizistik beschrieben wurden, bevor die in der Medizin elaborierte Fassung des Begriffs der *crisis* in die politische Sprache einzusickern begann. Die Medizin, wie hier geschehen, als Dispositiv des Krisenbegriffs zu verstehen, ist seinerseits voraussetzungsvoll. Dem könnte nämlich die Hypothese zur Seite gestellt werden, dass *crisis* sich keineswegs, wie von Koselleck vermutet, im Laufe der Zeit säkularisierte und als strukturelles Analogon zum Jüngsten Gericht zu reflektieren ist,¹⁸ sondern von Beginn an auf Zusammenhänge in der Welt bezogen war – auf das Leben und Sterben eines Organismus in der Zeit. Andererseits benötigt eine Zugriffsweise, die sich auch jenseits und vor der lexikalischen Verwendung des Begriffs der Krise mit Konfigurationen des Krisenhaften und der Krise beschäftigt, einen analytischen Begriff der Krise, um zu aussagekräftigen Resultaten zu gelangen. Es ist sehr früh bemerkt worden, dass die ältere Debatte um die *General Crisis of the Seventeenth Century* gerade in dieser Hinsicht viele Fragen offen ließ.¹⁹

---

17 *Koselleck*, Art. »Krise« (Anm. 4), S. 626.
18 Ebd. Zumindest konnte die »beständige Assoziationskraft des Jüngsten Gerichts und der Apokalyptik« (ebd.) in den hier ausgewerteten Quellen nicht nachgewiesen werden.
19 *Randolph Starn*, Historians and »Crisis«, in: Past & Present 52 (1971), S. 3–22, hier S. 3: »One historian's crisis lasts moments, another's decades, even eras; political, social, economic, mental, or moral crises are blurred by one historian's insistence on treating them discretely while another lumps them together under the confusing rubric ›general crisis‹.« *Theodore K. Rabb*, The Struggle for Stability in Early Modern Europe, New York 1975, S. vii, eröffnete sein kleines Buch, das dieser Problematik abzuhelfen suchte, mit den Worten: »This essay was written in response to an apparently growing need. During the last halfdozen years, my classes in Early Modern History have made me increasingly aware that the ›general crisis of the seventeenth century‹ thesis, about which so much has been written, […] frequently confuses rather than enlightens. Even advanced students come away from a reading of the articles published in *Past & Present* and the related literature with the impression that chaos reigns, that there is no way of reaching firm conclusions or imposing a coherent framework on so contentious a subject.« Konzeptioneller Fluchtpunkt dieser Debatte war allerdings auch nicht ein konsistenter Krisenbegriff, sondern eine allgemeine Theorie des revolutionären Umbruchs; *Helmut G. Koenigsberger*, Die Krise des 17. Jahrhunderts, in: Zeitschrift für Historische Forschung 9 (1982), S. 143–165, hier S. 163f. In dem Beitrag von *Geoffrey Parker*, Crisis and Catastrophe. The Global Crisis of the Seventeenth Century Reconsidered, in: The American Historical Review 113 (2008), S. 1053–1079, der die ältere Debatte in Adaptation kultur- und globalgeschichtlicher Ansätze zu revitalisieren sucht, bleiben diese Fragen nach wie vor ungelöst. Parkers 2014 publizierte Monographie zu diesem Thema wurde nicht mehr konsultiert. Vgl. dazu auch unten Seite 366f. Vgl. zur Pragmatik des Konzepts der ›Krise‹ in der Geschichtswissenschaft *Jan Marco Sawilla*, Zwischen Normabweichung und Revolution – ›Krise‹ in der Geschichtswissenschaft, in: Carla Meyer, Katja Patzel-Mattern und Gerrit Jasper Schenk (Hg.), Krisengeschichte(n). »Krise« als Leitbegriff und Erzählmuster in kulturwissenschaftlicher Perspektive, Stuttgart 2013, S. 145–172.

Wenn unter Krisen, vorläufig gesprochen, »heikle Situationen in System/ Umwelt-Beziehungen« verstanden werden sollen, »die den Fortbestand des Systems oder wichtiger Systemstrukturen unter Zeitdruck in Frage stellen«,[20] dann wird das Augenmerk insbesondere auf der leicht zu überlesenden Apposition »unter Zeitdruck« liegen. Den so verstandenen Krisen oder kritischen Situationen eignet eine komplexe Zeitlichkeit. In ihnen steht nicht nur eine »binär codierte« Entscheidung von faktisch oder vermeintlich existenzieller Tragweite zur Disposition.[21] Vielmehr drohen die bereits stark reduzierten – oder als reduziert gedachten oder präsentierten – Möglichkeiten, zu handeln und zu entscheiden, sich derart weiter zu reduzieren, dass sich früher oder später jede Möglichkeit, zu handeln oder zu entscheiden, verschließt. Am Horizont der Krise stehen Ohnmacht, Positionsverlust oder – theatralischer[22] – kollabierende Systeme. Handeln und Entscheiden in der Krise bedeutet also, sich in einer zeitlichen Sequenz zu bewegen, die einer prognostizierten oder insinuierten Finalität vorangeschaltet wird.[23] Daraus resultiert der Zeitdruck für jene, die zu bestimmten Handlungen und Entscheidungen bewegt werden sollen oder diese als alternativlos durchzusetzen suchen. Zugleich gestattet es der Zeitdruck, Entscheidungen auch ohne exakte Problemanalyse einzufordern. Dies ist der Grund dafür, dass jene, die zu einem gegebenen Zeitpunkt über politische Gewalt verfügen, den Eintritt kritischer oder krisenhafter Situationen keineswegs notwendig zu vermeiden suchen.[24] Es wird zu prüfen sein, ob diese Fassung des Krisenbegriffs geeignet ist, politische Selbstbeobachtung unter den Bedingungen monarchischer Herrschaft zu erfassen.

Neben der internen Zeitlichkeit, welche die als Krisen proklamierten Situationen auszeichnet, ist die Frage, wann die Krise mit Hilfe welcher Medien von wem an wen kommuniziert wurde und wird, von entscheidender Bedeutung.

---

20 *Niklas Luhmann*, Zweckbegriff und Systemrationalität. Über die Funktion von Zwecken in sozialen Systemen, Frankfurt a.M. 1973, S. 327.
21 Vgl. die Einleitung von Rudolf Schlögl zu diesem Band.
22 Zu den theatralischen Implikationen der Rhetorik der ›Krise‹ vgl. *Henning Grunwald* und *Manfred Pfister*, Krisis! Krisenszenarien, Diagnosen und Diskursstrategien, in: dies. (Hg.), Krisis! Krisenszenarien, Diagnosen und Diskursstrategien, München 2007, S. 7–20, hier S. 8f.
23 *Eckhard Lobsien*, Renaissance-Krisen, in: ebd., S. 95–113, hier S. 97, bezeichnet »Krise« als eine »Latenz mit einem begrenzten Zeithorizont«.
24 Mit anderen Akzenten spricht *Luhmann*, Zweckbegriff (Anm. 20), S. 322, 327, im Rückgriff auf organisationswissenschaftliche Ansätze von der »Fähigkeit, Gefahren zu erkennen, die sich in unauffälligen, aber symptomatischen Ereignissen des Alltags oder in unmerklich-kumulativen Entwicklungen ankündigen. Frühzeitig bewußte Aufmerksamkeit schafft Zeit für die Korrektur; die Gefahrenschwelle wird gleichsam vorverlegt, wenn die Krisensymptome feinfühlig definiert sind.« Damit scheint ›Krise‹ weniger als Instrumentarium der politischen Sprache, sondern als Situation von zunächst faktischer Bedrohlichkeit angesprochen zu sein.

Fast sämtliche der hier ausgewerteten Quellen, insbesondere historiographische Texte, königliche *Remonstrances* und Flugschriften, waren Teil der die Frühe Neuzeit über weite Strecken charakterisierenden »integrierten Öffentlichkeit«. In ihr gab es sehr wohl eine Heterogenität mithin konfligierender Stimmen. Politik und das Beobachten von Politik waren allerdings nicht scharf »gegeneinander ausdifferenziert«.[25] Insofern kann in diesem Beitrag im Wesentlichen von politischer Selbstbeobachtung gesprochen werden – ohne dass damit geklärt wäre, ob und in welchem Umfang die zitierten Schriften selbst Teil bestimmter Ereigniszusammenhänge waren.[26] Konkret bedeutet dies zu fragen, ob der Eindruck, unter Zeitdruck handeln und entscheiden zu müssen, ex post diagnostiziert wurde oder ob die jeweiligen Schriften oder Aussagen dazu beitrugen, diesen Eindruck publizistisch zu erzeugen und zu stabilisieren.

In der geschichtswissenschaftlichen Literatur, die sich mit den französischen Religionskriegen befasst, haben diese Fragen bislang keine Rolle gespielt. Als Krise wurden und werden dort solche Zeiträume apostrophiert, die mit der traditionellen politikgeschichtlichen Vorstellung zur Deckung kommen, dass mit einer an Verbindlichkeit verlierenden Zentralgewalt politische Krisen einherzugehen pflegen. Für Pierre Deyon beispielsweise folgte auf die Ermordung Heinrichs IV. (reg. 1589–1610) am 14. Mai 1610 durch François Ravaillac und die Regentschaft Marias von Medici (reg. 1610–1617) eine »crise de l'autorité monarchique«. Beendet wurde sie, aufgrund der damit assoziierten Stärkung der Zentralgewalt, durch den Eintritt Richelieus (1585–1642) in den Staatsrat im April 1624.[27] Die konfessionspolitischen und dynastischen Entwicklungen der vorangegangenen Periode gelten insgesamt als Zeit, in der »nahezu täglich die Monarchie und die ganze Verfassung Frankreichs auf dem Spiel« gestanden zu haben scheint.[28] Michael Wolfe sprach vor diesem Hintergrund von einer »twin«

---

25 *Rudolf Schlögl*, Politik beobachten. Öffentlichkeit und Medien in der Frühen Neuzeit, in: Zeitschrift für Historische Forschung 35 (2008), S. 581–616, hier S. 607.
26 Ebd., S. 607–611.
27 *Pierre Deyon*, La France baroque, 1589–1661, in: Georges Duby (Hg.), Histoire de la France, Paris 1995, S. 407–443, hier S. 415–417. Dies ist auch aufgrund der Geschlechterfrage eine politikgeschichtlich konventionelle Interpretation. Vgl. *Pauline Puppel*, Die Regentin. Vormundschaftliche Herrschaft in Hessen 1500–1700, Frankfurt a.M. und New York 2004, S. 20. Allerdings gilt auch Puppel zumindest die nicht geklärte Regierung im Falle des vorzeitigen Ablebens eines Landesherrn als »Krisensituation«; dies., Der Kampf um die vormundschaftliche Regentschaft zwischen Landgräfinwitwe Anna von Hessen und der hessischen Ritterschaft 1509/14–1518, in: Jörg Rogge (Hg.), Fürstin und Fürst. Familienbeziehungen und Handlungsmöglichkeiten von hochadeligen Frauen im Mittelalter, Ostfildern 2004, S. 247–263, hier S. 248.
28 *Ernst Hinrichs*, Renaissance, Religionskriege und Begründung der absoluten Monarchie (1498–1661), in: ders., Kleine Geschichte Frankreichs, Stuttgart ²2008, S. 125–185, hier S. 158. Vgl. grundsätzlich auch *John H. M. Salmon*, Society in Crisis. France in the Sixteenth Century, London und Tonbridge 1975. Die Außenbetrachtung der vom Verfasser als »Krise

oder »traumatic crisis«. Sie sei aus dem Versuch Heinrichs von Navarra erwachsen, nach dem Tod des letzten Valois, Franz von Alençon-Anjou (1566–1584), als Protestant seine Ansprüche auf den französischen Thron zur Geltung zu bringen.[29] Für Denis Crouzet handelt es sich bei den Konflikten um die angestrebte Thronfolge Heinrichs von Navarra um die »grande crise« der Monarchie. Die Bartholomäusnacht von 1572 könne folglich keineswegs als der »paroxysme de crise pour la monarchie« gedeutet werden, sondern nur als der erste Höhepunkt einer Konfrontation, »qui ne pouvait que faire glisser le royaume dans une crise accentuée, [...].«[30] Eine sich mit unterschiedlichen konfessionellen Konzepten von Männlichkeit überlagernde Krise sowohl des Geschlechter- als auch des Herrscherbilds wiederum, die sich bis zur Mündigkeit Ludwigs XIII. im Jahr 1617 und der Restabilisierung der salischen Erbfolge erstreckt habe, konstatierte vor einigen Jahren Catharine Randall.[31] In der Literatur reproduziert sich damit jene wenig konsistent erscheinende Rhythmik aus Phasen sich immer weiter kumulierender Problemlagen und deren nur vorübergehender oder relativer Lösung, die bereits in der zeitgenössischen Selbstbeobachtung die Darstellung der Jahrzehnte seit Ausbruch der Religionskriege prägte.

3. Im Zeichen der Unordnung – Suggestion der Dringlichkeit

In der politischen Publizistik der Frühen Neuzeit waren sekundäre Beobachterpositionen nicht vorgesehen. Selbst die zeitgenössische Historiographie war auf Suggestion von Unmittelbarkeit ausgerichtet. In ihr wurden Vergangenheit, Gegenwart und Zukunft derart aufeinander bezogen, dass die zu einer gegebenen Zeit schreibenden Historiographen Material und Bezugsrahmen bereit-

---

Heinrichs IV.« gedeuteten Auseinandersetzungen um den Wechsel der Dynastien untersucht *Friedrich Beiderbeck*, Zwischen Religionskrieg, Reichskrise und europäischem Hegemoniekampf. Heinrich IV. von Frankreich und die protestantischen Reichsstände, Berlin 2005, S. 104–126.

29 *Michael Wolfe*, The Conversion of Henri IV. Politics, Power, and Religious Belief in Early Modern France, Cambridge MA und London 1993, S. 188f.

30 *Denis Crouzet*, Les guerriers de Dieu. La violence au temps des troubles de religion (vers 1525–vers 1610). Préface de Pierre Chaunu. Avant-propos de Denis Richet, Bd. 2, Seyssel 1990, S. 49, 121–129. Davon abgesehen ging Crouzet von einer kulturellen Krise aus (*une crise dans la civilisation*), die aus einer sich seit dem späten Mittelalter verfestigenden Kultur der Angst (*civilisation de l'angoisse*) hervorgegangen sei. Mit den konfessionellen Verwerfungen des 16. Jahrhunderts sei diese Krise letztlich nur derart verschoben worden, dass sie im gesellschaftlichen Raum neue Bruchlinien hervorgebracht habe; ebd., Bd. 1, S. 150–152.

31 *Catharine Randall*, Masculinity, Monarchy, and Metaphysics. A Crisis of Authority in Early Modern France, in: Kathleen P. Long (Hg.), High Anxiety. Masculinity in Crisis in Early Modern France, Kirksville MO 2002, S. 211–231, hier S. 214–216.

stellten, mit deren Hilfe die Nachwelt über die Vorwelt sowie die künftige Nachwelt (*posteritas*) über die Handlungen der Gegenwart zu urteilen in der Lage sein sollten. Aus Ciceros fünfgliedriger Bestimmung der Rolle der *historia* (*De oratore*, II, 9, 36) entsprach dies ihrer Funktion als *testis temporum*. Die Historiographen selbst partizipierten – im Idealfall – als Augen- und Ohrenzeugen an dem beschriebenen Geschehen. Sie stützten den Tatsächlichkeitsanspruch ihrer Narration auf diesen Sachverhalt und erzeugten – beispielsweise in der wörtlichen Wiedergabe von Reden oder Gesprächen – den Eindruck des Dabeigewesen-Seins.[32] Die Nachwelt sollte nicht das Beobachten der Historiographen beobachten, sondern mit ihrer Hilfe in eine primäre Beobachterposition versetzt werden. Dabei wurden kritische oder krisenhafte Situationen mit der der Historiographie eigenen Zeitverzögerung vielfach auf retrograde Weise diagnostiziert und anlässlich solcher Ereignisse, die – wie beispielsweise politische Vertragswerke – eine bestimmte Handlungsfolge abzuschließen schienen, mit Finalität versehen. Je nach Grad der Elaboration konnte die gedeutete Zeit der kritischen Phasen ihren Sinn aus neostoischem Gedankengut beziehen, indem die Wechselhaftigkeit des Glücks mit der mangelnden *constantia* des menschlichen Wesens und seiner für den Bestand des Staates verhängnisvollen Lust an Veränderung in Verbindung gebracht wurde;[33] auf Phasen der Gefähr-

---

32 *Jan Marco Sawilla*, Geschichte und Geschichten zwischen Providenz und Machbarkeit. Überlegungen zu Reinhart Kosellecks Semantik historischer Zeiten, in: Hans Joas und Peter Vogt (Hg.), Begriffene Geschichte. Beiträge zum Werk Reinhart Kosellecks, Frankfurt a.M. 2011, S. 387–422, hier S. 410f.; ders., Das Zeugnis des Historiographen. Anwesenheit und gestufte Plausibilität in der Historiographie der frühen Neuzeit, in: Wolfram Drews und Heike Schlie (Hg.), Zeugnis und Zeugenschaften. Vormoderne Perspektiven, München 2011, S. 387–422.

33 Henri Lancelot-Voisin de La Popelinière (1541–1608) betonte in seiner *Histoire de France* ausdrücklich, dass dem Menschen ein wechselhaftes Wesen eigne und dieser ein »Freund der Veränderung« sei. Im Zusammenspiel mit der Lockerung der religiösen Bande, der Degeneration des Rechtswesens und der Unfähigkeit der Herrschenden, diese beiden – durch das »verderbte Naturell des Volks« zerstörten – »Säulen« des Staatswesens zu reorganisieren, pflegte dieser Wesenszug zum Zusammenbruch der Staaten beizutragen. Diesen Sachverhalt erläuterte La Popelinière am Beispiel des Staates Israel: [*Henri Lancelot-Voisin de La Popelinière*], L'Histoire de || France || Enrichie des plus notables occurrances || suruenues ez Prouinces de l'Europe & pays voisins, soit en Paix soit en || Guerre: tant pour le fait Seculier qu'Eclesiastic [sic]:|| Depuis l'an 1550 iusques a ces temps. || TOME SECOND. || AVEC SA TABLE. || De L'IMPRIMERIE. || Par Abraham H. || 1581., [Dedikationsepistel:] A la Royne [o.S.], fol. Aaijv: »[...] comme tout homme variable de naturel & amy de changement s'ennuie au long aller d'vn chose, & sur tout si elle luy geine le naturel: pour le desir que toutes creatures ont à leur franchise. Les hommes se sont peu à peu emancipez tant de ces estroits liens de Religion: (que la malice des hommes puis les Heresies firent mespriser d'vn chacun) que de la violence des Iusticiers: bonnne part desquelz rendirent eux mesmes la justice & profession d'icelle ridicule à ceux qui jugent de la vaccation selon le merite des Officiers. Ces deux pilliers vrais fondemens des Republiques, ainsi corrompuz par le depraué

dung und Bedrohung folgten solche der Befriedung und der Restitution. Neben organologischen Metaphern kamen in diesem Rahmen kulturalistische Bildlichkeiten zur Anwendung. Diese gemahnten, wie das Bild des ›Staatsschiffs im Sturm‹, einerseits an die relative Ohnmacht des Menschen in der Konfrontation mit den ihn überwältigenden Kräften der Natur und andererseits an das segensreiche Wirken der Providenz.

Seine Heinrich IV. gewidmete *Histoire veritable des gverres entre les deux maisons de France et d'Espangne* von 1606 eröffnete der Historiograph und Dichter Pierre Matthieu (1563–1621) mit der Einsicht, dass diejenigen, welche »die Schrecken eines großen Sturms« (*grande tourmente*) erlebt hätten und dabei dem Eindruck ausgesetzt gewesen seien, »dass der Himmel ins Meer stürzt und das Meer sich in den Himmel erhebt«, nichts so sehr wie den Hafen herbeisehnten. Sobald man geankert habe, versichere man sich jedoch des Glücks, das man gehabt habe, und klage nicht über Verluste.[34] Daher gelte es nun, nachdem das »französische Schiff nach so vielen Erschütterungen, Stürmen und Gewittern« im »Hafen des Heils angekommen« sei, der »unübertrefflichen Vorsehung, die uns vor dem Schiffbruch bewahrt hat«, zu danken und »die Augen auf die Klippen, denen wir entkommen sind«, zu richten.[35] Anlass der *Histoire veritable* war der Frieden von Vervines von 1598. Dieser markierte für Matthieu zugleich den Scheidepunkt zwischen einem »in Aufruhr« (*en trouble*) befindlichen Staatswesen und einem »stillen« oder »friedlichen« (*paisible*).[36]

---

naturel du peuple, que le Prince ne sçauoit ou ne daignoit reformér: occasionnerent bien tost aprez la ruyne de tout l'estat.«

34 [*Pierre Matthieu*], HISTOIRE || VERITABLE || DES GVERRES ENTRE || LES DEUX MAISONS DE || FRANCE ET D'ESPANGNE. || Durant le regne des tres-Chrestiens || Rois François I. Henry II. Fran- || çois II. Charles IX. Henry III. & || Henri IIII. Roy de France & de || Nauarre à present regnant. || Iusques à la Paix de Veruines, & mort de Phi- || lippes II. Roy des Espagnes, 1598. || AVEC || La Genealogie de la Royale Maison || de Bourbon. || Imprimé l'An de Grace. || M. DCVI., fol. 4r: »Comme ceux qui se trouuent aux frayeurs d'vne grande tourmente, lors qu'il se[m]ble que le Ciel to[m]be da[n]s la mer, & la mer mo[n]te au Ciel, ne desire[n]t rien ta[n]t que le port, & n'y sont si tost ancrez qu'ils racomptent la fortune qu'ils ont couru, parlant plustost du danger qu'ils ont passé, que des pertes qu'ils ont fait pour sauuer leur vaisseau.«

35 Ebd.: »De mesmes, puis que ceste Françoise Nauire apres tant de secousses, de tempestes, & d'orages, est arriuee au port de salut, [...] il est raisonnable qu'en rendant noz vœux à ceste souueraine Prouidence qui nous a sauuez du naufrage, nous iettions les yeux sur les escueils que nous auons eschappé, [...].«

36 Ebd., fol. 45r-v: »Le Roy doncques se resolut de trouuer au repos de ses subjects toutes le felicitez de son regne, & pour monstrer qu'il sçait commencer & finir la guerre, il ne refuse au milieu de tant de prosperitez la Paix, laquelle se traicte entre ces deux Roys.« Ebd., fol. 45v, marginal: »Paix entre les deux Roys concluës à Veruines le 2. May 1598.« Als hinge die Lage im Land nahezu vollständig von einem Vertragswerk wie diesem ab, markierte es zugleich die Möglichkeit des Umschwungs von einem verwüsteten zu einem blühenden Staatswesen. Ebd., fol. 4v: »[...] nous representans pour l'vn, des villes riches & florissantes, qui reçoiuent des nauires chargees de la despouille des Prouinces plus esloignees, qui ont leurs boutiques

Stärker der Gegenwartsdiagnostik verpflichtet war Matthieus *Irenophile discours de la paix*. Der *Discours* bezog sich auf den Zusammentritt der Generalstände in Blois 1588 und die Matthieu zufolge von allen Seiten herbeigesehnte Möglichkeit auf Frieden.[37] Der *Discours* sollte 1594 unter dem Pseudonym eines »Seigneur de Sainct Germain d'Apchon« gedruckt werden. Matthieu eröffnete ihn mit einer an – den zu dieser Zeit bereits verstorbenen – Heinrich III. (reg. 1574–1589) adressierten Botschaft, in der er den erbärmlichen Zustand, in dem sich das Königreich befinde, beklagte.[38] Niemand könne übersehen, so Matthieu, wie sehr sich die Lage im Vergleich mit früheren Zeiten verschlechtert habe und alle danach strebten, der Nachwelt möglichst üble Beispiele zu hinterlassen:[39] »Sie sehen wohl, dass das Grauen der Verderbnis dieser Zeit alle Laster des vorigen überschreitet und dass der Ewige daher seine Züchtigungen an uns noch strenger verdoppelt hat, so dass es scheint, dass sich alles zu unserem Übel verschworen hat.«[40]

Matthieu operierte mit einem Wortfeld der Degeneration und Dissoziation. In dessen Zentrum stand die keineswegs von besonderer Subtilität gekennzeichnete Vorstellung, dass die Zersetzung des politischen Gemeinwesens, das seine korrekte Funktionsweise nur in Begriffen der Gesamtheitlichkeit zu denken in

---

pleines d'artisans, leurs montaignes de troupeaux, leurs pleines de laboureurs. Pour l'autre, non des villes, mais des deserts, des ruines & des monceaux de pierres, des murs foudroyez, des portes co[n]blees, des clochers abbatus, le feu au plus haut des edifices, le sac & le sang au plus bas, l'effroy & la desolation par tout.«

37 [Pierre Matthieu], L'IRENOPHILE || DISCOVRS || DE LA PAIX, CONTRE || L'INIVSTICE, LES || desordres, la cruauté, & rebellion || des Guerres Ciuiles. || Par le Seigneur de Sainct Germain d'Apchon, || Cheualier de l'Ordre du Roy. || Imprimez par le commandement du feu Roy, de tres- || heureuse memoire, HENRY III. Roy de || France & de Pologne, l'an 1588. || Nouuellement publiez & presentez par l'Autheur au Roy Tres- || Chrestien, tres grand, tres-victorieux HENRY IIII. || Roy de France & de Nauarre. || A LYON, || PAR BENOIST RIGAVD. || M. D. XCIIII. || Auec Priuilege du Roy, S. 9, zum Zusammentritt der Generalstände: »[...] assemblee des Etats generaux de tous les ordres de la France, où preside vn Roy qui n'aspire qu'à la Paix, où tous les Princes se conforment à sa volonté pour viure en paix, où le clergé supplie l'abolissement des diuisions, [...] & le Peuple miserable qui se ressent le plus des fureurs ciuiles, qui porte sur ses espaules les pesantes & intolerables charges des grands, crie à main ioncte la Paix, la Paix. O bien-heureuse forme d'auiser aux troubles.«
38 Ebd., S. 1: »Premier discovrs [...]. Auquel sous l'ordre d'vne belle & bien instruite Ambassade au Roy tres Chrestien, est deploree la pitoyable condition du Royaume de France, duquel la guerre seditieuse & ciuile s'emparant, a chassée la Paix & l'a releguée en vn exil trespernicieux à son estat.«
39 Ebd., S. 2: »[...] ceux qui pensent esgaler les actions de ce siecle, aux anciennes, & cognoistre leur fœlicité à contrepointe de nos malheurs, entendent incontinent combien cest aage [sic] est degeneré du premier, combien toutes choses sont alterees, les saisons rebelles, la terre indignee de ses habitans, comme tous declinans du trac frayé par la vertu, taschent de laisser la posterité libre à suyure [=suivre] ses pernicieux exemples, & estre encor pire.«
40 Ebd.: »Ils voyent bien que l'horreur de la corruption de ce temps, surpasse tous les vices du premier, & que par cela l'Eternel redouble ses fleaux plus asprement sur nous, si qu'il semble tout estre coniuré à nostre mal.«

der Lage war, und die Perversion seiner Werte zu einem fortschreitenden Verlust an Vitalität führen mussten. Illoyalität gegenüber der allein Ordnung verbürgenden Kraft des Monarchen, so Matthieu, die Missachtung der wahren Religion, das Streben nach Eigennutz und partikularen Interessen (*factions*), Uneinigkeiten (*divisions*), Auflehnung (*rébellion*) und Missachtung der Gesetze (*injustice*) sowie die durch die Historie hinreichend verbürgte »beklagenswerte Unbeständigkeit« des Menschen (*dommageable inconstance*) führten die Gesellschaft, um nur einige der den *Discours* prägenden Begrifflichkeiten zu nennen, in den Krieg. Sie zeitigten Ordnungsverlust (*desordre/ desordres*), Verwirrung (*confusions, troubles*), Elend und Notstände (*calamités*). Sie korrumpierten das gesellschaftliche Leben und brachten es, von den Sitten über das Rechtswesen bis zur Ökonomie und der Pflege gelehrter Tätigkeiten, zum Erliegen.[41]

Besonderer Zeitdruck artikulierte sich bei Matthieu allerdings nicht. Weniger die fortschreitende Verknappung zeitlicher Ressourcen als vielmehr die Aufhäufung von Missständen, die früher oder später in den Zusammenbruch des Gemeinwesens münden würden, bestimmten den *Discours*; nicht die Dynamik sich reduzierender Handlungsmöglichkeiten, sondern die prinzipielle Möglichkeit zu Umkehr und Restituierung des politischen Ideals. Dieses Ideal wurde vorausgesetzt. Es bestand aus einigen wenigen und in sich kaum systemati-

---

41 Vgl. neben den vorangegangenen Anmerkungen in Auswahl ebd., S. 1: »Ie ne pourrois sans l'armes contempler au tableau de l'histoire fidele thresoriere des actions humaines, la variable changement, la dommageable inconstance qui vsurpe son authorité aux republiques, & toutes sortes de gouuernemens qui fondez sur les principes de la societé humaine semble[n]t promettre vne duree inexpugnable.« Ebd., S. 10f.: »Considerez vn petit l'estat de nostre siecle, & la corruption d'iceluy [...]. Qui ne voit de toutes parts les Gaules ceintes de calamitez intolerables par la cruauté de la Guerre? Quand est-ce que l'Eglise, les Royaumes, les Principautez, les Republique [sic], les Citez, & les Academies ont esté plus agitees d'heresies, plus diuisees de dissensions, plus troublees de partialitez, plus dissoluës de factions, [...] plus ruinees, plus affoiblies qu'elles sont auiourd'huy?« Ebd., S. 11: »En la guerre le vice braue la vertu, la force mesprise le droit, [...] les meschants vsurpent l'authorité des grands, & s'enrichissent, [...]. Tout ce qui est illustré du nom & de l'effect de vraye religion, tout ce qui est des Loix de droict, de Iustice, d'equité, de discipline politique, œconomique, & Etique, c'est à dire tout ce qui appartient aux choses ciuiles, domestiques & morales, tout ce qui est de bonnes meurs, d'honnesté, de reuerence, tout ce qui est des arts liberaux, des lettres diuines & humains, ou meurt du tout, ou se refroidit beaucoup par l'insolence de la guerre ciuile, [...].« Vgl. auch [*Pierre Matthieu*], HISTOIRE || DES DER-NIERS || TROVBLES DE || FRANCE, || Sous les regnes des Rois Tres Chre- || stiens Henry III. Roy de France, & || de Pologne, & Henry IIII. Roy de || France & de Nauarre. || Diuisee en plusieurs liures, || LIVRE PREMIER: || Contenant ce qui c'est passé depuis les || premiers mouuemens de la Ligue || iusques à l'Edict de Iuillet || de l'an 1585. || DEDIEE AV ROY. || A LYON, || M. D. XCIIII. || AVEC PERMISSION., S. 12: »Ce que le Soleil est au Ciel, les Rois le sont en terre, ce que celuy là fait enuers les Planettes, cestuy cy le doit faire enuers les Princes de son sang. Le Soleil ne retire sa clarté d'eux, le Roy ne doit refuser sa lumier aux Princes qui l'enuironnent. Cela n'estant, il ne peut qu'il n'y ait du desordre, des Eclypses, des confusions tenebreuses.«

sierten Werten wie ›Ordnung‹, ›Einheit‹, ›Frieden‹, ›Wohlstand‹ oder ›Gemeinnutz‹. Deren allgemeine – und letztlich prädiskursive – Akzeptanz wiederum bedingte, dass auch dort, wo im Rahmen der politischen Auseinandersetzungen die Meinungen der verschiedenen Parteien publizistisch sichtbar wurden, die Zielpunkte politischen Agierens weithin unverändert blieben. Gestritten wurde über Mittel und Personen, über rechtmäßiges und unrechtmäßiges Handeln, über die Kriterien, die legitime von illegitimer Herrschaft – Tyrannei – unterscheiden halfen, nicht aber über distinkte politische Programme.[42] Wie wünsche man in Zukunft (aduenir) zu leben, fragte eine an das Volk adressierte königliche Remonstrance von 1585: Mit Heinrich III. in Frieden oder – nicht ernsthaft – gegen ihn im Zustand des Bürgerkriegs?[43] Eine echte Alternative gab es aus dieser Perspektive zunächst nicht.

Der Gedanke an Zeitdruck und die Beschäftigung mit Entscheidungen im engeren Sinn des Worts waren den zeitgenössischen Historiographen dennoch nicht fremd. Die diesbezüglichen Unterschiede haben weniger mit der Zeit zu tun, die zwischen einem Ereignis und der publizistischen Bezugnahme auf dasselbe verging, sondern mit der Nähe, die die jeweiligen Autoren zu den Orten politischer Entscheidungsfindung besaßen. Dies lässt sich anhand der erstmals 1639 gedruckten Memoiren des Hugenotten und Herzogs von ›Sully‹ (Maximilien de Béthune) (1560–1641) und der Histoire universelle des Hugenotten und langjährigen Wegbegleiters Heinrichs IV. Théodore Agrippa d'Aubigné (1552–1630) am Beispiel der Konversion des Königs am 25. Juli 1593 verdeutlichen. Die Konversion kann aus heutiger Sicht als das Resultat einer auch zeitlich fixierbaren Wahl zwischen zwei klaren Alternativen und damit als Entscheidung im eigentlichen Sinn qualifiziert werden. Zeithistorischer Hintergrund war der gegen den Willen Heinrichs IV. erfolgte Zusammentritt der Generalstände am 17. Januar 1593 in Paris, die sich mit der Wahl eines aus Sicht der katholischen Fürsten endlich legitimen Königs zu befassen beabsichtigten. Nach einer Declaration Heinrichs IV. vom 4. August 1589, durch die er von Teilen der katholischen Fürsten als Herrscher anerkannt worden war, hätte diese

---

42 Besonders deutlich ließe sich dies anhand der erstmals 1593 gedruckten, ligistischen Schrift von François Cromé, Dialogue d'entre le maheustre et le manant, hg. von Peter M. Ascoli, Genf 1977, zeigen. Die Literatur zu den angesprochenen Kernpunkten frühneuzeitlicher politischer Theorie ist umfangreich. Vgl. insbesondere Paul-Alexis Mellet, Les traités monarchomaques. Confusion des temps, résistance armée et monarchie parfaite (1560–1600), Genf 2007.
43 So bereits im Titel der REMONSTRANCE || AVX FRANÇOIS, POVR || LES INDVIRE A VIVRE || en paix à l'aduenir. || A PARIS, || Chez Pierre Iobert, marchand Li- || braire pres sainct Cosme, & sur le || quay des Augustins. || 1585. || AVEC PERMISSION DY ROY. Vgl. auch ebd., S. 23: »[...] que la pauureté que la desolation, que le feu, le sang, les cruaultez que vous auez souffertes vous rende[n]t mieux aduisez à l'aduenir. Vous estes freres, vous estes pare[n]s [...].«

Versammlung ursprünglich innerhalb von sechs Monaten einberufen werden sollen.[44]

Die Darstellung Sullys zielte darauf ab, die Unausweichlichkeit der Konversion zu illustrieren. Ihr Zeitpunkt resultierte für ihn aus einer in der Tat »entscheidenden« Verlagerung der Allianzen. Demnach hätte sich in der Gruppe der bis dahin dem Königtum loyalen katholischen Fürsten und Amtsträger die Auffassung entwickelt, sich »allzu lange« (*trop longtemps*) zurückgehalten und gegen eigenes Empfinden in Mäßigung geübt zu haben. Seit Mitte 1592, so Sully, hätten deren Vertreter damit begonnen (*commenceoyent*), ihre das Königtum betreffenden »Hirngespinste« (*fantaisies*) nach außen zu wenden. Heinrich IV. sei eine Frist gesetzt worden, binnen derer er sich zum Katholizismus hätte bekennen sollen. Andernfalls, so sei gedroht worden, würde man sich mit der Liga vereinen und einen König katholischer Konfession inthronisieren.[45] Damit war zum einen der Druck gegeben, in absehbarer Zeit eine Entscheidung grundsätzlicher Art zu treffen. Zum anderen betonte Sully, dass sich die gesamte Situation von Anfang an der Handhabbarkeit entzogen habe. Denn die Interessen jener vier Parteien – der calvinistischen Fürsten, des royalistischen Katholizismus, der Liga und der spanischen Krone – seien miteinander in keiner Weise je vereinbar gewesen. Nun allerdings, so Sully, hätten sich mit dem Zusammentritt der Generalstände die Schwierigkeiten zu vermehren begonnen und zwar tagtäglich (*journellement augmentant*).[46]

Die Temporalität, welche Sullys Darstellung der Situation zu Beginn des Jahres 1593 kennzeichnet, ist wenig übersichtlich. Er ging auf verschiedene Ereignisse ein, teilweise auf zeitgleiche oder zeitnahe, teilweise auch auf weiter zurückliegende, die ihm aus der Sicht der erzählten Gegenwart für eine unum-

---

44 Jean-Pierre Babelon, Henry IV, Paris 1982, S. 457, 537–543; Wolfe, Conversion (Anm. 29), S. 115–123.

45 Sully, Les Œconomies royales, hg. von David Buisseret und Bernard Barbiche, Bd. 1: 1572–1594, Paris 1970, S. 320: »La pluspart des princes, seigneurs, gouverneurs de villes et provinces, chefz de gens de guerre et autres notables personnages catholiques qui tenoyent son party, ne chuchotants plus aux oreilles les uns des autres comme ilz avoyent accoustumé, commenceoyent a discourir tout ouvertement de leurs diverses fantaisies, disants qu'ilz avoyent trop temporisé et trop longtemps supporté un roy huguenot au prejudice de leur conscience, et qu'il le falloit supplier, voire mesme sommer, de se faire catholique dans un certain temps prefix qu'ilz luy prescriroyent; et a faulte de ce faire protester de l'abandonner, de se joindre a ceux de la Ligue, et tous ensemble proceder a l'election d'un roy de leur religion, soit des princes de son sang ou autre au refus de ceux-la.«

46 Ebd., S. 318: »Le Roy [...] se trouva contrainct de ceder aux voluntez de ceux qui luy debvoyent toute obeissance, et de faire bonne mine au milieu de tant de difficultez, lesquelles alloyent journellement augmentant, [...]. [...] il avoit a s'accomoder avecq quatre diverses sortes de personnes, desquelles les pretentions, les desirs et les desseings estoyent non seulement contraires, mais tellement opposez les uns aux autres qu'ilz se rendoyent du tout incompatibles.«

kehrbare Zuspitzung der Lage zu sprechen schienen. Er zitierte aus einem, wie er sagte, ihm inzwischen bekannt gewordenen Abkommen, das zwischen Philipp II. (reg. 1556–1598) und der Liga bereits zu Beginn des Jahres 1592 geschlossen worden sei. Spanien habe demnach, unter der Oberhoheit des Papsts, die Protektion der Liga übernommen und zum Ausdruck gebracht, dass es den Herzog von ›Mayenne‹ Karl von Lothringen (1554–1611) bis zur Wahl eines von der spanischen Krone approbierten Königs als Generalstatthalter Frankreichs zu akzeptieren gewillt war.[47] Das eigentliche Beunruhigende an diesen und weiteren Dokumenten, die von den königlichen Exegeten ausgelegt wurden, sei jedoch gewesen, dass in die Formierung jenes *tiers parti* aus Vertretern der Liga und katholischer Royalisten unter der Führung des Kardinals und Erzbischofs von Rouen Karl von ›Bourbon‹-Vendôme (1562–1594) auch solche Fürsten und Amtsträger eingebunden worden seien, denen Heinrich IV. bis dahin nicht misstraut habe.[48] Die »Bedrohlichkeiten« und »unheilvollen Gerüchte« hätten sich danach wieder, und zwar erneut »tagtäglich«, zu Beginn des Jahres 1593 vermehrt (*s'augmentants journellement*).[49] Nach dem Tod Alexander Farneses (1545–1592) am 3. Dezember 1592 in Arras stünde nämlich einerseits zu befürchten, dass sich dessen Truppen auflösen und sich Teile dieses »fremdländischen Heers« auf längere Zeit in Frankreich festsetzen würden. Andererseits sei Heinrich IV. überhaupt »durch verschiedene Unternehmungen, die von allen Seiten ins Werk gesetzt wurden«, dazu angeregt worden, sich mit seinem Heer Paris zu nähern. In Mantes-la-Jolie, wo ihn seine Schwester und der königliche Rat bereits erwarteten, habe man Aufenthalt genommen. Hier sei ihm bestätigt worden, was er aus den besagten Dokumenten habe entnehmen können. Zudem bestünde Gefahr für sein Leib und Leben.[50] Der Zusammentritt der Generalstände und die weiterhin ventilierte Möglichkeit, dass Karl von ›Bourbon‹-Vendôme sich mit der Infantin Isabella vermählen und zum König wählen lassen

---

47 Ebd., S. 328–332.
48 Ebd., S. 332: »Toutes les autres lettres en chiffre furent portees a Mante, desquelles vous tirastes estant deschiffrees de grandes lumieres, pour sçavoir les menees et pratiques qui se faisoyent touchant le tiers party, estant faict mention des plus grands qui fussent aupres du Roy et de plusieurs gouverneurs de places, desquelz il ne se fust jamais deffié ny vous aussy.«
49 Ebd., S. 335: »Et telles menees, ou pour le moings les bruicts et advis d'icelles, s'augmentants journellement, [...].«
50 Ebd., S. 334 f.: »Quelque temps apres la mort du prince de Parme, par le moyen de laquelle son armee, qui estoit grosse et quasy preste a marche, fut entierement dissipee, les troupes d'icelle prenants diverses routes et divers partis. Et par cest accident le Roy se voyant hors d'aprehention qu'une armee estrangere peust entrer de longtemps en France, il se resolut de se raprocher de Paris, a cause de plusieurs pratiques qui se faisoyent de toutes parts, [...] et s'en vint sejourner a Mante, ou Madame sa sœur et le Conseil estoyent arrivez depuis peu de temps. Auquel lieu il receut divers advis lesquelz seulement confirmoyent ce qu'il avoit descouvert par les lettres que vous luy aviez portees, mais aussy qu'il y avoit des desseigns contre sa personne et sa vie.«

könne,⁵¹ rundeten ein Szenario ab, in dem sich mit progredierendem Loyalitätsverlust nahezu alle Handlungsräume zu verschließen drohten. Das Moment der Dringlichkeit, das von Sully mit den besagten temporalen Adverbien markiert wurde,⁵² speiste sich letztlich aus dem Eindruck, dass Entscheidungen bereits gefällt oder – von langer Hand – auf den Weg gebracht worden waren, die in beliebiger Wahl der Mittel die Beseitigung der Herrschaft Heinrichs IV. zum Gegenstand hatten. Aus dieser Perspektive enthüllten sich zudem die wahre Logik zurückliegender Ereignisse, die eigentliche Aussagekraft bis dahin unbekannter oder nicht richtig verstandener Schriftlichkeiten und nicht zuletzt die Zielrichtung obskurer und der Deutung bedürftiger Aktivitäten am königlichen Hof.

Die Konstruktion auch dieser Krise oder kritischen Situation diente nicht der Entfaltung ranggleicher Alternativen, sondern der Plausibilisierung einer ganz bestimmten und vermeintlich unausweichlichen Entscheidung. Als rhetorische Strategie war dies schon zeitgenössisch reflexiv. D'Aubigné, ein Gegner der Konversion,⁵³ ließ verschiedene Figuren auftreten, die im Vorfeld der Konversion das Wort an Heinrich IV. gerichtet hätten. Es sollte verdeutlicht werden, dass der Zeitdruck dem König durch die katholischen Amtsträger am Hof nur suggeriert worden sei. In dem 1620 gedruckten dritten Band seiner *Histoire universelle* legte d'Aubigné dem Superintendanten der Finanzen François Marquis d'O (1535–1594) eine Rede in den Mund, mit der dieser Anfang Juli 1593 Heinrich IV. von der Unausweichlichkeit der Konversion zu überzeugen gesucht habe. Demnach würde binnen acht Tagen, so habe der Marquis gesprochen, ein neuer König gewählt werden. Heinrich würde sich dann auf der Seite »Ihrer beklagenswerten Hugenotten« einer Koalition gegenüber finden, die neben dem neuen König aus der »Gruppe der katholischen Fürsten, de[m] Papst, de[m] König von Spanien, de[m] Kaiser, de[m] Herzog von Savoyen« und überhaupt all

---

51 Ebd., S. 359.
52 Bisweilen schob Sully auch vergleichsweise weit auseinander liegende Ereignisse ineinander. Er berichtete von dem Ableben Farneses im Dezember 1592 und dem in Mantes-la-Jolie bekannt werdenden Plan zur Ermordung des Königs in einem einzigen Abschnitt; der Hof hielt sich allerdings erst zwischen Mitte April und Anfang Juni 1593 dort auf; *Sully*, Œconomies royales, Bd. 1 (Anm. 45), S. 335, herausgeberische Anm. 1; *Babelon*, Henry IV (Anm. 44), S. 546. Gestützt wurde diese Art der Verdichtung der Ereignisfolgen durch die chronologisch bisweilen diskontinuierliche Erzählfolge Sullys und die Tendenz, nicht alle Ereignisse mit einer präzisen Datierung auszustatten. Was die Deutungen betrifft, so war der Tod Farneses zumindest aus Sicht Babelons für Heinrich IV. eher von Vorteil. Er hätte ihm erstmals überhaupt die Aussicht eröffnet, den Konflikt um die Krone auch militärisch zu seinen Gunsten zu entscheiden; ebd., S. 536f.
53 *Michael Wolfe*, Protestant Reactions to the Conversion of Henry IV, in: ders. (Hg.), Changing Identities in Early Modern France, mit einem Vorwort von Natalie Zemon Davis, Durham und London 1997, S. 370–390, hier S. 335.

jenen bestehen würde, die ihm bereits jetzt feindlich gesonnen seien.⁵⁴ Die katholische Messe zu hören, bedeutete in dieser Lage hingegen, »eine unverzügliche und elegante Lösung« (*une prompte et galante solution*) anzustreben: »Ihr habt die Wahl, entweder Euren Propheten der Gascogne gefällig zu sein [...] oder die Liga zu besiegen, die sich vor keiner Eurer Handlungen so sehr fürchtet wie vor Eurer Konversion, um den *tiers parti* im Keim zu ersticken und binnen eines Monats unumschränkter König ganz Frankreichs zu sein, in einer Stunde Messe mehr gewinnend als es Euch mit zwanzig gewonnenen Schlachten in zwanzig Jahren voll Gefahren und Anstrengungen gelungen sein dürfte.«⁵⁵ Die Antithese wurde von einem reformierten Edelmann und dessen Kammerdiener formuliert. Sie traten als die Repräsentanten derer auf, die, so d'Aubigné, ihren König dem Zugriff solcher Ratgeber ausgesetzt sahen, die letztlich »durch Induktionen und Drohungen mit Dingen, die es überhaupt nicht gibt, triumphiert« hätten.⁵⁶ Das »Märchen [*fable*] von einem *tiers parti*«, so der Edelmann, habe keinen anderen Zweck als den, Heinrich IV. ungebührlich zu bedrängen. Es sei das Resultat der »Verwirrung«, die die Teilnehmer an der Versammlung der Generalstände kennzeichnete, und der »Schwierigkeit, die sie haben, einen König zu bestimmen [...].«⁵⁷

---

54 *Agrippa d'Aubigné*, Histoire universelle, hg. von André Thierry, Bd. 8: 1588–1593 (= Livre II du tome III des éditions de 1620 et de 1626), Genf 1994, S. 299: »Sire, il ne faut plus tortignonner [...], vous avez dans huict jours un Roi esleu en France, le parti des Princes Chatholiques, le Pape, le Roi d'Espagne, l'Empereur, le Duc de Savoye et tout ce que vous aviez déjà d'ennemis sur les bras: et vous faut soustenir tout cela avec vos miserables Huguenots; [...].«

55 Ebd.: »Avisez à choisir, ou de complaire à vos Prophetes de Gascogne [...], ou à vaincre la Ligue, qui ne craint rien de vous tant que vostre conversion, pour estouffer le tiers parti à sa naissance et estre dans un mois Roi absolu de toute la France, gagnant plus en une heure de Messe que vous ne feriez en vingt batailles gagnees et en vingt ans de perils et de labeurs.« Der Pariser Kanzleidiener Pierre de l'Estoile (1546–1611) ließ in seinen – allerdings erst im 18. Jahrhundert gedruckten – chronographischen Aufzeichnungen zur Herrschaft Heinrichs IV. den Marquis d'O das Moment der Dringlichkeit mit der Frage nach dem Termin der Konversion verbinden. Mit der auf Mitte August verschobenen Konversion sei es möglicherweise bereits zu spät. Wenn Heinrich sich nicht eile, sei er verloren; *Pierre de l'Estoile*, Journal pour le règne de Henri IV, Bd. 1: 1589–1600, hg. von Louis-Raymond Lefèvre, Paris ⁹1948, S. 301: »En ce mois de juillet, M. d'O ayant donné avis au roi que le Tiers-Parti était à cheval, fit hâter sa conversion, qu'on avait remise à la mi-août, et possible bien plus tard. Ledit d'O dit à Sa Majesté qu'il n'était plus question de temporiser, et que s'il ne se hâtait d'aller à la messe, qu'il était perdu; [...].« Zur Datierung vgl. *Fanny Marin*, La fortune éditoriale des »Registres Journaux des règnes de Henri III et Henri IV« de Pierre de l'Estoile, in: Nouvelle revue du XVIᵉ siècle 20,2 (2002), S. 87–108, hier S. 106.

56 *D'Aubigné*, Histoire universelle (Anm. 54), Bd. 8, S. 300: »[...] ceux qui ont triomphé, par inductions et menaces de choses qui ne sont point: [...].«

57 Ebd., S. 301: »Cette fable d'un tiers parti [...] vous presse plus que de coustume, tout cela ne vient que de leurs confusions et de la difficulté qu'ils ont à faire un Roi: [...].« Die chaotischen Verhandlungen der Generalstände waren bereits zeitgenössisch Gegenstand einer berühmten Karikatur: Satyre Ménippée de la vertu du Catholicon d'Espagne et de la tenue

Teil eines sich auch printmedial konstituierenden Ereignis- und distanzmedial gesteuerten Beobachtungszusammenhangs waren die historiographischen Aufzeichnungen Sullys und d'Aubignés nicht. Wie ein Großteil der politischen Memoirenliteratur des 16. Jahrhunderts wurden sie erst gedruckt, als die beschriebenen Ereignisse bereits der Vergangenheit angehörten.[58] Sie waren allerdings insofern chronographisch oder ›journalistisch‹ geprägt, als Sully und d'Aubigné ihre Aufzeichnungen keineswegs mit einer auf das Werkganze bezogenen Dramaturgie versehen hatten. Im Falle d'Aubignés wurde dies lange Zeit als gestalterisches Defizit verstanden.[59] Die unabhängig vom Datum der Publikation zu betrachtende Nähe, die ihre Aufzeichnungen in Bezug auf das beschriebene Geschehen besaßen, mag daher zum einen dafür verantwortlich sein, dass sich die auch temporale Theatralisierung des Augenblicks in ihren Arbeiten weit deutlicher niederschlug als in den ex post konstruierten Darstellungen Matthieus. Zum anderen scheinen die politischen Entscheidungsträger dort, wo es um die synchronische und publizistische Vermittlung ihres Handelns ging, kein Bedürfnis verspürt zu haben, Zeitdruck oder Alternativlosigkeit ihres Agierens zu akzentuieren. In der *Remonstrance*, in der er sich nach der Konversion seinen Untertanen erklärte, betonte Heinrich IV. ganz im Gegenteil, dass die Konversion seit langer Zeit erwogen worden sei (*dés long temps consideré* [sic]).[60] Nur die »schweren und fortlaufenden Kriegshandlungen« und die auf den »Zusammenbruch« (*ruine*) der französischen Monarchie abzielenden Unternehmungen »ausländischer Fürsten« und ihrer französischen Parteigänger hätten ihn bislang an der Ausführung gehindert.[61] Die *Remon-*

---

des Estatz de Paris. Nouv. éd., hg. von Edouard Tricotel, Bd. 1: Satyre Ménippée, Paris 1877 [Reprint Genf 1971].

58 *Marie-Madeleine Fragonard*, Une mémoire individualisée. Editions et rééditions des acteurs et témoins des guerres, in: Jacques Berchtold und Marie-Madeleine Fragonard (Hg.), La mémoire des guerres de religion. La concurrence des genres historiques. XVIe–XVIIIe siècles. Actes du Colloque international de Paris (15–16 novembre 2002), Genf 2007, S. 29–66.

59 *Jean-Raymond Fanlo*, »Mettre en ordre des choses tant desordonnées«: les enjeux politiques de la disposition dans l'»Histoire universelle«, in: Gilbert Schrenck (Hg.), Autour de l'»Histoire universelle« d'Agrippa d'Aubigné. Mélanges à la mémoire d'André Thierry, Genf 2006, S. 195–207, hier S. 195.

60 REMONSTRANCE || AUX FRANCOIS, [sic] || Sur la conuersion de Henry de Bour- || bon IIII. de ce nom tres-Chrestien || Roy de France et de || Nauarre. || A LYON, || PAR GVICHARD IVLLIERON, || ET THIBAVD ANCELIN, || Imprimeurs du Roy. || M. D. CIIII. || Auec Priuilege dvdict Seigneur, S. 9.

61 Ebd., S. 8: »Mais pour les grandes & continuelles guerres, affaires, & empescheme[n]s dont elle a esté sur-chargee & trauaillee, plus par la mauuaise volonté d'aucuns Princes estrangers, qui n'ont rien espargné, pour acheuer la ruine que dés long temps ils ont preparee, & commencee en ce Royaume [...] n'auroit iusques à present peu mettre à executio[n].« Das Argument, die französische Monarchie der Fremdherrschaft zu unterwerfen, war eines der stärksten, das gegen die Vertreter der Generalstände erhoben werden konnte. Sie wiesen es scharf zurück; Response du duc de Mayenne, lieutenant general de l'estat et couronne de

strance stellte weniger eine vollzogene, sondern eine durch die Konversion ermöglichte Beendigung der Kriegshandlungen in Aussicht. Diejenigen, die »in Waffen« gegen den König standen, wurden aufgefordert, diese niederzulegen, und damit als Teil eines in die Zukunft verlagerten Lösungsprozesses adressiert.[62] Dabei bestimmte die für die Zeit typische Semantik der Dissoziation und des Zusammenbruchs, des Verlusts an Ordnung und Stabilität nach wie vor die Beschreibung der Gegenwart.[63] Diese wurde mit der Notwendigkeit konfrontiert, Maßnahmen zu ergreifen, die dem »Erhalt der katholischen Konfession und des Staatswesens« dienlich seien.[64] Dies entsprach dem Ziel, dem sich natürlich auch die Generalstände verschrieben hatten.[65]

In seiner Gesamtheit betrachtet vermittelt das politische Schrifttum der Jahrzehnte um 1600 in der Tat den Eindruck, dass die französische Monarchie fortlaufend und immer wieder kurz vor dem Kollaps gestanden habe.[66] Je nach Format und Perspektive konnte mit bestimmten Entscheidungen das Ende kritischer oder krisenhafter Situationen assoziiert und deren prospektive Lösung inauguriert werden, ehe der Fortgang der Ereignisse zur Aktualisierung analoger Diagnosen Anlass gab. In den längere Zeiträume abdeckenden Aufzeichnungen Sullys und d'Aubignés verkörpert sich idealtypisch dieses sequenzielle Prinzip. Die chronologisch und sachlich nur locker gefügte Summe von Schlachten und Verhandlungen, von Gesprächen und Erklärungen, die Darstellung sich immer wieder zuspitzender, zerstreuender und verschleppender Konflikte, die Schilderung der verschiedenen Parteien, ihrer Konjunkturen

---

France, princes, prelats, seigneurs et deputez des provinces assemblez à Paris, à la proposition de messieurs les princes, prelats, officiers de la couronne, seigneurs, gentilshommes et autres catholiques estans du party du Roy de Navarre, Paris, le 4ᵉ mars 1593, in: Procèsverbaux des états généraux de 1593, hg. von Auguste Bernard, Paris 1852, S. 73–76, hier S. 75: »C'est aussi une calomnie sans raison de nous accuser que nous introduisons les estrangers dans le royaume.«

62 Remonstrance aux francois [sic] (Anm. 60), S. 25 f. Wenn die Anhänger der Liga das durch »Dieu, la Nature, & les Lois du Royaume« verliehene Königtum Heinrichs IV. anerkennen würden, »nous pourro[n]s en vn iour, par le moyen d'vne bonne Paix, veoir cesser les maux qui nous affligent.« Vgl. auch ebd., S. 30: »[...] guerre ciuile en ce royaume, qui pourroit finir en brief par l'obeissa[n]ce qui seroit re[n]düe à nostre Roy legitime.« Ebd., S. 36 f.: »POVR conclure ce propos, nous prions, auec toute charité Chrestienne, les François qui sont en armes contre le Roy [...] ayder à oster ceste maudite barriere de diuision, qui nous a si miserablement separez [...].«

63 Ebd., S. 26: »[...] mal, [...] ruine, dissipation, dissolution, & desordre [...].« Ebd., S. 28 f.: »[...] toutes sortes de miseres, ruines, & calamitez«.

64 Ebd.: »[...] pour la conseruation de la Religion Catholique, & de l'Estat [...]«.

65 Lettre du duc de Mayenne pour la convocation des états, Paris, le 12ᵉ janvier 1593, in: Procèsverbaux (Anm. 61), S. 16: »[...] disposer tellement les affaires que l'on y puisse resourdre ce qui sera, d'une commune voix de ceux qui y seront presens, jugé utile et necessaire pour maintenir et conserver nostre saincte religion, et desliurer ce royaume de tant de calamitez et afflictions; [...].«

66 Vgl. oben Seite 341 f.

und wechselhaften Allianzen produzierte eine eigenwillige Rhythmik aus sich zeitlich überlagernden, kumulierenden und zerstreuenden Problemlagen. Mit der Konzentration auf den das Staatsganze verkörpernden Monarchen standen dabei immer das Wohl und Wehe der Monarchie als solcher zur Debatte. Es war daher nur folgerichtig, dass die Ermordung Heinrichs IV. am 14. Mai 1610 kein emphatisches »Le Roi est mort, vive le Roi!«[67] nach sich zog. Die Verfasser seiner Totenreden sahen vielmehr eine Phase solider politischer Verhältnisse an ihren Endpunkt gelangt. Es drohte, wie für den Jesuiten Jean Arnoux (1575–1636), der »vollständige Zusammenbruch« (*totale ruine*) der französischen Monarchie. Sein Ordensbruder Jacques George (1570–1640) sprach vom Verlust der tragenden Säule des Königreichs, dessen »Trümmer« nun »auf unsere Köpfe zu stürzen« drohten.[68] Sully, für den sich mit der Regentschaft Marias von Medici das Ende seiner politischen Karriere abzuzeichnen begann, konstatierte angesichts der »unheilvollen, in jeder Hinsicht außergewöhnlichen Zwischenfälle, die wir« – wieder einmal – »vom einen auf den anderen Tag zunehmen sehen«, die Vorherrschaft solcher Personen am königlichen Hof, die die normativen Grundlagen des Gemeinwesens pervertierten.[69] Kulturalistische Bildlichkeiten wie die des Staatsschiffs im Sturm oder die zuletzt genannte architektonische Metaphorik nahmen in der politischen Publizistik zweifelsohne breiten Raum ein. Sie besaßen allerdings nicht die Flexibilität, die die Zukunftsfähigkeit organologischer Bildlichkeiten gewährleisten sollte.

---

67 *Francis B. Assaf*, La Mort du roi. Une thanatographie de Louis XIV, Tübingen 1999, S. 10.
68 Zitiert nach *Jacques Hennequin*, Henri IV dans ses oraisons funèbres ou la naissance d'une légende, Paris 1977, S. 83, 85. Die Passage von Georges lautet vollständig: »Toutesfois cela estant arriué, et ayant veu la larme à l'œil desplacer et rompre le pilier de la France, Dieu par sa misericorde eu pitié de ce Royaume et a soustenu luy-mesme le bastiment suspendu qui s'alloit destacher par le desordre, et tomber en pieces pour fondre sur nos testes, […].« Dass die politische Ordnung von Heinrich IV. zusammengehalten worden sei und nun »en pieces« zu zerfallen drohe, betonten auch andere Autoren; ebd., S. 82 f. Die Totenreden stammen aus einer bereits 1611 gedruckten Sammelpublikation; ebd., S. 11 mit Anm. 8.
69 *Sully*, Œconomies royales, Bd. 8, hg. von M. Petitot, Paris 1821, S. 290, stellte seinen »Rückzug« aus den Regierungsgeschäften als die Konsequenz dieser Vorgänge dar: »[…] il est certain que, reservé quelques uns de ceux desquels la fortune estoit entierement attachée à la personne de ce grand roy, et les plus judicieux à tirer des consequences des maux advenir par les sinistres accidens du tout extraordinaires que nous voions de jour à autre s'augmenter, peu de gens apprehenderent-ils suffisamment les malheurs que nous avons éprouvez, puis que, dans la Cour et autres lieux, bien peu de princes, seigneurs, ministres et grands officiers du royaume, parurent-ils grandement affligez d'un tel desastre; chacun d'iceux, comme leurs discours ordinaires le témoignoient, esperant que l'infraction des loix, les desordres de l'Estat, les dereglemens aux affaires, les confusions aux choix des personnes, les profusions aux finances, et les differences aux liberalitez […] leur seroient plus favorables et utiles que toutes les prudences, ménagemens et soins du feu Roy à soulager ses peuples; […].« Vgl. *Agnes Becherer*, Das Bild Heinrichs IV. (Henri Quatre) in der französischen Versepik (1593–1613), Tübingen 1996, S. 98.

4. Krankheit und Krise – Gegenwartsdiagnose und Handlungszwang

»Les extremes maladies demandent des remedes extremes.«[70]

Das Lexem ›Krise‹ war in den hier konsultierten politischen Schriften des 16. Jahrhunderts nicht nachzuweisen. Zum Standardrepertoire der Chronisten, Kommentatoren und Propagandisten zählte allerdings eine der Medizin entlehnte politische Metaphorik, die bereits in der Antike nachzuweisen ist.[71] In der Frühen Neuzeit wurde sie seit den 1520er Jahren auf neogalenischer Basis revitalisiert. Mit ihrer Hilfe integrierten die Interpreten das politische Geschehen bevorzugt dann in die Dualität von Krankheit und Gesundheit, wenn das Gleichgewicht der das Staatsganze markierenden »Körpersäfte« gestört zu sein schien.[72] Dabei sind teilweise breit ausgearbeitete Bildfelder und Analogieschlüsse zu beobachten, wie sie beispielsweise der politische Theoretiker und Avocat général im großen Rat des Königs François de Clary (um 1550–1627) in einer *Remonstrance* entfaltete, die sich 1594 mit der Umgehensweise mit den zum Königtum nach wie vor illoyalen Ligisten beschäftigte. Clary suchte mit Hilfe der medizinischen Metaphorik den anscheinend widersinnigen Sachverhalt verständlich zu machen, dass »die am besten beschaffenen Körper und von kräftigster Körperwärme« durchdrungenen – damit war die französische Monarchie gemeint –, »wenn sie nach einer langen Phase gesundheitlichen Wohlbefindens von irgendeiner gewöhnlichen Krankheit umfangen werden, weit mehr von dem Übel angegriffen werden als die weniger gesunden, stumpfsinnigen und schwächlichen Körper [...]«.[73] Typischer ist allerdings die Adaptation einzelner lexikalischer Versatzstücke aus dem Bereich der Medizin und Humoriallehre. Matthieu konstatierte in seiner der Herrschaft Heinrichs III.

---

70 REMONSTRANCE || FAICTE AV GRAND || Conseil du Roy, sur le restabilis- || sement requis par les officiers qui || ont suyuy la Ligue. || PAR M. FRANCOIS DE || Clary Conseiller, & Aduocat ge- || neral de sa Majesté audit Conseil. || A LYON || PAR GVICHARD IVLLIERON, || ET THIBAVD ANCELIN, || Imprimeurs du Roy. || M. D. XCIIII. || Auec Priuilege dudit Seigneur, S. 8.
71 *Albrecht Koschorke*, II. Logiken der Verkörperung. 2. Dimensionen der Körperschaft, in: ders. u. a., Staat (Anm. 14), S. 64–68, hier S. 64.
72 *Margaret Healy*, Curing the »Frenzy«: Humanism, Medical Idiom and »Crises« of Counsel in Sixteenth-Century England, in: Textual Practice 18 (2003), S. 333–350. Den Hinweis auf diesen Text verdanke ich Sabine Kalff.
73 Remonstrance faicte av Grand Conseil du Roy (Anm. 70), S. 3f.: »C'est vne chose estrange que les corps les mieux co[m]posés, & de la plus forte temperature, qua[n]d apres vn long bo[n]heur de santé ils se trouue[n]t enueloppés en quelque maladie populaire, sont beaucoup plus combattus du mal, que les corps mal sains, imbecilles, & foibles, [...].« Zur Person vgl. *Karl Siedschlag*, Der Einfluß der niederländisch-neustoischen Ethik in der politischen Theorie zur Zeit Sullys und Richelieus, Berlin 1978, S. 94f.

gewidmeten *Histoire des derniers troubles* von 1594 im Hinblick auf die Versammlung von Fontainebleau am 21. August 1560, dass sich angesichts des »von einem Tag auf den anderen« (*de iour à autre*) zunehmenden Übels eine »gefährliche Lähmung« einzustellen drohe. Die »Königin Mutter, die die Krankheit besser begriff als ihre Ursachen«, habe daraufhin die »größten und gelehrtesten Köpfe Frankreichs« zusammengerufen, nachdem sie erkannt habe, dass »die heftigsten und schärfsten Heilmittel« nichts dazu beigetragen hätten, den Prozess der »Heilung« voranzubringen.[74] Die Frage nach den »Krankheiten« des Staatswesens, ihren Symptomen und möglichen »Heilmitteln« (*remèdes*), nach deren Dosierung und potenziellen Wirkung bestimmte neben Matthieu auch den Duktus Sullys[75] und d'Aubignés. Letzterer übertrug die Bildlichkeit der Krankheit auch auf Heinrich IV. selbst. Denn ebenso »wie die fiebrigen Leiber die geringsten Berührungen als Schmerzen empfinden« habe der bereits an »so vielen unterschiedlichen Symptomen« erkrankte »Geist des Königs« mit der Rede vom *tiers parti* »das Fieber« gleichsam willentlich angenommen und angesichts dieser »Bedrohung« zu erzittern begonnen.[76] Die Konversion verglich d'Aubigné mit einem Vorgehen bei verschiedenen, ineinander verwickelten Krankheiten, bei denen sich manche Substanzen als heilsam für die einen und als giftig für die anderen herausstellten.[77]

Die medizinische Metaphorik trug auf diese Weise dazu bei, komplexe Pro-

---

74 [*Matthieu*], Histoire des derniers troubles (Anm. 41), S. 16: »Le mal croissant de iour à autre & les humeurs corrompues se preparans à vne dangereuse paralysie, la Royne Mere qui cognoissoit mieux la maladie que les causes d'icelle, voyant que les remedes les plus violens & apres n'auoient de rien auancé ceste guerison, y employa les plus doux & faciles, elle fit assembler à Fontainebleau les plus grands & les plus doctes esprits de France, [...].« Vgl. auch [*ders.*], Histoire veritable (Anm. 34), Av lectevr, fol. 1r: »[...] pour te [die Leserinnen und Leser] voir comme la fortune, qui se plaist de foudroyer & poudroyer les plus florissans Empires, s'est ioué du nostre & comme apres tant de miseres, sans exemple & sans esperance, il s'est tiré de ses mal-heurs, lorsqu'il sembloit pancher plus au desespoir qu'au remede.«

75 *Sully*, Œconomies royales, Bd. 1 (Anm. 45), S. 361, zitierte einige von ihm selbst im Vorfeld der Konversion an Heinrich IV. gerichtete Worte: »Sire, je voudrois avoir sy bien resvé [sic] que je peusses concilier tant d'opinions que je vois dans vostre conseil et trouver des expediens propres pour mediciner plusieurs maladies desquelles vostre Estat est travaillé, [...].« Ebd., S. 362: »[...] sur ce fondement serois-je d'advis d'essayer sy les medicines douces, lenitives et accomodantes deviendront plus proffitables [sic] que les violentes, ameres et corosives, lesquelles jusques icy semblent avoir plustost endurcy les cœurs et obstiné les esprits qu'elles ne les ont flechis et ramenez a la raison.« Angesichts der Aktivitäten des sich formierenden *tiers parti*, ebd., S. 335: »Tellement qu'il [Heinrich IV.] commencea [...] de travailler a bon escient pour y chercher des remedes [...].«

76 *D'Aubigné*, Histoire universelle (Anm. 54), Bd. 8, S. 296: »[...] mais comme les corps fievreux sentent douleurs des moindres attouchemens, l'esprit du Roi malade de tant de symptosmes divers, prit à bon escient la fievre et trembla de cette menace, [...]«.

77 Ebd., Bd. 1, S. 14: »[...] maladies complicites, où les medecines des unes estoyent poison aux autres [...]«.

blemlagen in dieser Qualität zu reflektieren, zu strukturieren und die nicht intendierten, die Gesamtheit des Organismus affizierenden Wirkungen potenzieller Maßnahmen in den Bereich des politischen Denkens einzuführen. Dieser Aspekt ist von besonderer Bedeutung. Denn Handeln und Entscheiden in der Krise scheint immer auch ein Moment der Unwägbarkeit zu implizieren. Der Druck, schnell zu entscheiden, wird damit partiell von der Frage der personalen Verantwortung derer, die schnell und weitreichend entscheiden, gelöst. Die Rede vom erkrankten Staatskörper war und ist also einerseits ein Modus, Handlungsfähigkeit für jene herzustellen, die *in actu* Krisen oder kritische Situationen proklamierten. Andererseits eröffnet sie die Möglichkeit, den Misserfolg oder den keineswegs für alle »Körperglieder« gleichermaßen nützlichen Effekt politischer Entscheidungen zu reflektieren – ohne dass der Anspruch auf die Genesung des gesamten Organismus damit aufgegeben worden wäre.

Was die Wortgeschichte anbelangt, so scheint sich das Lexem *crisis*, ausgehend von seinem medizinischen Bedeutungskern und mit leichter Zeitverzögerung gegenüber der seit dem letzten Drittel des 16. Jahrhunderts kontinuierlich anwachsenden Zahl medizinischer Handbücher,[78] seit Beginn des 17. Jahrhunderts in der politischen Sprache festgesetzt zu haben. Auf welchen Wegen dies geschah, ist im Detail schwer zu sagen. In der Medizin selbst unterschied man zu dieser Zeit einen engeren und einen weiteren Begriff der *crisis*. Mit letzterem bezeichnete man, wie Duncan Liddel (1561–1613) in seiner *Ars medica* von 1607, die mithin plötzlichen Veränderungen (*mutationes*) des Krankheitsverlaufs, die ihnen direkt vorausgehenden Verwirrungen (*perturbationes*) und Schwankungen (*agitationes*) und den Zeitpunkt der Brechung (*solutio*) der Krankheit selbst.[79] Im engeren Sinn stand *crisis* für »die plötzliche Veränderung bei Krankheiten zu Genesung oder Tod, unter Kampf und Verwirrung.«[80] Eine der wesentlichen Aufgaben des Arztes war es, Geschwindigkeiten des Krankheitsverlaufs zu bestimmen und den Ausgang der Krise (*futura crisis*) anhand zu fixierender Kriterien zu prognostizieren.[81] Dabei assoziierte

---

78 Ian Maclean, Logic, Signs and Nature in the Renaissance. The Case of Learned Medicine, Cambridge 2002, S. 43–50.
79 ARS MEDICA, || Succinctè & perspicuè || Explicata || AUTHORE || DVNCANO LIDDELIO || SCOTO. || Cum Gratia & Privilegio S. Cæs. Maiest. || HAMBURGI, || Ex Bibliopolio FROBENIANO. || ANNO M. DC. VII., S. 609f.: »Sumitur nomen crisis ab Hippocrate & Galen. pluribus modis: nam interdum pro quavis morbi mutatione; aliquando pro quavis morbi solutione accipitur; sæpè pro perturbatione & agitatione, quæ subitam morbi mutationem præcedit: […].«
80 Ebd., S. 610: »[…] propriè pro subita mutatione in morbis ad salute[m] vel mortem, cum pugna & perturbatione.« Vgl. zu Liddel *Maclean*, Logic (Anm. 78), S. 21, 33f., 53.
81 *Liddel*, Ars medica (Anm. 79), S. 618–629, lib. 4, cap. 9: »Qualis et quomodo sit futura crisis, et quibus notis cognoscatur.« Ebd., S. 629–634, lib. 4, cap. 10: »De tempore futuræ crisis, et quomodo præcognosci queat dies & hora salutis, aut mortis in ægris.«. Mit *futura* war in der Tat nicht ›Ankunft‹, sondern der temporale Verlauf gemeint: »[…] qualis sit futura crisis an

sich das zeitliche Moment der Plötzlichkeit mit dem Moment des Dezisionistischen (*judicium*), das die frühneuzeitlichen Mediziner zu ihrerseits metaphorischen Redeweisen und Vergleichen mit dem Gerichtswesen anregte. Der belgische Naturkundler Johann Baptist van Helmont (1579-1644) gestaltete in seinem erstmals 1648 gedruckten und durch Christian Knorr von Rosenroth (1639-1689) 1683 ins Deutsche übertragenen *Ortus medicinae* das die *crisis* implizierende *judicium* zu einer kleinen justiziellen Szene aus, in der die »Natur« zugleich »Richter« und »Parthey ist in diesem Gericht (*crisis*)«.[82] Nicht der Arzt – oder der Arzt alleine – entschied also über den Ausgang der Krise. Er konnte allerdings die natürlichen Prozesse beeinflussen und zwar derart, dass er im Idealfall den Eintritt einer Krise und der sie begleitenden »Endschides=Tage[n] (›criticos‹)« verhinderte.[83] *Crisis* war in diesem Sinn ein profanes Interpretament. Der Körper – in seiner Gesamtheit[84] – lebte oder starb in der Welt. Er

---

ad salutem & mortem, […].« Ebd., S. 620. Dass es eine erst dem »modernen Zukunftsbegriff […] zugrundeliegende Vorstellung« sei, »daß die zukünftigen Dinge auf den in seiner Gegenwart ruhenden Beobachter zuzukommen schienen« und das Futurische über weite Strecken der Frühen Neuzeit eher räumlich als zeitlich gedacht worden sei, greift in dieser allgemeinen Form zu kurz; *Lucian Hölscher*, Die Entdeckung der Zukunft, Frankfurt a.M. 1999, S. 36, 38.

82 *Christian Knorr von Rosenroth*, Aufgang der Artzney-Kunst, Bd. 1, Sulzbach 1683. Mit Beiträgen von Walter Pagel und Friedhelm Kemp, Nachdruck München 1971, S. 222b. Das Lexem *crisis* konnte in diesem semantischen Feld auch auf Schriften übertragen werden, in denen ein Sachverhalt abschließend beurteilt werden sollte. In diesem Sinn wurde es zum Synonym für »Erörterung« oder »klärende Darstellung« wie in der »historische[n] Erörterung« (*crisis historica*), die der Mediziner, Diplomat und Altertumsforscher Jean-Jacques Chifflet (1588-1660) im Jahr 1624 über den Verbleib der Totengewänder Christi publizierte. IO IAC. CHIFFLETII || DE || LINTEIS || SEPVLCHRALIBVS || CHRISTI SERVATORIS || CRISIS HISTORICA. || ANTVERPIÆ, || EX OFFICINA PLANTINIANA, || Apud Balthasarem Moretum, & Viduam || Ioannis Moreti, & Io. Meursium. || M. DC. XXIV., Dedikationsepistel [o.S.], fol. *2r-v: »[…], & obire illud munus per hanc Historicam Crisim, quæ crassas in antiquis illis ritibus nubes discussura sit luce suâ: […].«

83 *Knorr von Rosenroth*, Aufgang der Artzney-Kunst (Anm. 82), Bd. 2, S. 1154a.

84 Neben der Vorstellung von den in ihrem Gleichgewicht zu restituierenden Körpersäften betraf dies auch die damit assoziierte Lehre von den Temperamenten. Théophile de Viau (1590-1626) war in seiner zwischen 1618 und 1620 entstandenen *Satyre premiere* auf die zwischen verschiedenen Extremen schwankende mentale und emotionale Verfasstheit des Menschen zu sprechen gekommen. Diese machte es nötig, sich Klarheit darüber zu verschaffen, welche dieser Strömungen dominieren sollte; *Théophile de Viau*, Satyre premiere, in: ders., Œuvres complètes, Bd. 1,1: Œuvres de Théophile (1621): Traicté de l'immortalité de l'âme ou la mort de Socrate. Œuvres poétiques. Larissa, hg. von Guido Saba, Paris und Rom 1984, Nr. XXXIX, S. 391-405, hier S. 396, v. 53-59: »Et le plus patient que le Soleil esclaire || Se trouve quelquesfois emporté de cholere. || Comme Saturne laisse et prend une saison, || Nostre esprit abandonne et reçoit la raison. || Je ne sçay quelle humeur nos volontez maistrise, || Et de nos passions est la certaine crise || Ce qui sert aujord'huy [sic] nous doit nuire demain, || […].« Dieser Beleg ist der früheste, den die seit dem letzten Drittel des 17. Jahrhunderts entstehenden volkssprachlichen Wörterbücher als figurative Verwendung des Ausdrucks verzeichnen. Art. »Crise«, in: DICTIONNAIRE || UNIVERSEL, || Contenant

erlebte in ihr seine Krisen. Den Ausgang der Krisen wiederum bestimmte nicht Gott, sondern der Arzt im Zusammenspiel mit der Natur, in der sich das besagte Moment der Unwägbarkeit verkörperte. Dabei ist es von untergeordneter Bedeutung, ob die »Natur« als von Gott gelenkt gedacht wurde, ob man die »Natur« als säkulares Analogon zur Wirkungsmacht des Numinosen begreifen mag oder ob die Providenz – wie im Folgenden kurz zu skizzieren ist – dazu beigetragen hat, ex post diagnostizierte Krisen einem guten Ende zuzuführen. Wichtiger ist, dass *crisis* gerade keinen Begriff absoluter Handlungsautonomie erforderte. Sie setzte keinen emphatischen Begriff der Machbarkeit oder eine auf Unendlichkeit ausgelegte zeitliche Struktur voraus. *Crisis* bezog sich auf einen prinzipiell offenen, wiewohl zeitlich beschränkten Handlungshorizont, der entschiedenes Agieren in komplexen Zusammenhängen derart ermöglichte, dass gar nicht alle Faktoren abgewogen werden konnten – oder sollten. Die Resultate möglicher Entscheidungen waren gerade nicht in jeder Hinsicht kalkulierbar. In genau dieser Konfiguration wurde ›Krise‹ attraktiv für die politische Rede.

Der bislang früheste bekannte Beleg für *crisis* in politischen Zusammenhängen stammt von dem ostfriesischen Astronomen David Fabricius (1564–1617). In einer prognostischen Flugschrift aus dem Jahr 1605 eruierte er die Bedeutung eines »Newen Wunder=Sterns / welcher den 1. Octobr. des 1604. Jahrs / gegen dem S dtwesten / nach der Sonnen Vntergang / zu leuchten angefangen / vnd noch an jetzo zu sehen ist«. Er bezog die Aussagekraft des Phänomens auf den pathologisch anmutenden Zustand »des R mischen Reichs [...] ingemein«[85] und parallelisierte es mit jenen Zeichen, durch die die

---

generalement tous les || MOTS FRANÇOIS, || TANT VIEUX QUE MODERNES, || [...] || Recueilli & compilé premierement || Par Mre. ANTOINE FURETIERE, || [...] || Ensuite corrigé & augmenté || Par M. BASNAGE DE BEAUVAL: || ET EN CETTE NOUVELLE EDITION, || Revû, corrigé, & considerablement augmenté || Par M. BRUTEL DE LA RIVIERE. || TOME PREMIER. || A LA HAYE, || CHEZ PIERRE HUSSON, THOMAS JOHNSON, JEAN SWART, || JEAN VAN DUREN, CHARLES LE VIER, || LA VEUVE VAN DOLE. || M. DCC. XXVII. || AVEC PRIVILEGE, [o.S.], fol. DDDDdddr: »CRISE, se dit figurément. Cette intrigue est dans sa *crise*; c'est-à-dire, nous en verrons bientôt le denouëment. Ce procés est dans sa *crise*; on le va juger. Je ne sçai quelle humeur maîtrise nos volontez, & est la *crise* de nos passions. THEOPH.« Daneben wurde dort der alte medizinische Bedeutungskern erwähnt: »CRISE. s. f. Changement soudain, qui arrive dans une maladie. Il y a des *crises* salutaires, & de mortelles: [...].« Das medizinische Bedeutungspotenzial blieb natürlich auch in dieser Qualität bekannt. Journal du Marquis de Dangeau. Avec les additions inédites de Duc de Saint-Simon, hg. von Félix-S. Feuillet de Conches, Bd. 1: 1684–1685–1686, Paris 1854, S. 414 (November 1686): »Mercredi 13, à Fontainebleau. – [...] le mal de madame de Bourbon s'est trouvé si grand qu'on l'a fait confesser et communier. Madame de Montespan, qui avoit toujours été auprès d'elle, est montée en carrosse pour Paris, la croyant morte, mais ella a eu une crise considérable, et le soir on l'a crue hors de danger.«

85 Diesen Beleg hat Eva Schnadenberger ausfindig gemacht und ihn mir dankenswerter Weise zur Verfügung gestellt: Kurtzer vnd Gr ndtli= || cher Bericht / || Von Erscheinung vnd || Bedeutung des grossen Newen Wunder= || Sterns / welcher den 1. Octobr. des 1604. Jahrs /

körperliche Natur den Ärzten eine *crisis* – also eine »Verenderung zum Leben oder Tode« – und ihre eigene Konstitution im Verhältnis zu der auf ihren Höhepunkt zutreibenden Krankheit anzuzeigen pflegte.[86] Aufruhr und Unruhen, »Vneinigkeit / vnd mißtrawen vnter sich«, Autoritätsverlust des Kaisers und Missachtung seiner rechtlichen Instrumentarien im Inneren sowie die »[a]ußwendig vom T rken« und von Übergriffen anderer Mächte gekennzeichnete Situation des Reichs vermochten für Fabricius allerdings nur vordergründig den Eindruck zu erwecken, »das R mische Reich m sse bald gantz vntergehen«, denn: »niemand ergere vnd stosse sich hieran / noch erschrecke f r des Adelers Todtfarbe. Diß mus also geschehen / vnd kan nicht anders seyn / Vrsache ist / daß die *Crisis* verhander / vnt die Zeit vor der Th r ist / da eine grosse vnvermuthliche Verenderung sich erzeigen wird. Nun lauffen aber bey diesen geschwinden *paroxismis*, Hertzpuffen vnd anstossen *Senio* & *morbo decumbentis aquilæ*, solche *signa critica*, oder Vrtheils Zeichen mit vnter / aus welchen nicht *obscure* zu *judiciren* vnd zu schliessen / daß diese vorstehende *Crisis* vnd *mutatio*, einen guten außgang entlich gewinnen werde.«[87]

Im Französischen hat sich *crise* seit den 1630er/ 1640er Jahren in der politischen Rede etabliert. Wie im Englischen scheint die politische Poesie, in der mit bildhafter Rede systematisch gearbeitet wurde, eine wichtige Übertragungsleistung erbracht zu haben.[88] Allerdings ist die Verwendung des Lexems *crise*

---

gegen || dem S dwesten / nach der Sonnen Vntergang/ zu leuchten || angefangen / vnd noch an jetzo zu sehen ist. || [...] || Alles gestellet vnd beschrieben / Durch || DAVIDEM FABRICIUM FRISIUM, || [...] || Erstlich gedruckt zu Hamburg Anno 1605. Jetzo aber auff begeren || widerumb zu Goßlar bey Johann Vogt / Vnd werden verkaufft in L ne= || burg bey Johann vnd Heinrich Stern [o.S.], fol. Dv.

86 Ebd., fol. Dijr: »Es wird zwar vielen groß Wunder nehmen / wie es m glich sey / daß das so gar verfallene R mische Reich solle widerumb zu krefften kommen / daß der halb todt Adeler solle wider lebendig werden / [...]. Mann wolle aber hierbey sich erinnern / was offtmals mit den Leuten sich zutreget / welche mit gefehrlichen Kranckheiten (die man *acutos morbos* nennet / vnd *per Crises judiciret* werden) beladen seyn. Da finden sich schwere *Symptomata* und zuf ålle / grosse *paroxismi* vnd anst sse. Vnnd je neher die *Crisis*, oder eine Verenderung zum Leben oder Tode vorhanden ist / je geschwinder die anst sse seyn. Also daß offtmals von den vnverstendigen an der Krancken Leben verzweiffelt wird. Aber in solchem Streit vnd Kampff der Natur mit der Kranckheit / ermannet vnd stercket sich offt die Natur vber verhoffen / vnnd gibt ihrer verborgenen stercke besondere Zeichen von sich / aus welchen die *Medici* vrtheilen / *de naturæ robore* & *sanitatis recuperatione*. Also hats auch gleich eine Gelegenheit jetziger zeit mit dem R mischen Adeler [...].«

87 Ebd., fol. Dijv. Vgl. zu Fabricius *Menso Folkerts*, David Fabricius (1564-1617): Leben und Wirken, in: Berichte zur Wissenschaftsgeschichte 23 (2000), S. 127–142; *James R. Voelkel*, The Composition of Kepler's »Astronomia nova«, Princeton NJ 2001, S. 170–210.

88 REMERCIMENT || DES NORMANS || A || SON ALTESSE || DE LONGVEVILLE || POVR LA PAIX. || A PARIS, || Chez CARDIN BESONGNE, ruë d'Ecosse au || mont sainct Hilaire, au Chapeau Royal. || M. DC. XLIX., S. 5: »Außi la Reyne que ie prise || Comme vn tresor tres precieux, || Sçachant nos maux estre en leur crise, [...].« LE || REVERS || DV PRINCE || DE CONDÉ || EN VERS BVRLESQVES. || Et le regret de quitter la Ville de Paris, pour aller || loger

schon zu dieser Zeit auch bei solchen Autoren des politischen Lebens zu beobachten, denen weder ein poetologischer Anspruch noch genuin naturkundliches Wissen – wie Fabricius – zugeschrieben werden können. Der Hugenotte Henri duc de Rohan (1579–1638) sprach in seinen erstmals 1644 publizierten *Mémoires* wiederholt von einer »letzten Krise« (*dernière crise*), zu der sich im europäischen Mächtespiel bestimmte, die französische Interessensphäre tangierende Konflikte verdichtet hätten. Dies betraf beispielsweise die Züricher Interventionen in der Ostschweiz im Kontext des Restitutionsedikts von 1629 und der Rekatholisierungspolitik des Fürstabts von St. Gallen[89] und den Kampf der Drei Bünde um politische Unabhängigkeit. Rohan selbst hatte im Auftrag Richelieus 1635 eine Expedition ins Veltlin geleitet, um es der Kontrolle Frankreichs zu unterwerfen. Die Erhebung Graubündens gegen die französischen Truppen 1636 stellte für Rohan die »letzte Krise« eines Ereigniszusammenhangs dar, in dem die »seit so langer Zeit in diesem Körper« zusammenströmenden »Säfte« (*humeurs*) schließlich ihre bösartige Wirkung entfaltet hätten.[90]

Eine deutlich wachsende Zahl von Belegen kennzeichnet die Publizistik der Fronde. Die »Krise der Krankheit des Staatswesens« (*la crize de la maladie de l'Etat*) wurde von dem Jules Mazarin (1602–1661) loyalen Avocat général des Pariser Parlaments Omer Talon (um 1595–1652) am 2. Februar 1651 diagnostiziert, als der Herzog von Orléans im Zuge der Debatten um die Arretierung der Gattin Ludwigs II. von Condé Bourbon Claire-Clémence de Montmorency und ihres Sohnes im Januar 1651 die Sitzung verließ und erklärte, nicht mehr im

---

au Chasteau de Vincennes. || A PARIS, || Chez la vefue [sic] d'ANTOINE COVLON, ruë d'Es- || cosse, aux trois Cramailleres, || M. DC. L., S. 4: »Paris que cette belle prise || Te cause vne agreable crise, [...].« LE || FIDELE FRANÇOIS, || OV || REFLEXIONS HEROÏQVES || SVR L'HISTOIRE. || POËME || DEDIÉ AV ROY, || Par le Sieur CORDIER St MARTIN. || A PARIS. || Auec Priuilege de sa Majesté, & Approbation. [1663], S. 24: »[...] Ce qui fut accomply sans aucune remise, || Comme du mal pressant la salutaire crise.« Vgl. dazu auch die Ausführungen von André Krischer in diesem Band.

89 Mémoires de Henri Duc de Rohan, Bd. 2, hg. von M. Petitot, Bd. 19, Paris 1822, S. 34: »Cette affaire eut plusieurs suites et plusieurs reprises, depuis l'année 1629 jusqu'à la présente 1632, où elle fut portée comme à sa dernière crise, [...].« Vgl. *Otto Sigg*, Das 17. Jahrhundert, in: Niklaus Flüeler und Marianne Flüeler-Grauwiler (Hg.), Geschichte des Kantons Zürich, Bd. 2: Frühe Neuzeit – 16. bis 18. Jahrhundert, Zürich 1996, S. 282–363, hier S. 340f.

90 *Rohan*, Mémoires (Anm. 89), S. 148: »L'année 1636, ce mal tantôt avancé, tantôt reculé par divers symptômes, est finalement arrivé à sa dernière crise; et les humeurs ramassées depuis si long-temps dans ce corps-là, s'étant peu à peu corrompues, et finalement rendues malignes, ont porté le patient au dernier période, qui est le soulèvement des Grisons contre les armes françaises, [...].« Vgl. *Randolph C. Head*, Early Modern Democracy in the Grisons. Social Order and Political Language in a Swiss Mountain Canton, 1470–1620, Cambridge 1995, S. 197; zum politischen Denken Rohans *Thomas Maissen*, Die Geburt der Republik. Staatsverständnis und Repräsentation in der frühneuzeitlichen Eidgenossenschaft, Göttingen 2006, S. 93–97.

königlichen Rat erscheinen zu wollen, solange Mazarin zu diesem zählte.⁹¹ Mit den Mazarinaden begann das Lexem *crise* auf Titelblättern genuin tagesaktueller Publizistik aufzutauchen.⁹² In der 16 Seiten umfassenden Flugschrift *Advis important et necessaire svr l'estat, et la crise des affaires presentes* des Secrétaire du Roi Isaac Loppin von 1652 war es auch typographisch exponiert worden, indem es zentriert und nach »Advis« in der zweitgrößten Type gesetzt worden war. In der Flugschrift selbst wurde es, abgesehen von der Wiederholung des Wortlauts des Deckblatts zu Beginn der Ausführungen, nicht mehr benutzt.⁹³ Die als Ansprache im Pariser Rathaus gestalteten und als direkte Rede reproduzierten Überlegungen Loppins (»Messievrs, [...]«) unterschieden sich in der Natur der Diagnostik zunächst kaum von den Schriften, die in den Jahrzehnten um 1600 entstanden waren. Loppin verwies auf die innere Uneinigkeit, die die politische Ordnung bereits Roms oder Byzanz' zerstört und diese, auf dem Höhepunkt ihrer Entwicklung, in den durch auswärtige Mächte herbeigeführten Untergang getrieben habe.⁹⁴

Die Unterschiede gegenüber dem älteren Schrifttum sind dennoch markant, sofern die gesamte Konfiguration berücksichtigt wird. Sie betreffen erstens die Lokalisation des Gesagten nicht im Historischen – wie in den historiographischen Darstellungen der Religionskriege – oder am Ende einer bestimmten Handlungssequenz – wie in den *Remonstrances* –, sondern in einer absoluten Gegenwart.⁹⁵ Die politischen Verhältnisse dieser Gegenwart erschienen als derart desintegriert, dass den verschiedenen »Übeln« (*maux*) mit »sofortigen

---

91 SUITE || DES || MEMOIRES || DE FEU || M. OMER TALON, || AVOCAT GENERAL || EN LA COUR DE PARLEMENT || DE PARIS. || Tome septiéme, faisant le || SEPTIÉME VOLUME. || A LA HAYE, || Chez GOSSE & NEAULME. || M. DCC. XXXII., S. 12. Die Sentenz bezieht sich auf einen Eintrag vom 2. Februar 1651.

92 Bibliographie des Mazarinades, hg. von Celestin Moreau, Bd. 1: A-F, Paris 1850 [Reprint New York o. J. (1971)], Nr. 848, S. 54: »Crise de Mazarin sur son adieu à la reine. Paris, Jérôme Leblond, 1652, 7 pages«. Ebd., Nr. 1012, S. 299: »Dernier avis donné aux Parisiens dans la crise des maux de l'État. Paris, 1652, 6 pages«.

93 [*Isaac Loppin*], ADVIS || IMPORTANT || ET NECESSAIRE || SVR L'ESTAT, || ET || LA CRISE || DES || AFFAIRES PRESENTES. || DONNÉ || PAR VN NOTABLE BOVRGEOIS || en l'Assemblée de l'Hostel de Ville. || A Paris. || M. DC. LII., S. 3. Zu Loppin vgl. *Hubert Carrier*, La presse de la Fronde (1648–1653). Les Mazarinades, Bd. 2: Les hommes du livre, Paris 1991, S. 245; *David Parker*, Class and State in »Ancien Régime« France. The Road to Modernity?, London 1996, S. 200.

94 [*Loppin*], Advis (Anm. 93), S. 3: »I'ay remarqué dans l'Histoire que la Ville de Rome estant deuenuë la Capitale du Monde, par le moyen de la bonne intelligence & parfaite vnion de ses Citoyens, deuint vn Theatre d'horreur à tout l'Vnivers, par la diuision & des-vnion maudite de ses mesmes Habitans: qui s'estants iettez en diuerses factions [...].« Ebd., S. 4: »Constantinople dans son plus bel éclat, & dans la plus haute splendeur de l'Empire d'Orient, dont elle estoit la Capitale, se vit sur le penchant de sa Ruine par ces fatales discordes [...] & est deuenuë enfin la Conqueste du Turc par sa seule diuision.«

95 Dies ist an der die Flugschrift dominierenden temporalen Form des Präsens und entsprechenden Partikeln wie »auiourd'huy« (ebd., S. 4) abzulesen.

Heilmitteln« (*prompts remedes*) entgegengetreten werden musste. Andernfalls drohten sie eine Qualität anzunehmen, die die Restituierung der Ordnung verunmöglichen würde. Der Eindruck, rasch handeln zu müssen, wurde ausdrücklich thematisiert. In grammatischer Hinsicht konvergierte das die Gegenwartsdiagnosen organisierende Präsens mit der Verwendung des Futur, das sich auf eine nicht näher präzisierte, die Erstreckung des Handlungsraums allerdings markierende Zukünftigkeit bezog.[96] Zweitens unterschied sich Loppins *Advis* namentlich von Fabricius' *Newem Wunder=Stern* dadurch, dass der Ausgang der Ereignisse in keiner Weise – zumal providenziell – präfiguriert worden oder in einen von der Providenz organisierten Raum eingebettet worden wäre. Er hing vielmehr ausschließlich vom Handeln der Beteiligten ab. Genauer gesagt hing er davon ab, die von Loppin vorgebrachten »Heilmittel« (*remedes*[97]) oder Maßnahmen (*moyens*[98]) mit gebotener Geschwindigkeit in die Tat umzusetzen. Damit konnte bisweilen der Zeitraum nicht einmal eines einzigen Tages bezeichnet sein.[99] Unwägbarkeiten hinsichtlich der Vorhersehbarkeit einiger Abläufe schienen zwar, so Loppin, angesichts der aktuellen *desordres* bestehen zu bleiben. Allerdings war er darum bemüht, derlei Argumente, die, wie angedeutet, konstitutiv für die Funktionsweise des Krisenbegriffs sein dürften, zu entkräften.[100] Drittens ist Loppins Flugschrift für sich selbst betrachtet Teil eines auf aktuelle publizistische Wirksamkeit setzenden Kommunikationszusammenhangs. Anders als in den königlichen *Remonstrances* oder den historiographischen Darstellungen sollte nicht die Überwindung einer das Staatswesen existenziell gefährdenden Situation geschildert, sondern der Fortgang der Ereignisse aus einer Perspektive beeinflusst werden, die keineswegs direkt oder selbstständig auf herrschaftliche Mittel rekurrieren konnte. Wie in den Reden der Französischen Revolution ging es darum, um konkrete politische Maßnahmen zu werben und zeitnah für ihre publizistische Bekanntheit Sorge zu tragen. Dies wiederum schwächte nicht, sondern stabilisierte den Duktus der

---

96 Ebd., S. 6: »Il faut de prompts remedes à tous ces maux, autrement ils prendront vn tel accroissement qu'on ne pourra plus y apporter d'ordre quand ils auront preualu pardessus toutes nos precautions. || I'y vois vn bon commencement, mais qui sera inutile s'il n'est poussé bien plus auant, & auec celerité.«

97 Ebd., S. 7: »Le premier remede qu'il faut apporter à nos desordres, & dont ie vous donne auis [...].«

98 Ebd., S. 11: »Ie sçay le moyen [...].« Ebd., S. 8: »Ie vous auertis donc, Messieurs, d'vn moyen [...].«

99 Ebd., S. 9: »Tout ce procedé qui se peut acheuer en moins d'vn iour ne doit point s'arrester là, ou se relascher dans la poursuitte du bien que nous recherchons; il faut chasser & au plus viste les ennemis [...].«

100 Ebd., S. 15: »L'autre difficulté est que les desordres empeschero[n]t de préuoir tout ce que l'on deuoit auoir de ses rentes cette presente année, mais elle est inutile, puisque [...].«

Unvermeidlichkeit, der sich nicht zuletzt in der intensiven Nutzung der Phrase »il faut donc [...]« artikulierte.[101]

Die die ›Krise‹ kennzeichnende Spannung zwischen Momenten der Unwägbarkeit und der aus Zeitdruck resultierenden Unvermeidlichkeit spezifischer Entscheidungen – bei neuerlicher Unwägbarkeit, ob diese sich durchsetzen würden – ist bei Loppin voll entfaltet. Gleichzeitig begann die Tatsache, dass die Mazarinaden einen Ereigniszusammenhang nicht nur beschrieben, sondern – anders als die ebenfalls zeitnah verschriftlichten Memoiren Sullys – Teil seiner Konstituierung waren, die älteren ex post diagnostizierten Finalitäten zu verdrängen. In Frankreich hatte sich *crise* mit der Fronde zu einem Proprium der politischen Sprache entwickelt. Dies schließt seine isolierte und schlagworthafte Verwendung auf den Titelblättern ein, auch wenn das medizinische Bildfeld, das in der Aktualisierung semantisch benachbarter Lexeme wie ›Körper‹ oder ›Krankheit‹ zum Ausdruck kommt, noch lange Zeit virulent geblieben zu sein scheint.[102] Diese Virulenz wiederum weist deutlich darauf hin, dass der medizinische Diskurs – und nicht etwa der rechtliche oder ein anderer – der primäre Bildspender für die Entwicklung des politischen Krisenbegriffs war.

Anders als im Französischen oder Englischen, so lässt sich abschließend bemerken, scheint sich eine deutsche Lehnübersetzung von *crisis* erst im 18. Jahrhundert verfestigt zu haben. Daraus ist nicht zu schließen, dass das Lexem in den Territorien des Reichs, in dem das Französische von Gebildeten und politischen Entscheidungsträgern wie eine Eigensprache beherrscht wurde, völlig unbekannt gewesen sei. Nicht zufällig sind die von Koselleck – mehr als ein Jahrhundert nach Rohan – als »frühe Beispiele für eine außenpolitische und militärische Wortverwendung« diskutierten Passagen aus der wahrscheinlich 1746 vollendeten und 1788 gedruckten *Histoire de mon temps* Friedrichs des Großen (reg. 1740–1786) sowie aus einer Denkschrift Gottfried Wilhelm Leibniz' (1646–1716) aus dem Jahr 1712 in Französisch gehalten.[103] Möglicherweise könnte die Beschäftigung mit zeitgenössischen Übersetzungen – sei es aus dem Französischen, sei es aus dem Englischen – weiteren Aufschluss über die offenbar stark verspätete Konventionalisierung des Lexems im entstehenden

---

101 In Auswahl ebd., S. 5: »Il faut donc leuer des troupes [...].« Ebd., S. 7: »Il faut donc agir [...].« Ebd.: »Il ne faut donc pas que le Marchechal de l'Hopital [...].« Vgl. auch oben Anm. 96 und 97.

102 Lettre d'Auis à Messievrs dv Parlement de Paris, escrite par vn Prouincial (4 mars 1649), in: Choix de Mazarinades, hg. von C. Moreau, Bd. 1, Paris 1853, S. 358–407, hier S. 366: »Vous le scauez mieux que moy; tout ce qu'on en peut dire, est que le mal est à sa crise, et qu'il faut ou périr ou le guérir.« Bandeau leué de dessus les yeux du Parisien pour bien iuger des mouuemens présens et de la partie qu'eux et tous les bons François y doiuent tenir (19 février 1649), in: ebd., S. 228–246, hier S. 241: »Moyen d'autant plus lasche que ce Corps l'employa en vn temps où la crise des affaires mettoit l'Estat en péril.«

103 *Koselleck*, Art. »Krise« (Anm. 4), S. 621, 624.

Neuhochdeutschen geben. Eines der wenigen Beispiele, die für diesen Beitrag konsultiert wurden, ließ dort, wo im Französischen von *crise* die Rede war, im Deutschen eine Leerstelle. In einer anonymen, 1694 gedruckten Abhandlung *Le salut de l'Europe consideré dans un etat de Crise* wurde aus Sicht der Reichsdiplomatie gegen die vermeintlich notorische französische Vertragsbrüchigkeit polemisiert. Der Autor diagnostizierte eine »Krise«, die die europäische Staatenwelt kennzeichnete und über deren »Schicksal entscheiden« würde. Er forderte dazu auf, die »Bösartigkeit seiner [Europas] Krankheit« zur Kenntnis zu nehmen, und konstatierte die Notwendigkeit, sich angesichts der sich beschleunigenden Problemlagen schnell über unmittelbar wirksame »Heilmittel« zu verständigen.[104] Eine zeitgleich publizierte deutsche Version verzichtete im Titel ganz einfach auf das Wort *crise*: *Die Wolfahrt von Europa, Jn ihrem gegenwärtigen Zustand betrachtet* [...][105]. Zwei Jahrzehnte später erfuhr Richard Steeles (1672–1729) 1714 gedruckte Abhandlung *The Crisis, or, a discourse, representing from the most authentick records the just cause of the late and happy revolution* – neben einer niederländischen und französischen Übersetzung – unter Beibehaltung des Lexems *Crisis* zwar auch eine Übertragung ins Deutsche. Allerdings zeigt die Verwendung lateinischer Buchstaben auf dem Titelblatt, dass der Ausdruck nach wie vor als Fremdwort begriffen wurde.[106] Über die inzwischen im VD18 verzeichneten Schriften erschließt sich kein einziger Titel, der das Lehnwort ›Krise‹ benutzt hätte, während die – insgesamt 17 – Treffer für *Crisis* fast ausschließlich dem Bereich der Medizin entstammen.

In welchem publizistischen Kontext man in den Territorien des Reichs also begann, eine plakative politische Rede von tagesaktueller Relevanz zu kultivieren, die sich auch auf das Wort ›Krise‹ stützte, bliebe zu vertiefen.[107] Deutlich

---

104 LE SALUT || DE || L'EUROPE || CONSIDERÉ DANS UN || ETAT DE CRISE. || AVEC UN || AVERTISSEMENT || AUX ALLIEZ || SUR LES CONDITIONS || DE PAIX || Que la France propose aujourd'huy. || PAR L'AUTEUR de la Réponse au || Discours de Mr. de Rebenac. || A COLOGNE, || Chez FELIX CONSTANT, à l'Enseigne || de l'Union couronnée. l'An 1694. Avis au lecteur [o.S.], fol. A 2v: »Mais on peut dire aussi, que plus le mal est pressant, plus le secours doit être prompt; & que si l'Europe se trouve aujourd'huy dans une Crise, qui doit decider son sort, il luy est tres important de connoître la malignité de sa maladie, afin qu'elle entre d'autant plutôt dans la necessité de se prévaloir du remede, [...].«
105 VD17: 23:303505S.
106 Des Herrn RICHARD || STEELE, || CRISIS, || Oder || Politische Betrachtung / || Anzeigend / || Durch die authentiquesten Gedenck=Schriften || die rechtmässige Uhrsachen der letzten || glücklichen || REVOLUTION [...]. || Gedruckt in Hamburg, im Jahr 1714. Der Druck (VD18: 10381961) steht als Digitalisat der SLUB Dresden zur Verfügung. Vgl. zu Steele den Beitrag von André Krischer in diesem Band. Stand Onlinerecherche: Januar 2012.
107 Möglicherweise wäre die Beschäftigung mit den seit dem letzten Drittel des 17. Jahrhunderts im Reich entstehenden Kriegsjournalen weiterführend. Vgl. im Überblick Sonja Schultheiß-Heinz, Politik in der europäischen Publizistik. Eine historische Inhaltsanalyse von Zeitungen des 17. Jahrhunderts, Stuttgart 2004, S. 42–58.

einfacher ist es hingegen, in historiographischen Werken das Fortwirken der älteren, retrospektiv diagnostizierten Rhythmik zwischen – sich phasenweise beschleunigender – Desintegration und providenziell gelenkter Restitution zu beobachten. Dies gilt etwa für Sigismund Friedrich ›Wartmanns‹ [Pseud.] zuerst 1650 anlässlich des Westfälischen Friedens und des Abschlusses der Nürnberger Verhandlungen publizierten *Germaniæ perturbatæ et restauratæ*.[108]

5. Resümee

Neben seiner vereinzelten Verwendung in den 1630er und 1640er Jahren begann sich das Lexem *crise* mit der Publizistik der Fronde in der politischen Rede Frankreichs festzusetzen. Mit diesem Befund hat sich der vorliegende Beitrag auf verschlungenen Wegen der älteren – auf anderen erkenntnistheoretischen Voraussetzungen beruhenden – Debatte um die *General Crisis of the Seventeenth Century* angenähert. In deren Zentrum stand die Annahme, dass die sich im europäischen Maßstab um die Fronde und Great Rebellion gruppierenden Revolten und aufrührerischen Handlungen als Ausdrucksformen einer Krise zu bewerten seien, die insbesondere das ökonomische System betroffen und den

---

108 [*Sigismund Friedrich Wartmann*], Germaniæ perturbatæ || et restauratæ, || sive || Unpartheyischer wohlmeinender Theologo- || Politicorum || Discursuum, || Völlige Erzehlung / || von Auffnehmen vnd Abgang deß Christenthumbs: || sonderlich von dem Zustand deß R mischen Reichs / von K ♪yser || Constantino Magno, biß auff Carolum Magnum, || Vnd ferner / || Von Carolo Magno, durch jede Zeiten / biß an vnd || durch den letzten Teutschen Krieg / darain sich auch Franckreich || gemenget / biß er sich Anno 1648. geendet / aber etwas newes || außgeworffen / vnd biß in diß Jahr 1658. || w rcket. || Durch || Sigismundum Freybergern / Historico- || Politicum. || Auff ein newes vbersehen / mit Allegaten vnd Zusatz verbessert || vnd vermehrt. || Cum Gratia & Privilegio. || Franckfurt am M ♪yn / || Bey Johann=Godtfried Sch nwetters Erben. || M. DC. LVIII. Vorrede / An den günstigen Leser [o.S.], fol.)(ijr-v: »Wie nun diese deß heiligen Römischen Desolation, vnnd täglich zugenommenen vntergangs (neben offentlichen geführten Klagen deß weltlichen Regiments) die in der Christlichen Religion / von Constantino Magno, als deß Ertzketzers Arii Zeiten hero / herfür gebrachte Jrrungen / Ketzereyen / vnd jrrige Opiniones, vnd darauff offentlich außgeschlagener Religionsstreit die fürnehmbsten Vrsachen gewesen. Also habe ich mir fürgenommen / in diesem Tractat dieses alles / vnd so viel sichs thun lassen wird / in diese Discurs zu ziehen / vnd die von vndencklichen Jahren / vnnd vielen Seculis hero eingerissene Mißverstände vnnd Jrrungen / so wol in Geistlichen/ Kirchen / vnnd Religions= als Politischen Regiments Sachen / vnd worauß dieser grosse Vntergang und Zerrüttung / von Zeiten zu Zeiten sein Incrementum hergenommen / vnd wie endlich durch sonderbare Gnad vnd Schickung Gottes / das betrübte Teutschland / widerumb von den Trangsalen liberirt, vnd vnlängst zu Münster vnnd Nürnberg in diesem 1650. Jahr / in Frieden gesetzt vnd restituirt worden / durch dies Historico-Politische Discurs für Augen zustellen.« Zur Person vgl. *Heinz Mohnhaupt* (Hg.), Prudentia legislatoria. Fünf Schriften über die Gesetzgebungsklugheit aus dem 17. und 18. Jahrhundert, München 2003, S. 488f.

Umbruch vom feudalen zum kapitalistischen Wirtschaften bedeutet habe.[109] Keineswegs Erfahrungen von Kontingenz und Ohnmacht, sondern die Umverteilung wirtschaftlicher und politischer Ressourcen sowie die Neuordnung der gesellschaftlichen Strukturen bestimmten diese Perspektive. Inhaltlich haben sich die mit dieser Debatte assoziierten Interpretamente bekanntlich nicht durchgesetzt. Es blieb ungeklärt, ob Erhebungen in der Tat als Symptome ökonomischer Anomalien zu deuten seien,[110] ob überhaupt von einer Krise des ökonomischen Systems gesprochen werden könne[111] und ob die Zeit nach 1660, die nach damaliger Kenntnis keine nennenswerten Erhebungen aufzuweisen schien, sich im Umkehrschluss durch die Abwesenheit systemischer Krisen auszeichnete.[112] Demgegenüber konnte hier aufgezeigt werden, dass zwar nicht in ökonomischer, sehr wohl aber in publizistischer Hinsicht mit einem politischen Großereignis wie der Fronde die Konventionalisierung eines Begriffs der Krise einherzugehen begann, der das Handeln und Entscheiden unter Zeitdruck mit der Plakativität eines politischen Konzepts verband, das, auf zeitlich beschränkte Handlungshorizonte ausgerichtet, Eindeutigkeit in komplexen und an Heterogenität gewinnenden politischen Räumen organisieren sollte.

Diese Prozesse spielten sich innerhalb der Zonen der politischen Selbstbeobachtung ab. Sie beruhten, soweit erkennbar, auf der zunehmenden Popularisierung medizinischen Wissens seit dem späten 16. Jahrhundert und der selektiven Adaptation der damit bekannt gewordenen Worte und gedanklichen Figuren im Bereich der Politik. Dabei überlagerte sich die sequenzielle Anlage der als Krisen apostrophierten Situationen, die auf detaillierte Analysen gerade nicht angewiesen waren, mit ihrer Theatralisierung. Mit der Gesamtheit des von der Krise affizierten Organismus stand immer auch das Ganze, niemals nur eine isolierte funktionale Einheit, im Sinne von Sein oder Nichtsein zur Disposition. In dieser Doppelung mag von einem Konzept gesprochen werden, das in seinen entscheidenden Charakteristika mit dominanten Merkmalen frühneuzeitlicher Politik konvergierte. Inhaltlich gesehen weist es sehr deutlich in die Richtung, dass von Krise dann gesprochen wurde, wenn mit zerbrechender »Einheit« zugleich die Funktionsweise und Existenz makropolitischer Größen an sich

---

109 *Immanuel Wallerstein*, Y a-t-il une crise du XVIIe siècle, in: Annales E. S. C. 34 (1979), S. 126–144. Zum zeitlichen Rahmen vgl. *René Pillorget*, La crise européenne du XVIIe siècle (1640–1660), in: Revue d'Histoire diplomatique 92 (1978), S. 5–16, hier S. 5–11.
110 *Koenigsberger*, Krise (Anm. 19), S. 161.
111 *Wallerstein*, Crise (Anm. 109), S. 140f.
112 Dazu tendierte *Koenigsberger*, Krise (Anm. 19), S. 161; *Rabb*, Struggle (Anm. 19), S. 5, sprach von einer »›post-crisis‹ era«. Im mitteleuropäischen Maßstab wäre diese Diagnose mit der Unruheforschung der letzten Jahre abzugleichen. Vgl. grundlegend *Andreas Würgler*, Unruhen und Öffentlichkeit. Städtische und ländliche Protestbewegungen im 18. Jahrhundert, Tübingen 1995. Siehe zu diesen Zusammenhängen auch den Beitrag von Andreas Suter in diesem Band.

gefährdet zu sein schienen. Derlei Prozesse sah man aus innerer Uneinigkeit und der Gefahr äußerer Fremdbestimmung erwachsen. Auf einer populistischen Ebene scheint sich die mit der Proklamation der »Krise« einhergehende Aufforderung zu politischer Gefolgschaft von Beginn an mit auch xenophobischen Argumenten verbunden zu haben.

Die Gedanken an Zeitdruck, an den Verlust von Handlungs- und Entscheidungskompetenz sowie deren Theatralisierung waren bereits, mit unterschiedlichen Akzenten, in der politischen Publizistik der Jahrzehnte um 1600 nachzuweisen. Während sie dort allerdings in eine vielfach retrospektiv den Ereignissen unterlegte Rhythmik aus Degeneration und Regeneration, Dissoziation und Restitution eingebettet wurden, gewannen sie mit der Tagesaktualität der Mazarinaden an Handlungsqualität. Genauer gesagt gewannen sie in dem Sinne an Handlungsqualität, dass Prozesse der Restitution – diese Vorstellung dominierte nach wie vor[113] – nicht länger von ihrem Ergebnis her betrachtet, sondern prospektiv gestaltet werden mussten. Dies schloss die Möglichkeit ausdrücklich ein, dass die Effekte potenzieller Maßnahmen – »Heilmittel« – nicht vollständig kalkulierbar waren. In den hier ausgewerteten Schriften zwischen Religionskriegen und Französischer Revolution weist die Proklamation von Krisen oder krisenhaften Situation dabei eine auffällige Nähe zum gesprochenen Wort auf, sei es in Form von Gesprächen, die historiographisch reproduziert wurden, sei es in Form von politischen Reden, die in Flugschriften verbreitet oder an den Orten politischer Entscheidungsfindung aufgezeichnet wurden. ›Krise‹ besaß und besitzt offenbar die Tendenz, sich mit den performativen Seiten politischen Agierens zu verbinden. Sie wäre demnach als präsentisches Konzept zu begreifen, das sich simultan mit der wachsenden Bedeutung synchronischer politischer Schriftlichkeit zu verfestigen begann.

---

113 Auch die eingangs zitierten Passagen aus der Französischen Revolution transportierten, von Paine abgesehen, vor allem diesen Gedanken.

André Krischer

»This present crisis«. Zur Semantik der Krise in der politischen Publizistik Großbritanniens im 18. Jahrhundert

1. Einleitung

Als Reinhart Koselleck *Kritik und Krise* Ende der 1950er Jahre verfasste, ging er noch davon aus, »daß dem 18. Jahrhundert der Zusammenhang zwischen der ausgeübten Kritik und der heraufkommenden Krise entging – ein wörtliches Zeugnis für das Bewußtsein des Zusammenhangs ließ sich nicht finden«.[1] Erst mit Rousseau und am Ende des Ancien Régime sei ›Krise‹ im modernen Sinne, nämlich als prognostische Zeitdiagnose, in die politisch-soziale Semantik eingegangen.[2] Seine eigentliche diskursive Virulenz habe der Begriff daher erst im 19. Jahrhundert entfalten können. In späteren Artikeln hat Koselleck diesen Befund allerdings modifiziert: In den *Geschichtlichen Grundbegriffen* wies er etwa darauf hin, dass der Begriff ›Chrysis‹ zumindest in England schon zu Beginn des 17. Jahrhunderts in einem politischen Sinne gebraucht worden sei, nämlich zur Beschreibung der Situation des Parlaments im Konflikt mit dem König.[3] 1714 habe dann der Publizist Richard Steele zum ersten Mal ein Pamphlet mit *The Crisis* betitelt.[4] Welche Gründe es für diese semantische Vorzeitigkeit des Begriffs im Englischen gab und welche Folgen dies für den politischen Diskurs in Großbritannien vor 1800 hatte, darüber hat Koselleck allerdings nicht mehr gearbeitet.[5] Mein Beitrag knüpft zwar an diese begriffsgeschichtliche ›Lücke‹ an, doch verstehe ich ihn nicht einfach als eine Art Nachtrag. Ich will vielmehr die historische Semantik von *crisis* im britischen 18. Jahrhundert mit

---

1 *Reinhart Koselleck*, Kritik und Krise. Eine Studie zur Pathogenese der bürgerlichen Welt, Frankfurt a.M. ⁷1992 [zuerst Freiburg und München 1959], S. 5.
2 Ebd., S. 132 ff.
3 Vgl. dazu den Beitrag von Andreas Pečar in diesem Band.
4 *Sir Richard Steele*, The crisis: or, a discourse representing, from the most authentick records, the just causes of the late happy revolution: [...] with some seasonable remarks on the danger of a Popish successor. By Richard Steele, London 1713 [1714].
5 *Reinhart Koselleck*, Art. »Krise«, in: Historisches Wörterbuch der Philosophie, Bd. 4, Darmstadt 1976, Sp. 1235–1240, hier Sp. 1236, weist allerdings darauf hin, dass ›Crisis‹ seit dem 18. Jahrhundert »ein geläufiger Titel polemischer Schriften geworden« war.

den Fragestellungen des Konstanzer Zeitdiagnosen-Projekts verbinden. Es soll daher um die exemplarische Untersuchung der Krisensemantik im historischen Zusammenhang ebenso gehen wie um die Frage, welche Medien und Diskurse dem Krisenbegriff zum Durchbruch, sogar zur Popularität verhalfen. Ich werde in einem ersten Schritt zunächst zeigen, in welchen historischen Kontexten überhaupt mit dem Krisen-Begriff operiert wurde, um dann das weitere Vorgehen zu skizzieren.

2. Die historische Semantik der Krise 1700–1800 – eine quantitative und kontextualisierende Annäherung

Unterteilt man das 18. Jahrhundert in Jahrzehnte und fragt man nach der Häufigkeit des Vorkommens des Begriffs ›Krise‹ im politischen Schrifttum in dieser Zeit, dann zeigt sich eine kontinuierliche und schließlich sprunghafte Zuwachsrate.[6] Diese ist allerdings auch damit zu erklären, dass die Publikationsdichte als solche stark zunahm. Zwischen 1700 und 1710 wiesen jedenfalls rund 100 selbständig publizierte Texte den Begriff ›Krise‹ im zeitdiagnostischen Sinn auf, 1711–1720 waren es bereits 225, 1721–1730: 150 und 1731–1740: 200. Nach dieser ›Stagnation‹ rekurrierten in den beiden Jahrzehnten zwischen 1740 und 1760 jeweils rund 450 Texte auf den Krisenbegriff, 1761–1770: 650, 1771–1780: 900, 1781–1790: 1.110 und schließlich 1791–1800 genau 2.675.

Welche historischen Kontexte führten im 18. Jahrhundert nun zur Verwendung des Begriffs *crisis*? Wie erwähnt, muss man die Etymologie des Begriffs im figurativen Sinn, nämlich zur Qualifizierung einer politisch-sozialen Situation, im Englischen ins 17. Jahrhundert zurückverfolgen.[7] 1628 brachte damit der Abgeordnete und Dichter Sir Benjamin Rudyerd (1572–1658) seine Sicht auf die Lage des Parlaments auf den Punkt: »This is the Chrysis of Parliaments; we shall know by this if Parliaments live or die«.[8] Man kann davon ausgehen, dass *crisis* nicht etwa zufällig aus den naturwissenschaftlich-astrologischen Kontexten[9] in

---

6 Eine solche quantitative Auswertung ist technisch möglich durch die Volltextsuche der *Eighteenth Century Collections Online* der Galegroup. Berücksichtigt wurde nur das politische, politisch-philosophische, juristische sowie historiographische Schrifttum. Dazu gehören auch die Periodika. Nicht berücksichtigt wurden das naturwissenschaftlich-medizinische sowie das theologische Schrifttum, um so einer Verwendungsweise des Krisenbegriffs im politisch-sozialen Kontext auf die Spur zu kommen.

7 Die naturphilosophische Verwendung des Begriffs ist älter; vgl. Anm. 9.

8 Oxford English Dictionary, 2. Aufl. Vgl. dazu allgemein *David L. Smith*, Art. »Rudyerd, Sir Benjamin (1572–1658)«, in: Oxford Dictionary of National Biography, Oxford 2004; online edn., May 2009 [http://dx.doi.org/10.1093/ref:odnb/24256, zuletzt abgerufen am 15. November 2014].

9 Vgl. *William Andrews*, The astrological physitian. Shewing, how to finde out the cause and

die politische Semantik diffundiert ist, sondern diese terminologische Verwandlung durchaus als bewusste Begriffsprägung durch sprachgewandte ›Politiker‹ zu verstehen ist. So war es nach dem Poeten Rudyerd der dichtende Puritaner Benjamin Thompson (1642–1714), der damit, und zwar in Form eines Versepos, die Situation der Siedler in Neu-England im Konflikt mit den Indianern in den 1670er Jahren auf den Punkt brachte.[10] Ein anonymes Flugblatt befand wiederum, dass England 1689, also im Jahr der Glorious Revolution, in einer Krise gewesen sei.[11] Tatsächlich begann *crisis* nach der Revolution vermehrt in die politische Semantik einzudringen, und zwar wiederum als bewusste sprachliche Schöpfung: Jonathan Swift etwa beschrieb damit 1701 wortgewaltig die Folgen des Parteienstreits zwischen Whigs und Tories für England.[12] Die in den meisten ›Krisentexten‹ des 18. Jahrhunderts gängige Formulierung »this present crisis« kam schon in den 1703 wiederum von Swift edierten Briefen seines Mentors, des 1699 verstorbenen Diplomaten und Essayisten Sir William Temple, vor.[13] Solche Beispiele ließen sich leicht vermehren, was ich aber nicht tun möchte. Stattdessen will ich als einen ersten historischen Kontext für die Verwendung des Krisenbegriffs im 18. Jahrhundert die Kommentierung der Revolution von 1688/89 nennen. Bei tendenziell konservativen und den Tories

---

nature of a disease, according to the secret rules of the art of astrology. Also generall rules and instructions, teaching how to discover what part of the body is afflicted. With a perfect description of the diseases and infirmities, signified by the planets, in any of the twelve zodiacall constellations, together with a most exact method, shewing how to finde whether the sick shall live or dye, according to naturall causes; with an exact way how to finde the true crysis, judiciall or criticall days, London 1656; *Nicholas Culpeper*, Culpepers Semeiotica uranica: or, An astrological judgement of diseases from the decumbiture of the sick much enlarged. 1. From Aven Ezra by the way of introduction. 2. From Noel Duret by way of direction. Wherein is laid down, the way and manner of finding out the cause, change, and end of a disease. Also whether the sick be likely to live or die; and the time when recovery or death is to be expected. With the signs of life or death by the body of the sick party according to the judgment of Hippocrates. Whereunto is added, a table of logisticall logarithmes, to find the exact time of the crisis, London 1658; *David de Planis Campy*, Phlebotomiographia or, a treatise of phlebotomy. Demonstrating the necessity of it in diseases; the time for elections. And likewise of the use and application of cupping-glasses, and leeches. Whereupon is added a brief and most methodicall tract of the crisis. Written originally in French, by Da de Plumis Campi chirurgion. And now faithfully rendred into English, by E.W. well-wisher to physick and chirurgery, London 1658.

10 *Benjamin Tompson*, New Englands crisis, or, A brief narrative of New-Englands lamentable estate at present, compar'd with the former (but few) years of prosperity, Boston 1676; im gleichen Jahr auch in London erschienen.
11 [*Anon.*], Englands crisis, or, The World well mended, London 1689.
12 *Jonathan Swift*, A discourse of the contests and dissensions between the nobles and the commons in Athens and Rome, with the consequences they had upon both those states, London 1701.
13 *Sir William Temple*, Letters to the King, the Prince of Orange, the chief ministers of state, and other persons. By Sir W. Temple, Bart. Being the third and last volume. Published by Jonathan Swift, D.D., London 1703.

nahestehenden Autoren bildete *crisis* nämlich einen – allerdings noch leisen – Kontrapunkt zu der bei den Whigs dominierenden Hochschätzung der Revolution als Werk göttlicher Vorsehung und als Wiederherstellung vermeintlich uralter Verfassungsverhältnisse.[14] Somit erhielt der Begriff eine parteipolitische Aufladung: Als *crisis* bewertete man jeweils das, was die andere Seite als Fortschritt feierte. Umgekehrt konnten auch konservative Widerstände gegen Reformmaßnahmen als Weg in die *crisis* bezeichnet werden. Als Daniel Defoe 1706 im Auftrag seines Patrons Robert Harley – um 1700 ein whiggistischer Spitzenpolitiker – Schottland bereiste, um für die Union mit England zu werben, nannte er notorische parteipolitische und nationalistische Vorurteile gegen die Vereinigung Torheiten (*follies*), die zur Krise führten.[15] Die Unionsfrage erwies sich somit als ein zweiter begriffsgeschichtlicher Kontext von ›Krise‹ im frühen 18. Jahrhundert. Dies lag auch daran, dass die britische Union zentrale kirchenpolitische Fragen aufwarf, die ebenfalls im Medium des Krisenbegriffs diskutiert wurden.[16] Dass immer dann, wenn es um Fragen im Spannungsfeld von Politik und Religion ging, crisis Konjunktur hatte, zeigte auch die Sacheverell-Affäre um 1710, die wir als einen dritten Kontext hervorheben wollen. Der Oxforder Theologe Henry Sacheverell hatte als Wortführer der den Tories nahestehenden und die Revolution verdammenden ›High Church-Fraktion‹ den Whigs vorgeworfen, England in eine presbyterianische Republik verwandeln zu wollen. Als man ihn deswegen vor Gericht stellte und am Ende nicht ihn, aber seine Schriften verbrannte, machte die Öffentlichkeit aus ihm einen politischen Märtyrer. In diesem Kontext versuchten sowohl Whigs als auch Tories die Situation als Krise zu klassifizieren.[17] Die infolge des Urteils in London ausgebrochenen Unruhen führten dabei zu einer besonderen Variante des parteipolitisch gebrauchten Krisenbegriffs, nämlich zur Kennzeichnung einer England existenziell bedrohenden jakobitischen Verschwörung.[18] Aus Sicht der Whig-

---

14 Vgl. dazu *John G. A. Pocock*, The Ancient Constitution and the Feudal Law. A Study of English Historical Thought in the Seventeenth Century, Cambridge 1987 [zuerst 1957], S. 229 ff.

15 *Daniel Defoe*, An essay, at removing national prejudices, against a Union with England. Part III. By the author of the two first, Edinburgh 1706, S. 24. Vgl. dazu *Katherine R. Penovich*, From »Revolution Principles« to Union. Daniel Defoe's Intervention in the Scottish Debate, in: John Robertson (Hg.), A Union for Empire. Political Thought and the British Union of 1707, Washington DC 1995, S. 228–242.

16 *Sir Francis Grant*, The patriot resolved. In a letter to an addresser, from his friend; of the same sentiments with himself; concerning the union, [Edinburgh] 1707, S. 15; ders., An oration sacred to the imperial Majesty of Anne, Queen of Great-Britain, London 1707, S. 44.

17 *Henry Sacheverell*, Collections of passages referr'd to by Dr. Henry Sacheverell in his answer to the articles of his impeachment […], London 1710, S. 23; *Gilbert Burnet*, The Bishop of Salisbury his speech in the House of Lords, on the first article of the impeachment of Dr. Henry Sacheverell, London 1710, S. 10.

18 *Benjamin Hoadly*, The Jacobite's hopes reviv'd by our late tumults and addresses: or, some

Beobachter unerklärliche Phänomene wie die Londoner Unruhen – die Frage war ja, wie es sein konnte, dass ein von der Vorsehung erwähltes Volk plötzlich restaurative Tendenzen zeigte – wurden dunklen Machinationen der Stuart-Anhänger und der Katholiken insgesamt zugeschrieben. Damit erfüllte *crisis* in der Publizistik des 18. Jahrhunderts jene Funktion, die noch im 17. Jahrhundert der Begriff *plot* beziehungsweise *conspiracy* besaß: Beide Begriffsverwendungen implizierten in vielen Fällen politisch motivierte Warnungen vor außergewöhnlichen, aber nicht näher definierten Gefahren für Staat und Gemeinwesen. Verbunden war mit beiden Begriffen dann stets die Aufforderung, radikale Entscheidungen und Schritte zu treffen und zu gehen. Zumindest der parteipolitisch gemünzte Krisenbegriff des 18. Jahrhunderts enthält daher latente Verschwörungstheorien.[19] Dies zeigt sich besonders deutlich an *The Great Crisis* des Theologen Richard Roach von 1727, in dem Ereignisse wie Brände und unerklärliche Wetterphänomene als Krise bezeichnet und mit einer Verschwörungstheorie erklärt werden.[20] Eine Verschwörungstheorie steckte aber auch schon in Steeles *The Crisis* von 1714, in dem die Gefahr einer gewaltsamen, von Rom und den Jesuiten betriebenen Rekatholisierung Englands unter einem Stuart-Monarchen beschworen wurde – und das war seit den 1640er Jahren ein Topos in den Verschwörungsnarrativen. Steeles Pamphlet und vor allem die heftigen Reaktionen darauf waren im Übrigen der Grund dafür, warum im zweiten Jahrzehnt die Häufigkeit der Begriffsverwendung um rund 150 Prozent zunahm. Steeles *Crisis* war allerdings zugleich Höhe- und Schlusspunkt der Diskussion der Revolution im Medium des Krisenbegriffs. Denn die Thronfolge Georgs I. von Hannover 1714 erledigte bis auf Weiteres die weit verbreiteten Sorgen, dass die Errungenschaften von 1688/89 schon wieder verloren seien. Ein

---

necessary remarks upon a new modest pamphlet of Mr. Lesly's against the government, entituled, The good old cause: or, lying in truth, &c., London 1710, S. 6.

19 Vgl. dazu vorerst *Barry Coward* und *Julian Swann* (Hg.), Conspiracies and Conspiracy Theory in Early Modern Europe. From the Waldensians to the French Revolution, Aldershot 2004. Umgekehrt bildeten Verschwörungen und Verschwörungstheorien im 17. Jahrhundert Krisenszenarien, und zwar nicht nur avant la lettre, vgl. etwa *Michael F. Suarez*, A Crisis in English Public Life. The Popish Plot, Naboth's Vineyard (1679), and Mock-Biblical Satire's Exemplary Redress, in: Huntington Library Quarterly 67/4 (2004), S. 529–552. Zu Verschwörungstheorien während der Bürgerkriegszeit vgl. Robert von Friedeburg, The Continental Counter-Reformation and the Plausibility of the Popish Plots, 1638-1642, in: Charles W. A. Prior und Glenn Burgess (Hg.), England's Wars of Religion, Revisited, Farnham u.a. 2001, S. 49–73.

20 *Richard Roach*, The great crisis: or, the mystery of the times and seasons unfolded, with relation to the late disorder and confusion of the seasons of the year, and other signs of the times. With considerations and observations, [...] and some calculations of the numbers of time, [...] Part I., London 1725 [1727].

anonymes Pamphlet konnte daher schon 1715 erleichtert von der »Happy Crisis« sprechen.[21]

Schon in den ersten beiden Jahrzehnten wurde es darüber hinaus auch üblich, außenpolitische Konjunkturen mit dem Krisenbegriff zu kommentieren – ein fünfter Kontext also, der für das 18. Jahrhundert höchst virulent war. So bezeichnete der Publizist Charles Davenant (1656–1714) damit die Situation Österreichs im europäischen Mächtekonzert schon um 1700: »Affairs are brought to such a Crisis that if the House of Austria is not in a Condition to oppose France, it cannot exist at all«. Die Politik Peters des Großen im Nordischen Krieg führte nach Auskunft eines Pamphlets von 1716 in eine »Northern Crisis«.[22] Richard Steele war es wiederum auch, der 1720 den Krisenbegriff zum ersten Mal im Zusammenhang mit einer ökonomischen Problemlage gebrauchte, als er nämlich die Folgen der berüchtigten ›South Sea Bubble‹ für die Vermögensverhältnisse kommentierte (sechster Kontext). Im Übrigen waren die 1720er und 1730er Jahre aber Jahrzehnte, in denen Politik, Religion und Gesellschaft kaum als krisenhaft beobachtet wurden. Dies zeigte sich auch am Rückgang der Krisensemantik in den ausgewerteten Textkorpora von 225 (1711–1720) auf 150 (1721–1730) beziehungsweise 200 (1731–1740). Gerade in den 1720er Jahren wähnten sich die Briten bekanntlich in einem neuen ›augusteischen Zeitalter‹, in dem unter der Herrschaft des Premierministers Robert Walpole Frieden herrschte, der allgemeine Wohlstand wuchs, Großbritannien sein Kolonialreich erwarb und damit nicht zuletzt auch eine kulturelle Blütezeit einherging. Zwar wurde der Begriff ›Krise‹ zwischen 1720 und 1740 durchaus verwendet, allerdings im Vergleich mit dem Jahrhundertbeginn mit diffusen Bezugspunkten. Dieser Trend setzte sich in den 1740er Jahren fort. Der Begriff ›Krise‹ wurde auf alles Mögliche appliziert, jedoch nur sporadisch auf jenes Ereignis, wo eine Krisensemantik vielleicht zu erwarten gewesen wäre. Die Rede ist vom letzten Jakobitenaufstand 1746, der im Windschatten des Österreichischen Erbfolgekriegs stattfand.[23] Der Enkel des letzten, 1688 vertriebenen Königs aus dem Hause Stuart, Charles Edward Stuart (1720–1788), war im Juli 1745 aus dem französischen Exil in Schottland zurückgekehrt. Gemeinsam mit den wichtigsten Highland Clans zettelte Charles einen Aufstand gegen das Haus Hannover und die regierenden Whigs an. In London und anderen Städten löste dieser Aufstand große Aufregung aus, weil die britischen Truppen zu diesem Zeitpunkt auf dem Kontinent gebunden waren und die Jakobiten immer weiter

---

21 [Anon.], The happy crisis: in a letter to the Right Honourable James Stanhope, Esq; one of His Majesty's principal secretaries of state, London 1715.
22 *Grefve Carl Gyllenborg*, The northern crisis. Or, impartial reflections on the policies of the Czar, occasioned by Mynheer Von Stocken's reasons for delaying the descent upon Schonen […], London 1716.
23 Vgl. dazu *Bruce Lenman*, The Jacobite Risings in Britain, 1689–1746, London 1980.

nach Süden vordrangen. Erst im April 1746 konnte der Aufstand niedergeschlagen werden. Statt *crisis* erlebte in diesem Kontext ein anderer moderner Grundbegriff seine semantische Neujustierung, nämlich »Terror«.[24]

Wie die quantitative Auswertung gezeigt hat, fällt das Gros der Begriffsverwendung in die zweite Jahrhunderthälfte. 1756, also am Beginn des Siebenjährigen Krieges, sahen die Publizisten eine Krise der britischen Macht in dem Fall gegeben, dass sich Krone und Parlament nicht auf ein energisches Vorgehen gegen Frankreich und eine Allianz mit Preußen verstünden (siebter Kontext).[25] Dabei wurden freilich nicht allein der mögliche Verlust der politischen Position Englands in Europa als Krise geschildert, sondern vielmehr Einbußen beim britischen Kolonialreich in Nordamerika, in der Karibik und in Indien.[26] Der Tod Georgs II. 1760 und die Nachfolge Georgs III. 1761, also inmitten des Krieges, wurden ebenso als Krisen geschildert wie seine schwere psychische Erkrankung 1788[27] (achter und zehnter Kontext).[28] Zu diesem Zeitpunkt hatten freilich schon der Abfall der amerikanischen Kolonien und die Unabhängigkeitserklärung der dreizehn Staaten zu einer bis dahin unbekannten Intensität der Krisensemantik geführt (neunter Kontext). Diese sollte allerdings nur ein Jahr später durch den Diskurs über die Französische Revolution und ihre Folgen für Staat und Gesellschaft in Großbritannien noch übertroffen werden (zehnter Kontext). Den Schlusspunkt hinter die Geschichte der Krisensemantik im britischen 18. Jahrhundert setzten schließlich die Auseinandersetzungen mit der irischen Rebellion von 1795 (elfter Kontext).

Diese elf Kontexte können im Folgenden freilich nicht alle besprochen werden, und dies entspräche auch nicht der Fragestellung. Vielmehr soll es im Folgenden um die Erfindung von *crisis* als Signalbegriff der politischen Publizistik gehen, die man dem erwähnten Richard Steele zuschreiben muss. Wenn im frühen 18. Jahrhundert von einer Krise die Rede war, dann vor allem in den Pamphleten, die als Quellengruppe und als Medium der Krisenbotschaft für meine Überlegungen eine besonders wichtige Rolle spielen. *Crisis* gehörte zu

---

24 Vgl. dazu *André Krischer*, Verräter, Verschwörer, Terroristen. Juristische Klassifikationen, gesellschaftliche Wahrnehmungen und Visualisierungen von politischer Delinquenz und kollektiver Bedrohung in Großbritannien, 16.–19. Jahrhundert, in: Karl Härter und Beatrice de Graaf (Hg.), Vom Majestätsverbrechen zum Terrorismus. Politische Kriminalität, Recht, Justiz und Polizei zwischen Früher Neuzeit und 20. Jahrhundert, Frankfurt a.M. 2012, S. 103–160.
25 [*Anon.*], The crisis, London 1756.
26 [*Anon.*], Reflections on the welfare and prosperity of Great Britain in the present crisis, London 1756.
27 [*Anon.*], The crisis: or, considerations on the present state of affairs. London, 1761; [*Anon.*], Thoughts on the present alarming crisis. Humbly addressed to both Houses of Parliament. By a well-meaning Briton, London 1788.
28 Vgl. dazu auch den Beitrag von Marian Füssel in diesem Band.

jenen terminologischen Zuspitzungen, mit denen Pamphletisten um Aufmerksamkeit für ihr Anliegen warben (Abschnitt 3). In dieser medientheoretischen Hinsicht ersetzte der Begriff bei Steele nicht nur formal, sondern auch inhaltlich den um 1700 verblassten Begriff *popery* (beziehungsweise *popish plot, popish conspiracy*). Um diese semantische Erbfolge und die dem Begriff *crisis* zumindest um 1700 noch inhärente Verschwörungstheorie geht es im vierten Abschnitt. Der fünfte und sechste Abschnitt fragen dann nach den publizistischen Verwendungsweisen von *crisis* im Verlauf des 18. Jahrhunderts: Handelte es sich dabei um Indizien für ein kollektives Krisenbewusstsein oder nicht eher um Beispiele für den strategischen Gebrauch des Begriffs, um ein Mittel zur Durchsetzung politischer Interessen? Wie lassen sich diese Ebenen unterscheiden, und welche sprachgeschichtlichen Methoden bieten sich an, um die Begriffsverwendung in der Publizistik zu erklären?

3. Richard Steeles *The Crisis* – Pamphlete als Medium der Krisenbotschaft

Richard Steeles Pamphlet *The Crisis*, das am 26. Dezember 1714 in London erschien, bildete mindestens in zweifacher Hinsicht einen Paradigmenwechsel zur bis dahin ja bereits gepflegten Krisensemantik:[29] Zum einen prangte der Begriff hier zum ersten Mal auf dem Titelblatt (Abb. 1) – und man muss hinzufügen: nur auf dem Titelblatt, denn im Text selbst kam der Begriff nicht mehr vor. Zum anderen war überhaupt noch nie zuvor ein Pamphlet schon vor dem Erscheinen derart geschickt beworben und nach dem Erscheinen vermarktet und vertrieben worden. Die erste Auflage wurde in rund 40.000 Exemplaren gedruckt. Noch 1714 erschienen vier weitere Auflagen in ähnlicher Höhe sowie eine Übersetzung ins Französische.[30] Es ist nicht übertrieben, *The Crisis* als *das* publizistische Ereignis des Jahres 1714 zu bezeichnen, zumal dann nicht, wenn man die ebenfalls publizierten Reaktionen darauf berücksichtigt. Schon im Herbst 1714 hatte Steele den Text in seiner Zeitschrift *The Englishman* angekündigt und für Subskriptionen geworben, die dann auch zahlreich einliefen. Auf diese Weise war es möglich, Drucker in London sowie in der Provinz davon zu überzeugen, das Pamphlet zu publizieren, denn die Nachfrage war ja im

---

29 Zur gepflegten Semantik im Sinne der Üblichkeit einer Begriffsverwendung vgl. *Niklas Luhmann*, Gesellschaftsstruktur und Semantik. Studien zur Wissenssoziologie der modernen Welt, Bd. 1, Frankfurt a.M. 1980, S. 19f.
30 *Sir Richard Steele*, La crise. Ou discours où l'on demontre par les actes les plus authentiques les justes causes de l'heureuse revolution. [...] Et quelques remarques, necessaires dans la conjoncture presente, sur le danger d'un successeur papiste. Par Mr. Richard Steele, ecuyer. Traduit de l'anglois par Mr. Boyer, London 1714.

THE
CRISIS:
OR, A
DISCOURSE

Reprefenting,

From the moſt AUTHENTICK RECORDS,

The juſt Cauſes of the late

Happy REVOLUTION:

AND

The feveral Settlements of the Crowns of ENGLAND and SCOT-LAND on Her MAJESTY; and on the Demife of Her MAJESTY without Iſſue, upon the Moſt Illuſtrious Princeſs SOPHIA, Electreſs and Dutcheſs Dowager of Hanover, and the Heirs of Her Body being Proteſtants; by previous Acts of both Parliaments of the late Kingdoms of ENGLAND and SCOTLAND; and confirmed by the Parliament of GREAT BRITAIN.

WITH SOME
SEASONABLE REMARKS
On the Danger of a

Popiſh Succeſſor.

Invitus ea tanquam Vulnera attingo; Sed niſi tacta tractataq; ſanari non poſſunt.   Liv.

By RICHARD STEELE, Eſq;

LONDON: Printed by Sam. Buckley; and Sold by Ferd. Burleigh, in Amen-Corner. 1713.

Abb. 1: Titelblatt von Richard Steeles *The Crisis*, London 1713 [1714].

Vorhinein gesichert.³¹ Jonathan Swift, vor 1710 noch ein Freund Steeles, danach aber ein erbitterter Gegner, konnte sich den unerhörten Erfolg von *The Crisis* nur mit den geschickten Vertriebswegen des Pamphlets erklären, die er deswegen auch genau beschrieb: Demnach liefen um die Jahreswende 1714/15 Zeitungsjungen durch London und andere Städte und brüllten »The Crisis! The Crisis!«.³² Bald sprach man in ganz London und anderen englischen Städten von *The Crisis*. Steele hatte es also geschafft, dass der Begriff *crisis* buchstäblich in aller Munde war. Denn geradezu schlagartig war aus dem bislang eher distinguierten und nur pointiert eingesetzten Begriff der Gelehrten ein Allerweltswort geworden.

Richard Steele (1672–1729) wird traditionell zu den Gründungsfiguren des aufgeklärten Pressewesens gezählt. Zusammen mit seinem Kompagnon Joseph Addison publizierte er 1709–1712 *The Tatler* und *The Spectator*, 1713 dann *The Guardian* im Alleingang. Zu dieser Zeit war der Abgeordnete Steele bereits ein unerschütterlicher Whig – bereit, für seine Überzeugung, dass England in Gefahr sei, von einer französisch-katholischen Allianz erobert zu werden, auch Repressionen in Kauf zu nehmen. Steele wurde mehrfach wegen Aufwiegelung (*sedition*) angeklagt, wegen *The Crisis* wurde er sogar aus dem Unterhaus geworfen.³³ Anders als die meisten Krisen-Pamphletisten des 18. Jahrhunderts, die anonym publizierten, bewies Steele jedoch Mut und stand zu seiner Veröffentlichung. In ihm jedoch, wie Habermas, einen Protagonisten der heraufziehenden bürgerlichen Öffentlichkeit zu sehen, der mit seinen Schriften und im sozialen Ort Kaffeehaus den kritischen Diskurs beförderte, wäre indes verfehlt. Der Historiker Brian Cowan hat kürzlich darauf hingewiesen, dass Steele in erster Linie Parteipropaganda betrieb: »it was to make the cultural politics of Augustan Britain safe for a Whig oligarchy«.³⁴ *The Crisis* griff vor allem den *High Church*-Klerus an, dem Steele vorwarf, in der Frage der Hannoveraner Sukzession unzuverlässig zu sein und insgeheim an der Restauration des ›Pretenders‹, also James Francis Stuart, zu arbeiten. Laut Steele bestand die Krise im Wesentlichen in der ungelösten Frage, ob auf die kränkelnde Königin Anne der erhoffte protestantische König folgen würde, ob also der *Act of Settlement* von 1702 und alle anderen die Revolution sichernden Gesetze greifen würden oder nicht. Steele zitierte diese Gesetze in seinem Pamphlet im Wortlaut, weswegen Swift ihm

---

31 Vgl. *George A. Aitken*, The Life of Richard Steele, Bd. 2, London 1889, S. 3 ff.
32 *Jonathan Swift*, The publick spirit of the Whigs, set forth in their generous encouragement of the author of the crisis. [...], London 1714, S. 6.
33 Nach der Hannoveraner Thronfolge wurde er allerdings als Held gefeiert und wieder als Abgeordneter zugelassen. Vgl. zum Prozess 1714: [*Anon.*], The case of Richard Steele, Esq; being an impartial account of the proceedings against him. In a letter to a friend, London 1714.
34 *Brian William Cowan*, Mr. Spectator and the Coffeehouse Public Sphere, in: Eighteenth-Century Studies 37/3 (2004), S. 345–66, hier S. 361.

vorwarf, im Grunde nichts anderes als ein schlecht ediertes Gesetzesblatt mit einigen eigenen Anmerkungen publiziert zu haben.[35] Trotzdem provozierte das Erscheinen von The Crisis prompte Reaktionen. Ein anonymer Kleriker, der beanspruchte, für alle diejenigen zu sprechen, die Steele angegriffen hatte, fragte in seinen ebenfalls mehrfach aufgelegten Remarks on Mr. Steele's Crisis,[36] was der Autor denn eigentlich mit dem Titel meine: »Is it because this is the critical Minute for People to give into Fears and Jealousies concerning Administration of Affaires by the Queen and Present Ministry? Or are you induced to call it so from the Deference you are apt to pay to your own Opinion and Judgement? Are our National Disorders come to their Crisis, and our Groundless Discontents ripe enough for Mutinity and Rebellion, and Prescriptions for Phlebotomy, from you that have ursurp'd the Name of our Physician? [...]«[37]

Man kann es als einen geschickten Schachzug des erfahrenen Publizisten Steele werten, dass er die Bedeutung des Begriffs crisis völlig offen gelassen hatte und es somit seinen Gegnern aufgegeben war, über dessen Sinn zu rätseln. Den größten Erfolg erzielte Steele aber damit, dass das Dutzend an Gegenpamphleten darauf beharrte, es gebe weder in der einen noch in der anderen Hinsicht eine Krise – und damit erst den Begriff als zeitdiagnostisches Medium anerkannte und publik machte.[38] Der Ärger darüber, dass es Steele gelungen war, mit einem solch suggestiven Begriff das politische Ansehen der Tories und der High Church angegriffen zu haben, durchzog alle Gegenpamphlete. Nicht zu Unrecht warf man ihm zudem vor, mit diesem Begriff eine Art Marketingtrick benutzt zu haben, der nur den Verkauf in die Höhe treiben sollte.[39] Auch Swift vermutete, es sei Steele bei der Titelwahl nur um den Effekt, buchstäblich um eine Schlagzeile gegangen. Man solle doch einmal die Leute fragen, »whether they have read it? They will answer, No; but they have seen it everywhere, and it will do a World of Good: It is a Pamphlet, and a Pamphlet they hear against the Ministry, talks of Slavery, France, and the Pretender. They desire no more; it will settle the Wavering, confirm the Doubtful, instruct the Ignorant, inflame the Clamorous, tho' it never be once looked into«.[40] Die Gefahr, die Swift von Steeles Crisis

---

35 Swift, The publick spirit (Anm. 32), S. 6.
36 [Anon.], Remarks on Mr. Steele's Crisis, London 1714.
37 Ebd., S. 4.
38 [Anon.], A letter to Mr. Steele, concerning his crisis, Edinburgh 1714; [Anon.], A speech suppos'd to be spoke by R—St—l, Esq; at the opening this present Parliament, with some remarks in a letter to the bailiff of St—dge, very proper to be bound up with the Crisis, London 1714; Timothy Tomkins, A letter to Mr. Steele, concerning the removal of the Pretender from Lorrain, occasion'd by the Crisis. Written by an Englishman, London 1714.
39 [Anon.], The false alarm: or, remarks upon Mr. Steele's crisis. Being a defence of the true constitution, and succession to the crown of England: and the case of the revolution fully considered, London 1714.
40 Swift, The publick spirit (Anm. 32), S. 5.

ausgehen sah, war also, dass allein der Titel bei ganz unterschiedlichen Personengruppen Anlass zu bestimmten Assoziationen geben würde: Die einen fühlten sich darin bestärkt, dass England und der Protestantismus bedroht seien, andere und weniger gut informierte würden sich erst zu dem Glauben verleiten lassen, dass dies so sei. Tatsächlich drehte sich die Kontroverse zwischen Steele und seinen Kritikern schon sehr bald gar nicht mehr um die Sache, sondern um die Begriffswahl. Es wurde nicht darüber diskutiert, ob es eine Krise gab oder nicht, sondern ob es zulässig war, eine politische Konstellation überhaupt so zu bezeichnen. Mit anderen Worten: Es kam schon 1714 zu einem Metadiskurs über den Begriff der Krise als Zeitdiagnose. Als Steele publizistisch auf die Angriffe reagierte, behauptete er nicht mehr allein die Existenz einer Krise, sondern auch die Notwendigkeit einer solchen drastischen Wortwahl.[41] Dabei betonte er schließlich auch, dass er sehr wohl gezeigt habe, was er mit ›Krise‹ meine: nämlich das Gegenteil von *liberty, health, strength* und *civil rights*. Krise hingegen bedeute *misery*, Tyrannei, Not und Leid durch *arbitrary power* und *a Popish Prince*.

Dieser letzte Begriff, genauer »Popish Successor«, war allerdings auch schon auf dem Titelblatt von *The Crisis* zu lesen. Er war dort zudem durch eine Frakturschrift deutlich hervorgehoben. Und was das für Folgen hatte, erkannte schon Swift: Wenn die Zeitungsjungen den Leuten das Pamphlet nämlich unter die Nase hielten, dann lese man wegen dieser visuellen Strategie des Titelblatts als erstes »The Crisis« und als zweites »Popish Successor«. Und schon sei klar, worum es ging: Denn wer auch nicht wusste, was er sich genau unter einer *crisis* vorzustellen hatte, der wusste doch, was *popery* hieß.[42] Denn dieser Begriff hatte in der englischen Pamphletistik bereits eine lange Tradition. Wir müssen daher an dieser Stelle einen kurzen begriffs- und auch mediengeschichtlichen Rückblick einschalten.

4. Von *popery* zu *crisis*: Semantische Transformationen zwischen dem 17. und 18. Jahrhundert

Schon seit dem späten 16. Jahrhundert erfüllte der Begriff *popery* in den englischen Pamphleten eine bestimmte Funktion: *Popery* war im protestantischen Diskurs die Anti-Religion schlechthin; das Fleisch und nicht das Geistige, das

---

41 *Sir Richard Steele*, A defence of the crisis, written by Mr. Steele. Containing, a farther vindication of the late happy revolution. And the Protestant succession to the crown of England, in the illustrious house of Hanover, London 1714.
42 Vgl. dazu *James A. Downie*, Public Opinion and the Political Pamphlet, in: The Cambridge History of English Literature. 1660–1780, hg. von John Richetti, Cambridge 2005, S. 549–571, hier S. 558.

Äußere und Zeremoniöse, nicht das Innerliche und Wortorientierte. *Popery* bedeutete Tyrannei und nicht Freiheit (*liberty*),[43] Dunkelheit und nicht Licht, Täuschung und nicht Offenbarung, Verdammnis und nicht Heil und so fort.[44] Durch den spanischen Angriff 1588 sowie diverse echte und fiktive Verschwörungen von Jesuiten und anderen Katholiken wurde *popery* begrifflich zudem mit Gewalt, Tod und Zerstörung von Außen aufgeladen, also von Seiten Spaniens und anderer katholischer Reiche.[45] Seit dieser Zeit war der Begriff ein typischer Bestandteil, geradezu ein essenzieller Topos antikatholischer Pamphlete.[46] Die Geschichte des englischen Pamphlets und der *Popery*-Diskurs vollzogen sich um 1600 regelrecht koevolutionär.[47] Wie später *crisis* durchlief auch *popery* verschiedene begriffliche Konjunkturen, die wir hier im Einzelnen nicht besprechen wollen. Wichtig erscheint mir aber der Hinweis von Peter Lake, dass der *Popery*-Diskurs in den Pamphleten stets dann Hochkonjunktur hatte, wenn England im 17. Jahrhundert Phasen kollektiver Gefährdungen durchlief, wie zum Beispiel die Pulverfassverschwörung von 1605 und vor allem den Bürgerkrieg 1642–1648.[48] Während der Begriff in diesen beiden Kontexten durchaus das Potenzial hatte, Identität zu stiften und die ›protestantische englische Nation‹ von ›Anderen‹ abzugrenzen, verlor er diese Macht spätestens während des sogenannten ›Popish Plot‹ 1679–1682. Während dieser von den Whigs forcierten Verschwörungspanik, die auch das Ziel hatte, den katholischen Thronfolger James unmöglich zu machen, erlebte *popery* eine begriffliche Inflation. Zudem wurde das parteipolitische Interesse an diesem Begriff von der Gegenseite, der royalistischen ›Partei‹ (den späteren Tories) und ihrem gewieften Kommunikationsexperten Robert L'Estrange erst enttarnt und dann ätzend ironisiert.[49] Warnten die Anhänger der Whigs in Pamphleten vor »The Growth of Popery«, dann antwortete L'Estrange darauf zum Beispiel mit einem Pamphlet mit dem

---

43 Vgl. zum Begriff *Quentin Skinner*, Liberty before Liberalism, Cambridge 1998.
44 Vgl. dazu grundlegend *Peter Lake*, Antipopery. The Structure of a Prejudice, in: Richard P. Cust und Ann Hughes (Hg.), Conflict in Early Stuart England. Studies in Religion and Politics. 1603–1642, London 1989, S. 72–106.
45 *Martina Mittag*, National Identity and the Sovereign in Anti-Spanish Pamphlets 1558–1625, in: Costerus 137 (2001), S. 109–130.
46 *Ian Green*, Print and Protestantism in Early modern England, Oxford 2000.
47 *Jesse M. Lander*, Inventing Polemic. Religion, Print, and Literary Culture in Early Modern England, Cambridge und New York 2006; *Peter Lake* und *Michael C. Questier* (Hg.), The Anti-Christ's Lewd Hat. Protestants, Papists and Players in Post-Reformation England, New Haven 2002.
48 *Lake*, Antipopery (Anm. 44), S. 83; ferner *Robin Clifton*, Fear of Popery, in: Conrad Russell (Hg.), The Origins of the English Civil War, London 1973, S. 144–167.
49 Vgl. dazu *Peter Hinds*, »The Horrid Popish Plot«. Roger L'Estrange and the Circulation of Political Discourse in Late-Seventeenth-Century, Oxford u. a. 2010; *ders.*, A Vast Ill Nature. Roger L'Estrange. Reputation, and the Credibility of Political Discourse in the Late Seventeenth Century, in: Seventeenth Century 21/2 (2006), S. 335–363.

Titel *The Growth of Knavery* (Gaunerei). Die Jahre dauernde Verschwörungsphantasie wurde begleitet von einem bislang nicht gekannten Pamphletkrieg,[50] der auch zur Folge hatte, dass der Begriff *popery* seine traditionelle Signalwirkung verlor: Er mobilisierte seit der Mitte der 1680er Jahre keineswegs mehr kollektive Ängste, sondern provozierte Nachfragen, worauf sich der Verdacht denn eigentlich gründe. Dies war nun nicht allein die Folge einer völligen Überstrapazierung des Begriffs, sondern auch der Ausbildung einer neuen Form von medial konstituierter Öffentlichkeit, die zwar nur eingeschränkt das Prädikat ›kritisch‹ erhalten kann,[51] aber zumindest doch nach differenzierteren Überzeugungsstrategien verlangte. Wir wollen davon ausgehen, dass diese Form der Öffentlichkeit 1714 noch im Wesentlichen die gleiche war. Nun lag es aber in der medialen Logik des Pamphlets, das im 18. Jahrhundert noch immer wichtiger werden sollte, mit bestimmten Signalen die Aufmerksamkeit des Lesers auf sich zu ziehen. Was schon Swift vermutet hatte, bestätigt nun die moderne Leseforschung: Pamphlete wurden, obwohl sie nie mehr als sechzig, gewöhnlich aber nur bis zu zehn Seiten hatten, nicht ›durchgelesen‹.[52] Was vielmehr zählte, war die Titelseite, deren Layout so beschaffen sein musste, dass die zentrale Botschaft auf einen Blick erfassbar wurde. Um 1700 leisteten dies zum einen stereotype Bilder[53] und zum anderen bestimmte Signalbegriffe. Die Signalwörter der Pamphlete befanden sich zudem stets in einer Art Überbietungswettbewerb, was allerdings im 18. Jahrhundert nicht mehr auf barocke Pleonasmen hinauslief wie noch zur Bürgerkriegszeit. Vielmehr ging es darum, mit einem möglichst prägnanten und zugespitzten, aber doch für Assoziationen offenen Begriff die Leser in den Bann zu schlagen.

Richard Steele war diese dem Medium Pamphlet geschuldete Zuspitzung mit dem Begriff *crisis* offenbar in besonderer Weise gelungen. Dies war auch deswegen der Fall, weil er 1714 noch die semantische Brücke zu dem älteren Signalbegriff *popery* geschlagen hatte, der die gleiche Botschaft transportiert hatte – nämlich die Warnung vor dem Ruin des Protestantismus und damit der englisch-britischen Nation. Bereits 1720 publizierte Steele ein weiteres Pamphlet mit dem ins Auge fallenden Titel *The Crisis*, diesmal allerdings ohne *popery*-Bezüge. Sein Anliegen in *The Crisis of Property* galt vielmehr den Folgen der

---

50 Vgl. *Joad Raymond*, Pamphlets and Pamphleteering in Early Modern Britain, Cambridge 2003, S. 323–382. Dieser Pamphletkrieg wurde freilich durch den Kollaps der Zensurgesetze 1679 begünstigt.
51 Dazu *Mark Knights*, How Rational was the Later Stuart Public Sphere?, in: Peter Lake und Steven C. Pincus (Hg.), The Politics of the Public Sphere in Early Modern England, Manchester 2007, S. 252–267.
52 Vgl. *Raymond*, Pamphlets (Anm. 50), S. 4ff.
53 *Joseph Monteyne*, The Printed Image in Early Modern London. Urban Space, Visual Representation, and Social Exchange, Aldershot 2007.

Geschäfte des britischen Staats mit der ›South Sea Company‹. Diese war zu dieser Zeit durch den Sklaven- und Luxusgüterhandel in der Karibik eines der Vorzeigeunternehmen auf Aktien geworden. Um während dieser Boomphase nun noch weiter zu expandieren, vereinbarten das Unternehmen und die Regierung eine Umschichtung der Staatsschulden auf die Company; diese erhielt im Gegenzug das Recht, ihren Kapitalsockel anzuheben und darauf zusätzliche Aktien herauszugeben – letztlich also Spekulationen im großen Stil anzuheizen. Konkret sahen die Pläne vor, dass zehntausende Briten als Besitzer von Staatsanleihen – und diese waren eine wichtige Säule der britischen Finanzpolitik des 18. Jahrhunderts – nun nicht länger Gläubiger des Staats, sondern der ›South Sea Company‹ waren. Die Renditen, die in Form von Jahrespensionen (*annuities*) ausgezahlt wurden, unterlagen damit faktisch den Gesetzen des Marktes.[54] Steele nun erkannte ziemlich deutlich, dass in jenem Fall eine Vermögensvernichtung enormen Ausmaßes die Folge wäre, wenn die Geschäfte der Company doch nicht so glänzend verlaufen sollten wie erhofft. Und nicht nur das: Sollte das ›South Sea Scheme‹ der Regierung scheitern, wäre auch ein ungeheurer Vertrauensverlust in den Staat die Folge: »Credit is a belief that money is as safe [...] in the possession of another than in a man's own hands. [...] Any the least suspicion of national credit is the greatest wound a Government can receive«, warnte Steele.[55] Diese doppelte Vernichtung von – um mit Bourdieu zu sprechen – ökonomischem und symbolischem Kapital machte Steele zufolge die neuerliche Krise aus. Er prognostizierte daher in *The Crisis of Property*, wenn das Parlament dem Vorhaben zustimmen würde: »farewell the Wealth and Honour of Great Britain«.[56] Wie schon 1714 nahmen seine Gegner – die nunmehr allerdings die Whigs selbst waren, darunter vor allem die Anhänger von Premierminister Walpole und Schatzkanzler John Aislabie – Steeles Begriff auf: Ihm wurde – einmal mehr anonym – vorgeworfen, ein Beispiel für eine »Crisis of Honesty« darzustellen.[57] Steele würde das Publikum nämlich bewusst irreführen über die Absichten des Gesetzgebers.[58] Unglaubwürdig mache sich Steele dem Anonymus zufolge nun gerade deshalb, weil er den Begriff *crisis* benutze, der viel zu übertrieben sei und von einem echten Gentleman vermieden würde. *Crisis* gehöre allenfalls zu den Phrasen von »Libellous Pamphlets«[59].

Den Zeitgenossen war die suggestive Macht des Begriffs *crisis* also offenbar klar; ihn zu benutzen verletzte aber (angeblich) die ungeschriebene Etikette der

---

54 Dazu allgemein *John Patrick Carswell*, The South Sea Bubble, Sutton 1993.
55 Zitiert nach *Aitken*, The Life of Richard Steele (Anm. 31), S. 240.
56 *Richard Steele*, The Crisis of Property, London 1720, S. 6.
57 [*Anon.*], The crisis of honesty. Being an answer to the crisis of property. In a letter to Sir R— S—-, London 1720.
58 Ebd., S. 7f.
59 Ebd., S. 2.

Mediensprache und des öffentlichen Diskurses im frühen 18. Jahrhundert. Wie 1714 bewegte sich auch in diesem Fall die Krisen-Debatte auf einer Metaebene und drehte sich um die Frage, ob die Begriffswahl zulässig war oder nicht. Der anonyme Kritiker skizzierte dabei auch, was der Begriff tatsächlich bewirke, nämlich einen Skandal.[60] Steele versuche, den Gesetzgeber vor sich herzutreiben, indem er die Öffentlichkeit mit seiner Begriffswahl in Aufruhr versetze: »By this means, you alarm the Gentleman, the Soldier, and the Merchant, and endeavour to possess them, that all that is valuable amongst Men will be lost [...]«.[61] Die dem Begriff *crisis* zugeschriebene Dynamik beruhte also darauf, dass eine im europäischen Vergleich überdurchschnittlich ausdifferenzierte Öffentlichkeit[62] darauf sensibel reagierte und angestachelt werden konnte (»inflame the People against ther Representatives«[63]). Dieses letztlich populistische Moment lag in der Tat Steeles Begriffswahl zugrunde: Man wird ihm nicht attestieren können, zum ersten Mal eine Finanzkrise als solche benannt und beschrieben zu haben. Vielmehr zielte er darauf, den parlamentarischen Gesetzgebungsprozess in der Südsee-Sache dadurch aufzuhalten, dass er die Öffentlichkeit – und das hieß in dieser Zeit eben auch schon: die Wähler – gegen das Vorhaben aufbrachte. Dabei den von anderen Publizisten als anrüchig empfundenen Begriff *crisis* zu benutzen hielt er angesichts der ungeheuerlichen Bestechungen, mit denen die Regierung die Abgeordneten gefügig machte, nur für legitim. Steeles zweites Krisenpamphlet machte also bewusst außerparlamentarische Opposition, und dies in einer Zeit, in der ein laufendes Parlamentsverfahren immer noch als Arkanum behandelt wurde.[64]

5. *Crisis* als Postulat im Mediendiskurs des 18. Jahrhunderts

The Crisis of Property zeichnete nun schon eine wesentliche Funktion des Krisenbegriffs im 18. Jahrhundert vor: Im Laufe eines umstrittenen und noch nicht abgeschlossenen parlamentarischen Entscheidungsprozesses wurde versucht, eine bestimmte Position als die einzig richtige zu deklarieren. Alle anderen

---

60 Was wiederum von besorgten Pensionären durchaus begrüßt wurde. Vgl. [*Anon.*], Scandal no argument: an Oxford annuitant's letter to Sir Richard Steele, in answer to The crisis of honesty. With reasons why guardians should not expose their wards to sale, and pay their own debts out of their estates, being a short view of the South-Sea affair yet depending, London 1720.
61 [*Anon.*], The crisis of honesty (Anm. 57), S. 14.
62 Dazu *Peter Lake* und *Steven C. A. Pincus*, Rethinking the Public Sphere in Early Modern England, in: Journal of British Studies 45/2 (2006), S. 270–292.
63 [*Anon.*], The crisis of honesty (Anm. 57), S. 7.
64 Vgl. *Jason Peacey*, The Print Culture of Parliament. 1600–1800, in: Parliamentary History 26 (2007), S. 1–16.

Alternativen wurden hingegen als sicherer Untergang der englischen beziehungsweise britischen Nation stigmatisiert.[65] Welche Position in der Krise die jeweils richtige war, um den Ruin zum Beispiel der britischen Freiheit, der Religion, aber auch der Handelsinteressen abzuwenden, wurde in den Pamphleten vor 1750 bereits auf der ersten Seite mitgeteilt – und genau das entsprach, wie erwähnt, der kommunikativen Strategie dieses Mediums: So entdeckte ein William Revolution 1735, als die britische Konvenienz- und Balancepolitik infolge des polnischen Thronfolgekriegs ins Trudeln geriet, eine »real crisis: or, the necessity of giving immediate and powerful succour to the emperor against France and her present allies, in order to preserve the Balance of Power, our Trade, our Constitution, our Religion, and the Liberties of Europe«.[66] Bereits 1731 hatte ein Thomas English eine vergleichbare außenpolitische Krise ausgemacht und für den Gesetzgeber Entscheidungsbedarf gesehen, über dessen Inhalt er sich ein »impartial judgment« erlaube: »the Fate of Europe may be conceiv'd to depend upon the Conduct of the British Parliament. From the Temperature and Spirit of that August Assembly will likewise come forth the particular Fate of our own Establishment and Constitution. Upon this Occasion, every Englishman has a Right to offer his Sentiments [...]«.[67] Wer eine Krise entdeckt hatte, war also gleichsam dazu aufgerufen, Mittel zu ihrer Überwindung zu benennen. Das Krisenpostulat verband sich deswegen mit einem Anspruch auf Partizipation am politischen Entscheidungsprozess. Einige der Krisen-Pamphletisten waren selbst Abgeordnete, die sich zum einen den momentanen Mehrheitsverhältnissen entgegenstellten. Dabei vertraten sie im Schutz der Anonymität gewöhnlich Positionen, die sie persönlich im Parlament nicht vertreten konnten, ohne ihre Karriere zu riskieren. Doch nicht alle Pamphletisten betrieben Opposition. So konnte zum anderen auch eine sich bereits abzeichnende Entscheidung als die einzig richtige angesichts der *crisis* präsentiert werden. Pamphletisten ohne Parlamentssitz waren von einer solchen Affirmation jedoch gewöhnlich weit entfernt. 1733 skizzierte ein Anonymus unter dem Titel *The Crisis* die »fatal consequences that will certainly ensue from [...] the late projected excise scheme«, also einer Steuererhöhung.[68] Ein anderer anonymer Autor prophezeite 1756 ohne den Entschluss zum Krieg gegen Frankreich eine »fatal crisis«.[69] 1766 sah ein Pamphlet das britische Kolonialreich in der Krise, wenn der ›Stamp Act‹, also die Besteuerung sämtlicher

---

65 Vgl. zu dieser Semantik *Koselleck*, Kritik und Krise (Anm. 1), S. 105; *ders.*, Art. »Krise«, in: Geschichtliche Grundbegriffe. Historisches Lexikon zur politisch-sozialen Sprache in Deutschland, hg. von Otto Brunner u. a., Bd. 3, Stuttgart 2004, S. 617–650, hier S. 617f.
66 London 1735.
67 *Thomas English*, The crisis: or, impartial judgment upon publick affairs, London 1731.
68 [*Anon.*], The crisis: or, the Briton's advocate, London 1733.
69 [*Anon.*], Reflections on the welfare and prosperity of Great Britain (Anm. 26).

Drucksachen in den amerikanischen Kolonien, wirklich durchgesetzt würde.[70] Als 1788 die Geisteskrankheit Georgs III. allgemein bekannt wurde und der König nicht länger in der Lage war, seinen Amtspflichten nachzukommen, galt dies einem »well-meaning Briton« als eine »present awful« und sogar »alarming crisis«.[71] Wie war diese zu überwinden? »How we can do it, I can not say, but I am certain I can say, how we can not do it, and that is, by appointing a Council of Regency«.[72] Ein solcher Regentschaftsrat würde nämlich als erstes Premierminister William Pitt d. J. vom Amt entheben und dadurch alles nur noch schlimmer machen. Vor dem zweiten Koalitionskrieg gegen die französische Republik 1798 konstatierte der Diplomat Frederick Howard, Earl of Carlisle, eine »Crisis and its Alternatives«: »The Crisis, to which we are now brought, presents to our choice the two alternatives of Ruin and Salvation. No third alternative can possibly have place; and one of those two is unavoidably hanging over us«.[73] Gemeint war mit diesen greifbaren Alternativen freilich der erneute Krieg gegen Frankreich.

Das Postulat einer Krise, so zeigen diese Beispiele, ging in der Pamphletistik des 18. Jahrhunderts also jeweils einher mit Ratschlägen, die abzulehnen angesichts dieser Zeitdiagnose angeblich ein Fehler mit existenziellen Folgen für Großbritannien wäre. Aus der Krisen-Diagnose, das zeigt besonders das letzte und durchaus typische Beispiel von 1798, ergaben sich ›Handlungszwänge‹, die angeblich kein Abwägen, kein Aussitzen und schon gar keinen dritten Weg erlaubten. Die in der Krise jeweils zu treffenden Entscheidungen wurden als schiere Notwendigkeit stilisiert. Wenn eine Krise, wie Koselleck gezeigt hat, Kontingenz offenbart, dann beanspruchen die in den Krisenpamphleten skizzierten Programme jeweils den einzig richtigen Weg, um das Leben wieder in die gewohnten Bahnen zu lenken. Es wäre noch genauer zu zeigen, aber es scheint so, als ob *crisis* als Postulat damit zu jenen semantisch konstituierten ›Sachzwängen‹ gehörte, die die politischen Handlungsspielräume in Großbritannien am Ende des 18. Jahrhunderts diskursiv absteckten.[74]

---

70 [*Anon.*], The crisis. Or, a full defence of the colonies. In which it is incontestibly proved that the British constitution has been flagrantly violated in the late Stamp Act, and rendered indisputably evident, that the mother country cannot lay any arbitrary tax upon the Americans, without destroying the essence of her own liberties, London 1766.
71 [*Anon.*], Thoughts on the present alarming crisis. Humbly addressed to both Houses of Parliament. By a well-meaning Briton, London 1788.
72 Ebd., S. 10.
73 *Frederick Howard Earl of Carlisle*, The crisis; and its alternatives offered to the free choice of Englishmen. Being an abridgment of »Earnest and serious reflections on the urgency of the present crisis, &c.«, London 1798, S. 4.
74 Vgl. dazu *Willibald Steinmetz*, Das Sagbare und das Machbare. Zum Wandel politischer Handlungsspielräume in England 1780–1867, Stuttgart 1993. Vgl. dazu auch den Beitrag von Philip Hoffmann-Rehnitz in diesem Band.

6. Krisenbewusstsein am Ende des 18. Jahrhunderts?

Bereits in den 1720er Jahren konnte *crisis* publizistisch verwendet werden, ohne eine Metadebatte über den Begriff zu eröffnen wie in Steeles Fall. *Crisis* avancierte im publizistischen Diskurs vielmehr zu einem neuen Paradigma[75] und gewann als Begriff den Status diskursiver Üblichkeit. Seit der Jahrhundertmitte fungierte *crisis* zudem auch nicht mehr allein als Signalbegriff auf dem Titelblatt eines Pamphlets, sondern wurde schließlich zum Topos in der Argumentation selbst. Dies änderte aber nichts daran, dass es sich dabei in vielen Fällen weiterhin um ein Postulat handelte und nicht unbedingt um eine kollektive Zeitdiagnose. Wenn eine Krise postuliert wurde, dann gingen die Publizisten auch davon aus, dass Mittel zur Verfügung standen, um die Krise zu überwinden. In diesem Sinne galt eine Krise auch als Chance – eine Konstellation, die die Publizisten als »Happy Crisis« bezeichneten.[76] Als Georg II. 1760 während des Siebenjährigen Kriegs plötzlich verstarb, postulierte ein Pamphletist ausdrücklich die Existenz einer Krise,[77] warnte aber davor, in Angst zu verfallen: »Fear is ill-grounded. We will therefore endeavour to shew, that our Publick Affaires are not in that dangerous State [...] and that they are not only Glorious, but Hopeful«.[78] Hoffnung sei gegeben, wenn nun nicht die Fraktion der Sparer obsiege: »Victory should be purchased with Money, and not Money saved at the Expence of Victory«.[79]

Die bisher untersuchten Texte sind dadurch gekennzeichnet, dass sie ein deduktives Krisenkonzept präsentieren: Eine bestimmte Sachlage wird als *crisis* gekennzeichnet, was dann mehr oder weniger umstritten war. Aus diesem Postulat wurden dann Maßnahmen abgeleitet, um der *crisis* beizukommen. Es liegt auf der Hand, dass aus dieser Begriffsverwendung, die im Laufe des 18. Jahrhunderts exponenziell zunahm, nicht unmittelbar Rückschlüsse auf ein allgemeines Krisenbewusstsein zu gewinnen sind. Der Begriff *crisis* wird vielmehr als politisches Instrument eingesetzt, um die Durchsetzung bestimmter Interessen gerade auch semantisch zu forcieren. Fragt man nach theoretischen Konzepten, um diese Begriffsverwendung genauer zu erfassen, dann bietet sich weniger die klassische Begriffsgeschichte, noch weniger die Diskursanalyse,

---

75 Im Sinne der Wissenschaftstheorie von Thomas S. Kuhn. Vgl. allerdings zu den Problemen der Applikation dieser Theorie im Kontext diskursgeschichtlicher Analysen *Andreas Pečar* und *Kai Trampedach*, Der »Biblizismus« – eine politische Sprache der Vormoderne?, in: dies. (Hg.), Die Bibel als politisches Argument. Voraussetzungen und Folgen biblizistischer Herrschaftslegitimation in der Vormoderne, München 2007, S. 1–18, hier S. 6f.
76 [*Anon.*], Reflections on the welfare and prosperity of Great Britain (Anm. 26), S. 49.
77 [*Anon.*], The crisis: or, considerations on the present state of affairs (Anm. 27).
78 Ebd., S. 2.
79 Ebd., S. 27.

sondern vor allem die sprachpragmatische Analyse der Cambridge School um Quentin Skinner und John Pocock an.[80] Das Postulat einer Krise war demnach eine politische Handlung »with words«. Im Sinne eines performativen Akts stellte die Konstatierung einer Krise keine ›wahre‹ oder ›falsche‹, sondern vielmehr eine gelungene oder misslungene Zeitdiagnose dar. Wem es gelang, eine bestimmte politische oder ökonomische Konstellation öffentlich als Krise zu klassifizieren, der konnte daraus bestimmte Konsequenzen ableiten, und vor allem darauf kam es an. Die gehäufte und schließlich ubiquitäre Begriffsverwendung in der zweiten Jahrhunderthälfte folgte der Logik einer ›politischen Sprache‹, deren Referenzpunkte zwar noch genauer zu bestimmen sind, die aber darauf beruhte, mit extremen Alternativen zu argumentieren (*ruin/ salvation, our posterity may live/ national death*). *Crisis* als Element einer politischen Sprache zu betrachten heißt davon auszugehen, dass der Begriff im politischen Diskurs bewusst als eine semantische Möglichkeit unter mehreren gewählt wurde, als ein performativer Sprechakt eingesetzt wurde, weil sich der Autor oder Sprecher davon maximalen Nutzen für sein Anliegen versprach. Wie Andreas Pečar gezeigt hat, ist das Sprechen einer politischen Sprache mit dem Spielen einer sozialen Rolle vergleichbar; es ist aber nicht unbedingt die Konsequenz eines sozialen Habitus im Sinne von Bourdieu.[81]

Gab es also im britischen 17. Jahrhundert trotz der massenhaften Begriffsverwendung kein wirkliches Krisenbewusstsein? Schon Koselleck bemerkte ja: »Wenn der gehäufte Wortgebrauch ein hinreichendes Indiz für eine wirkliche Krise wäre, dann müssten wir in einer allumfassenden Krise leben. Aber dieser Rückschluss zeugt zunächst mehr von einer diffusen Redeweise, als dass er schon zur Diagnose unserer Lage beitrüge«.[82] Die Frage, wo *crisis* als Vokabel einer politischen Sprache aufhörte und stattdessen eine kollektive Wahrnehmung auf den Begriff brachte – und somit eben doch habituell verwendet wurde –, lässt sich zumindest nicht eindeutig beantworten. Dazu reichen die hier zugrunde gelegten Quellen zudem nicht aus, es müssten auch Selbstzeugnisse, Briefe und so fort ausgewertet werden. Ich vermute allerdings, dass die regelmäßige strategische Verwendung des Begriffs in der Publizistik nicht nur zu seiner Implementation in die englische Alltagssprache führte, sondern auch zum Glauben an das, was beschworen wurde. Dem Zitat zufolge schien Koselleck noch von einer Diskrepanz zwischen Sprache und Wirklichkeit auszugehen,

---

80 Vgl. *Pečar* und *Trampedach*, Der »Biblizismus« (Anm. 75), S. 4. Allgemein dazu *Eckhart Hellmuth* und *Christoph von Ehrenstein*, Intellectual History made in Britain. Die Cambridge School und ihre Kritiker, in: Geschichte und Gesellschaft 27 (2001), S. 149–172. Zur Methode vgl. *Quentin Skinner*, Visions of Politics, Bd. 1: Regarding Method, Cambridge 2002.
81 *Pečar* und *Trampedach*, Der »Biblizismus« (Anm. 75), S. 5.
82 *Reinhart Koselleck*, Begriffsgeschichten. Studien zur Semantik und Pragmatik der politischen und sozialen Sprache, Frankfurt a.M. 2006, S. 203.

wobei Sprache die Wirklichkeit missverstehen oder falsch darstellen kann. Eine Prämisse der neueren Kulturgeschichte lautet demgegenüber, dass soziale Wirklichkeit nicht unabhängig von ihrer sprachlichen Konstitution existiert und alle soziale Realität letztlich Kommunikation ist.[83] Sprache stellt nicht nur Wirklichkeit *dar*, sondern auch *her*. Insofern ist es nicht sinnvoll, die englische Begriffsgeschichte der Krise allein danach zu unterteilen, wo *crisis* entweder strategisch oder diagnostisch verwendet wurde. Wie lässt sich schon ausschließen, dass ein Pamphletist, der mit dem *crisis*-Balken auf dem Titelblatt auf höhere Absätze hoffte, nicht auch an die von ihm postulierte Krise geglaubt hat? Wie das Spielen einer sozialen Rolle zudem allmählich zur ›zweiten Haut‹, zum Habitus werden kann, so stellte die permanente und ubiquitäre Verwendung des Krisenbegriffs am Ende des 18. Jahrhunderts zumindest ein Indiz für die kollektive Akzeptanz dieser Zeitdiagnose dar. Als Möglichkeit zur Annäherung an die freilich mediale Repräsentation des Krisenbewusstseins kann allerdings die Frage dienen, wo *crisis* nicht mehr tautologisch oder als Pleonasmus, sondern als »nichtersetzbarer Grundbegriff« (Koselleck) gebraucht wurde, was hier aber nicht mehr geleistet werden kann. Eine weitere Annäherung ermöglichen wiederum jene Texte, die die Krise als etwas nicht Beherrschbares schildern, worauf ich abschließend noch eingehen möchte.

Wie erwähnt, gingen die meisten Pamphletisten davon aus, dass eine Krise mit radikalen Maßnahmen (Kriegseintritt, Steuern erhöhen oder senken und so fort) letztlich doch überwunden werden könne und in diesem Zusammenhang eine Chance für prinzipielle Neuerungen darstelle. Es gab jedoch auch Fälle, in denen mit der Beobachtung einer Krise keine Mittel genannt wurden, um über diese zu verfügen, die Krise somit permanent zu werden drohte. Die Begriffsverwendung erfolgte in jenen Texten, die die Krise als etwas Unverfügbares setzen, *induktiv:* Bestimmte Ereignisse und Strukturen wurden geschildert und im Begriff der Krise verdichtet, ohne dass Auswege erkennbar wären. In diesem Sinne anerkannte bereits 1736 ein Anonymus die Realität des Parteiendualismus als permanente Krise: »Party Spirit had exasperated the Country, Party Spirit had inflamed the Court [...] the publick Virtue of Patriotism was lost in the private Passion of Party [...] Party Names had been invented to encourage Division and Violence. Men conversed only with those of their Denomination, and hated every one else [...] Thus the Nation was divided worse than in Civil War«.[84] Ein Rezept gegen den verderblichen »Party Spirit« wusste der Autor indes nicht. Das Problem ließ sich nur feststellen, nicht beheben: »The History of

---

83 Vgl. dazu allgemein *Barbara Stollberg-Rilinger*, Symbolische Kommunikation in der Vormoderne. Begriffe – Forschungsperspektiven – Thesen, in: Zeitschrift für Historische Forschung 31 (2004), S. 489–527.
84 [*Anon.*], Remarks upon the present crisis. Humbly address'd to the knights, citizens and burgesses, to serve in the present Parliament, London 1736, S. 5f.

Britain can hardly instance a Crisis of greater and more general Importance, than the present Period of Time«.[85] Wenn aus der Beobachtung der Krise keine logischen und notwendigen Entscheidungen zu ihrer Überwindung abgeleitet werden können, dann wurde die Krise permanent, pathologisch und führte schließlich zur individuellen und kollektiven Melancholie angesichts der Zeitläufe.[86] Im besonderen Maß beherrschte ein melancholisches Krisenbewusstsein die Pamphlete im Kontext des amerikanischen Unabhängigkeitskriegs in den späten 1770er und frühen 1780er Jahren.[87] Die Loslösung der Kolonien und die Gründung der Vereinigten Staaten wurden als irreversible Prozesse, als historische Tatsachen erkannt, die Großbritannien und seinen imperialen Anspruch in die Krise führten.[88] In diesem Zusammenhang schob sich die zeitdiagnostische Dimension des Begriffs besonders auffällig in den Vordergrund: Mit der amerikanischen Revolution verlor der Krisenbegriff nämlich seine in der britischen Publizistik bereits traditionell instrumentelle Funktion als Mittel zur Durchsetzung bestimmter politischer Entscheidungen. Es ging bei der Begriffsverwendung nicht länger allein um Alternativen innerhalb eines bestimmten Handlungsrahmens (Krieg oder Frieden, Steuern oder Entlastung). *Crisis* wurde vielmehr zum Medium kollektiver, letztlich nationaler Selbsterkenntnis angesichts schon nicht mehr existenter Handlungsspielräume in der amerikanischen Frage, was dazu zwang, zu neuen Ufern aufzubrechen, buchstäblich nach Indien und sinngemäß als Handelsmacht. 1785 diagnostiziert zum Beispiel ein Thomas Brooke Clarke mit Blick auf das Ende des Unabhängigkeitskriegs: »Britain is arrived at a Crisis, whence she must experience a destiny of exaltation or abasement«.[89] Der »decline of National Importance« könne nicht mehr durch einen Sieg in Nordamerika, sondern allein durch die Konzentration

---

85 Ebd., S. 4.
86 Das 16. und 17. Jahrhundert hatten in diesem Zusammenhang bekanntlich Utopien entworfen. Vgl. dazu *Wolf Lepenies*, Melancholie und Gesellschaft, Frankfurt a.M. 1969. Belege für den Zusammenhang zwischen unüberwindlicher Krise und Melancholie: [*Anon.*], Remarks upon the present crisis (Anm. 84), S. 5; *Peter Williamson*, Some considerations on the present state of affairs. Wherein the defenceless situation of Great-Britain, is pointed out [...], York 1758, S. 7; *John Douglas*, Seasonable hints from an honest man on the present important crisis of a new reign and a new parliament, Dublin 1761, S. 3, 14, 16, 44.
87 Vgl. dazu *Harry T. Dickinson* (Hg.), British Pamphlets on the American Revolution, 1763–1785, London 2007.
88 Dabei sind im Kontext der amerikanischen Revolution freilich verschiedene Krisensemantiken zu unterscheiden: zum einen solche, die damit die Probleme der britischen Kolonialpolitik zu fassen versuchten, zum anderen jene, die mit *crisis* den »Vollzug eines moralischen Gerichts« meinten, den »Sieg der Freiheit und Unschuld« wie Thomas Paine. Vgl. *Koselleck*, Kritik und Krise (Anm. 1), S. 152.
89 *Thomas Brooke Clarke*, The crisis; or, immediate concerncerns of the British Empire, London 1785, S. 1.

auf Industrie und Handel aufgehalten werden.⁹⁰ Zwar generierte die Feststellung der Krise auch bei Clarke die Notwendigkeit zur Entscheidung, aber nicht mehr zwischen zwei klaren Alternativen. Es ging vielmehr um die Rückbesinnung auf nationale Stärke und auf Tradition, um somit weitere Erniedrigung (*abasement*) zu verhüten und zum Aufbruch in eine verheißungsvolle Zukunft (*exaltation*) zu ermutigen. Wenn die Publizistik der 1780er Jahre eine Krise feststellte, dann verzichtete sie auf das Drängen nach schnellen Entscheidungen wie in den Jahrzehnten zuvor. Vor politischen Entscheidungen in der Krise zur Neugestaltung der Zukunft stand die Rückbesinnung auf die eigene Geschichte als Horizont und Erfahrungsraum möglichen Handelns. Clarke schrieb: »While we are reasoning on those future events, we shall call in the aid of past and the guidance of present times. And while we are consulting for Britain, our views shall be extended over the Universe«.⁹¹ Ein John Williams empfahl die eigene Nation und deren Geschichte sogar als Quelle des Trostes für jeden Engländer und Rückhalt bei der Neuorientierung: »At this crisis, every good citizen should look upon his country, as the sympathetic Samaritan look'd at and reliev'd the affliction of even a stranger«.⁹²

7. Fazit

Nach einigen Vorläufern im 17. Jahrhundert wurde der Begriff *crisis* in der politischen Publizistik Großbritanniens vor allem im parteipolitischen Diskurs nach der Revolution von 1688/89 virulent. Aber erst der Publizist Richard Steele etablierte 1714 den Begriff *crisis* in einem so betitelten Pamphlet als Schlagwort im öffentlichen Diskurs. Mit der Begriffsverwendung verband sich bei Steele aber keineswegs eine ausgefeilte Zeitdiagnose. Vielmehr nutzte er *crisis* als Absatz fördernden und auf den Effekt zielenden Signalbegriff. In der politischen Pamphletistik trat *crisis* das Erbe des älteren Signalbegriffs *popery* an, zu dem Steele 1714 noch die Brücke geschlagen hatte. Die Briten besaßen um 1700 ein gewisses Vorverständnis über die Bedeutung von *crisis*, was nicht nur die Funktionsweise des Signalbegriffs erklärt, sondern auch die Debatte um die Zulässigkeit dieser Begriffsverwendung, die sich jeweils an Steeles Krisenpamphlete von 1714 und 1720 anschloss. Letztlich trug diese Debatte aber nur zur weiteren Popularisierung des Begriffs bei. Schon vor der Jahrhundertmitte deutete sich allerdings an, dass der Krisenbegriff in der politischen Publizistik

---

90 Ebd.
91 Ebd.
92 *John Williams*, The present crisis of the colonies considered; with some observations on the necessity of properly connecting their commerical interest with [...], Second edition, London 1786, viii.

nicht nur üblich wurde, sondern auch seine Virulenz nicht mehr aus der Tradition speiste. *Crisis* wurde in den Pamphleten vielmehr zu einem Postulat, mit dem bestimmte politische Entscheidungen forciert oder auch nachträglich sanktioniert werden sollten. Mit der Verwendung des Begriffs gingen bestimmte Interessen einher – und das Gespür dafür, gerade auf diese Weise spezifische Entscheidungen forcieren zu können. Als Indikator für ein Krisenbewusstsein, oder besser gesagt: für die kollektive Beobachtung einer bestimmten Situation als Krise, kann die gehäufte Begriffsverwendung ab 1750 indes nicht unbedingt herhalten. Gleichzeitig wurde es für Publizisten aber leichter als noch für Steele, bestimmte politisch-soziale Konstellationen als Krise zu bezeichnen, Metadebatten über die Zulässigkeit der Begriffswahl wie noch 1714 blieben aus. Es kam auch trotz der zuletzt massenhaften und ubiquitären Verwendung von *crisis* nicht zu einer semantischen Inflation und Entwertung des Begriffs wie im Falle von *popery*. Dies scheint damit zusammenzuhängen, dass *crisis* überwiegend nicht im Sinne einer wahren oder falschen Zeitdiagnose verwendet wurde, die dann minutiös als zutreffend oder unzutreffend nachgewiesen werden musste. Der Erfolg des Begriffs *crisis* im politisch-sozialen Diskurs – und dies gilt noch für die Krisensemantik des frühen 21. Jahrhunderts – gründete sich darauf, dass er immer dann und solange verwendet wurde, wenn und wie dies öffentliche Resonanz versprach. Die Begriffsverwendung stand unter den Bedingungen des Gelingens, was *crisis* im publizistischen Diskurs als performativen Akt, letztlich als semantisches Ritual ausweist. Anders als *popery* und *popish conspiracy*, die Subsidiärbegriffe von ›Krise‹ im 17. Jahrhundert darstellten, ließ sich eine postulierte Krise nicht mit polizeilichen und geheimdienstlichen Mitteln als Täuschung aufdecken. Die Behauptung einer Krise war nicht eindeutig falsifizierbar. Erst am Ende des 18. Jahrhunderts und infolge der faktischen Unabhängigkeit der Vereinigten Staaten von Amerika lässt sich auch in der britischen Publizistik eine Krisensemantik nachweisen, die eher auf kollektive Selbsterkenntnis gerichtet ist, auf die Frage, wohin die Zukunft gehen kann, wenn die Geschichte einen irreversiblen Verlauf genommen hat. Diese diagnostische, retrospektive und dann therapeutische Krisensemantik ist der Punkt, an dem Koselleck den Beitrag des Begriffs ›Krise‹ zur »Pathogenese der bürgerlichen Welt« ausmacht. Es sollte jedoch am Beispiel der politischen Publizistik Großbritanniens des 18. Jahrhunderts deutlich geworden sein, dass der Begriff keineswegs allein zum Arsenal von aufgeklärter Öffentlichkeit und bürgerlicher Emanzipation gehörte. Er war vor allem ein Medium, mit dem politische Deutungshoheiten erobert und auf rasche Entscheidungen gedrungen werden sollte. Jenseits feiner Differenzierungen war er nicht zuletzt ein semantisches Instrument, mit dem die Aufmerksamkeit auf ein bestimmtes Pamphlet gelenkt werden sollte, was sich in letzter Konsequenz somit auch als Marketingstrategie erwies.

Autorinnen und Autoren

Marian Füssel ist Ordinarius für die Geschichte der Frühen Neuzeit unter besonderer Berücksichtigung der Wissenschaftsgeschichte an der Georg-August-Universität Göttingen. Seine aktuellen Forschungsschwerpunkte betreffen die Globalgeschichte des Siebenjährigen Krieges, die Militärgeschichte des 17. und 18. Jahrhunderts, die Universitäts-, Wissenschafts- und Studentengeschichte der Frühen Neuzeit sowie Historiographiegeschichte und Theorie der Geschichte. Veröffentlichungen in Auswahl: Gelehrtenkultur als symbolische Praxis. Rang, Ritual und Konflikt an der Universität der Frühen Neuzeit, Darmstadt 2006; Die Kunst der Schwachen. Zum Begriff der ›Aneignung‹ in der Geschichtswissenschaft, in: Sozial.Geschichte 21/3 (2006), S. 7–28; Der Siebenjährige Krieg. Ein Weltkrieg im 18. Jahrhundert, München 2010; (Hg. mit Michael Sikora), Kulturgeschichte der Schlacht, Paderborn 2014; Ungesehenes Leiden? Tod und Verwundung auf den Schlachtfeldern des 18. Jahrhunderts, in: Historische Anthropologie 23 (2015), H. 1, S. 30–53; Waterloo 1815, München 2015.

Mark Häberlein ist seit 2004 Inhaber des Lehrstuhls für Neuere Geschichte unter Einbeziehung der Landesgeschichte an der Otto-Friedrich-Universität Bamberg. Er ist seit 2010 verantwortlicher Herausgeber des *Jahrbuchs für Regionalgeschichte*, Gründungsvorsitzender der *Matthias-Kramer-Gesellschaft zur Erforschung der Geschichte des Fremdsprachenerwerbs und der Mehrsprachigkeit* und seit 2015 erster Vorsitzender der *Gesellschaft für Überseegeschichte*. Er hat zahlreiche Publikationen zur Wirtschafts-, Sozial-, Stadt- und Religionsgeschichte der Frühen Neuzeit sowie zur Kolonialgeschichte Nordamerikas vorgelegt, zuletzt u. a.: (mit Magdalena Bayreuther) Agent und Ambassador. Der Kaufmann Anton Meuting als Vermittler zwischen Bayern und Spanien im Zeitalter Philipps II., Augsburg 2013; (mit Helmut Glück und Konrad Schröder) Mehrsprachigkeit in der Frühen Neuzeit. Die Reichsstädte Augsburg und Nürnberg vom 15. bis ins frühe 19. Jahrhundert, Wiesbaden 2013.

Philip Hoffmann-Rehnitz ist Geschäftsführer und wissenschaftlicher Koordinator des Sonderforschungsbereichs 1150 *Kulturen des Entscheidens* an der Westfälischen Wilhelms-Universität Münster. Er promovierte 2011 an der Universität Konstanz. Seine Forschungsschwerpunkte liegen im Bereich der vormodernen Stadt- und Zunftgeschichte sowie der Geschichte von Arbeit und Wirtschaftskrisen in der Neuzeit. Veröffentlichungen in Auswahl: (Hg. mit Thomas Buchner) Shadow Economies and Irregular Work in Urban Europe (16th to early 20th centuries), Wien u. a. 2011; Vergemeinschaftung unter Störern? Möglichkeiten und Grenzen der Gruppenbildung und des kollektiven Handelns ›heimlicher Handwerker‹ in der frühneuzeitlichen Stadt, in: Martin Mulsow (Hg.), Kriminelle – Freidenker – Alchimisten. Räume des Untergrunds in der Frühen Neuzeit, Köln u. a. 2014, S. 121–163; Rhetoriken des Niedergangs. Zur Wahrnehmung städtischer Schrumpfungsprozesse in der Frühen Neuzeit am Beispiel Lübecks, in: Angelika Lampen und Armin Owzar (Hg.), Schrumpfende Städte. Ein Phänomen zwischen Antike und Moderne, Köln u. a. 2008, S. 145–180.

Andrea Iseli war wissenschaftliche Mitarbeiterin am Lehrstuhl für Neuere Geschichte an der Universität Bern. Sie promovierte dort 2001. Ihre Forschungsschwerpunkte liegen im Bereich der Entstehung des frühmodernen Staats auf politiktheoretischer, institutioneller und normativer Ebene. Veröffentlichungen in Auswahl: »Bonne police«. Frühneuzeitliches Verständnis von der guten Ordnung eines Staates in Frankreich, Epfendorf 2003; La création de l'espace public par la »bonne police«, in: Vincent Challet u. a. (Hg.), La sociedad política a fines del siglo XV en los reinos ibéricos y en Europa : ¿élites, pueblo, súbditos? / La société politique à la fin du XVe siècle dans les royaumes ibériques et en Europe: élites, peuple, sujets? Actes du colloque Franco-Espagnol de Paris, 26–29 mai 2004, Paris und Valladolid 2007, S. 49–63; Gute Policey. Öffentliche Ordnung in der Frühen Neuzeit, Stuttgart 2009; Symbolische Qualität des Rechts? Ein Beitrag aus historischer Sicht, in: KrimJ. Kriminologisches Journal 4 (2012), S. 264–278. Seit 2006 ist sie als Gymnasiallehrerin tätig.

Sabine Kalff ist wissenschaftliche Mitarbeiterin am Institut für Neuere deutsche Literatur an der Humboldt-Universität zu Berlin. Sie studierte Neuere deutsche Literatur, Kulturwissenschaften und Amerikanistik an der Humboldt-Universität zu Berlin und La Sapienza in Rom. Nach der Promotion an der Universität Hamburg 2011 forschte sie für das DFG-Projekt zur ›Theatrum-Literatur der Frühen Neuzeit‹ an der Universität Kassel und in Wolfenbüttel und arbeitete als Research Fellow im ERC-Projekt *DramaNet* an der Freien Universität Berlin. Neuere Veröffentlichungen: Politische Medizin der Frühen Neuzeit. Die Figur des Arztes in Italien und England im frühen 17. Jahrhundert, Berlin und Boston

2014; Are Cranes Republicans? A Short Chapter in Political Ornithology, in: Karl Enenkel und Paul J. Smith (Hg.), Religion, Politics, and Natural History. Intersections. Interdisciplinary Studies in Early Modern Culture, Leiden und Boston 2014, S. 437–459.

André Krischer ist Juniorprofessor für Geschichte Großbritanniens an der Westfälischen Wilhelms-Universität Münster. Er wurde 2006 mit einer Arbeit über die Statuspolitik von Reichsstädten in der Fürstengesellschaft promoviert und habilitierte 2015 mit einer Arbeit über englische Hochverratsprozesse (1550–1850) an der Universität Münster. Forschungsschwerpunkte sind Stadtgeschichte, Geschichte der symbolischen Kommunikation, Diplomatiegeschichte und Geschichte der politischen Delinquenz. Im Sonderforschungsbereich 1150 *Kulturen des Entscheidens* leitet er Teilprojekte zur Geschichte des politischen und gerichtlichen Entscheidens in England zwischen dem 16. und dem 19. Jahrhundert. Wichtigste Veröffentlichungen: Reichsstädte in der Fürstengesellschaft. Zum politischen Zeichengebrauch in der Frühen Neuzeit, Darmstadt 2006; (Hg. mit Barbara Stollberg-Rilinger) Herstellung und Darstellung von Entscheidungen. Verwalten, Verhandeln und Verfahren in der Vormoderne, Berlin 2010.

Günther Lottes forschte und lehrte nach Stationen in Erlangen, Regensburg und Gießen von 1999 bis 2015 als Inhaber des Lehrstuhls für Kulturgeschichte der Neuzeit an der Universität Potsdam. Von 1999 bis 2007 leitete er das dort angesiedelte Forschungszentrum Europäische Aufklärung. Durch sein Engagement in der Verbundforschung brachte er Graduiertenkollegs und Sonderforschungsbereiche auf den Weg, zuletzt in Potsdam das von der Europäischen Union finanzierte Marie-Curie-Trainingsprogramm *Englobe*. Günther Lottes forschte und publizierte umfangreich zur Ideengeschichte der europäischen Aufklärung. Er war Mitherausgeber der zweisprachigen Potsdamer Ausgabe der Werke Friedrichs des Großen.

Dirk Niefanger arbeitet als Ordinarius für Neuere deutsche Literaturwissenschaft an der Friedrich-Alexander-Universität Erlangen-Nürnberg. Außerdem ist er Mitglied des Kuratoriums und des wissenschaftlichen Beirats der Herzog August Bibliothek Wolfenbüttel. Seine aktuellen Forschungsschwerpunkte betreffen die Kultur der Frühen Neuzeit, besonders das Drama und das Theater sowie das Verhältnis von Literatur und Geschichte. Veröffentlichungen in Auswahl: Geschichtsdrama der Frühen Neuzeit. 1495–1773, Tübingen 2005; »Die Welt vol Schrecken«. Die Schlacht bei Wittstock in Georg Greflingers Der Deutschen Dreyßig-Jähriger Krieg, in: Simpliciana XXXIII (2011), S. 255–270; (zus. mit Werner Wilhelm Schnabel) Literarische Gruppenbildungen an der

Universität Altdorf, in: Hans-Christoph Brennecke, Dirk Niefanger und Werner Wilhelm Schnabel (Hg.), Akademie und Universität Altdorf. Begründung und Fortleben der Hochschultradition in der Region Nürnberg, Wien u. a. 2011, S. 245–322; Barock, Stuttgart ³2012; »Ich sags auch mir zum Hohne«. Paul Flemings Kriegslyrik, in: Stefanie Arend und Claudius Sittig (Hg.), Was ein Poëte kan! Studien zum Werk von Paul Fleming (1609–1640), Berlin 2012, S. 257–271.

Justus Nipperdey ist Wissenschaftlicher Mitarbeiter am Lehrstuhl für Geschichte der Frühen Neuzeit an der Universität des Saarlandes. Er promovierte 2009 an der Ludwig-Maximilians-Universität München mit einer Arbeit zur Bevölkerungstheorie und -politik. Seine Forschungsschwerpunkte liegen in der Bevölkerungs-, Ideen- und Wirtschaftsgeschichte der Frühen Neuzeit sowie der Historiographiegeschichte. Veröffentlichungen in Auswahl: Die Erfindung der Bevölkerungspolitik. Staat, politische Theorie und Population in der Frühen Neuzeit, Göttingen 2012; Die Terminologie von Epochen – Überlegungen am Beispiel Frühe Neuzeit/›early modern‹, in: Berichte zur Wissenschaftsgeschichte 38 (2015), S. 170–185; Ehre durch Zahlen. Publizistische Rangstreitigkeiten und die Evidenz der Zahl im späten 18. Jahrhundert, in: Gunhild Berg, Borbála Zsuzsanna Török und Marcus Twellmann (Hg.), Berechnen/ Beschreiben. Praktiken statistischen (Nicht-)Wissens 1750–1850, Berlin 2015, S. 43–60; Die Hugenottenaufnahme als Katalysator der Idee des Populationismus, in: Francia 40 (2013), S. 113–138; Johann Peter Süßmilch: From Divine Law to Human Intervention, in: Population (E) 66 (2011), S. 611–636.

Andreas Pečar ist seit 2011 Professor für die Geschichte der Frühen Neuzeit an der Martin-Luther-Universität Halle-Wittenberg und dort auch Sprecher des Landesforschungsschwerpunkts *Aufklärung – Religion – Wissen*. Seine Forschungen verstehen sich als ein Beitrag zur politischen Kulturgeschichte; er hat bislang gearbeitet zur Herrschaftsrepräsentation, zur Hofkultur und der höfischen Gesellschaft sowie zur politischen Kommunikation und Rhetorik, insbesondere zum politischen Biblizismus. Seine wichtigsten Monographien sind: Die Ökonomie der Ehre. Der höfische Adel am Kaiserhof Karls VI., Darmstadt 2003; Macht der Schrift. Politischer Biblizismus in Schottland und England zwischen Reformation und Bürgerkrieg (1534–1642), München 2011. Jüngst ist eine Studie zur Aufklärungsforschung erschienen, die er zusammen mit Damien Tricoire verfasst hat: Falsche Freunde. War die Aufklärung wirklich die Geburtsstunde der Moderne?, Frankfurt a. M. und New York 2015.

Konrad Petrovszky ist Universitätsassistent am Institut für Osteuropäische Geschichte an der Universität Wien. Seine Forschungsschwerpunkte liegen in der Religions- und Kulturgeschichte der Frühen Neuzeit unter besonderer Berücksichtigung Südosteuropas und des osmanischen Raums. Zurzeit arbeitet er an einem Buch über den Zusammenhang von Recht, Verwaltung und Korruption am Beispiel Dalmatiens und der Walachei im ausgehenden 18. Jahrhundert. Veröffentlichungen in Auswahl: Geschichte schreiben im osmanischen Südosteuropa. Eine Kulturgeschichte orthodoxer Historiographie des 16. und 17. Jahrhunderts, Wiesbaden 2014; (Hg. zus. mit Andreas Helmedach, Markus Koller und Stefan Rohdewald) Das osmanische Europa: Methoden und Perspektiven der Frühneuzeitforschung zu Südosteuropa, Leipzig 2014.

Jan Marco Sawilla ist Wissenschaftlicher Mitarbeiter am Exzellenzcluster *Kulturelle Grundlagen von Integration* an der Universität Konstanz. Er arbeitet derzeit an einer Monographie über die Epistemologie militärischer Gewalt zwischen Oranischer Heeresreform und »French and Indian War«. Neuere Veröffentlichungen: On Histories, Revolutions, and the Masses. Visions of Asymmetry and Symmetry in German Social Sciences, in: Kay Junge und Kirill Postoutenko (Hg.), Asymmetrical Concepts after Reinhart Koselleck. Historical Semantics and Beyond, Bielefeld 2011, S. 165-196; Zwischen Normabweichung und Revolution – »Krise« in der Geschichtswissenschaft, in: Carla Meyer, Katja Patzel-Mattern und Gerrit Jasper Schenk (Hg.), Krisengeschichte(n). »Krise« als Leitbegriff und Erzählmuster in kulturwissenschaftlicher Perspektive, Stuttgart 2012, S. 145-172; Vom Ding zum Denkmal. Überlegungen zur Entfaltung des frühneuzeitlichen Antiquarianismus, in: Thomas Wallnig u.a. (Hg.), Europäische Geschichtskulturen um 1700 zwischen Gelehrsamkeit, Politik und Konfession, München 2012, S. 403-444; Klerikale Invasionen oder: Wer waren die Jesuiten?, in: Joel B. Lande, Rudolf Schlögl und Robert Suter (Hg.), Dynamische Figuren. Gestalten der Zeit im Barock, Freiburg i.Br. 2013, S. 143-183.

Rudolf Schlögl ist Ordinarius der Neueren Geschichte an der Universität Konstanz. Seine aktuellen Forschungsschwerpunkte betreffen die Entwicklung und Säkularisierung der vormodernen Wissens- und Weltdeutungssysteme, die Herrschaft und Staatsbildung in der Frühen Neuzeit sowie die politische Kultur der frühneuzeitlichen Stadt. Veröffentlichungen in Auswahl: Bauern, Krieg und Staat. Oberbayerische Bauernwirtschaft und frühmoderner Staat im 17. Jahrhundert, Göttingen 1988; Vergesellschaftung unter Anwesenden. Zur kommunikativen Form des Politischen in der vormodernen Stadt, in: ders. (Hg.), Interaktion und Herrschaft. Die Politik der frühneuzeitlichen Stadt, Konstanz 2004, S. 9-60; Kommunikation und Vergesellschaftung unter Anwesenden. Formen des Sozialen und ihre Transformation in der Frühen Neuzeit, in: Geschichte und Gesellschaft 24 (2008), S. 155-224; Politik beobachten. Öffentlichkeit und Medien in der Frühen Neuzeit, in: Zeitschrift für Historische Forschung 25 (2008), S. 581-616; Alter Glaube und moderne Welt. Europäisches

Christentum im Umbruch 1750–1850, Frankfurt a.M. 2013; Anwesende und Abwesende. Grundriss für eine Gesellschaftsgeschichte der Frühen Neuzeit, Konstanz 2014.

Eva Schnadenberger war wissenschaftliche Mitarbeiterin im Sonderforschungsbereich 485 *Norm und Symbol. Die kulturelle Dimension sozialer und politischer Integration* an der Universität Konstanz. Im Teilprojekt A6 *Zeitdiagnosen im 17. Jahrhundert. Die Medien gesellschaftlicher Selbstbeobachtung im Zeichen der Krise* beschäftigte sie sich mit der Entwicklung von Zukunftsvorstellungen im Zeitraum von 1580 bis 1680. Eine Dissertation mit dem Arbeitstitel »Endzeit oder gestaltbare Zukunft? Vorhersage und Selbstbeschreibung in prognostischem Schrifttum (1580–1680)« ist in Vorbereitung.

Andreas Suter ist seit 1999 Ordinarius für Allgemeine Geschichte unter besonderer Berücksichtigung der Frühen Neuzeit an der Universität Bielefeld. Seine aktuellen Forschungsschwerpunkte liegen auf dem Gebiet der politischen Kultur der Frühen Neuzeit, namentlich der Erforschung der politischen Korruption, der unterschiedlichen Formen der politischen Partizipation in europäisch vergleichender Perspektive und der unterschiedlichen Pfaden der politischen Transformation politischer Systeme von der Vormoderne zur Moderne. Die Fragen, wie politische Krisen in der Frühen Neuzeit zu konzeptualisieren sind und wie sich derartige Krisen in kollektive Erfahrungen und Handlungen der Beteiligten übersetzt haben, sind Gegenstand älterer Forschungen. Einschlägige Veröffentlichungen dazu in Auswahl: Regionale politische Kulturen von Protest und Widerstand im Spätmittelalter und in der Frühen Neuzeit. Die schweizerische Eidgenossenschaft als Beispiel, in: Geschichte und Gesellschaft 21 (1995), S. 161–194; Histoire sociale et événements historiques: pour une nouvelle approche, in: Annales Histoire, Sciences Sociales 52 (1997), S. 543–567; Ereignisse als strukturbrechende und strukturbildende Erfahrungs- und Lernprozesse, in: Andreas Suter und Manfred Hettling (Hg.), Struktur und Ereignis, Göttingen 2001, S. 175–207; Korruption oder Patronage? Außenbeziehungen zwischen Frankreich und der Alten Eidgenossenschaft als Beispiel (16. bis 18. Jahrhundert), in: Zeitschrift für historische Forschung 37 (2010), S. 187–216; Genese der direkten Demokratie – Aktuelle Debatten und wissenschaftliche Ergebnisse, in: Schweizerische Zeitschrift für Geschichte 62 (2012), S. 456–473 und 63 (2013), S. 104–116.

Eva Wiebel war wissenschaftliche Mitarbeiterin im Sonderforschungsbereich 485 *Norm und Symbol. Die kulturelle Dimension sozialer und politischer Integration* an der Universität Konstanz. Im Teilprojekt *Zeitdiagnosen im 17. Jahrhundert. Die Medien gesellschaftlicher Selbstbeobachtung im Zeichen der Krise* beschäftigte sie sich mit der Beobachtung von Vergangenheit, Gegenwart und Zukunft in religiöser Gebrauchsliteratur. Veröffentlichungen in Auswahl: (zus. mit Sven Grampp) ›Revolution in Permanenz‹. Die Erfindung des Buchdrucks als Gründungsfigur der Neuzeit, in: Sven Grampp u. a. (Hg.), Revolutionsmedien – Medienrevolutionen, Konstanz 2008, S. 95–123; (Hg. mit Karl Härter und Gerhard Sälter) Repräsentationen von Kriminalität und öffentlicher Sicherheit. Bilder, Vorstellungen und Diskurse vom 16. bis zum 20. Jahrhundert, Frankfurt a.M. 2010; Ein Schreiner aus Paris. Zuwanderungs- und Integrationsvorgänge in der Stadt Burkheim am Kaiserstuhl in den ersten Jahrzehnten nach dem Dreißigjährigen Krieg, in: Jahrbuch für Regionalgeschichte 28 (2010), S. 49–77; Korporative Modelle in der Selbst- und Fremddarstellung der jüdischen Gemeinde Breisachs im 17. und 18. Jahrhundert, in: Birgit E. Klein und Rotraud Ries (Hg.), Selbstzeugnisse und Ego-Dokumente frühneuzeitlicher Juden in Aschkenas, Berlin 2011, S. 215–234. Seit 2010 ist sie in Konstanz als wissenschaftliche Lektorin tätig.